创新思维法学教材
Legal Textbooks of Creative Thinking

比较宪法学

Comparative Constitutional Law

第二版

王广辉　等　编著

WUHAN UNIVERSITY PRESS
武汉大学出版社

图书在版编目(CIP)数据

比较宪法学/王广辉等编著.—2版.—武汉：武汉大学出版社,2020.12
(2023.2重印)
创新思维法学教材
ISBN 978-7-307-21735-5

Ⅰ.比… Ⅱ.王… Ⅲ.宪法—比较法学—教材 Ⅳ.D911.01

中国版本图书馆CIP数据核字(2020)第156172号

责任编辑:田红恩　　责任校对:李孟潇　　版式设计:马　佳

出版发行：武汉大学出版社　(430072　武昌　珞珈山)
(电子邮箱：cbs22@whu.edu.cn　网址：www.wdp.com.cn)
印刷:武汉中科兴业印务有限公司
开本:787×1092　1/16　印张:24　字数:569千字　插页:1
版次:2010年6月第1版　2020年12月第2版
2023年2月第2版第2次印刷
ISBN 978-7-307-21735-5　定价:68.00元

目　　录

第二编　基本权利

导　言

一、比较宪法学的研究对象

比较宪法学的存在建立在对不同国家的宪法在调整国家权力与公民权利关系时采取的原则和制度进行比较分析的基础之上。通过这种比较分析，我们可以发现各国的宪法，至少是具有代表性的国家的宪法，在调整国家权力与公民权利关系时采取的原则和制度有哪些方面的相同或相似之处，哪些方面存在差别，然后对其原因进行分析，从中把握各国宪法所采取的调整国家权力与公民权利关系的原则和制度的历史基础、价值取向、文化背景和现实依据，了解当今世界各国的宪法所具有的普遍性与特殊性。在此基础上，我们将对作为人类文化组成部分的宪法所具有的多样性有一个直观的感受，发现不同国家宪法之间的最大公约数，为它们之间的借鉴提供指导。

比较是人们认识事物的一种方法，对人们认识事物之间的区别和联系具有重要的作用。一般而言，对事物进行比较必须满足两个条件：一是所要比较的事物在基本属性上相同或者是属于同一类别；二是这些事物之间存在着这样或那样的差别。如果同一类事物之间没有差别的存在，也就失去了进行比较研究的可能性。从人们的认识规律和习惯来看，在对事物进行比较的时候，寻找事物之间的相同之处固然重要，更多的时候是要发现事物之间的差别所在。

尽管各国的宪法存在很多方面的差别，但在基本方面都是以国家权力与公民权利之间的关系为调整对象，这决定了宪法属于性质相同的事物。但由于各国的历史传统、价值观念、发展程度等存在差异，宪法在调整国家权力与公民权利之间的关系时采取的原则和制度也不可能完全一样，有些原则和制度仅仅为某个国家所独有，其他国家的宪法不实行；有些原则和制度虽然从形式上看在几个国家之间存在着相同之处，但遵循的原理和实现的途径实际上也存在一定的差别。正是这种属性上的相同和内容上的差异的存在，才为我们进行比较研究创造了可能，也才使我们的比较研究具有了理论和实践的意义。

基于上述，比较宪法学的研究对象可概括为不同国家宪法在调整国家权力与公民权利关系的时候采取的原则和制度的相同和不同之处。

二、比较宪法学的研究范围

比较宪法学的研究范围与研究对象之间实际上是形式与内容的关系，研究范围要解决的是不同国家的宪法在调整国家权力与公民权利关系时采取的原则和制度涉及哪些方面，有哪些具体的存在形式可以成为我们认识的对象。据此，可以将其归纳为以下几个方面：

1. 宪法形式的比较

虽然在理论上可以将宪法划分为成文宪法与不成文宪法，但就当今世界而言，绝大多数国家的宪法都属于成文宪法。尤其是伴随着立宪技术的发展与各国之间的相互借鉴，各国的成文宪法在体系、体例、结构等方面的趋同性程度在提高。通过对宪法形式进行比较分析，可以描述出宪法形式的发展演变轨迹，反映出世界范围内立宪技术的发展程度，为不同国家在立宪技术上的相互借鉴提供指导。

2. 宪法理论的比较

无论是成文宪法还是不成文宪法，都需要建立在一定的理论基础之上，既作为制定或创设宪法制度时所遵循的根本准则，又作为将各种宪法制度统一起来形成有内在联系的整体的依据，并以之指导宪法的变迁与实施。宪法理论包括两个方面：一个是证明宪法所具有的正当性的思想、学说、主义，构成一个或某些国家在制定宪法、规定有关的制度和原则时的依据，如人民主权、权利神圣、权力有限等思想。宪法的成立是在社会政治、经济、文化综合发展的背景下出现的，但社会的政治、经济、文化发展不可能自动转变为具有法性质的宪法规范，需要制宪者主观意志的参与，因此，宪法的制定既包括制宪事实的力量，也包括将宪法加以正当化的权威与价值。为了使宪法成立的事实合法化，需要合法制定宪法的行为，使宪法成立的事实具有法律的性质和意义。二是对宪法进行研究从而形成的有关理论与学说。这些理论与学说，多表现为对宪法文本中规定的有关问题进行的研究，内容涉及其规范含义、存在的问题以及如何去进行发展和完善。由于各国宪法文本规定的内容不可能完全相同，甚至在某些方面还存在着比较大的差别，因此，针对其进行的研究而形成的理论与学说自然不会完全一样，需要对其进行比较研究，从中来发现哪些方面具有普遍性，哪些方面具有特殊性，从而为人们认识和了解不同国家宪法内容之间的联系与区别提供根据。

3. 宪法内容的比较

宪法内容是指各国宪法确认的调整国家权力与公民权利关系时应采取的原则和制度。所有国家的宪法都是以调整国家权力与公民权利的关系为核心的，追求的核心价值也是一样的，但在采取的具体制度上，不同国家的宪法之间事实上并不相同，即便是所遵循的基本原则有相同之处，但也存在一定程度地差别，甚至还有些内容为个别国家宪法所独有。因此，通过比较研究，可以将不同国家宪法在内容上的相同与不同之处充分展示出来，分析这些相同或不同形成的原因，才能使我们对各国宪法内容的了解建立在理性的基础上，也就是透过表象而把握实质，才能对不同国家宪法之间那些表面上看起来相同或相似的规定是否为真正的相同作出令人信服的回答。

4. 宪法实践的比较

宪法作为法律，其作用的发挥必须通过实践，即将宪法的规定运用于现实的国家权力规范与公民权利保障的实际中。在这个过程中，虽然有一定的宪法规范作为依据，但是，由于宪法规范本身所具有的抽象性与高度概括性，面对纷纭复杂的国家权力的运用和公民权利保障的现实时，如何能够将宪法规范本身的要求与所要解决的问题作最大限度的连接，实现二者之间最高程度地吻合，并不是从具有高度概括性的宪法规范本身就能直接找出答案的，需要宪法适用者运用其主观能动性，基于自己对宪法精神的领悟，根据所面对问题的性质与特点，将宪法规范的抽象性规定或一般性要求，运用于具体问题的解决之中，必要的时候，加以类型化的概括归纳，从中提炼出一些对同类问题具有指导性或准据性的原则，从而使抽象的宪法规范具体化，实现在宪法适用上的平等，即同样的问题同样处理，不同的问题不同对待，避免宪法规范所体现的普遍正义在适用于具体问题的时候出现牺牲个别正义的不良后果。如关于平等权的保障，美国的法院在司法实践中就创造出了“三重审查基准”；在言论自由的保障上，建立了“明显而现实的危险”“恶劣倾向”等标准，就是非常典型的体现。

三、比较宪法学的体系

比较宪法学的体系设计与建构，需要解决这样两个问题：一是对哪些问题进行比较；二是如何进行比较。这两个问题解决得妥当与否，直接决定着比较宪法学学科特色的体现程度，也反映着比较宪法学与宪法学在内容上的区别程度。

同宪法学体系的建构一样，比较宪法学体系的设计也必须以宪法的调整对象，即国家权力与公民权利的关系为核心，围绕着通过何种制度安排和原则采取才能使国家权力与公民权利形成和谐关系这一主题来进行。基于这一思路，笔者认为比较宪法学的体系应当由以下几个部分组成：

1. 宪法原理的比较

宪法原理是人们对宪法现象进行理性思考和分析以后所形成的知识体系，意在对宪法的内涵和性质、宪法的精神实质、宪法的效力、宪法的发展演变等作出分析和论证，为人们认同宪法的权威和遵守宪法的规定奠定正当性基础。

宪法原理是宪法学和比较宪法学体系中都不可缺少的组成部分，但宪法学和比较宪法学对宪法原理的研究还是存在差别的。宪法学研究的宪法原理侧重于宪法原理中普遍性的内容，也就是对宪法原理的一般性内容作系统的阐释，或者是对形成于本国的宪法原理作深入的分析。比较宪法学对宪法原理的研究则侧重于对不同国家宪法学理论中的宪法原理进行比较分析，目的是要展现各国宪法原理之间的差异，实际就是要在人们掌握了宪法学中阐述的宪法原理所具有的普遍性以后，进一步深入了解不同国家的宪法原理所具有的特殊性，以免对宪法原理的认识产生片面性的误解。

作为比较宪法学所研究的宪法原理，在内容上包括四个方面：(1) 不同国家的宪法学理论对宪法概念内涵和外延的界定有哪些相同或不同之处。值得强调的是，对宪法概念的比较，不是简单地将不同国家的宪法学者所下的宪法定义罗列出来加以对比就可以了，而是要选择那些具有代表性的宪法定义加以类型化以后进行比较分析，并在此基础上给予适当的评价，以反映不同的宪法概念在对宪法的属性、特征、外延等关键性因素的分析方面存在的相同或不同之处。(2) 宪法的制定。主要是比较各国在宪法的创制方面所实行的制度有哪些。(3) 宪法的形式与结构。考虑到宪法的表现形式问题在宪法学中多有较为详细的介绍，因此在比较宪法学中应侧重于对各国在宪法形式方面存在的不同加以比较，在此基础上，对宪法典的体例结构和内容结构进行详细的比较分析。(4) 宪法的效力，主要是比较各国宪法文本对宪法效力的规定，特别是宪法的最高法律效力针对的是哪些方面的规范性文件及行为。与此同时，还应当对关于宪法效力的理论与学说加以比较分析。

2. 国家权力的比较

近代以来的宪法以规范国家权力的行使为其内容之一，目的是要将国家权力的运用纳入到程序化的轨道，防止其滥用而对公民权利造成侵犯。因此，宪法学和比较宪法学所研究的国家权力实际上是宪法约束下的国家权力，也就是有的学者所概括的“宪法权力”。比较宪法学应主要研究各国宪法在国家权力的来源、分配、行使等方面的规定有哪些不同以及有哪些有代表性的制度设计，并对其形成的原因加以考察与分析，主要包括：（1）关于国家形成与国家权力来源理论的比较；（2）国家权力代表制度，即政体和国家元首制度的比较；（3）国家权力分配制度，即政权组织形式和国家结构形式的比较；（4）国家权力行使制度的比较，即代表机关、行政机关和司法机关的组织、权限、活动原则的比较。

3. 公民权利的比较

同对国家权力问题的研究一样，宪法学主要研究公民权利的一般性问题，尤其是本国宪法规定的公民基本权利的内容及其发展历程，比较宪法学则侧重于研究各国宪法规定的基本权利在理论与实践方面存在的相同与不同之处，主要包括：（1）公民权利的理论问题，如有关公民基本权利效力的不同主张、公民权利的基本功能、公民权利在不同发展阶段的变化及呈现的特点等；（2）各国宪法规定的基本权利在内容方面存在的差异；（3）各国在不同类别基本权利的理论与实践方面所面临的问题，主要有平等权、自由权、生存权、受益权、参政权、请求权、人道权等；（4）有关国家在公民权利保障上采取的制度及其实践效果等。

4. 公民权利与国家权力协调的比较

宪法应该是平衡国家权力与公民权利之法，同时也是协调国家权力与公民权利关系之法。宪法学乃至比较宪法学，实际上就是要研究宪法采取什么样的原则和制度来实现对国家权力与公民权利关系的协调这一核心问题。在此方面，宪法学主要研究宪法协调国家权力与公民权利关系时采取的具有普适性的原则和制度问题，比较宪法学则侧重于研究各国宪法在协调国家权力与公民权利的关系时采取的具体原则和制度有哪些。其主要内容包括：（1）各国宪法在协调国家权力与公民权利关系时采取的原则有哪些；（2）各国是如何通过宪法来协调国家权力与公民权利的关系的，主要是比较宪法的修改与解释制度；（3）违宪审查制度的比较。

上述比较宪法学体系的合理性表现为：

第一，宪法学以及比较宪法学研究的主题与宪法调整的国家权力与公民权利的关系这一核心的统一，在宪法的调整对象、宪法学和比较宪法学的研究对象之间建立起了既有明显的区别，又不可分割的联系，能够比较好地解决我国宪法学研究中一直存在的宪法学和比较宪法学的研究对象难以确定和争论不休的问题。

第二，比较宪法学体系在内容上与宪法学体系的统一，一方面可以充分地发挥宪法学的研究成果对比较宪法学研究的支撑作用，另一方面可以比较清楚地确定比较宪法学研究的范围，在一定程度上解决宪法学、比较宪法学在研究范围上与政治学、政治经济学、比较政治学等学科的研究内容纠缠不清的问题。至少是突出了宪法学以及比较宪法学研究的核心问题，即便是对其他问题进行研究也不能偏离国家权力与公民权利的关系这一主题。

第三，该比较宪法学体系始终以国家权力与公民权利之间的关系这一逻辑主题贯穿其中，从而形成一个主题突出、层次分明的科学体系。它不是按照宪法典的体例结构来安排其各部分的内容，而是将宪法学与比较宪法学作为一个科学的体系，从最有利于展示宪法的精神实质、突出宪法的主题出发来处理各部分内容之间的关系，是一个明显的学理性体系。

四、比较宪法学的历史

1. 比较宪法学的产生

比较是人们认识事物的一种方法，通过比较可以发现事物间的异同，认识到某一事物区别于其他事物的特质，从而形成关于特定事物的概念。法律是调整社会关系的一种准则，生活在同一地球上的人类，都离不开自身的生存和发展这个主题。但由于不同地域的人们跨入文明时代的时期和方式不同，价值观念、生活方式及信仰等方面存在差异，在解决自身的生存与发展问题时所采取的方式就会呈现出多样性，当这种多样性的方式借助于法律的强制性来实现时，就为我们在它们之间进行比较提供了基础。

法律之间的可比性虽然在法律产生之后就已存在，但直到 19 世纪才被人们广泛地应用，逐渐发展成为法学的一门分支学科。正如法国比较法学家勒内·达维所言："尽管过去在法学研究中也偶然使用比较方法，然而在 19 世纪前，比较法本身还没有被承认为法律科学的一门独立学科或法律科学的一种基本方法，特别是在法律教育上没有起到任何作用。"① 比较法学在 19 世纪的兴起，一是立法发展的需要，二是对外贸易的需要。

"比较法学"兴起之后，其研究主要限于宏观的领域，尤以私法领域最为盛行。后来逐渐开始向法学的各学科拓展，包括宪法学领域，产生了"比较宪法学"。因此，"比较宪法学"是从比较法中派生出来的，是比较法学的分支学科。

2. 比较宪法学在中国的发展

中国的比较宪法学是在 19 世纪末 20 世纪初学习和移植西方国家的宪法制度、宪法理论的过程中建立和发展起来的。比较早的比较宪法学方面的著作和教材有：1907 年刘嘉猷编著的《中外宪法比较》和刘作霖编著的《比较宪法》；1912 年王黻炜编著的《比较宪法学》（1928 年再版）和梁启超编著的《各国宪法异同论》。其他的则有 1927 年王世杰、1931 年程树德的《比较宪法》；1927 年丁元普、1928 年四川大学、1931 年汪馥炎与章友江、1933 年周逸云与费巩、1934 年阮毅成、1940 年章友江等的《比较宪法学》；1933 年吕复的《比较宪法论》；1936 年萨孟武的《政治学与比较宪法》；1936 年王世杰、钱端升合著的《比较宪法》；1948 年马质的《比较宪法论》。其中影响最大者当推王世杰初版于 1927 年，再版于 1928 年，增订第三版时（1936 年）与钱端升合著的《比较宪法》。在 20 世纪上半叶的中国，宪法学以及比较宪法学的研究或多或少都会受到西方国家成熟的宪法学体系的影响，甚至有些著作基本上是国外宪法学体系在中国的翻版。而王世杰、钱端升合著的《比较宪法学》，在结构上可以说标志着中国的比较宪法学乃至于宪法学体系的形成。该著作对西方宪政理论以及对社会主义苏联的新制度的介绍比较客观，

① 转引自沈宗灵：《比较法总论》，北京大学出版社 1987 年版，第 18 页。

并在此基础上对当时中国政府的政治和制宪活动提出了深刻的批评，为中国宪法学的学术独立性格树立了良好的风范。最值得注意的是，该著作开创了以个人基本权利自由理论为宪法研究核心的宪法学学术体例，彰显了个人权利高于国家权力的宪政意识。因而，“对个人基本权利的认识和对各项宪法制度的比较研究将中国的宪法学研究水平推向了一个新的高度”①。中华人民共和国成立以后，宪法学的研究要以马列主义、毛泽东思想为指导，与旧中国宪法学所使用的是一套完全不同的话语体系，因而难以在二者之间建立起继承或传承的关系。再加上《中国人民政治协商会议共同纲领》和1954年《中华人民共和国宪法》的颁布，宪法学研究的法律规范文本也与旧中国的宪法文本存在性质和内容上的巨大差别，这些就决定了新中国的宪法学除了照搬苏联的理论体系和研究成果外，基本上是在与过去发生断裂的状态下进行的。更何况，受苏联法学理论和阶级分析观念的影响，比较的方法被作为非科学的方法而受到严厉的批判，自然也就不能将其运用于宪法学的研究，并建立起作为法学分支学科的《比较宪法学》。然而，我们需要认识到的是，虽然《比较宪法学》未能建立起来，但在1954年宪法制定的过程中，我们实际上并没有完全能够避免比较方法的运用。不仅学者们围绕着我国的第一部社会主义宪法的制定在学术研究中开始了一定范围内的比较宪法学研究，而且当时的制宪者在起草宪法草案时也参考了苏联、东欧等社会主义国家的宪法以及旧中国和西方资本主义国家的宪法。② 也就是说，中华人民共和国成立之初，中国在法学教育中未能设置比较宪法学的课程，也未能建立起比较宪法学的体系，但无论是在学术研究领域还是在制宪的活动中，都实际存在着比较方法的运用。但从严格意义上讲，比较方法的运用可能是自觉的，也可能是不自觉地。而作为比较宪法学的形成，一定是以比较方法的自觉运用为前提的，并且基于该方法的运用，形成了与其所关联的学科相独立的学术研究体系为标志的。以此而论的话，从中华人民共和国成立以后一直到1985年之前，中国的法学学科中是不存在比较宪法学这一分支学科的。虽说在1978年以后，中国的法学研究和教育开始步入恢复和发展的时期，尤其是1982年宪法在起草过程中和通过以后，学者们对比较宪法的研究给予极大的重视，对其的重要性也加以强调，但在高等法学教育中基本上是以“外国宪法”或者是“资产阶级国家法”的名义来开设课程和对教材进行命名的。

1985年，北京大学龚祥瑞教授的《比较宪法与行政法》的出版，是中华人民共和国成立以来比较宪法学方面的开山之作。其内容由“第一章宪法的概念”“第二章宪法基本原则”“第三章宪法的实施”“第四章公民权利”“第五章国家机构”“第六章政治团体”等部分组成。虽然作者指出：“本书是著者过去两三年间在北京大学法律系讲授‘外国宪法’和‘比较行政法’这两门课程时编写的。”③ 也就是在讲授时以“外国宪法”命名，实际上则具有典型的《比较宪法》的性质。此后，一些比较宪法学方面的著作和教材相继出版，主要的有：武汉大学何华辉教授的《比较宪法学》（武汉大学出版社1988年

① 杜钢建、范忠信：《基本权利理论与学术批判态度——王世杰、钱端升与〈比较宪法〉》，见王世杰、钱端升：《比较宪法》，中国政法大学出版社1997年版，第1页。

② 参见韩大元：《比较宪法学》，高等教育出版社2003年版，第9页。

③ 龚祥瑞：《比较宪法与行政法》，法律出版社1985年版“出版说明”。

版）、吉林大学张光博教授的《比较宪法纲要》（辽宁大学出版社 1990 年版）、中国社会科学院李步云研究员主编的《宪法比较研究》（法律出版社 1998 年版）、中南财经政法大学王广辉教授的《比较宪法学》（武汉水利电力大学出版社 1998 年版）、江苏省社会科学研究院赵树民教授的《比较宪法学新论》（中国社会科学出版社 2000 年版）、北京大学沈宗灵教授的《比较宪法——对八国宪法的比较研究》（北京大学出版社 2002 年版）、中央党校王红教授主编的《比较宪法与行政法》（中共中央党校出版社 2003 年版）、中国人民大学韩大元教授主编的《比较宪法学》（高等教育出版社 2003 年版）。这期间，商务印书馆于 1999 年、中国政法大学出版社于 1997 年均再版了王世杰、钱端升合著的《比较宪法》，该著作虽然写作于 60 余年前，但就其内容、体系结构及学术观点来看，在今天仍不失其借鉴意义和参考价值。

五、比较宪法学的相关学科

作为法学学科之一，比较宪法学与法学学科的其他分支都有一定的联系，都可以作为与比较宪法学相关的学科来看待。这里所谓的比较宪法学的相关学科，不是在整个法学学科中而言的，而是在宪法学学科的范围中来讲的。因此，所谓比较宪法学的相关学科主要指的是宪法学、外国宪法。

1. 比较宪法学与宪法学

从逻辑上讲，宪法学应该是研究普遍性宪法问题的学科，包括有关宪法的一般理论，国内、国外宪法所涉及的主要制度等。但在实际上，各国的宪法学除了在原理部分，也就是人们对宪法这一社会现象进行研究所形成的知识方面具有普遍性之外，在有关国家权力和公民权利及其相关制度方面，主要研究的是本国宪法的规定，即便是对其他国家有所涉及，但主要还是为了说明本国宪法有关规定的内容与特色。

比较宪法学研究的是不同国家的宪法之间所具有的相同和不同之处，特别是在有关国家权力、公民权利的制度上，不仅要将其相同的方面展现出来，更要对它们之间存在的不同进行比较分析，充分地展示出各国宪法之间存在的差别，说明世界范围内宪法文化与宪法制度的多样性。就此而言，对不同国家宪法之间相同内容的介绍不能充分地体现比较宪法学的学科特色，容易造成比较宪法学与一般宪法学内容上的过多重复。尤其是从逻辑上对宪法普遍性内容进行归纳、演绎分析，无法充分地展现出各国宪法在理论与实践上存在的不同或者说具有的特色。此问题，最容易出现于宪法原理、公民权利、宪法修改、解释的比较研究之中。

当然，比较宪法学与宪法学之间有密切的联系，有着相互支撑与促进的作用。一方面，宪法学的体系影响甚至决定比较宪法学的体系建构，宪法学研究所达到的水平直接决定着比较宪法学对相关问题的认识所能达到的程度。另一方面，比较宪法学的研究能够促进宪法学研究的深入，使宪法学的研究具有开阔的视野，所得出的结论更加具有说服力。

2. 比较宪法学与外国宪法

比较宪法学与外国宪法都是以本国以外的其他国家的宪法理论、制度为研究对象与范围，在这一点上难以将二者区别开来，二者的差别表现在对不同国家宪法的内容进行介绍、分析时采取的元素单位上。比较宪法学以宪法学所涉及的基本问题为元素单位，将不同国家宪法理论与宪法制度中与此元素单位相关的问题置于其中，比较分析其相同与不同之处。而外国宪法则是以国别为元素单位，选取具有代表性的国家的宪法，从理论到实践进行详细的介绍，在此基础上加以分析评价。

从逻辑上讲，以宪法学中的基本问题为元素单位，在不同国家的宪法之间进行比较，最贴近比较宪法学的本意。因为比较一般是在同类或相似的事项之间进行的，也就是相同或相似的事项之间才具有可比性，才有相同或相似的问题。不同性质的事项，至少是缺乏具有相同或相似的可能性，差别是非常明显的，可以在直观上表现出来，不需要进行比较，人们就可以对其加以辨别。而相同或相似的事项之间，相同或相似的程度如何，这种相同或相似仅仅是形式上的还是内容上的，形成的原因是什么，只有进行比较分析以后才能得出比较可靠的结论，而无法单纯从直观上加以判断。诚如我国前辈比较宪法学家王世杰、钱端升所指出的："不以国别为标准，而以现代宪法上所规定的问题为标准，这种方法虽不能使读者对任何国家的宪政组织有整个的概念，也许可使读者懂得对于各种宪法问题列国间已经采取了哪些不同的解决办法，并且知道学者间对于那些解决办法都有哪些不同的见解。"① 而采取国别为元素单位的体系，虽然可以选择典型国家的宪法从历史到现实、由理论到实践进行全面的介绍与评述，使人们能够对某个国家的宪法有一个全景式的了解，特别是对个别国家所独有的制度加以详细介绍，但显然不能充分地体现出比较的色彩，最多也只能说是仅仅提供了供人们去进行比较的基本素材，研究者并没有去进行这种比较，更没有在比较的基础上作出一定的分析评价，因此，无法将其与外国宪法严格区别开来。

六、比较宪法学的比较方法

比较宪法学采用的是比较的方法来研究宪法问题，但在具体比较研究上，也就是如何去进行比较上，也是存在着差别的。概括起来，大体有如下几种：

1. 全面性比较

以宪法学中涉及的基本问题为线索，对不同国家宪法中与此相关的理论、制度、实践等进行比较，典型的代表是韩大元教授主编的《比较宪法学》，第一编"宪法基本原理比较"涉及宪法概念、宪法基本原则、宪法渊源、宪法结构、宪法效力等内容。第二编"基本权利比较"涉及基本权利概述、基本权利的法律形式及分类、基本权利的主体与效力、基本权利的限制、基本权利的保障与救济、基本义务的体系、基本权利的发展趋势等。第三编"宪法基本制度比较"内容包括选举制度、议会制度、政府制度、司法制度、地方制度等。第四编"宪法运行机制比较"内容包括宪法解释制度、宪法修改制度、宪法诉讼制度等。

采用这种比较研究的模式，可以将世界范围内各个国家宪法中具有代表性或特色的制度加以分析介绍，充分地展示出各个国家宪法发展过程中呈现出的特点或特色，而不受国家所属的地域范围、发展程度等的限制。对于研究者而言，可选择的空间比较大。对于各个国家而言，只要是具有特色的宪法制度和理论，都有获得介绍和比较的机会。

① 王世杰、钱端升：《比较宪法》，中国政法大学出版社 2004 年版，初版序。

2. 选择性比较

不以当今世界所有国家的宪法内容，而是选择其中具有代表性国家的宪法规定为范围进行比较研究的一种模式。如沈宗灵教授所著的《比较宪法——对八国宪法的比较研究》，比较研究的范围就是英国、美国、法国、德国、意大利、日本、俄罗斯、中国这八个国家宪法的内容。“续编”中设置两章，第一章“导论”，介绍宪法的概念、分类、宪法和政治制度、宪法思想的历史发展、比较宪法等基本问题；第二章“八国宪法中首先实行的制度和特征”。第一编“人权和公民基本权利”包括第三章“人权和公民权利的概念”、第四章“英美两国宪法的规定”、第五章“法、德、意、日、俄五国宪法的规定”、第六章“当代中国宪法的规定”。第二编“国家制度和国家机关”包括：第七章“国家论”、第八章“国家管理形式”、第九章“中央与地方权力分配形式”、第十章“立法机关”、第十一章“行政机关”、第十二章“司法机关”等。第三编“其他政治制度”包括：第十三章“政党制度”、第十四章“选举制度”。第四编“宪法的制定和实施”包括：第十五章“宪法的制定和修改”、第十六章“宪法的解释”、第十七章“违宪审查和宪法监督”。

这种比较研究模式虽然涉及的国家范围有限，但都是具有代表性的国家，大体上也能够反映出当今世界宪法制度的主要内容与类型，与全面性比较之间的差异是非常有限的。

3. 专题性比较

选择宪法学中的一些专门性问题，就各国宪法的规定从理论到实践进行比较分析，这种比较分析的模式，在内容安排上不会涉及主要国家宪法中所有的问题，而是仅选择一些具有重要的理论意义或者是代表性的制度作为比较的对象，进行详细的介绍和深入的分析。这种比较的模式，虽然不能做到面面俱到，但能突出重点，尤其是能够对一些重要的制度和理论的演变过程以及具有的特色作全面的分析评价，使人们对其的认识和了解不至于仅停留于表面之上而无法深入其内部。

开展专题性比较研究，可以在两个或多个国家宪法中的某一具体问题上进行，也可以在两个或多个国家宪法中的某一方面的内容上展开。如以基本权利或者是国家制度为范围，比较不同国家之间存在的相同或差异之处。如朱应平所著的《澳美宪法权利比较研究》，就是以澳大利亚和美国这两个国家的宪法中的基本权利为范围的。

专题性比较所涉及的问题，至少应该是形式上具有相似性或一定程度的相同性，方能在其之间展开比较分析。如美国的总统制和法国的半总统制，英国的内阁制和德国的内阁制等。如果某种制度或理论仅为某个国家所特有，其他国家并不存在，自然就不具有进行专题性比较的可能性。

4. 历史比较

近代宪法生成至今已经经历了两百余年的发展历史，在这样一个巨大的历史跨度之中，宪法虽然不能从根本上脱离其调整国家权力与个人权利关系的内容，但如何调整这一关系，在采取的原则和制度上不可避免地会留下时代的烙印，具有特定时代的印记，并因而呈现出不同于其他时期的特点。为此，以宪法发展的历史为线索，就不同历史时期宪法内容具有的时代特征进行比较分析，可以使人们对宪法发展演变的历史轨迹以及在不同的历史时期具有的特点有比较全面的了解，在此基础上深刻领悟宪法的精神在历史演变的过程中是如何得到体现的。更重要的是，可以充分地展示出宪法的发展与社会发展之间的互动关系，有助于我们对宪法演变的内在动力源泉的把握与认识。

用历史比较的方法来研究宪法问题，典型的代表作是日本的杉原泰雄所著的《宪法的历史——比较宪法学新论》。在该著作中，杉原泰雄教授将近代宪法划分为以法国革命为标志的“近代立宪主义型的市民宪法”、以德国与日本为代表的作为自上而下的近代化的逆向性改革结果出现的“外表性立宪主义型的市民宪法”和以解放民众为根本目标的“巴黎公社”式的宪法等三种类型，然后就其各自具有的特点进行了分析。而现代宪法一边维持资本主义的体制，一边对近代立宪主义型市民宪法进行修正，呈现出的特点表现为：对经济自由权的积极限制和“社会权”的引进、加强参政权的保障、明文禁止性歧视、传统的人权保障的强化、从“议会主义”到“议会制民主主义”、权力分立制的改观、加强地方自治等。通过这样的比较分析，所得出的结论是：“宪法的原理会根据时代的不同以及特定时代中决策人物的社会地位状况等发生变化，而宪法原理的变化又导致了制定条文的方式及其使用的词汇概念也随之发生相应的变化。”①

① ［日］杉原泰雄：《宪法的历史——比较宪法学新论》，吕昶、渠涛译，社会科学文献出版社2000年版，第17页。

第一编

宪法理论

第一章　宪法的观念

如同宪法学的学习先要掌握宪法概念的含义一样，比较宪法学也需要对宪法概念进行一番考察与分析。不同的是，宪法学主要是从一般的意义或立足于本国学者基于特定的价值观、意识形态等来对宪法概念进行界定，比较宪法学所要研究的宪法概念，是要对不同国家的学者或基于不同的认识方法而对宪法内涵作出的界定进行比较分析。原因在于，不同国家的宪法现象的知识体系，实际上是以特定宪法概念的存在为基础的，体现了不同文化背景下宪法制度与宪法学的不同风格与历史发展的特点。①

第一节　宪法意义的变迁

现在我们所谓的宪法，一般是指的近代以后的立宪主义宪法，以规定国家组织与个人享有的基本人权为内容。但在实际上，宪法是否必然与国家联系在一起，是否一定以规范的形态存在，内容上是否将人权作为根本的目的加以追求，需要做历史的考察以后才能加以回答。

一、作为制度意义的宪法

今天人们普遍使用的“宪法”一词，多是规范性的概念或法律用语，意指通过制宪权的行使而创设的以“宪法”而命名的法律文件及其制度。从历史渊源来讲，无论是德文的“Verfassung”还是英文的“constitution”，在近代之前更多的时候是在指从一个政治秩序的实际状态的意义上来使用的。而政治秩序的实际状态就表现为或通过缔结契约而建立，或经由现实力量而形成的制度。在此意义下，每一个国家都必定要有自己的宪法，否则将会陷入混乱无序的状态，共同的社会生活无法营造，国家的治理也无法进行。

近代意义的宪法最早在英国出现，但在英国人的观念中，“宪法”并不是指的法律文件和法律部门，而是指的“代议制”这种政治制度。英国的资产阶级在反对封建专制的斗争中，根据人民主权的原理，创立了议会这种人民行使国家权力的形式，并在此基础上形成了“代议制”的政治制度，即人民通过选出代表，组成议会这样一个代表机关，来代表人民行使国家权力。这种以限制国家权力，保障个人权利自由为实质的“立宪政体”的政治制度，英国人将其称为“constitution”，也就是我们今天所说的宪法。英国著名的宪法学家艾沃·詹宁斯爵士（Sir Ivor Jennings）指出：“如果宪法仅指成文文件，那么很明显，大不列颠没有宪法。在具有这种文件的国家，‘宪法’一词意即成文文件。但是，

① 参见韩大元：《比较宪法学》（第二版），高等教育出版社2008年版，第29页。

这种文件本身只不过是叙述那些决定政府机构的设置和运行的规则，很明显，大不列颠是具有这样一些机构和这样一些规则的；所谓‘英国宪法’就是用于描述这些规则的用语。”①

在制度的意义上来使用宪法的概念，并非完全是英国人的发明。英语“constitution”所源自的拉丁文“constitutio”的本意就是“组织”“结构”的意思，它显然不是指的法律的“组织”或“结构”，应当是指的国家或社会的“组织”或“结构”。如果这种理解还具有推断成分的话，那么从古希腊著名的思想家亚里士多德对“宪法”一词的使用就能很好地说明这一点。亚里士多德在《政治学》中指出：“法律实际是，也应该是根据政体（宪法）来制定的，当然不能叫政体来适应法律。”②“法律必然是根据政体（宪法）制定的。”③“政体（宪法）为城邦一切政治组织的依据，其中尤其着重于政治所由以决定的‘最高治权’的组织。”④“政体可以说是一个城邦的职能组织，用于确定最高统治机构和政权的安排。”⑤在古希腊语中，“politeia”本身既可以作“宪法”理解，也可以作“政体”理解。但就亚里士多德在《政治学》这一著作中的使用来讲，我们要判断其到底是指的哪一种含义，当然必须与其所使用的场合结合起来，才能作出准确的判断。《政治学》本身就是要研究什么政体是最好政体的问题，研究如何组织城邦的优良政体，来维护城邦的奴隶制民主制问题，因此，这里的“politeia”一词作“政体”来理解才是比较恰当的，才与《政治学》这一著作所研究的主题相吻合。在当时，即便是将“politeia”作为宪法来理解，也只是指的规定城邦组织方面内容的法律，并不具有根本法的含义，实际上也是指的普通法律。这样一来，如果将“politeia”作为宪法来理解，岂不成为了法律不能根据法律来制定，变成了同语反复。即便是今天来讲，哪怕是作为根本大法的宪法，实际上也只能是对一个国家所采用的政体的确认或法律化，当然不能是政体来适应法律。从这个意义上讲，宪法与政体的关系是形式和内容的关系。实际上，已经有一些学者指出，亚里士多德在《政治学》中所使用的“politeia”（即所谓的宪法）实际上是指的国家的组织，而不是法律。⑥美国学者弗里德里希也指出：亚里士多德“考虑到每一种政治秩序或政治结构都有其‘宪法’，有其 politeia 或 politeuma（国家的政权机构）。这里后者所指的宪法仅等同于政治秩序或政治结构，包括其组成的各个方面”。⑦因此，有学者指出：“亚里士多德在这里用的是‘politeia’概念，原意即‘政体’，可泛指各种政体。”⑧“亚里士多德对政体的研究非常之精细。他的《政治学》一书的另一个适宜的

① ［英］詹宁斯：《法与宪法》，龚祥瑞、侯健译，三联书店 1997 年版，第 26 页。

② ［古希腊］亚里士多德：《政治学》，吴寿彭译，商务印书馆 1982 年版，第 20 页。

③ ［古希腊］亚里士多德：《政治学》，吴寿彭译，商务印书馆 1982 年版，第 148 页。

④ ［古希腊］亚里士多德：《政治学》，吴寿彭译，商务印书馆 1982 年版，第 129 页。

⑤ ［古希腊］亚里士多德：《政治学》，吴寿彭译，商务印书馆 1982 年版，第 178 页。

⑥ 参见邹文海：《比较宪法》，台湾三民书局 1978 年版，第 1 页。

⑦ ［美］卡尔·J. 弗里德里希：《超验正义——宪政的宗教之维》，周勇、王丽芝译，三联书店 1997 年版，第 4 页。

⑧ 丛日云：《西方政治文化传统》，大连出版社 1996 年版，第 108 页。

书名就是《政体研究》。这与希腊城邦政体极其多样化有关。"①

据上所论，本源于拉丁文"constitutio"的"constitution"的本意，是指的事物或现实的组织和成分，亚里士多德也多是在这种意义上来使用这一概念的，是一种描述性的，而不具有样板或规范的意义。② 后来孟德斯鸠在《论法的精神》中谈到"Chinese Cnstitution"时，显然不是说的"中国的宪法"之意，而是指的中国社会及国家的现实构成及习惯。

二、作为特许状的宪法

封建社会时期的欧洲，受古代罗马制度中保护关系及田庄制度的影响，普遍实行以赏赐和持有采邑为基础的封主和封臣制度，封建国王为答谢其臣属在战时提供骑兵参战及日后能取得财政上的来源，在将土地赐给或封给臣属的同时，往往颁发一种叫做"特许状"(Charter)的证明文书，赋予世俗贵族或教会贵族在其领地之内享有不受国王代理人管辖之权。至公元10世纪，随着商业的繁荣和贸易的兴起，作为商业活动中心的城市在欧洲开始大量出现，集中居住于城市之中或周围的商人阶层为了通商的便利和摆脱封建制度的束缚，在生产基础相当巩固，行会组织建立起来之后，开始了反抗封建领主和封建王权，争取城市自治的斗争。考虑到可以从城市获得财政的资助，封建的国王也像对待领主那样向城市颁发特许状，承认城市享有日常权利、特权、特许权及豁免权等自治权利，这些权利主要有：迁移到享有特权的自治城市的农奴，居住满一年零一天即可获得自由；自治城市有权选举城市的政府，运用商业习惯或商法来裁决市民之间的纠纷；市民有权携带武器，任意处理自己的财产及有免受神明裁判而在自治城市法院接受审判的权利；有限制王室的征税和罚款权力的权利等。这样的特许状在欧洲的历史上非常普遍地存在着，现存的最早一份特许状是公元967年的法兰西城市特许状，其内容仅仅是给予居民免受奴役的自由，随着时间的推移，后来的特许状对新阶级的要求作了较多的让步，反映了新阶级对自己的需求有了更多的觉醒。

作为"特许状"的宪法有多种名称，除了"特许状"之外，还有"基本法""和解书""特权书"等名称，但在内容方面，都是规定介于国王与其下属之间的特定统治关系。特许状的取得可能是出钱购买的，也可能是人民起义获得的，取得特权的领土特别是城市仍然要受王权的管辖和统治，但却居于特殊的地位和享有一系列特殊的权利，如"钱币特权""赋税特权"等。特权等级如贵族享有"例外权利"，不仅不用缴税，还有自己的等级审判权，各自在自己管辖的范围内行使着近乎完全独立的司法权和行政权。它们对国王统治的服从只是形式和名义上的。特许状制度的存在具有这样几个方面的作用和意义：

首先是不应有绝对的王权存在，任何统治者，无论他的地位多高，无权随心所欲地把他的个人意志强加给他的臣民。这一精神，不仅通过特别赋予的特权及豁免权可以体现出

① 丛日云：《西方政治文化传统》，大连出版社1996年版，第107页。

② See Aristole, Politics: Book III and IV, trans with Introduction and Comments by Robinson, XV, (Clarendon Press, 1995).

来，而且还反映在比如波兰 1374 年《科息斯条约》及匈牙利 1222 年的《黄金诏书》所规定的贵族有选举国王和对国王进行战争之权上。

其次是特许状制度实际隐含着这样的思想，即统治权的享有以被统治者的两间及维护被统治者的权利为前提，统治者必须同意要按照公正的法律进行统治，臣民们则必须保证服从统治者公正的统治。任何一方若有违反，另一方就有权采取行动加以纠正。

最后是统治者和被统治者实际上存在着互惠的关系，各自都应享有权利和履行义务，否则其统治就难以为继。

上述三个方面，细加体会，不难发现其与近代的宪政主义有内在的相通之处，甚至可以说是为近代宪政主义的产生和作为国家根本法的宪法的生成提供了适宜的传统背景。因此，一些著名的法学家在对欧洲历史上的特许状制度进行研究之后，认为它“既是政府组织的特许状，又是市民权利和特权的特许状，在实效上，它们是最早的近代成文宪法”① 或“宛若成为一部微型宪法”。

三、作为契约的宪法

欧洲的封建主义是一种国王与其臣民、领主与其附庸及农奴相互承担义务的契约关系，它渊源于古罗马制度中的保护关系和田庄制度。古罗马时期，因遭遇不幸而破落的罗马公民寻求富有的庇护人的保护，成为他们保护下的平民或个人的附庸。在帝国衰落时期的混乱中，这种保护关系迅速地扩大。田庄制度的推行，则将许多农业劳动者和佃农束缚于土地上，使他们成为农奴，实际上是把他们置于大土地所有者的统治之下，增加了大土地所有者的财富和重要性。罗马帝国灭亡后，在封建化的过程中，这种保护关系和田庄制度由于封地制度的实行而被继承了下来，演变成为封建的委身制（或叫托庇制）和庄园制。委身制是一种基于人身保护的需要而形成的人身隶属关系，到 9 世纪末，在法兰西的北部和日耳曼地区，逐渐变成为封建主义的领主和附庸的关系。这种关系，以双方签订契约的方式给予了确认，附庸允诺在其活着的时期且合乎其自由人身份的情形下，为领主服务，维护领主的荣誉，并不得脱离领主的监护，同时要求领主必须供给附庸或农奴以衣食，给其帮助和救济。还约定如一方欲解除此种契约，必须付给对方若干钱币作为赔偿。

除领主和附庸、农奴之间存在着契约关系外，在国王与其臣民之间也有契约关系的存在。此种契约，多系领主、诸侯、教士同国王斗争时，封建国王为获得领主、诸侯、教士对其形式上的服从而签订。像英国 1215 年的《自由大宪章》就是大封建领主、骑士、城市市民、教会迫使英王约翰签订的，其主要内容是保障封建贵族和教会的特权以及骑士、市民的某些利益，限制了王权。它规定非经贵族和骑士组成的“王国大议会”决定，不得征收额外税金；保障贵族和骑士组成的“王国大议会”决定，不得征收额外税金；保障贵族和骑士的封土继承权；保障教会的独立地位；对任何自由人非经合法判决，不得逮捕、监禁、没收财产或放逐出境；承认伦敦等城市的自由等。再如 1356 年神圣罗马帝国皇帝查理四世（Karl Ⅳ，1316—1378）受诸侯之压力而颁布的《黄金诏书》，确认皇帝由

① ［美］伯尔曼：《法律与革命》，贺卫方等译，中国大百科全书出版社 1993 年版，第 479 页。

七个选侯推选，承认选侯对其领土内的司法、征税、铸币、矿产和土地所有权等享有完全的自主权，承认封建主私战的合法性等。此外，波兰1454年的《涅夏瓦条例》，1374年的《科息斯条约》，1222年匈牙利国王安德烈二世在贵族强迫下颁布的《黄金诏书》等，都具有这种明确国王与其臣民之间权利义务关系的契约的性质。尤其是英国1215年的《自由大宪章》，成为日后封建贵族、教会、骑士及城市市民对抗王权、保护自己权利的一个重要的法律根据，因而被视为英国宪法的开端和重要组成部分。

由于契约关系的大量存在，无论是国王与其臣民，领主与其附庸及农奴，都身处一个权利义务的周密系统之内，尽管这些权利义务的实际内容因享有者的地位而存在着差别，但至少在形式上都是作为契约的一方面存在的，是参加者进入不能由任何一方意志所更改的关系之中的协议，它隐含着无论是作为个人还是团体的义务都应明确而详细地被规定下来，违背这些义务都有可能导致对方的抵触情绪，同时也隐含着所有的政府和统治权都基于契约而产生，受契约的影响，因而构成近代政府契约理论产生的历史基础。

四、作为对君主绝对权力限制的宪法

随着中世纪封建制度的逐渐瓦解，贵族等级原来拥有的政治权力逐渐萎缩而开始向君主手中集中，具有主权的民族国家开始形成。现在面临的问题是，谁应该是国家主权的承载者，国家的权力如何组织和运作？这些问题的解决客观地要求宪法不能像过去那样是对个别事项如领地统治权、提供的给付等的规定，而应当以总体的国家秩序为规制目标，以国家统治权的组织、行使及约束为目标。正是适应于这种要求，规范政治权力与法律关系的宪法在功用上也发生了转变，由双方当事人之间关于个别事项的约定，逐渐转变为对主权者的约束，具体而言就是对逐渐集中的绝对王权的限制。于是，宪法的功能便被定位于“限制作为国家权力‘承载者’以及依附于其上之行政的强大权力，以利人民。限制的方式则是以固定的形式与程序来约束权力的行使，并在某些领域使其取决于国民代表的同意。于此，宪法并不构成统治权与决断权，而是预设其已然先于宪法而存在，仅当宪法包含确立性与限制性的内容时，君主才受到约束”。①

例如，德国1818年巴伐利亚邦的宪法第二部分第1条规定：“国王是国家的元首，在其身上国家权力的所有权利融合为一，并在由其所颁布的、确立与当前宪法法典的条件下行使该等权利。”单纯从规定上看，君主需在宪法规定的条件下行使其权利，而宪法规定的条件又是由君主来规定的，似乎只要君主愿意，可以随时变更其行使权利的条件而不受任何约束，何以能够对君主的权力构成限制。

和此前契约性质的宪法所具有的双面性相比较，对君主绝对权力限制的宪法显然是单面性的，即规范性作用方向是对绝对王权的限制，限制君主的以及由君主所授权的决定权与统治权，以保障个人在国家和社会中的自由能够得以充分实现。

---

① Böckenförde，1991；33-34. 转引自张嘉尹：《宪法的意义变迁（一）》，载《月旦法学杂志》2002年12月，第91期。

第二节 宪法的基础观念

一、自由主义

自由主义和宪法又有什么样的关系，套用台湾学者颜阙安先生的话："自由主义是西方乃至于近代世界最主要的一种政治学说。而宪政体制似乎又是自由主义政治理论所必然蕴含的唯一一种政治体制。"①

有学者将自由主义思想的共同要素归纳为六个方面，可以看做是自由主义的底线内容。它们是：(1) 个人权利，个体具有自主性及个体之所以为个体的价值，其他个体或集体必须对个体价值高度尊重。(2) 多元宽容，每个人都可以形成与他人不同的价值信念与行为模式。只要一个人的自由不妨碍其他人享有同样的自由，它的思想行为就应该受到尊重。(3) 立宪政府，政府是必要的恶，是为了保障人民权利而存在。为了防止政府滥权，必须以宪法为根本规范，将种种自由列为不可侵犯的基本人权。此即法律主治传统的确立，并以分权制衡的设计，来避免政治权力的专擅。(4) 国家中立，从避免宗教战争的政教分离传统而来，主张国家应保持对特定族群、宗教等的中立。虽然国家事实上不可能完全价值中立，自由主义仍试图尽可能以程序正义取代实质正义。(5) 私有财产，对早期自由主义者而言，私有财产权拥有与生命、自由同等的神圣性。未经人民代表同意，政府不得征税与将私有财产充公。人民则可以自由处分其私有财产。即使在福利国家体制兴起后，自由主义仍主张人民拥有私有财产权，生产工具不能完全收归国有。(6) 市场经济，市场经济对私有财产可说是孪生原则。要求以自由开放竞争的方式，来决定社会经济供需之平衡。自由主义市场原则，反对政府对市场过多的干预管制，相信市场的力量自然会导致最佳的资源配置状态。②

自由主义意图实现上述这些基本主张，根本的手段是建立民主立宪政体，通过宪法政治来实现社会生活的自由化。只有通过宪法，才能在社会生活中全面实现保障个人权利、私有财产、实现政教分离、多元宽容和自由市场经济的目标。由此决定了宪法和自由主义的关系之一乃是宪法有助于实现自由主义。宪法和自由主义的第二点关系在于自由主义深刻地影响了宪法的内容，指导了宪法的发展变迁。从西方法治发达国家的宪法内容来看，对自由主义重点讨论过的政治、社会、文化议题都有所反映。如美国宪法对于政教分离的强调，泰国宪法中确立国教的说法，我国宪法中"国家尊重和保障人权"的规定，以及新加坡等国宪法对议会民主制度的规定，德国基本法对联邦制的规定等，凡此种种，不一而足。当然，自由主义对各项议题理解的变化，当然也会影响到宪法的内容。如欧盟宪法条约中对于社会经济权利的保障规定，就反映了新自由主义对于国家主义思潮的一定程度

① 颜阙安：《自由主义与宪政体制之建立》，载《幕垂鸮翔——法理学与政治思想论文集》，台湾元照出版有限公司 2005 年版，第 7 页。

② 江宜桦：《自由主义的宪政民主认同》，载《宪政主义与现代国家》，三联书店 2003 年版，第 62~64 页。

的吸纳，从而修正了自由放任时期的宪法思想；再比如，德国基本法对于“进攻型民主”和纳粹言论不受言论自由保障的规定则反映了德国在“二战”后，对于之前多数决式的议会民主制和几乎不受限制的表达自由的一种反思，即基本法规定了对违宪政党的解散程序和宣布纳粹言论的违宪，这些无不反映出“二战”后德国国内自由主义的新发展。

二、共和主义

共和主义是一种平衡的规范性思想观念，它不仅追求一种内部制衡的共和政体、公民对组织国家与国家行为的决定性参与，而且追求法治政府下公民的无支配自由、公民的德性与义务，当然这四个方面呈内部支撑与沟通关系。作为一种规范性政治理论，共和主义所蕴含的基本理念如下：

1. 以每个人作为共同体的平等成员为逻辑起点

共和主义起源于希腊城邦和罗马共和制。其视城邦公民、罗马公民为其共同体的平等成员，而非等级制的特权依次限缩的社会分层。这是共和主义对人的伦理定位。各种有形无形的划分、差序格局都与共和主义背道而驰。当然，在希腊城邦、罗马国家所谓的平等并非全无瑕疵的。但是在政治权利和公民（除去奴隶、外邦人等）参与政治生活上已经平等化了，或者通过“保民官”确保最基本的政治利益。平民获得了担任公职的机会，并通过人民大会立法控制政府，甚至在特定时期经过改革让无地的贫民获得安身立命的土地。这些政治经验，与斯多葛学派的思想具有密切的关系。

2. 强调公民的德行与义务，公共利益高于个人利益

共和主义在公民德行上力倡爱国主义以及对权威和传统的尊崇。比如罗马人认为主要的美德是勇敢、荣誉、自律、对祖先的虔敬和对国家、家庭的忠诚。公民的义务就是积极参与公共事务、维护公共利益、忠诚卫国等，为了国家的利益，公民不仅必须牺牲自己的生命，而且在必要的时候，还要牺牲其家庭成员和朋友的生命。

3. 追求法治政府下的公民无支配的自由，自由作为公共事务而非个人行动

共和主义在基本价值上的主张是政治自由，捍卫自由在共和国中具有根本的意义，根据法律维护一种无支配的自由。所谓无支配的自由是指依照理性法律治理的人人参与其中享有权利的内在自由状态，而非其他力量赏赐的外在自由。自由的公共生活是每个公民积极参与、行使权利的结果，公民的消极无为不是无涉他人的个人选择，危害的是公共的自由生活，最终会使公民陷入被奴役的状态，正如我国古人所说“皮之不存，毛将焉附”。

4. 公民对组织国家与国家行为的决定性参与

公民的制度化参与是共和主义的核心机制。公民的参与不是陪衬，不是集中决策寻求合法性的手段，而是组织国家与启动国家行为的决定性力量。比如全国竞选、全民公决、行政听证等。这种民主程序应该是现代共和国的基本的、普遍的构件，而非特殊构件。

5. 追求一种内部制衡的共和政体

权力的内部制衡是制约权力的有效的不可或缺的机制，即以权力制约权力。那种企图以人民监督消除滥用权力的卢梭式共和具有明显的局限性。人类治理的知识更多地来自经验，直接经验或间接经验告诉我们权力的内部制衡才是最靠得住的。

6. 政治多元主义

冲突、竞争、分立、利益集团并不是共和国的克星，而是其结构—动力机制。这一点的证立在于我们必须有一种清醒的意识，公民间的团结是乌托邦的，利益的分歧是政治生活永恒的主题，消灭党争、派系斗争在现代大型的政治社会无异于天方夜谭，唯一的办法是麦迪逊式的，承认冲突、竞争、分立、利益集团，通过宪法制度公开化其合法反对的结构—动力机制，建立利益合法竞争的政党制度、制衡机制与妥协机制。将这种政治利益的竞争引导到民主、宪政、法治与人权保障的轨道上。

7. 公民自治与地方自治

古典的共和主义并没有特别强调公民自治与地方自治，这是局限于较狭窄的地域及有限的公民范围的结果。在现代普遍民主化的政治实体，地域范围一般超出了城邦与中世纪城市共和国的范围，纵向的治理层级要求公民自治与地方自治。只有自治体制才能真正保障公民的利益，防止中央集权的弊端。当然，这种自治不会影响全国性共和的整体格局，恰恰是其必要的组成部分。

8. 人民主权而非君主主权或宗教主权

共和制的现代形式必然是人民主权，而非君主主权、宗教主权或者其他变异形式，比如政党主权。人民主权的主要形式是代议制的议会机关，其应享有立法、财政、人事任免和监督等主权性权力，当然全民选举、公决、责任政府等形式也是人民主权的直接形式。如果不能实现人民主权，其共和政体就无法实现。需要注意的是，人民主权的各种制度必须经由宪法典与宪法惯例制度化，形成具有自卫能力的民主政治文化，否则，势必会重蹈共和政体的脆弱性这个古典共和主义的主题。

共和主义的基本理念不可能是众口一词的，这里的要点结合了古典共和主义、现代共和主义乃至当代新共和主义理论与实践的规范性特征。

三、宪政主义

宪政主义包括的要素可以分为两类，一类是目的性因素，另一类是手段性因素。目的性因素就是保护个人权利，而为了达到这个目的所需要的所有手段都可以归为手段性因素，这些手段主要针对的就是容易被滥用的国家权力。

1. 个人权利的诉求

宪政主义对个人权利的诉求是建立在社会契约论的基础上的。其认为，在自然状态下，人人都享有与生俱来的自然权利，即生命、自由和财产权；进入政治社会之后，人们也应当保留而不是放弃这些权利。而基于劳动的私有财产所有权神圣的论说，则是洛克的卓越贡献，其迎合了市场经济发达的根本要素即私有制保障的时代呼唤，否定了教会或政府肆意地剥夺人权的核心义项之一即财产（另一项是信仰自由权）的合法性。这样一来，人们组成政治社会或国家的初衷以及政府权力的范围以及运行的个人主义价值目标就一目了然。自然权利由此构成了近代宪政思想和实践的起点与归宿。

2. 人民主权的确立

在西方话语中，人民主权可以在两种意义上使用：“A. 作为使国家行使的强制性权力合法化的规范性原则以及 B. 与布丹的主张相一致，即作为一个经验事实，在每个国家中都存在着主权的一个位置，而对政治的正面研究必须注意它的位置所在。"① 前者意义上的人民主权是指在逻辑和政治上，国家权力来源于人民的权利，必须为保障人民的权利而存在和运行，并因此而受到限制；后者意义上的人民主权是指在实际上和法律上，人民作为一个整体在国家中直接掌握和行使国家的最高权力。作为宪政赖以生成的人民主权思想是政治含义的人民主权思想。其主要特征为：(1) 主张政府之权力来源于人民的权利，并将这一来源看做政府权力合法化的标准和服务的方向。主张人民的权利是目的，政府的权力是手段。(2) 将人民权利的基本内容归结为个人的生命、自由和财产权利。个人权利是该理论的起点和终点。相对于个人权利来说，人民的权利亦是一种手段。在该理论中，人民作为一个整体不直接享有和行使法律上的主权。人民主权主要通过代议制政府来予以实现。因而作为一个整体的人民在该理论中只有道德意义和政治意义，而无法律意义。"人民" 只是自然状态中的个人权利和政府应该保护的个人权利之间的一个逻辑环节，是论证个人权利神圣性和优先性的一个道德和政治工具。(3) 对人民权利的论证基于一种基本的假设，将其归结为一种被推定的自然权利，这种推定的依据主要是自然状态说、天赋人权论和社会契约论等理论。

3. 分权制衡的设计

现代宪政主义所依据的分权与制衡思想来自两个非常重要的前提，即权源推定和人性估价，最终具体归结为人民主权和人性弱点或人性恶。

从分权与制衡的目的上看，是为了维护人民所委托的权力不被滥用。分权与制衡的制度和思想总是与保护人们的自由相联系。"分权学说显然信奉的是这样一种政治自由观，这种自由观的关键是限制政府权力，而这种限制可以最好通过在政府内进行划分、防止权力集中于一群人手中来取得。限制政府是秘藏于这种方式内的政治自由观的精髓组成部分……"② 从分权与制衡的必要性上看，是基于对人性的一种悲观的估价，即认为人是自私自利的，权力如不经有效的制约必然导致滥用以致损害人民的权利和自由，只有通过分权和制衡才能控制人性的弱点，并且甚至使人性中的追逐私利和互相嫉妒等弱点变成彼此控制的有效机制，以保持权力的正当行使，从而使人性的弱点成为维护公共利益和人民权利的优势。用麦迪逊的话说就是"用相反和敌对的关心来补足较好动机的缺欠，这个政策可以从人类公私事务的整个制度中探究。我们看到这一政策特别表现在一切下属权力的分配中，那里的一成不变的目的是按这样的方式来划分和安排某些公职的，以便彼此有所牵制——使个人的私人利益可以成为公众权利的保护者"。③

4. 法治制度的建立

法治背后的法律思想是法律至上思想。法律至上的信念和实践为现代宪法和宪政的产生和生成提供了法律控权基础。

---

① ［美］斯科特·戈登：《控制国家——西方宪政的历史》，应奇、陈丽微、孟军、李勇译，江苏人民出版社 2001 年版，第 35~36 页。

② ［英］M. J. C. 维尔：《宪政与分权》，苏力译，三联书店 1997 年版，第 14 页。

③ ［美］汉密尔顿、杰伊、麦迪逊：《联邦党人文集》，程逢如等译，商务印书馆 1980 年版，第 264~265 页。

法律至上的标志是用法律控制国家权力。法律至上的信念和实践通过与个人权利诉求和政治权力多元等其他因素的互动和发展必然导致英、美社会近现代控制国家权力以保护个人权利的宪法和宪政的产生。如果没有法律至上的信念和传统，政治权力多元的社会状态也不会生成宪政，只能有两种可能的结果，或者社会处于无政府状态，或者某一政治势力不断壮大，最终战胜或消灭其他政治势力，从而导致集权或专制。

法律至上的观念和习惯滥觞于欧洲中世纪的普通法传统。“普通法对待国王、议会和多数派是一视同仁的，它只在法律所确认的范围之内遵从以上三者的意志，但他们要接受这样的警示：你们只能依据上帝和法律来统治这个世界！一旦宪法对权力进行了限制或者对其行使规定了一定程序，那么普通法院将拒绝执行超越这些限制的任何行为。普通法院的这一态度在法理上称为‘法律至上原则’。这一原则滥觞于封建思想的君主与臣民的权利义务关系。从哲学角度考查，这一原则起源于统治者们应依规范而不是专断、应以理性而不是主观臆断来实施统治行为的理论。随着‘遵循判例原则’、‘法律至上原则’、‘陪审团审判原则’成为盎格鲁—美利坚法系三大富有特色的法律制度，在经历16世纪和17世纪的法庭与王权之争后，法律至上原则最终得以确立。”①

第三节 不同思想流派的宪法观念

一、实证主义的宪法观念

实证主义法学通常指以孔德（1798—1857）的实证主义哲学为思想基础的各派资产阶级法学，也称实证法学或法律实证主义。这个学派认为各种自然法学派和其他哲理法学派都是“形而上学”的，只有它才是以实证材料为根据的法律科学。它强调的是实在法，即国家制定的法。其理论特征是：区别“实际上是这样的法”和“应当是这样的法”，即区别实在法与正义法或理想法；它申明自己只研究实在法，着重分析实在法的结构和概念；根据逻辑推理来确定可适用的法；认为法与道德无关或至少二者没有必然的联系。采用这一方法来对宪法概念进行研究的代表性人物是德国的拉邦德（Paul Laband，1838—1918）和耶林内克（Georg Jelinek，1851—1911）。

拉邦德生前就被誉为“当时最大的国法学家”，其代表性著作是《德意志帝国国法》。其研究方法的最大特点是运用民法的观念和释义学的方法来研究宪法问题，对于法律的解释，采取概念法学和实证法学的方法。拉邦德的宪法理论建立在实证的方法论基础上，完全以现行有效的宪法为基础，直接地去解释当时德意志帝国宪法的规定，而且仅处理实定宪法条文所包含的规定，目的是要建构对该实定宪法适用的概念与原理。②

受格贝尔（Carl Friedrich Wilhelm von Gerber，1823—1891）用民法上的人来看待国家而形成的国家的法律人格学说的影响，拉邦德将国家定义为法人。在论及作为国家概念构

① ［美］罗斯科·庞德：《普通法的精神》，唐前宏译，法律出版社2001年版，第44~45页。

② 参见陈淑芳：《拉邦德——德国公法学与概念法学的先驱者》，载《民主与法治》，台湾元照出版有限公司2004年版，第10~12页。

成要素的人民和领土的时候，认为领土是国家权力行使的范围，人民是国家权力行使的对象。以此而论，人民并非组成国家的主体，而是处在国家之外，受国家权力统治的客体。因此，人民不可能成为国家权力的所有者，国家权力属于国家这一法人。基于此，拉邦德将宪法理解为对专制权力进行限制，问题在于在拉邦德以国家权力为核心的宪法学理论中，宪法的内涵被界定为“国家法的基本秩序”，具体就是规定国家的最高机关，确立其组成方式、相互关系，调整国家与个人关系的规范。这样的宪法概念中，并没有包括创设人民主观权利的意涵，人民对国家并无权利可言。即便是某些权利受到了国家的保障，也不过是国家对自己权力的展开自我设下的界限。更何况，在法律实证主义宪法学的理论框架中，拉邦德关于人民自由权利的限制只能通过法律的主张，可以转换为只要根据法律就可以限制人民的自由权利。①

耶林内克的宪法学仅仅是其国家学的组成部分，而其国家学被划分为“国家社会学”和“国法学”两个部分，前者回答国家的本质、国家的正当性、国家的目的、国家的历史类型以及国家与法的关系等问题；后者则研究国家的法的要素、宪法、国家机关、代表与代表机关、国家作用、国家形态、国家结合等内容。法学的任务就是依据抽象的法规范，对国家现存之状况进行法上的判断。由此可知，耶林内克运用法学方法所欲探究和观察的国家则是一由其内部原始的，非从其他力量所导出的，法的力量所支配与形成的团体。② 在说明宪法概念的时候，耶林内克提出，宪法并非具有任何神秘的力量，只不过拥有优位于其他法规范的效力而已。宪法的优位效力，是一个国家法律秩序的基础，也是为了确保国家法律秩序的持续和谐性。但从实质上看，宪法是规定国家最高机关、机关的类型、彼此关系与作用范围，还有个人与国家权力彼此关系的法规范整体。其并不当然或必须存在于成文的宪法典中，也可以存在于法律之中。③ 以此而论，耶林内克是从宪法国家法秩序中的形式优越性观点来分析宪法概念的内涵的。

二、决断主义的宪法观念

决断主义宪法学的代表人物是德国的卡尔·斯密特（亦有译者译为施米特）（Carl Schmitt，1888—1985）。其主张国家作为一个政治统一体是宪法有效性的前提，宪法无法建构一个国家，但却可以赋予国家具体的政治性形貌，并决定了国家具体统治行为应有之秩序的展开。斯密特指出：“凡是国家都必须有政治统一性和社会秩序，必须有统一性和秩序的某些原则，必须由某个在危急情况下，在遇到利益和权力冲突时作出权威裁决的决断机关。我们可以将政治统一性和社会秩序的这种整体状态称为宪法。”④ 这就是所谓的绝对的宪法概念，它构成斯密特宪法理论的核心范畴。绝对的宪法来自于制宪权的决定，而政治统一体的存在是制宪权作用的前提，而非其结果。制宪权是一种具有权力或者权威的政治意思，用以针对固有政治秩序实存的样态及形式，作具体的整体决断，宪法就是制

① 参见李龙：《西方宪法思想史》，高等教育出版社 2004 年版，第 262 页。

② 参见陈慈阳：《宪法规范性与宪政现实性》，台湾翰簠图书出版有限公司 2000 年版，第 13 页。

③ 参见陈慈阳：《宪法学》，台湾元照出版有限公司 2004 年版，第 39 页。

④ ［德］卡尔·斯密特：《宪法学说》，刘锋译，上海人民出版社 2005 年版，第 5 页。

宪权主体意志的展现。而制宪权主体之所以能展现其意志而作出决定，是因为其拥有以实力或权威为内涵的制宪权。如此一来，在西耶斯的制宪权理论中，国民的意志本身就是法，国民意志仅凭其实际存在便永远合法，是一切合法性的来源，非赤裸裸的权力。但在斯密特的“决断主义”制宪权理论中，制宪权变成了赤裸裸的权力，存在于一切规范之上。无论是作为该决断产物的“宪章”，还是由此“宪章”派生出的“宪律”，乃至于宪法所创设的权力，都统统要臣服于其下。

斯密特与决断主义的立场，在不同的层面上对宪法概念进行了阐释。

1. 绝对的宪法概念

绝对的宪法概念是斯密特宪法理论的核心所在，而宪法概念的绝对性是指宪法概念所应具有的不容分割的整体性，是一个人民或民族政治统一体的表现。从政治体的实然面来理解，绝对的宪法概念尚可分为三种：

首先，是指代表政治统一体与政治秩序的总体状态。这种意义上的宪法，并非是指各种据以规定国家意志的建构与国家行为的实行的法律条文与规范，而是指的各个国家的具体的政治性存在状态，因此可以说国家就是宪法。

其次，是指政治或社会秩序的特别种类，等同于每个国家都具有且与国家的政治性存在无法分离的统治的特别形式，即国家的形式。这种形式并非是规范意义上的，而是指的一种实然的状态。

最后，是指政治统一体的动态形成原则。国家是动态发展的，所呈现出来的总是新形成的状态，各种对立的意见、利益时刻需要在政治统一体中加以融合建构。这种意义上的宪法，实际就是国家在持续更新过程中为维持政治统一体的存在而奉行的原则。

从应然的层面来看，绝对意义的宪法也可被理解为一种由各种高低位阶的规范所构成的统一的、封闭的规范体系，等同于规范的规范。即便如此，此种意义的宪法也不是指涉个别的规范或法律，而是国家生活的整体规律。它不仅是作为一种法秩序的国家植根的基础，也是其他的法律与规范生成的源泉。

2. 相对的宪法概念

相对于绝对性宪法的统一性，相对性宪法概念仅具有个别性，即具体的宪法律。凡存在于成文宪法中的规范，均为相对性的宪法律，内容究竟是涉及国家基本形式，还是技术性、细节性的规定在所不问，本质上与一般法律相同，并无高下之分。由此可知，斯密特所主张的绝对的宪法与相对的宪法律之间是质的差别，而不是量的不同。即使所有宪法律的总和也不能与绝对的宪法相等同。

斯密特提出绝对与相对的宪法概念，形式上意在宪法与宪法律之间作出区分，实质则是要强调决定宪法的主体与制定宪法律主体之间的不同。宪法是人民作为制宪权主体所作出的根本性决断，而宪法律是为了执行制宪意志，将宪法予以规范化的结果。

3. 实证性宪法概念

在区分宪法与宪法律的前提下，斯密特认为实证性的宪法概念指的是由制宪权的作用而形成的关于政治统一体的种类与形式的总决定。政治统一体的存在是制宪权作用的前提，而宪法是制宪权主体意志的展现。制宪权主体之所以能展现其意志而作出决定，乃是因为其拥有以实力或权威为内涵的制宪权，宪法因而是一种事实而非规范，但却可以制造出规范。作为表现了政治性的基本决定的宪法，除了可以表现在宪法文本之中外，还可以经由习惯法、持续的宪政实务运作或人民的反应等，在判例中表现出来。①

三、融合理论的宪法观念

Smend 以其动态融合性理论，认为宪法是一个作为生命共同体的国家的法秩序。“宪法”并不是一个静态的概念，应被理解为具有活力的人民共同有秩序去形成一政治团体的表现。对 Smend 而言，宪法不仅是一个国家的法秩序，更表示一种实现国家现实面的生活，也就是代表着国家自我内在融合过程的实现。由此可知，Smend 的宪法学所描述的是一个持续前进与不断自我内在融合的国家与宪法现实的程序，是一种动态的而不拘泥于传统规范与现实对立之观点来阐述的宪法理论。在不断更新，创造国家生命体的过程中，宪法被视为这一过程个别面向的法规范化表现。② 在融合理论的宪法概念之中，除了成文的宪法条文之外，还必须加上社会学的力量，反映出规范与社会之间的互动关系。

① 参见蔡宗珍：《宪法与国家》（一），台湾元照出版有限公司 2004 年版，第 11~20 页。

② 参见陈慈阳：《宪法规范性与宪政现实性》，台湾翰簠图书出版有限公司 2000 年版，第 19~21 页。

第二章　著名思想家的宪法理论

第一节　狄骥的宪法理论

莱昂·狄骥（Léon Duguit，1859—1928）作为波尔多学派的创始人与代表人物，受法国思想家孔德（1798—1857）的实证主义哲学与社会学家涂尔干（1858—1917）的社会连带主义学说影响，致力于建立一个实证主义的社会法学学说，反对当时在法国法学界占支配地位的个人主义与形而上学方法，取消传统法学中的一些基本观念，例如主权、权利、法人等。狄骥的初期著述，一直认为法律的基础在于社会大众的社会连带的感觉。但到了1927年在其代表作《宪法论》第三版，他坦白地承认在过去犯了一个大的错误，就是把社会大众的连带感觉当做了法律的唯一基础，对于另一重要因素，正义的感觉，未能予以充分的重视。他在第三版里，认为作为法律基础的社会大众的意义，是由两种因素构成的，一为社会连带的感觉，一为正义的感觉。

一、国家理论

在《宪法论》第五、六章，狄骥阐述了其国家理论。他认为社会必然产生一种分化，政治分化。“社会存在一种政治分化的时候，不论这种分化是初级的，还是复杂和发展的，都有国家产生。国家一词要就指统治者或政治权力，要就指统治者和被统治者之间所存在的这种分化，从而存在有一种政治权力的社会本身。”①

与当时流行的国家人格说、公共权力作为国家人格的主观权利说相反，狄骥持一种现实主义的，视政治权力为一种社会事实的观点。“我的学说基本上是客观主义的；我否认把公共权力理解为主观权利；我否认把国家的人格理解为法律主体；我只承认国家有一种事实上的权力，而这种权力的对象和范围都是为客观法所规定的，我主张人们只有这样做才可以把国家受法律限制这一点建立在坚固的基础上。”②

这样的国家学说为国家受法的限制问题，开辟了一个新的视野。实证主义社会法学由于取消了主权观念，建立了客观法的规范，国家受法的限制问题便迎刃而解。法的规范产生于社会连带关系这个事实，完全独立于统治者，它拘束社会中的一切成员，包括统治者在内，公法与私法的区别在此没有意义。国家受法的限制问题，根据客观法的学说也就有了一个坚强的基础。法的规范为统治者规定了两个基本任务。第一，他们不能做任何事情

---

① ［法］狄骥：《宪法论》，钱克新译，商务印书馆1959年版，第382页。

② ［法］狄骥：《宪法论》，钱克新译，商务印书馆1959年版，第392页。

妨碍个人活动的自由发展，因为个人活动的自由发展是促进社会分工所必要的。这样，统治者就必须尊重个人的基本自由。第二，他们必须进行干预，保障一切个人有自由发展其行动的手段。因此，统治者必须保障一切人享有某种程度的教育，保障公民的工作权利，享受社会生活安全的权利等。统治者为促进社会连带关系而进行干预的各种活动，狄骥称之为公务，它是统治者行使权力的基础，也是全部公法体系的基础。①

二、主权批判理论

狄骥认为主权概念根本就是假设性的、没有实际意义。“我把所有符合如下特征的学说都归入形而上学的类别：这些学说认为国家具有一种区别于个人的人格，这使得国家成为一种具有意志的人格主体，这种意志高于其他所有意志。人们通常把这种意志称为‘主权’。这些命题显然带有形而上学的性质。”② 如果根据主权的定义，就没有任何意志可以颁布令国家服从的法律。如果存在一种高于国家的法律规则，而国家不得不服从这种规则，那么国家就不再是主权者，因此也就不再成其为国家了。可见，在主权国家的概念和高于国家、并限制国家行动的法律概念之间，存在着不可化解的矛盾。要解决这个问题，就必须承认，不存在所谓国家意志，只存在掌握统治权的个人意志。狄骥从多个方面来说明主权理论的虚妄性：主权理论声称主权在国内享有绝对的最高权，意味着国家不可能受到任何约束，这与政治现实中的许多现象明显不符。主权被定义为单一的、不可分割的，然而显而易见的是，地方分权主义和联邦主义保持着存在的强势。③

他断言公务的概念正在逐渐取代主权的概念成为公法的基础。他说：“我们没有发现任何地方存在‘个体大众’，更没有发现所谓‘公共权力’、‘主权’，只看到在一定社会内部，在处于一定领土范围内的公众内部，拥有暴力手段的某些个人，看到了这些个人必须行使的某些职责，因为只有这些人能借助于他们的强大力量来确保完成该职责。因此，如果有公共权力，那么公共权力只能是义务，是职责，而不是权利。”④ “统治者的权力受该公用事业行为限制，与公用事业的目的相违背的统治者法律是无效的。公用事业是政府权力的基石与对政府权力的限制。”⑤

三、对自然权利学说的批判

孔德在其《实证哲学》中说“每个人对全体有其义务，没有人有真正的权利。凡人只有尽其义务的权利，除此之外，别无其他”。⑥ . 受其影响，狄骥对权利观念极尽排斥之能事。在法律秩序中，他承认有一个客观的因素，同样承认有一个主观的因素。原来，

---

① 王名扬：《狄骥的实证主义社会法学》，载王名扬《法国行政法》，中国政法大学出版社 1988 年版，第 765 页。

② ［法］狄骥：《公法的变迁——法律与国家》，郑戈、冷静译，辽海出版社、春风文艺出版社 1999 年版，第 223 页。

③ 参见何勤华：《西方法律思想史》，复旦大学出版社 2005 年版，第 270~271 页。

④ ［法］狄骥：《宪法学教程》，王文利等译，辽海出版社、春风文艺出版社 1999 年版，第 61 页。

⑤ ［法］狄骥：《宪法学教程》，王文利等译，辽海出版社、春风文艺出版社 1999 年版，第 61 页。

⑥ Comte, Politique positive, t . Ⅱ. p. 361.

法文 *Droit*，既有法的含义，也有权利的含义。为使字义明确起见，狄骥称法为 *Droit objectif*，称权利为 *Droit subjectif*。而狄骥所了解的权利的意义，是一个意志加于另一个意志的力量。所谓权利，就是一个意志超越于另一个意志的力量，就另一方面言之，亦就是一个意志应受制于另一个较高或较强的意志。这当然不是人之意志的本质。这种意义的权利，狄骥是反对的。① "因此我们所肯定的，不是所有人生而自由且平等享有权利，我们所应肯定的，是人作为集体成员而生，由此人应承担为维护和发展集体生活而应尽的义务。"②

狄骥并没有把客观的事实当做法律的唯一基础，也没有把个人的独立意志排斥于法律体系之外，他的思想，仍是从人性出发。人是社会的动物，同时是个体的动物，人有社会性，同时有其个体性。在其社会性上，狄骥建立了他的连带观念，在其个体性上建立了他的正义观念，合此两性为人性，在这人性上，狄骥建筑了整个法律体系的基础。尽管狄骥反对个人自然权利理论，不过，他反对的是 19 世纪褊狭的自然权利理论，他并不反对 17、18 世纪给予人的社会性以恰当地位的自然权利理论。这一点亦是狄骥所承认的。如果像国内许多学者的解读，认为狄骥否定个人自然权利，否定权利，那么怎样解释他的《宪法学教程》中三分之一的篇幅用来论述"'法'与国家公民自由"呢?

第二节　施米特的宪法理论

卡尔·施米特（Carl Schmidt，1888—1985）是德国魏玛共和时代最重要的国家法学者之一。他由于坚持认为政治是敌友关系的观念，以及对《魏玛宪法》第 48 条规定的总统应急权的解释而广为人知。在《政治的概念》中，施米特肯定"国家概念预先设定政治概念"，对于政治就是要分清敌友的观点给予了详细阐述。但是，他明确表示此观点是一种标准，"而不是详尽的定义或含有实质内容的表示"。

施米特的国家法学对德国的公法产生着重要的影响，这种影响很大程度上源于其《宪法学说》一书。该书认为，在宪法中有若干不可侵犯的条款，在整个宪法没有废除以前不得予以改变。例如在魏玛宪法，这些条款是指行政、立法和司法部门三权分立并具体规定其职责和权力的宪法第一部分的组织条款。这些条款与宪法中的民主选举条款和权利法案中的个人自由与财产权保护的条款相结合，成为现代立宪国家或公民法治国家的具体制度范例。

一、主权决断论

施米特之主要著作多写作于第一次世界大战之后到魏玛德国的政治动荡时期，他最为关注的问题之一，是德国民族的兴亡与宪政体制之根基的关系。施米特对韦伯所阐述的现代性条件下的价值纷争的困境具有敏感而深刻的把握。他认为在"诸神之争"不可解决的状况中，宪政体制根本的正当性无法诉诸任何价值规范，而必须求助于一个超越规范之

---

① 王伯琦：《近代法律思潮与中国固有文化》，清华大学出版社 2005 年版，第 258 页。

② ［法］狄骥：《宪法学教程》，王文利等译，辽海出版社、春风文艺出版社 1999 年版，第 6 页。

争的绝对权威。这是他辨别"合法性"（legality）与"正当性"（legitimacy）的用意所在："当今谁想强调自己拥有正当（Recht），为自己的诉求辩护，他所使用的词语至多是正当的（legitim），而不是合法的（legal）。"① 在他看来，"在今天，以规范主义的方式虚构一个完整的合法性体系，就与一个现实存在的合法意志的正当性发生了显著的、无法消除的对立。正是这种对立——而非君主政体、贵族政体、寡头政体或者民主政体的对立，在今天才是决定性的，后者在大多数情况下只是隐晦、模糊的"。② 因此，不是政体问题而是"合法意志的正当性"，才是决定性的问题，只有这种合法的意志才能提供宪政体制的绝对正当性。在传统的神权政治衰落之后，这个绝对性必须来自世俗人间。于是，施米特面对的难题就是：这个绝对性必须既是世间的（否则就不是现代的），又是超验的（否则就会卷入价值规范的纷争而无法成就其绝对性）。施氏从马基雅维利、卢梭以及西耶斯的主权论传统中找到一种建构绝对性的方式，发展出他的主权决断论——将世间的"人民"通过"普遍意志"，提升为一个抽象的、具有超验力量的作为主权者的"人民"："人民的意志和一切权力来自人民的信念，其意义类似于一切权威来自上帝的信念。"这可以称为人民主权的神权"模拟论"。③ 然而，世间的"人群"何以合成具有神性品质的至高无上的人民？施米特扬弃了卢梭"社会契约论"中的"契约"成分，强化了"政治同质性"的概念："源于人民制宪权行为的宪法与社会契约必定有着本质的区别。人民制宪权的民主制原则导致了这样一个结果：宪法是通过拥有政治行动能力的人民的行为制定出来的。人民若欲成为制宪权主体，就必须作为政治统一体而存在，必须被预设为政治统一体。相反，社会契约、社会协议或国家契约（在此无须讨论这些'协议'的区别）的订立则旨在奠定人民的政治统一体的初始基础。因此，如果我们认为社会契约的订立必不可少的话，人民制宪权学说就必然预设了社会契约。"④

二、紧急状态理论

《魏玛宪法》第48条规定："（第1项）联邦大总统于德意志联邦内之公共安宁及秩序，视为有被扰乱或危害时，为恢复公共安宁及秩序起见，得取必要之处置，必要时更得使用兵力，以求达此目的。（第2项）联邦大总统得临时将本法114，115，117，118，123，124及153各条所规定之基本权利之全部或一部分停止之。（第3项）本条第1第2两项规定之处置得由联邦大总统或联邦国会之请求而废止之。其细则，另以联邦法律规定之。"那么第48条性质和地位为何？法治国中应制订一部什么样的紧急状态法以规范紧急权的行使？这部紧急状态法与宪法，尤其是第48条关系为何？施米特对于这些问题作了体系化的回答，标志着其紧急状态理论的成熟与定型。施米特认为：第48条仅是一个"临时性"的规定，在1919年制宪时，鉴于德国的异常紧张情势，才赋予总统以非常权力。至于如何满足法治国

① ［德］施米特：《政治的概念》，刘宗坤等译，上海人民出版社2003年版，第530页。

② ［德］施米特：《政治的概念》，刘宗坤等译，上海人民出版社2003年版，第250页。

③ 参见刘擎：《大革命与现代政治的正当性：施米特与阿伦特的竞争性阐释》，载《学术月刊》2006年第9期。

④ ［德］施米特：《政治的概念》，刘宗坤等译，上海人民出版社2003年版，第68页。

的理念要求，则俟局势平缓后，理性地制定出一部紧急状态法以规范之。这部紧急状态法要对紧急权行使的前提要件及其行使内容，尽可能地加以详细的规定与界定，同时要特别地建立控制制度：比如确立紧急状态的宣告程序，紧急命令的效力期间，以及国会的监督等。那么，该法与第48条关系为何？许多学者认为总统以后依紧急状态法行使紧急权，采取紧急措施，只能侵犯和克减第48条列举的七项基本权利，这七种基本权利就是行使紧急权的合法边界，宪法规定的其他基本权利不得受到侵犯和克减。施米特则认为第48条的规定仅具有例示效果，紧急局势瞬息万变，总统如果囿于这种“合法边界”，不能临机决断，国家就会重新陷入危亡之中，总统为“恢复秩序和安全，基于必要甚至可以施放毒气”。①我们可以看出，施米特受决断论思想的驱使，该观点是极端反人道的，在当下其观点与《公民权利和政治权利公约》第4条的规定是明显相左的。紧急状态法固然不能呆板地规定在紧急状态下该做什么，但是绝对可以规定绝不可以做什么，这就是紧急权行使的合法边界，这种边界就是公民的不可克减的基本权利。②

三、法西斯的国家主义与大民主思想③

据德国学者海因里希·迈尔研究④，施米特十分强调严密组织对于贯彻法西斯国家意志的重要作用。施米特竭力赞扬法西斯国家，深信法西斯主义一定可以战胜自由主义，真正实现“民主政治”。在施米特的政治词汇中，“民主”“人民”“无产阶级”频繁出现，“自由主义”则代表着十恶不赦的“反民主”“反人民”和“资产阶级”。施米特出语惊人地指出，法西斯反对的不是民主，而是“自由主义对真正民主的消解”。施米特对法西斯的赞誉和对自由主义的仇恨都是从他敌友区分论的政治神学出发的。他写道，“以今天的情况来看，为国家和为政治而战，这在任何一个国家中都不是反对真正的民主，但却是一场必须坚持的对自由主义资产阶级的战斗”。⑤ 施米特攻击自由主义，瞄准的是自由主义的两个要害，“民主”和“法治”。正是在彻底否定自由主义民主和法治的基础上，施米特提出了他心目中真正民主的主张。施米特并不满意“民主”概念在斯宾诺莎和卢梭那里的起源意义，他在民主中看中的是一种“正在形成的政治原则”，可以用它来抵消自由主义的“反政治”，并为“捍卫国家和政治而战斗”。施米特在《议会民主的危机》中把“自由主义民主”肢解为两个对立的部分，一边是政治性质的“民主”，一边是非政治性质的自由主义“法治”。迈尔指出，对照《资产阶级的法治国家》（1928）和《法西斯国家》（1929），可以看出施米特几乎是逐一地从法西斯国家的种种政治优越性去揭露自由主义国家的种种政治弊端和欺骗性的。在《资产阶级的法治国家》中，施米特把“对个人无法管束”认定为法治国家的“根本原则”。施米特认为，法学上的自由主义的一切

---

① 陈新民：《公法学札记》，中国政法大学出版社2001年版，第119页。

② 参见李卫海：《探求危机因应之道——施米特紧急状态理论生成与演进的脉络分析》，载《理论探索》2005年第6期。

③ 参见徐贲：《政治神学的教训：失节的施米特》，载《开放时代》2006年第2期。

④ Heinrich Meier, The Lesson of Carl Schmitt: Four Chapters on the Distinction between Political Theology and Political Philosophy. Trans., Marcus Brainard. Chicago: University of Chicago Press, 1998.

⑤ 转引自徐贲：《政治神学的教训：失节的施米特》，载《开放时代》2006年第2期。

重要主张都是从这个根本原则出发的，如必须尊重个人的基本权利，权力必须分散并相互制衡，等等。施米特对此揭露道：“（这些主张的）后果是，个人不受限制，而权威则受到限制，国家能做的也同样受到限制。到处全是监视国家的团体，享受法律的保护。”① 因此，在严格的意义上说，资产阶级的法治国家不能做任何国家形式的决断。同样，它把民主只是当做一种互相平衡的组织形式（如“立法”和“行政”），但却根本不能为民主作出决断，这种民主所维持的平衡“只符合个人自由的利益，不符合政治统一的利益”。②

施米特为挽救民主开出的急救药方就是全面、彻底体现国家集中意志的大民主。施米特说，这种大民主要以新的方式，而不是以自由主义的方式奠立人民主权，也就是“主权者的决断不能通过个人的匿名投票，而是要通过人民公开表决”。施米特反对公民以个人身份进行匿名投票，认为这种投票方式实质上是“在人民唯一能担负政治责任的时候，将他们一一孤立”。施米特强调，个人匿名的表决方式与人民公开表态之间存在着一道不民主和民主的分水岭，“资产阶级个人匿名投票的民主是没有 demos，没有人民的民主”。施米特以为人民代言的名义攻击自由主义，提倡在政治上完全统一和同质的“人民民主”，这种人民民主有三个标准：“公开”（publicity）、“欢呼”（acclamation）和“同质”（homogeneity）。施米特所说的“人民”不是一个个体公民组成的群体，而指在公共场所可以清楚见到的“集会的人民”，那种在广场上接受检阅、同声欢呼的人群。施米特坚持认为，没有这种公开性，“就没有人民”。人民表示同意，应当采取鼓掌欢呼的方式，只有这种方式才能表达人民的意志，才能不被“自由主义伎俩”所操纵、驯化或歪曲。民主还必须万众一心，因为在民主中统治者和被统治者完全相互认同，所以必须是同一性质的人群、意识形态、价值观念、目标追求或者民族来源。③

第三节　布坎南的宪法理论

布坎南（James. M. Buchanan，1919—　），美国人，作为 1986 年诺贝尔经济学奖获得者和公共选择理论的主要代表人物著称于世。由于公共选择理论注重宪法的作用，因而，布坎南在宪法理论上也独树一帜。

在实证分析层面，他在坚持方法论的个体主义与个体的理性自利基础上，在选举人的理性、财政税收、分配效率、政府的“利维坦”模型等方面提出了一系列反传统的实证分析。比如他认为，由于个体投票影响最终选举结果的无穷小的可能性，从心理上解除了投票人对选举结果的全部责任感，因而使他可以不负责任地投票。由此，他认为，民主的、集体决策的本质决定了个体的决策本身就是不理性的。再比如，他与布伦南（Geoffrey Brennan）共同开发政府的“利维坦”模型。该模型继承霍布斯的理论，把政府

① 转引自徐贲：《政治神学的教训：失节的施米特》，载《开放时代》2006 年第 2 期。

② 转引自徐贲：《政治神学的教训：失节的施米特》，载《开放时代》2006 年第 2 期。

③ 参见李卫海：《探求危机因应之道——施米特紧急状态理论生成与演进的脉络分析》，载《理论探索》2005 年第 6 期。

视为一头一心一意从人民中吸取尽可能多的资源的“怪兽”。人们假定政府要么使其总收入最大化，要么使其收入超过保持秩序与稳定的必要开支。两位学者据此选择税收的基础、税收结构、债务与货币发行等。他们的大多数实证分析都把传统关于政府和征税的认识颠倒了过来。对宪法理论最有意义的是，这些实证分析并不意图作为对政府是如何运作的必然的准确描述，而是“作为一个最糟糕的个案模式加以介绍，这明显是为了宪法设计之目的”。

在规范分析层面，布坎南公共选择理论的规范基础包括两个方面：一是方法论的个人主义，就是把所有的问题都归结到个人面对着各种备选方案及他在这些备选方案中的选择。认为只有个体是选择和行动的唯一和最终的实体，任何关于社会互动过程的理解都必须建立在对过程参与者行为分析的基础上。一个集体或社会从来不会有真正意义上的选择行为，也不会对某种目标采取最大化努力。在交换过程中，即使在理想化的意义上，也不存在“社会的”或“集体的”价值最大化。他们的个人主义包含两层含义：（1）分析意义上的个人是唯一的分析单位；（2）哲学或规范意义上的个人主义，他们将国家理解为个体公民作出集体决策以达到个人目的的手段和场所。① “政府被视为在集体中行事的个别成员之和。”“政府除了个体成员的目标之外，没有自己的目标。”② 二是作为交换的政治观点。公共选择理论的先驱瑞典经济学家威克塞尔（Knut Wicksell）在 1896 年就提出了政治是一种复杂的交换。布坎南受到威克塞尔的重要影响。他认为，“类同于市场的自愿机制，如果政府要在促进个体的利益方面取得同样的成功，它们也应当依赖自愿行为。交换观点为观察政治过程和理解政府的作用提供了一种不同于政治的透视窗口。如果没有一定的交换模型，就没有国家对个人的强制能符合自由主义社会秩序所依赖的个人主义价值标准”。③ 政治交换观点与个人主义相结合直接蕴涵了一个立宪主义和契约主义的规范内容，为强调政治规则和立宪限制的重要性奠定了思想基础。以此为基础，布坎南提出了一系列关于政府与宪法的基本观点。

一、关于政府的两个阶段理论

政府（或集体决策）被布坎南首次描述为一个两阶段的过程。个体首先选择据以对开支和税收等进行集体决策的规则，这是制度阶段，布坎南称为“宪法选择”；然后根据这些规则作出决策，这是后制度阶段，布坎南称为“后宪法选择”。两个阶段中选择的不同性质导致了个体在两个阶段之决策方式的差异。后制度阶段被认为是无穷长的。因而，在制度阶段，个体不肯定他们后来对待问题的立场，实际上，他们不能预计将会出现的所有情况。制度阶段的这种不确定性，使每一个个体都认为他有平等的可能性成为未来的公民，选定每一未来的公民的偏好，选择使她预期的效用最大化的体制。在制度阶段，全体

① 参见李龙：《西方宪法思想史》，高等教育出版社 2004 年版，第 433 页。

② James. M. Buchanan，The Pure Theory of Public Finance：A Suggested Approach，Journal of Political Economy 57.

③ 王宏昌、林少宫：《诺贝尔经济学奖获得者讲演集》，中国社会科学出版社 1988 年版，第 667 页。

公民都参与同一的精神实验中，都被引导至同样的体制中。在制度阶段对集体决策的基本规则达成了一致的意见。

那么，存在使所有的人都一致同意的决策规则吗？布坎南追随罗尔斯，对这个问题的回答是肯定的。因为在宪法选择阶段，每个人都处于对未来无知的状态，每个人并不清楚他在未来的决策规则运行后处于什么位置，扮演什么角色，因此每个人都希望创造一套公正的博弈规则。虽然当事人的目标和利益是不可调和的，但是他们在不能准确地知道自己未来状况的情况下，从其自身利益出发，都会按照某种公正的标准来评价和选择博弈规则。① 这是每个人对未来的立场的不确定性状况决定的。

关于制度阶段对未来的立场的不确定性之假定使布坎南和戈登·塔洛克（Gordon Tullock）能够完成几项工作。（1）它解决了在选择投票规则时应当使用哪一投票规则这一无限循环的问题。（2）出自这一协议的宪政政府体现了规范个人主义的原则，并因而符合威克塞尔之政府是自愿的交换过程的理想。（3）把威克塞尔的一致规则推后至可以更好地为之辩护的后制度阶段之后，就可以取消自愿交换途径之所有决定必须一致地作出这一先决条件。政府的日常决定可以根据其他规则作出。（4）导致一致的对未来的立场之不确定性为制度和约增加了公平的因素。每一未来公民的福利都在制度和约（宪法）中平等地衡量和推进。每一公民都平等地受其保护。②

二、关于制度和约易受无政府状态攻击的理论

20世纪60年代蔓延西方的社会反叛事件迫使布坎南重新审视无政府状态的性质，并从中重新认识了霍布斯的作品。导致一致的协议的，是无政府状态中生活的灾难和建立市民社会的相应好处。由此得出几个结论：（1）初始的协议应当设置监督遵守协议的程序。由于该和约必须由所有人同意，他们全部都有平等的介入或不介入和约的自由，因此，除非和约受到公正无偏的监督，是不能期望个体达成和约的。（2）从中缔结和约的“自然分配”不必是均衡的。在和约的协议中，所有现存的不均衡现象都可能得到保护。协议针对的是新体制的收益，而不是改变初始的立场。由此得出“平等对待不平等者”原则。（3）随着时间的推移，自然分配中个体之相对立场可能改变。以今日的自然分配可能达成的和约会与以昨日的自然分配已经达成的和约截然不同。出现这种状况时，一个或者几个团体通过使社会倒退到无政府主义状态和重新协商制度和约而受益。制度统治的社会总是易于受到从倒退至无政府状态中受益的团体之攻击。

三、宪法改革

布坎南认为，宪法制度是影响政治决策的方式和行为的根本制度。因此，只有通过改革宪法制度才能有效约束政府的权力和政府活动的无效率扩张。他主张用一种立宪民主（constitutional democracy）政治取代美国等西方国家现行的民主政治。立宪民主指在一些

① 参见方福前：《公共选择理论——政治的经济学》，中国人民大学出版社2000年版，第229页。

② 皮特·纽曼：《新帕尔格雷夫法经济学大辞典》第一卷，许明月等译，法律出版社2003年版，第205页。

特定的环境中，作为独一无二合乎理想的人们相互交易的政治秩序。“只有在个人自由本身具有价值，同时在有效的政治平等得到保证的前提下，‘民主’才能具有评价的重大意义，而只有宪法的条文规定能约束或限制集体政治行动的规模和程度，政治平等才能得到保证。”① 宪法能够约束政府或者政府会受宪法约束吗？布坎南认为，从美国建国以来两个世纪的历史事实来看，政府是可以受宪法控制的。他的理由是，公共选择的核心观点是把人看做一个理性的效用最大化者。在布坎南看来，由此可以得出下列结论：“人们要最大化他们自己的效用，因此，制度必须被设计出来，使得个人行为增进集体利益……我们面临的挑战是尽可能按照亚当·斯密描述的经济秩序的方式来建立或重新建立一种把个人的自利行为引向共同利益的政治秩序。”②

布坎南区分了三种不同层次的集体行动：（1）执行宪法的那些行动。这个层次的行动属于“保护性国家”的行动。（2）在宪法范围内进行集体活动的那些活动。这个层次的活动属于“生产性国家”的活动。（3）修改宪法的行动。布坎南认为，西方发达国家的政治秩序之所以混乱，是因为混淆了这三个不同层次的行动，本该从事第一层次行动的公共代理人却介入第二或第三层次的行动，还给他们自己的“越轨”行动披上合法的外衣。③

第四节 哈贝马斯的宪法理论

哈贝马斯（Jürgen Habermas，1929—）作为当代世界影响最大的西方哲学家之一与公共知识分子之一，作为法兰克福学派的第二代代表人物，其所涉知识领域极为宽阔。其法哲学思想是其交往行为（communicative action）理论的一个应用。而其宪法理论就蕴含在其法哲学中。相关代表作有《在事实与规范之间——关于法律和民主法治国的商谈理论》《后民族结构》《包容他者》。

一、权利与权利体系

哈贝马斯面对西方国家的法律怀疑论思潮，要理性地重构现代法律秩序的自我理解。他认为，在民主法治国家，法律必须满足以下条件：不仅要为经济整合提供基础，而且要为社会整合提供某种条件，这种条件的最终形成在于采取交往行为立场的主体达成相互理解，在于有效性主张的可接受性。所谓法律的有效性是指法律指向的对象不仅迫于法律的强制力服从之，而且基于法律的内在品质而愿意服从之。为了获得法律的有效性，就必须从法律所指向的公民那里取得合法性。这实际上要求公民必须以彼此授权的方式来确定他们的权利。建制化的彼此授权的途径就是民主的立法程序，通过这种程序，参与者能够直

① ［美］布坎南：《自由、市场和国家》，吴良健译，北京经济学院出版社 1989 年版，第 252~253 页。

② James M. Buchanan，Constitutional Economics，Cambridge：Basil Blackwell，1991，pp. 42-43.

③ 参见方福前：《公共选择理论——政治的经济学》，中国人民大学出版社 2000 年版，第 231~234 页。

接表达他们导向共同之善的规范性期待。

哈贝马斯认为，权利涉及的是人与人之间的关系，只有从主体之间互动的角度才能够理解其真谛。人从来就是社会之人，前社会的所谓“自然状态”属于子虚乌有的预设，从中推导出“自然权利”不过是海市蜃楼般的神话建构，缺乏历史和现实基础。自由主义的立场只注意到了主观权利的私人性，而未能从公共自主的角度来理解权利的基础。基于此，哈贝马斯认为，不应把权利看做是单个人的利益，“它是一种关系”和“关联性的一种表达”以及一种合作形式。① 在人类漫长的历史发展进程中，并不存在主观权利的理念和制度。只是到了近现代社会，人从专制制度的束缚和神灵的魔阵中解放出来，实现了人本的世俗化之后，主观权利便在个体意识的觉醒中才逐渐生成并在法律中取得优势地位。因此，个人的主观权利不应基于个人的自然属性，也不应源于实在法的规定，从而拒斥了“权利自赋”“权利天赋”“权利国赋”“权利神赋”几种主要的权利发生论。由此，哈贝马斯开始转换视角，把主观权利纳入他的交往行为理论和商谈论体系来加以理解，认为权利应是平等自由的主体互相承认和授予的，是人们合作、人际沟通和主体协商互动的产物。借助这些权利，人们享有对他人提出主张、请求和向司法机构寻求保护和救济的资格和能力，并为能够实际享有这些权利而尊重他人的权利，承担相应的责任和履行必要的义务。考虑到不同个体之间的主观权利不可避免会发生冲突，在现代社会只能诉诸客观法来协调，但前提是这种法律应具备合法性。按照法律实证主义的主张，实在法仅凭借国家的强制力而发生效力。哈贝马斯认为，这种法律只具有事实的有效性，而不具有规范的有效性，换言之，只具有合法律性，而不具有合法性。在缺乏民主的情况下，这种客观法实际上往往是国家权力定夺的产物。在哈贝马斯看来，只有作为法律人的公民通过民主参与过程而制定的法律，通过守法者商谈真实同意的法律，才具有合法性。这种合法之法不仅基于民主立法程序的合理性，而且源于法律内在理由的可接受性。

个人中心主义认为主观权利具有道德基础，优位于国家的政治立法；国家中心主义则认为在现代道德多元化的时代，法的道德性根基无法证成，为了维护法律自主性以及由此而来的法律确定性，主观权利不得不服从国家实在法的权威，实际上是成为了实在法的副产品。而哈贝马斯认为，主观权利与客观法不存在地位孰高孰低的问题，它们本来同源同根，即都源于主体之间的交往互动和相互承认。从逻辑的角度看，在现代法治社会中，法权人需要借助法律来调节他们的生活，因为他们需要彼此交往，并在交流、互动、合作、沟通与协商的过程中互相承认各自的主观权利，然后觉得有必要把这些权利赋予法律的形式，从而获得法律的确认、保护和协调，于是客观法就在确认、保护主观权利并协调主观权利的过程中产生了。就实际的过程而言，它们并没有先后的顺序，都源于以商谈原则为基础的民主立法过程，② 权利与法律同源而生，是一种内在关联的同构关系。它们的合法性根基不在于道德的权威，也不在于国家实在法的强制力，而在于民主的交往过程的商谈

① ［德］哈贝马斯：《在事实与规范之间——关于法律和民主法治国的商谈理论》，童世骏译，三联书店2003年版，第103页。

② J. Habermas, Between Facts and Norms: Contributions to a Discourse Theory of Law and Democracy, trans. William Rehg, Cambridge, Mass: MIT Press, 1966, p. 89.

程序及其论证理由。①

既然法律的合法性来源应当同时求诸于私人自主性与公共自主性，因此有必要建构一个权利体系。从而使得私人自主性与公共自主性能够实现交叠，进而为法律提供稳定的合法性来源。哈贝马斯建构的权利体系一共包括五种权利，他们分别是：

1. 产生于以政治自主的方式阐明“对尽可能多的平等的个人自由的权利”的那些基本权利（简称“平等的个人自由权利”）；

2. 产生于以政治自主的方式阐明“法律同伴的志愿团体的成员身份”的那些基本权利（简称“成员身份权利”）；

3. 直接产生于权利的可诉诸法律行动的性质和以政治自主的方式阐明“个人法律保护”的那些基本权利（简称“诉讼保障权利”）；

4. 机会均等地参与意见形成和意志形成过程——在这个过程中，公民行使其政治自主；通过这个过程，公民制定出合法的法律——的那些基本权利（简称“平等的政治参与权利”）；

5. 获得特定生活条件——现有状况下公民要机会平等地利用从1到4所提到的公民权利所必需的、在社会上、技术上和生态上得到确保的生活条件——的那些基本权利（简称“社会保障权利”）。

我们可以把上述五种权利进行分类：1—3为一类，它们主要保障私人自主性，属于个人权利的范畴；4为一类，它主要保障公共自主性，属于人民主权的范畴；5为一类，它主要为上述四种权利提供物质和社会方面的保障，属于特殊权利的范畴。②

二、宪政国家

哈贝马斯的另一个重构性论证直接涉及的是法律与权力关系的问题。国家是这样一种机制，它提供“持续性的”权利体系并负责实施法律。但如果过多地从政治权力的角度界定国家，将会丧失此前基于权利商谈而确立的独立的有效性主张。因此，国家虽然“作为一种认可、组织和执行的权力有其存在的必要性”，但是，“在正当化的后俗成阶段，只有那些在意见和意志形成的商谈过程中，能够得到所有法律共同体成员同意的法律才是合法之法”。③ 为了理解法律在国家中的地位，哈氏尝试根据两个阶段的模式富有想象力地重构国家的起源和发展。在第一阶段，在政治权威产生前的氏族社会时期，集社会权威与法律权威于一身的“法官王”将“垄断冲突解决的功能”；而在第二阶段，使得集体意志成为可能的统治人员在法律上的制度化，有可能采取“组织化的统治形式”，法律成为整合社会的一种机制，同时也成为将这种权力加以合法化的工具。由此，国家获得了

---

① 参见高鸿钧：《权利源于主体间商谈——哈贝马斯的权利理论解析》，载《清华法学》2008年第2期。

② 高鸿钧等：《商谈法哲学与民主法治国——〈在事实与规范之间〉阅读》，清华大学出版社2007年版，第349页。

③ 转引自［美］马修·德夫林《哈贝马斯、现代性与法》，高鸿钧译，清华大学出版社2008年版，第55页。

制定具有约束力的法律的合法性，这种法律同时发挥了组织社会的功能。这样从第一阶段到第二阶段，法律就超越了事实性的模式，在此模式下，人们只能被动地遵守法律；进入了法律具有有效性的阶段，即法律产生于立法的民主程序，从而获得公民的认可和尊重。在现代民主法治国家，法律获得正当化的过程，按哈氏的解释，就是交往理性取得主导地位的过程。而在韦伯看来，理性与目的理性行为相关联，哈贝马斯则基于交往行为理论提出了交往理性的概念。韦伯从纯粹策略理性的角度理解现代国家的性质，而哈贝马斯对于理性的这种理解与韦伯的理解截然不同。哈贝马斯的进路能够使得人们从一种不同的视角理解现代国家的发展，即"交往行为与合法之法的产生之间存在密切关系"。①

三、司法机构与立法机构

哈贝马斯并没有忽视现代民主法治国家都会遇到的一个理论难题：超越立法以及民主政治过程的宪法判决的有效性（即合法的可接受性）问题。如前所述，哈氏认为私人自主与公共自主互为前提。在他看来，自由主义范式的失败在于仅仅从私人自主的立场产生权利，最高法院仅仅在于负责捍卫个人权利，而这种权利是通过成为有效之法的立法决议赋予的。根据自由主义的范式，宪法规定法院的活动独立于国家的政治和经济影响。基本权利被理解为个人对抗国家的权利。但是由于福利国家的发展，与个人自主相对的国家之权得到了急剧膨胀，宪法性法律不断扩张，并进入了政治权力领地，因而这种模式逐渐丧失了基础。因之，哈氏呼吁人们按照协商范式的路径重新思考最高法院的审判模式。这就需要根据协商范式重新定位最高法院的角色。

根据德国宪法法院的宪法解释，法律不仅是基于原则的规范体系，也是具体的价值排序。哈氏指出，把规范作为价值来对待会导致某种概念的混乱。规范具有义务论的性质，而价值则具有目的论的性质。最为重要的区别在于，规范需要理性的正当化，而价值则意指选取更可取的行为。规范需要通过理性普遍化的程序机制的验证，而价值作为一种偏好而得以合法化。结果，当"法院按照目的论的视角采取价值排序的学理并由此作出判决时，判决的非理性危险就有所加重，因为功能主义的论证将压倒规范主义的论证"。②

四、宪法爱国主义与世界大同共同体

在哈氏看来，从主体互动角度产生的基本人权就具有道德向度的普适性，它们一旦在民主法治国的宪法中作为原则得以确立，特定国家就可以根据宪法原则包容伦理的多元主义。循此思路，当今世界各国如能从协商谈论的视角出发确认具有普适性的基本人权和宪法原则，它们在基本价值上就具有了共识的基础。在此基础上，世界基本人权的价值就会得以形成和得到普遍确认。这种基本人权价值如欲获得可靠的保障和行动的力量，就需一部世界宪法对其加以确认，把它们在制度上建构成世界宪法的原则。为了确保世界宪法的

---

① 参见［美］马修·德夫林《哈贝马斯、现代性与法》，高鸿钧译，清华大学出版社 2008 年版，第 55~58 页。

② 参见［美］马修·德夫林《哈贝马斯、现代性与法》，高鸿钧译，清华大学出版社 2008 年版，第 63~66 页。

实施，一个由立法、行政和司法机构组成的统一的和强有力的世界大同共同体就必不可少。这样，世界宪法原则的道德普遍主义和各国伦理政治的多元主义可以并行不悖，个人的共同体成员身份、国民身份与世界公民身份可以并行不悖，公民热爱自己的国家、拥护本国宪法与热爱人类和拥护世界宪法可以并行不悖。①

① 参见高鸿钧：《通过民主和法治获得解放——读〈在事实与规范之间〉》，载《政法论坛》2007年第5期。

第三章　有关宪法创制的思想

第一节　英国的制宪思想

将制宪权视为一种特殊权力的存在形态，并与国家权力相区别的观念，是作为近代国家权力逐渐世俗化的产物。宪法被视为拘束立法权等国家权力的最高规范，其形成的核心观念是以自然法思想作为近代宪法本质而展开的根本法思想。①

自然法思想经过斯多葛学派的系统化，为罗马的西塞罗所继承，并经圣奥古斯丁、阿奎那等基督教哲学家流布整个西方神俗两界，影响至大至深。不过，中世纪的根本法观念，虽然否认君主权力的绝对性，但是主要是为了维护贵族、教士阶层的特权。

在英国，从1066年诺曼征服建国，有格兰维尔、布拉克顿、利特尔顿、福蒂斯丘、贝克特主教等主张普通法或宗教法的权威高于王法，逐渐建立了制约王室的法治传统。其中爱德华·柯克（1552—1634）作为17世纪初期英国伟大的宪政思想家和活动家，其极力倡导并大胆实践的三大主张实际为宪法的创制奠定了基础。② 首先是“王在法下”：为普通法之治的传统申辩。1612年11月10日，詹姆士一世在一次会议上公开主张王权可以自行裁断法官们的断案范围，甚至国王可以亲自登堂断案。对此柯克当场给予了有理有据的反驳。他宣称审理案件是普通法分配给法官的权力与职分，国王并不具备法律的科班训练，不掌握法律人的思维，在此问题上只宜服从上帝与普通法为限，不能有所作为。其次是普通法之下的议会至上。柯克因屡与国王抗争而下狱，出狱后，任职下议院，在议会与王权之争中，发挥了领导性作用。但柯克并非主张议会至高无上，而是认为议会的立法权同样受普通法约束。他认为普通法中内含一种古代宪法，这种古代宪法才表征着法律至上的原则。最后是司法自主与违宪审查。“柯克的最重要的贡献在于，英国的司法体系作为既独立于国王又独立于议会的一个独特的政治权威中心的确立。”③ 其间，柯克运用了古代宪法学说对大陆流布的“主权学说”加以拒斥。“古代宪法学说，是试图削弱国王的权力并提高议会权力的那些人的一个潜在的论证工具。实际上，柯克通过把宪法等同于，作为英国政体中的一种活生生的惯例的普通法，而制造了古代宪法的神话。这就把作为普

① 程明修：《国家法讲义（一）——宪法基础理论与国家组织》，台湾新学林出版股份有限公司2006年版，第26页。

② 参见黄基泉：《西方宪政思想史略》，山东人民出版社2004年版，第128~139页。

③ ［美］斯科特·戈登：《控制国家——西方宪政的历史》，应奇等译，江苏人民出版社2001年版，第254页。

通法的权威解释者的法院提高到了，与议会和国王相提并论的一种自主的政治地位。”①柯克还在博纳姆医生一案的判决中，首创了违宪审查的判例，并明确提出了违宪审查的学说。②

比较宪法学第四章宪法的创制到近代启蒙时期，英国近代先贤辈出，继柯克之后，霍布斯、洛克等创立的社会契约论为宪法创制理论提供了系统的核心的论证，在西方已形成一个延续至今的自由主义理论传统。国家是由自由的国民通过社会契约的缔结所组成，而此一契约的具体现实化即为宪法。此一宪法概念是以国民不可让渡的固有权利作为入股股份。此时的理论分际在于，以宪法存立为基础的立法权，与缔结、修正根本契约所具备的制宪权力并不相同。制宪权与立法权的区分目的，主要是希望对立法权加以制约以确保个人人权。例如洛克即将属于人民的立法权当做最高权力。在《政府论》下卷称，“只有人民能够决定国家的形态”，“如果人民认为立法权违背了人民所给予的信任时，可以排除或者变更立法权的最高权仍然还保留在人民手上”。在此可以将洛克的理论如此描述：属于人民的立法权（最高权）→（信托）→属于立法机关的立法权（国家最高权）→（从属）→执行权等其他权力（政府）。这里包含的近代自然法的根本法思想，再与国民主权学说结合，就能提供制宪权更稳固的理论基础。③

第二节 美国的宪法创制思想

美国是世界上第一个也是最为成功的成文宪法国家。美国革命者信奉一种公民共和主义，它强调，个人只有通过在一个政治社区中生活并参与其中才能满足自己的本性。这样，公民共和论者通常强调，有美德的公民和领导者必须慎思和追求公共的或共同的善，这样，他们才能尽量长久地保持自己的政治社区或共和国。英国共和派思想认为，腐败的政府官员可能削弱这些共和制原则和政治自由。按照这一线索，美国革命者相信，英国的领导者，包括国王和议会，是腐败的，不具有市民美德，所作所为违背了公共善益并因而严重损害了共和制的原则与自由。因此，美国共和论者在《独立宣言》中主张了一种反叛腐败政府的自然的、普遍的权利之后，该宣言随后描写了一长串基于共和制向往和宪制向往的不满，这些不满看起来正当化了美国对英国的反叛。④

美国的革命者相信，英国人已经发生了变化，已经变得腐败，并且在削弱北美人民的权利与自由。1776年的《宾夕法尼亚宪法》例证了美国人的这种态度：“所有的政府被建立和支持的目的都应该是社区本身的安全保护，并且使组成该社区的个人享受自己的自然权利，以及造物主赋予人类的其他福佑；而且，只要政府的这些伟大目标没有实现，人民

---

① ［美］斯科特·戈登：《控制国家——西方宪政的历史》，应奇等译，江苏人民出版社2001年版，第258页。

② 张千帆：《宪法学导论》，法律出版社2004年版，第157页。

③ 程明修：《国家法讲义（一）——宪法基础理论与国家组织》，台湾新学林出版股份有限公司2006年版，第28页。

④ ［美］斯蒂芬·M. 菲尔德曼：《从前现代主义到后现代主义的美国法律思想——一次思想航行》，李国庆译，中国政法大学出版社2003年版，第104~105页。

就有权一致改变它并采取自己认为必要的措施。”①

在《邦联条例》生效之后，经过实践，制宪者们认为，各州政府的各行其是出人意料地削弱了共和制的原则。这样，他们决心改变邦联体制，目的是为了补救人们所感觉到的问题并保护共和制的权利与自由。也就是说，制宪者之所以超越邦联条例，制定新宪法，恰恰是因为他们担心共和国的健康，并保护自己的最为神圣和普遍的原则。制宪者的目标是构建一个政府体制：首先，它会让共和国恢复其正常的活力；然后，它会尽量长久地保持这个重新焕发活力的共和国。②

中世纪及英国的宪法创制思想最早成为现实的宪法制定推进力的实例，应首推1780年美国马萨诸塞宪法。在此州宪法制定过程中，制宪会议即有决议主张：（1）宪法在其固有的理念上，可以说是为了免于国民所享有的权利、特权受到国家权力侵害，所确定下来的各种原则体系；（2）制定宪法的同一机关当然具有变更宪法的权限；（3）可以由最高议会加以变更的宪法，并不足以保护国民所享有的某些或全部权利、特权免于受到国家权力的侵害。基于这种想法，宪法与法律区分，进而将制宪权与立法权区分，便成为美国联邦宪法中之一本质性的原理。换言之，被委托的权力必须服膺原始委托的权力；人民的意思才是原始的权力，至于受托者的意思则仅属于被委托的权力而已。宪法是人民意志的直接表现；法律则是被人民委托者意志的表现。从而，法律必须从属于最高规范的宪法；具有审查法律是否符合宪法的权力则为司法权。③

王世杰、钱端升以十六七世纪的三种观念——即根本法须为成文法，根本法须经特别制宪机关制定，根本法的效力高于普通法律的效力——为标准，研究美国建国时期，认为，第一，所谓根本法须为成文法的条件，殆已不成问题。第二，所谓根本法须得人民同意的条件，亦为当时人士的普遍信仰，而卢梭主权在民之说，与16世纪的“教约”观念，对于当时人士的影响，尤为重大。因此，自1776年至1782年的革命期间内，各邦宪法的制定与公布，大多须经由一种特别制宪团体，有若干邦，且以宪法交付公民全体会议表决者。到了1787年联邦宪法的生效，亦经由各邦特别制宪会议的表决，始获得生效。说明制宪权与普通立法权的必须分离，故亦显然为当时北美人士的信仰之一。第三，所谓根本法权力高于普通法律的观念，自北美十三州革命而后，不独益形昭著，抑且获得一极有效力的新保障。即各州宪法率先采纳的权利宣言与联邦宪法被迫采纳的权利法案，作为国家普通法律所不能侵犯的权利，如有违反，由法院宣布违宪以保障之。④

---

① ［美］斯蒂芬·M. 菲尔德曼：《从前现代主义到后现代主义的美国法律思想——一次思想航行》，李国庆译，中国政法大学出版社2003年版，第113页。

② ［美］斯蒂芬·M. 菲尔德曼：《从前现代主义到后现代主义的美国法律思想——一次思想航行》，李国庆译，中国政法大学出版社2003年版，第114页。

③ 程明修：《国家法讲义（一）——宪法基础理论与国家组织》，台湾新学林出版股份有限公司2006年版，第29页。

④ 参见王世杰、钱端升：《比较宪法》，商务印书馆1997年版，第19~20页。

第三节 法国革命时期西耶斯的制宪思想

上述将根本法与普通法区分（从而界分制宪权与立法权）的思想，在法国大革命后的制宪会议上，也成为支配那些有影响力议员的观念。将这种支配制宪会议的制宪权观念首先加以统一，并加以体系化者当推西耶斯（Emmanual Joseph Sieyès，1748—1836），其代表性作品是法国大革命爆发前夕发表的《第三等级是什么?》。

西耶斯的制宪权理论的要点是：第一，宪法组织了公权力间必要的交流以及相互间的独立性，并且透过人民或市民权利的宣示、扩张与确保，来达到制约公权力的目的。这个公权力乃是透过宪法加以组织、规制的权力，其中包括意志的权力（立法权）和行动的权力（执行权）。但是，这些公权力之间并非绝对地分立，而是可以在这些权力内部再加以分化。这些权力的分立不会产生不均衡或混乱的危险，乃是因为宪法是以制宪权作为前提。第二，宪法的任何一部分均是制宪权的作品。普通的立法权不论以什么方法都不能介入制宪权的行使。立法权不能行使制宪权，乃是一个基本的宪法原则。第三，具有这种制宪权者仅只国民而已。这种国民制宪权是单一不可分的，它并不服从任何实质的或程序的法的限制。不论以何种方式做成，国民所为的意思都是一个至高无上的法。仅仅其实际上的存在往往就是其合法性的必要条件。国民的这种无上权力，西耶斯称之为 pouvior constituant，意指“制定宪法的权力”。

西耶斯将主权视为国民共同意思的行使，并将宪法视为用来确定立法团体组织与技能，以及执行团体组织与技能的组织法。至于制定这一组织法的权力即为宪法制定权，并且是作为主权者的国民直接行使的宪法制定权。在此，立法团体是由共同意思所创设，并且代表共同意思的团体，而执行团体则是由共同意思的代表所定之团体。我们可以将西耶斯的思想结构如此表述：作为主权者（国民）意思行使的制宪权（主权）→（委任/创设）→立法权→（从属/创设）→执行权（政府）。西耶斯自此明显区分制宪权与由宪法所建构的宪定权力的不同。国民行使制宪权创设宪法后，宪法本身也创设若干受其规范的权力。这些权力是宪法下的国家据以行使统治权的权力，西耶斯将之称为 pouvoir constitué，意为受宪法所组织、建构的权力。这种权力受宪法规范力所拘束。

西耶斯的理论，是一种在形式上结合美国严格区分宪法与一般法律的内涵，以及实质上将所有国家意思的源泉归结于国民的卢梭式思考，而形成的新概念。①

第四节 施米特与阿伦特的制宪思想

继法国西耶斯之后，19 世纪后半叶至 20 世纪初叶，德国盛行国家法人说及实证主义公法学。根据实证主义理论，与修宪权区分的制宪权问题根本不属于法学领域的问题，或者将制宪权与修宪权同视，进而将制宪权与立法权混同。当时的国法学者安休兹

① 参见程明修：《国家法讲义（一）——宪法基础理论与国家组织》，台湾新学林出版股份有限公司 2006 年版，第 29~32 页。

（Anschütz）就说过："与立法权区分，并使之具有优越地位的制宪权思想，是与德国的国家法无缘之物。"① 普遍认为德国学者卡尔·施米特（1888—1985）的制宪权理论提出后，又赋予制宪权理论以新的生命。

根据施米特的制宪权理论，（1）制宪权是一种具有实力或者权威的政治性意思。将这种政治性意思决断的产物称为宪章（Verfassung）或者"实定意义的宪法"（Verfassung in positiven Sinn）。以宪章作为正当性的根据，并以此作为前提的各个宪法规定的集合则称之为宪律（Verfassungsgesetz）。宪章或者说是规范的正当性并不适合透过体系的归纳；而应当是透过其规范化之前，既已存在的宪法制定者实存的政治思想得出。施米特并以"制宪权→宪章→宪律→宪法所创设的权力"的模式来构成宪法的位阶秩序。（2）拥有制宪权的主体并不必然限于国民。除了国民之外，神、君主、极少数人的组织均可作为制宪权的主体。"但施米特的制宪权论的特点，纯粹在于以国民为主体的制宪权观念。"②（3）因为制宪权是所有规范上存在的实力，因此这种实力决断的妥当性根据仅仅依存政治的实存现象，伦理的、法规范的根据则全无必要。同时因为政治实存的特定形式并无正当化的必要，同时也不可能，所以拘束制宪权的法律形式与程序也不存在。（4）根据施米特的体系，制宪权是单一不可分的，宪法修正权力并不同于制宪权，只是透过宪法创设的权力之一而已。修改宪律的权限与所有宪律上的权限（立法、执行或司法）相同，是在法之上受到规律的权限。为了维护宪章，修宪权只包含变更、追加、增补与删除宪律规定的权限，而不包括制定新宪法或者变更、扩张修宪权限存立的固有基础的权限在内。③（5）"国家的制宪意思系直接的意思。此意思先行于任何宪律的程序，并且超越之。宪律或即便是宪章，皆不得赋予制宪权，规定其发动的形式。""国民直接的意思表示之自然的形式"，系"聚集群众之赞成或反对的呼声、喝彩"，在现代国家系以"舆论"呈现。④

我们知道施米特的制宪权学说，系为因应《魏玛宪法》危机而创设的危机宪法学。施米特区分制宪权与修宪权，主张修宪须服从程序的制约，且须被课以内容上的界限，但作为制宪权的发动之宪法变更一旦发生，则可无视一切的约束。此种主张具有如下的意义，亦即其系多多少少对于由议会承担的正规修宪活动设定框架，同时对于由行政首长及对之喝彩的国民之舆论所为的宪法变更，从一切的立法制约中解放之。如此，其乃是在"国民的制宪权力"之名义下，对于获得或保持权力实体者的政治决断，给予法的正统化。樋口阳一评论说："在立宪主义宪法的变动期，制宪权力观念的提出，可谓是一方面作为防卫现行宪法秩序的象征，他方面系支撑着变更现状的运动（无论是革命，或特别是反革命）。"⑤

与国内较为热门的施米特宪法及政治思想研究相比，汉娜·阿伦特（Hannah Arendt,

① 参见程明修：《国家法讲义（一）——宪法基础理论与国家组织》，台湾新学林出版股份有限公司2006年版，第34页。

② ［日］阿部照哉等：《宪法》上，周宗宪译，中国政法大学出版社2006年版，第41页。

③ 参见程明修：《国家法讲义（一）——宪法基础理论与国家组织》，台湾新学林出版股份有限公司2006年版，第35~36页。

④ ［日］阿部照哉等：《宪法》上，周宗宪译，中国政法大学出版社2006年版，第41页。

⑤ ［日］阿部照哉等：《宪法》上，周宗宪译，中国政法大学出版社2006年版，第42页。

1906—1975）的政治及宪法思想还未得到国内宪法学界的重视。近年来，同属德裔思想家的阿伦特在国际上广受好评。与施米特饱受争议的形象相比，阿伦特曾受纳粹的迫害，具有鲜明的共和主义形象。许多学者注意到汉娜·阿伦特的某些论述与施米特论题的暗合性与相关性。我国台湾的政治思想史家萧高彦教授在对“阿伦特与施米特的隐秘对话”的论述中，重构了施米特与阿伦特关于制宪问题的两种范式。①

阿伦特敏锐地把握了近代国家奠基性（founding）立法遭遇的悖论性困难：如果宪政体制的权威来自宪法，那么制定宪法的权威又来自何处？如果没有来自神圣或形而上学的依据，制宪者如何可能具有正当的制宪权？这不是需要一个“高于人的大法”吗？如果不依据这个更高的律法，这些制宪者本身不就是“违宪”（unconstitutional）的吗？她认为，从卢梭到西耶斯都遭遇类似的困难，可以称做是西耶斯的“恶性循环”：“那些聚集一起建立一个新政府的人们，他们本身是违宪的。也就是说，他们并不拥有权威来开展他们的计划。立法的这个恶性循环并不出现于普通法律的制定中，而是出现在根本大法（the law of land）或宪法的奠定之中，尔后就应当是以此将这种‘至高法律’（higher law）具体落实，所有法律的权威都源自于此。”②

阿伦特认为“主权论”并没有真正克服“开端”所陷入的正当性困境，只不过通过将“具有自由决断意志的主权”作为“开端者”，而掩盖了这一难题。阿伦特的制宪观点借助于对美国革命的解读，“对于什么才是这种现代性政治开端的典范，施米特与阿伦特有相当不同的看法。施米特推举的范例是法国大革命，而阿伦特赞赏的模式是美国革命。他们各自提供的论证，实际上开拓出不同的正当性论说”。③

在阿伦特的以下文本中，我们的确可以发现一些虽不系统、不完整，但却表明她试图以“政治行动论”来克服奠基的正当性难题的线索。阿伦特认为，美国革命实际上展现了新的权力概念，美国的革命者可能已经朦胧地意识到：“存在着一种对开端困境的解决方式，这不需要用绝对性来打破那个所有最初的事务似乎都会陷入的恶性循环。将开端行动从其自身的武断性之中拯救出来的（事务）是，它在自身之内持带着它自己的原则，或者更准确地说，开端与原则，‘源理’（principium）与原则，不仅是互相联系的，而且是共生的（coeval）。那种绝对性——由此开端获得了自身的有效性，又必须将开端从自身内在的武断性中拯救出来——是原则，这种原则与开端一起，得以在世界显现。”④阿伦特继而在语义学上分析了希腊语中的“开端”同时意味着“开端”与“原则”。随之，她谈到美国革命“不是爆发的，而是由人们在共同的商议中、凭借相互的誓约来完成的。而在奠基——不是以一个缔造者的力量，而是以众多人结合的权力来奠定——的那些事关命运的岁月里展露出来的原则，是相互承诺与共同商议的互相联系的原则”。这个事件本

① 参见刘擎：《大革命与现代政治的正当性：施米特与阿伦特的竞争性阐释》，载《学术月刊》2006年第9期。

② Hannah Arendt, On Revolution. Harmondsworth: Penguin Books, 1990, pp. 183-184. 转引自上注刘擎文章。

③ 刘擎：《大革命与现代政治的正当性：施米特与阿伦特的竞争性阐释》，载《学术月刊》2006年第9期。

④ Hannah Arendt, On Revolution, p. 212. 转引自上注刘擎文章。

身决定了美国奠基者是出自反思与选择，而不是偶然和强力，建立了自己的政体。

虽然有些语焉不详，但仍然可以辨别阿伦特这个思路的线索：作为美国革命的奠基行动所展现的所谓新的权力概念，是指一种“与原则共生的开端行动”，这种行动不是一个人的而是众人的，不是独断的而是共同商议的。如果将这些论述与阿伦特关于权力与行动的哲学性论述相联系，可能会进一步澄清其中的含义。在阿伦特的哲学观念中，政治在根本上被理解为公共领域中的“行动”，是在“labor、work 与 action”三分界定意义上的行动；而政治制度要求的是权力，来自于集体的行动——“权力对应于人类的不仅是行动的能力而且是一致行动的能力”①。对于权力，阿伦特有过如下论述：“权力不需要任何证成（justification），因为它是内在于政治共同体的根本存在之中，权力所需要的只是正当性（legitimacy）……一旦人们聚集到一起并一致行动，权力就产生了，但是这种权力的正当性来自于最初的聚集而不是来自随之而来的任何行动。正当性在受到挑战的情况下，便诉求于过去以作为自身的基础；而证成则和未来的某个目标相联接。暴力可以被证成，但永远不会被正当化。”②

我们由此可以清理出其论述的大致脉络：权力（而不是暴力）是政治共同体内在的属性；权力来自聚集一起的人们的一致行动，但其正当性来自“最初的聚集”，因而总是要回到过去（最初的聚集）来重申其正当性。这个最初的聚集，就是“持带着它自己的原则”并“与原则共生的”开端行动。阿伦特在《何为自由》一文中，论述了“原则”与“行动”之间的关系：原则鼓舞着行动，通过行动展现，并只有在行动中发挥作用。这些原则（可以是“荣誉”或者对“平等的热爱”）是普遍的，不与特定的个人或团体密不可分。能够摆脱武断任意性与暴力性，又无需借助超验的绝对性来获得正当性的开端，就是由原则所引导的行动。但这不是任何种类的原则，不是来自外在规范制约的原则，而是在开端的时刻、内在于开端行动、聚集一起的行动者共同分享的原则。③

美国革命的范式意义在于，革命者的制宪奠基行动为自己建立了正当性，因为这是一种由共享的内在原则引导的行动。阿伦特以美国革命的典范来批评法国革命的模式，可以看做是她以特殊的“权力”概念来反对“暴力”，以“政治行动论”来克服施米特的“主权决断论”。④

第五节　新近的制宪思想

本章内容已借鉴国内外学者的研究成果作了较为展开的论述。为了跟踪当代关于宪法创制的学术进展，特设此节以概述新近的、可能未必有定论的研究成果。

---

① Hannah Arendt，“Communicative Power”（excerpt from on Violence），in Steven Lukesed，Power. New York University Press，1986，p. 64. 转引自上注刘擎文章。

② 同上引书 pp. 68-69. 转引自上注刘擎文章。

③ 最后这一论点汲取了凯里维斯的分析，参见 Andreas Kalyvas，“Popular Sovereignty，Democracy，and the Constituent Power”，pp. 234-235，Constellations 12（2），2005. 转引自上注刘擎文章。

④ 刘擎：《大革命与现代政治的正当性：施米特与阿伦特的竞争性阐释》，载《学术月刊》2006年第9期。

一、布鲁斯·阿克曼的宪法变革学说

现任耶鲁大学法学院Sterling讲座教授的布鲁斯·阿克曼（Bruce Ackerman）在他的系列论文以及《我们人民》三部曲中指出，1787年宪法的贡献在于，它开创了美国二元主义宪政理论的传统，形成了完全不同于其他国家的宪政经验，而美国的二百年的宪政历史昭示了其开放性的未来。

什么是二元宪政民主制呢？“二元宪法寻求区分民主制下作出的两种截然不同的决定。第一种决定是由美国人民作出的；而第二种决定则是由他们的政府作出的。”以人民民意进行的立法才是高级立法，除此之外的立法则是常规立法。相应地，只有在人民被动员起来，广泛而深刻地参与到高级立法过程当中，才形成宪法政治；而平时人们关心个人与家庭事务超过公共事务，这时只有普通立法，也只有常规政治，而非宪法政治。在日常的政治进程中，没有人能够声称自己代表了人民而不受到任何质疑，无论它是行政机关、司法机关，还是立法机关。由于美国宪法的分权制衡设计，特别是其司法审查制度，决定了日常政治中任何机关都不能僭越自己的宪法职分。那么，怎样去判断什么时候是高级立法，什么时候是普通立法呢？“为了获得以人民的名义制定最高级的法律，一项运动的政治支持者首先必须要说服相当数量的公民，以公民通常不会赋予政治的严肃对待他们提出的倡议；其次他们必须允许反对者有组织自己力量的公平机会；再次，当人们在‘高级法’的审慎论坛（delibe-rative fora）上持续讨论该倡议优点的时候，他们必须说服绝大部分美国人支持他们的倡议。只有这样，一项政治运动才能获得其提升了的合法性，而这种提升了的合法性是二元宪法赋予人民作出的决定的。”① 这种情形限于指1787年制定联邦宪法、其后的18次成功修宪和罗斯福新政改革的宪法时刻。

阿克曼将宪法变革的程式概括为五个阶段：发出宪法改革的信号阶段、提出宪法改革方案的阶段、决定宪法改革命运的程序、宪法改革方案的批准和宪法改革的巩固阶段。

在阿克曼看来，美国宪政史上出现过三次荡气回肠的高级立法时刻，它们分别是建国初期（初期共和国）、重建时期（中期共和国）以及新政时期（现代共和国）。在第一个时期，这种高级立法是经由制宪会议通过，并经由各州的制宪会议批准这样的形式确立下来，从而区别于一般的立法，其推动者是联邦党人；共和党人领导的国会则成为第二次高级立法的推动者；在第三个阶段，高级立法的最重要推手则是罗斯福总统。

阿克曼指出这三次主要的宪法改革间存在着共同之处：以我们人民的支持、实现人民主权为根据，宪法改革派在推进宪法改革的过程中都采取了一系列的非常规的措施，即打破既定的宪法修正程序。这种做法看似非法，但并非没有先例可循。建国时期的联邦党人超越《邦联条例》，制定了联邦宪法的做法是因袭英国光荣革命的做法；重建时期的宪法改革因袭了建国时期的宪法变革实践；新政时期的新政革命也效仿了重建和建国时期的宪法改革实践。

---

① Bruce Ackerman, We the People: Foundations, Harvard University Press, Sixth Printing, 1999, p. 6. 参见汪庆华《宪法与人民——从布鲁斯·阿克曼的〈我们人民：奠基〉谈起》，载《政法论坛》2005年第6期。

当然，在常态政治期间宪法并非静止不动，毕竟社会性的挑战是与社会存在共时态的。但常态政治期间的宪法变革并不引入人民的力量，它大多是由法院在几十年的时间内通过诸多的案件判决而逐渐完成的。

问题是“我们人民”作为高级立法的主体，其具体含义为何？其含义可从实体与程序两方面理解。从实体上，“我们人民”是指“我们美利坚合众国人民”。这是一个内涵不断变化的概念：1787 年宪法中的“美利坚合众国人民”是指各州有较强独立性的合众国人民；而随着美国国家主义的增强，“我们人民”则是有着强力中央政府的国家的人民。从程序上看，阿克曼认定“人民”并不是超人的代名词，而是一个能有效促进政治精英和人民大众进行有效互动的程序。“它是一个特别的程序：在与平时不同的宪法政治时刻，大多数普通美国人都对公民权以及华盛顿的动态等问题倾注了更多的时间和精力。如果高级法创制的体制能够正常运转，它将有效地引导积极参与宪法讨论的公民实现普通百姓和政治精英之间的对话——它将首先赋予持不同观点的政治精英们阐明各自宪法观点的机会；尔后，它会引导人民参与到宪法讨论中来，并通过投票表明自己的立场。而公民投票又为政治精英们在下一阶段提出怎样的宪法讨论主题指明了方向。其后，政治精英们再在下次选举时把这些宪法讨论的主题提交人民进行讨论和表决；依此类推……随着普通民众从宪法讨论的大潮中日渐淡出，这一程序亦告终结。”① 这就是阿克曼对作为宪法变革程序的“我们人民”的内涵的界定。

阿克曼还分析了我们人民的实体含义和程序含义之间始终历史性地保持一致。即随着美国国家主义的倾向的不断增强，我们人民相对各州获得了高级立法上更大的发言权。

针对美国国家主义倾向渐浓的趋势，以及美国宪法文本中规定的宪法修正程序的弱点，阿克曼提出了一个宪法修正案的替代方案：人民主权动议。在阿克曼看来，这是一个能够弥补宪法第 5 条不足的方案。据此程序，“这个由获得连任的总统提出的动议应提交国会，在经国会 2/3 多数批准后，再提交全体选民在下两次总统选举中进行表决。如果该动议经受住了这些考验，它即应由联邦最高法院给予其宪法的地位”。②

二、新宪政主义者的有关理论

马里兰大学政府与政治学教授、“美好社会政治经济委员会”执行委员会主席斯蒂芬·L. 埃尔金等七位教授在 1993 年出版了一本《新宪政论——为美好的社会设计政治制度》的论文集。此论文集倡导一种以制度设计为中心的新宪政论，主张社会科学的关键任务是，提高政治行动者设计制度以达到有价值的政治目标的能力。

新宪政主义是传统宪政主义的拓展、调整与补充，它将宪政精神的视角由国家公权力领域拓展到社会领域（市场与企业）。有学者将新宪政主义与传统宪政的区别概括为四点：一是新宪政主义在对纯粹自由主义批评的基础上，重新选择了实用自由主义作为宪政

① ［美］阿克曼：《我们人民：宪法变革的原动力》，孙文恺译，法律出版社 2003 年版，译者序第 7 页。

② ［美］阿克曼：《我们人民：宪法变革的原动力》，孙文恺译，法律出版社 2003 年版，第 439 页。

的理论支撑；二是新宪政主义认为将人类动机归结为狭义的唯一的利己主义是不适当的，认为宪政应当关注、培养、发挥公民美德；三是新宪政主义反对传统的制度选择和抽象的"人民"的观点，从"设计者的观点"提出宪政是人人参与的，通过"合理企业"探索的结果，是从最小规模的设计扩展到最大规模的设计；四是传统的宪政主义的价值为明确公私权力的界限、建立有限政府，而新宪政主义将之引至多元化，扩张为建立有限政府、提高经济效率和培育公民精神。①

制度设计论是新宪政主义最重要的理论。宪政不仅是对国家权力的消极防御，更是从制度设计者的角度研究政治与经济现象，并进行积极的建设性的制度设计，为了人们的福祉而不断完善、创造更加正义的社会秩序。

关于制度设计的主体，经典的宪政主义一般将之归之于"人民"。新宪政主义将之扩展为每个公民、"合理的企业"与国家。认为国家能够提供的管理应当限于有效的范围内。应当允许社会、组织和个人以适当的技术或制度安排参与公共事务的管理，以便建构合理的社会管理制度，实现公共利益的最大化。

在国家的规模远远超过近代经典宪政主义思想家的当代社会，具体的宪政制度的创设可能会落在享有一定权力的"人民代表"或其他国家官员的身上。然而，新宪政主义由于对制度的广义理解决定了必然要求"每个个人"成为制度的设计者。"从设计者的观点出发的社会科学不仅是那些拥有权力的人，而且也是那些渴望得到权力的人的有用工具。这也是使每个人都能获得负责任的授权的先决条件，也是把一个臣民或一个请愿者转变成为一个公民所必须的一种理解形式。因此，这种形式的宪政是，或者应当是最广泛意义上的公民教育的一个工具：不是指导一个特定的政治制度如何运转，而是指导如何能使各种制度普遍地运转。"②

特别重视"合理的企业"在宪政和制度设计中的作用，是新宪政主义的一个鲜明的特点。实用的自由主义接受契约和市场的概念，把它们视为"自然秩序的理想"。在市场中，人们作为消费者、雇员、开业者加入到"合理的企业"，"将自己的爱好去适应'良好实践'的逻辑，适应在企业中出现的理性化的'办事方式'"。这些"办事方式"不仅是人们所要遵从的规则，也是推进宪政发展的力量。"关于合法权威和关于法治的自由主义规范不仅适用于国家，而且适用于任何有组织形式的社会权威。在实用的自由主义的思想中没有关于公共领域和私人领域的明确划分。而且在实用自由主义看来，经常受怀疑的并不是国家的权力。任何集中的社会权力都可以构成对私人的威胁。"③ 这意味着管理一个企业和管理一个国家一样是政治思想的一个主题。那么，什么是合理的企业？"合理的企业"是蕴含着合理制度的目标的探索的团体。"合理制度的目标不是要把习俗或一般

---

① 转引自钟会兵：《新宪政主义》，载李龙：《西方宪法思想史》，高等教育出版社 2004 年版，第 457 页注①。

② ［美］卡罗尔·爱德华·索乌坦：《什么是新宪政论》，载《新宪政论》，三联书店 1997 年版，第 7 页。

③ ［美］查尔斯·W. 安德森：《实用主义、法治和多元政治》，载《新宪政论》，三联书店 1997 年版，第 127 页。

的实践标准化，而是要把典型的事例一般化和常规化。合理的企业应被理解为既是一种付诸行动的制度，又是一个探索的团体。"① "探索的团体"是实用自由主义所特有的，是一种关于正当的秩序的理想。作为政治秩序的一种模式，它意味着某些明显矛盾的调和，如等级制度和民主、连续性和试验、法治和大众意志等。实用的自由主义认为，在一项专业实践中的自觉实践和作为自己职业中的探索的团体的参加者，是公民的一项基本活动，其重要性肯定和投票或参加政党一样。因为指导这些企业活动的可能是关于公共责任的考虑而不是由于狭隘的机构自我中心或纯粹的贪婪。鉴于国家在制度设计中的实际作用和新宪政主义的实用自由主义的立场，新宪政论者"并不比其他形式的自由主义更热衷于大型的喜欢干预的国家"。但是新宪政主义也承认国家在总体安排、产业政策等方面的制度设计会发挥作用。②

三、哈贝马斯的欧盟立宪思想

哈贝马斯作为法兰克福学派的第二代代表人物，其研究领域极为广泛，对欧洲正在塑造的政治一体化十分关注，形成了较为系统的欧盟立宪思想。

哈贝马斯第一次正式发表自己的欧洲立宪主张，源于德国著名公法学家迪特·格林的欧盟宪法怀疑论主张。后者认为，欧盟联邦论者要求建立一套完备的民主制度的想法是错误的，因为制定欧洲的法律有损于民族国家的行为能力，严重的情况下，还会对民族国家的主权构成危害。欧洲不需要一部宪法的原因在于"欧盟尚不具备形成欧洲范围内同一的公民意志的现实前提"，而且，"只要没有高度同质化的欧洲人民，用以树立一种民主的意志，就无须制定出什么欧洲的宪法"。首先，哈贝马斯认为无论格林表达的欧盟宪法怀疑论，还是与之相对的欧洲联邦论都没有摆脱地域主义的局限，不过，哈氏对后者持同情立场。而哈氏主张采取一种全球化的视角，要充分考虑到民族国家的活动空间与世界范围内的一体化的生产关系之间的紧张关系。其次，格林仅仅从欧洲没有同一的欧洲民族的经验理由，论证欧洲不可能制定宪法。这是一种施米特式的民族同质性观点。哈氏针锋相对地指出，现代民主的基础不是建立在共同的语言、出身、血缘以及地域等基础上的种族认同，而是一种开放的交往关系以及由此形成的政治文化。"一切都充分表明，欧洲在经济、社会以及行政等方面共同发展已久，而且具有相同的文化背景和成功克服民族主义的共同历史经验，只要具备了政治意志，只要在宪法问题上扫清障碍，就可以建立起必要的政治交往关系。"③

时隔5年，由于时任德国外长的菲舍尔的大力推动，欧盟立宪在2001年底提上欧洲理事会的议事议程。但欧洲范围内仍有相当大的质疑声音，代表之一为时任法国内政部长的舍韦内芒。针对这种质疑，结合自己的"后民族民主"的范畴，哈贝马斯先后在世界

---

① ［美］查尔斯·W. 安德森：《实用主义、法治和多元政治》，载《新宪政论》，三联书店1997年版，第130~131页。

② 参见钟会兵：《新宪政主义》，载李龙：《西方宪法思想史》，高等教育出版社2004年版，第451~452页。

③ ［德］哈贝马斯：《包容他者》，曹卫东译，上海人民出版社2002年版，第187页。

各地包括我国上海发表演说或举行座谈，再次就“欧洲是否需要一部宪法”集中发表意见。

所谓“后民族民主”，可以看做是对经济全球化的一种政治回应。在市场全球化的压力下，民族国家越来越失去其对经济的宏观控制能力。“二战”后欧洲形成的社会福利国家的政治制度和经济体制也面临着严峻的挑战甚至威胁。由此出现了一个新的问题：经济动力与民主过程怎样重新达成一种均衡的状态？哈氏的建议是建立一个新型的跨民族管理体制。具体而言，就是一种“没有世界政府的世界内政”，其基础是建立在社会运动和非政府组织基础上的全球公民社会。哈氏的欧洲立宪思想就是以此为基础的。

第二篇《欧洲是否需要一部宪法》的主要思想是回应欧洲怀疑论者：欧洲是否具备了建立联邦制欧盟的条件，以及从制宪权的角度究竟谁能用政治手段把这样一种联邦制方案付诸实施？这次哈氏看到了欧洲生活方式对建立欧洲政治公共领域的基础性作用。对欧洲生活方式带来最大威胁的是新自由主义思想。这种思想的要点有四：其一，人的人类学形象：人被当做一种作出合理决策的经营者，剥削自己的劳动力。其二，后平等主义社会的社会道德图景：这个社会容忍边缘化、拒绝和排斥。其三，民主的经济学观念：把国家公民还原为一个市场社会的成员，把国家重新定义为向当事人和顾客提供服务的企业。其四，一种策略性的要求，除了自发形成的政策之外，再没有更好的政策了。① 哈贝马斯认为这种新自由主义世界观，和欧洲人现有的主要的规范自我理解格格不入。哈氏认为，欧洲人如果想真的“希望对日益加剧的分配不均所带来的社会不良后果加以消除，也希望对世界经济进行一定的整顿”，那么，他们就必须“在全球活动范围内，建立起具有政治行为能力的欧盟权力机制”。

至于欧洲立宪的主体，在哈氏看来，是欧洲人民，而不是目前的各个欧洲民族国家。他一直在强调的欧洲认同，实际上就是要超越民族国家的界限，建立一个统一的欧洲政治共同体。按照他的看法，欧洲建立一个联邦制的统一国家的条件已经具备，而且一部欧洲宪法会对欧洲民众的认同产生决定性的影响，这是一个动态的、交互的作用过程，某些人持有的条件不具备的观点是静态的、难以适应全球化的挑战的。

四、奈格里的立宪思想

意大利籍当代著名政治哲学家、巴黎第八大学教授、全球公共知识分子安东尼奥·奈格里（Antonio Negri）是否定日常政治与宪法政治区分的当代杰出倡导者。尽管奈格里与施米特代表截然两分的政治立场，然而它们的宪法理论却惊人地亲和。施米特认为宪政结构的有效性总是依托于一个现实具体主权者的含蓄同意，及随时能够为主权者决断所撤销。用奈格里的话，施米特终结了制宪权与宪定权力的区分问题，因为后者从不背离前者。奈格里也同样认为，宪定权力是制宪权的直接表达，它从不能持久地独立。它形成奈格里视同制宪权的互动和局势的总矩阵的一部分，只有当宪定的制度形态变得僵化和专制，它们才同制宪权产生冲突。这样一种国家与社会的冲突，即宪定权力与制宪权的冲突，几乎没有为施米特所想到。奈格里比施米特对国家更为敌视，而且更怀疑其显示

① 曹卫东：《欧洲为何需要一部宪法》，中国人民大学出版社 2004 年版，第 77 页。

(manifest) 立宪权力的能力。但是，在许多方面，奈格里对制宪权的阐述与施米特相当接近；但是，奈格里比施米特更清楚地肯定了制宪权的永久存在。

在奈格里独特的术语里，制宪权产生于大众与力量的结合。这种结合产生一种无限的和独立于任何现存的制度框架的权力，这种权力通过不稳定的和变动的媒体表达自己。制宪权是一种动力之源，它不断地将自己投向一种未知的将来，在此过程中溶解时间与空间、社会与政治的差别。奈格里把制宪权界定为热爱时间（love of time）和欢庆暂时性（celebration of temporality），界定为一种对内在于时间的真实经验中的危机的认可与确认。制宪权是一种清晰的宪定制度框架和目的的缺乏，一种面向开放未来的突然发生的持久的变革。正如我们看到的，人类学家称这种暂时性的经验为“神话时刻”（mythical time）。

奈格里排斥社会的所有外部性概念和共享的宪法思想。尽管制宪权存在于民主力量——他称之为活着的上帝——的永恒存在，然而宪法试图剥夺人民的权力。“民主意味着大众的全面表达，力量的激进的品性，排斥任何形式的外在界定，意味着或者超越于或超脱于，但总是外在于这种激进的、绝对的内在性领域。这种民主是宪政的反面，或者更好，它是宪政的否定性自我，正像制宪权作为一种机械装置，被预先设计不得过多使用强制力，而是控制它的动力学、它不变的强制力的排列。宪政是一种超越，但是，首先宪政是一种秩序，为了给全体人民施加一种次序和科层秩序，这种超越建立在国家机构的健康之上。宪政是一种装置，这种装置否认制宪权和民主。”① “以现代性的术语，无论制宪权通常被定义为关于宪法的日常正当性的一种非常规权力，这里任何非常规性被去掉，因为通过把它们还原到社会领域，才为生存的大众所赋予活力；用本体论术语说，制宪权的日常的运转能力才被认可。制宪权是一种存在的创造性力量，也就是说塑造社会现实、价值、制度的具体特征和现实秩序的逻辑。制宪权结构社会，并且按照事物的性质识别社会与政治现象。”②

在本书的结尾，奈格里提出他的制宪权的本体论怎样阐释具体的政治发展。为了剥夺制宪权的存在，宪法和宪定制度的玄奥复杂被设计出来，但是脆弱的宪法或迟或早会被发酵着的制宪权推翻。“这个耗竭结果的出现实际上是宪政实践表演的故弄玄虚的必然结果，这种故弄玄虚是为了阻止授权给现存的政治与社会。”③ “一个政治世界，许多政治世界，在西方和东方，因为他们耗尽了制宪权而坍塌。”④

与奈格里对制宪权和时间的评论相反，内在性（immanence）背叛了对时间与变化的憎恨，而寻求一种永恒的存在。这等于拒绝兑现过去的权威，拒绝对未来承担责任，遗忘祖先和后代。尽管奈格里批评施米特，然而他们之间的立场类同是引人注目的，像施米特

① Antonio Negri, Insurgencies: Constituent Power and the Modern State, trans. by Maurizia Boscagli, University of Minnesota Press, 1999, p. 322.

② Antonio Negri, Insurgencies: Constituent Power and the Modern State, trans. by Maurizia Boscagli, University of Minnesota Press, 1999, p. 327.

③ Antonio Negri, Insurgencies: Constituent Power and the Modern State, trans. by Maurizia Boscagli, University of Minnesota Press, 1999, p. 327.

④ Antonio Negri, Insurgencies: Constituent Power and the Modern State, trans. by Maurizia Boscagli, University of Minnesota Press, 1999, p. 335.

在其《宪法学说》的观点，奈格里将制宪权放在团体的手里，把它构想为一种脱离规范性控制的固有辐射性权力。奈格里和施米特不把政治识别为在特定的制度框架里的调控性活动，而是带有人民制宪权的丰富活力。奈格里把民主描述为极权政府（absolute government）和一个活生生的上帝，似乎与施米特完全一致。不可否认，奈格里描述的制宪权比施米特的远为活跃、多元与分散：根据奈格里的理论，制宪权不再支持一个单一的、霸权式的制度结构，而是由复数和差异构成。奈格里相信主权的内在性能够同复数性和个人自治相协调。施米特的政治人类学将主权内在性与社会同质性联系在一起，至少根据其早期提出的关于团体或共同体的解释，在此观点上似乎是更有说服力的。施米特看到了主权的永恒存在与多元、分化的不一致。当集体主体作为一个内在共同体的形态，它是包容的和一体的。奈格里否认他的制宪权和绝对民主对于个人自治施加的威胁。一方面，他不承认，大众势力的禀权与法治的废弛间的关连关系，另一方面，也不承认侵犯个人自由。对他来说，制宪权就是自由个人之间的合作。“合作在事实上是大众的活生生的与生产性的脉动……合作是革新、富有，因此是界定大众表达的创造性盈余的基础。为了抽取、转让与征用大众的合作性创造，指令（Command）得以形成。指令是特权：制宪权的确定不变的与统一的使用。它也是宪定权力和宪法。世界因而被颠倒过来：指令优先于合作。但是这个颠倒和颂扬它的理性与逻辑本身就是矛盾的和有限的，因为他们并不拥有再生自己的力量。”①

奈格里的话揭露了对法治思想的深深的憎恶。他的绝对民主的模式被剥离了自由和共和民主的中心特征：法治和私人领域与政治领域的分离。这些原则通过保证主权性集权主体的不存在而保卫了个人自主。民主特别容易受到公有主体的扩张主义企图的攻击。像施米特，奈格里提倡对大众主权的理解，而大众主权会把民主转为国家社会主义思想与运动的温床。与奈格里的论述相反，只有保证主权超越性的民主制度才容许意见的分歧和多元主义的相互冲突的信仰，主权出场越是阵发性的和昙花一现的，个人自主与人权越安全。

① Antonio Negri, Insurgencies: Constituent Power and the Modern State, trans. by Maurizia Boscagli, University of Minnesota Press, 1999, p. 332.

第二编

基本权利

第四章　宪法典中的基本权利条款

第一节　宪法典中基本权利条款的设置

宪法典关于公民基本权利义务的规定，从法理上讲，是国家与公民之间相互关系的法律表现，是个人在国家和社会中主体地位的法律反映。个人作为国家的公民对国家管理的参与及对国家权力的控制，就是通过一系列基本权利义务的享有和行使来实现的。正因为如此，近代的宪法才被人们形象地称为“公民权利的保障书”；法国 1789 年的《人权宣言》才将对权利的保障视为宪法的实质所在。

一、名称

公民的基本权利义务除新加坡、奥地利、法国现行宪法及瑞士宪法未设专章加以规定外，各国宪法均有比较详细的规定，成为宪法典中最具有普遍意义的组成部分之一。

名称上，有的使用公民的基本权利和义务（朝鲜、蒙古、缅甸、尼泊尔、伊拉克、越南、保加利亚、波兰、列支敦士登、罗马尼亚、西班牙、匈牙利）；有的叫公共权利和义务（巴林、卡塔尔、科威特）；有的叫国民或人民权利（日本、伊朗、约旦、马耳他、菲律宾）；有的叫基本权利（马来西亚、塞浦路斯、孟加拉国、巴基斯坦）；有的叫社会权利义务（沙特阿拉伯、也门）；有的则将基本权利义务详细划分为一般的权利义务、个人的权利义务、经济权利义务、政治权利义务（土耳其）或个人、家庭、教育、私有财产、宗教（爱尔兰）给予具体的规定；有的叫个人权利和社会权利（希腊）。尽管规定的形式不同，但都注意到了权利义务的不可分割、互相依存关系。

二、体例

1. 将公民基本权利义务放在序言或总纲之后，国家机构之前加以规定

绝大多数国家的宪法典都采用此种体例。1949 年的《德意志联邦共和国基本法》其第一章为“基本权利”，第二章为“联邦和各州”，此后各章为联邦议院、联邦参议院、联邦总统、联邦政府等。1947 年的《意大利共和国宪法》，其第一篇为“公民的权利与义务”，第二篇为“共和国国家结构”。1993 年的《俄罗斯联邦宪法》其第二章为“人和公民的权利与自由”，第三章为“联邦体制”，此后各章为俄罗斯联邦总统、联邦会议、俄罗斯联邦政府等。它立足于这样的思想基础之上，宪法的实质是民主政治的制度化和法律化。依民主政治之观念，国家的权力来源于人民，人民先于国家而存在；政治的国家要受

到市民社会的决定，国家的权力要受到人民权利的制约。国家拥有和运用权力的根本目的是为了保障人民权利的实现。它体现的是公民权利本位的价值取向，也就是在国家权力和公民权利的关系上，公民权利居于更根本的地位，国家权力的存在从根本上讲是为了保障公民权利的实现。

2. 将公民基本权利义务这部分置于国家机构之后加以规定

采用此方式有亚洲的缅甸、蒙古；欧洲的爱尔兰、波兰、丹麦、匈牙利；非洲的肯尼亚、几内亚等国家的宪法。中国的1954年宪法，1975年宪法及1978年宪法也是采用的这种体例。其思想基础是：公民的权利现实来源于国家宪法的赋予，并且在国家提供有效保障的前提下才能实现。它所体现的是国家权力本位的价值取向。

3. 公民权利义务的规定是宪法典中的独立部分

这具体有三种情形：一是美国宪法关于公民权利义务的规定被称为“权利法案”，但是以宪法修正案的形式，附于正文之后。二是将宣告人权的政治宣言置于宪法典的正文内容之前，典型的有法国1791年、1793年宪法和1918年的《苏俄宪法》。法国1791年宪法将1789年大革命中产生的著名的《人权宣言》作为独立的部分，置于宪法之首，以体现法国大革命标榜和追求人权的主要目标。1793年的第一共和国宪法开头是罗伯斯庇尔写的新人权宣言，其中除了重申1789年人权宣言所宣布的权利外，还宣布公民有劳动的权利、享受社会救济的权利和受教育的权利等。当政府触犯人民的这些权利时，人民有起义的权利和义务。1946年的第四共和国宪法在序言部分，重新确认了1789年人权序言上所宣示的各项公民基本权利和自由外，还比较广泛地规定了一些社会、经济、政治等方面的基本原则，扩大了公民的民主权利和自由。此外，1918年的苏俄宪法，规定在最前面的是《被剥削劳动人民权利宣言》。三是我国清末1908年颁布《钦定宪法大纲》关于公民权利义务的规定，使用的是“臣民的权利义务”的标题，而且是作为正文“君上大权”的附录给予规定，我们也把它作为独立的部分来看待。

4. 置于宪法正文最前面

当今世界，德国和荷兰的宪法将公民基本权利放在最前面加以规定，斯里兰卡的宪法将公民权利和义务分别规定在不同的部分之中。

值得指出的是，上述分析的宪法典中的人权规范体例，都是存在于宪法典正文中的，也有一些国家将人权规范规定于宪法典的序言之中。所谓规定在序言之中，不是指宪法序言之中提到了一两项基本权利，也不是指仅仅采用“指引式”规定方式把基本权利写在序言之中，而是指宪法正文中只规定了极少数基本权利或者不予规定，大多数权利被集中写在序言（前言）中。在统计的150多份宪法文本中，仅有以下10个国家的宪法采用这种方式：《法国宪法》（1958）的序言，《象牙海岸共和国宪法》（1960）的前言，《上沃尔特共和国宪法》（1960）的前言，《尼日尔共和国宪法》（1960）的前言，《马里共和国宪法》（1960）的序言，《塞内加尔共和国宪法》（1963）的前言，《中非共和国宪法》（1961）的前言，《多哥共和国宪法》（1963）的前言，《乍得共和国宪法》（1962）的前言，《马达加斯加共和国宪法》（1975）的前言。

第二节　宪法典中的基本权利条款类别

一、人权宣示条款

宪法典对人权的宣示有两种形式：一是具体宣示，即明确宣告具体的权利自由，一般涉及人的尊严、人身自由、平等权、言论自由、出版自由、集会自由、游行示威自由、思想及良心自由、宗教信仰自由、财产权、劳动权、受教育权、学术自由、社会保障权、婚姻家庭方面的权利、选举权、罢免权、创制权、复决权、知情权、请愿权、诉讼权、国家赔偿请求权、住宅不受侵犯、迁徙自由、继承权、刑事诉讼上的程序保障权等。20 世纪 60 年代以后，环境权逐渐为许多国家的宪法宣告为基本权利。二是概括宣示，即在宪法规范中设置一些概括性人权条款，并不指向某种具体性的权利，要么是一般性地宣告国家在人权保障上应遵循的原则，要么是为弥补宪法对基本权利的列举而存在的遗漏，指明列举以外的基本权利也应给予尊重和保障，为基本权利内容的发展更新提供管道。如美国宪法第九修正案规定："本宪法对某些权利的列举，不得被解释为否定或轻视由人民保留的其他权利。"法国现行的 1958 年宪法在序言中规定："法国人民庄严宣告，他们热爱 1789 年的《人权宣言》所规定的，并由 1946 年宪法序言所确认和补充的人权和国家主权的原则。"日本宪法第三章"国民的权利与义务"中，第 11 条规定："不得妨碍国民享有的一切基本人权。本宪法所保障的国民的基本人权，为不可侵犯的永久权利，现在及将来均赋予国民。"

绝大多数国家的宪法典，对人权的宣示多是正面的肯定，表现为"有某某权利或自由"，或者"国家保障某某权利或自由"。如希腊宪法第 4 条："（第 1 款）所有希腊人在法律面前一律平等。（第 2 款）希腊的男人和女人有同等的权利和同等的义务……"第 5 条："（第 1 款）每个人都有自由地发展个性和参加国家的社会、经济、政治生活的权利……"意大利宪法第 17 条规定："所有公民均有不携带武器和平地举行集会的权利……"第 18 条规定："所有公民均有不经许可自由结社的权利……"美国宪法之中，则更多地是从联邦或州政府"不得……"的意义上来宣示人权的内容，实际上就是以规定联邦和州政府在保障人权上应承担的责任的角度来确认个人享有哪些基本权利自由。如第一修正案规定："国会不得制定有关下列事项的法律：确立一种宗教或禁止信教自由；剥夺言论自由或出版自由；或剥夺人民和平集会及向政府要求伸冤的权利。"

二、人权保障条款

宪法典中的人权规范条款对基本权利的宣告，毫无疑问都具有人权保障条款的性质，我们这里所说的人权保障条款是狭义上的，仅指宪法文本中那些宣告基本权利不受侵犯或以基本权利来限制国家权力的条款。主要模式有：

1. 原则性保障条款

原则性保障条款是指规定国家在保障人权上应遵循的基本原则的保障。如中国 2004 年的宪法修正案规定，"国家尊重和保障人权"；德国基本法第 19 条第 2 项规定："基本权利的基本内容在任何情况下都不得受侵害。”印度宪法第三编“公民权利”第 13 条规定：“国家不得制定任何法律剥夺或侵削本篇给予之权利；任何与本款抵触之法律，在其抵触之范围内无效。”俄罗斯联邦宪法第一部分第二章“人和公民的权利与自由”第 17 条第 1 项规定：“在俄罗斯联邦，根据普遍公认的国际法原则和准则并根据本宪法承认与保障人与公民的权利和自由。”除此之外，还普遍存在着在具体基本权利的规定中有针对性地设置保障条款的情形，如俄罗斯联邦宪法第一部分第二章“人和公民的权利与自由”第 40 条第 1 项规定：“每个人都有获得住宅的权利，任何人不得被任意剥夺住宅。”为保障这一权利的实现而设置了两个保障条款：一是“国家权力机关和地方自治机关鼓励住宅建设，为实现住宅权利创造条件”；二是“向贫困者或者法律指明的其他需要住房的公民无偿提供住宅，或者根据法律所规定的条例由国家的、市政的或其他的住宅基金廉价支付”。1954 年的《中华人民共和国宪法》第 91 条规定：“中华人民共和国公民有劳动的权利。国家通过国民经济有计划的发展，逐步扩大劳动就业，改善劳动条件和工资待遇，以保证公民享有这种权利。”第 92 条规定：“中华人民共和国劳动者有休息的权利。国家规定工人和职员的工作时间和休假制度，逐步扩充劳动者休息和休养的物质条件，以保证劳动者享受这种权利。”其中在基本权利宣告之后规定的内容，都具有保障条款的性质。

2. 具体性保障条款

具体性保障条款是指规定国家在何种具体情形之下能够干涉基本权利的行使甚至是限制或剥夺基本权利的条款。如美国宪法第四修正案规定：“人民的人身、住宅、文件和财产不受无理搜查和扣押的权利，不得侵犯。除依据可能成立的理由，以宣誓或代誓宣言保证，并详细说明搜查地点和扣押的人或物，不得发出搜查和扣押状。”《希腊共和国宪法》第 14 条第 3 款规定：“报纸和其他出版物，无论在发行前或发行后，均不得予以查封。除非在发行后有下列情形之一者，才可根据检察官的命令予以查封：（1）攻讦基督教或其他任何被承认的宗教；（2）对共和国总统进行人身攻讦；（3）泄露军队的编制、装备、配置以及国防工事的机密，或鼓吹以暴力推翻政府，或蓄意损害国家的领土完整；（4）明显违反法定场合公共礼仪的诲淫作品。”《日本宪法》第 38 条规定：“不得强制任何人作不利于本人的供述。以强迫、拷问或威胁所得的口供，或经过不正当的长期拘留或拘禁后的口供，均不得作为证据。任何人对其不利的唯一证据为本人口供时，不得定罪或科以刑罚。”

3. 救济性保障条款

救济性保障条款是指规定基本权利受到侵犯时如何寻求有关机构保护的条款，意在向权利人指明寻求救济的途径和方式，落实国家承担的保障基本权利义务。如《德国基本法》第 19 条第 4 项规定：“任何人的权利如遭到公共机关的侵犯，可以向法院提出诉讼。如管辖范围没有明确规定，可向普通法院提出诉讼。”《俄罗斯联邦宪法》第 45 条规定：“1. 在俄罗斯联邦，国家保护人和公民的权利与自由。2. 每个人都有权以法律未禁止的一切方式维护其权利和自由。”第 46 条规定：“1. 保障对每个人的权利和自由提供司法保护。2. 对国家权力机关、地方自治机关、社会团体和公职人员的决定和行为（或不作为），可以向法院投诉。3. 每个人有权根据俄罗斯联邦的国际条约诉诸于维护人权与自由的国际组织，如果现有受法律保护的所有国内手段都已用尽的话。”

上述人权保障条款的划分，或许不能将各国宪法人权条款所涉及的内容都涵盖其中，特别是原则性保障条款与具体性保障条款的划分仅具有相对性，但这些条款的设置则具有共同的价值取向，那就是对宪法中宣告的基本权利加以保障，以彰显宪法保障人权的核心价值。

三、人权限制条款

1. 分别限制

分别限制，又可称为区分式限制，是指立宪者针对宪法确认的各个权利和自由的不同性质，区别不同的程度、范围和方式，授权立法机关制定法律予以限制。① 具体有两种情形：一是直接要求基本权利的享有者不得侵犯其他人的基本权利，例如，现行的《中华人民共和国宪法》第40条规定："中华人民共和国公民的通信自由和通信秘密受法律的保护……任何组织或者个人不得以任何理由侵犯公民的通信自由和通信秘密。"《德国基本法》第一章"基本权利"第5条（言论自由）："3. 艺术和科学，科研和教学是自由的。教学自由并不免除对宪法的忠诚。"《希腊宪法》第二编"个人权利和社会权利"第5条第1款："每个人都有自由地发展个性和参加国家的社会、经济、政治生活的权利，但以不侵犯他人的权利、不违犯宪法和道德准则为限。"二是规定国家在什么情况下可以对某一具体权利进行限制。如《德国基本法》第11条规定："（1）所有德国人享有在全联邦境内的迁徙自由。(2）这种权利只能受法律限制或依法予以限制，并只有在下列情况下才能予以限制：缺乏适当的生活基础，由此将造成当地社会的特殊负担，为避免对联邦或某一州的存在或自由民主的基本秩序的紧迫危害，为与流行病的危险作斗争，为应付自然灾害或特别重大事故，为保护少年幼儿不使处于无人照管状态，或为防止犯罪而必须作出这种限制。"1917年《墨西哥宪法》第6条规定："思想的发表，除非在违背善良道德，损害第三者的权利，煽动犯罪，或引起治安的破坏，应不受任何司法或行政机关的审查。"

2. 概括限制

概括限制是指宪法文本对宪法中确认的各项权利和自由从总体上规定了行使的原则，个人对基本权利自由的行使在不违背这些原则的情形之下方能受到保障。又可以划分为两种形式：

一是授权式：是指在规定基本权利的条款中对公民基本权利不作具体限制，仅要求公民要依法行使权利或规定国家可以用法律限制基本权利，通常直接使用"依法""根据法律""在法定情况下""在法律范围内"等字眼，实际上就是授权立法机关有权用立法的方式对基本权利的行使进行限制。如《德国基本法》第19条规定："根据本基本法，某一基本权利可以受法律限制或依法予以限制。"1814年《荷兰宪法》第9条："法律承认集会和游行的权利，但不得违反法律规定的个人责任。"第10条："每个人都有私生活受到尊重的权利，但须遵守议会法令所规定的限制。"1976年《阿尔及利亚宪法》第56条规定："承认结社自由。这种自由在法律范围内实行。"

---

① 汪进元、陈兵：《权利限制的立宪模式之比较》，载《法学评论》2005年第5期。

有研究者指出，这种限制模式“体现了宪法对立法者的充分信任，但对所有类型的权利一视同仁，而忽视其相互之间的实质差异，似乎侧重于宪法作为政治纲领对国民的宣教，而淡化了宪法的法律品格”。① 如果操作不当，容易导致立法本身因为过度禁止而侵犯基本权利的不良后果。

二是指向式：即在宪法文本中设置专门的条款，对基本权利进行总体上的限制，概括地指明了限制的目的与内容，具体限制的理由一般是：公共利益、公共道德、公共秩序、公共卫生、他人权益、国家安全、打击犯罪、特殊状态（如战争、戒严）、和平地行使权利等。例如，现行的中华人民共和国宪法第 51 条规定：“中华人民共和国公民在行使自由和权利的时候，不得损害国家的、社会的、集体的利益和其他公民的合法的自由和权利。”《德国基本法》第 2 条：“一、人人都有自由发展其个性的权利，但不得侵犯他人的权利或触犯宪法秩序或道德准则。”1853 年《阿根廷宪法》第 19 条规定：“凡不妨害公共秩序或善良风俗，亦不得侵害第三人的行为，均听诸上帝，而不受官署的拘束。”《韩国宪法》（1948）第 32 条：“（2）国民的自由与权利，仅在维持社会秩序与增进公共福利，确有需要时，始得以法律限制之。但此项限制，不得损及自由与权利的本质。”这种限制模式，不仅约束公民对基本权利的行使，而且也约束有关的国家机关，特别是立法机关在立法中对基本权利进行限制的时候，也必须受此约束，实际上构成了对基本权利的限制。

3. 混合限制

混合式宪法规则模式是指一国宪法在单个条文中对某个权利或自由加以区别性限制，同时又通过一个条文作了概括性限制。1949 年《印度宪法》第二篇分别确认了公民的“平等权”“自由权”“反剥削权”“宗教自由权”“文化教育权”和“宪法补救权”等，并分别作了区别性授权限制的规定，同时还在第 33 条规定“议会有权修正本篇所赋予的权利”，“议会得以法律规定，本篇赋予任何权利，在适用于武装部队人员或负责维持公共秩序之部分人员时，应在何种程度上加以限制或废除限制”。实际上，单纯采用分别限制或概括限制的宪法并不多，更多的是这种混合限制的模式。除了前述的印度宪法之外，《德国基本法》第 19 条规定：“根据本基本法，某一基本权利可以受法律限制或依法予以限制。”就是概括限制中的授权限制条款，第二条，“人人都有自由发展其个性的权利，但不得侵犯他人的权利或触犯宪法秩序或道德准则”，则属于概括限制中的指向性限制条款，而其他条款中的限制则属于分别限制条款。

第三节　宪法典规定基本权利的方式

一、列举的权利

近代以后各国制定的宪法多采取列举的方式来规定个人享有的基本权利自由，列举的基本权利自由涉及国家和社会关系的各个方面，内容上构成一个整体，以此来凸显个人在

① 汪进元、陈兵：《权利限制的立宪模式之比较》，载《法学评论》2005 年第 5 期。

国家和社会关系各个方面的主体性地位。下面仅概括性地介绍两种代表性的列举方式。

1. 条列式

条列式是指宪法典中规定基本权利的宪法规范在“章”或“编”的标题下均以“条”（条以下有款的划分）为基本单位，按照次序加以排列，不再按照基本权利的内容设置相应的标题加以归类。采用这种方式的有中国、日本、荷兰、古巴、芬兰、德国、希腊、伊朗、荷兰、俄罗斯等国家的宪法。内容上，一般先规定人权保障或权利行使的原则，然后规定平等权、生存权、人的尊严、人身自由、宗教信仰自由、思想及表达自由、结社自由等，财产权、社会保障权、环境权、劳动权、文化权、特殊群体的权利等规定得比较靠后。

2. 分层式

根据基本权利的内容或所涉及的社会关系性质，将基本权利划分为不同的部分设置相应的标题，在其下以“条”为基本单位来规定基本权利详细内容的一种列举方式。采用这种模式的代表性国家主要有印度、意大利、葡萄牙、西班牙等国家的宪法典，此外，德国 1919 年的魏玛宪法也是采用的这种模式。如印度宪法第三篇“基本权利”中除“总则”外，设置“平等权”“自由权”“反剥削权”“宗教自由权”“文化教育权”“宪法补救权”等部分，详细列举其中所涉及的基本权利。其中“平等权”包括法律上平等、禁止歧视、公职受聘机会相等、废除“贱民制”、废除衔称等。“自由权”包括言论自由、生命和人身自由、刑事程序上的权利（法无明文不为罪、禁止双重危险、不得强迫被告自证其罪）、不受任意逮捕和监禁。“反剥削权”包括禁止人口买卖和强迫劳动、禁止雇用童工。“文化教育权”包括保护少数民族利益、少数民族建立教育机构的权利等。“宪法补救权”主要规定了促请最高法院实施本篇规定的基本权利的权利、议会有权修正本篇规定的基本权利使之适用于军队、立法对本篇条款的影响等内容。

二、未列举的权利

1. 未列举权利概述

宪法所能保障的只能是基本权利而不能是所有的权利。所谓宪法未列举的权利，自然不能是宪法列举权利之外的所有的权利，只能是指宪法列举权利之外且具有基本权利性质的那些权利。不然的话，用宪法未列举权利之称呼来统摄列举权利之外的其他权利，不仅会使宪法保障基本权利的功能不能得以凸显，更会使一般法律在保障权利方面的作用丧失殆尽而失去存在的意义。

宪法未列举权利究竟是指宪法文本中没有列举的权利还是宪法文本中基本权利部分未列举的权利，狭义的理解是指宪法文本中集中规定基本权利的部分所没有列举的权利；广义的理解包括宪法序言、宪法总纲、国家机构等部分在内，均没有加以明确指明的权利皆属于未列举的权利。从合理性上讲，将宪法未列举的权利限定于宪法文本中规定基本权利的部分没有明确指明的权利，显然具有片面性，更不利于对基本权利提供有效的保障，也不能很好地体现宪法具有的保障人权的精神实质。

从宪法发展的历史与宪法适用的实践看，宪法未列举权利条款，应主要用于接纳新权利，从自然法的意义上被认为是不言自明的所谓天赋权利，不应用宪法中的未列举权利条款来加以证明。原因在于，权利既然源于天赋，其正当性并不需要借助于宪法的宣告与否来证明，宪法列举的权利不过是对天赋权利的一种事后确认或宣告。将没有被宪法作形式上宣告的那些权利归入未列举之列加以论证，反而无法为其正当性提供强有力的支撑。

宪法未列举权利条款，为实现列举权利与未列举权利之间的沟通建立了通道，可以避免对宪法权利的狭隘理解。但也不能因此而过于夸大宪法未列举权利条款的作用，将宪法概括规定基本权利的条款当作魔术箱使用，以至于什么样的未列举权利都可以从中推演出来，导致基本权利的"通货膨胀"。

2. 宪法未列举权利条款的形态

（1）直接式：指的是在宪法文本中直接规定宪法未列举权利的条款，从而将宪法文本中列举的权利排除在外，形成与宪法列举权利的并列。采用这种规定方式的宪法有：美国宪法第九修正案（1791）规定："本宪法对某些权利的列举，不得被解释为否定或轻视由人民保留的其他权利。"《俄罗斯宪法》（1993）第55条第1款规定："本宪法对基本权利和自由的列举，不得被解释为否定或贬低其他普遍公认的人与公民的权利和自由。"《韩国宪法》（1948）第32条规定："（1）国民的自由与权利，不得因未列举于宪法条文，而被忽视。"《古巴基本法》（1959）第40条第4款规定："本章所保障的诸权利，并非排斥本基本法所确定的其他权利，其他类似性的权利，或源于人民主权原则及共和政体的诸权利。"

（2）包含式：指的是在宪法文本中通过设立一些概括性基本人权条款，将宪法列举和未列举的基本权利都涵盖其中。这种情形之下，虽然没有明确设立未列举基本权利的条款，也没有直接规定未列举权利的保障问题，但在实际上，未列举权利是被包含在概括宣告基本人权的条款之中的，而且是与列举的基本权利同等给予保护的。

（3）综合式：即设立综合性的宪法条款，对基本权利加以综合性的规定，其中既包括明确列举的基本权利，也包括未列举的基本权利，都确认可以作为基本权利的源泉而宣告加以保障。此方面的典型是法国现行的第五共和国宪法。

3. 代表性国家宪法典中的未列举权利条款

（1）法国

法国大革命就是以追求人权的实现为基本目标的，《人权宣言》的颁布及产生的巨大影响就很好地说明了这一点。但在第五共和国宪法中，只是在非常简短的序言里规定："法国人民庄严宣告，他们热爱1789年的《人权宣言》所规定的，并由1946年宪法序言所确认和补充的人权和国家主权的原则。"1946年宪法序言规定："在自由人民战胜试图奴役并使人类堕落的专制之时，法国人民再次宣布：不论种族、宗教或信仰，每个人都具有不可剥夺的神圣权利。它庄严肯定1789年《人权宣言》所尊重的人和公民权利与自由，以及共和国法律所承认的基本原则。"① 将这两部宪法序言结合起来看，大革命中产生的《人权宣言》中庄严宣告的基本权利都是得到承认的，其中所涉及的很多属于列举的权利。而1946年宪法序言规定的"不论种族、宗教或信仰，每个人都具有不可剥夺的

① 引自张千帆：《西方宪政体系》（下册·欧洲宪法），中国政法大学出版社2001年版，第635页。

神圣权利”，是一个概括规定基本权利的条款，则具有未列举权利的性质。

（2）美国

美国1791年生效的宪法前十条修正案因为是集中规定基本权利而被称为《权利法案》，其中第9条规定：“本宪法对某些权利的列举，不得被解释为否定或轻视由人民保留的其他权利。”由此而形成了宪法未列举基本权利的问题。

围绕宪法第九修正案的性质及功能，长期存在着争论。从有关司法判决和争论来看，在认识上的分歧主要有：限制联邦权力、① 保障个人权利、② 宪法解释规则③。

（3）中国

中华人民共和国宣告成立以后，于1954年颁布了正式的宪法，其中第三章是“公民的基本权利与义务”，对公民享有的基本权利加以明确列举，并未涉及宪法未列举基本权利如何加以保障的内容。此后于1975年、1978年和1982年对宪法进行全面修改，对基本权利的规定基本上是以1954年宪法的规定为基础进行一些增列或删减而已，对宪法未列举基本权利问题仍未涉及。

2004年的宪法修正案对宪法文本中的第33条加以了修改，增加了“国家尊重和保障人权”的规定。这一条款的增加，不仅在内容上直接肯定了国家承担的尊重和保障人权的义务，使尊重和保障人权成为我国宪法明确肯定的宪法基本原则性规范，更主要的是表明在我国的宪法中出现了真正意义上的宪法未列举基本权利的规范，为容纳新的基本权利并加以保障提供了可能，也为已有的和新产生的基本权利共同受到保障建立了通道。

（4）日本

《日本宪法》第三章“国民的权利与义务”中，第11条规定：“不得妨碍国民享有的一切基本人权。本宪法所保障的国民的基本人权，为不可侵犯的永久权利，现在及将来均赋予国民。”第12条规定：“本宪法所保障的国民的自由与权利，国民必须以不断的努力保持之。此种自由与权利，国民不得滥用，并应经常负起为公共福祉而利用的责任。”第13条规定：“一切国民都作为个人受到尊重。对于国民谋求生存、自由及幸福的权利，只要不违反公共福祉，在立法及其他国政上都必须予以最大尊重。”④ 规定在具体列举权利之前的这三个条文，从形式上看，显然具有概括宣告基本权利的性质，其中自然应当包括宪法未列举的权利在内。第11条的规定是对基本人权的一般性宣告，意图在于宣示基本权利的永久性，要求国家在任何时候都必须给予承认和保障。其中，所谓“本宪法所保障的国民的基本人权”，并不限于宪法第14条至第40条所明确列举的权利，未列举的权利也应当包括在内，均属于“不可侵犯的永久权利”。所谓“现在及将来均赋予国民”，

① Calvin R Massey, Silent right: The ninth amendment and the constitution's unenumerated right, Temple University Press Philadelphia 1995, p. 10.

② Calvin R Massey, Silent right: The ninth amendment and the constitution's unenumerated right, Temple University Press Philadelphia 1995, p. 122.

③ ［美］阿伦·爱德斯、克里斯托弗·N. 梅：《宪法个人权利：案例与解析》（第二版），中信出版社2003年版，第72页。

④ 此处日本宪法条款引自赵宝云：《西方五国宪法通论》，中国人民公安大学出版社1994年版，第439页。

并不是这些永久不可侵犯的基本人权来自于国家赋予的意思，而是表明这些基本人权既然是永久的权利，那么在现在和将来都不能加以否认，而且必须保障每一个人都能够切实地享有的意思。第 12 条的规定则表达了无论是列举的还是未列举的基本人权都具有效果上的两面性。

第五章　基本权利的效力

宪法典具有最高法律效力，其中的基本权利当然具有最高法律效力。这里所言的基本权利效力，不是基本权利有无法律约束力的意思，而是基本权利约束的对象有哪些以及约束力如何体现？它涉及两个方面的内容：

第一节　基本权利的公法效力

一、思想基础

近代的思想家洛克、卢梭等基于“社会契约论”而创立了“人民主权”学说，将国家权力的源泉定位于个人构成的国民整体，国家权力行使的根本目的是为了维护和保障个人的权利，资产阶级国家据此而制定宪法，即近代意义宪法，其以约束国家权力、保障个人权利的实现为圭臬，形成了古典的立宪主义，基本的出发点是“有限政府”“对统治行为的法律制约”（legal limitation on government）。①受此影响，早期的公法理论认为，近代宪法是“公民权利的保障书”，宪法规定基本权利的目的，是要让国家承担起保障基本权利实现的职责。基本权利应为国家权力发挥作用之目的，是个人抵抗国家权力侵犯个人自由的“防火墙”，直接约束的对象是国家，具有“抵御”国家权力的功能。宪法即为针对国家权力的法，基本权利也只是针对国家权力具有效力，而且是只及于国家基于统治地位所从事的“权力行为”，国家以民事主体身份从事的私法行为都不能属于宪法基本权利条款的效力范围。至于纯粹的私人关系及私法上的各种行为，更不能成为基本权利条款适用的对象，而应由私法来处理。

（一）宪法是公法

“公法”的概念，最早由古罗马法学家乌尔比安提出。“公法是关于罗马国家的法律，私法是关于个人利益的法律。”尽管理论界对“公法”与“私法”之间划分的标准存在着不同的主张，但都认同宪法是公法。② 主要的理由是，宪法调整的是公共权力运用过程中形成的社会关系，以国家与公民之间的权力服从关系为表现形式。纯粹的私人关系，包括国家以民事主体身份从事私法行为时，既不涉及公共权力的运用，也与公共利益的实现不发生直接的关系。

① 韩大元：《亚洲立宪主义研究》，中国人民公安大学出版社 1996 年版，第 3~4 页。

② 许崇德主编：《中国法学大辞典（宪法学卷）》，中国检察出版社 1995 年版，第 193 页。

（二）宪法的内容

与规范地位平等的私人间关系的私法不同，宪法调整的是国家与人民之间的纵向、垂直关系，而且以规范国家权力为手段，保障个人权利为目的。宪法关系与其他法律关系的不同，就表现为主体一方的特定性，国家或国家机关总是作为宪法关系的一方。宪法对国家权力的规范表现为两个方面：一是通过权力的分立和制约，使有限的国家权力在行使过程中受到其他权力的牵制；二是规定公民享有基本权利自由，国家权力的行使不得侵犯和损害基本权利，以达到限定国家权力作用范围的效果。

（三）基本权利在总体上是消极性的权利（negative right）

早期资本主义宪法规定的基本权利，基于完全自由竞争或自由放任主义的思想，以精神上的宗教信仰自由、行动上的人身自由和经济上的竞争自由等自由权为核心，国家无需积极创造条件来促进，只要不以积极的作为去干涉即可为其实现创造适宜的空间，因而被视为“消极的权利”，是摆脱国家干涉的自由（freedom from state）。国家对基本权利不能以积极的作为来干涉，不仅表现在无需采取积极的行为，通过立法、行政来促进其实现上，也表现在其受到侵犯时，也不能基于受害人的请求给予积极的保护。

（四）“私法自治”

传统的公法理论，以政治国家和市民社会分离的“二元论”为立论基础，视国家和社会为两个存在明确界限的领域。基本权利是个人作为国家的公民，参与国家管理，追求公共利益实现时享有的权利。这个时候，个人的行为才与国家活动发生直接关系。而在市民社会的领域，个人作为市民社会的成员，居于平等的地位，以追求私人利益的实现为核心。政治国家追求的公共利益和市民社会追求的私人利益虽然存在内在的一致性，但无法达到完全重合的程度，而且会发生冲突。因此，政治国家必须与市民社会保持一定的安全距离，才能为个人在市民社会中充分发挥其潜能创造空间，对私人利益的追求才得以正当化，不致被公共利益吞并或淹没。如何做到这一点呢？有效的办法是限制国家权力介入到私人生活的领域。平等主体之间的关系，均应由以民法为核心的私法规范调整。国家的活动仅限于保障个人的权利并充任私人之间纠纷的裁决人，不能干预个人的自由。民法被称为“私法”，以“私法自治”为价值取向，就是这种理念的法律表现。倘若承认个人能够以基本权利受到侵犯为由而要求国家干预，公权力就有可能长驱直入地进入社会生活的各个领域，宪法基本权利具有的对抗公权力的功能将不复存在。

二、基本权利公法效力的表现

（一）对立法权和立法机关的效力

法治的国家中，法律权威的树立以有法可依为前提，但从历史的发展进程看，单纯的有法可依并不必然导致法治的效果，更不意味法治价值的实现。立法者能否制定维护与尊重人权的良法对于法治价值的实现将产生重要的影响，也是现代法治国家立法机关活动应当追求的基本目标。基本权利对立法权和立法机关的效力就表现为构成立法机关行使立法权的界限，一方面要求立法机关进行立法，将宪法典规定的基本权利具体化，形成基本权利的内容，使公民对权利的享有和国家限制基本权利均能做到有法可依。如果立法机关不立法，或怠于行使立法权，会产生以不作为方式侵犯基本权利的问题；但立法机关在形成基本权利内容时，因为享有限制基本权利的权力而对基本权利进行过度限制，导致基本权利的内核被掏空，其蕴含的利益实际上无法实现，则违背了“宪法委托”的精神。为解决这一问题，要求立法者对基本权利进行限制，必须以维护公共利益的实现为目的，采取“法律保留”的方式，限制的程度要符合“比例原则”的要求，否则就是以作为的方式对基本权利的侵犯。

承认基本权利构成立法的界限是以法律“二元论”为思想基础的，即在立法机关制定的实定法之外，还存在超越于实定法的自然法，构成实定法的源泉和正当性根据，约束着立法机关制定的实定法。如果立法机关制定的实定法违背了蕴含在自然法中的权利内容，其效力就可以受到质疑。如此一来，立法机关制定的实定法就不是最神圣的了。此外，以基本权利限制立法机关的主张，一定程度上反映了人们对民主和自由关系的思考。立法机关由选举的代表组成，以“少数服从多数”为议事原则，是一种民主的体制，而纯粹的民主体制本身蕴含着多数人暴政的潜在危险。如果不对立法权加以限制，立法机关制定的法律就有可能对宪法保障的基本权利造成侵犯，使个人在国家和社会中失去自由。

（二）对行政机关和行政权的效力

基本权利对行政活动产生直接的约束力，受到基本权利效力拘束的行政活动主要包括行政机关活动、公务员的活动、公法上的法人及其各种管理行为。无论行政机关的具体行政行为或抽象行政行为都不得侵犯公民的基本权利。特别是在国家职能不断扩张，政府行政权力作用范围日益扩大的情况下，政府的行政由“秩序行政”向“给付行政”“服务行政”转变，个人基本权利的实现日益依赖于政府行政的促进，也就意味行政权力对基本权利侵犯的可能性增加，基本权利对行政权力的约束力就日益显得重要。当行政机关行使自由裁量权时基本权利效力的拘束力可能受到一定的影响，尤其是发生具体基本权利受侵害的事件时难以把握判断标准与界限，但这并不能成为行政权力逃避基本权利约束的借口。

从实践上看，行政机关因为行使行政权力而侵犯基本权利时，有些国家是通过公民诉请立法机关或司法机关来获得救济，也有些国家是通过设立行政法院来为公民提供救济的。

（三）对司法机关的效力

现代司法权运行的最终目标是实现人权价值，司法权因此而具有浓厚的人文基础。基本权利对司法权的效力表现为两个方面：一是间接效力，法院在适用法律时，如果需要对法律进行解释，所作的解释不得违反宪法的基本权利条款。如果违反了宪法的基本权利条款，不管是其中的规则还是原则和精神，都不能作为裁判的根据，还会由宪法审查机关否认该解释的法律效力。二是直接效力，即宪法中的基本权利条款，法院在审理案件时必须遵守。这种直接效力，主要存在于宪法基本权利条款中规定了法院在刑事诉讼或民事诉讼时必须保障当事人享有的诉讼权利的国家中。如美国宪法的《权利法案》中规定的当事人享有的受陪审团审判的权利、同一犯罪不受两次审判的权利、迅速而且是公开审判的权利、不得自证其罪的权利、辩护的权利、正当程序的权利等，对司法机关具有直接的约束力。

第二节　基本权利的私人间效力

一、产生背景

基本权利的公法效力，理论上是不存在争议的，存在分歧的是所谓的“私法效力”问题，也就是基本权利能否适用于平等的当事人之间。① 该问题的出现，使建立在国家权力与基本权利二元区分之上的基本权利在私人关系中无效力的主张面临巨大的挑战，无法对社会发生巨大变化后出现的问题提供强有力的解释。日本宪法学家芦部信喜指出：“随着资本主义发展的高度化，社会中出现了很多像企业、劳工组织、经济团体、职能团体等那样的拥有巨大势力、类似国家的私团体，产生了威胁一般国民人权的事态。另外，晚近时期随着城市化、工业化的进展所产生的环境公害、信息社会下大众传媒对隐私权的侵害等也时有发生，并成为重大的社会问题。”② 这些“拥有巨大势力、类似国家的私团体”借助于其具有的资源优势和影响力，客观上能够对与其在私法关系上居于平等地位的对方造成巨大的压力，存在事实上的不平等，具有与国家公权力侵犯基本权利一样的能力，德国的法学将其称之为“社会力”，我国有学者将其称之为“社会公权力”。③ 基本权利在私人之间效力的提出，就是要让公民能够像对抗国家权力一样，用基本权利去对抗社会公权力，在基本权利受到社会公权力侵犯以后也能得到救济。“18、19 世纪，宪法问题的焦点在于释放民族国家政治权力的能量，同时又有效限制这种能量。新宪法问题的焦点，则在于释放各种十分不同的社会能量，并有效限制它们的破坏效果。”④ 具体而言，宪法基本权利私人间效力问题的形成，受如下因素的影响。

（一）对宪法属性认识的变化

19 世纪，经济活动的主体主要是个人，国家即使参加，也不是以国家权力的代表者，而是民事关系的一方出现的，与另一方居于平等的地位。20 世纪以后，经济活动的主体除了个人以外，还有作为国家权力代表者的国家机关及无数拥有强大经济、政治势力的团体和组织，它们介于国家和个人之间，必然会影响到公法和私法划分的基础，导致二者之间界限变得模糊，发生相互渗透。具体表现为：

（1）私法的公法化

传统上一般认为私法调整的是平等主体之间的人身关系和财产关系。这里的平等主体

---

① 关于宪法基本权利的私法效力，在概念使用上有“第三人效力”“私人间效力”“私法适用”“民法适用”等。有研究者提出，“私人效力”不能等同于“私法效力”；其问题的核心是调整“国家—公民”关系的宪法是否可以适用于“公民—公民”之间的关系。见黄宇骁：《论宪法基本权利对第三人无效力》，载《清华法学》2018 年第 3 期。

② ［日］芦部信喜：《宪法学》，林来梵、凌维慈、龙绚丽译，北京大学出版社 2006 年版，第 106 页。

③ 李海平：《论基本权利对社会公权力主体的直接效力》，载《政治与法律》2018 年第 10 期。

④ ［德］贡塔·托依布纳：《宪法的碎片：全球社会宪治》，陆宇峰译，纪海龙校，中央编译出版社 2016 年版，第 1 页。

仅仅是就法律地位而言的，并不意味客观上拥有的实力或资源的平等。社会结构的发展变化，企业、政党、社会团体、传媒等私法主体拥有强大的实力和优势，实际上取得了某种类似国家机关的支配地位，其行为具有类似国家行为的垄断性和公益性，它们可以以其拥有的巨大组织力、经济力，对弱者或其成员从事实际的支配行为，造成这些人的基本权利受到侵害或妨碍。① 私法主体对弱者或其成员具有的这种实际支配能力，德国法上将其称之为“社会力行为”。②除此之外，基本权利并非是一个内部和谐的体系，每个基本权利都不具有绝对性，存在享有的边界。特别是对不同的基本权利主体而言，一方的过分追求往往会造成对他方基本权利的侵犯。由于社会成员或组织客观存在难以抚平的差异，力量强大、地位优越的主体就可能借助于自己的优势来追求自己利益的最大化，对弱者的权利造成实际的损害或妨碍。如一些公司为了维护自己的形象或避免所谓的不必要麻烦，往往会限制其职员表达自己特殊的政治主张，员工为了避免被开除，也只好对这些限制加以接受。这实际上就是公司的契约自由意志得到了充分的实现，员工的言论自由权利却受到了限制或侵犯。还有，由于国家对社会、经济生活干预的加强，许多传统上的私法关系，如企业主和工人之间的雇佣关系，发展为国家、企业和工会之间的复杂关系，已不是单纯的私法关系，而是私法关系向公法关系的发展，是私法公法化的体现。

（2）公法的私法化

国家对社会、经济生活加强干预也使得传统的公法关系向私法领域渗透，或通过私法手段来实现国家干预的目的。如国家直接向私人企业大批订货或直接经营企业，表明私法因素已经参加到国家的公务活动中去，因此导致了公权力活动方式的多样化，不再限于传统的“权力行为”，出现了许多“非权力行为”，即国家与人民处于平等地位时所为的行为，过去的“干预行政”已转变为“给付行政”“福利行政”，行政机关利用私法措施的情况呈现出扩大的趋势。③“权力行政与非权力行政复杂地相互交叉，二者的领域已经难于截然区分开来。”④ 如果仍固守传统的理论，认为这些“非权力行为”即所谓的“私法措施”只能属于私法的调整范围，就会给国家借此规避公法原理，产生“行政向私法的逃避”，⑤ 客观上纵容公权力借私法行为的形式逃避基本权利的限制。不考虑这种变化，仍然坚持基本权利在私法主体间无效的理论，将无法为基本权利的实现提供有效和充分的保障。

因公法的私法化和私法的公法化导致的公法与私法的相互渗透，出现了既非私法也非公法，或者说介乎公法与私法之间的混合法，最典型的就是经济法。由此引起人们从理论

① 吴撷英：《欧美国家关于宪法的约束力的理论研究及司法实践》，载《法学论文集（续集）》，光明日报出版社 1985 年版，第 158 页。

② 陈新民：《宪法基本权利及对第三者效力之理论》，载《德国公法理论》（上），山东人民出版社 2001 年版，第 291 页。

③ ［德］罗尔夫·斯特博：《德国经济行政法》，苏颖霞、陈少康译，中国政法大学出版社 1999 年版，第 248 页。

④ ［日］室井力主编：《日本现代行政法》，吴微译，中国政法大学出版社 1995 年版，第 33 页。

⑤ ［日］室井力主编：《日本现代行政法》，吴微译，中国政法大学出版社 1995 年版，第 47～48 页。

上对宪法属性的思考，至少不能将宪法单纯地作为“公法”看待。“宪法已经不再是纯粹的公法，宪法已经在某种程度上具备了私法的性质，而其在私法领域的效力问题似有重新考虑的必要。”宪法已发展成为了“相对规范私人间法律关系之私法”。① 甚至有些学者将宪法的私法属性与其原本的公法属性做等量齐观看待，认为宪法“是公法和私法的共同基础，微缩着一国法律体系中私法和公法两者的内容。”②

（二）宪法基本权利功能的变化

纯粹的自由竞争虽然使个人的市场主体地位得到了充分体现，极大地解放了生产力，但也引发了诸如贫富两极分化，财富日益向少数人手中集中等社会问题，效率和公平之间产生了紧张的关系。由于人们经济地位的差异及社会公害的存在，过去那种以自由权为核心的基本权利体系在变化的社会现实面前，面临着严重的挑战。个人的自由权即使不受国家公权力的侵犯，也会因为客观情况的差异而没有实现的可能。因为完全的自由竞争和以此为思想基础的个人自由权的实现，建立在人与人之间形式平等的基础上。但人与人之间的差别实在是太多了，虽然不会被法律作为差别对待的根据，但客观上对个人自由的实现产生了巨大的影响。正是在此背景下，国家对社会生活进行了干预，以缓解效率和公平之间的紧张关系，引发了基本权利的内容由过去的以自由权为核心发展为包括大量的社会权，如劳动权、生存权、受教育权、社会保障权、环境权等。社会权利是“积极性”的，需要国家的积极干预来保障实现，③基本权利的实现对国家权力作用的依赖性程度提高。如果说自由权是划定了国家权力不能介入的范围，社会权则是划定了国家权力应该作用的范围，宪法基本权利的功能，也就由单纯的“抵抗权”向“请求保护权”转化。④ 公民认为自己的基本权利因某种妨碍而无法实现时，可以基于这种“请求保护权”，请求国家排除妨碍。问题是这种妨碍来自于国家以外的组织或个人时，国家能否基于公民的请求介入这种私人间的关系，由此出现基本权利对国家以外的第三人效力问题，如美国的 Dorsey v. Stuyvesant Town Cooperation 案中，纽约市政府为更新市区，与被告公司签约，由其负责拆毁若干区域内的旧房屋，改建成可容纳二万五千人的新公寓。新公寓修建后，该公司拒绝黑人租赁。⑤ 又如日本的三菱树脂（塑胶）公司事件，该公司在招考人员时查问有关应考人的思想事项，并以具有特定的思想为由而拒绝正式任用。⑥这种现象可以提炼为，某些私法的主体因为拥有的实力和资源，打着“私法自治”的幌子对于社会弱者的损害从表面上看是弱势者基于“自由意志”的自愿接受，而民法必须将主体的地位平等和意志自由作为基本的预设，导致这种实际上的不平等和不自由难以在民法中得到纠正。既然私法保障不足，就有必要考虑以公法原理来加以解决。

---

① 蔡定剑：《关于什么是宪法》，载《中外法学》2002 年第 1 期，第 99 页。

② 童之伟：《宪法司法适用研究中的几个问题》，载《法学》2001 年第 11 期，第 8 页。

③ 林来梵：《从宪法规范到规范宪法》，法律出版社 2001 年版，第 178 页。

④ ［日］杉原泰熊：《宪法的历史——比较宪法学新论》，吕昶、渠涛译，社会科学文献出版社 2000 年版，第 130 页。

⑤ 详见法治斌：《私人关系与宪法保障》，载《宪法专论》（一），台湾三民书局 1991 年版，第 13~14 页。

⑥ ［日］芦部信喜著：《宪法》，李鸿禧译，台湾月旦出版社股份有限公司 1995 年版，第 123 页。

1. 作为私法主体的国家

一般认为，国家有两个法律人格：一是基于统治权而为“主权行为”时，是公法人的国家；二是与人民处于平等地位而为私法行为时，是私法人的国家。国家的私法行为受到民法规范的约束，同时还受公法规范，特别是基本权利规范的制约。理由有二：其一，国家双重法律人格纯属法律的拟制，即使为私法行为，也只能是公共目的，与国家的公权力目的无法作绝然的区隔。如果国家的私法行为仅受私法调整而不受基本权利制约，会使私法行为方式成为国家规避公法限制的手段，与法治国家蕴含的以法律限制政府的精神难以吻合。其二，民法上国家与其他私法主体的平等，只是观念中的，实际具备的力量上，任何的私法主体都不可能与国家这个强大的“利维坦”相比。国家具有的巨大权力和垄断地位，使得其所为的私法行为也多具备实质上的强制力和支配力，私法规范的缰绳无法真正驯服这头怪兽，更为严格的公法规范的适用就显得必要而紧迫。

2. 具备强势地位的其他主体

纯粹的私法主体的行为同样也会妨碍他人的基本权利，不同的只是表现为基本权利的冲突。如果公司的某职员具有特殊的政治主张，于是将自己所信奉的格言张贴于办公桌旁，而公司担心这种“表现活动”会损害公司形象或招致不必要的麻烦，于是强令该员工摘下该格言，员工为避免被开除而不得不接受，这就是公司的契约自由意志的充分实现压制了公民个人的言论自由。这说明，实力强大的主体充分实现自己权利的同时，往往会对他方权利的实现构成妨害。力量强大、地位优越的主体完全可能借助于自己所拥有的实力在实现自己利益最大化时损害社会弱势者的权利。

上述的变化，促使人们从理论上思考运用公法手段为基本权利在私法领域受到的侵犯提供救济的问题。这样说并不意味私法对这种侵害根本不能提供救济，仅仅是说其能够提供的救济是非常有限的，无法涉及公民权利的所有方面；另外，基本权利具有本源性，私法对其提供的保障是有限度的。像“社会力行为”对公民权利的损害往往是在“私法自治”的旗号下进行的，从形式上看多是基于弱势者的同意，具有比较大的隐蔽性，要在民法领域获得有效救济就会遇到比较大的阻力和困难。

二、基本权利对私法效力的表现

（一）德国的“第三人效力理论”

基本权利对第三人效力理论首先兴起于德国，1919 年的《魏玛宪法》第 118 条第 1 项规定，人民的言论自由，不能被私人间的工作契约予以限制；第 159 条规定：限制和妨碍该项自由之契约及措施，均属违法。“二战”以后的基本法第 9 条第 3 款继承了《魏玛宪法》第 159 条，规定：“结社权利之目的在于保障和改善工作条件。各行各业中，每人的经济条件得予以保障。限制或导致妨碍行使此项权利的种种协议均属无效，据此协议而采取的措施均属违法。”宪法学界围绕这些规定的效力进行了长期的争论，核心是基本权利在私法秩序中的价值及与私法自治原则之间如何协调，形成了“否定说”和“肯定说”两种主张。

“否定说”认为，基本权利本质上是对国家的防御权，只能约束国家权力；私人之间发生的侵权问题应遵循私法自治原则，通过一般法律解决，没有必要直接援引宪法的基本权利条款；如肯定基本权利在私人间的效力；会造成民法的契约自由原则被破坏；基本法第 1 条第 3 款规定：以下基本权是直接效力的法，拘束立法、执行与司法，并没有规定私人成为基本权利的规制对象。①

"肯定说"承认基本权利在私人领域的效力，但又有"直接适用说"与"间接适用说"两种。"直接适用说"的代表性人物是宪法学家 H. C. Nipperdey，他认为宪法上的基本权利条款是"最高的规范"，如果不能在私法关系中被适用，基本权利条款将沦为仅具有"绝对的宣示性质"的具文。再者，他认为，德国基本法的第一条第三项规定："基本权利之规定，视为直接之法律，拘束行政、立法与司法。"所以，法官作为司法者必须直接引用宪法基本权利之规定，而不必透过民事法律，② 根据私人自治原则签订的契约如违反宪法规定的基本权利应视为无效的法律行为。基于这一认识，作为联邦劳动法院院长的 H. C. Nipperdey 在有关工资契约、劳动契约中的"独身条款"③ 等宪法判例中运用了"直接适用说"。特别是在独身条款判例中认定劳动契约有关独身条款的规定与基本法第 6 条第 1 款、第 1 条及第 2 条规定相抵触，主要理由是：第一，基本权旨在从国家权力的侵害中保障个人的自由领域，但这种宗旨也在变迁之中。宪法规定的基本权利中的部分权利不仅旨在从国家权力的侵害中保障自由权，而且其权利本身对市民相互之间的私法关系产生直接的影响，以保障社会生活的基本秩序。私法上的约定、法律关系及行为不得同具体的国家秩序及法秩序的秩序结构相抵触。第二。原则上私法不能独立于宪法基本权利体系，以契约自由原则为核心而表现的私法的独立性实际上受宪法基本价值体系的拘束，不能脱离于宪法的调整。第三。基本法第 6 条第 1 款（婚姻和家族的保护）是具有拘束性的原则规范，在私法和公法所有领域中要求对婚姻制度给予保护，即使采取间接方式也不能妨碍市民婚姻的成立。而独身条款实际上妨害了当事人自由选择婚姻的自由，尽管它没有禁止婚姻的成立，但客观上阻止了婚姻成立的事实。④ 该理论得到了其他公法学者的支持。如米勒就根据社会国家原则对其进行了论证。他认为，基于现实社会结构的转变，市民国家的时代已经过时，基本权利效力也应随之改变。社会国家原则要求国家积极干预社会，这构成基本权利对第三人效力的根据。并且，他还从基本权利作为首要规范处着眼，认为首要规范是次要规范的基础，次要规范由首要规范而衍生。规范私法领域的次要规范就不一定非要通过私法法条来适用。当然，并非所有的基本权利条款都对第三者具有拘束力。

---

① W. Leisner, Grundercht und Privatrecht, 1960, S. 309 转引自洪成邦：《宪法》，第 261 页。

② Gleicher Lohn der Frau bei gleicher Leistung, RdA 1950, S. 125; -Dazu, A. Bleckmann, aaO. S. 144. 转引自陈新民：《宪法基本权利及"对第三者效力"之理论》，载台湾《政大法学评论》第 31 期（1985 年）。

③ 在此判例中，被告是德国 Nordrein-Westfalen 邦的一疗养院，原告系该疗养院的实习护士。依该邦社会部部长之行政命令，实习护士若结婚，最迟必须在结婚当月离职。原告在任职时表示接受此项义务。其后原告结婚，被告表示其实习关系业已消灭，原告起诉请求确认此项约定无效。三审均获胜诉。德国联邦劳工法院判决采取其院长 Nipperdey 教授的意见：此项单身条款之无效，乃是因为违反德国宪法之基本规范。易言之，即违反基本法第六条第一款（婚姻家庭之保护）、第一条（人的尊严）、第二条（人格自由发展）之规定。

④ 韩大元：《论基本权利效力》，载《判解研究》2003 年第 1 期。

有关人类尊严、人格自由发展权、平等权、自由选择职业、工作地点及教育地点之权、婚姻、家庭基本权利、财产及继承权，可以对第三者有直接的效力。同时，他也注意到这一理论成立之后，有可能产生“基本权利之摩擦”的问题，几个相互追求的基本权利都为基本法所保障，如立遗嘱人在遗嘱中剥夺了某一信仰和性别的继承人的继承权。一方面，源于人类尊严条款的规定保障个人不得因性别、种族、籍贯、信仰等差异而受到歧视的权利；另一方面，基本法保障人格发展自由的权利，立遗嘱人可以在遗嘱中自行决定。这类问题还有其他表现。①对这一问题的解决，米勒提出了“依事物本质”的方针，作为矫正由基本权利对第三人效力理论而产生的基本权利之间的摩擦问题。②

“直接适用说”的反对者认为，这一理论动摇了私法自治与整个私法体系的基础。最激烈的批评来自 1950 年 5 月 3 日 W. Schmidt-Rimpler 等提出的一份《波昂研究所评论》，他们认为，基本法的序言明确表示基本法的制定是为“国家之生活有一新秩序”，说明它所规定的基本权利只以限制国家侵犯为主，并非规范私人之关系。至于基本权利作为“最高的规范”，尽管具有“一般评价标准”，亦即“确认合宪的最高正义思想”，也不能在私法关系中直接适用，至多通过“民法解释”的途径，实现基本权利中所隐含的“一般评价标准”。

在批评第三者效力理论的人中，Gunter Durig（杜立希）的观点具有较大影响。他认为，基本权利并非专为第三者权利所设定，而是针对国家权力产生的。基本权利只对私法中的个人权利有间接的拘束力。宪法保障私法自治的原则，基本法将规范私人之间的法律关系，委托给立法机关去具体化。基本权利对私法的效力是经由私法达到的，具体而言，应当以私法中的概括条款作为实现宪法基本权利之媒介，通过概括条款的适用，方可在法律体系及逻辑上保障私法的独自性。按照这一学说，基本权利形成了一个价值的客观体系，通过民法典的一般原则这个中介，影响私法，在基本法的支配下，法官从基本法的价值观念出发，埋解民法一般性条款的意义，由此形成了基本权利对第三人效力的“间接适用说”。把基本权直接适用于私法关系有可能无限制地扩大宪法的影响，导致私法关系中当事人意思自治原则的破坏。K. Hesse 也认为这一理论过分地限制了私人自治原则，改变了民法的特性与意义，有可能导致“废除民法体系”的结果。构成“间接适用说”的理论命题有两个：一是基本权不仅是具有主观公权性质的防御权，同时也是适用于所有法领域的客观价值判断，民法上的任何法律规定不得同基本法的规定相矛盾。当法官解释不确定的概念与一般条款时实际上负有保障基本权利的义务。基本权利需要通过直接支配该领域的规定作为“入口”才能对私人间的关系产生影响。二是具有强大社会影响力的社会权力对私人权利进行侵害时，基本权利规范作为例外情况产生直接的效力。当个人的自治被社会权力约束时需要赋予基本权利更有效的效力，以解决实际存在的侵权现象。在社会团体、工会及其劳动保护等领域基本权利效力的直接有效性已得到了实践的证明。总之，“间接适用说”强调了基本权利需要通过私法上的一般条款，在尊重私法独立性的原

① 陈新民：《德国公法学基础理论》（上册），山东人民出版社 2001 年版，第 298 页。

② 陈新民：《德国公法学基础理论》（上册），山东人民出版社 2001 年版，第 299~300 页。

则下适用基本权利效力。① 1958 年 1 月 15 日联邦宪法法院在 Luth 一案中采纳了基本权利的第三人间接效力理论，认为将宪法上的基本权利直接适用于私法关系“失之过宽”，私人间关于私法权利与义务的争执，在实体和程序上都是民事问题，由民法来规范。但是，民法条文应当依据宪法精神予以解释，民法上的概括条款如“善良风俗”可以用来实现宪法基本权利对民事关系的影响，概括条款是基本权利进入民法关系的入口，法官在审判具体案件时，必须以宪法基本权利之精神来审查、解释及适用民法条文，是乃“私法的修正”也是法官受到基本权利拘束之明证。倘若法官不遵循此种方式，忽视宪法保障的“客观规范”即基本权利的实质，应视为公权力的侵害，个人可以提出宪法诉愿，由宪法法院来审查基本权利对民法的放射作用有无被实现。

（二）美国的“国家行为理论”

美国不存在公法和私法的划分，其宪法理论也就不区分国家从事的是公法行为还是私法行为而分别给予规制，凡是国家行为就是基本权利制约的对象。问题在于，什么行为具有“国家行为”的性质，其外延到底有多大，直接影响基本权利制约的范围。按照传统理论，宪法以规范国家与人民间关系以及国家各机关间关系为特征，私人间的行为不受宪法规范的拘束。② 美国宪法的“权利法案”最初就仅以联邦政府的行为为规制对象。后来通过的宪法第十四条修正案规定，“任何一州，不得制定或实施剥夺合众国公民之特权与豁免的法律……不得在其管辖范围内否定任何人享有平等法律保护”。联邦最高法院在解释该规定时也仅仅将基本权利约束的对象扩大到州政府，私人间的歧视和其他侵害基本权利行为并非为宪法第十四条修正案针对之对象。③ 但是，福利国家、给付行政思潮引起的国家职能扩张，已使国家与私人间的关系发生了巨大变化。私人经营管理的事业，在国家整体结构中占有相当的比重，国家无法对之采取完全的自由放任态度，必须对其进行监督、管理、提供财政补助、司法救济等；此外，国家基于历史或政策的考虑，有时还将若干具有“公共功能”的行为委托由私人承担。上述行为，如果依“国家行为”原则严格解释，不利于对公民基本权利的保护。司法实践中，联邦最高法院同样以宪法第十四条修正案为依据，认为即使是私人行为如与国家及其行为有关时可以认定为类似于国家行为，受基本权利的拘束。1948 年的 Shelly V. Kraemer 案件中，最高法院首次对基本权利效力在私人关系中是否适用进行了判断。④ 从本案中可以看到，在美国，基本权利效力的扩大主要是通过拟制国家行为理论来实现的，实践中形成了统治功能理论（Governmental

① 韩大元：《论基本权利效力》，载《判解研究》2003 年第 1 期。

② 参阅韩大元：《论基本权利效力》，载《判解研究》2003 年第 1 期。

③ 法治斌著：《人权保障与释宪法治》，台湾月旦出版社股份有限公司 1993 年版，第 3 页。

④ 该判例的内容是：某地区内居住的一些白人为了阻止黑人迁移到本地区，签订了一个契约，规定不得把土地出租给白人外的人（包括黑人和其他有色人种）。一名白人把土地出租给黑人 Shelly 后，该地区的一些白人提起诉讼要求确认收回其土地所有权的请求。第一审法院驳回了请求，州最高法院又改判判原告胜诉。Shelly 以第 14 条修正案的“法的平等保护”为依据向联邦最高法院提起上诉。最高法院在审理中认为，该事件中白人之间签订的契约并不侵犯第 14 条保障的平等权利，它是以合意为基础签订的，不存在违宪问题。但法院同时提出，由州法院强制执行其契约的“司法的执行”（Judical enforcement）属于国家行为（State action），故其行为侵害了修正案第 14 条规定的权利，撤销了原判。

Function Theory）、司法的执行理论（Judicial Enforcement Theory）、国有财产理论（State Property Theory）、国家援助理论（State Assistance Theory）、特权赋予理论（Governmental Regulation Theory）等。

哪些私人行为可以被纳入“国家行为”的范围而受到基本权利的限制，美国通过长期的理论研究和司法实践确立了以下三个标准：

（1）公共职能行为（Public Function Doctrine）。根据这一标准，一个行为是否要受到宪法基本权利的约束，关键不在其是否为国家从事，而在于是否具备了公共的职能。私人的行为承担了公共的职能，就应当受宪法第十四条修正案的约束。如公共场所和大型商业中心之地虽为私人所有，但却行使或实现着国家的统治职能，其中发生的侵害基本权利行为，按照统治职能说的主张，应直接运用宪法来处理。如在 Marsh v. Alabama 一案中，公司不允许宗教团体成员在商业中心区散发宣传品。法院受理后认为，商业中心区与公共市区的差别只在于前者财产属私人所有，本质上却有相同之处，即一定的公共职能。因此，它应当像公共市区那样对公众开放，在此范围内发生的侵害基本权利之行为，应运用宪法来解决。Black 法官指出：“所有权并非意味着绝对的支配。一个所有权人越是将其财产公开由公众普遍使用，其权利就越要受到成文法和那些使用者的宪法权利的限制。”①

（2）国家卷入私人活动的行为。在 Burton v. Wilmington Parking Authority 案件中，克拉克法官提出，如果政府与私人主体相互依赖，私人主体的行为就可以被认为是国家行为，因而受宪法第十四条修正案的约束。但这决不意味私人的行为只要与国家发生某种联系，都可以被作为国家行为对待，必须是国家对私人行为的卷入达到了一定的程度。国家对私人行为虽然有参与，但并没有达到某种重大的程度，就不能被作为国家行为对待。基于这一标准，最高法院将这样几种行为归纳为“国家卷入私人活动的行为”：①对公共财产的出租或出售；② ②私团体使用公共财产；③ 国家所有的财产尤其是大型公共设施，通过租赁或租借方式转移给私人经营管理后，在其范围内发生侵害基本权利的行为，视为国家行为，应适用宪法的规定加以解决。如在 Derrington V. Plummer 一案中，郡法院附设的公共食堂租借给私人经营，而经营者却不允许黑人入内就餐。诉讼以后法院裁决，视为违宪之国家行为。③国家通过许可卷入私人活动。④如受国家财政援助（如土地使用权、免税等援助形式），且其活动受国家高度影响或控制的私人团体之侵权行为，可视为国家的行为，适用宪法之规定。

（3）通过“鼓励”或“授权”而为的国家行为。这种主张认为，如果某私人行为公开或暗中得到了“国家的辅助”，就可以认定该行为是在国家的鼓励或授权之下作出的，具有国家行为的性质。如私人或团体如经国家特别授权而处于优越的地位，在授权范围内从事的行为，应认为处于国家代理人的地位，自然也应承担相应的宪法义务，就像国家承

① Gerald Gunther, Kathleen M. Sullivan, Constitutional Law（the thirteenth edition）, Westbury, New York, The Foundation Press, Inc. p. 929.

② Derrington v. Plamer. 240F. 2d 922（5th Cir1956）.

③ Gilmore v. Montgomery, 417, U. S. 556（1976）.

④ Garner v. Louisiana, 368U. S. 157（1961）.

担宪法义务一样。由此而发生的侵害基本权利之行为，应适用宪法的规定。

(4) 国家不作为的行为。国家之建立，基本的出发点是维护个人的权利，使之免遭侵犯或能最大限度地实现。这种维护在很多的情况下依赖于国家的积极作为才能达到。国家不仅自己不能侵犯公民之权利，还要去制止其他力量对公民权利的侵犯。因此，国家公共权力对私人侵权行为持消极态度，不履行阻止侵权、保护公民之义务，即视为违宪。

(三) 关于基本权利私人间效力的争议

基本权利能否在私人之间具有效力，存在着比较大的争议。反对者的理由可以概括为这样几个方面：(1) 认为基本权利在私人间具有效力的主张是以"公法"与"私法"的划分为前提的，而"公法"与"私法"的划分本身处于众说纷纭的状态，不同的划分标准直接影响着"公法"或"私法"调整范围的大小，宪法基本权利的效力范围岂不因此而可大可小？更为关键的是，"宪法作为组建政府、梳理国家与公民关系的根本法，应当是最高效力层级的规范，在宪法之下才能够将普通法律分类成公法与私法，如果国家(政府) 因为处在私法关系的缘故而可以不适用宪法，那就等于承认了公私法划分可以超越宪法而存在，岂不荒唐？"① (2) 美国的"国家行为理论"通常被作为宪法基本权利在私人之间有效力的表现而被提及，但仔细思考后应该得出这样的结论，如果基本权利能够在私人之间具有效力的话，还需要将其披上"国家行为"的外衣吗？用"国家行为"给予包装恰恰说明的是，基本权利并不能适用于私人之间，只有那些具有"国家行为"性质的私人之间关系才能受基本权利的约束，此时的私人之间关系已经不是纯粹或严格的私人关系了，背后的决定力量是国家的行为，实际上要表达的是基本权利不能适用于私人关系之中的意思。② (3) 基本权利对私人间关系的效力之所以会成为问题而被提出，即为何会提出基本权利在私人之间的效力问题，隐含的前提性预设是，基本权利是针对国家的权利。概因近代立宪主义是以自然法为思想基础的，这在法国大革命中颁布的《人权宣言》第1条"在自由与权利方面，人生来是而且始终是平等的"及第2条"任何政治结合的目的都在于保护人的自然的和不可动摇的权利。这些权利即自由、财产、安全及反抗压迫"得到了明确的体现。特别是第4条规定，"自由就是得为一切无害于他人的行为；因此每个人自然权利的行使均只以保证社会其他成员得享同样的权利为限"，自然权利存在于国家形成之前，是社会成员之间相互制约并可以相互主张的权利，显然不能称之为仅仅是"针对国家的权利"。但是在自然权利被宪法化而成为"宪法权利"以后，宪法承担着保障一切人享有的自然权利的责任，"宪法权利"实质上成为了约束国家的权利，即要求国家给予尊重和保障的权利，人民正是基于此目的而制定了宪法组织了国家。宪法权利对国家的约束尤其表现在立法权的方面，从人权宣言"(权利的) 限制由法律规定之"(第4条) 以及"凡未经法律禁止的行为即不得受到妨碍"(第5条) 之规定可以看出，宪法首先规定立法权不得制定侵害人权的法律，其次将国家保障私人间人权的义务交由以刑法与民法为中心的法律来履行，私人间权利的调整是法律的专有领域，宪法上的人权规

① 黄宇骁：《论宪法基本权利对第三人无效力》，载《清华法学》2018年第3期。

② [日] 高桥和之：《"宪法上人权"的效力不及私人间——对人权第三人效力上的"无效力说"的再评价》陈道英译，载《财经法学》2018年第5期。

定不被假设为适用于这一领域。也就是说，人权作为自然权利，虽然在私人间也具有效力，但对它的调整是由法律来进行的，这也就是人民在宪法中创设立法机关来行使立法权的意图所在。魏玛宪法第 118 条第 1 款“德国人民在法律限制内，有用言语、文字、印刷、图书或其他方法，自由发表其意见之权，并不得因劳动或雇佣关系，剥夺其此种权利。如其人使用此权利时，无论何人，亦不得妨害之”的后半段与第 159 条“为保护及增进劳工条件及经济条件之结社自由，无论何人及何种职业，均应予以保障。规定及契约之足以限制或妨碍此项自由者，均属违法”的规定，常被作为基本权利适用于私人之间关系的规范依据，应将其解读为赋予立法者制定实施这一规定的法律的义务。① （4）既然宪法基本权利是针对国家的权利，是个人在与国家关系上享有的主观公权利，适用于私人关系之间的法理基础何在？为此，德国的宪法理论和宪法审查实践通过将基本权利由主观公权利发展为“客观价值秩序”，试图对此作出回答。其意图是将德国基本法保障的基本权利通过某种理论设定为贯通公法与私法两者的原理，或者是位于两者之上的原理，来解决作为公法上的公权利如何在私法领域产生效力的问题。就像德国宪法法院在著名的“吕特案”判决中指出的，“基本权首要的是为了保障个人自由领域免受来自公权力的侵害而规定的权利”。与此同时，宪法法院也指出，基本权利的客观价值秩序以人格及人性尊严在社会共同体中的自由发展为中心，应有效适用于各法律领域，自然也会影响民事法律；没有任何民事法律可以抵触基本权利，民事法律的各个方面都必须在基本权利的检验下予以解释适用。② 如此一来，经由“客观价值秩序”，将“对国家的基本权利”向“全方位的客观价值”进行转换，似乎是为基本权利在私人间产生效力提供了有力的根据。然而，若基本权利蕴含的“全方位价值”是“自然权利”价值，那么，填充进私法原则性条款的就应该是这种“自然权利”价值而不是基本法实定化后的法律价值；更关键的是，“自然权利”实定化后仍然具有“全方位的客观价值”，那它为何不能在私人间直接使用呢？恐怕是因为这种法律价值尚处于抽象阶段，还需对其进行“具体化”：一方面作为针对国家的“主观基本权”规定在宪法中来实现，另一方面通过向私法的一般条款中填充价值的方法来适用于私人间的关系。其结果就是宪法内部既具有全方位的基本权（客观的法律价值），又具有针对国家的具体的基本权，宪法基本权规定的性质就变得模糊不清了。如此的话，宪法就带有宣布应该适用于作为全社会的基础的所有社会关系的法律价值的性质。这种宪法观、人权观就会颠覆近代立宪主义观念，它掩盖了宪法、人权不再是对权力的约束，而是成为对国民的约束。如果按照德国宪法法院在“吕特案”的判决所言，如果基本权“首要的”是针对国家的权利，那么在基本权中具体化的客观价值秩序是否也应该认为是针对国家的呢？在客观价值是由针对国家的（主观的）基本权导出的情况下，如何才能突破针对国家性？③

---

① ［日］高桥和之：《“宪法上人权”的效力不及私人间——对人权第三人效力上的“无效力说”的再评价》陈道英译，载《财经法学》2018 年第 5 期。

② 张翔主编：《德国宪法案例选释：基本权利总论》，法律出版社 2012 年版，第 25 页。

③ ［日］高桥和之：《“宪法上人权”的效力不及私人间——对人权第三人效力上的“无效力说”的再评价》陈道英译，载《财经法学》2018 年第 5 期。

第六章　生　存　权

第一节　生存权的属性

一、生存权的产生和发展

生存作为人们的一种原始欲望，是伴随着人的意识的形成而出现的。作为法律概念的生存权，最早出现在奥地利法学家安东·门格尔于1886年写成的《全部劳动权史论》一书中。近代的自然法理论中，肯定人人都享有天赋的自然权利，建立国家的目的就是为了保障自然权利的实现，人由此而获得了权利主体的地位。美国殖民地时代的《弗吉尼亚人权法案》规定："一切人生来享有平等的自由权、自立权以及一定的固有权利；在其进入社会时，其生命和自由不得以任何契约而丧失或剥夺，并且有权获得占有财产，有权追求和得到幸福与安全。"1776年的《独立宣言》规定："人人都享有上帝赋予的某些不可转让的权利，其中包括生命权、自由权和追求幸福的权利。"法国1789年的《人权与公民权宣言》规定："人的自然和不可动摇的权利是自由、财产、安全和反抗压迫。"

生存权超出自然权利的范围而具有社会权的属性，最早见之于法国大革命以后颁布的1791年宪法。该宪法规定："应行设立或组织一个公共救济的总机构，以便养育弃儿，援助贫苦的残疾人，并能对未能获得工作的壮健的贫困人士供给工作。"1793年宪法中，这一规定进一步发展为"公共救济是神圣的义务。社会对于不幸的公民负有维持其生活之责，或者对他们供给工作，或者对不能劳动的人供给生活资料"。德国1919年的《魏玛宪法》则最终完成了生存权作为社会权的定型化。

20世纪爆发了两次世界大战，人的生存权受到了严重的践踏。战后成立的联合国在其宪章中明确规定，为了避免后世的人们再次遭受当代人类所两度身历的惨不堪言之战祸，重申基本人权，人的价值和尊严。为此，战后许多国家的宪法也规定了保护本国公民生存权的内容。如法国1946年宪法的序言，意大利1948年宪法第38条，印度宪法第38条，都明确规定了生存权保障的内容。

人的生存需求及满足，是一个永无止境，也无法确立一个绝对标准的运动过程，生存权由此而是一个可将人的一切其他权利囊括其中，具有高度概括性、包容性的概念。从一些国家宪法对生存权的规定及学者对生存权的理解来看，生存权实际上指的是公民为自己的生存利益或生存条件的实现而向国家主张生存请求权，其界限是国家根据本国社会的发展程度并综合了全体成员的经济状况后所确定的国民最低限度的生活标准。

比较宪法学第六章生存权作为人的生存权的下限而言，国民最低限度的生活标准以经济条件为核心内容，它除了包括人的生物性欲求的满足外还应包括文化欲求的满足，只有如此，方能使生存权的规定与实现成为维护人的尊严、确立人的主体性地位所必需。《日本宪法》将其规定为“一切国民都有维持最低限度的健康和文化的生活权利”就很好地说明这一点。

当今世界，各国主要是通过物质帮助的形式，由国家建立社会保险制度给予保障。在一定程度上可以使贫富之间的收入差距有所缩小或不致产生过大悬殊，防止公民个人因年老、疾病、伤残、失业等多种原因陷入难以维持生计的贫困境地所造成的对人权价值的破坏，缓解因为贫富差别而引起的社会矛盾，协调国家和公民之间的相互关系。同公民享有的其他基本权利相比，物质帮助权具有附条件性、内容的广泛性及劳动报酬的关联性等特点。

二、关于生存权属性的学说

生存权的提出和确立，引起了传统的以自由权为基础的近代人权向以生存权为基础的现代人权转变。其影响表现为两个方面：一是传统的以社会成员个人对自由、幸福的追求发展为社会整体对平等、生存的追求。人权主体也因人权价值取向的转移而由有生命的个人扩展为具有复合性质的类群体，从而导出了集体人权。二是对人权的保障上，传统的只对人权侵害加以预防和在预防失灵时对侵害加以排除的消极保障方式开始转变为国家直接向人权主体提供人权实现的条件和消除人权实现障碍的积极保障方式。国家从不惊扰个人权利行使的守夜人变成了应公民请求而行事的奉事者。① 如果说自由权体现了公民对国家的抵抗关系的话，生存权在一定程度上反映了公民对国家的请求关系。但公民提出的请求，国家应如何对待，理论上有不同的主张，实践上也存在着不同的做法。

1. 纲领说

这种主张以德国人权学者早期对《魏玛宪法》关于生存条款所作的解释为代表，认为生存为人人所享有的权利，但对生存的保障仅为国家在政治和道义上承担的责任，宪法关于生存权的规定是政治规范即国家活动的原则和纲领，而不是基本的人权。很明显，纲领说在否认了宪法生存条款的权利性的同时，也否认了公民作为生存权主体的地位。国家对公民生存的保障在性质上并不是应承担的法律责任，而是一种恩惠。因此，公民对生存的希望只能消极地等待国家基于道义而施行的仁政，并不能由于自身或社会的原因导致生存发生困难时向国家提出给予帮助的请求。

2. 抽象权利说

20 世纪 30 年代的德国和 50 年代的日本，理论与司法判决均将以请求权为基础的生存权解释为国家活动的原则与纲领，并不是每个公民对国家有要求具体实现的权利，也就是说国家对公民的请求是否给予接受有自由裁量之权。这使得公民的生存权缺乏现实的操作性，很难因公民的个别请求得以实现，只有当某一请求具有普遍的意义时，国家才会将其作为社会问题给予重视并加以解决。它承认公民基于生存的满足享有向国家提出请求的权利，但这种请求权不能以对物和劳动机会的索取为内容，仅限于向立法机关提出补救生

① 韩德培、李龙：《人权的理论与实践》，武汉大学出版社 1995 年版，第 389 页。

存保障立法之不足和向行政机关提出纠正生存保障措施之不当，因此为抽象之权利。① 国家对公民的请求既可以接受，也可以不接受，并不负有必须满足的义务。这样一来，生存请求权仅仅成了国家了解社会问题的窗口，不可避免地会陷入抽象被肯定和具体被否定的矛盾之中，为国家规避应承担的保障生存义务提供了契机。

【判例一】

日本1957年朝日茂诉讼案

本案原告朝日茂是一个肺结核病人，在国立医院住院期间因无任何收入，根据生活保护法的规定，享有全额免费医疗及每月600日元的生活补助。1956年，原告所在的冈山县社会福祉事务所发现朝日茂另有一个哥哥，遂要求其每月支付给原告1500日元并得到了同意。事务所并对这1500日元的开支作出了详细规定，其中600日元作为原告的生活费，其余900日元作为医疗费的一部分收归事务所，并以原告已经不符合生活保护法的规定和厚生省对住院患者日用品费所定的基准为由取消了每月给予原告的600日元生活补助。

原告对此提出异议，并以事务所分配的600日元不足以满足日用和保证营养为由，要求冈山县知事变更对1500日元行政处分决定，将其中的1000日元作为自己的生活费用，剩下的500日元作为医疗费交由事务所。冈山县知事驳回了朝日茂的请求，朝日茂转而向厚生大臣申诉，仍被驳回。1957年8月12日，朝日茂以厚生大臣为被告向东京地方法院提出起诉，要求法院撤销厚生省作出的驳回决定重新作出决定。在诉讼中，朝日茂提出，每月600日元的标准不能保证日本宪法第25条所规定的国民的“健康、文化上的最低限度生活”。

原告所提出的主张是：(1) 生活保护法是根据宪法第25条的理念而制定的，保障“最低限度之生活”并非来自国家的恩惠或政策上的反射利益，而是强制要求国家必须承担的义务。(2) 保护基准的决定，并非自由裁量行为，而是法规裁量行为，因此保护决定之变更必须受司法判决的拘束。

1960年10月19日，东京地方法院经过19次审查后作出判决，其要旨包括：(1) 宪法第25条第1项规定：“全体国民皆拥有过健康且文化之最低限度生活的权利。”且同条第2项规定：“针对全体国民的生活，国家必须努力改善及提升社会福祉、社会保障及公众卫生。”较之以往以自由权性格的基本人权为保障主体包括日本旧宪法在内的各国宪法或权利宣言，本宪法此条则不止于此种自由权人权的保障而已。尚可解释为，要求国家权力积极作为保障国民过着有人性尊严的生活。亦即所谓保障生存权的基本人权之规定。(2) 社会保护福祉是国家基于国家的直接责任，以宪法第25条明定的生存权保障理念出发，所实现的保护贫困者生活之制度，无疑地是宪法该条第2项中所谓社会保障的一环，更是使宪法前述规定实际化、具体化之法律。因此，生活保护法第3条应被理解为赋予国民积极向国家提出保障健康、文化上

① ［日］乔本公亘：《宪法原论》，日本有斐阁1959年版，第238~239页。

的生活的权利，即保障请求权的规定。(3) 所谓“最低限度之生活”，必须是可以维持健康且文化之生活水准。而“健康且文化”绝非单纯的修饰词语，必须有符合其概念的实质内容存在才可。(4)“健康且文化的生活水准”要受到各国社会文化的发展程度、国民经济实力、国民所得水准、国民的生活感情等多种因素的影响，其具体内容是在发展变化的。认定健康、文化的生活，不能脱离生活保障法第3、8条所依据的宪法规定，也就是说此乃属于羁束行为。因此，该认定是否符合生活保障法，属于法院判断的范围。法院对这一问题的审查不能认为是对行政权的不当干涉。由此排除了其属于行政自由裁量权的意见，行政机关不能作出妨碍这一生活的任何处分。① 据此，东京地方法院判决原告胜诉。

被告不服一审判决，以检察官为诉讼代理人提出上诉，东京高等法院经过审查于1963年作出判决，肯定法院对这一问题可以进行审查，但却以600日元并不过低、尚未违法为由，判决国家胜诉。原告遂上诉至最高法院。但在审判过程中，原告死亡，最高法院遂决定终止诉讼，并对一、二审中争论的问题作出了解释。在这份1967年5月24日作出的终审判决中，最高法院指出：(1) 宪法第25条的规定，可以认为是赋予个人享有接受保护权，但本权利应为维持被保护者本身最低限度生活，而赋予该人的个人专属权利，不可让渡于他人。(2) 宪法第25条只是宣布国家保障最低限度的健康和文化的生活的责任，并非对每个国民赋予具体权利。(3) 对什么是最低限度的健康和文化的生活的认定，完全由政府合乎目的的裁量。其判断当与不当虽然可以成为追究政府的政治责任问题，但是只要不是超过裁量权的界限或滥用裁量权，不致发生直接违宪的问题。②

【判例二】

粮食管理法违宪案

本案是战后1948年，宪法实施后不久所发生的第一个有关生存权的判例。《粮食管理法》是1942年战争期间为便于统制国民生活而制定的法律，战后为解决粮食不足的问题仍继续加以沿用。被告因日常分配的粮食不敷家中三餐之所需，遂至黑市购米一斗二升，在搬运回家的途中被检方查获，并以粮食管理法的规定加以逮捕，判刑四个月。被告认为，购买黑市米虽然违反粮食管理法，但是此种求生存的行为理应受到宪法第25条的保障，因而主张粮食管理法乃属违宪无效。最高法院的判决指出，粮食管理法乃为保障全体国民公共福祉及安定其生活之法律；另一方面，宪法第25条有关生存权之规定，仅是宣言为国家之任务，国家对于一般国民，应概括负担其责任而认此为国政上之任务，但并非个个国民，负有具体或现实之义务。换言之，并非

① 该案案情引自胡建淼：《外国宪法案例及评述》（下册），北京大学出版社2004年版，第718页。

② 最判昭和四二、五、二四民集第21卷5号1043页。见［日］宫泽俊义：《日本国宪法精解》，董璠舆译，中国民主法制出版社1990年版，第235页。

依此项规定，个个国民对国家具有直接、具体或现实之此种权利，依社会立法，以及社会设施之创造、扩充，个个国民之具体、现实之生活权，使能获得保障、充实。因此，上诉人主张依该宪法条文之规定，生活权受直接、现实之保障，购入及搬运不足之粮食，系生活权之行使，故认此种行为为违反之粮食管理法之规定，违反宪法乃基于误解该条文之论旨，不得采用。① 也就是最高法院认为国民不能根据宪法第 25 条直接主张享有生存权之保障。

值得注意的是，本案实际涉及的是请求排除国民生存自由之国家立法的诉讼，属生存自由权性质的争论，并不是请求国家支付生活补助的社会权争论。

3. 具体权利说

20 世纪 60 年代之后，随着各国社会保障立法的普遍化及大量的有关生存权判例的产生，将生存权视为抽象的权利或者说是对国家的要求，而不是公民可以主张的具体权利的思想显然已不符合时代的潮流和法律的实践，将生存权视为公民的具体权利和法定权利的思想便应运而生。② “具体权利”说是通过对有关立法和判例加以理论上的总结而提出的，③ 主张承认公民对国家享有提出生存请求的权利，若国家对公民的请求不予满足时，就应当认为国家构成违法，以不作为的方式侵犯了公民的生存权。具体讲，立法机关以积极或消极的立法侵害公民享有的对国家关于生存权的立法提出请求的权利时，公民有权提起违宪审查的请求，生存权成了违宪审查的标准，以纠正立法的不法。如果负有社会保障法实施职责的行政机关以不作为的方式漠视公民的生存请求权，公民可以通过提起行政诉讼寻求救济，生存权由此又成了行政不作为行为被司法审查的标准。这样一来，生存权的保障应当成为立法和行政的基本出发点。

4. 法定权利说

将生存请求作为法定权利，意在强调这种权利的司法救济属性。根据“有权利就应当有救济”的观念，如果权利在受到侵犯的时候不能获得有效救济，该权利就不能成为终极意义上的人权，也是不能充分实现的人权。因此，任何权利必须与一定的保障结合在一起。生存权的积极保障，在司法上就表现为根据司法上的命令，公民可以要求国家兑现适合一般生存标准的各种利益。④

第二节 生 命 权

一、生命权的产生

生命权是指个人享有的维持其生命的延续和健康发展的资格。生命是人之所以为人的

① 最高昭和二三年二〇五号，同年九月二九日大法庭判，刑集二卷一〇号一二三五页。转引自《日本国宪法判例译本》，台湾司法周刊杂志社印行 1984 年版，第 205~208 页。

② 韩德培、李龙：《人权的理论与实践》，武汉大学出版社 1995 年版，第 381 页。

③ ［日］高田敏：《生存权保障规定的法性质》，公法 26 号，1964 年版，第 95 页。

④ 参见韩德培、李龙：《人权的理论与实践》，武汉大学出版社 1995 年版，第 392 页。

根基，源于自然的造就，不是国家赋予的。生命权作为一个人的完整性的根本体现，与人的生命相伴随，不能被国家随意剥夺。国家和个人不能对他人的生命存在加以否认和漠视，也不能给予奴隶性质的束缚。受近代启蒙思想家关于“天赋人权”“人人生而平等”主张的影响，资本主义国家承认生命权为人人享有的天赋权利，国家的存在就是为了保障包括生命权在内的自然权利。因此，美国的《独立宣言》宣布“生命权、自由权和追求幸福的权利”是人的“不可转让的权利”，人们建立政府的目的就是为了保障这些权利的实现。美国宪法第五修正案规定：“未经正当法律程序不得剥夺任何人的生命、自由和财产。”巴基斯坦宪法也规定：“非依据法律，不得剥夺任何人的生命和自由。”

二、出生权

人的生物生命是一个自然的过程，对生命权的保障必然涉及人的生命起点问题。明确这一问题的重要性在于，未出生的胎儿是否构成法律保护的生命，堕胎是否构成对生命权的侵犯。胚胎并不是法律意义上的人，但却是个人生命以外有生命现象或生命潜能的生命，每一个胚胎就是一个生命主体，在科学技术比较发达的今天，可以将其冷冻保存、运送和繁殖，成长为独立的生命体，说它具有一定的生命伦理意义，应该是能够成立的。至于其是否享有生命权，取决于人们对生命始于何时这一问题的看法。《公民权利和政治权利国际公约》以及《欧洲人权公约》都没有对人的生命起点加以明确规定，但并不排除一定的情形下未出生的胎儿也是生命权的主体。在 1992 年的 Hercz v. Norway 案中，欧洲人权委员会指出，有关堕胎的国内法有很大不同，各国应“享有一定的自由裁量权”。《美洲人权公约》则明确规定，所保护的生命权是从胚胎开始的。

人的生命现象始于精子与卵子的融合或以无性生殖技术形成胚胎之际。根据德国联邦宪法法院的见解，个人的存在，是自受精后第 14 天开始的。此后的 8 周内为胚胎期，8 周以后为胎儿期。生命权的保障不能以有生命意识或以人为准据，而应始于生命之始。为此，德国 1991 年颁布的胚胎保护法就将胚胎作为基本法第 2 条第 1 款所说保护的生命对待。德国宪法法院在判例中指出，“在子宫内成长的生命”是宪法生命权保障的独立法益。国家不仅有义务消极排除自身的干预，而且有积极的义务促进生命的发展。因此，在母体内的胚胎不应被视为母亲身体自主权的一部分；试管中的胚胎，既不是物品也不是商品，对其保障应该比其他的非生命体为高。

由胚胎发育而成的胎儿是否享有人权，在国际法上一直是一个存在争议的问题。许多国家出于宗教和道德的原因禁止或限制堕胎，认为它是一种剥夺生命权的行为。如果说人的生命自受孕开始，胎儿无疑应享有生命权，堕胎就是一种强制结束处于胎儿状态的生命的行为。

但是，就堕胎行为本身来看，涉及的不仅有胎儿本身的生命权问题，还有母亲的生命健康权、计划生育权、隐私权，甚至还可能涉及丈夫的生育权问题。如果仅仅从保护胎儿的生命权出发来禁止或限制堕胎，在积极的方面看可以防止出生率的急剧下降，并避免因性行为与生育分离所导致的严重的妇科疾病、心理退化和社会不安定等问题，但在另一方面就有可能严重侵犯妇女及其家庭的利益，包括妇女的生命与健康、孕妇家庭的经济负担，孕妇及其家庭的“心理利益”（若不允许遭受强暴而怀孕的妇女堕胎，不仅会使出生后的婴儿面临可能受到社会歧视的危险，而且会对妇女带来多方面的不利影响）。因此在是否允许堕胎的问题上，就不能单纯基于保障胎儿的生命权考虑，必须在胎儿的生命权和妇女的健康权、隐私权等权利之间加以综合衡量，并结合胎儿所处的不同发育阶段来加以抉择。从医学的观点看，怀孕3个月以内的胎儿，生命正在形成过程中，应当允许妇女自由决定是否堕胎；怀孕5~6个月期间，胎儿已形成为完整的生命，有独立存活的可能，堕胎不仅是对胎儿生命的终止，而且对孕妇的健康也有不利的影响，必须有充分的理由方可堕胎。怀孕6个月以上，胎儿已有强烈的生命现象特征，堕胎对妇女健康的影响极大。因此，只有在不堕胎将很有可能产生畸形儿或必然损害到妇女自身的安全时，才能堕胎。

【判例三】

德国宪法法院有关堕胎的判决

第一次判决（BVerfG，Urt. v. 25. 2. 1975）

德国1871年刑法规定，除医学上适当性的理由外，一律禁止堕胎。“二战”以后，由于经济的发展和人权意识的高涨，在堕胎问题上的强硬态度导致地下堕胎的盛行，孕妇为此而在健康上付出了重大的代价，甚至死亡的情形时有发生。为此，1974年6月22日联邦德国国会通过第五次刑法修正案，在“有期限模式”和“适当性模式”中选择前者，于第218条规定，在特定条件下，怀孕之后的12周内施行堕胎者，免除其刑。这一规定却被基督教民主联盟和基督教社会联盟的议会党团认为违宪，向联邦宪法法院提出抽象规范审查的申请。

宪法法院在判决中指出：（1）就胎儿在宪法中的地位而言，堕胎在法学上的评价涉及人类存在的基本问题。在母体中成长的生命并非附属的，而是独立的法益，应该受到宪法的保护。（2）对成长中的生命，国家同样有保护的义务。这种保护义务不但禁止国家的直接干涉，而且也阻止孕妇对其体内成长的生命进行任意的处置。（3）基于人性尊严的法理，在怀孕的全部过程中，胎儿的生命保护优于孕妇的自决权，并没有在某一特定期限内，对胎儿的生命保护产生怀疑的情形。（4）保护未出生生命的措施，是否足以保证达到符合法意的保护？如果使用其他方式无法完成宪法所强调应予以保护的法意时，立法者仍必须运用刑法手段以确保成长中的生命。（5）允许堕胎的例外情形，有赖于适当性要件的确立，即为了防止危害，当足以认定，怀孕将严重损害妇女或胎儿的健康状况，而必须实行堕胎时，怀孕的持续是不被期待的。此外，当其他类似因素将严重影响怀孕的持续时，立法者可以自行判断，免除堕胎罪的刑责。（6）第五次刑法修正案关于堕胎的规定，并未符合宪法生命权及人性尊严的保护。

第二次判决（BVerfG，Urt. v. 25. 5. 1993，BVerfG88，203）

德国统一之后，议会于1992年7月27日通过了《怀孕及家庭救助法》，给予孕妇自由决定堕胎的权利。依照该法第13条，刑法第218条被修改为，应孕妇的要求，在怀孕后的12周之内，医生同意堕胎，并且至少于手术施行三天前已有书面证明完成咨询程序时，则堕胎无罪。对此规定，巴伐利亚邦以及249名议会议员要求进行宪法解释。

宪法法院的判决要旨是：（1）基本法赋予国家保护人类生命的义务，包括未出生的生命，此种保护义务植根于人性尊严，未出生的胎儿已享有人性尊严。就胎儿的生命权而言，并非直到孕妇是否愿意继续怀孕才成立，而是法秩序必须建构法律要件，以保证其生命权的开展。（2）法律上之所以保护胎儿，主要是针对胎儿的母亲可能作出的危害行为，而唯有依赖立法者采取禁止堕胎原则及继续怀孕原则，方能实现此种保护义务，此种保护的要素源于宪法的规范。（3）就整个怀孕阶段观察，堕胎基本上均被视为不法，因此法律上予以禁止，故即使是在某一特定的期限内，也不可将胎儿的生命权交由他人通常是孕妇决定。胎儿生命权所触及的法益，系以要求孕妇保护及重视胎儿的人性尊严出发，进而落实在生命及身体不可侵害和人格权上；相对地，孕妇不能以良心自由作为杀害胎儿的借口。（4）国家对于胎儿的保护义务包括危害的防止，此种危害来自孕妇的家庭及其他社会范畴的影响、或者孕妇及其家庭目前的和可预见的实际生活状况，这些情形可能造成无法继续怀孕。国家必须采取规范的方式及足够的措施以实现保护义务，这些方式和措施在考量与其相对立的法益之后，必须能够适当地、且有效地达到保护的初衷，此乃所谓的不足禁止。（5）即使在一定期限内，孕妇的人权并没有膨胀到可以放弃腹中胎儿的地步，这是孕妇在法律上的义务。即便是例外的情形，也应该由立法者根据期待可能性原则，个别地加以判断。即使符合例外情形，也应让孕妇知晓：纵然符合牺牲胎儿生命价值的标准，也不应被期待。（6）为了让孕妇能够心甘情愿地怀孕，以及为了保护胎儿的生命，在怀孕初期处于冲突状态的情况下，宪法并不会禁止立法者将保护方案的重点转而偏向对孕妇的咨询，并放弃依适当性原则而确立的刑法手段的威胁，以及需要由第三者所确认的适当性要件。（7）国家对于咨询程序的进行负完全责任，此种咨询方案要求周边条件的配合，相对于孕妇，这些周边条件在于创造积极的要件，以有利于胎儿生命的维持，而保护义务也要求医生的参与，因为，医生的参与同时有助于胎儿的保护。（8）基于宪法上人性尊严的考量，将胎儿的存在视为损害源的评价系错误的法律见解，因此，不允许将胎儿的抚养义务理解成一种亏损。（9）未经咨询规定而确认的适当性原则，并依此所施行的堕胎，无法被解释为不具违法性，唯有将符合堕胎的要件罗列出来加以确认，并由国家负起责任，如此，例外的构成要件才能够拥有阻却违法的效果，也才符合不可放弃的法治国原则。①

三、生命存在权

胎儿脱离了母体成为可以自主成长的生命体以后，其生命的存在不仅是一个自然的事实，更具有法律上的意义。不仅构成了人的生命成长的生物基础，更成为了法律关系的主体。因此，无论其智力水平如何、肌体是否健全、功能是否完备以及能力是大还是小，都必须被作为独立的生命看待，而不能被视为无用的或残缺的生命，更不能作价值高低的区分。正因如此，国际人权公约要求，缔约国有义务不去任意地剥夺人的生命，更有义务在

① 参见陈英淙：《生命权与生命保护》，台湾“中央”警察大学出版社2006年版，第54~62页。

其管辖的领土内确保和保护人的生命权。其实质在于：生命权不应被理解为仅仅针对国家的一种消极性权利，它更要求采取积极措施来保障其实现。所谓“任意地”与“未经正当法律程序”具有大体相同的含义，不仅包括违法和不可预见性，而且还包括不合理性和不相称性。如在苏亚雷兹·德·格雷罗诉哥伦比亚案中，一名哥伦比亚驻波哥大大使遭到绑架，警察埋伏在房子的周围，当涉嫌绑架的7人在未经警告的情况下进入该房子时被警察开枪打死。事后发现，这些人都是在近距离被打死的，并且没有一个人开过枪。人权事务委员会认为哥伦比亚政府侵犯了生命权，因为这种枪杀行为是故意的、未经事先警告的且与执行法律的要求不相称，侵犯了生命权的原则。① 在布雷尔案中，一名前共产党员在1975年10月被逮捕，在与“外界隔绝”的条件下被关押了很长时间，并且因为其犹太人的身份受到了特别残酷的酷刑。布雷尔的家庭成员担心他因遭受严重的酷刑而死亡，许多人都为此提供了证明。人权事务委员会据此推断，有重大理由相信，乌拉圭当局未能有效履行其保护生命的义务。②

在生命存在权的保障上，主要的问题就是死刑是否构成对生命权的侵犯。死刑是依照国家的法律对犯罪人的生命加以剥夺的一种严厉刑罚措施。目前仅有30多个国家废除了死刑，国际人权公约也只是通过对判处死刑的条件和程序的规定，来限制缔约国过度侵犯公民的生命权，并没有禁止死刑的采用。《公民权利和政治权利国际公约》规定：“在未废除死刑的国家，判处死刑只能是作为对最严重的罪行的惩罚，判处应按照犯罪时有效并且不违反本公约规定和防止及惩治灭绝种族罪公约的法律。这种刑罚，非经合格法庭最后判决，不得执行。”“任何被判处死刑的人应有权要求赦免或减刑。对一切判处死刑的案件均得给予大赦、特赦或减刑。”“对十八岁以下的人所犯的罪，不得判处死刑；对孕妇不得执行死刑。”

主张废除死刑的人，其理由主要有：第一，人死不能复生，死刑执行以后，一旦发现是错判，将难以挽回；第二，死刑的存在不符合刑事正义观由“报复刑”向“教育刑”转变的潮流；第三，死刑的实行不能给那些因一时激愤而犯下死罪的人以改过自新的机会。

主张保留死刑的人则认为，只有实行死刑，才能给那些罪大恶极的犯罪分子以最严厉的惩罚。如在废除死刑的哥伦比亚，有一个采取强奸、拷打、割舌、断手等手段残忍地杀死140名儿童的罪犯，但法院却只能判处其1853年零9天的徒刑。③ 另外，在经济不发达的国家，废除死刑还会增加对罪大恶极的犯罪分子的改造成本。

在美国，联邦最高法院于1972年曾将死刑视为宪法第八修正案所禁止的“残酷与非常之刑”而加以废除，但后来有人为“死刑不是一种不应使用的刑罚形式”，因为社

① 国际人权法教程项目组编写：《国际人权法教程》（第一卷），中国政法大学出版社2002年版，第84页。

② ［奥］曼弗雷德·诺瓦克：《民权公约评注》（上册），毕小青、孙世彦主译，三联书店2003年版，第114~115页。

③ 2001年11月7日《北京青年报》。

会需要用它来惩罚和制止犯罪，所以又恢复了死刑。①

为了防止像纳粹德国那样通过司法机构判处死刑的方式实施种族灭绝的做法再次发生，《公民权利和政治权利国际公约》规定，判处死刑不能与 1946 年的《联合国防止及惩治灭绝种族罪公约》相冲突。人权事务委员会指出，武装冲突以及“设计、试验、制造、拥有和部署核武器构成今天人类所面临的对生命权的最大威胁”，因而从公约规定的国家保护生命的义务中可以推导出国家有阻止可导致任意损失生命的战争、种族灭绝和其他大规模暴力事件的“最高义务”。

四、生命自主权

生命自主权是指每个人是自己生命的主人，有权自主地去照顾自己的生命，在此基础上谋求生命价值的实现。为此，个人如何去维系自己的生命，以何种方式来实现自己的生命价值？只要不违反国家的法律和社会公认的道德，国家和其他人都应该给予尊重，不能任意地干涉或限制。除了履行职务上的责任以及本人自愿之外，不应该过分地宣扬以牺牲生命为代价的行为，即便是自杀，虽然不应当提倡或鼓励，但也不能将其作为犯罪加以惩罚。

在生命自主权的实现上，最主要的问题就是安乐死。所谓安乐死，实质就是个人是否享有死的权利。具体是指身患绝症的公民有权决定何时、以何种方式由医院或医生采取无痛或痛苦最小的方式结束自己的生命。

安乐死问题的提出，是与生命权的主张相伴随的。只要我们承认人有维持自己生命延续的权利，基于生命的短暂和有限，就应当承认人也应该有“死”的权利。虽然我们每一个人不能选择自己何时出生，但至少应当可以选择如何死亡。特别是当一个人身患不治之症难以治愈或者根本就无法治愈时，疾病会给其肉体和精神造成无法忍受之痛苦，仅靠医疗的手段或方法来维持其生命特征的存在，不仅会造成患者的痛苦，而且还会耗费巨额财力。此时，应患者本人或其监护人、家属、医生的要求对其实施安乐死，会使患者从难以忍受的痛苦中解脱出来，也可以减轻患者家属的负担，节约有限的资源。

安乐死涉及的是死亡权（The Right to Die）与基本权利的放弃的问题。死亡权的概念是从个人自决权中推导出来，1988 年，美国联邦最高法院在 Cruzan v. Missouri 案中对个人自决权作出认可，有论者认为，这一判决等于间接地承认了病人对其自身的死亡方式及时间有决定权。② 1996 年，美国第九巡回法院在 Compassion in Dying v. Washington 一案中认为，宪法已为寻求安乐死的病人提供了死亡权的法理基础，同年，第二巡回法院也在 Quill v. Vacco 一案中持相似的见解。③ 究竟死亡权的性质如何？美国学者大多将其与隐私权一样，视为一种免受国家和他人侵扰的自由。但基于若干理由，国家也可以干预。比

① Cases Civil Liberties，pp，113-114.

② Michael Eburn，United States Recognition of the Right to Die，Vol. 3 J. Law & Medicine 308（May 1996），p. 308.

③ Michael Eburn，Further Decision on the Right to Die，Vol. 4 J. Law & Medicine，15（Aug，1996），p. 15.

如，为了维护社会人口的稳定，对生命尊严和神圣的肯定，公共道德的考量，保护并防止个人对自身之侵害——国家有义务保护及防止个人因一时之冲动，对于自己身体或生命的残害，对第三人权益的保护——如果病人之利益与其周遭人、事物息息相关，病人选择死亡可能导致周遭人有无形权益之侵害等。① 对死亡权持肯定态度的澳大利亚学者认为，死亡权是生命权的延伸。其论点在于，生命权保护的内容有两个：一个是人格（Persona），另一个是躯体（Corpus），躯体是人的外在形体，人格是人的内在精神表征，或称为自我形象。人格与躯体是一体两面，缺一不可，否则生命权就失去依附。所以，人的生命如果因疾病或其他事故，导致人格的丧失，该个体之生命权实际已遭受侵害，单纯保存躯体已无意义，安乐死的实行就在于维护人格与躯体的完整性，或者说，死亡权的内容就是保护一个完整的生命权。② 近年来，对死亡权的理解倾向于将其理解为一种选择的自由。以澳大利亚《北领地末期病人权利法》（*The Northern Territory's Rights of the Terminally III Act*）为例，该法对死亡权的表述如下：（1）任何人对其生命均得按其本身之价值，有选择的自由，前提是其选择不能侵害他人的自由；（2）任何人无义务经历无法忍受的痛苦；（3）末期的疾病会引发无法忍受的痛苦；（4）病人宁愿死亡而不愿罹患痛苦的选择，并不干涉他人的自由；（5）当病人罹患无可忍受的痛苦时，应有选择死亡的自由。同时，该法第5条规定，当病人作出上述希望安乐死的请求时，医生可于任何时间、因任何理由，拒绝提供协助。③ 也就是说，死亡权成为一种病人、医生双方都可以选择的自由。经过如此转换，死亡权实际已丧失作为一种权利，而退化为一种类似于霍菲尔德所讲的特权（Privilege），因为所有的狭义的权利都是对应义务的请求权（Claim）。

与英美法系从正面谈论死亡权不同，德日宪法学则走了一条反面论证的路线，即所谓的基本权利能不能放弃。基本权利的放弃同样来自于个人自决权，基本权利的放弃并非放弃基本权利的主体资格身份，而是放弃基本权利的功能，实际上属于一种对基本权利的自我限制。基本权利的放弃具有以下特点：（1）个别性。即放弃基本权利的是基本权利的持有人，就涉及其利益因而得由其自由支配部分。反之，任何人不得代表他人放弃他人之基本权利。（2）自愿性。包括事前的承诺和事后的同意，该意思表示必须是在自由意志之下，不受任何人之教唆、威胁、强制。（3）个案性。基本权利的放弃只能在个案中行使，不能普遍地放弃。（4）暂时性。基本权利的持有人可以在任何时候撤回放弃。（5）有限性。基本权利的放弃并非没有界限，一般认为，基本权利不得放弃的情形是：第一，如果某一基本权利的行使涉及公共利益，此时不得放弃。比如，选举中秘密投票权，选民不得在选举中放弃这一权利而擅自亮票。第二，基本权利的放弃不得危及人性尊严，比如

---

① Norman L Cantor, A Patients Decision to Decline Lifesaving Medical Treatment, Rutgers L. Rev. 26 (1971), p. 242; Edward M Scher, Legal Aspects of Euthanasia, Albany L Re36 (1972), pp. 80-81。转引自邝承华：《澳大利亚安乐死法律之探讨——病患“权利”之行使？医疗行为之规范？》，载《台大法学论丛》第27卷第4期。

② Mark Sayers, Euthanasia: at the Intersection of Jurisprudence and the Criminal Law, op. cit., note 15, p84 转引自同前邝承华文。

③ 邝承华：《澳大利亚安乐死法律之探讨——病患“权利”之行使？医疗行为之规范？》，载《台大法学论丛》第27卷第4期。

自愿卖淫。① 那么，基本权利放弃后具有什么样的法律效果？学者认为，等同于“未侵害基本权利”，② 由此来看，基本权利放弃的理论比英美法系的死亡权理论更激进。③

当今世界，荷兰是第一个将安乐死合法化的国家，澳大利亚对安乐死长期存在着争论，至今仍然拒绝承认任何形式的安乐死为合法。美国有些州允许医生对患者实施安乐死手术，但只有在保证病人能“有尊严地去世”的前提下，方能实施。

另一个与生命自主权相关的就是克隆人问题。克隆（Clone）人是指不需要经过精子和卵子的结合与分裂，而是经由体细胞进行的无性繁殖之人。考虑到人除了形骸、组织、器官之外，尚有思想和记忆。就人类目前的科技水平，所能克隆的只能是人的形骸、组织和器官，人的思想、记忆无法通过技术手段克隆，因此，所谓克隆人用“无性生殖之人”的概念加以表述应该说更加贴切。

克隆人不仅涉及技术层面上的问题，也涉及道德伦理的问题，更与人的生命权及其保障有直接的关系。人作为独立的生命个体，享有作为人的尊严，不应处于被操纵或控制的地位。一个人在其基本权利行使的正当范围内，如果没有自主性，就会失去其固有的尊严。克隆人就容易使人处于被人操纵和控制的状态，产生人被商品化、物化和工具化的后果。

对于进行克隆人研究的人员来讲，他们当然享有研究的自由，但研究人员也不得以其研究自由来妨碍或侵犯他人的自由，如不能侵犯他人的生命健康、人格尊严及隐私权的享有等。

克隆人还涉及后代基本权利的保障问题。在克隆人的过程中，可能影响到后代基本权利者，表现在两个方面：(1) 对个人而言，已出生者的基因信息隐含着其后代基因信息的特征，胚胎基因信息属于未出生者的信息。因此，无论是对已出生者基因信息还是胚胎基因信息的揭露，都包含直接或间接暴露某些将出生者的隐私的可能，对他们人格的发展、自我定位都会产生一定的影响。(2) 基因治疗若是以生殖细胞或胚胎为对象，对后代产生的影响是消极的还是积极的，目前难以定论。即便是技术上达到了比较成熟的程度，那么，上一代是否有道德义务避免将导致疾病、痛苦的瑕疵基因遗传给后代？如果有此义务，其后代是否可以享有“无瑕疵来到人间”的权利？并根据这一权利主张，上一代既然可以通过基因检测而充分掌握基因缺陷，何以又让他来到人间受苦。在此情形下，是否可以主张享有放弃来到人间的权利？进一步的问题是，后代在没有同意能力的情况下被进行了基因改造，是否构成对他们权利的侵犯，是否剥夺了后代对自己命运的自主性？

五、生命健康权

一般而言，无论是生命的存在还是生命的自主都是以生命的健康为前提的，而生命健

① 参见李震山：《从生命权与自决权之关系论生前遗嘱与安宁照护之法律问题》，载《中正大学法学集刊》第2期。

② 法治斌、董保城：《宪法新论》，台湾元照出版有限公司2004年版，第194页。

③ 王锴：《安乐死的宪法学思考》，载《法律与医学杂志》2006年第2期。下载自 http://www.calaw.cn//Pages_ Front/Article/ArticleDetail.aspx? articleId=3324.

康权是指每个人享有的维护自己的生命按照自身的规律成长以及在患病的时候寻求合理的救治、受到伤害的时候要求给予保护的权利。

人的生命虽说是一个自然的过程，但在成长发展的过程中，会经历或面对许多的风险，有些是自然的力量造成的，如疾病、自然灾害等；有些则与人为有关，如杀人、伤害等。还有一些虽然看起来是自然力量所导致，但其中也存在着人为的因素，如生产过程中发生的各种事故等。这些风险，会程度不同地导致人的生命不能按照其固有的规律成长，呈现出患病、肢体残缺、功能丧失、精神障碍等不健康状态，不仅会给个人带来肉体或精神上的痛苦，还需要动用有限的社会资源来加以矫正或医治。尽管在人类发展的过程中，自然或人为的损害生命健康的现象无法完全消除，但将生命健康作为一种权利，或者是生命权中不可缺少的部分来加以追求，运用法律的力量去维护，应该说还是有意义的。如果说生命存在权是对生命权形式的保护的话，生命健康权所体现的是生命权的质的要求。

基于生命健康权，每一个人有权不去从事危害自己生命健康的行为，更有权去反抗那些有可能给自己的生命健康带来损害的做法。从国家层面来讲，要积极履行职责，避免或防止损害个人生命健康的现象发生，特别是应采取有效措施，加强对食品、药品等直接关系到人民身体健康的产品的监管。

第三节　人性尊严

一、人性尊严的内涵

1. 人性尊严的介绍

人性尊严，英文是“human dignity”或“the dignity of man”，德文为“Menschenwurde”，中文世界多将之译为“人类尊严”或“人格尊严”。在许多国家的宪法以及国际性宣言、公约中，经常称之为“人性尊严”或“人的尊严”。“二战”前，最早规定人性尊严的是1937年的爱尔兰宪法。“二战”以后，许多国家的宪法都确认了人性尊严。《日本宪法》第13条关于“所有国民均作为个人而受尊重”、第24条“……法律必须以尊重个人尊严与两性平等为基础制定之”的规定，实质上就是对人性尊严的确认。希腊宪法第7条第2项规定：“不准拷打、不准施行任何肉体伤害、摧残健康或精神折磨、以及任何其他侵犯人的尊严的行为，违者依法惩办。”《德国基本法》第1条第1款：“人性尊严不可侵犯，对其之尊重与保护系国家各权力之义务。”

“人的尊严”或“人性尊严”是一种哲学、伦理观念，意在表示人具有高贵的特质，是自治、自由、自主的行为主体，它源于人是理性的生命存在，而不是来自于国家法律的赋予。国家和法律的存在都应当以维护人性尊严的实现为根本目的。人性尊严观念形成于基督教的教义和康德的道德哲学之中。

根据天主教徒的信念，人的价值来源于其为上帝所创造，人的灵魂是作为神的替身而被创造出来的。上帝是万能的和神圣不可侵犯的，作为上帝创造之物的人当然也就享有不可侵犯的尊严，其尊严应受到保护。康德的道德哲学以“人是目的”的理念为基础，为人的尊严的存在进行了哲学与法学的论证。康德指出：“法律上的严正和荣誉，在于与别人的关系中维护自己作为一个人的价值。这项义务可以用下面的命题来表示，‘不能把你自己仅仅成为供别人使用的手段，对他们来说，你自己同样是一个目的’。”具体而言，人性尊严表现在人的道德自治上，所有道德的原则就在于根据自我的决定正确地行动。当一个人基于自我良心所作的决定得不到尊重时，他的尊严就受到了伤害。因此，每一个人都不允许被作为工具，而应当被作为目的来对待。因此，道德自治是人的尊严的最根本体现，也是康德伦理学的中心概念。德国宪法法院在有关的判例中，对人性尊严的解释基本上遵循的是“自我决定”“自我发展”的思路，提出当个人在国家中完全被作为客体对待时，就构成对人性尊严的侵犯，由此而形成所谓的“客体公式”。康德哲学思想对人性尊严概念的影响由此可见一斑。

在界定人性尊严的内涵上，有的是从正面来分析，如德国学者 Albert Bleckmann 将“人性尊严”与“自治”等同，认为“人性尊严之要件，系每个人得在其行为决定上有自由，而且任何人都享有同等自由”。我国台湾地区学者陈清秀认为，人性尊严表现为：(1) 作为个人人格的独立价值的尊重；(2) 一身专属性事务的自主决定；(3) 个人私人领域的尊重；(4) 维持具有人性尊严的生活；(5) 自治与自决。有的则是从反面来加以描述，如德国学者 Günter Dürig 在论及人性尊严的时候就提出：“当一个具体的个人，被贬抑为物体、仅是手段或可替代之数值时，人性尊严已受伤害。”台湾学者周志宏指出，对人性尊严的贬损主要是指：(1) 对人类的屈辱与贬低，将人视为单纯的客体而非主体。例如，将人作为实验之对象，作为科技的工具或控制的对象。(2) 对个人内心“个体性”的剥夺。例如，以人工生殖或基因复制等技术，塑造大量具有同一特征的“人造人”，去除个人存在之独特性，或以监视、监听或其他科学的探知技术，来侵入一个人的个人领域，剥夺个人的隐私。(3) 未能提供或保障适合于人类的生存基础，主要是指破坏现在及将来人类适于生存的精神或物质环境，以致未能提供或保障符合人性尊严之最基本的生存条件。

2. 人性尊严在宪法中的权利性质及地位

人性尊严在宪法中的权利性质直接决定了其在宪法中的地位和作用。学界对此问题也多有争论，大致可划分为如下三种观点：

(1) 人性尊严是基本权利之根源，是最上位的宪法原则，在宪法秩序中具有最高法律价值，是国家的绝对义务。持有这种观点的国家，在立宪时一般将人性尊严概括性地规定于前言，使之具有明确的宣示性作用，作为一项基本原则，规定在公民基本权利一章的首要位置或整部宪法的前面。如德国基本法，其第 1 条第 1 款规定：“人性尊严不可侵犯，对其之尊重与保护系国家各权力 (alley staatlichen Gewalt) 之义务。”

人性尊严作为上位宪法原则，极具抽象性，不可具体实施，在解释上不能归类于哪一项具体的基本权利，换言之，不能成为主观权利 (subjektives Recht)，不得据以作为请求权基础 (Anspruchsgrundlage)，充其量只能作为宪法解释规则 (Auslegungsregel)，为此，德国通过立法赋予了德国宪法法院对人性尊严在宪法上的含义享有解释权。

(2) 人性尊严是宪法基本权利的概括性条款。一般将人性尊严的条款列在宪法中基本权利章节的首位，表明它是规范中之规范，基本权利中之基本权利。人性尊严在宪法上所具有的基本权利性质，就是使人性尊严获得保护与尊重，各种具体化而又具有保障人性尊严功能的基本权利，事实上属于人性尊严的“部分独立片断”（Partiell verselbstandigte Ausschnitte）。希腊、葡萄牙、洪都拉斯、土库曼斯斯坦、斯洛伐克、吉尔吉斯坦、乌克兰等国宪法的规定就属于这种类型。

（3）将人性尊严列入基本权利之范畴，作为一项具体的基本人权对待。俄罗斯、摩纳哥、巴布亚新几内亚、匈牙利、越南、乌兹别克斯坦、爱沙尼亚、保加利亚、格鲁吉亚、哈萨克斯坦、阿塞拜疆、亚美尼亚、白俄罗斯等国宪法有类似的规定。

二、德国基本法规定的人性尊严

《德国基本法》第1条规定：“人性尊严不可侵犯，对其之尊重与保护系国家各权力之义务。”德国人民承认，不可侵犯和不可剥夺的人权既是每个社团、也是世界和平与正义的基石。基本法的人性尊严条款不仅表达了基本法的最高价值，而且展现了整个基本法的实质与精神，构成了整个基本法的核心。对该规定的法律性质，德国的理论界和实务界在认识上存在着比较大的分歧，主要有：(1) 宣示性规定；(2) 最高法价值；(3) 主观权利；(4) 主观与客观相结合，客观的意义是对国家施加正向的责任，去建立对实现人格所必需的条件，主观的意义是禁止国家对个人的负向自由进行任何直接干预。

一个人的人性尊严是否受到侵害以及受侵害的程度如何，一定程度上要依赖于主观的感受。问题的关键在于，这种主观感受是以受侵害者本人的感受还是第三者的感受为准？如果从人性尊严与特定个人不可分离的立场出发，毫无疑问应当将人性尊严是否受到侵害的判断标准建立在本人感觉的基础上，因为只有自己才是自己的主人，由此又可引申出人性尊严不可放弃的结论。据此，在 Peep-Show 案中，法院认为，在 Peep-Show 表演中，根据客体可以判断，女性所扮演的角色已经客体化、物体化，该女性的人性尊严已经受到伤害。至于说该女性参加 Peep-Show 表演系出于自愿，法院判决指出“人性尊严乃是一个客观的、不可处分的价值，个人无法放弃对他的保卫”，从而驳回了原告的起诉。

【人口调查第一案】

联邦人口调查法规定，对住家和雇主收集周期性统计数据，1960 年该项法律的修正案进一步要求收集居民休假旅行的信息。原告因拒绝提供这一信息而被罚款 100 马克。为此，他在宪法法院提出起诉，认为人口调查法有关强迫提供信息的规定侵犯了他受到基本法第 1 条所保护的人性尊严，由此而形成 1969 年的“人口调查第一案”。

宪法法院在判决中指出：“根据《基本法》第 1 章第 1 节，人性尊严不可侵犯，且必须受到所有国家权力的尊重与保护。人格处于《基本法》价值秩序的首位。对人格的承诺决定着第 2 章第 1 节和《基本法》所有其他条款的宗旨。每个人都有权在社团获得社会承认与尊重。一旦国家把人仅当做工具来对待，它就侵犯了人的尊严。因此，即使人口调查以匿名统计的方式进行，如果要求个人记录并登记有关个人的一切层面，那么它亦将抵触人格原则。国家无权彻底检查公民的个人事务，以揭穿受到保护的隐私领域。为了其个性以自由与负责的方式发展，国家必须为每个人保留内在空间。在这个空间之内，个人是自身的主宰。因此，个人可以完全排斥外在世界，独自退回内在主体，并享受其隐居的权利……然而，并非每一项要求透露个人资料的统计调查都侵犯人格，或在生活最为隐私的领域内触及其自觉权利。由于某些信息对政府计划有所必要，作为社会一员的每个人都有责任回答官方人口调查及有关自身的某些问题。如果官方调查仅涉及个人与周围世界之间的关系，它一般并不侵犯个人隐私；这种情形发生于……不带个人特征的匿名信息。在本案，两个因素保障'信息的匿名性'：首先，立法禁止发表有关个人的信息；其次，人口调查者有法律责任维持信息的保密性……对休假旅行收集人口调查数据，并不侵犯《基本法》第1章第1节。有关调查问卷确实涉及隐私领域，但它并不强迫个人披露其私人生活的内部细节……因此，所征集的信息并不涉及国家不可侵犯的最隐私领域。"

【终身监禁案】

《基本法》第102条明确取消了死刑，但允许对被告人处以终身监禁的刑罚。1969年修正后的德国刑法规定，任何出于残忍和为掩盖其他罪行而杀人的被告，都应被判处终身监禁。有一被告犯下了应被判处终身监禁的罪行，但在审判前，地区法院认为终身监禁的刑罚对罪犯构成严重的精神打击，会导致罪犯丧失重返社会的希望，是将罪犯降格为"工具"，因此侵犯了被告的人格尊严，违背了基本法体现的保障人格尊严的宗旨，由此形成"终身监禁案"。1977年，宪法法院针对此案指出："自由人及其人格乃是宪法秩序的最高价值。国家的所有形式都有责任尊重并保卫之……刑事制裁要求最高程度的公正……对人格的尊重尤其要求禁止残酷、非人和侮辱人格的惩罚。[国家]不能把犯罪者当做防止犯罪的工具，以损害其受宪法保护的社会价值与获得尊重的权利……因此，如果联系考虑国家所基于的社会正义，那么尤其在刑事处罚的执行过程中，第1章第1节要求国家保障和人类生活相承的基本存在。以这种方式来理解人格，那么国家就不可强制剥夺个人自由，并永不允许他重新获得自由的机会。"

"从第1章第1节的至高点和法治原则来衡量终身监禁的合宪性表明，囚犯必须被给予具体和现实的机会在以后重新获得自由；只有这样，才有可能人道地实施终身监禁。如果不考虑其个性发展来对待囚犯，并永远剥夺他获得自由的一切希望，那么国家就打击了人格的核心。"

三、日本宪法中的人性尊严

1. 宪法的规定及学界的理解

《日本宪法》第13条规定："所有国民，均作为个人而受尊重。国民对于生命、自由及追求幸福之权利，以不违反公共福祉为限，于立法及其他国政上，须受最大之尊重。"这一规定，在日本一般被认为与德国基本法第1条第1项关于"人性尊严不可侵犯"的规定具有相同的规范含义。

在如何理解宪法第13条"所有国民，均作为个人而受尊重"方面，有学者指出，本规定中的个人，不是指的抽象的人，而是具体的生命个体。那么，这里所指的到底是人的普遍性还是特殊性？著名宪法学家宫泽俊义教授认为，"作为个人而受到尊重"，表明了个人主义的原理，可以说与第24条第2款“个人尊严”有相同的意义。这里的个人，是指的具体的活生生的每个人。个人主义一方面与牺牲他人利益主张自己利益的利己主义相反；另一方面，也否定称之为为了“全体”而牺牲个人的全体主义，而是要将所有的人作为有自主的人格而平等地尊重。它要求尊重基本人权，由此而产生国民主权及其他民主主义的原理。芦部信禧教授则主张，“个人尊严”的原理，作为宪法本质性价值在宪法学中居于核心地位，甚至“根本规范”之地位。

由此可知，《日本宪法》中的人性尊严既否定全体主义，也否定利己主义。这一点与德国基本法中人性尊严的规定仅否定全体主义有很大不同。

2. 司法裁判中的运用

宪法第13条关于“作为个人而受尊重”的规定，在法院的判决中多次出现，但是，却始终未对人性尊严、个人尊严的内涵加以定义或经验性的归纳。

最高法院在1957年内容为对扒手科以实刑是否构成违宪的201号判决中指出，宪法第13条的规定固然在于宣示对个人之尊重与人格之尊重，但如不能维持社会生活的秩序及共同的幸福，个人的生命、自由、权利，毕竟变成沙上之楼阁。是故，同条有“以不违反公共福祉为限”之大框子，一方面在宪法第31条亦承认为维持社会秩序所必要之国家政党刑罚权之行使，从而原审考虑诸般情事后，对现时国民有莫大害恶且系国民所憎恶之被告扒窃行为宣示科以刑罚，乃属于事实审之自由裁量，不能谓之为违反宪法或违法。

最高法院在1959年的29号判决中指出，凡是犯罪行为均系对公共福祉之最大恶害，对该犯罪者科以刑罚，不能谓其有违反保障“个人尊严”与追求幸福之权利之宪法第13条规定。

【日本谢罪广告案】

被告人（上告人）在1952年的众议院议员选举中，被日本共产党推举为德岛县的候选人。在选举中，通过广播和报纸指责对立候选人（原告）在担任县副知事期间有贪污行为。原告以发布虚假信息、毁坏自己的名誉为由向法院提起诉讼，要求被告在广播和报纸上发表道歉信息，恢复自己的名誉，获得一审、二审法院的支持，以日本民法第723条规定“对毁损他人之名誉者，为恢复被害人名誉之适当处分”而命令加害人于新闻报纸等内登载谢罪广告，如果加害人不主动履行，法院以加害人名义在新闻媒体上向被害人表示“该广播及消息与真相有异，伤害台端名誉致生困扰，特此表示道歉”，是否会侵犯加害人的人格，显著毁损其名誉，造成宪法规定的思想及良心自由得不到保障。

上诉人方面认为，上诉人至今仍然确信演说内容为真实，上诉人之言论，乃为国民之幸福所为，因此，使上诉人登载谢罪文于报纸乃是侵害上诉人良心自由，违反宪法第19条的规定或精神。

针对上诉人的主张，田中法官在补充意见中指出，本人以为宪法第19条之所谓“良心”者，不包含谢罪意思表示基础之道德上反省或诚实等。在谢罪广告，法律故要求含有道德性，唯因法之性质与道德互异，姑且以合法性亦即行为与内心状态分离、而外表上适合于法律所命令为满足。人之内心乃法所不及，此种意义之良心侵害，并不存在。盖名誉为社会性观念，此种谢罪广告常识上可认为恢复被害人之名誉之有效方法。在此意义上于取消与陈谢之间，并无区别。如将良心解释为如同上诉理由内所主张之意义，则因对自己所为持有确信，故取消其行为亦可认为侵害良心之自由。如谢罪之方法对于加害人科以屈辱、奴隶义务而不适当，则系违反有关尊重个人之宪法第 13 条之问题，而与有关良心自由之宪法第 19 条无关。基于此，有关此点之上诉理由应予排斥。

四、美国宪法中的人性尊严

美国宪法中没有明确的关于人性尊严的规定，然而不能因此认为它缺乏保障人性尊严的精神。就宪法文本的规定而言，美国宪法序言宣告，宪法系美利坚合众国的人民所制定。人民何以能够制定宪法，毫无疑问是因为人民中的每一个个体都享有作为人的尊严，能够自主地与他人在建立什么样政府的问题上达成合意，实现自治。至于宪法中有关禁止褫夺公权、禁止事后立法、人身保护令状制度的维持等规定，更是人的尊严受到平等保护的体现。

基于上述认识，有学者指出，人性尊严的理念是美国宪法内所固有的。

从美国联邦最高法院有关案件的判决中，大致可以将涉及人性尊严的内容归纳为以下几个方面：(1) 宪法第十四修正案正当法律程序保护的涉及隐私权、婚姻、避孕、私人行为、生育行为等方面权益；(2) 第十四修正案关于平等保护以及受教育权；(3) 第五修正案关于保护犯罪嫌疑人免于自证其罪的权利；(4) 第四修正案保护的免于非法搜查、非法扣押的权利；(5) 第八修正案保护的免于酷刑和非常刑罚之权利；(6) 第十四修正案中正当法律程序与平等保护条款涉及的个人有无能力选择死亡的时间及方式；(7) 第十四修正案中正当法律程序与平等保护条款与获得经济救助权；(8) 第一修正案言论自由涉及个人公共之形象与他人言论自由权之冲突。

第四节 环 境 权

一、环境权的内涵

工业革命的到来，使人类改造自然的能力大为增强，促进了社会的进步，但同时也对人类自身的生存环境造成了巨大的压力甚至是破坏。公害的频繁发生、自然环境的破坏、物种灭绝的危机日趋严重。因此，自 20 世纪 70 年代以来，环境保护问题逐渐成为热点问题，各国政府纷纷颁布环境政策纲领，制定各种环境保护方面的法律，设立专门的机构，投入大量的资金，开展环境保护的工作。在此背景之下，“环境权”的概念随之被提了出来。

不同的研究者从各自的角度提出了有关环境权的定义：如“环境法律关系主体有合理享有适宜环境的权利，也有合理保护适宜环境的义务”。即环境权是环境法律关系主体就其赖以生存、发展的环境所享有的基本权利和承担的基本义务。还有，环境权是指

“公民享有的在不被污染和破坏的环境中生存及利用环境资源的权利”。“环境权的概念应为：环境法律关系的主体享有适宜健康和良好生活环境，以及合理利用环境资源的基本权利。”

对于环境权的属性，日本学者大多认为其不是一项独立的权利，而是日本宪法规定的生存权和追求幸福权的组成部分。我国的学者中，有的认为环境权是一项基本人权和独立的人权；也有的认为环境权既是一项法律权利也是一项自然权利；还有的认为环境权是国家管理权与公民环境权的结合体。如果按照公权和私权的划分，有学者将环境权视为一种新型的民事权利，属于私权的范畴；有的学者则将环境权归入到社会权之列，否认其为私权的性质。对于环境权的主体，有主张为“公民”的；也有主张为“国家”“单位（法人）”“个人（公民）”“人类”“自然体”的。而在西方国家，最流行的观点认为，环境权为一项新型的人权，其主体为“人人”“每一个人”“任何人”。

二、环境权的存在形态

当今世界，有超过一百个以上的国家直接或间接地对环境权加以了法律化。具体的形态可以归纳为如下三种：

1. 在宪法中明确确认

最早在宪法中确认环境权的是 1974 年的南斯拉夫社会主义联邦共和国宪法，该宪法第 192 条规定：“人人有得到健康的生活环境的权利。社会共同体为行使这一权利保证条件。”20 世纪 90 年代以后制定或修改的宪法，大多对环境权作出了明确规定。如 1993 年的俄罗斯联邦宪法第 42 条规定：“人人有权享有良好环境及有关环境状况之可靠资讯，也有权要求因违反环保法律所造成对其健康或财产损害之赔偿。”1996 年的《南非共和国宪法》第 24 条规定：“每个人有权 a. 获得对其健康和幸福无害的环境……”根据统计，目前有 53 个国家在宪法中对环境权加以了确认。

2. 在宪法修正案中确认

这方面的典型是法国议会两院联席会议于 2005 年 2 月 28 日通过的以《环境宪章》命名的宪法修正案，包括序言和 10 个条文。其中第 1 条规定：“人人都享有在一个平衡的和不妨碍健康的环境里生活的权利。”第 2 条规定了每个人的环境义务，第 7 条规定了环境知情权和参与权。

3. 在有关环境法律中规定

20 世纪 60 年代以来，世界上约有 100 个以上的国家制定了综合性的环境法律，全面地规定环境保护问题，特别是国家在环境保护上实行的基本政策。其中都对环境权加以了确认。如美国 1969 年《国家环境政策法》第 1 篇第 3 条规定：“每一个人都应当享受健康的环境，同时每个人也有责任对维护和改善环境作出贡献。”1993 年韩国《环境政策基本法》第 6 条规定：“所有国民都享有在健康而舒适的环境中生活的权利，并应协助国家及地方自治团体的环境保全政策的实施，也应为环境保全而努力。”

4. 从现有的权利中引申出环境权

在美国 1971 年“环境保护基金会诉美国陆军工程兵团”一案中，原告运用宪法第五、第十四修正案规定的正当法律程序条款和第九修正案规定的未列举权利条款，来主张自己的环境权利。在德国，人们多将基本法第 1 条规定的人类尊严、第 2 条规定的自由发展人格权利作为主张环境权的根据。

日本学者在对环境权的论证上，也是从本国宪法的人权条款中来寻找根据的。如小林直树教授在《宪法与环境权》一文中认为，宪法第 25 条有关生存权的规定可以作为环境权的依据。若再加上宪法规定的追求幸福权，则可应对宪法第 25 条所不能包括的文化遗产保护以及将来出现的新问题。阿部照斋在《环境权》一文中指出，幸福追求权为作为自由权性质侧面的环境权提供法的依据，可以阻止今后造成公害的行为，在保持现有环境上发挥作用。而生存权作为社会权侧面的环境权提供依据，国民可以对于已经污染的环境要求作出一定的改善行为。

综观一些国家宪法及法律中的环境权条款，有关环境权主体的规定大致分为三种类型：(1) 将公民作为环境权利和义务的主体，要求公民在享有环境权利的同时必须同时承担环境义务。这方面的代表是法国环境宪章的规定。该宪章第 1 条规定人人都有在平衡和健康的环境中生活的权利；第 2 条规定人人都有义务保护和促进自然环境。(2) 将公民作为环境权利的主体，国家则是环境义务的主体。如 1995 年修改后的《挪威宪法》规定："每一个人有权获得一种有益于健康的和有益于自然条件的生产力和多样性得到保护的环境。自然资源的利用应建立在全面的和长期的考虑的基础上，由此未来世代人的这一权利也应该受到保护。""为了维护前款规定的公民的权利，公民享有被告知自然环境状况和任何已经计划或着手的对自然的侵蚀所产生的后果的权利。""国家将制定具体的规定来实施这些原则。"菲律宾宪法也规定"国家保障和促进人民根据自然规律及和谐的要求，享有平衡的和健康的环境的权利"。(3) 公民既是环境权利的主体，也是环境义务的主体；国家则仅为环境义务的主体。如芬兰宪法规定："人人都负有对大自然及其生态多样性、环境和我们的文化遗产的责任。公共当局应当努力保障每一个人的良好环境权，以及每一个人的影响与生态环境有关的决策的机会。"韩国宪法规定："所有公民都有在健康而舒适的环境中生活的权利，国家和国民应为了环境保全而努力。"秘鲁宪法规定："公民有保护环境的义务，有生活在一个有利于健康、生态平衡、生命繁衍的环境的权利。国家有防止环境污染的义务。"

三、环境权的理论根据

1. 美国的公共信托理论

20 世纪 60 年代，在美国有关公民要求保护环境以及在良好的环境中生活的宪法根据是什么的大讨论中，密歇根大学的萨克斯教授提出了"环境公共信托论"，其基本主张是：人类生活所需要的环境要素，在受到污染和破坏以致威胁到人类正常生活的情况下，不应再视为"自由财产"而成为所有权的客体，应该成为全体国民的"公共财产"。为了合理支配和利用这些"公共财产"，共有人委托国家来管理，国家在管理的过程中不能滥用委托权。首先在宪法上规定公共信托的是宾夕法尼亚州，该州宪法第 27 节规定："宾夕法尼亚的公共天然资源是包括未来世代在内的人类共同财产。作为这些资源的受托者，为了上述人的利益，州政府应当将其予以保护和维持。"

2. 动物权利论

这种理论主张，其他有生命的物种享有与人类平等的生命权和健康权。为了证明动物能够与人平等，英国的伦理学家彼得·辛格在《动物解放》一书中采取历史主义方法，考察人类争取和实现平等的历程，认为女人不能与男人平等，源于男人的性别歧视；黑人不能与白人平等，源于白人的种族歧视。由此而得出的结论是，动物不能与人平等，源于人类的物种歧视。从宇宙的观点来看，任何一个个体的价值都不高于另一个个体的价值。延伸到动物的身上，要求我们在考虑他者的利益时，不应该着眼于他们是何许生物或者有何种能力。根据平等原则，对当事者利益有所考虑这个基本条件，必须施用于每个对象，无论是黑人、白人、男女或者人与非人。

3. 代际公平理论

所谓代际公平，是指在环境问题上平衡当代人与未来人的利益，用美国著名的经济学家 Herman E. Daly 的话说就是“可持续发展意味着发展不能使未来遭到贫困”。在1972 年的《人类环境宣言》中已经触及了当代人与未来世代人的利益关系问题，如序言中规定，“为了这一代和将来的世世代代，保护和改善人类环境已经成为人类的一个紧迫目标……”“会议呼吁各国政府和人民为着全体人民和他们的子孙后代的利益而作出共同的努力”。美国乔治敦大学法律中心的魏伊丝教授指出：“作为一个物种，我们和当今世代其他成员以及过去和将来世代的成员一道，共同拥有地球的自然和文化环境。在任何特定时期，各世代人既是未来世代地球的管理人或受托人，同时也是地球所有成果的受益人。这既赋予了我们保护地球的义务，同时给予我们某些利用地球的权利。”为此，我们既不能采取保护主义的模式，即当代人什么也不消费，为未来世代保存全部的资源，使环境的任何方面都维持同样的水平，这样做，对当代人而言显然是不公平的，同时，也不能采取富裕模式，认为今天的最大化消费是为未来世代富裕的最大化的最好方法。就此而言，代际公平是建立在所有世代间应该建立起“伙伴关系”的基础上的。

第七章 平 等 权

第一节 宪法中的平等规范

一、平等权规范形态

各国宪法都程度不同地规定了平等权条款，但确认的方式以及涉及的内容却存在着比较大的差别。概括起来，有如下几种模式：

1. 一般宣告式

采用这种模式的国家的宪法，仅仅是在一般的意义上宣告每一个人受法律的平等保护，或者要求国家平等对待每一个人。例如中国《宪法》第 33 条第 2 款、第 3 款规定："中华人民共和国公民在法律面前一律平等。任何公民享有宪法和法律规定的权利，同时必须履行宪法和法律规定的义务。"美国宪法第十四修正案规定："任何一州，都不得制定或实施限制合众国公民的特权或豁免权的任何法律……也不得拒绝给与任何人以平等法律保护。"

2. 一般宣告加列举式

除一般地确认平等权外，还根据历史的经验和现实的需要，明确列举了有可能实行差别对待而导致不平等的因素或事项，以指引立法者在立法的时候加以避免。如《俄罗斯宪法》第 19 条规定："1. 在法律和法庭面前人人平等。2. 国家保障人民和公民的权利与自由的平等，而不管其性别、种族、民族、语言、出身、财产、职务、居住地、宗教态度、信仰、所属社会团体以及其他情况如何。禁止以任何形式以社会、种族、民族、语言或宗教属性去限制公民的权利。3. 男女享有平等的权利与自由和实现权利与自由的平等机会。"德国基本法第 3 条规定："一、法律面前人人平等。二、男女享有平等权利。三、任何人都不得因性别、门第、种族、语言、籍贯和血统、信仰或宗教或政治观点而受歧视或优待。"《日本宪法》第 14 条规定："一切国民在法律面前一律平等。在政治、经济及社会的关系中，不得因人种、信仰、性别、社会身份及门第不同而有所差别。不承认华族和其他贵族制度。荣誉、勋章和其他荣典的授予，不附任何特权。授予的荣典，其效力只限于已接受者和将接受者一代。"

3. 一般宣告加列举加特殊保护条款

平等权除一般宣告对个人进行平等保护以及规定不能实行差别待遇的事项外，还确立了某些差别待遇的正当性。如《巴基斯坦宪法》第 25 条第 1 款宣告："所有公民在法律面前一律平等并享有同等的法律保护。"第 2 款规定："不得实行性别歧视。"第 3 款规定："本条规定不妨碍国家为保护妇女和儿童作出特殊规定。"其中第 3 款就属于别除条款。1982 年加拿大宪法关于平等权的规定中，一方面规定，每一个人在法律面前和法律之下一律平等，并且享有平等的法律保护和法律权益，不受歧视，特别是不受基于种族、民族出身或者种族出身、肤色、宗教、性别、年龄或者身心缺陷的歧视，同时又明确规定："第 1 款的规定并不排斥旨在改善处境不利的个人或者集体，包括由于种族、民族出身或者种族出身、肤色、宗教、性别、年龄或者身心缺陷而处境不利的个人或集体的条件而制定的法律、规划或者活动。"《乌拉圭宪法》第 8 条规定："法律面前人人平等，除了天资与德行外，不存在其他的差别。"《乌克兰宪法》第 24 条规定："公民有相同的宪法规定的权利和自由，并在法律面前人人平等。不因种族、肤色、政治、宗教和其他信仰、性别、民族和社会出身、财产状况、工作地点特征的不同以及因语言或其他特征的不同而拥有特权或受到限制。"紧接着规定的特殊保护条款是："男女权利平等靠以下措施得到保障：在社会政治和文化活动中，在获得教育和职业培训中，在劳动和劳动奖励中，向妇女提供与男子同等的机会；采取专门措施保护妇女的劳动和健康，规定退休优惠；创造条件使妇女能把工作和母性结合起来；对母亲和儿童提供法律保护、物质和道义的支持，包括向孕妇和母亲提供带薪假期和其他优惠。"

二、平等规范的性质：权利还是原则

在我国法学界，尤其是宪法学界，对宪法中的平等条款究竟是法律原则还是法律权利的性质，认识上存在比较大的分歧，主要有三种主张："权利说""原则说"和"折中说"。这种情形在其他国家和地区也存在。如日本宪法学界将宪法中的平等规范定位为具有一定超越地位的、原理（原则）性的、概括性的宪法权利。将平等视为权利或原则，都不会影响到平等的意义或规范效果。德国和我国台湾地区的宪法学认为，宪法中的平等条款，如果从客观法规范的角度可视为平等原则，从主观公权利的角度则应为平等权，称之为复数基本权。

平等究竟是权利还是原则，需要从不同的角度去认识。就平等要求的产生来看，无非是针对历史上存在的不平等状况而言的，这种不平等虽然有自然差别方面的原因，但更多的是人为因素，如国家公开确认和维护等级特权的制度所造成。在通过革命推翻了等级特权制度以后，人们从专制制度的束缚下解放了出来，获得了自由，有权选择自己的生活方式。为了避免专制的发生，人们不希望国家公权力介入到私人的生活之中，国家的任务就是努力消除由于公权力的作用而产生的人与人之间的差别。此时，平等实质上是对国家活动的要求，是国家权力作用时应当遵循的一项原则。平等由原则发展到兼具权利的性质，是在资本主义国家实施福利政策和社会主义国家诞生以后。福利国家政策是要改变自由资本主义时期仅追求形式平等而带来的诸多社会问题，经由国家公权力借入社会经济生活，为个人提供生存照顾，在原来形式平等基础上促进实质平等，由此而孕育出社会权成为基本人权，使得个人享有了追求实质平等的权利。社会主义国家为了从根本上否定资本主义私有制而产生的剥削以及社会财富向少数人手中集中的问题，公开确认公权力直接介入社会资源的分配，不仅要在政治、法律上，更要在经济、社会上确保人与人之间实现平等，也使得平等成为个人享有的一项重要权利。

由平等的内涵来看，早期的平等立足于排除人为的差别对待，使每个人享有同等的机会；现在的平等注重于弥补形式平等的不足，在确保人人形式平等实现的基础上进一步享有实质的平等。形式平等比较容易鉴别，实质平等则需要建立一定的衡量基准，然后由国家或社会通过社会保障等方式对位于该基准之下者予以提升，使之至少能够在确保人的尊严基础上进行生存。此时，平等显然具有“原则”的性质。如果仅仅将其理解为“权利”，势必意味着要求国家或社会人为地将所有人都拉到基准线的水平，出现“劫富济贫”的结果。①

综上所述，宪法中的平等规范兼具“权利”和“原则”的性质。

三、影响平等权的相关因素

影响平等权的因素有很多，根据上引有关国家及国际人权法律的规定看，可将与平等权的享有与保障相关的因素概括为以下几个方面：

1. 人种

人种（race），也称种族，是指因为遗传的自然因素而具有形态和生理上的特点以及地域、语言习俗等历史文化因素影响而形成的有区域性特点的群体。因为人种的不同而实施差别对待的做法在人类社会发展的历史中曾经普遍存在，即便是在资产阶级革命胜利以后建立的民主制国家之中，也并没有立刻销声匿迹。如美国在独立战争以后制定的联邦宪法中规定的“四分之三条款”，1863 年林肯总统颁布《解放黑奴宣言》以后，针对南部各州继续实行的“种族隔离”制度的合宪性争议，最高法院却裁决“隔离但平等”。一直到 1954 年，最高法院才推翻了“隔离但平等”，形成了“隔离即不平等”的判例。除此之外，像德国法西斯实行的“种族灭绝”政策，南非过去实行的“黑人家园制度”等，都属于典型的种族歧视。

在处理人种与平等权的关系上，早期各国采取的措施主要是消极性地排除少数人种受到的差别，即针对历史上存在的以人种不同而区别对待，在它们之间形成的本不应有的差别加以取消。至于不同人种之间由于历史等方面的原因造成的差别，则不加干涉。20 世纪以来，这种状况已经在发生改变，具体表现为通过积极地采取“优先保障措施”等手段，对特定人种给予特殊的保护，以缩小它们之间的差别。

2. 性别

性别是依据生物体在其生命周期某段时间中能够执行的生殖功能而对生物体进行的划分。一般而言，人类的性别划分为男女两大类别。男女性别上的差异是一种自然现象，但以此进行差别对待，特别是对女性实行歧视却在人类社会形成以后长期存在。因此，在实现性别平等方面，集中地表现为如何消除对女性实行的不合理差别对待。在此方面，各国采取的措施主要有：否认对女性在政治和法律上实行的差别待遇，也就是肯定女性在政治和法律地位上与男子不存在差别，为此，英国在 1928 年的《国民参政法》、法国在 1946 年宪法、美国在 1920 年的第 19 条宪法修正案中，实现了男女在选举权上的无差别对待。

① 许庆雄：《现代人权体系中平等原则之研究（上）》，台湾《“国立”中正大学法学集刊》第 6 期，“国立”中正大学法律学系出版 2002 年版，第 124～125 页。

在社会上，女性在就业、劳动待遇、社会保障方面与男子相同；在家庭关系中，男女是一种平等的关系。如日本宪法就专列条文规定，保障在财产、继承、住所选择、离婚、家族关系等方面夫妻的平等地位。

性别上的平等当然不是完全的无差别对待。性别的差异除了自然的造就以外，还有体态与心理、社会与文化等方面因素的影响。男女在身体、生理上的差别是先天的，在平等原则的适用上必须加以考虑，如基于女性的特殊生理现象而享有生育假期、怀孕期间受到特殊保护、限制从事某种职业或工种等，由此而实行的差别对待具有一定的合理性。其他方面是否需要实行差别对待，则应根据具体情况斟酌决定而无法一概而论。如在代表的选举上规定女性代表的比例、某些公职只能由女性担任等，在效果上并不会造成女性处于更加不利的地位，属于“优惠性差别待遇”，不具有“歧视”的性质，不能认为欠缺合理性。

3. 身份

在广义上讲，身份是指人在社会中所获得的地位及评价。有些身份是由人的出生所决定，如出生地、基于血缘而产生的父母子女关系等，个人无法选择和改变。有些身份虽与先天性的出生因素有关，但可以受后天性因素的影响而改变，如隶属的阶级或阶层、获得的社会评价等。平等权主张要否定的并非身份本身，而是身份的固定化，特别是那些个人经由自己的努力能够加以改变，或者说主动去追求的社会地位，应该对所有人开放，而不能由先天性的出生因素所决定。从各国的法律规定来看，基于身份的差别对待是客观存在的，如对担任重要职务的人提供特别保障、对未成年人以及老年人等特殊群体提供特殊保护、对家庭成员因为尊卑关系而做出不同规定等。

4. 语言

语言是一套共同采用的沟通符号、表达方式与处理规则。其中的语言符号会以视觉、声音或者触觉方式来传递，目的是交流观念、意见、思想等。据联合国教科文组织的统计，全世界有7000种语言，其中一半以上将在21世纪消亡。世界80%的人讲83种主要语言，剩下6000多种语言绝大多数从没有过文字记载。

语言作为人们之间进行交流所使用的符号，本不应被作为对人们实行差别对待的根据。但语言作为符号系统，除了用于交流使用之外，往往还承载着一定的历史文化信息，体现着特定语言的使用者在思维方式、行为习惯、价值观念等方面与其他语言使用者的不同。正因为如此，历史上确实存在着语言歧视的问题，典型的表现就是侵略者或者殖民者往往会在被占领或被殖民地区推广自己的语言，甚至是不允许被占领地区的人们使用自己的语言，客观上造成使用自己原来语言的人们受到不公正的对待。

语言与平等权的关系表现为，不能因为人们使用语言的不同而给予差别对待，消极的方面就是不能对使用非官方语言或者非主流语言的人加以歧视，给其带来不利甚至是遭受不公正的对待，以保障各个人或者群体有使用自己语言的自由。积极的方面就是采取相关的措施，消除由于使用非官方或非主流语言而产生的不利或不便，以确保各种语言使用者思想观念交流的正常进行。

5. 国籍

国籍是自然人归属于某个国家需要满足的法律上的资格条件。由于国家的存在，每一个人都要隶属于一定的国家，与其建立身份上的联系，享有权利与履行义务主要受其国籍国法律的调整。因国家之间存在差别，国籍不同之个人间在享有权利和履行义务方面肯定存在差别。唯在国家之内，本国公民与外国人之间享有的权利与义务不同，如选举权与被选举权、组织政党之结社自由、担任公职等政治性权利只有本国公民才能享有，属于典型的公民权利。即便是具有同样国籍之公民之间，也并非完全不能差别对待，有些国家在选举权和被选举权的享有上，就对归化的公民设定了一些限制。如由于归化而取得美国国籍之公民，就没有资格参加总统的竞选。另外，珍珠港事件发生以后，1942 年 2 月 19 日，富兰克林·D. 罗斯福总统下达了 9066 号行政命令，授权美国陆军部部长确定国内某些地区为“战区”，并可以对生活在战区的人加以任何必要的限制，甚至可以把他们排斥在战区之外。基于此，美国政府对约 11 万名居住在美国太平洋沿岸的日裔美国人进行了扣留、转移和囚禁，其中 62%是美国公民。1944 年，最高法院维持原判表示 9066 号行政命令符合宪法，同时指出隔离日本血统的人的规定是诉讼范围之外的另一个问题。

6. 信仰

信仰是人类特有的心理现象，是指人们对某种理论、学说、主义或超人间神灵的信服和尊崇，并将其奉为行为准则和活动指南。具体表现为两个方面：一是对某种信念或思想的信仰；二是对宗教的信仰。信仰的存在，反映了人基于其所特有的认识能力对自身与外部世界关系的思考，以期望摆脱实在的困苦和困惑，获得精神上的宁静，实现对自身和生命的超越。

一般而言，纯粹的信仰属于思想意识问题，具有不同信仰的人们本不应受到差别对待。问题的关键在于，当人们基于某种信仰而试图采取某种行为以改变外部世界时，情况就有所不同了。且不说专制者会对反对专制而主张民主制度的人实施镇压，即便是实行民主制度的国家，对那些基于某种信仰而对现存制度提出挑战或质疑的人，也往往会采取压制或限制的措施。其中典型的是美国在 20 世纪 40 年代通过《外侨登记法》等法律对共产主义思想传播的禁止与惩罚。而在宗教信仰方面，欧洲中世纪罗马教廷通过宗教裁判所对所谓宗教异端的迫害，属于典型的因为信仰不同而受到的不公正对待。正是吸取了此种教训，才有了宗教改革运动以后对宗教信仰自由的规定与保障。然而，很多国家不断发生的有关宗教信仰自由的纷争以及判决，表明宗教信仰平等依然是一个问题。

7. 财产

财产是指个人拥有的金钱、物资、土地及房屋等物质财富，是财产权的客体，构成个人生存和发展的物质基础。由于人的能力大小以及面临的机遇等不同，经由自己的劳动或其他方式获得财产的多少自然存在差别。然而，历史上普遍存在着按照财产来决定享有权利多少的现象，即便是在宣告“人人生而平等”的资本主义制度国家，如英国、美国和法国等，早期在选举权的享有上，具有财产资格的要求，客观上使得真正享有选举权的人非常少。

伴随着民主制度的发展和完善，现今各国的宪法和法律中已经不再存在根据财产多少对人实行差别对待的规定，每一个人获得了在权利享有上不受财产多少而影响的同等机会。然事物往往具有两面性，单纯保障人们在享有权利上的机会平等，又容易造成贫富差距加大，导致无产者或者财产不足以满足基本生存所需的人无法享有作为人的最低限度尊严，形成社会不公。为此而孕育出了国家对个人有“生存照顾”义务的理念，通过建立社会保障制度为陷入生存困境的人提供救济，确保人的最低限度尊严不受财产多少的影响，实现了实质上的平等。

四、平等权条款的模式

平等权条款的模式，是指宪法文本之中平等权条款所列举的与平等权实现相关的因素是什么性质，主要可分为两类：

1. 限制列举模式

这种模式之下，平等权条款中列举的与平等权保障相关的因素，诸如性别、种族、民族、阶级、财产等，明确受到限制，也就是禁止立法者制定以此事由为根据之差别对待的法律。而对平等权条款中未明确列举的事项，立法机关可以立法实行差别对待。也就是说，哪些事项不能作为差别对待的根据，对立法者而言，只能以平等权条款中列举的事项为限度。

2. 例示模式

例示模式即宪法平等权条款中列举之平等事项应属例示的性质，对个人平等权的保障并不能仅限于列举的方面，未列举的也应加以保障，不允许以其他任何理由为不合理的差别待遇。① 就此而言，宪法所列举的不能作为对人们给予差别对待的事项，具有制宪者对平等权给予“加重保护”的意义。因为这些方面最容易被国家作为对人们实行“区别对待”的标准。②

例如，《日本宪法》第14条规定：“一切国民在法律面前一律平等。在政治、经济以及社会的关系中，不得因人种、信仰、性别、社会身份及门第不同而有所差别。”对此规定，法院认为：“宪法14条第1款是保障国民法律面前平等的规定，同项后段列举的事项属于对规定的例示，除非根据事情的性质以合理的规定为基础，该平等的要求宗旨应理解为禁止差别的对待。”③

第二节 美国宪法中的平等权保护

一、美国宪法平等权的规定

美国在联邦建立之前的《独立宣言》中就宣告，人人生而平等。但从实质上看，当时为摆脱英国的殖民统治，平等只是作为一个革命性的口号来使用，在当时的殖民地内部，黑人奴隶就不被作为人看待，不具有人格。④

---

① 参见谢瑞智著：《宪法新论》，台湾正中书局2002年增订版，第200页。

② 参见陈新民著：《宪法基本权利之基本理论》（上），台湾元照出版公司1999年版，第496页。

③ 赵立新著：《日本违宪审查制度》，中国法制出版社2008年版，第163页。

④ E. N. Griswold, Law and Lawyers in the United States — the Common Law under Stress, 1964, p. 111.

南北战争以后，为了保护刚刚获得解放的黑人奴隶的权利，美国在很短的时间内连续通过了三个宪法修正案：1865 年的第十三修正案废除奴隶制并禁止强迫劳役；1868 年的第十四修正案规定凡在美国出生或归化于美国者，均为美国公民，无论任何州都不得限制美国公民的特权与豁免，非经正当法律程序不得剥夺任何人的生命、自由和财产，也不得对其管辖下的任何人拒绝给予法律的平等保护；1870 年的第十五修正案规定，无论是联邦政府还是州政府，均不得因种族的不同而限制公民的选举权。特别是宪法第十四修正案，明确要求对所有的人都要给予平等的保护，该修正案因此而被称为“平等保护条款”。

二、种族隔离与平等保护

宪法第十四修正案的通过在当时被认为有助于废除种族差别和种族歧视，但实际上黑人的地位和权利并没有在根本上发生改变。1875 年的《民权法案》明确规定，所有公共设施中，黑人和白人享有完全相同的使用权，但种族隔离制度并没有随着黑奴的解放被立刻废除，法律明确规定在公立学校中对黑人采取种族隔离的有德克萨斯、路易斯安纳、俄克拉荷马等 17 个州；法律允许在公立学校中实行黑人和白人子女隔离的有亚利桑那、新墨西哥等四个州。另外，在火车、旅馆、餐馆、戏院等公共场合，也采取黑白分座的隔离制度。最高法院在 1896 年的 Plessy v. Ferguson 案件中判决，路易斯安娜州的法律规定火车应分别设立白人用车厢和黑人用车厢，乃是州政府为了维持社会治安所采取的一种适当措施，只要双方的设备相同，就不能视为违反宪法第十四修正案，由此确立了“隔离但平等”的理论，它使美国社会，特别是南部各州在许多领域实施种族隔离有了合法的根据，黑人所受的差别待遇不仅没有缩小，反而在此判例的影响下继续扩大。直到 1954 年的 Brown v. Board of Education 案①，最高法院才针对公立学校中的种族隔离制度，判决其违反宪法第十四修正案保障的平等权利，推翻了延续 58 年的“隔离但平等”的理论。

三、选举权与平等保护

1. 关于议员与选民比例不均的问题

由于工业化发展导致大量的农村人口向都市集结，选举中不同地方议员议席与选民人数之间的比例出现了严重不均的情形，形成了“过少代表性”和“过大代表性”的反差，使每一个投票权的实际价值不平等，实质上违反宪法的平等保护原则。因此，从 20 世纪 50 年代开始，出现针对议员与选民比例不均的诉讼，美国联邦最高法院最初采取了避免介入的立场，在 Colegrove v. Green②一案的判决中指出，有关议席分配与选区划分的问题，属于高度政治性的问题，不适宜由法院通过司法的程序来判断是否违宪。到了 1962 年的 Baker v. Carr 案③，联邦最高法院认为议席分配不均的问题不是政治问题，是否违反宪法的平等保护规定应容许司法有介入审查的空间。

---

① Brown v. Board of Education, 347 U. S. 483 (1954).

② Colegrove v. Green, 328U. S. 549 (1946).

③ Baker V. Carr, 369U. S. 186 (1969).

2. 选举权上的种族差别问题

南北战争结束以后，黑人奴隶获得解放成为了自由人，从法理上讲当然应与其他的公民一样享有选举权。但是由于历史的原因，当时的白人社会认为，一旦赋予黑人平等的选举权，政治权力结构将会被颠覆，尤其是南部各州更是担心因此而引发危机。在这样的背景下，黑人的选举权并没有因为其成为自由人而得以真正实现。因此，政府只好通过修改宪法以期黑人的选举权得到保障。

1867 年 3 月 2 日，美国国会通过《重建法》，要求南部的 10 个州承认黑人的选举权，并以此作为重新加入联邦的条件。而南部各州却通过选举资格条件的规定来间接限制或剥夺黑人的选举权。第一，人头税，又叫投票税。当时实行人头税的南方 11 个州，虽然人头税的缴纳对黑人和白人均一视同仁，但在客观上起到了剥夺黑人选举权的效果。一直到 1964 年宪法第二十四修正案的通过，明文禁止以未缴税为理由剥夺投票权，实际上阻止黑人投票权的投票税才最终被彻底废除。第二，教育条件。公民必须在文书读写能力测验合格以后，才能实际行使投票权。这就为选举办事员故意限制黑人的选举权提供了可乘之机。最高法院在 Williams v. Mississippi 案件中同样认为这不属于基于种族不同的限制，因此不违反宪法第十五修正案。一直到 1966 年，最高法院才推翻了以前的判例，认为以读写能力测验来决定投票权的制度本身是违反宪法的。1970 年，美国各州终于完全废除了这种做法，真正实现了一人一票的选举平等。第三，“祖父条款”的限制。“祖父条款”包括两方面的内容：一是严格规定取得选举权的受教育或财产资格条件，使绝大多数的黑人不能享有选举权；二是规定凡在 1866 年或 1867 年以前已取得选举权者及其子孙，一律享有选举权，无须具备受教育和财产资格条件。根据这一规定，白人的祖父在 1866 年或 1867 年之前已经取得选举权的，其子孙当然也就享有选举权。而黑人在 1870 年宪法第十五修正案通过之前，根本不享有选举权，因而必须具备严格的受教育或财产资格条件，才能享有选举权。联邦最高法院在 1915 年的 Cuinn v. United States 案中，宣告其构成违宪。

四、受教育与平等保护

第二次世界大战以后，特别是进入 20 世纪 60 年代，黑人反对种族歧视、争取解放运动有了重大的发展，迫使美国政府在原有的民权法案基础上，先后于 1957 年、1958 年、1960 年、1963 年颁布了保障种族平等的法律，其中在受教育方面，对少数族裔以特殊优惠，目的在于弥补长期以来白人与少数族裔的历史不平等，保障宪法赋予的少数族裔平等权的真正实现。如美国著名的密歇根大学，为实现学生群体种族的多元化，在招生录取过程中实行少数族裔配额制的特殊政策。其中法学院为了提高非洲裔、西班牙裔和印第安裔考生在全院学生总数中的比例，将入学申请人的种族列为优先考虑的因素；其他因素包括大学平均成绩、法学院测验分数、社区服务、特殊才能等。由此而引发的“Grutter v. Bollinger（密歇根大学前任校长）和 Gratz v. Bollinger 案件中，联邦最高法院以 5 票对 4 票裁定，密歇根大学法学院在审查申请人的资格时，仅将种族作为其中的一项因素对待，对每一个人进行的个别审查中，个人的成绩、考分和背景与种族等进行的是总体上的考虑。种族虽然是有利因素，但不是决定性因素。因此，密歇根大学法学院的入学政策，没有违反宪法赋予白人学生的平等权，对非洲裔、西班牙裔和印第安裔考生的优待，并不违反宪法。

五、女性公民权与性别平等

美国的妇女尽管与奴隶和印第安人不同，在建国初期就被作为美国公民对待，但她们并不享有公民权，特别是白人男性公民享有的选举权。1868 年生效的宪法第十四修正案第 2 款明确将选举权的享有者限定为男性公民，广大的妇女被排除在外。

在 1874 年的 Minor v. Happesett 案中，联邦最高法院承认妇女是合众国的公民，但却一致裁定选举权不属于合众国公民身份蕴含的特权或豁免权。争取妇女普选权的运动在 20 世纪 20 年代取得了胜利，标志就是 1920 年生效的宪法第十九修正案明确规定："合众国或其任何一州不得因性别关系而取消或剥夺合众国公民的投票权。"

在女权主义思想和女权运动的影响下，20 世纪 60 年代以后，美国最高法院对依据性别的分类的法律在进行审查时态度慢慢开始改变，其中具有划时代意义的判决是 1971 年的 Reed v. Reed 案。① 该案中，最高法院运用最低限度的合理性标准，废除了爱德华州的一项法律，该法规定，在男女同样有资格管理一份产业的情况下，应选用男性。在 1973 年的 Frontiero v. Richardson 案中②，联邦最高法院的布伦南、道格拉斯、怀特和马歇尔四位大法官明确提出，性别分类从来就是值得怀疑的。该案中，弗朗蒂洛（Frontiero）起诉以后，阿拉巴马中区一个三人组成的地区法院裁判该制定法基于性别所作的区分合乎宪法。作出这一裁判的多数意见猜测，从经验上看，丈夫在我们这个社会中一般担负着养家糊口的责任，而妻子则为典型的处于受扶养地位的伴侣，让女性承担认定其丈夫事实上的受扶养地位的举证责任，将会是成本低廉且容易操作的，因此，国会这样做是有理由的。布伦南大法官宣布的法院判决指出：性别就像种族和民族血统一样，完全是由出生这一偶然事件决定的不可改变的特征，因性别而对某一人施加特殊的资格限制，违背了我们制度的基本理念，那就是法律责任与个人责任存在某种联系。使性别区别于诸如智力或身体残疾等无可争议的类别并将性别与公认的可疑标准联系起来的东西，乃在于性别特征与个人

---

① 《爱达荷法典》第 15-312 条指定了有权管理未立遗嘱而亡者的遗产的 11 类人，其中包括"未有遗嘱而亡者的父亲或母亲"；但该法典第 15-314 条又规定："于请求遗产管理和平等享有第 15-312 条下的管理权利的数人中，男性优先于女性。"本案中，未立遗嘱的未成年人理查德·利恩·里德（Richard Lynn Reed）死亡以后，他的母亲莎莉·里德（Sally Reed）和父亲塞西尔·里德（Cecil Reed）分别向法院提出起诉，要求成为其儿子遗产的管理人，法院根据《爱达荷法典》第 15-314 条的规定，判决将遗产管理委任状颁发给塞西尔·里德。

② 为了通过延长服役期吸引职业军人，国会制定一项法律，为现役军人提供附加福利，有靠其扶养的家属的现役军人可增加"住房基本津贴"，其家属可获得全面的医疗和牙科保健。根据这些法规，男性现役军人可以主张妻子属于靠其扶养的家属而不管她实际上是否靠他扶养；而女性现役军人却不能主张丈夫属于靠他扶养的家属，除非能证明其丈夫一半以上的生活费由她提供。弗朗蒂洛（Frontiero）女士是一个空军军官，她以供养丈夫为由争取住房和医疗保健福利，却未获得批准，原因就是她未能证明其丈夫有一半以上的生活来源靠其提供。弗朗蒂洛认为该法律所作的区别属于依据性别实行的不合理歧视而起诉并认为该法的歧视性效果表现在两个方面：首先，在程序上，女性军人需要证明其配偶靠其扶养，而男性军人却无类似的举证责任；其次，在实体上，并未承担其妻一半以上生活来源的男性军人可以获得福利，而处境相似的女性军人却被剥夺这样的福利。

干一番事业或为社会做贡献的能力往往无关。对两性实行差别待遇的法规常常带来有害的后果，它把整个妇女阶层贬低到社会底层，而无视个人的实际能力。因此，以性别为依据的分类像种族、外侨身份或民族血统的分类一样有其内在的可疑之处，必须付诸严格的司法审查。

在 1975 年的 Weinberger v. Wiesenfield 案中，最高法院废除了社会保障法的"母亲保险受益"条款。该条款规定的受益人是抚养未成年子女的寡妇而不是鳏夫。政府提出，这一分类"属于合理的设计，用以补偿作为群体的女性受益人，使试图自食其力并养家糊口的女人得以摆脱她们依旧面临的经济困境"。布伦南大法官指出，这一方案贬低了"参加工作且其收入对养家糊口大有裨益的女人所出的力"。

在 1977 年的 Califano v. Goldfarb 案中，联邦最高法院废除了一项社会保障法的规定：寡妇可依据亡夫的投保范围获得幸存者保险金，而不考虑依赖性；但鳏夫仅当从亡妻那里取得至少一半生活来源时才有资格成为受益人。布伦南大法官在分析该条款时指出："把妻子具有依赖性的推定写进法规，其唯一可想象的理由是，这样一个假定：干脆把保险金给予所有的寡妇，而不要求证明男性还是女性有依赖性，这样就可以为政府节省时间、金钱、功夫——这一假定并未得到政府的证明……而只是一句'过时的、过于宽泛的'笼统表述……这样的假定不足以成为分配与就业有关的保险金时实行性别歧视的理由。"①

在 1979 年的 Califano v. Mathews 案中，联邦最高法院废除了社会保障法中的一个条款，因为该条款提供"待抚养子女家庭津贴"用以资助期待抚养子女但因父亲（而非母亲）失业而得不到供养的家庭。法院认为该法歧视其收入系家庭主要经济来源的母亲。法院的意见书认为，"这一分类是'性别成见的包裹'的一部分，这一成见推定父亲'承担养家糊口的主要责任'，而母亲则是'家庭生活的核心'。除了这样的推定之外别无依据的立法，不能通过以第五修正案的正当程序条款为依据的审查"。②

第三节　日本、德国等国家宪法中的平等权保护

一、日本战后宪法中的平等保护

日本"二战"后制定的宪法，受美国的影响采取了司法审查制。但是因为最高法院长期形成的保守风格，从宪法生效到 1997 年只作出过 6 件违宪判决，其中与宪法规定的平等原则有关的有 3 件，具有日本特色的则是"尊亲属杀害"和"部落民、先住民族差别"。

---

① 对法院的这一多数意见，斯蒂文思大法官（Justice Stevens）认为："相关的歧视……不利于健在的男性配偶，而不是已故的工薪女性。"伦奎斯特大法官则持异议道："比起鳏夫，寡妇得不到充分供养的可能性要大得多。即使歧视妇女条款要受强化的司法审查，那也不是这一条。"参见［美］保罗·布莱斯特、桑福·列文森等：《宪法决策的过程：案例与材料》（下册），张千帆、范亚峰、孙雯译，中国政法大学出版社 2002 年版，第 990~991 页。

② 参见［美］保罗·布莱斯特、桑福·列文森等：《宪法决策的过程：案例与材料》（下册），张千帆、范亚峰、孙雯译，中国政法大学出版社 2002 年版，第 991 页。

1. 尊亲属杀害重罚规定与平等原则

日本在明治四十年（1907 年）制定的刑法中，规定了“尊亲属杀害罪”“尊亲属伤害致死罪”“尊亲属遗弃罪”“尊亲属逮捕监禁罪”，基本的精神就是对尊亲属的犯罪比一般的犯罪要给予加重的处罚。战后制定的宪法规定所有人的法律地位平等，刑法关于尊亲属犯罪加重处罚的规定是否违反宪法关于平等原则的规定，引起了争议。

被亲生父亲强迫产生了形同夫妻关系的被告，因不堪虐待而杀害亲生父亲，然后自首。日本的福冈地方法院在判决中认定，尊亲属杀害重罚的规定，是一种封建主义的东西，违反民主主义、人权保障和平等原则，构成违宪。越级上诉之后，最高法院先是于昭和二十五年（1950 年）作出裁判，认为刑法的规定并未违反宪法的平等原则。“刑法关于杀害尊亲属或伤害致死比一般犯罪加重处罚，显示了法律对子女亲属道德义务的重视，这不外是以道德为基础的法律的具体规定……作为支配夫妻、亲子、兄弟等关系的道德，是人伦之本，不论古今都承认的人类普遍的道德原理，即属于学说上所谓的自然法。宪法根据情况予以考虑或进一步以法规的形式予以客观化都是可能的。且亲子关系不是社会身份的问题，尊亲属与卑亲属不同的待遇属于立法政策上的问题，不属于是否违反宪法的问题。”① 而在 1973 年的判决中，最高法院推翻了过去的判例，认定尊亲属杀害重罚的规定违反宪法的平等原则而无效。该判决在区分“目的审查”与“手段审查”的前提下认为，从立法目的上看，不能判定有关尊亲属杀害重罚的规定当然地违反宪法。原因在于：（1）卑亲属都是由尊亲属抚养成人，因此对尊亲属尊重报恩既是伦理道德上的自然情感，同时也值得用法律去加以维护。（2）杀害尊亲属的行为违反伦理道德，社会也会给予严厉的谴责，刑法因此而给予加重处罚，正是体现了社会的正义观念，并无不当和违反合理性之处。而且，如果尊亲属对卑亲属作出了不道德的行为，而招致卑亲属的杀害，此时，无论对卑亲属如何酌情，其法定刑也只限于死刑或无期徒刑，这显然过于严厉。它意味着，从手段上看，尊亲属杀害重罚的量刑为死刑或无期徒刑，与普通杀人罪规定的死刑、无期徒刑、三年以上有期徒刑相比较，选择的余地明显较小，容易造成处罚过重的结果，且加重处罚的程度与所追求的立法目的之间有明显的失去平衡之处，换句话说就是已超过达成立法目的的必要手段，属于不合理的差别，因而违反宪法的平等原则。②

与 8 位法官认为立法目的合宪，只是手段违宪的多数意见不同，有 6 位法官认为刑法关于尊亲属杀害重罚的规定，立法目的本身就是违宪的，并且得到了学界多数学者的支持。在 1995 年修改后的《刑法》，关于尊亲属杀害、伤害重罚的规定已被删除。③

2. 部落民问题

日本的德川时代实行严格的身份制度。当时那些无法取得士农工商身份但有固定住所

① 最大判昭和 25 年 10 月 11 日刑集 4 卷 10 号 2037 页。见赵立新：《日本违宪审查制度》，中国法制出版社 2008 年版，第 170 页。

② 参见中村睦男：《法の下の平等と尊亲属重罚规定》，载中村睦男、常本照树：《宪法裁判 50 年》，日本悠悠社 1997 年版，第 112~113 页。

③ ［日］芦部信禧：《宪法》（第三版），林来梵、凌维慈、龙绚丽译，北京大学出版社 2006 年版，第 121 页。

和工作的人，或者是一些犯罪者，被称为“秽多”“非人”。他们及其子孙聚集生活的贫困地区逐渐成为部落，故称部落民。战后制定的日本宪法明文规定禁止差别对待，当时全国各地有6000个部落及将近300万的部落民根据宪法的结社自由成立全国性组织，争取自己应有的平等地位，部落民差别的问题才凸现出来并受到关注。在此背景下，日本国会在1969年通过《同和对策特别措置法》，要求行政机关积极地采取优先待遇政策，一方面通过同和奖学金、职业训练费、生育养育费等福利支付，针对部落民采取优先保障措施，以培养他们自立的竞争能力；另一方面则加强对部落民差别对待的监督以及侵害其基本人权的救济，以有效地解决部落民差别对待持续存在所产生的各种问题。

然而，首先同和政策的实行，需要国家每年特别编列预算，以支付部落民的各种福利费用。那么，同和福利保障与一般国民福利保障之间如何区别，哪些属于针对部落民的优先保障措施，都必须有明确的划分。否则，部落民作为国民本来就享有的基本人权，却又以同和政策特别法保障，成为优先保障措施的对象，就容易引起误解，对缩小差别反而造成负面影响。其次，在推行同和政策的过程中，行政机关需要进行资格认定，容易过度介入部落民的私生活领域，对部落民的个人隐私、居住自由、结社表达自由等基本权利造成侵犯。① 最后，在同和政策执行过程中，有关组织和机关常常根据党派、思想的差异，对部落运动组织和个人采取不同的态度，造成部落民内部和部落运动组织之间的相互对立。② 为此，1997年日本国会制定了《人权拥护施策推进法》，将原来实行的同和政策纳入其中，避免优先待遇保障措施长期化、固定化。

3. 典型判例

【判例一】

议员定数不均衡与选举的平等

本案原告（上告人）系1972年12月10日举行的众议院议员选举千叶县第一区的选举人。关于此次选举，按照规定选举区别议员定数的《公职选举法》别表一及同法附则第7项至第9项各规定，议员1人相当的有权者数最大值为394950人（大阪府第三区），最小值为79172人（兵库县第五区），其比例为4.99∶1，原告向东京高等法院提起诉讼：如此投票价值的不平等缺乏合理的根据，因为居住地（选举区）的不同，使一部分国民遭受不平等待遇，违反日本宪法第14条。因此，按照上述别表等规定进行的选举无效，请求按照《公职选举法》第204条判决该选举区的选举无效。

东京高等法院认为选举区的划分及确定各选举区议员定数是立法部分的裁量行为，本案显示的事实关系表明“投票价值的不平等与国民公平正义观念相对照，并

① 长谷川正安：《部落问题の解决と日本国宪法》，部落问题研究所1995年版，第39~40页。

② 参见原野翘：《同和补助金行政の公共性》，丹波正史：《人权拥护推进审议会をめぐる问题点》，载长谷川正安、单羽彻：《自由、平等、民主主义と宪法学》，日本大阪经济法科大学出版部1988年版，第97~134页。

没有到不能容忍的地步”，因此驳回请求。

原告上告到最高法院，最高法院的判决内容如下：（1）“宪法第 14 条第 1 项规定的法律之下的平等，有关选举权，以国民在政治价值上都应平等的彻底平等化为目标。第 15 条第 1 项等各规定字面上虽然只规定禁止在选举人资格上的差别，但不止于此，选举权的内容，即各选举人投票价值的平等也应当理解为宪法所要求的内容。”（2）“本案议员定数分配规定在本次选举中，违反宪法中选举权平等的要求，应当被判断为违宪……上述分配规定，不但是违反宪法酿成不平等的部分，应当理解为全体皆带有违宪瑕疵。”（3）“本次选举虽然是基于违反宪法的议员定数分配规定而进行……但即使以此为由判决其无效，也不会因此立即使违宪状态得到更正，反而产生未必与宪法所期待相适合的结果……考虑到这些情况……应当判决本次选举在基于违反宪法的议员定数分配规定而进行这一点上违法，而选举本身并非无效。此外，在这种情况下，应当在驳回选举无效判决请求的同时，在主文中宣告该选举违法。”①

【判例二】

非婚生子女继承差别案件②

原告因为在家事法院上的遗产分割裁判中，主张与婚生子女具有同等的继承权，没有得到承认，继而主张，规定非婚生子女对于被继承遗产只能继承相当于婚生子女法定继承部分之一半的民法第 900 条但书违宪无效。

东京高等法院先后于 1993 年和 1994 年两次作出法令违宪的判决。在 1993 年的判决③中指出：保护以合法婚姻为基础的家庭关系这一立法目的本身，从宪法第 24 条的精神来看，应予以尊重。但重要的是，非婚生子的个人尊严必须受到同等重要的保护，应尽量回避以牺牲后者的利益来保护前者利益的立法。且即使婚生子与非婚生子继承份额相等，对配偶的继承份额并不会产生任何影响，即使对配偶方面产生实质的不平等，也可以通过灵活运用寄与制度予以解决。从婚生子方面来看，父母是否属于合法的婚姻完全是偶然的，不能根据自己的意思和努力予以改变，但却要承受由此带来的不利结果……因此，该规则对目的来说过于广泛，不仅缺乏正确性，也无主语一致非婚生子的出现，对达成保护基于合法婚姻的家庭关系这一立法目的，是否有实质上的关联性，是非常令人怀疑的。④

最高法院则以 10∶5 的多数意见驳回了原告的特别抗告，作出民法的相关规定合宪的判决。最高法院认为：（1）关于继承制度应由立法机关进行合理的裁量判断。“包括本件规定在内的对法律继承份额的规定，并不是规定必须按照该继承份的规定进行继承，而是在没有遗嘱继承时起补充的功能。因此，婚生子与私生子法定继承份

① 韩大元、莫纪宏：《外国宪法判例》，中国人民大学出版社 2005 年版，第 82~83 页。
② ［日］最大判平成 7 年（1995 年）7 月 5 日，民集 49 卷 7 号，第 1789 页。
③ ［日］东京高判平成 5 年（1993 年）6 月 23 日，高民集 46 卷 2 号，第 43 页。
④ 参见赵立新：《日本违宪审查制度》，中国法制出版社 2008 年版，第 164~166 页。

额区别的立法理由有合理的根据，并且，从该区别于上述立法理由的关联看，并非显著不合理，没有超越立法机关的合理判断范围，属于合理的差别。不违犯宪法14条1款的规定。”(2) 从法律婚主义和一夫一妻制出发。“民法该规定的立法理由，一方面尊重了法律上配偶所生子女（婚生子）的立场，另一方面，也充分考虑到了被继承人非婚生子（私生子）的立场，通过认可非婚生子法定继承份额是婚生子一半的规定，试图保护非婚生子的利益，以调和尊重法律婚于保护非婚生子利益的相互关系，换句话说，民法既然采取了法律婚主义，在法定继承份额方面对基于婚姻关系的配偶及其子女给予优待也是合理的，而对非婚生子给予一定的继承份额也体现了法律对其利益的保护。因此，从现行民法采用法律婚主义的原则出发……其关于法定继承份额的区别规定也不违犯宪法14条1款的规定。”

2013年9月4日，日本最高法院大法庭作出裁判：现行民法中关于非婚所生子女继承的遗产只能为婚内生子女一半的规定违反宪法。参与审理的14名法官一致认为，宪法规定，法律之下人人平等，非婚生子女无法对自己的出身作出选择，不允许因此受到任何不公平的对待。裁决书称，目前，非婚子女人数有所增加，家族形态也呈多样化，国民观念也已改变。20世纪60年代起，欧美发达国家相继废除了对非婚子女差别对待的法律条款，联合国也一再对日本政府提出劝告，建议废除相关条款。大法庭认为，“日本已经确立了将孩子作为个体尊重的家族观念”，孩子并没有能力选择父母，不能允许因父母没有结婚而使孩子权利受损。

【判例三】

禁止女性再婚期间案①

日本民法第733条规定，女性在离婚后6个月内禁止再婚。该案原告为某女与其再婚之夫。某女在离婚后与后夫同居，并申请结婚，但婚姻登记机关以其离婚不足6个月、违反民法规定为由不予受理。6个月后二人迅速结婚，然后以民法第733条违反宪法以及国际人权条约为由，要求国家对禁止再婚期间遭受的精神痛苦予以赔偿。

二审广岛高等法院认为：宪法所理想的家族关系是以个人尊严和两性本质的平等为基础的，关于婚姻及家族事项的法律必须以该基础为立脚点。正是基于这一精神，民法上规定了一夫一妻制，在此基础上，可以推定妻子在婚姻存续中怀孕的子女是丈夫的子女，并且推定在婚姻成立200日后和婚姻解除300日以内所生之子女为婚姻中怀孕的子女，据此以明确夫妻为中心的家庭关系，以此保护家庭生活的平稳和子女的幸福……民法只对女性规定了禁止再婚期间，其目的必须是为达到防止父性的混同、保护出生子女的利益和婚后家庭生活的平稳，其手段必须是必要且最小限度的，否则对女子再婚期间的规定就是不合理的。而本件关于女性禁止再婚的规定难以断定属于不合理的范围。最后，法院驳回了原告的要求。

关于禁止女性再婚期间的规定，学术界多持批评意见，主要的理由是，为防止血

① ［日］广岛高判平成3年（1991年）11月28日，载《判例时报》1406号，第3页。

统混乱的立法目的虽具有正当性，但仅对妇女设置6个月的再婚禁止期间，不仅手段缺乏正当性，而且容易产生弊端。因为现行制度不能阻止事实上的再婚（同居），反而会产生私生子问题。在现代的医学条件下，即便不作出再婚禁止期间的规定，在医学上也可以比较容易确认子女的归属。① 据此而言，该条的修改实属必要。②

二、德国关于平等保护的理论与实践

（一）平等权保障的内容

1949年5月23日公布的《德意志联邦共和国基本法》，吸取纳粹独裁政权践踏人权的教训，对人权采取了最优先保障的原则，有关平等权的保障涉及如下几个领域：（1）参与国家权力作用的平等。基本法第33条保障所有个人的公民权及担任公职权利的平等，第28条和第38条保障联邦和各州各种选举的平等。这种平等，主要是形式上的平等，如果要采取差别对待，需要接受严格审查标准的检验。（2）国家权力行使的平等。基本法第3条规定的平等原则，拘束国家权力在发挥作用时应确保所有人人格价值的平等。它禁止国家权力在发挥作用时实行差别对待。（3）实质的平等。基本法第9条关于劳工基本权、第12条关于工作权的保障、第14条与第15条对财产权的规制等，目的就是在符合正当性的前提下，经过国家的干预，以去除不平等的状态，实现实质的平等。

（二）良心自由拒服兵役与平等原则

《基本法》第4条规定，保障良心自由，不得强制任何人违背良心，服携带武器从事战争的劳务。但为适应冷战的需要，德国通过修改《基本法》建立了国防军队体制，《基本法》关于基于良心自由拒服兵役的规定被限定解释为“基于良心（信仰）上的诚实因素，无法服兵役者，得服非军事性质的代替役”。并规定服代替役的期间应比服一般兵役的时间多1/3。由此而引发的涉及平等原则的宪法争议是：服代替役的规定是否与《基本法》基于良心自由得拒服兵役的规定相违背，代替役服役期间增加1/3的规定是否违反平等原则。针对这一争议，德国宪法法院在1985年4月24日的判决中表达了自己的见解：规定代替役制度，就是要在义务的平等承担与良心自由保障之间进行调和，尽量使双方得到兼顾；代替役的规定，特别是代替役期间长于一般兵役期间的要求，是判断“良心上拒服兵役”是否确实存在的一种有效检验手段，而且是必要的、可以容许的手段；代替役与兵役在任务、工作内容的要求方面存在着许多的差别，单纯以服役时间长短作为衡量平等与否的标准显然是不恰当的。

（三）男女平等与平等原则

《基本法》第3条第1项规定，法律面前人人平等；第2项特别规定，“男女享有平等权利”；第3项规定“任何人都不得因性别……而受到歧视或优遇”。

一般理解认为，《基本法》第3条第2项的“男女权利平等 ”与第3项的“禁止性别歧视”，具有相同的意义，只是所取角度不同而已。但是，1994年10月27日的《基本

① ［日］小林节：《女性の再婚禁止期间の合理性》，载《宪法判例百选》（第三版），别册ジエスト，第130号，1994年。

② 赵立新：《日本违宪审查制度》，中国法制出版社2008年版，第166~167页。

法修正案》在第3条第2项的“男女权利平等”之后，增加规定：“国家应促进男性与女性平等权利的实际达成，努力消除既存的不利益状态。”表明过去人们认为第3条第2项与第3项的规定具有相同意义的看法是不正确的。这一点，可以从德国宪法法院对其解释的变化中得到证明。

1. 男女平等的消极解释

20世纪80年代以前，无论是学术界还是宪法法院，都比较一致地认为，无论是不允许因为性别而获得利益还是禁止因为性别而受不利待遇，基本的精神就是要求男女的权利相同、平等。《基本法》关于男女权利平等的规定并无特别的效力，仅仅是指出了一个目标、基准。① 据此，在涉及“仅要求男性从事消防义务工作”“禁止女性深夜劳动”是否违反《基本法》规定的男女权利平等的争议中，宪法法院判决其并不违反宪法。

2. 积极的宪法解释

德国的保险法规定，女性在60岁即可领取年金，男性则需要到65岁方可领取，围绕该规定是否违反宪法关于男女权利平等展开了争论，即所谓的“老人年金不平等事件”。联邦宪法法院在1987年的判决中指出，女性在保险期间要经历生产、养育儿女等双重负担，起点与男性就不同，提早享有领取年金的资格属于合理差别的范畴，对女性过去所受的不利待遇，事后采取优先保障措施加以调整，不构成对平等原则的违反。该判决中提出的“优先保障措施”概念，表明宪法法院对男女权利平等条文含义的理解发生了转变，《基本法》第3条第2项“男女权利平等”的规定，应解释为包括要求国家权力采取各种优先保障措施，以达到男女权利平等保障的意义。宪法法院运用这种积极性解释，对“禁止深夜劳动事件”和“雇佣时的性别差别事件”作出了判决。1992年的“禁止深夜劳动事件”是针对禁止女性深夜工作的法律是否违反平等原则而形成的判例。禁止女性深夜工作的规定，名义上是为了保护女性的身体健康，实际的结果却使女性在工作和升迁、待遇方面受到差别对待，明显侵害了女性工作方面的平等权。1993年的“雇佣时的性别差别事件”是针对企业在聘用员工过程中涉及性别因素时，如何界定其是否违反男女权利平等原则的判例。本案中，原告为一女性，应征某公司主管并成为数名人选中的唯一女性候选人，但公司依照惯例聘用了男性。原告向劳工法院起诉，被告则辩称，原告落选并非其女性的因素发挥了决定作用，该主管的职务长久以来习惯上是由男性担任的，因此并未违反平等的规定。劳工法院在初审中也判决雇佣方没有违反《基本法》“禁止差别”和“男女权利平等”的保障。宪法法院则以雇方违反了《基本法》第3条第2项规定的男女权利平等原则，推翻了原判。

【判例四】

西德媒介案②

在1962年联邦德国北莱茵—威斯伐里亚州的竞选中，“西德广播电视台”根据

---

① 参见1953年判例，BverfGe Entscheidungen des Bendesverfassung Sgerichts，《德国宪法法院判例集》，第三卷，第242页。

② BverfGE14，121，1962.

各大政党的竞选实力，为它们分配了不同的免费播音时间。例如，以5分钟为一单元，基督教民主党获得13单元，社会民主党获得11单元，而相对较小的自由民主党只获得5个单元。自由民主党就此向联邦宪法法院提起诉讼，主张它有权和其他政党拥有同样的播音时间，而这一权利受到了广播电视台决定的侵犯。

宪法法院在判决中指出，联邦德国的广播和电视台为公共所有，而广播和电视台资源是有限的，因此免费播放的时间是有限的。如果广播和电视台不属于公有企业，那么，宣传和播放活动完全通过市场法则来决定。如果所有的政党都能根据其资源，并在平等的条件下利用广播和电视台，那么，就不需要官方来分配时间。如果个体政党能根据其财政状况和其他可能性来享有播放时间，选择竞争的机会平等原则将得到保障。

在竞选过程中，机会平等原则要求广播电视台的公有企业大致保持中立。但这项原则不仅允许时间的平等分配，而且也包括在具备重要理由的情况下，允许时间的不同分配。

尽管在原则上，宪法允许电视台根据政党的重要性而分配不同的播音时间，宪法对这些区别还是作了限制。《基本法》第5条对此有比较明确的规定。公共广播电台不得被允许以这些区别严重危及所有参与选举的政党之间基本自由的竞争。把这些原则应用到本案，应当说“西德广播电视台”对广播时间的分配没有超越宪法所规定的权限范围。因为它符合政党竞选在形式上平等的原则的要求，并且通过播音时间的不同分配，也顾及了党派的不同重要性。①

三、意大利宪法平等权保护的理论与实践

（一）宪法规定的平等原则内容

1947年制定颁布的《意大利共和国宪法》，有关平等的条文在宪法中占有重要的地位。

1. 基本原则部分

意大利宪法第3条第1项规定，全体公民，不问其性别、种族、语言、宗教、政治信仰、个人地位及社会地位如何，均有同等的社会身份，并在法律面前一律平等。第2项要求国家承担排除阻碍国民平等发展，特别是社会上各种对弱势及劳动者压制的不平等障碍的义务。将国家积极排除阻碍平等的责任规定于宪法中，是其他国家的宪法所没有的。

2. “形式平等”部分

意大利宪法规定的形式平等包括：第8条第1项规定的宗教信仰平等；第29条第2项规定的婚姻、家庭关系中，两性在道德、法律地位上的平等；第37条第1项规定的女性劳动者地位的平等、第3项规定的未成年劳动者地位平等；第48条规定的选举权平等；第51条第1项规定的男女担任公务员和竞选公职的平等。

3. “实质平等”部分

① 韩大元、莫纪宏：《外国宪法判例》，中国人民大学出版社2005年版，第102~103页。

根据内容，这样的条文可以划分为三类：

第一，对弱势者权益加以特别保障的条文：宪法第 4 条对劳动者及其权益促进的保障；第 24 条第 3 项对经济上弱势的刑事被告的辩护权加以保障。第 34 条第 2、3 项规定的设置奖学制度及对其家族生活的资助，对经济弱势者的受教育权加以保障。

第二，为保障人的基本尊严及维护社会稳定关系，对相关当事者特别保障或规范的条文：第 36 条第 1 项保障劳动者有权利依据其所提供的劳动力，要求能维持自己与家族有品质生活的待遇；第 41 条第 1、2 项规定，经济活动及发展不得违反社会安全及公益，或有害个人的自由及尊严，法律规定适当的规划和监督措施，以使经济活动能够相互配合并服务于社会目标；第 44 条规定，私有土地的利用与开发应符合公共利益及社会公平，鼓励并迫使改良土壤，改革大庄园，扶助中小农土地所有者，对中小土地的拥有和山区开发应给予协助；第 46 条，保障劳动者参加企业经营管理的权利；第 47 条，国家鼓励并保护公民的储蓄，使他们能拥有住宅、耕地或大型企业的股票。

第三，国家应促进社会福利制度的条文：第 4 条规定国家应促进公民的劳动权实现；第 32 条规定国家应保护公民的健康，保障贫穷者能够得到免费医疗；第 35 条规定国家保障劳动基本权及其就业训练；第 36 条规定保障劳动者休息和休假的权利；第 38 条规定国家应对失业、受灾害、疾病的劳动者的生活给予援助及扶养，保障其再教育和就业训练的权利。

（二）意大利学界的平等理论

意大利学者的平等理论主张，围绕着平等的基准而展开，提出了“均衡平等理论”，主张只能以排除不平等及追求各种平等相关事项之间的“均衡”为目标，以期在“结果的平等”与“对应的平等”之间寻找一个最佳结合点，平衡二者之间的关系。主要的观点有：

1. 平等原则拘束立法权的程度

立法者的立法目的及规范内容，如果欠缺区别对待的合理性，或者可能违反平等原则，必须接受宪法法院的审查。

2. 平等是个人权利还是客观原则

根据“均衡平等理论”的精神，意大利学界的主流学说认为，平等是个人权利之间相互比较而形成的概念，是判断相关事物的客观原则，并不是与个人有直接关系的权利。个人只是获得平等原则反射效果的保障。

3. 平等原则对私人的效力

从理论上讲，对人权的侵犯，既有可能来源于国家权力，也有可能来自于私社会的力量，特别是当事者之一处于经济上、社会上优势地位时，具有的危害并不亚于公权力。宪法第 2 条规定，共和国无论对个人还是对表现其个性的社团成员，均承认并保障其人权之不可侵犯。这表明，在人权的保障方面，平等原则不仅适用于公权力与基本权利之间的关系，同样适用于私人及私社会之间的关系。

（三）宪法法院有关平等原则的审查理论

从宪法法院违宪审查的实践看，对平等原则审查方法与理论的变化可以划分为如下两个阶段：

1. 初期的审查理论

意大利宪法法院 1957 年判决的“有关会计师登记事件”是第一个与平等有关的宪法判例。在此判决中，宪法法院指出，平等原则的意义及审查基准应该是：第一，立法者可以制定针对不同对象采用不同规范的法律；第二，法律在适用于主、客观条件相同的状况时，应对每一个人同等对待；第三，适用对象处于不同状况时，是否需要给予差别对待，立法者享有裁量的权力；第四，对宪法第 3 条第 1 项列举的性别、人种、语言、宗教、政治立场、社会身份地位等事项，立法者不能实行差别对待。其他的事项，立法者有广泛的裁量权。宪法法院在 1957 年的第 28 号判决中认定，宪法第 3 条第 1 项列举之外的事项，立法机关制定的法律采取区别对待的目的、手段是否违反平等原则，属于政治性的议会立法裁量权，不属于宪法法院审查的对象。

然而，在 1958 年的“有关陪审员性别差别事件”的第 56 号判决中，宪法法院则判决，涉及第 3 条第 1 项列举的“性别”部分采取不同对待，根据情况应属于容许立法裁量的范围。这一判决在扩大了国会立法裁量范围的同时，也扩大了宪法法院在平等原则方面的审查范围。

2. 合理性审查基准的形成与发展

宪法法院在 1960 年“地方首长任命资格事件”的第 15 号判决中，提出了有关平等原则审查时的“合理性”基准：第一，不论是否属于第 3 条第 1 项列举的事项，只要法律内容涉及差别问题，都属于宪法法院审查的对象。第二，审查时以是否具有合理的动机为基准。具体的审查方法与程序是：首先审查立法的动机与目的；其次是在了解法律的主客观目的之后，分别以不同的方式审查其合理性。

四、法国的平等权保障问题

（一）平等权的宪法根据

1958 年的第五共和国宪法中有关人权保障的内容仍然是在序言中宣告，而且比 1946 年宪法更简略：“法国人民严肃地声明，继续维护 1789 年《人权宣言》中规定，且于 1946 年宪法序言再予确认及补充的人权与国民主权的原则。”因此，平等权及其保障的宪法根据是 1789 年《人权宣言》、1946 年宪法和现行的 1958 年宪法。其中涉及平等权的规定有：（1）1958 年宪法第 2 条第 1 项禁止因出生、人种、宗教的差别，保障法律之前人人平等；第 3 条第 3 项保障平等选举。（2）1789 年《人权宣言》第 1 条规定：人生而自由、权利平等；第 6 条规定，法律无论是保障还是处罚，对所有的人都是一样的；第 13 条规定：赋税应由全体公民以其能力平等地负担。（3）1946 年宪法序言明确规定保障公民的经济地位、社会地位的实质平等。

在平等权的保障方面，宪法委员会发挥着重要的作用。1958 年宪法是以削弱议会权力，加强政府权力为指导思想而制定的，设置宪法委员会的意图就在于以行政权来制衡立法权，是一个高度政治性的机构，与为保障人权对法律进行违宪审查的目的无关。1971 年“结社自由事件”的判决，促使人权保障内容法典化；1974 年的宪法修改，促使宪法委员会的性质发生了转变。以此为契机，宪法委员会开始以人权问题为中心，展开人权保障的违宪审查。

（二）平等原则的判例和审查基准

从 1980 年至 1983 年的四年时间，经由宪法委员会审查的法律有 45 件，其中与人权保障有关的判决有 31 件，与平等原则有关的就占到 28 件。

1. 判例对平等原则的肯定

1973 年的“职权抗税事件”判决，是 1971 年“结社自由事件”之后的第二个与人权有关的判决。该案中，宪法委员会第一次引用平等原则作为判决依据，肯定了平等原则宪法保障的效力。

2. 判例对平等原则的分析

宪法委员会在 1979 年的一项判决中首次对平等原则作了较为明确的说明，指出，平等原则并不排斥对不同情形采取区别对待，但须具备正当性，且与法律追求的目的不发生矛盾。在 1982 年的“国有化判决”中，宪法委员会进一步指出：第一，平等并不是绝对的，而是相对的；第二，采取区别对待是否具有合理性，应从是否具备必要的正当性及是否与立法目的和谐这两个方面加以判断。

3. 平等原则的审查基准

法国宪法委员会对平等原则的审查，基准有：第一，一般利益基准。所谓的“一般利益”，实质是指公共福祉、公共利益的意思。第二，差别不存在基准。宪法委员会若认定法律并无差别的本质存在，则采取不同的法律规范并不构成违反平等原则。第三，明确的过错标准。除非可以认定议会在立法裁量过程中有明确的错误，否则不应判决议会的立法违反宪法。第四，积极的差别审查标准。对过去因受差别而居于劣势地位者，或者在起点上已经居于劣势地位者，为使其有公平竞争的机会与条件，从立法上加以协助或给予特殊的照顾，并不违反平等原则。

第八章　自　由　权

第一节　人 身 自 由

一、禁止对公民人身的奴役

对个人人身的奴役在人类历史的进程中曾普遍地存在于奴隶制和封建制社会中。资产阶级国家建立后，对个人人身的奴役被彻底地否定，免受奴役被宪法和法律确认为公民所享受的基本权利。法国 1789 年《人权宣言》规定："任何人都不应处于奴役之中。必须废除一切形式的奴隶制度和奴隶贸易。"但这一权利的真正实现，却要晚得多。在英国，将奴隶作为动产并可自由买卖的法律直到光荣革命胜利后一百多年的 1772 年，才为詹姆斯·萨姆塞特案所推翻。① 美国宪法直到 1865 年的第十三修正案才宣布废除奴隶制。② 奴隶和奴隶制的全面遭否定或被废除，是在第二次世界大战之后。

各国宪法对公民免受奴役权的规定，涉及的主要问题有：任何人都不受任何奴隶性质的拘束，不服违反其意志之苦役（日本宪法）；自由选择其职业，不得被迫从事一种特定的工作；妇女不得被迫在武装部队服役以及任何情况下不得受雇于武装部队（德国基本法）；任何法律不允许或不助长实行任何形式的奴役……不满十四岁的儿童不得在工厂或者矿山劳动或者做其他危险工作；任何强制性服务不得是残忍的或有损于人的尊严的（巴基斯坦宪法）；任何人都不得被强制劳动；禁止无偿劳役（土耳其宪法）；禁止人口买卖和强迫劳动；禁止工作雇用童工（印度宪法）。同时各国宪法也普遍地规定，国家为公共目的而强制性的义务劳动和服务，对法院判处刑罚之人执行强迫劳动，为应付国家的紧急状态或战时强制公民服兵役等，均为合法而不构成对公民人身的奴役。此外，马来西亚宪法还规定，公共机关的职能发生转移时，要求前一公共机关的雇员为后一公共机关服务，不得被视为强迫劳动。

二、迁徙自由

迁徙自由也就是公民享有的选择居住的自由。它是近代商品经济市场竞争和劳动力买

---

① 詹姆斯·萨姆塞特是一名从非洲买来的奴隶，被贩卖给了斯图亚特先生并被带到了英格兰，准备乘船到牙买加后再将其卖掉，该奴隶为此提出了人身保护状的申请。参见：[英] 丹宁：《法律的正当程序》，李克强等译，群众出版社 1984 年版，第 133~134 页。

② 该宪法修正案规定："合众国境内或受合众国管辖之任何地区内，不准有奴役或强迫劳役存在，唯用以惩罚业经定罪之罪犯者，不在此限。"

卖的必然产物，同时也是商品经济存在和向深入发展的必备条件。

迁徙自由包括国内和国外两个方面。就国内来讲，意味着公民可在任何地区选择自己的居住地，包括在联邦制的国家从一邦（或州）迁移至另一邦（或州），除了依照法律规定的条件和程序外，迁入地不得向迁入该地的公民要求保证金或对其科以任何的特别费用；就国际来讲，迁徙自由是指移居国外及出入国境的自由，甚至在日本还包括脱离国籍的自由。为此，一些国家的宪法禁止剥夺公民的国籍或将公民驱逐出境（马来西亚），不得剥夺公民出境后返回国家的权利（孟加拉国、土耳其）。

最早确认个人享有迁徙自由的立法是英国 1215 年的《自由大宪章》和 1628 年的《权利请愿书》。18 世纪后期的各国宪法虽无迁徙自由的规定，但是人们将迁徙自由作为天赋权利的组成部分看待，无须特别加以规定的必要。19 世纪末以来，迁徙自由不仅为各国宪法所普遍确认，而且内容更加全面和翔实。根据对世界上 142 部成文宪法的统计，57%的宪法规定了迁徙自由。① 瑞士宪法规定，瑞士公民在提出出生证明或同等文件后，有权移居瑞士任何地方。德国基本法规定，一切德国人民，在联邦内有迁徙的自由。意大利宪法规定，除因健康或安全所设置一般法律限制外，在国家领土内的任何地方，可以自由迁徙和居住，不能因政治理由规定任何限制。每个公民在履行法定义务的条件下，均可自由离开或返回共和国国土。日本宪法规定，任何人在不违反公共福祉的范围内，均享有居住迁徙和选择职业的自由。任何人移居外国或脱离国籍的自由不得侵犯。

1948 年联合国大会通过的《世界人权宣言》第 13 条规定，人人在各国境内有权自由迁徙和居住。人人有权离开任何国家，包括其本国在内，并有权返回他的国家。《美洲人权公约》第 22 条规定："（一）合法地处在一缔约国领土内的每一个人，有权按照法律规定在该国领土内迁移和居住；（二）人人有权自由地离开任何国家，包括他自己的国家在内。……（五）任何人都不得从他国籍所属的国家的领土内被驱逐出去，或者剥夺他的进入该国的权利。"

迁徙自由作为人身自由的表现，属于行为自由的性质，因此不能绝对不受拘束。《世界人权宣言》确定的享有迁徙自由的条件是，"在真正由于非政治性的罪行或违背联合国的宗旨和原则的行为而被起诉的情况下，不得援用此种权利"。排除了普通刑事犯罪行为受迁徙自由保护的可能性。1966 年联合国大会通过的《公民权利和政治权利国际公约》在确认个人有迁徙和居住自由的同时，也规定迁徙自由的行使不得同公约承认的其他权利相抵触，并可以基于保护国家安全、公共秩序、公共卫生或道德、他人的权利和自由等原因，依照法律对迁徙自由加以限制。

确认公民享有迁徙自由的各国宪法，大多同时规定了对迁徙自由限制的内容。如德国基本法规定，由于缺乏足够的生活基础，将给社会公共利益带来特别负担时，或联邦或州的生存或自由民主的基本秩序面临危险时，为处理传染病危险、自然灾害或特别重大事故，或为保护青少年以防堕落或为预防犯罪活动有必要时，可通过法律或依据法律对迁徙自由权予以限制。

---

① ［荷］亨利·范·马尔赛文等：《成文宪法的比较研究》，陈云生译，华夏出版社 1987 年版，第 144 页。

综观各国宪法的规定，对迁徙自由的限制主要有以下几个方面：

1. 在破产案件的审判过程中，为保护债权人的利益，防止受破产宣告之财产被转移、隐匿或毁坏，非经法院许可，破产人不得离开其居住地。

2. 刑事案件审判期间，被取保候审和监视居住的被告人，不得离开其居住地。

3. 为保障公众的健康，对传染病患者和疫区的人员，可以限制其出入和活动的范围。

4. 基于国家安全和维护国防利益的需要，可以禁止个人进入军事设防及要塞地区。

5. 在宣布进入紧急状态的情形下，可以限制公民的迁徙自由。

6. 外国侨民变更住址和进行国内旅行，需受到所在国的特别限制。

7. 国际旅行者移居他国，须经过该国的同意，否则将被限制离境或驱逐出境。

三、住宅不受侵犯

住宅不受侵犯是指任何机关或个人非经主人许可或有法律上的根据，不得随意地强行侵入或搜查公民的住宅。这里所说的住宅，一般是指公民的居住场所，即公民生活、居住和保存其私有财产，在一定时间内为该公民所控制的房屋及其附属设施，有的国家还将临时居住的旅馆或宿舍也视为公民的住宅。

罗马法时代，即有“住宅为最安全的避难所”的法律谚语，英国普通法则有“住宅为各人之城堡”的说法，均将住宅作为公民的一块神圣领地加以看待。如公民的住宅横遭侵犯，必使公民个人常处于紧张和恐惧之中，精神上缺乏安全的感觉并要承受巨大的压力，生活和事业难以正常进行，既不利于个人的生存，更无益于社会的安定和发展。因此，住宅不受侵犯实际上是公民人身自由的延伸和必然要求，体现了对公民精神生活自由的尊重和维护。

为保证公民住宅不受侵犯的实现，美国宪法第三修正案规定：“未经户主的许可，平时不得驻扎军队于民房。除依法律所规定的手续外，战时也不得在民房驻扎军队。”各国宪法和法律普遍规定，不得以暴力的方式侵犯公民的住宅；不得非法强迫公民迁移住宅；不得采取欺骗或秘密的方法进入或停留于他人的住宅中；国家机关及其公职人员搜查或查封公民的住宅，应持经有关部门官员批准的搜查或查封文书，并按照法定的程序实施搜查和查封行为。此外有些国家将在室外窃听室内谈话或用电子技术对室内的谈话进行窃听及对室内的活动进行监视，也视为侵犯公民住宅的行为。

当然，为了避免公共安宁的紧急危险或因公共卫生与安全之必要，各国宪法和法律也确认有关的国家机关可依法对公民的住宅进行搜查或查封。特别是为了防止流行疾病的蔓延或公共利益及个人利益受到危害，可依法限制公民住宅不受侵犯权利的享有和行使。这说明，公民住宅不受侵犯的权利也是法律范围内的权利，并不是绝对的。

四、人身自由的正当法律程序保障

1. 无罪推定

英国 1998 年人权法案第 6 条规定，“凡受刑事罪的控告者在未经依法证明有罪之前，应被推定为无罪”；1982 年的加拿大宪法第 11 条规定，“除非在行为或者不作为时，根据加拿大的法律或者国际法，该行为或者不作为已构成犯罪，或者根据国际社会公认的一般法律原则是犯罪的情况外，不得由于任何行为或者不作为被认定为有罪”；意大利宪法第27条规定，“被告在最后定罪之前，不得被视为有罪”；俄罗斯联邦宪法第49条规定，“每个被控犯罪者在其罪名未经联邦法律规定的程序以证实和已经生效的法院判决所确认之前均为无罪”；日本国宪法第39条规定：“对任何人的行为在其实行当时为合法或已经判处无罪者，不得追究刑事责任。”

2. 告知逮捕拘留的理由及受指控的罪名

美国联邦宪法修正案规定，在一切刑事诉讼中，被告享有得知被控告的性质和理由的权利。加拿大1982年宪法规定，每个人在被逮捕或者拘留时都享有迅速被告知逮捕或拘留的理由的权利；被指控犯罪的人享有毫不迟延地被告知受指控的特定的犯罪的权利。日本宪法规定，除作为现行犯逮捕者外，如无有权司法机关签发并明示犯罪理由的逮捕证，对任何人不得逮捕。英国1998年的《人权法案》规定，被逮捕的任何人应以他所能了解的语文立即告知以被捕理由及被控罪名。凡受刑事罪的控告者享有立即以他所能了解的语文详细地告知以被控的性质和原因的最低限度的权利。

3. 迅速且公开的审判

凡是处于被怀疑从事了犯罪行为地位而受到逮捕和拘留的人，有权在合理的时间内接受法院的审判，以免由于不合理的、尤其是超期羁押而造成被逮捕或拘留之人的人身自由受到侵犯。英国法律谚语中“长期不审判就等于否定审判”的说法就很好地表达了这一理念。

美国宪法修正案第6条规定：“在一切刑事诉讼中，被告享有下列权利：由犯罪行为发生地的州和地区的公正陪审团予以迅速而公开的审判……”俄罗斯联邦宪法规定：“任何人不得被剥夺在法律划归管辖的法庭上并有相应的法官审理其案件的权利。”日本国宪法第37条规定：“对于一切刑事案件，被告人均有接受公正的法院迅速公开审判的权利。”

4. 获得律师帮助和法律援助的权利

英国1998年人权法案规定，凡受刑事罪的控告者享有的最低限度的权利中，包括由他本人或由自己选择的法律协助进行辩护，或如果他无力支付法律协助的费用，则为公平的利益所要求时，可予免费。刑事诉讼中，被告享有取得律师帮助为其辩护的权利。

加拿大1982年宪法规定，每个人在被逮捕或者拘留的时候都享有毫不迟延地聘请和通知律师，并且被告知享有此项权利的权利。

俄罗斯宪法规定，保障每个人都有权获得高水平的法律帮助。在法律所规定的情况下，法律帮助是免费的。每个被监禁人、关押和指控实施犯罪的人，从其被监禁、关押或起诉时起即有权利得到律师（辩护人）的帮助。

日本宪法规定，如不立即告知理由并立即给予委托辩护人的权利，对任何人不得拘留或拘禁。刑事被告人在任何场合都可以委托有资格的辩护人，被告人不能自行委托时，由国家提供之。

5. 不得强迫被告人自证其罪

美国宪法修正案规定，不得在任何刑事案件中被迫自证其罪。

加拿大1982年宪法规定，关于刑事的与刑罚的诉讼，被指控犯罪的人享有不得被强迫在控告本人犯罪的诉讼中作为证人的权利。在诉讼程序中作证的证人，有权不让所提出的任何显示有罪的证据在其他任何诉讼程序中被用来指责该证人犯罪。

俄罗斯宪法规定，被告没有证明自己无罪的义务。任何人都没有义务对自己、自己的配偶和近亲属作证。

日本宪法规定，不得强制任何人作不利于本人的供述。任何人如对其不利的唯一证据为本人口供时，不得定罪或科以刑罚。

6. 质证权

所谓质证权，是指被告享有与证人对质的权利。其中也包括法庭既要采信对被告不利的证据，也要采信对被告有利的证据，以便能够准确地判定被告行为的性质。

英国 1998 年人权法案规定，受刑事罪的控告者享有下列最低限度的权利：讯问不利于他的证人，并在与不利于他的证人相同的条件下，使有利于他的证人出庭受讯。

美国宪法修正案规定，在一切刑事诉讼中，被告享有下列权利：同原告证人对质；以强制程序取得对其有利的证人。

日本宪法规定，刑事被告人享有询问所有证人的充分机会，并享有使用公费依强制程序为自己寻求证人的权利。

7. 禁止酷刑

英国 1689 年的《权利法案》规定，不应要求过多的保释金，亦不应强科过分之罚款，更不应滥施残酷非常之刑罚。1998 年的人权法案规定，任何人不得被加以酷刑或受非人道的或侮辱的待遇或惩罚。

美国的弗吉尼亚权利法案规定，不得要求缴交过量的保释金或判处过重的罚金，也不得判处残酷而非同寻常的刑罚。美国联邦宪法修正案规定，不得要求过多的保释金，不得处以过重的罚金，不得施加残酷和非常的刑罚。

加拿大 1982 年宪法规定，每个人都有权不受任何残酷的和异常的处理或者刑罚。

德国基本法规定，被拘留者不得受精神上和肉体上的虐待。

俄罗斯宪法规定，任何人不应遭受刑讯、暴行、其他残酷的或有损人格的对待或处罚。任何人未经自愿同意不得经受医学、科学或其他实验。

意大利宪法规定，对人身自由受到任何形式限制的施以任何肉体和精神上的暴行，均应受到惩处。

日本宪法规定，绝对禁止公务员施行拷问及残酷刑罚。

8. 禁止双重危险

美国联邦宪法修正案规定，任何人不得因同一罪行而两次遭受生命或肉体的危害。

加拿大 1982 年宪法规定，如果已经终局性地被宣告无罪，不得因该罪再次受审理；如果已经终局性地被认定有罪并且为了该犯罪受处罚，不得因该罪再次受审理或者被处罚。

德国基本法规定，任何人不应为同一行为而根据一般刑事立法受一次以上的惩处。

俄罗斯宪法规定，任何人不得因同一起犯罪而再次被判刑。

日本宪法规定，对任何人的行为在其实行当时已经判处无罪者，不得追究刑事责任。对同一犯罪不得重复追究刑事责任。

上述正当法律程序内容，主要体现为程序性的方面。而在美国，正当法律程序还表现为实质的方面，主要是指：禁止法律溯及既往、禁止剥夺公民权利和禁止含糊其辞的立法。

美国宪法第1条第9项第3款和第10项第1款禁止各州通过溯及既往的法律。何谓"溯及既往"的法律，最高法院在1798年的"卡德尔诉布尔案"中加以了界定：一是对行为时无罪的行为，事后加以惩罚的法律；二是事后加重刑罚的法律；三是事后变更刑罚的方式，使犯人受较重方式的刑罚；四是为使犯人陷入于罪而在事后变更刑事诉讼程序的法律。

美国宪法第1条第9项第3款和第10项第1款规定，不得通过剥夺公民权利的法案。最高法院在1867年"康明斯诉密苏里州案"中，对何谓剥夺公民权利的法案加以了解释："'剥夺公民权利的法案'是指未经司法审判而施加惩罚的立法。如果所施加的惩罚轻于死刑，该法案就被称作带来痛苦和刑罚的法案。在宪法的语境下，剥夺公民权利的法案就包括这类法案。"据此定义，最高法院裁决内战结束后制定的法律违反宪法，因为这些法律未经司法判决就剥夺了发生叛乱的南部各州一些公民担任公职的权利，属于剥夺公民权利。

禁止含糊其辞的立法是最高法院通过司法判决提出的正当法律程序对刑事法律实体内容的要求。联邦最高法院经过审理认为，正当法律程序条款禁止根据不能被人们合理理解的禁止性规定对其进行刑罚处罚，因为人们无法预见有关司法当局对这一含混的规定将作出怎样的解释。因此，这种不确定性是违反正当法律程序条款的要求的。然而，就法律中所使用的文字而言，清晰与模糊总是相对的。为此，最高法院也认为，刑法中的专业术语，或者是普通法上的惯常用语，虽为非专业人士难以准确把握，但在法律中的使用不会产生歧义，因而不能说是含糊其辞的。

第二节　表达自由

一、言论出版自由

（一）美国

美国宪法第一修正案禁止国会立法剥夺人民言论出版自由，意图在于阻止联邦政府以及州政府建立一种类似于英国所采取的"事前限制"即出版特许和表达审查制度。① 对第一修正案存在着不同的理解：（1）绝对主义。认为宪法对言论和出版自由的维护是无条件的，可以毫不考虑他为之服务的形式，原因在于它是"天赋的""不可侵犯的"。最高法院大法官雨果·布莱克就认为，包括诽谤和色情在内的一切思想和言论表达都应该受到绝对保护。②"第一修正案赋予了信奉任何政治制度、讨论一切政府事务和呼吁有目的

① ［美］巴顿·卡特等：《大众传播法概要》，黄列译，中国社会科学出版社1997年版，第18页。
② ［美］巴顿·卡特等：《大众传播法概要》，黄列译，中国社会科学出版社1997年版，第8页。

地改变既存秩序的绝对权利。"① 大法官道格拉斯也说："第一修正案的表达方式是绝对的——言论自由不可限制。因此相比其他公民权利，言论自由享有一种优先的地位。"② .（2）相对主义。认为言论自由可以因为其他社会的或私人的利益而受到限制。当诸种权利发生冲突时，采用"利益衡量"的办法，考虑发生冲突的利益分量以及保护或压制所造成的不同后果，来决定对何种权利给予何种程度的保护。（3）准绝对主义。认为宪法第一修正案绝对地禁止国会颁布限制表达自由的法律是有害的，但对某些方面的表达仍然需要加以绝对的保护，如政治性的言论。此主张的代表性人物是社会学家、哲学家亚历山大·米克尔约翰。

1. 非语言性表达：言论与行为的区分

在西方的传统中，表达（experssion）与言论（speech）往往被在相同的意义上使用。但在 19 世纪的美国司法实践中，并没有认真区分言论与行为，更没有阐明两者之间的关系。最早认识到这一问题并力图廓清它们关系的是大法官布莱克，他在 1949 年的"吉布尼诉帝国储运与冰公司"一案中提出，不能让行为也享有与言论一样的宪法保护。③ 受此影响，1965 年大法官戈德伯格在"考克斯诉路易斯安娜州案"（Cox v. Louisiana）中代表最高法院陈述意见时说："我们强烈反对这样的观点……即第一修正案和第十四修正案给予了通过诸如游行、示威、在街头或高速公路上设堵等行为来表达意见的人与通过纯粹的语言来交流意见的人同样的自由。"④ 在此，最高法院明确提到了"行为"（conduct）与"纯语言"（pure speech）的区别，而且明确表示：行为不能与纯语言获得同样的第一修正案的保护。这一"言论—行为"的两分法成为最高法院判决类似案件的基本原则。

联邦最高法院关于"言论"与"行为"的两分法有一个前提，即言论仅仅是指通过口说或书写、印刷的方式所表达的内容，这是宪法所应该绝对保护的，而用行为等方式表示的内容却不受宪法的保护。最高法院似乎也注意到了两分法的内在矛盾，因此援引了另外几个相关联的概念来充实两分法的原则：象征性表达（symbolic expression or symbolic speech）、言论附加（speech- plus）、表达性行为（communicative conduct or expressive conduct）。这几个概念的引入主要是为了把一些行为纳入"言论"的范畴，同时把另一些行为排除在外，这样就可以仍然坚持"言论—行为"的两分法。

1931 年的"斯特卢姆伯格诉加利福尼亚"案⑤是最高法院审理的第一个涉及非言论

① Carlson v. Landon, 342 U. S. 524、555 (1952).

② Beauharnais v. Illionis, 343 U. S. 250, 285 (1952).

③ Giboney v. Empire Storage and Ice Co, 336 U. S. 490 (1949), at 502 Freedom Speech in the United States, by Thomas L. Tedford, Mcgrow-Hill, Inc. 1985, p. 286.

④ Cox v. Louisiana (I) 379 U. S. 536 (1965), at 555, Freedom Speech in the United States, by Thomas L. Tedford, Mcgrow-Hill, Inc. 1985, p. 286.

⑤ Stromberg v. California, 283 U. S. 359 (1931). 该案的案情是：儿童夏令营的负责人 Stromberg 要求参加夏令营的儿童每天都要升苏联的国旗，并保证忠于工人阶级的红旗。加利福尼亚州的法律禁止任何人在公共场所、公共集会或住宅的窗户展示红旗或其他任何旗帜，以作为反对政府或煽动无政府主义行动的象征，或协助具有骚乱性质的宣传。Stromberg 因此而受到指控，她上诉到最高法院以后，获得胜诉。

性表达的案件。该案至少表明了最高法院的意见，即象征性的表达或许可以纳入宪法保护的范围。在“西弗吉尼亚州教育委员会诉巴内特”（West Virginia State Board of Education v. Barnette）案①中，最高法院终于明确了象征性表达也是一种意见交流的方式，因而符合第一修正案的要求。

言论与行为两分法涉及的一个重要问题是，“象征性言论”或“非言论性表达”同言论处于一样的地位的话，是否任何的象征性行为都可以被作为言论看待，受宪法第一修正案的保护。对此，最高法院在合众国诉 O'Brien 案的意见中指出，当“言论”与“非言论”交织在同一行为过程中，至关重要的政府利益在对该行为中非言论旨趣进行管制时，对第一修正案所承认的自由权的限制就是正当的。② 沃伦大法官就此还提出了对“非传播行为”或“非言论成分”进行政府规制的四个条件：政府规制符合宪法授予的权限；这种规制是为了促进政府重大的利益；这一利益不是为了禁止表达自由；政府规制所促进的利益要大于非言论表达所带来的利益。③

2. 猥亵性言论与言论自由

猥亵性言论，是指与性有关的言论。④ 猥亵性言论的管制与禁止，目的在于维护人类社会的善良风俗及青少年的身心健康。

在美国，1944 年的 Sumner v. Dial Press 案中，⑤ 法院认定英国作家劳伦斯的《查泰莱夫人的情人》属于淫秽书籍。理由是，该书不能被认为是在描写爱情，女主人和其丈夫的马夫的一系列性行为没有任何道德考虑可言。作者突出的主题和整个书的主要效果都强调，要求一个身心健康的年轻妇女节欲是危险的，对这样的妇女来说，生命中最重要的，比任何法治和道德都更重要的是满足其性欲。而在 1957 年合并审理的 Roth 诉合众国和 Alberts 诉加利福尼亚州案中，联邦最高法院一方面阐述了淫秽出版物不受宪法第一修正案中规定的言论自由的保护，另一方面也第一次就淫秽的定义作出了裁定。

在关于淫秽物品的认定上，最具有争议性的是社区道德标准究竟是一项全国标准还是地方标准？洛克哈特和麦克卢尔认为，社区的概念应该是指的整个社会，如果是指的各州、各地方的标准，会产生三个负面的后果：一是对淫秽出版物的审查将加强，这在美国是不受欢迎的；二是文学艺术的审美标准将会巴尔干化，即各州各自为政；三是影响法院按照联邦宪法认定的淫秽定义进行独立的司法审查。如果是全国标准，那么除了赤裸裸的

① 该案中，一所公立学校要求学生向国旗致敬，但遭到耶和华见证人信仰者因为遵守不向任何偶像敬礼的戒律为理由的反对，被赶出了学校。最高法院认为要求向国旗敬礼违反了宪法第一修正案规定的言论自由。

② United States v. O'Brien，391U. S. 367（1968）.

③ 参见强世功：《言论自由与公民宗教——从焚烧国旗案看美国自由派与保守派之争》，载《清华法学》2008 年第 1 期。

④ 法治斌：《论出版自由与猥亵出版品之管制》，载《人权保障与释宪法制》，台湾元照出版有限公司 1993 年版，第 68~140 页。

⑤ Sumner v. Dial Press，182 Misc. 416（1944）.

色情出版物之外，其他出版物就很难被定义为淫秽，因为事实上没有何谓淫秽的全国共识，这样表达自由就能得到充分保护。①

3. 政治性言论与言论自由

专制制度之下，任何的言论都处于随时可能被取缔的无保障状态。在代议制民主的运行过程中，政治性的言论对推动民主制度的发展进步，保证代议机关制定的法律和作出的决定能够最大限度地反映民意，确实具有非常重要的作用。正因为如此，在言论自由上强调对政治性言论的保障毫无疑问具有其合理性。美国联邦最高法院首席大法官 Charles Evans Hughes 在 1931 年的 Stromberg v. California 一案中就指出："为了能达到政府必须向民意负责的目的，以及为了实践社会改革可以藉由合法的手段达成的理想，提供既维持人们自由讨论政治事务的机会乃是吾国宪政制度中非常重要的一项基本原则，也是维持吾国长治久安所不可缺少的制度。"② 米尔克约翰（Meiklejohn）教授以"人民自治"为立论基础，认为言论乃在于帮助人民参与民主政治的决定，并非所有的言论都值得保障。只有涉及必须由大众直接或间接投票表示意见并且与公益有关的"政治性言论"，才为宪法所保障："第一修正案的保障并不是给予一切言论的。它仅仅保障直接或间接地涉及那些必须由公民投票决定的问题的言论——因此它仅仅保障有关公共利益事项的思考和讨论。私言论，或者说私言论中私人利益，是没有资格要求得到第一修正案的保障的。"③

无论是政治性言论还是非政治性言论，都是人张扬其个性、谋求生存和发展的必要条件。政治活动只是人众多活动的一部分，政治性言论也不是人的言论的全部。对政治生活的参与和发表政治性言论是人的尊严和主体性地位的体现，发表非政治性言论又何尝不是人的尊严和主体性地位的体现呢？如果将宪法保障的言论自由界定为政治性言论的自由，非政治性言论就很容易被排除在受保障之外，人的尊严就难以保持其完整性。

如果将宪法保障的言论自由仅限于政治性的言论，实际上就是要求言论必须有助于促进民主的发展，有利于健全民主的程序，实质上是将言论自由作为了实现其他目的的手段来对待，否认了言论自由本身在实现人的自我价值上的重要意义。

4. 言论自由与名誉权保护

在言论自由与名誉权保护的关系上，主要涉及的是所谓"诽谤性言论"的问题，具体是指当某种言论对他人的名誉造成影响甚至是损害时，是否仍然属于言论自由的范围受

---

① William Lockhart & Robert McClure, Censorship of Obscenity: the Developing Constitutional Standards, Minnesota Law Review, 1961, Vol. 45. pp. 111-114. 丘小平：《表达自由——美国宪法第一修正案研究》，北京大学出版社 2005 年版，第 246 页。

② Stromberg v. California, 283 U. S. 359 (1931). 转引自林子仪：《言论自由与新闻自由》，台湾元照出版有限公司 2002 年版，第 26 页。

③ ［美］亚历山大·米克尔约翰：《表达自由的法律限度》，侯健译，贵州人民出版社 2003 年版，第 67 页。

到宪法的保护。在1964年的“纽约时代周刊诉沙利文”案①之前，美国法院在处理这一问题时，通常是采取习惯法上的“真实抗辩原则”“合理评价原则”加以处理，② 而不是纳入宪法的言论自由和新闻自由的范围进行考量。而在“纽约时代周刊诉沙利文”案的判决中，联邦最高法院确立了处理诽谤性言论应遵循的“真实恶意”原则。

“真实恶意”原则的出发点在于寻求言论自由与政府官员及公众人物的名誉权保障之间的平衡。该原则只适用于所谓的“不实”陈述，与适用于“评论”或“意见表达”的“合理评价”原则之间难免会产生纠葛。为此，在 Gertz v. Robert Welch Inc 案的判决中，Powell 大法官在旁论中指出：“在言论自由下，无所谓虚伪和不实意见可言。任何意见无论其多么恶毒，我们都不仰赖法官或陪审团的良心来匡正，而是借由其他意见与该意见互相竞争，予以匡正。”③

5. 美国保障言论自由的“双轨”与“双阶”理论

宪法关于言论自由的保障，通常仅有相当抽象的文字规定，一旦面对政府的立法和行政管制措施是否构成违宪的判断时，宪法的抽象规定是无法提供一个具有可操作性的标准的。在此方面，美国的实务界和理论界通过不断的努力而发展形成的“双轨理论”与“双阶理论”可以说是一个有益的尝试。

第一，“双轨理论”：该理论的核心是将政府管制言论的措施区分为“针对言论内容所为的管制”和“非针对言论内容所为的管制”两个方面，然后按照不同的违宪审查标准来判断其是否构成违宪，它是在1972年的 Police Department of Chicago v. Mosley④ 案的判决中被提出的。在该案的判决中，大法官 Thurgood Marshall 指出，言论自由最重要的意涵，便在于政府没有权力基于言论所表达的信息、思想、议题或者内容，禁止其发表。所谓“针对言论内容所为的管制”是指引起争议的立法或政府管制措施直接针对言论所要传达的讯息或观点的内容，目的与言论的传播效果或影响有关，具体而言是为了避免社会大众接收到特定的言论所传达的讯息内容，因而受到该特定言论的影响。除此之外，并不针对特定言论的传播效果或传播影响，便是“非针对言论内容所为的管制”。

---

① New York Times v. Sullivan, 376 U. S. 254 (1964). 该案的基本案情是：纽约时报在1960年3月29日刊登了一则付费广告“倾听他们发出的声音”。广告的内容是为了促使读者捐款援助著名民权运动领袖马丁·路德·金及其他受迫害的南方黑人。广告列举了阿拉巴马州蒙哥马利市警察滥用公权力歧视黑人抗议学生和迫害马丁·路德·金的恶劣行径，其中有些细节与事实不符。比如抗议学生所唱的歌名、学生领袖被校方开除并非因为在州政府前示威而是因为在法院大楼餐厅内用午餐，警察虽然在学校附近布署过三次但从未包围校园，马丁·路德·金被捕过四次而非七次等。虽然这一广告并未指名道姓地批评任何人，但当地的警察主管苏利文认为，广告内有关蒙哥马利市警察滥用权力的陈述以及将逮捕马丁·路德·金的警察形容为“南方暴力人士”，均足以毁损其名誉。因此，在写信要求纽约时报刊登撤回启示未果的情况下，向法院起诉纽约时报和四名阿拉巴马州的牧师诽谤，请求赔偿50万美元。

② 所谓“真实抗辩原则”是指涉及侵害名誉的诽谤性言论，表达人如能证明其所言为真实，则不构成诽谤。这里所谓的“真实”只能适用于“事实陈述”性的言论，而无法适用于“意见表达”性的言论。“合理评价原则”是指引起争议的诽谤性言论属于“意见表达”而不是“事实陈述”，而且这种意见表达必须是与公众利益有关，在动机上并非以损害被评论人的名誉为唯一目的。

③ Gertz v. Robert Welch Inc. 418 U. S. 323, 339-340 (1974).

④ Police Department of Chicago v. Mosley, 408 U. S. 92 (1972).

“双轨理论”是以传播效果或影响为分界线的，但并不意味着凡是针对言论所表达的思想观念或资讯所为的政府管制均会构成“针对言论内容所为的管制”而通不过审查，必须将引起争议的管制措施与言论的内容或产生的效果结合起来，才能作出判断。为此，在 Young v. American MiniTheatres，Inc.① 一案中，美国联邦最高法院提出了“次要效果”的理论。根据该理论，如果政府能够证明某一立法或管制措施的目的，事实上是为了消除和发生争议的受限制的言论本身无关或者和该言论的传播效果或传播言论无关的弊害，那么，也可以被判断为“非针对言论内容所为的管制”，采取相应的审查基准。例如，在 Renton v. Playtime Theatres，Inc② 案中，联邦最高法院在判决中指出，针对放映色情电影的剧院，政府虽然不能直接采取禁止其放映行为的措施，但还是可以采取一些表面上看似针对附随于此类戏院的存在而产生的次要效果的管制措施，如以避免影响当地房地产价格波动，以及当地犯罪率上升等问题为理由的管制措施，限制此类剧院出现在某一地区。由此可知，“次要效果”理论的提出，表明美国联邦最高法院在涉及政府有关限制言论的立法和行政管制措施是否合乎宪法的争议中，对隐藏在立法和管制措施背后的真正目的与动机的重视，而不是简单地从表面上看是否针对的言论的内容。例如，法院承认政府的立法或行政管制措施可以针对出现在公共论坛的言论从时间、方式、地点等方面加以合理的限制，但是必须与言论的内容无关。其目的就是为了防止政府将针对言论内容进行的管制隐藏于“时间、地点、方式”等乍看起来与内容无关的表象之下，导致实际发生侵害人民言论自由的后果。

第二，“双阶理论”：该理论将言论区分为“低价值言论”与“高价值言论”两个方面。所谓“低价值言论”，一般是指直接教唆行使暴力的言论、诽谤言论、猥亵性言论、挑衅性言论等，因为它们在内容上往往不涉及任何具有实质意义的意见或观点的表达，对社会而言难说具有价值，可能会被归类为不受言论自由保障的言论类型。“高价值言论”往往是指那些合乎民主政治运作逻辑的言论。

在“双阶理论”运用于违宪审查方面，对高价值言论一般采用严格审查标准，为其提供绝对的保障。而对低价值言论的审查，美国的司法实践往往是采取“类型化的利益衡量”方式，对个案中发生争议的低价值言论先判断属于哪一种的类型，然后再根据其涉及的不同利益作为基础进行判断。例如，针对煽动他人从事违法行为的言论是否属于言论自由而受到保障问题，联邦最高法院的态度是，要看该言论是否以具有煽动他人立即去从事违法行为的动机，还要看能否产生立即发生所煽动的违法行为出现的效果，才能判断出应否加以限制以及采取的限制措施是否不构成违宪。而对于猥亵性言论进行的限制，只要采取的限制手段与所要达到的目的之间具有合理的关系，便可以通过违宪审查。

6. 历史上确立的检验言论自由的标准

第一，恶劣倾向原则（bad tendency）：宪法授权立法机构禁止具有导致非法活动倾向

---

① Young v. American MiniTheatres，Inc. 427 U. S. 50（1976）.

② Renton v. Playtime Theatres，Inc. 475 U. S. 41（1986）. 该案中，法院所审查的是美国底特律市的一项法令，该法令禁止凡是提供或贩卖强调性行为或展露身体特殊部位之成人电影院或成人书店，于该市一定地区的一千尺范围内不得有两家以上。

的言论。基于该原则，只要能够从表达中推测其具有导致暴力行为的倾向，也就是引致法律所禁止或非难行为的可能倾向，哪怕是距离实际的非法行为尚远，也应当受到限制甚或惩罚。“政府基于保护公共和平和安全的必要考量之判断，不待其燎原而及时扑灭火花，就不能说是专断或无理的行动。”①

第二，明显而现实的危险原则（clear and present danger test）。该原则由大法官霍尔姆斯（Holmes）1919年在“Schenck v. U. S.”② 一案中，针对1917年的《侦察法》中管制言论发表意见时所提出。霍尔姆斯（Holmes）写道：“每一案件中的问题在于，使用言辞的场合和言辞的性质是否构成明显而现实的危险，从而带来宪法有权防止的实际祸害。”大法官布兰代斯（Brandeis）在1927年的Whitney v. California案件中，对“明显而现实的危险”这一原则作了进一步的阐释。他指出：“要认定某种言论具有‘明显而现实的危险’，必须要证明该言论由预期或倡导直接的暴力行使，或者要证明从过去的行动看，该言论确有这种计划……除非某种言论所引起的弊害非常迫切而且可能立刻发生，我们就不能说该言论所产生的危险是‘明显而现实的’。”

第三，优先地位原则。这是20世纪40年代联邦最高法院在处理有关言论自由案件时所采取的原则。其基本要求是，表达自由作为外在的精神自由，应被置于宪法等级中的最高优先地位，法官有保护这些自由权的特殊责任，应对侵犯这些权利的法律持极大的怀疑态度。1938年最高法院法官哈兰·斯通在“美国诉卡罗琳制造公司”一案中，正式提出了这一原则。大法官布莱克在“斯密斯诉加利福尼亚州”案中也指出，美国宪法第一修正案禁止国会制定剥夺言论自由的法律，是因为其具有不可磨灭的价值。

7. 现行的检验言论自由的标准

第一，事前约束。最高法院一直拒绝宣布一切形式的事前审查为违宪。但政府负有证明实施事前约束的理由的重大责任。因此，事前约束无论在实质还是程序上，都属于极可疑的分类。首席大法官休斯指出：“公共官员的品德与行为必须在新闻媒介中受到公开争论与自由讨论；他们对错误指控的补救，在于提供纠正与惩罚的诽谤法来提出诉讼，而不是限制报刊出版的事前程序。”③

第二，含糊其辞。如果一项法律“禁止或要求做某事，而用语含糊其辞，使具有一

---

① Gitlow v. New York，268 U. S. 652（1925）.

② 该案的案情主要是：Schenck为社会党秘书长，与其友人共同向应服役之男性公民寄发反对征兵的传单，抨击征兵为违宪虐政，煽动大家抵制征召。这种言论被当局认为意图在军中引起反抗，阻挠兵员征募，妨害了国会募集军队的权力，因而以违反《侦察法》对其提出控诉。Schenck及其友人辩称，《侦察法》在本案之适用抵触了宪法第一修正案言论出版自由条款，但最高法院在审理本案时，全体一致认为其有罪。在宣布法院的判决意见时，霍尔姆斯法官指出：“若在平时的许多场合，均属宪法保障的权利范围之内。不过一切行为的性质，应视行为时所处的环境情况而定。对言论自由即使要作最严格的保障，但总不能保障一个人在戏院中妄呼火警，而引起恐慌。一切有关言论自由的讼案，其问题在于言论当时所处的环境及其性质，是否具有造成实际祸害的明显而即刻之危险。如果具有这种危险，那么国会便有权予以防止。而这是一个是否迫切和程度的问题。”

③ Near v. Minnesota，283，U. S. 297（1931）.

般智力的人不得不猜测其含义而采取不同的做法……"① 这种法律是违宪的，它对言论自由具有"令人不寒而栗的效应"。因为这样的法律使执法者有过多的任意处置权去歧视那些持有不同政见的人，另外，由于其含糊其词，也会使人不敢行使受保护的自由权。

第三，失之过宽原则。它要求有关宪法第一修正案的法令不能定得太宽，以致把受保护的言论同不受保护的行动囊括无遗地列入禁止范围。

第四，最不激烈手段。即使为了达到某一重要目的，如果有其他方法处理问题，立法机构不应采取侵犯宪法第一修正案的法律。具体而言，对于表达自由的规制应当尽可能减少限制或不利于表达自由充分实现的因素，需要从必要性、有效性、社会影响等方面对规制方式和手段进行比较衡量，选择达到限制目的的最小限制手段。

第五，内容中立。内容中立的法律比那些有限制言论自由内容的法律更不容易被推翻。具体而言，对言论的时间、地点、方式进行限制的法律、法规、政令、规章等，除非不当地限制了自由言论的流通，一般都属于内容中立的法律，不会被认为侵犯言论自由。

第六，政治言论的中心地位。最高法院对有关公众政策和政治的言论比其他问题的言论予以更大的宪法保护。因为并非所有的言论对宪法第一修正案都具有同等重要性。

（二）英国

英国是一个不成文宪法的国家，就像戴雪所指出的那样，"在多数外国中，个人的权利（譬如对于人身自由的权利）靠该国宪法以存在，而在英格兰中，此类权利本先由法院替个人争得，然后由宪法以通则作概括地申明"。② 在英国，权利的范围及其受保护的程度并不基于法律的规定，而是基于"剩余权利"的理论，即只要成文的法规以及普通法没有加以限制的就是自由的。③

在英国，涉及表达自由的主要法律是诽谤法、保密法和藐视法庭法。在表达自由是否构成诽谤的要求上，原告只需要证明名誉侵权的言论、提及了被害者、公布即可，而无需证明被告企图破坏原告名誉，或伤害原告。④ 这虽然使得表达者对自己所做的表达必须特别谨慎，但并不意味着一旦涉及诽谤诉讼就束手无策。一方面，英国的法律也给予了媒体一定的绝对和有限特许权，使那些与公众利益或对公众有兴趣的表达不受诽谤指控。另一方面，"尽管原告因诽谤而遭受名誉上的损害，诽谤者仍可能受到庇护而不承担任何责任，因为法律将首先考虑相互冲突的利益，如在传播诽谤内容时被告的利益，或收到传播的内容时第三者的利益，或在鼓励普遍关心问题的自由表达时公众的利益等"。⑤

藐视法庭法以防止妨碍公平审判以及对法庭的不恭为目的，维护司法独立。根据该法的规定，由于表达而构成藐视法庭罪仅限于审判中的案件，对已判决的案件进行评论和发

① ［美］詹姆斯·M. 伯恩斯等：《民治政府》，陆振纶等译，中国社会科学出版社 1996 年版，第 125 页。

② ［英］戴雪：《英宪精义》，雷斌南译，中国法制出版社 2001 年版，第 243 页。

③ Eric Barendt，Freeom of Speech，Clarendon Press Oxford，1985，p. 29.

④ ［英］戴雨果：《变化中的新闻文化：当代英国媒体法规概览》，曹青译，载《新闻与传播研究》2000 年第 1 期。

⑤ ［美］T. 巴顿·卡特等：《大众传播法概要》，黄列译，中国社会科学出版社 1997 年版，第 43 页。

表看法不在其内。之所以如此，乃是因为法官和陪审团对案件的审判，是在行使人民赋予的权力，人民不能半途收回。而在法院审判期间，如果新闻媒体或个人加以评论可能会影响到法庭的公平裁判，对法庭的威望也会产生不良影响。

保密法意在用法律来惩罚有关泄露国家机密而可能给国家利益造成无可挽回损失的行为，在此方面，英国在1911年就颁布了《反间谍法》，1989年又制定了《政府保密法》。然而，保密制度与公民的知情权之间难免存在张力，有可能影响到表达自由的实现。为此，在欧洲理事会的压力之下，英国于1984年制定了《数据保护法》、1987年制定了《个人资料查询法》，开始建立信息公开制度。2000年，英国通过《信息自由法》，成为有信息公开法的国家之一。根据该法，除非有明确规定的豁免和限制条件，民众有获取公共信息的权利；即使是在适合豁免的情况下，对于信息的公开也应考虑到公众的利益，具体情况具体处理；政府部门有积极主动出版公共信息的义务。① 在如何平衡保密与表达自由的关系上，欧洲人权法庭指出，当一端是禁止披露所要维护的利益，另一端是支持披露的公众利益，主要是维护言论自由及信息自由时，如果认为报道于公众利益更有利，则不应限制报道。如果政府要保护的机密资料已经公开，失去了机密本质，一般而言就不应该限制传媒披露。英国作为欧盟的成员，欧洲人权法庭的这种立场对其不可能不产生影响。事实上，英国一些法律之所以会进行修改，就是这一影响的结果。

（三）德国

德国基本法规定："每个人都有权在言论、文字和图像中自由表达和传播其见解，并从一般可接触的来源中获取信息。通过广播和摄影的出版自由和报道自由，必须受保障，并禁止审查。"考玛斯教授认为，"保护言论不受国家压制，乃是《基本法》的最高价值之一……"② 康拉德·黑塞教授也指出："如若缺少言论自由与信息自由，缺少作为现代'公众交流工具'的——新闻出版、广播电视与电影自由的话，那么公众意见将无法形成；多元化的公民提案与备选方案的展现以及'政治意见的预备形成'都将不可能出现；政治生活也将不再具有公开性了，少数派的平等机会也将得不到实际有效的保障，政治生活也无法在一种自由与公开的进程中展开。基于此，言论自由对于基本法的民主秩序来说，是'绝对的建构性'的要素。"③

基本法对出版自由和报道自由的保障，目的是保障新闻出版在民主与法治国家秩序中的任务与功能，因为新闻出版是舆论形成的最重要的前提要件，也是持久性的公众批评与监督的最重要的手段。宪法法院在1964年的"明镜杂志社案"判决中指出："一个不受政府控制和事前审查的出版自由乃是自由社会的基本要素，特别是一个自由、经常出版政治性新闻的杂志，在现在民主社会更必不可少。因为人民只有在广泛获得资讯、了解意见并加以衡量的基础上，才可能作出政治上的决定。而这种经常性的讨论可借助出版持续地进行，因为出版物可通过对资讯的取得，进行综合评论后，再以其引导力在公众讨论中发生作用，进而明晰公共意见，如此既有利于人民下判断及决定，又可以作为国家机关在日

① 周汉华：《外国政府信息公开制度比较》，中国法制出版社2003年版，第137页。

② 张千帆：《西方宪政体系》（下），中国政法大学出版社2001年版，第411页。

③ ［德］康拉德·黑塞：《联邦德国宪法纲要》，李辉译，商务印书馆2007年版，第306页。

常政治问题上的判断标准，可以据公共意见来衡量其决策是否得当。由于出版所具有的公共职能的重要性，应尽量避免国家公权力的介入。”从新闻出版自由的主观特征上讲，它“意味着个人和企业可不受官方干预而自由运作……新闻自由还具备客观的一面，即它保障‘自由新闻’机构之存在。独立于个人权利之外，且不论有关何种调控，国家都有责任在法律体系的所有领域内尊重新闻自由之原则。这项原则体现于从事出版的企业之自由、从事记者职业的自由机会，以及公共机构的披露信息之责任”。①

概括宪法法院的有关判决和学者的分析，在言论自由的保障上涉及的问题有：（1）包括言论自由在内的基本权利具有客观规范的性质，法官在审判具体案件时，必须依照宪法基本权利的精神来审查、解释和适用各项民法规定。法官遗漏这些标准或判决未注意这些宪法对民事法规范的影响，所违背的不只是宪法的客观规范，更以公权力主体透过其判决侵犯了这项基本权利。（2）应区分言论中的“见解”与“事实”成分。“见解”是表达者的主观价值判断，必须被允许畅所欲言；“事实”则是客观信息，要求要具备一定的准确度。因此，见解究竟“富有价值”或“分文不值”，“正确”或“错误”，抑或是带有感情色彩或理性，即使是夸张或辛辣的言论，也在根本上受基本法规定的言论自由的保护。②

基本法明确规定禁止对新闻出版进行事前的检查。根据联邦宪法法院有关的判决，事前检查是指在新闻允许发行之前，有关资料已送达主管机关检查核准。这意味着有关机关虽不能对违反“一般法律”和危害青少年身心健康以及个人名誉的“新闻自由”防患于未然，但却拥有事后加以惩罚的手段，同样可以发挥一定的威慑作用。③

综上所述，在言论自由及新闻出版自由的保障上，联邦宪法法院遵循“利益权衡”原则来解决有关的问题。在社会中，个人之间的权利冲突不断发生，相互冲突的权利必须根据它们在社会领域中值得保护的程度而受到不断的相互平衡。对基本权利的保护，主要是为了使言论者能表达价值判断的个人见解。假如仅保护表达本身而非其效果，那就毫无道理。因此，纯粹在思想影响层面的见解表达是自由的。如果他人的法律权利受到了侵犯，且对这些权利的保护应超越对见解自由之保护，那么这项侵犯并不简单因为它通过见解表达之方式就获得许可。④ 在此方面，能够对言论自由、新闻出版自由构成约束的主要是基本法规定的人性尊严和个性自由。当言论自由、新闻出版自由与人性尊严发生冲突的时候，言论自由、出版自由并不当然被置于优先保护的地位。基本法第 1 条第 1 款规定：“人性尊严不可侵犯，尊重和保护它是国家的义务。”第 2 条第 1 款又同时保障人民的人性尊严绝对不可侵犯与“个性发展权”。据此，刑法设置了侮辱罪、诽谤罪和恶意中伤罪。宪法法院在有关裁决中指出，需要在新闻自由与个人名誉之间进行利益权衡。广播电视报道自由权的行使，虽有助于满足人民广泛接受信息的需要，但也有可能对被报道者的权力造成侵害。在此情形下，“个人名誉”是否绝对地优先于“新闻自由”，需要根据个

① 胡建淼：《外国宪法案例及评析》，北京大学出版社 2004 年版，第 699~701 页。

② 参阅张千帆：《西方宪政体系》（下），中国政法大学出版社 2001 年版，第 428 页。

③ 李刚：《德国基本法对“新闻自由”的限制》，载《德国研究》1994 年第 1 期。

④ 参阅张千帆：《西方宪政体系》（下），中国政法大学出版社 2001 年版，第 417 页。

案的具体情况来决定。

（四）日本

日本的明治宪法规定了言论、出版自由，但在“法律保留”之下，凡是按照法律的规定而对言论、出版进行的限制，都具有合法性。非但如此，由于不存在依法行政的要求，即便没有法律的根据，行政命令也可以被用于限制言论、出版自由的行使。

现在实行的日本国宪法宣布国民主权，保障国民有选举和罢免公务员之固有权利，同时也宣告保障思想良心的自由、信教的自由，并在第21条规定，保障言论、出版以及其他一切的表现自由。宪法的这一规定意味着，所保障的表现自由并不限于言论、出版的形式，而是一切意见、思想的表明行为。作为自然人的国民为该权利的主体自然不成问题，“法人”是否享有，最高法院在有关政治献金问题的“八幡制铁政治献金事件”的判决①中指出，“宪法第三章规定之国民权利与义务，其各条项，只要性质上允许，应解为得适用于国内法人，因此公司行号也和自然人的国民一样，享有支持、从事、推动或反对国家及政党之特定政策等政治行为的自由”。因此，大众媒体拥有表现自由是理所当然的事情。

表现自由的内涵，不能仅狭义地理解为意见、思想的直接表明，还应当包括资讯的收集、提供、传达和接受等，即“报道自由”和“知情权”也应涵盖其中。新闻媒体的报道，与传统意义上的表明意见及思想的自由之间原本就存在着不可分割的关系，在现今的信息社会中，它在提供国民用来形成自我意见和思想所不可或缺的资讯上，发挥着重要的作用，应包括在宪法第21条保障的表现自由之中，应该说不存在什么争议。最高法院在“博多车站电视录影带提出事件”② 以及“外务省秘密泄露事件”的判决③中均认为，“于民主主义的社会中，报道机关的报道，系在提供国民参与国家政治的重要判断资料，以服务国民‘知的权利’”。“知情权”在具体权利层面应包括资讯受领权、资讯收集权、要求政府公开其资讯的权利和公正接收多元意见或资讯的权利等方面。最高法院指出，知情权“不仅是个人自我思想与人格形成、发展所必需，也是将自我思想与人格反映于社

---

① 最大判昭和四十五（1970）年六月二十四日民集二四卷六号二五页。

② 最大决昭和四十四（1969）年十一月二十六日刑集二十三卷十一号一四九〇页。该案的案情是：参加反对美国核航空母舰停泊运动的学生与镇压暴动的机动队在博多车站附近发生冲突，机动队一方在事后被以警备过剩之虞为由而提起交付裁判的请求（对于有关公务员的滥用职权罪，在检察部门决定不起诉的情形下可请求审查其是否妥当）。福冈地方法院命令电视台公司提交其拍摄的冲突情形的录像带作为证据，但电视台公司则认为该命令将侵害其报道自由，从而提起争议。见［日］芦部信喜：《宪法》，林来梵、凌维慈、龙绚丽译，北京大学出版社2006年版，第156页。

③ 最一小决昭和五十三（1978）年五月三十一日刑集三二卷三号四五七页。该案的案情是：每日新闻报的记者从外务省的女性事务官手中获取了1971年6月被签署的有关返还冲绳协定的外务省机密电文，并流传给社会党议员，因此该事务官被控违反《国家公务员法》第100条第1款的规定，该记者被控违反同法第111条（教唆泄露秘密罪）的规定。东京地方法院一审判决认为，相当于“教唆”的采访行为也有例外地出现违法性被阻却的情形，并具体加以利益衡量，作出无罪判决。二审的东京高等法院在对“教唆”罪作出了严格的合宪限定解释的基础上，判决有罪。见［日］芦部信喜：《宪法》，林来梵、凌维慈、龙绚丽译，北京大学出版社2006年版，第159页。

会生活时所不可或缺，更是为了实现民主主义社会，确保思想及资讯自由传达、交流的基本原理所必要”,① 因此，宪法规定的表达自由应包括“知情权”在内。②

在表达自由的实现上，所涉及的主要问题是：

1. 名誉权

根据日本有关法律的规定，表达自由所可能造成他人名誉的毁损包括两个方面：客观的社会名誉和主观的名誉情感。受法律保护且构成表达自由界限的名誉，在民法上是指社会评价，即社会对个人之品性、德行、信用等人格价值的客观评价，也就是社会上的名誉。所谓毁损名誉，专指伤害个人在社会上所受的评价。③ 刑法所保护的名誉，除了社会评价之外，还包括“虚名”在内。判例及通说认为，如果公然指摘事实而毁损他人之社会名誉者按刑法第230条第1项规定“公然指摘足以毁损他人名誉之事者，不问其事实有无，处3年以下有期徒刑、拘役或50万元以下罚金”进行处罚；其他非社会上之名誉遭损毁则按照刑法第231条“虽无指摘事实，但公然侮辱人者科拘役或罚金之刑”进行处罚。

为了在诽谤罪与表现自由之间进行平衡，刑法第230条之2规定了不构成诽谤罪，实际上应属于表现自由的三种情形：第1项规定“前条第1项之行为若属公共利害相关事项，且得认定其目的系专为谋公益所为者，应判断其是否属实，若证明属实者，不罚”；第2项规定“有关前项规定之适用，事实若属关于尚未遭起诉之人的犯罪行为者，视为与公共利害相关事项”；第3项规定“前条第1项之行为，系属公务员或公务员候选人相关事项之情形者，应判断其是否属实，若证明属实者，不罚”。概括而言，如果以公益为目的，对公共利害相关的事实，加以真实报道者，将不会遭受诽谤罪的处罚。

从上述刑法规定的字面上理解，如果不能证明所发表之言论、陈述及报道属实时，仍然会面临处罚。最高法院在相关的案件的判决中也坚持这一立场，因而被质疑为过于限制表达自由。于是，最高法院的立场开始发生变化，在“夕刊和歌山时事事件”判决中指出：“刑法第230条之2的规定，系在调和个人人格的保护与宪法第21条之正当性言论之保障。因此，若考量这两者之间的调和与均衡，则即使无法证明有刑法第230条之2第1项所称之事是系属真实，而行为人误信事实为真实，且其误信，若对照确实的资料或根据，足认有相当理由时，应认为无犯罪之故意，故不构成诽谤罪。”④

最高法院还表示，“有关民法上不法侵害他人名誉之行为，若该行为与公共利害相关事实有关，且其目的系专为谋求公共利益者，则一旦经证明其所指摘之内容属实，签署之行未就不具有违法性，而该民事侵权行为亦无法成立；反之，虽无法证明前述之事实确属

---

① “未决拘禁者新闻阅读制限事件”，最大判昭和五十八（1983）年六月二十二日民集三七卷五号七九三页。

② 参阅［日］松井茂记：《媒体法》，萧淑芬译，台湾元照出版有限公司2004年版，第18~25页。

③ 最二小判昭和四十五（1970）年十二月十八日民集二四卷十三号二一五一页；最二小判昭和三十一（1956）年七月二十日民集十卷八号一〇五九页。

④ 最大判昭和四十四（1969）年六月二十五日刑集二三卷七号九七五页；转引自［日］松井茂记：《媒体法》，萧淑芬译，台湾元照出版有限公司2004年版，第88页。

真实，然而行为人有相当理由可相信其所陈述事实为真实者，则前述行为将不具有故意或过失要件，结果侵权行为仍是无法成立”。①

2. 隐私权

构成隐私权被侵害的要件包括：(1) 被公开的事实需与私人资讯有关，如夫妇、家庭关系、恋爱关系、犯罪前科、遗传性疾病方面的医疗健康资讯等。(2) 必须是一般普通人不希望被公开的资讯。(3) 必须是该资讯为公众所不知之事项。在隐私权诉讼上，不适用真实性抗辩的原则，即使被公开的资讯是真实的，也不能免除其责任。但是，这并不意味着隐私权具有绝对性，表达自由与隐私权发生冲突时，仍然有比较衡量之必要。如果表达所涉及的属于公众关心的与公共利益有关的事项，以隐私权受侵害为由而要求承担责任，可能会侵犯宪法规定的表达自由。法院在“宴之后”事件②判决中指出：“若有法律上之正当理由而公开他人私生活者，由于欠缺违法性，当然不构成侵权行为。”③ 在“逆转”事件的第一审判决中，法院也指出：“虽然个人私人事物不愿被随意公开之人格法益（即所谓隐私权之内容之一）应给予法律上的保障，但此一权利并非毫无限制，特别是该法益与言论、表现自由之间的关系，必须慎重加以调节（与国民知的权利之间的调节尤为重要）。社会成员就特定事实的真相得有正当合理的关怀，且借由得知该事实的真相，进而能促进全体社会利益的情形下，为了达成公共利益之目的而公开报道事实者，因公开报道私人事项系为追求公益，故其报道行为应被允许。”④

3. 猥亵表现

日本刑法第 175 条规定：“散布、贩卖或公然陈列猥亵之文书、图片或其他物品者，处 2 年以下有期徒刑，或 250 万元以下罚金……” 此外，电波法第 108 条、传播法第 3 条、有线电视传播法第 17 条第 2 项均禁止猥亵表现的传播。而“猥亵”是一个暧昧不明确的概念，如果不能对其内涵有准确的把握，而对猥亵表现的禁止与表达自由保障之间就会纠缠不清。最高法院在“《查泰莱夫人的情人》事件”判决中指出，人类与动物所以有别，在于本质上之特征不同，羞耻心存在与否，就是一个方面。不公然进行性行为就来源于人的本性，是基于羞耻心的当然表现，猥亵性表现之限制，应依此原则而予以正当化。维持性秩序与最小限度性之道德，系属公共福祉的内容。而宪法第 21 条保障的表现自由，也不是绝对和不受限制的权利，也不得违反公共福祉。⑤ 在日本，关于淫秽物品与表现自

① 最一小判昭和四十一（1966）年六月二十三日民集二五卷五号一一一八页；转引自［日］松井茂记：《媒体法》，萧淑芬译，台湾元照出版有限公司 2004 年版，第 90 页。

② 小说《宴之后》是以曾经出任过外务大臣并参选过东京都知事选举的政治家有田八郎为题材，书中虽以假名叙事，但是作者三岛由纪夫所采用的描述方式却让读者可以很容易发现所指当事人为谁，再加上内容系以叙述该当事人与其经营料亭之再婚对象间的关系为主，因此被当事人以侵害隐私为由提出起诉，要求刊登道歉启事并请求损害赔偿。

③ 东京地判昭和三十九（1964）年九月二十八日下民集十五卷九号二三一七页。

④ 东京地判昭和六十二（1987）年十一月二十日判例时报一二五八号二二页。

⑤ 最大判昭和三十二（1957）年三月十三日刑集十一卷三号第九九七页。

由的问题，比较典型的判例是“查泰莱案”。① 最高法院在判决中涉及的问题有：（1）淫秽作品的构成要件是：有害于普通人的正常的羞耻心；使人产生性的兴奋和刺激；违反善良的性道德观念。其中，羞耻感情“是普遍的道德基础”，“性行为的非公开性正是由来于人性的羞耻感情”。（2）刑法第 175 条保护的法益。淫秽物品刺激人的性欲，使人明确意识到其动物性的一面，麻痹人们关于性的良心，排除了理性的限制，使性欲奔放、无限制占据人的心灵，有诱发无视性道德和性秩序的危险。而刑法第 175 条规定的传播淫秽物品罪，乃是要实现法律维护最低限度性道德的任务。（3）关于淫秽性的判断标准。对著作本身是否符合刑法第 175 条规定的淫秽作品的判断，不是事实认定的问题，而是法律解释的问题。因此，该著作对一般读者造成的兴奋和刺激以及读者抱有的羞耻感情的程度，也应该是法院判断的范围。并且，法院判断的标准是“一般的社会良知即社会通念”。该社会通念“不是单个个人的认识集合或者其平均值，而是超越它的集体意识，即使个人抱有相反的认识，也不能否定该观念”。当然，对于社会通念到底是什么的判断，在现实制度下，“要由法官来解释”。（4）表现自由的界限。对宪法保障的各项基本人权，不管是否对各条文明确了其限制的可能性，根据宪法第 12 条、第 13 条的规定，都禁止对该权利的滥用，权力的主张必须是在公共利益的限制之内，而不是绝对无限制的。这已由本法院以前的判决多次重申。“该原则在适用于出版及其他表现自由的时候，虽然该种自由是极其重要的，但同样要受公共利益的限制。并且，保护性秩序、维持最低限度的性道德也是公共利益的主要内容。因此，认为该译作属于淫秽书籍、其出版违反公共利益的原判决是正当的。”②

据此，在“周日娱乐事件”的判决中，将猥亵界定为：“徒然刺激或引发性欲，且有害普通人正常之性羞耻心，违反善良之性道德观者。”而是否属于猥亵表现，则应根据“一般社会通用之观念，也就是社会通念”来判断。③ 在“四叠半格窗的底子”案中，最高法院进一步指出，对猥亵性的判断，有必要就整部作品检讨其性描写的程度、手法、占据全书的比重、与图书所表达的思想等的关连性、图书的构成与展开以及引起艺术性与思想性而使性刺激得到缓和的程度等。④

二、结社自由

1. 结社自由的一般问题

结社自由是公民个人自由的延伸，即公民不仅可以一己的力量参与社会活动和国家管

---

① ［日］最大判昭和三十二（1957）年三月十三日，刑集十一卷三号第九九七页。该案的案情是：某出版社的社长计划出版英国著名作家劳伦斯的小说《查泰莱夫人的情人》，委托他人翻译完成后，对书中多处露骨描写性行为的内容没有加以任何处理即在 1950 年 4 月分上下两册出版。检察机关以书中涉及 12 处性描写，根据刑法第 175 条关于传播淫秽物品罪的规定对出版社社长与翻译者提出起诉。一审法院判决社长有罪、翻译者无罪，检察机关与二被告均提出上诉，二审法院推翻原判，判处二被告有罪。二人再向最高法院提起上诉。

② 赵立新：《日本违宪审查制度》，中国法制出版社 2008 年版，第 206~207 页。

③ 最一小判昭和二十六（1951）年五月十日刑集五卷六号一〇二六页。

④ ［日］芦部信禧：《宪法》，林来梵、凌维慈、龙绚丽译，北京大学出版社 2006 年版，第 163 页。

理，并且可以通过组织社团的方式，借助集体的力量，实现在国家和社会中的主体作用。宪法对公民结社自由的确认，就是对公民自由组织力量的法律肯定，是对社会成员集团社会活动权利的法律肯定，更是对群体利益主张和保护的法律肯定。① 以此而论，结社自由是民主政治的基础和不可缺少的要素。

从各国宪法及法律的规定来看，公民结社自由权的行使，要受到如下几个方面的限制：

（1）结社的宗旨应合法。德国基本法、意大利宪法、瑞士联邦宪法、土耳其宪法、扎伊尔宪法都明确规定，凡以触犯普通刑法所规定的犯罪行为，破坏国家安全，公共秩序和公共道德，借助军事组织间接追求政治目的为目的的结社，均为法律所禁止。

另外，有些结社虽不为法律所禁止，但其活动的宗旨却受到法律的限制，最典型的例子是工人所组织的工会。英国 1825 年的结社法规定，工会是以纯粹经济利益为目的的工人组织，凡以此干涉企业主经营管理和雇佣的，均属犯罪。美国 1947 年《劳资关系法》禁止工会参加政治斗争和举行罢工。

（2）结社自由的主体为本国公民，尤其是政治性的结社不允许外国公民参加。过去有些国家对本国公民中国家公务人员和工人的结社权规定了限制，许多国家都禁止工人组织工会。现在这种一般性的限制在宪法中已被取消，但在一些国家的特别法中仍有保留，如日本 1947 年的《国家公务员法》规定，警察及在海上保安厅或监狱里服务的职员，均不得参加或组织本行业的工会。

（3）对结社规定组织活动原则，像德国基本法要求，政党的内部组织必须符合民主原则；法国现行宪法规定，各政党必须遵守国家主权原则和民主原则；法国 1967 年宪法为政党确立的组织活动原则达八项之多。

各国除在法律上对公民结社作上述的要求或限制外，并采取预防制或追惩制的措施加以管理。其中“预防制”因要求公民组成社会团体之前须先请求政府许可或向政府报告，既增加了公民结社的难度，又给政府阻止公民结社提供了可乘之机，存在诸多的弊端，已被许多国家放弃与废除，比较多的国家采取的是“追惩制”。像意大利、西班牙、土耳其、葡萄牙等国的宪法，都明确规定，公民有结社的权利或自由，事先无需经过批准，就是对“追惩制”的肯定。

2. 美国

尽管法国的托克维尔指出，美国是世界上最便于组党结社，并且把这一强大行动手段用于多种多样目的的国家，② 但一个不可否认的事实却是，美国的联邦宪法及其权利法案均没有将结社自由明文规定为美国人民的宪法权利。结社自由被正式确认为宪法第一修正案和第十四修正案保障的宪法权利，是在 1949 年的“全国有色人种民权促进会诉阿拉巴

---

① 马长山、刘文义：《论我国的结社权利》，载《政治与法律》1993 年第 5 期。

② ［法］托克维尔：《论美国的民主》（上），董果良译，商务印书馆 1991 年版，第 213~218 页。

马州”案中。① 美国学者埃默森认为，本案的最大贡献就在于创设了结社自由这一宪法权利，并总结了结社自由所具有的四个特点：（1）结社自由不仅源自于第一修正案，而且包含在民主社会保护个人自由的整个宪法结构中。（2）以联邦宪法原则体现出来的结社权是，社团和其一致行动的成员都有权做个人能做的一切，结社行为是个人自由的延伸。政府只有能直接迫使个人做的事情，才能通过结社迫使个人去做。（3）当社团行为具有社团特有的性质时，社团应受到政府另外实施的调整，但政府的这一调整仍然要受到一般联邦宪法保护的限制。（4）结社原则虽然是维持民主权利之根本，但这一原则没有对涉及结社权的所有问题提供唯一的解决办法，必须结合具体的情况适用具体的宪法原则，因此不存在一种普遍化的结社权这一概念。②

在 Konigberg 诉加利福尼亚州律师协会案中，Konigberg 通过了律师资格考试，在向加利福尼亚州律师协会申请律师资格时，被问到过去和现在是否为共产党员。因为根据加州律师协会章程，申请律师的人要有良好的道德品质和不鼓吹暴力推翻政府。Konigberg 认为这样的询问侵犯了他受到宪法保障的思想自由、表达自由和结社自由而拒绝回答，律师协会因此而拒绝其申请，州的最高法院也拒绝复审该案，联邦最高法院维持了州法院的意见。哈兰法官撰写的裁定指出，确信并鼓吹使用非法手段，改变州或联邦政府形式这一因素，在确认申请人是否符合律师资格时，确实重要。律师的工作在很大程度上维护着美国的法律和政治制度。就本案而言，询问律师申请人共产党员身份这一利益，显然足以压制强制披露所造成的对言论自由和结社自由的微小影响。律师协会要求申请人披露共产党员身份，不会吓阻其他人和申请人的结社，因为整个询问是秘密进行的，申请人也没有因此失去对其诉求的司法审查机会。

1950 年美国国会通过的《国内治安法》要求共产党及其外围组织向联邦司法部长登记，并提供所有成员名单和财务报告。1954 年的《控制共产党人法》宣布共产党为共谋推翻美国政府的非法组织。美国共产党则认为，这些法律剥夺了宪法第一修正案保护的言论自由和结社自由。在有关的诉讼中，法院认为美国共产党的第一修正案和第五修正案的宪法权利并没有遭到侵犯，根据是：法律有关登记的要求并没有和美国共产党的言论与结社联系起来，而是和美国共产党受外国指导和控制，并旨在实现共产主义运动的目标联系起来。换句话说，法律所针对的不是言论和结社，而是颠覆政府的行动。至于说要求共产

① 全国有色人种民权促进会是美国第一个民权运动组织，1918 年在阿拉巴马州成立分支机构，1951 年又建立了地区办公室。按照阿拉巴马州法律的规定，外州法人，除依法获得豁免外，都必须向州务卿提交法人章程，并指定地点和代理人。法人未经获准而活动，应予罚款，法人代表应受到刑事指控。全国有色人种民权促进会一直认为自己已经获得了阿拉巴马州的豁免，因而从未向该州提交法人章程。1956 年，阿拉巴马州起诉该促进会，要求给予其刑事和民事惩罚，州法院为此发出禁令，禁止该促进会采取任何步骤以获得在该州活动的资格。促进会则提出，该州的行为侵犯了联邦宪法第十四条修正案保障的言论和集会自由。联邦最高法院在一致通过的由大法官哈兰撰写的判决书中指出，促进会代表其普通成员，要求这些成员的资料不受州的审查，这一豁免涉及寻求合法的隐私利益以及和他人自由结社的权利，这一权利受第十四修正案的保护，据此而推翻了州法院的全部判决。

② 邱小平：《表达自由——美国宪法第一修正案研究》，北京大学出版社 2005 年版，第 535～536 页。

党进行登记和披露有关情况，不是禁止其结社，而只是规定允许结社的条件。此外，美国共产党提出，强迫共产党负责人和成员进行登记，也违反了第五修正案规定的“任何人不得被迫在任何刑事案件中自证其罪”，对此，法兰克福特法官则认为，不得强迫自证其罪的规定是一项个人权利，某一组织不得代其成员主张。布莱克法官则提出，该法除了违反宪法修正案第五条关于不得强迫自证其罪的规定外，还至少在这样三个方面违反了宪法：(1) 未经司法审判就对共产党施加种种惩罚，违反联邦宪法禁止的褫夺公权。(2) 宣布共产党为非法，监禁共产党员，因此违反第一修正案。第一修正案最明确的就是保障所有公共事务最自由地交流，而不管国家如何看待交流的思想以及这些思想对现存的政府制度会造成如何的变革。(3) 宪法第一修正案的目的就是要让人民自由地讨论政府的政策，以此来保持美国的自由。为此，政府的权力要受到严格的限制。而法院的判决极大地背离了第一修正案。

3. 德国

德国基本法在基本权利中规定：“所有德国人都有结成会社、团体的自由。如果会社的目的和活动与刑法相抵触，或违反宪法秩序或国际友好的概念，即予以废除。任何人，任何营业、职业和专业为保护和改进工作条件和经济条件而结社的权利，应得到保障。限制或企图损害这种权利的协定是无效的；为此目的而采取的措施都是非法的。”与此同时，基本法也规定，任何人为反对自由民主的基本秩序而滥用表达观点的自由，包括结社自由，将丧失这些基本权利。

基本法第 9 条是全体德国人都享有的主观防御性与协助参与权，同时也是对所有社团组织的一种综合性的保障，而且它还是共同体客观秩序的基本要素。该条的规定包括两个方面：一是结社的自由，根据 1964 年的《社团法》，社团是指“不论其采取何种法律形式，是一个由多数的自然人或法人为了某个共同目的、并服从一种有组织的意志的团体”。结社自由包括组建社团的自由、社团的存在与符合社团宗旨的活动以及加入的自由（积极性的结社自由）。它不仅适用于社团成员，而且同样适用于社团关于其组织的自我决定、社团意志形成的程序以及对于社团业务的领导活动。① 值得说明的是，结社自由中禁止强迫组建社团仅仅适用于私法的领域，而不适用于按照国家指令组建的公法社团。二是联盟自由，是指为促进劳动与经济条件的改善而结成社团的自由，包括组建与加入的自由、退出或保持距离的自由（消极性的联盟自由）。属于此项的有劳动工资合同的缔结，只有通过此类合同，联盟才能规范劳动合同与其他劳动条件。根据 1991 年 6 月 26 日宪法法院的决议，为了达成工资合同所采取的罢工斗争措施，也是属于基本法第 9 条保护的旨在完成联盟目标的手段，只要这些手段对于达成一个有效的工资合同自治而言确属必要，就会得到基本法第 9 条的保障。②

值得说明的是，政党作为结社的一种形式，并不属于基本法第 9 条所规定的社团范围，而是被单独规定在基本法第 21 条之中：“政党参与形成人民的政治意志。可以自由

---

① BVerfGE50，290（354）；80，244（252f.）；84，372（378）. 见［德］康拉德·黑塞：《联邦德国宪法纲要》，李辉译，商务印书馆 2007 年版，第 322 页。

② ［德］康拉德·黑塞：《联邦德国宪法纲要》，李辉译，商务印书馆 2007 年版，第 324 页。

建立政党。政党的内部组织必须符合民主原则。它们必须公开说明其经费来源。”“凡由于政党的宗旨或党员的行为，企图损害和废除自由民主的基本秩序或企图危及德意志联邦共和国的存在的政党，都是违反宪法的。联邦宪法法院对是否危险的问题作出裁决。”

基本法为何在规定结社自由的同时，还设置一个专门条款，规定正当问题，根本的原因在于：基本法设立分权的政府，以防止国家权力的滥用对公民权利自由造成侵犯。但分权的实行，在一定的程度上讲是以牺牲效率为代价的。通过政党的政治运作，如组织选举、组成政党政府等，来体现效率，弥补分权产生的弊端。为此，基本法将政党宪法化，使之成为宪政制度的组成部分，不再属于纯粹的社会组织性质。这样一来，政党的组织结构、目标和财政状况自然也就成为了宪法问题，既确认和保障了政党在民主过程中的核心角色地位，又要求政党的活动必须符合自由、民主和公开的原则，以防止其蜕变。除此之外，鉴于在魏玛宪法时期国家的民主建设中，政党并没有发挥其应有的作用，基本法明确规定了政党的社会和道德责任：既要消极地代表和表达不同利益集团的利益和要求，也应积极地参与公民政治意愿的塑造。而且政党在参与公民政治意愿的塑造过程中，不得是“非民主性的和伪善的”。

为了充分发挥政党的民主作用，同时也要防止政党对民主制度的破坏，基本法确立了“竞争性政党制度”，其目的是使政党在凭借民众的支持或认同及自身实力相互竞争的过程中，不逾越一定的界限，不有损于“自由民主基本秩序”。凡企图破坏现行国家秩序的政党，联邦宪法法院有权加以取缔。

4. 日本

在日本的明治宪法时期，结社自由受到严厉的限制，1900 年的治安警察法，对当时盛行的劳工及社会运动，予以严厉镇压。政治性的结社，须向警察提出申请，军人、警官、教员、学生及妇女，皆不得加入政治性的结社。基于“维持安宁秩序所必要时”这一模糊理由，内务大臣有禁止结社的权限，由此而导致明治宪法规定的“于法律范围内”的结社自由，实际上被掏空。1925 年制定的治安维持法，对共产主义运动、社会主义运动进行镇压。本法对于“以变更国体或否认私有财产制度为目的”的结社组织，以及加入此组织的行为，在刑法上给予重罚。1941 年对治安维持法的修改，仍然保留了这一规定。

现行的日本宪法第 21 条规定：“保障集会、结社、言论、出版及其他一切表现的自由。不得进行检查。不得侵犯通信秘密。”特别是日本战败后进行了民主化改造，明治宪法时代对结社严厉取缔的做法自然不能延续下来。但这并不意味着结社自由完全不受限制，例如以犯罪为目的、反社会性质、以暴力破坏宪法秩序的结社，均不受宪法保护。

【案例一】

法国“结社法决定”案

法国 1789 年的《人权宣言》在结社方面仅规定不允许对报社的成立进行事先限制，而对一般的结社自由没有给予特殊保护。1901 年的《结社契约法》取消了 1808 年《法国刑法典》关于结社必须事先得到政府同意的规定，允许通过递交简单的申请表即可结成社团。同时，该《结社契约法》第3条还规定了不能结社的情形，违背者要受到罚款的处罚。如果在解散的判决下达后仍非法维持或重建社团，除罚款外，还要受到刑事处罚。

1970年5月，蓬皮杜内阁根据1936年的法律解散了一个发表左翼言论的组织，为表示抗议，萨特等左翼知识分子成立了一个新的社团，所取名称“人民之友”与被解散的社团刚好相同。警察局在收到通告后，认为是被解散组织的翻版，拒绝向其传送承认通告的收据。发起人在行政法院对警察局长提出起诉，获得支持。内政部长向议会寻求支持，由内阁提议修改1901年的法律，要求结社需要事前获得司法批准，为此而授权公共起诉官将社团的事先通告提交地方法院，只有起诉官未提交地方法院，或法院未在规定的时间内判决社团违法或者是以前解散组织的翻版，行政机关才能传送通告收据，承认社团的法人地位。担心该修正案在参议院是否能够获得通过，内阁运用宪法第45条，使国民议会对该修正案有最终的决定权。1971年，国民议会通过了该项提议，参议院议长将其送交宪法委员会进行审查。宪法委员会最后决定，包含内阁决定的法案第3条违宪。宪法委员会的决定指出：“收到共和国法律之承认和宪法前言之庄严肯定的基本原则，包括了结社自由原则，且这项原则是1901年法律的普遍条款之基础。由于这项原则，社团可被自由形成，并简单通过事先递交通告而公开化。因此，除了可针对特殊类型的结社所采取的的行动，即使它们可能看起来无效或具备非法目标，社团之形成亦不得受制于事前行政——甚至司法——控制。在其实施之前，本案的法律条文被提交到宪法委员会，以决定它是否合宪；这项法律的第3条之目的是规定程序，使已作出通告之社团的法律资格受制于司法控制，借以审查他们是否合法；因此，即使它并不影响尚未公开的社团之创立，第3条的规定必须被宣布为违宪。由于从其起草和采纳的有关条文或从议会的立法辩论中，都看不出以上引用的条款与法律的其余部分不可分离，因此，法律的其他条款并不抵触宪法的任何规定。受挑战的条款被宣布违宪。”①

三、集会、游行、示威的自由

集会、游行、示威自由均是指多个公民聚集一起采取集体行动，共同表达其思想和意愿的自由，不同的只是所表达的思想和意愿的程度及采取的方式存在着差异。因此，在美国、法国、日本、意大利等26个资本主义国家的宪法中，对集会、游行、示威均明确规定的只有6个国家，② 其余的仅规定集会自由，将游行、示威自由视为集会自由的延伸，实践中通过对集会扩充解释来肯定公民的游行、示威自由权。

集会、游行、示威自由在英国起源于《自由大宪章》和《权利法案》确认的臣民向国王请愿的权利；在法国则蕴含于1789年《人权宣言》第10、11条规定的“意见的发表”“自由传达思想和意见”的人权之中；美国的宪法第一修正案则是用“和平集会”的

① 张千帆：《宪法经典判例选读》，高等教育出版社2008年版，第275~277页。

② 胡锦光、韩大元：《当代人权保障制度》，中国政法大学出版社1993年版，第112页。

说法最早对公民的集会、游行、示威权给予了宪法上的肯定。资产阶级政权在各国确立之后，集会、游行、示威自由得到了各国宪法或法律的普遍确认，根本的原因，是由于集会、游行、示威自由是人民主权原则在法律上的直接体现，它的存在有利于公民对国家进行监督；保障公民集会、游行、示威自由的实现，有利于缓解民众与政府的对立情绪，缓和社会矛盾。

日本战后的宪法制度下，明治宪法时期诸如《治安警察法》《治安维持法》之类的管理法律已经被废除，涉及公民集会、游行示威自由权利行使的有《公安条例》《道路交通法》《防止破坏活动法》等法律。这些法律对公民的集会游行示威自由规定了一些限制，特别是其中有关事前预防性限制的规定比较概括和抽象，受到了学者的批评。另外，人们比较关注的是这些限制的合理性及如何防止对这些限制的滥用问题。在新舄县公安条例事件中，法院的解释是：（1）以条例规定集体行动的呈报制虽然可以，但规定一般的准许制，并进行事前的控制是违宪的；（2）但是，对于特定的场所和方法，在合理的和明确的标准之基础上，使之事先接受准许和呈报，便于进行控制，这不是违宪；（3）并且，“在预见到对公共安全明显又紧迫的危险时，可以不予准许或禁止”。① 在东京公安条例事件中，法院的解释认为，只要是关于集体行动的思想等的表现自由，所谓以“公安条例”在事前采取最小限度的措施是不得已，对这一点规定呈报制和准许制，并不是违宪。②

美国宪法第一修正案规定：“国会不得制定法律……剥夺人民和平集会及向政府请愿救济之权利。”因为这一规定，美国联邦政府至今未制定专门法律来规范游行示威或和平集会问题，所有有关集会游行的法律概由各州政府制定。根据联邦最高法院的有关判例，在集会游行方面涉及的问题主要包括这样几个方面：（1）游行许可证的颁发：在和平集会及游行请愿权的行使方面，各州原则上对室内集会采取事前不干涉主义，对室外集会游行则实行事先登记主义。1950 年之前，联邦最高法院的判例对各州法律采取的事先登记主义，几乎都加以支持和肯定。1950 年以后，联邦最高法院对地方政府核发户外集会及示威游行许可证引起的纠纷所作的裁决，往往是根据各案的具体情况而定。所确立的基本原则是：户外集会如无引发暴动及危及公共安全的明显且现实的危险，则不予干涉；地方政府有权对户外集会和示威游行制定法规加以规范，但不得为限制宪法第一修正案所保障的言论、宗教、集会等基本权利的规定，并且所制定的法规在文字上必须明确、公平且无歧视；应对守法和平的示威抗议与蓄意违法抵抗法律实施的集会加以区别；对公民的集会，政府有权采取核发登记许可证的办法，但主管机关和官员不得握有无限制的裁量权，或者以这种裁量权在实际上限制或剥夺公民的权利自由。（2）法院对禁止游行令的签发：法院会根据地方政府机构或者是地方治安机关基于公共安全秩序或者以未登记为由提出的请求，核发禁止游行的命令。如果遭禁止的公民不服，可依法定程序逐级上诉。在 1968 年的 Caroll et al v. President and commissioners of princess Anne et al 案中，联邦最高法院认为地方法院禁止主张白人优越感的全国州权党 10 日内（后延长为 1 个月）举行示威的禁

① 最判昭和二九、一一、二四刑集第 8 卷 11 号第 1866 页。

② ［日］宫泽俊义：《日本国宪法精解》，董璠舆译，中国民主法制出版社 1990 年版，第 212 页。

令是违背宪法的。主要理由是该禁令的颁发均系经由单方缺席程序而作出，因此，凡是未经双方当事人在场或容许被禁止的一方当事人的申辩而所核发的单方缺席禁令均为违宪而无效。（3）对游行时宗教或政治团体使用的扩音卡车的管制：在 1948 年的 Saia v. New York 案中，联邦最高法院裁决，地方制定的限制噪音规则系赋予警察局长以无限的自由裁量权，是对言论自由权作事前的限制而违宪。言论自由应居于优先的地位。而在 1949 年的 Kovacs v. cooper 案中，最高法院认为新泽西州有关禁止任何人在大街用扩音器或其他装有喧闹乐器的卡车进行扰乱公共安宁秩序之宣传的规定并不违宪。其主要的理由是：该市政府的规定并非出于限制“意见沟通”自由的目的，而是为了合理保障他人不受干涉的权利，也就是他人的隐私权必须得到尊重。（4）游行示威的地点与方式：关于游行示威的场所，最高法院通过判例对在街道以外举行游行示威的地点和方式作出了裁决。如果某种公共场所保留作为特别适用的目的，则举行示威游行的自由并非绝对受到保障。在 1966 年的 Adderley v. Florida 案中，学生因为在监狱前举行抗议种族歧视的示威游行而遭逮捕判刑。联邦最高法院在判决中认为，监狱是为安全目的而设，不同于其他公共场所，故不在抗议之列。在 1976 年的 Greer v. Spock 案中，联邦最高法院裁决，军事不受政治干预，军事基地只是训练士兵而非提供政治讨论场所。军事基地的首长有权禁止在军事基地的一切政治活动，包括散发传单，发表政治演说等。关于游行示威的方式，如果采取过激暴力行为，如捣毁公私财物，破坏交通秩序等，则为违法行为。另外，不依法登记的抵制抗命行为，性质上不属于革命、颠覆、暴动和叛离，但也属于违法。

在规范公民集会、游行、示威自由的实现方面，德国、美国、葡萄牙等国颁布了全国性单行法律，英国则分散规定于其他的法律中。这些法律规定的内容主要有：

（1）公民举行集会、游行、示威应采取和平的方式，不得携带武器或凶器，不得采取暴力。美国、英国、日本、德国等许多国家的法律都有这种明确的要求。

（2）集会、游行、示威的内容应合法，不得危害公共安全和公安秩序，不得妨碍公务或干预公审；不得妨碍交通；不得违反善良风俗；不得破坏公共或私人财产。

（3）集会、游行、示威不得用于非法的目的，如美国哥伦比亚特区规定，游行的目的不是为了个人获取某种产品货物、竞争或比赛而进行的大肆宣传。

（4）集会、游行、示威的时间和地点应合乎法律的要求，不能在法律明令禁止的时间或地点举行集会、游行、示威。

（5）集会、游行、示威的参加者或主办者方面，德国的法律规定，凡依法被剥夺集会自由权的人，被禁止的群众组织，经宪法法院宣布为违宪的政党及其地方与外围组织，均无参加和组织游行的权利。

国家对公民行使集会、游行、示威自由的管理，也有预防制和追惩制两种制度。预防制是指公民举行集会、游行、示威之前须依法报告有关国家机关。依据提出报告后是否需要获得批准，预防制又可分为许可制和申报制两种。采用许可制比较典型的国家有中国、美国、日本等；英、法、德等国则采取的是申报制。追惩制是指集会、游行、示威举行前无须报告，更不存在批准的问题，仅在举行过程中发生违法行为之后，才由国家机关依法加以惩处。但比较多的国家是将预防制和追惩制结合在一起使用。

第三节　宗教信仰自由

一、宗教信仰自由的规范含义

西方从中世纪的宗教纷争中不断提出宗教宽容和宗教自由的理念，最后在宪法上确立了良心自由和宗教自由，为西方社会多元宗教并存奠定了宪法和社会基础。在外延上，宗教自由是良心自由的一个重要组成部分，保护宗教自由是良心自由的必然要求。没有在宪法上规定良心自由的国家，其良心自由的保障主要是通过宗教自由条款的扩大解释来实现的。

英国1215年的《自由宪章》虽有“英国教会应享自由”的规定，但普遍认为最早在法律上将良心与宗教信仰自由作为权利加以确认的是1786年美国的弗吉尼亚州的《权利宣言》。它规定：“任何人均有依其良心所命，自由的信仰宗教之平等的权利。”当今世界，良心和宗教信仰自由是各国所保护的公民的基本权利，经过国际性人权公约的规定，已经成为普世性的人权：

《德国基本法》第4条规定：信仰、良心和信教自由，拒服兵役。(1) 信仰和良心自由、宗教和世界观信奉自由不可侵犯；(2) 保证宗教活动妨碍；(3) 任何人不得被迫违背其良心，武装服事战争勤务，其细则由联邦法律定之。

《日本国宪法》第19条规定：思想及良心的自由，不受侵犯。

《美国宪法》修正案第一条在美国也被视为保护良心自由的条款，该条规定：国会不得制定关于下列事项的法律：确立国教或禁止宗教活动自由；限制言论自由或出版自由；或剥夺人民和平集会和向政府请愿申冤的权利。

日本著名宪法学家芦部信喜教授指出，思想、良心自由的不可侵犯包括两层意思：“第一，无论国民报有何种国家观、世界观、人生观，只要其存于内心的领域，就绝对的自由，国家权力不得基于内心的思想而科以不利，或者禁止国民抱有特定的思想。纵然是否定民主主义的思想，只要停留在内心自由的层次，就应该理解为不得受到处罚。”“第二层含义指的是无论国民抱有何种思想，都不允许国家权力强制迫使其表白，也就是说，有关思想的沉默自由式受到保障的。国家权力对个人内心所抱有的思想进行直接或间接的窥探也是不被允许的。”①

一般而言，宗教是指由于确信超自然的、超人类的本质的存在，而产生的敬畏崇拜的心情与行为。宗教信仰是指对神或佛之类超越的绝对者归服、皈依的内心活动乃至状态。宗教自由是指人基于自己的信仰，相信、接收、传播宗教教义，进行礼拜、祈祷等任何的宗教活动，或者以任何的行为参加庆典、仪式等活动的自由。

为保障宗教自由，国家实行政教分离的政策：禁止设立国教，禁止对宗教团体给予财政援助，禁止国家及其机关干涉宗教教育和进行宗教活动，禁止宗教团体行使政治权力。

---

① ［日］芦部信禧：《宪法》（第三版），林来梵、凌维慈、龙绚丽译，北京大学出版社2006年版，第129页。

纵观各国宪法关于宗教信仰自由的规定，所涉及的内容主要有：

1. 宗教与国家分离

宗教信仰基本上属于个人精神生活问题，一方面，作为世俗政权的国家，对所有的宗教及宗教信仰者应一视同仁、平等对待，不得将某一宗教确定为国教（目前只有为数不多的国家的宪法规定了国教，如埃及的 1971 年宪法，阿尔及利亚的 1976 年宪法），并加以特别保护；也不得利用某种宗教来达到政治上的目的，特别是给国家权力披上宗教的神圣外衣。另一方面，宗教信仰者及宗教团体也不得利用国家权力来扩大其势力和影响，更不能从国家接受政权或行使政治上的权力。

2. 宗教与政治和法律相分离

公民无论信仰与否以及信仰何种宗教都不影响其在政治和法律上的平等地位，更不能据此而使公民受到政治或法律上的差别对待。据此，公民权利和政治权利的行使不得附带宗教考查的要求（菲律宾 1987 年宪法）；民事上及公务上权利义务，民事及公务权利之享受及就任公职之认许，不附以宗教上的条件或限制（德国魏玛宪法）；任何人不得因其宗教信仰或宗教活动而遭受迫害，剥夺其权利或免除其民事责任义务；出于宗教原因拒服兵役的权利，依法受到保障（葡萄牙 1982 年宪法）；专为一宗教团体的教学费用所设的税目，不得强迫不属于该团体的人缴纳（瑞士宪法）。

3. 宗教与教育相分离

宗教信仰不能影响国家教育方针的贯彻实施；公立学校不应设立宗教课程，不得强迫学生进行宗教活动；国家及其机关不得进行宗教教育。

宗教信仰自由在受到保护的同时，也应承担相应的义务，主要有：宗教信仰自由不得破坏公共秩序及善良风俗；不得侵犯国家及公民的权利；不得为不道德和犯罪行为。美国联邦法院在判例中宣称，宪法第一修正案所保护的信仰自由并不包括做不道德或犯罪行为的权利，即便是宗教教义许可此种行为时也不能受到保护。

二、美国宪法中的宗教信仰自由

1. 宪法中的“国教条款”

宪法第一修正案关于禁止国会制定确立国教或禁止宗教信仰自由的规定，被称为“国教条款”。许多宪法学者认为第一修正案之所以禁止确立宗教，是为了防止法定宗教对自由信仰其他宗教教派的妨碍。这些学者认为，禁止确立宗教本身并非目的而是一种手段，以国家行政力量来支持某一种宗教必然会妨碍人们对其他宗教的信仰，甚至煽起对其他宗教的狂热迫害，但是，如果这种支持在主观或客观上都没有产生这种效果，或者有时这种支持的目的是为了促进人们自由地信奉宗教，那么就不必一概禁止。

对宪法修正案的“国家条款”，存在着不同的理解。严格分离的观点认为宪法第一条要求对宗教和不信仰宗教不作区分。中立论认为宪法第一条只要求对各个教派不作区分，在政府和宗教之间不存在不可逾越的界限，政府可以在不违反平等保护原则的前提下支持宗教。最高法院首席大法官伦奎斯特在 Wallace v. Jaffree① 案中的异议意见就是代表。伦

① Wallace v. Jaffree，472 U. S. 38 (1985).

奎斯特认为，Evsrson 案的法庭意见，错误地将麦迪逊、杰弗逊在制定《弗吉尼亚宗教自由法案》的意见当作麦迪逊在起草《权利法案》时的意见。“就杰弗逊在 1789 年在众议院时的作为所反映的思想，无可争辩的是，他认为该修正案是用来禁止建立一个全国性的宗教，很有可能是为了防止歧视各教派。他并不认为该修正案要求政府对信仰宗教和不信仰宗教一视同仁。”也就是说，政府对宗教信仰的各种支持并不违反宪法第一条修正案。政府的中立应该存在于各宗教之间，而不应该存在于宗教与不信宗教之间，因为宗教条款的存在本身就意味着信仰比无信仰更应受到政府的保护。

最高法院的解释认为，宪法的“国教条款”建立了一堵“分隔教会和国家之墙”，禁止制定任何法律或采取任何政府行动给予宗教以任何好处，即使给予所有宗教以一视同仁的好处也不行。① 在 1971 年的“莱蒙诉库尔兹曼”案②的裁判中，最高法院指出，并不要求政教之间的完全分离，绝对意义的分离是不可能的，政府和宗教组织之间的某种关系是不可避免的。要避免违反国教条款，法律必须符合这样三项标准：一是必须有世俗的立法目的；二是其主要影响应既不提倡也不禁止宗教；三是必须避免政府与宗教有过多牵连。对最高法院的这一判决，也不能做绝对的理解，可以将其“通融”解释为：法律的目的不必纯粹是世俗的，只要对宗教的好处微不足道，或只是凑巧与某些宗教的教义吻合就行。

2. 何谓宗教

“宗教”所指为何，不仅反映着人们对宗教属性的认识能力，更决定着宗教自由受保护的范围以及国家权力发挥作用的空间。在 1890 年的摩门教徒多妻制的案件中，最高法院首次给宗教下了定义：（1）一个人关于其与造物主关系的观点；（2）这些观点要求他崇敬造物主的存在与品质，服从造物主的意志。③ 继而在 1931 年的 United States 诉 Macintosh 有关归化公民的案件中，最高法院也表达了相类似的见解：“宗教的本质是一种相信与上帝有着某种关系的信仰，这一信仰所要求的责任高于源自任何人类关系的责任。”④ 这一时期，最高法院对宗教的理解乃遵循美国立宪以来直至当时的社会主流的宗教文化，即创世论的、有神论的、基督教的宗教思想，强调信众与上帝（造物主）的个人关系。在 1944 年 United States v. Ballard 宗教欺诈一案中，⑤ 最高法院排除了以传统宗教真理观念来衡量其他宗教信仰之真实性或合理性的作法。换言之，法院不可以检验、质疑任何宗教信仰或教义内容之“真实性”或“合理性”。最高法院意识到所有我们熟悉的传统宗教（基督教、犹太教、伊斯兰教等）在真理观上都具有强烈的排他性，如果坚持传统的宗教概念，则其他非传统宗教信仰将有可能被视为虚假、错误，甚至不属于宗教，而这与美国社会中已经出现的宗教多元状况是相矛盾的。在 1965 年 United States v. Seeger 良

① 参见奥尔登 · D. 莫里斯：《民权运动的起源：组织起来争取变革的黑人社区》，自由出版公司、麦克米伦出版公司 1985 年版。见詹姆斯 · M. 伯恩斯等：《民治政府》，陆震纶等译，中国社会科学出版社 1996 年版，第 195 页。

② Lemon v. Kurtzman，403 U. S. 602（1971）.

③ Davis v. Beason，133 U. S. 333（1890）.

④ United States v. Macintosh，283 U. S. 605（1931）.

⑤ United States v. Ballard，322 U. S. 78（1944）.

心反战一案中,① 最高法院给出了一个自1890年Davis v. Beason案以来最令人瞩目的现代的宗教定义:“个人的信仰把他对超自然神灵(Supreme being)的义务看得高于人的关系产生的义务,但(不包括)本质上是政治的、社会学的或哲学的观点或仅属个人的道德准则。”宗教并不能等同于信仰上帝,包括任何“诚挚与有意义的”信念。至此,从西格案始,最高法院开始形成了一种主观功能论的宗教判断取向:即便是无神论的信念,只要该信念在该持有者的生活中占有与传统信仰相对等的地位并达到同样的效果,则应将其解释为法律上所言之“宗教上的信念”。

在“宗教”内涵的理解上,上述主观功能主义标准几乎囊括了无限宽广的宗教定义,对其的批评意见相伴而生。在其后的案件中,最高法院一改对宗教信仰的解释表现了其比较严谨的观点,基本采取一种修正过的主观功能主义判准。要求某一信仰或信条若被视为宗教,必须满足下列要点:(1)必须存在对上帝(天父、造物主)的信仰或者个人拥有在其生命中居于中心地位的对等信仰;(2)该宗教必须包含超越于个人信念之上的道德准则;(3)必须有某种联系的纽带,群体的人们依赖共同的信念会聚在一处;(4)该信仰必须是诚挚的。②

3. 宗教与教育分离

由于历史的原因,宪法的“国教条款”的实施在教育领域遇到了许多困难,其中包括公立学校的宗教教育。(1)公立学校祷告纠纷:1942年的恩格儿诉法托尔(Engel v. Vital)案,起因于纽约的最高教育机构——纽约理事会撰写了一份超越教派门户之见的祷告词:“万能的主啊,我们承认对您的依靠,恳求您赐福给我们,给我们的老师和我们的国家。”州理事会认为,美国民众大多有虔诚的宗教信仰,公立学校中的宗教复兴计划能够确保儿童遵纪守法,并使他们个人能够继承其父母亲的信仰而让学生聆听有关的宗教领袖阐发其父母的信仰。最高法院却认为,尽管该计划可能没有教派偏见,祷告也是自愿的,但仍然违反了第一修正案的国家与教会相分离原则。(2)“放行时间计划”和机会均等政策。1940年伊利诺斯州香槟市的新教、天主教和犹太教人士组织了香槟市宗教教育委员会,从州教育委员会获得了在正常上课时间为公立学校学生开设宗教教育课程的许可。愿意参加的学生可以从普遍课程时间内抽出30~40分钟,聆听来自宗教教育委员会的教师的讲课。最高法院于1948年的Mclollum v. Board of Education of Champaign Illinois案中判决该做法违宪。理由是学生听课自愿与否是无关紧要的,该计划违宪乃是由于它使用了以税款建设的财产设施来资助宗教,而且还得到了州义务教育制度的帮助,并且已成为义务教育制度的一个组成部分。(3)对宗教学校的资助。国家机关对于私立教会学校的赞助问题主要涉及使用国家税收款项,来资助那些同时提供宗教教育和世俗教育的教会学校。在埃弗森案中,最高法院就批准了一个动用税款资助教会学校学生交通车的法案。他们认为该立法的本意是要保护学生免受交通事故的危害。至于说方便家长将孩子送到教会学校就读,最高法院认为这只是附带产生的效果。最高法院于1968年的教育委员会诉艾

① United States v. Seeger, 380 U. S. 163 (1965).

② Joanne Banker Hames & Yvonne Ekern, Constitutional Law: Principles and Practice, London: Thomson Delmar Learning, 2005, p. 359.

伦（Board of Education V. Ellen）案中，也支持了向教会学校学生发放非宗教类教科书贷款的法案。但在 1975 年和 1977 年，最高法院连续否决了两个法案，它们分别涉及政府资助教会学校购置教学仪器和设备以及向教会学校提供交通费用以便将学生送到某些文化、科技、政府和商业中心去学习。

4. 宗教与国家分离

在宗教自由的案件中，争议中的法律是否有效，取决于其是否中立。也就是说，法律必须是有效，普遍适用的，才能够被肯定，即使是附带产生了限制宗教自由的效果。而直接限制宗教自由的法律，会被取消。

在 1987 年的“爱德华兹禁止讲授进化论”（Edwards v. Aguillard）案中，最高法院维持了下级法院裁决路易斯安那州一项法律违宪的判决，该法律规定，在公共学校教育中，应平等对待创世论和进化论，其实质就是禁止在公立学校中讲授进化论，除非同时讲授创世论。在 1889 年的“摩门教徒重婚案”（George Reynolds v. United States）中，被犹他州地区法院判决犯了重婚罪的乔治·雷诺尔德（George Reynolds）在法庭上辩解道：自己是摩门教徒，根据摩门教的教义，男性成员在环境允许的情况下有实行一夫多妻的义务，否则将会受到惩罚并在死后下到地狱。而且其重婚得到了本教组织的许可。该案上诉到最高法院后，最高法院的判决指出：在大多数文明国家，婚姻是一种神圣的责任，一个民事契约，并且受到法律的规范和制约。把多妻制作为宗教信仰的公民是否就应该不受政府为规范和制约婚姻关系而制定的法律的管辖？如果这些人是例外，而那些不把多妻制作为宗教信仰的人触犯此法规却会受到惩罚，这就是一种不平等。

在 1962 年的“安琪儿诉威泰尔”（Engel v. Vitale）案中，被告纽约州新海德公园联邦自由学区教育局根据该州法律的规定，明令学区的校长组织每班学生在开始每个教育日时，在教师面前念诵祷词：“万能的上帝，我们承认对您的依赖，我们祈求您赐福我们、我们的父母、我们的老师和我们的国家。”学生的家长认为公立学校采用这一官方性质的祷词的行为与他们以及他们孩子的信仰、宗教或者宗教活动相抵触，对其合宪性提出质疑。最高法院的判决指出：政府在公共教育系统中使用教育局撰写的祷词逾越了“政教分离”的宪法屏障。尽管祷告词是无派别性的，并不要求所有的学生去诵读，但不能使其不受宪法第一修正案中的信仰自由条款的约束。①

在 1940 年的 Minersville School District v. Gobitis 案中，② 戈比迪斯（Gobitis）以米诺斯韦尔（Minersville）小学要求学生向国旗敬礼的做法侵犯了他们孩子的宗教信仰自由为理由，向费城联邦地方法院起诉。学校因败诉而上诉到联邦最高法院。1940 年联邦最高

① 参见北京大学法学院司法研究中心：《美国联邦最高法院 200 年经典判例宣读：宪法的精神》，中国方正出版社 2003 年版，第 328~331 页。

② 1936 年，美国宾夕法尼亚州的米诺斯韦尔（Minersville）小学根据州法的规定，要求学生每天向国旗敬礼，并宣读效忠誓词“我宣誓效忠美利坚合众国国旗及其他所象征的共和国，国家一体，自由公正与我们同在”。10 岁的威廉和 12 岁的莉莲因其父母是耶和华见证会的信徒，相信耶和华是真神，讨厌偶像崇拜，拒绝向上帝以外的任何偶像致敬而不向国旗敬礼，被学校开除。威廉和莉莲的父亲戈比迪斯（Gobitis）认为学校的这一做法是强迫他们的孩子去从事违背他们宗教信仰的行为而向法院提出起诉。

法院判决戈比迪斯败诉。联邦最高法院的判决指出："我们靠象征生活，国旗是我们国家统一的象征，它在宪法的框架内超越了我们内部的各种分歧，无论这种分歧有多么巨大。国旗是民族力量的象征，是自由最具有意义的标志。"① 个人的宗教信仰与政治社会的利益相抵触时，当事人便不能推卸其政治责任。而向国旗致敬就是这样一种不能推卸的政治责任。家长应该从大局出发，在无损于自己权利的范围内，劝说自己的孩子理解州教育部门倡导效忠的正确性和明智性，这才是宗教宽容最生动的一面。② 哈兰·斯通（Harlan Stone）大法官则在不同意见中指出："本案所表示的，已经不仅仅是压制言论自由，压制宗教信仰自由……它所显示的是州用法律强迫学生表达一种他们不愿意表达的情感，这种强制已违反了他们的宗教信仰。"③《圣路易斯邮报》对此判决也评论道："最高法院的这一判决是违反美国原则的，我们认为最高法院已经向普遍的歇斯底里投降。如果爱国情操以这样的做法——违反人民最基本的宗教自由——来培养的话，那么，爱国情操就不再是高尚的，而是一种通过法律来灌入我们喉咙的东西。"④

受戈比迪斯案判决的影响，西弗吉尼亚州议会通过法律，要求学校通过有关课程和课外活动加强孩子们的爱国主义教育，据此，教育局要求所有公立学校的学生和老师定期背诵效忠国家的誓词和向国旗致敬。学生如果不服从，将受到开除的处分。学校甚至威胁要把他们送入少年犯教养所。沃尔特·巴内特（Walter Barnette）因为自己的两个女儿不遵守该规定被学校开除而向联邦地方法院起诉，公开挑战西弗吉尼亚的国旗致敬法和戈比迪斯案，获得胜诉。教育部门不服而上诉至联邦最高法院，形成了 West Virginia State Board of Education v. Barnette 案，通称"国旗致敬第二案"。这一案件的形成，为推翻 1940 年的 Minersville School District v. Gobitis 案的先例提供了时机。⑤ 于是，联邦最高法院维持了地方法院的原判。大法官杰克逊起草并宣布的多数意见书中，与戈比迪斯案以宗教信仰自由作为切入点不同，而是从言论自由原则的角度来展开论述，以避免涉及耶和华见证会信徒的信仰是否真诚的问题。杰克逊指出，向国旗致敬是一种言论的形式，象征表达是原始的但却是有效的传递思想的方式。使用国徽和国旗来象征某种制度、观念、机构或个人，是心灵沟通的捷径，如果维持强制性向国旗致敬的话，我们就必须说明保证个人说他想说的话的权利的《权利法案》允许公共权力来强迫个人说他并不想说的话，而这显然是违反言论自由原则的。布莱克大法官在附议中也指出：向国旗致敬没法与第一和第四修正案所

---

① Minersville School District v. Gobitis, 310 U. S. 586, 591 (1940).

② 参见任东来、陈伟、白雪峰等：《美国宪政历程：影响美国的 25 个司法大案》，中国法制出版社 2004 年版，第 182~185 页。

③ Minersville School District v. Gobitis, 310 U. S. 586, 601 (1940).

④ John A. Garraty, ed. Quarrels That Have Shaped the Constitution, New York: Harper & Row, 1987, p. 234. 转引自任东来、陈伟、白雪峰：《美国宪政历程：影响美国的 25 个司法大案》，中国法制出版社 2004 年版，第 186 页。

⑤ 1940 年的 Minersville School District v. Gobitis 案的判决，产生了恶劣的影响，受到了社会各界的批评和指责，在 1942 年的另一项涉及耶和华见证会的案子中，布莱克、道格拉斯和墨菲等法官明确表示他们在戈比迪斯案件中对学校的支持是一个错误的决定。再加上最高法院的人员构成发生了变化，为推翻戈比迪斯案提供了可能。

保障的宗教自由权利全面合拍。强制表达出来的言辞除了自欺欺人外，并不能证明忠诚。对国家的热爱必须发自自主的心灵和自由的心智。①

三、日本宪法中的宗教信仰自由

1. 宪法中的宗教自由条款

日本宪法第 20 条规定："对于任何人均保障其信教自由。任何宗教团体不得由国家接受特权或行使政治上之权力。""任何人均不得强制参加宗教上之行为、庆祝典礼仪式或例行活动。""国家及其机关不得从事宗教教育及其他任何宗教活动。"

幕府时代的日本，在对佛教实行保护政策的同时，实施了在政治上利用佛教维护幕府权力与禁止基督教的政策。明治维新以后，政府以王政复古为契机，保护佛教的政策进一步演变为神道国教化政策，将源于天皇制与神道的祭祀和政治结合在一起，确立了神道作为国家祭祀的特权地位。各种宗教都要从属于国家神道，不允许存在违反国家神道的教义。神社的祭祀属于国家的事务，日本政府以神社非宗教为理由，强迫广大国民对神社进行崇拜，因此，明治宪法才规定："日本臣民在不妨碍安宁秩序及不违背臣民义务的限度内有信教之自由。"它意味着，信教自由并非基于天赋人权的思想，而是源于掌握国家神道祭祀大权的天皇的保障。国家当然可以以破坏安宁秩序或违反臣民义务为根据，对违反政府宗教政策的宗教团体实施政治干涉。其结果，也就不可能实际存在信教上的自由。

《波茨坦宣言》第 10 条规定："对于恢复、强化民主主义的倾向，应该排除一切障碍，并应该确立言论、宗教及思想自由和尊重基本人权。"《美国初期对日方针》第 2 部第 3 条要求："宗教信仰自由应该在占领的同时宣布。"《自由之指令》第 1 条指出："设定对思想、宗教、集会及言论自由的限制或维持之的规定。包括不限制讨论关于天皇、团体及日本国政府。"《关于废止政府对国家神道即神社神道的保证、职员、保全、监督以及宣传的备忘录》第 2 款，"本指令的目的在于，使宗教与国家分离，防止宗教为政治目的而滥用，一切宗教信仰及信条完全建立在同一法律基础上，因而得到正确的同样的机会与保护"，"本指令的意义在于，国家神道一词，遵照政府的法令，与宗派神道或教派神道的宗教相区别，是指通常所知的国家神道或者神社神道作为非宗教的国家信仰分类那样的神道的一个派别"。正是基于上述这些联合国的指令，日本在战后才制定和通过了以政教分离、废除宗教特权为内容的宪法。

2. 宗教与教育分离的判例

拒绝剑道课案：② 这是一个以宗教信仰为理由的主要判决。该案四名原告系神户某专科学校一年级学生，他们以信仰宗教（耶和华见证会）教义的绝对和平主义为基础，没有参加学校必修科目体育课的剑道训练，该校校长以其没有修体育科目为由，对原告作出了留级的处分。原告以该处分侵害了他们的宗教信仰自由为由，向法院提起诉讼。1991

---

① John A. Garraty, ed. Quarrels That Have Shaped the Constitution, New York: Harper & Row, 1987, p. 234. 转引自任东来、陈伟、白雪峰等：《美国宪政历程：影响美国的 25 个司法大案》，中国法制出版社 2004 年版，第 188~191 页。

② ［日］神户地判平成 3 年（1991 年）2 月 22 日，判例タイムズ 813 号，第 134 页。

年2月，神户地方法院一审判决驳回了原告的请求，判决认为：信教的自由如果只停留于内心，其保障应该是绝对的。但是，如果是外在的行为，并与社会生活有密切的关联，根据宗教中立的一般法律义务，其信仰不免要受到最小限度的制约。作为制约正当化的根据，主要包括：(1) 对必修科目的选择需要从教育角度的专门价值判断；(2) 剑道作为健全的体育运动得到大多数国民的支持；(3) 与强迫服兵役或苦役的制约性质完全不同；(4) 如果认可原告的要求，即学校应提供代替措施，就会产生基于宗教理由的有利待遇，从而与其他学生消极的信教自由产生一定的紧张关系；(5) 提供代替措施必须确保一定的人员和预算；(6) 与因为身体原因不能参加体育训练的学生没有该科合格认定相比，他们想参加而不能参加，原告不想参加，如果有不同的待遇，必须有合理的理由；(7) 原告既然自愿进入不是义务教育的学校学习，其权利受到一定的制约也是不得不然的事情。与此同时，判决也承认教师的裁量权不是完全自由的，是否属于裁量的范围与 (2) 至 (7) 项根据的正当性相关联。①

上述判决，受到了学者的质疑，理由是“该判决并没有提示处理个人信教自由与国家行为关系的明确标准，在个别论点的判断中，对于具有残酷压制个人或少数者宗教历史的日本来讲，对信教自由的价值评价比较低，具有轻易承认国家行为的必要性和公共教育机关裁量权的倾向”。②

星期日参观上课案：③ 该案原告为东京某小学两名学生及其父母（日本基督教团某教会牧师和副牧师），因信仰基督教的关系，作为所属宗教团体的宗教义务，星期日必须参加教会学校的活动，从而与该小学进行的星期日参观授课相冲突，④ 因而缺席。被告该小学校长在年度的出勤记录栏，作了该两名学生缺席的记录，原告以校长的措施违反宪法第20条第1款及教育基本法的相关要求，要求取消该缺席记录并赔偿由此造成的精神损失。法院判决认为：第一，关于信教自由与公共教育。“宗教团体因为进行宗教活动，设立宗教教育机关、进行集会，属于宪法保障的自由。其本身作为国民自由的一部分即使在公共教育方面也应受到尊重。但是，提供和接受公共教育也是宪法赋予国家及国民的义务。对参加宗教行为的学生免除其出席公共教育的上课时间，由于各宗教、各宗教的宗教节日与上课日重复、冲突的时间不同，结果会导致容忍因宗教理由使每个学生上课日数产生差异的情况，这不仅不利于保持公共教育在宗教上的中立性，还对学生在公共教育上的成就及公共教育作为集体教育的成就有一定的损害，从而使公共教育遭受一定的损失。对公共教育有特别必要性的授课日替换，即使与宗教团体的集会时间相抵触，也应是法律上所允许的、以合理根据为基础的、不得不进行的制约。因此，即使是国民的自由权，如果不只是存在于内心，而是表现于一定的外在行为，则法律也应允许该种以合理根据为基础的制

---

① 赵立新：《日本违宪审查制度》，中国法制出版社2008年版，第179~180页。

② ［日］土屋英雄：《宗教上の理由に基づく剑道の不受讲》，载《宪法判例百选》（第三版），别册ジエリスト第130号，1994年版，第90页。

③ ［日］东京地判昭和61年（1986年）3月20日，《判例时报》1185号，第67页。

④ 日本法律规定公立学校上课时间应在公共假日、星期日、书架之外的时间。但是，在特别必要时，也可以安排在公共假日和星期日。

约，信仰自由也不例外。”

第二，关于信教自由的范围。“本案件主要是以教授世俗知识为目的的国家教育与提高信徒灵魂的宗教教育的冲突，对于该事件的基督教徒来说，在对提高自己的精神生活非常重要的星期日实施公共教育，确实存在阻碍自己的信教自由的因素。对宗教团体实施的宗教教育属于宗教自由的一部分，一般人都不会怀疑。并且，对基督教徒来说，作为主日的星期日的活动属于信仰自由之一部的表明信仰行为的自由，当然是宪法保障的内容。关键是如何确定该自由的范围。”

最后，法院认为，作为信教自由的另一部分的宗教行为自由，主要包括进行和不进行宗教活动的自由、传教的自由以及上述行为不被强制的自由。①

3. 政教分离的判断标准

日本宪法中政教分离的内容包括宪法第 20 条“任何宗教团体都不得从国家获得特权，不得行使政治上的权力”，第 89 条“公款以及其他公有财产，不得为宗教组织或宗教团体使用、提供方便和维持活动”。关于政教分离的原则与宗教信仰自由的关系如何把握，日本学界形成了“严格分离说”和“目的效果说”两种见解。“严格分离说”主张国家与宗教的完全分离，彻底排除国家与宗教的结合，如此方能真正地保障宗教信仰自由的实现。“目的效果说”认为国家与宗教完全隔绝是不可能的，某种程度的相互结合也是允许的，只是这种结合不能超出某种限度，产生对宗教的援助或促进、压迫或干涉的效果。②

津市体育馆按照神社教举行了奠基典礼，其经费由市财政开支。对此，居民提起诉讼，认为构成违宪。一审法院认为奠基典礼不是宗教活动，而是风俗习惯，因此不构成违宪。③ 第二审法院判决这个奠基典礼是按照特定宗教的仪式举行的，相当于宪法第 20 条第 3 款的“宗教活动”。理由是：（1）神社神道是以祭祀为中心的，属于宪法第 20 条所说的宗教。（2）祭祀采用了神社神道祭祀的固有仪式。（3）该活动作为宗教信仰的外部表现，是由神职人员按照神社神道的仪式进行的宗教行为，虽然没有达到影响当地全部国民、并具有普遍性的程度，但也难以认为仅仅是自古以来的社会礼仪或单独的习俗活动。（4）政教分离的目的是，第一，从制度上确保信教的自由；第二，防止国家和宗教的结合给国家造成破坏以及使宗教堕落的危险。（5）对政教分离原则的侵害，不一定有强制个人因素的存在，如果国家或地方公共团体作为行为的主体进行了特定的宗教活动，就应该认为是原则上的侵害。（6）宪法第 20 条第 3 款所说的“宗教的活动”，不仅包括以特定宗教的传播、教化、宣传为目的的行为，也包括祈祷、礼拜、仪式、庆典、理性活动等表现宗教信仰的一切行为。综合考虑，本件镇地祭祀属于宗教活动。④ 但最高法院则宣判，实现国家与宗教的完全分离，实际上是不可能的。如果彻底贯彻政教分离的原则，在

① 赵立新：《日本违宪审查制度》，中国法制出版社 2008 年版，第 180~181 页。

② ［日］斋藤寿：《宪法原理の分析と展开》，劲草书房 1989 年版，第 120~121 页。

③ 津地判昭和 42 年（1967）3 月 16 日，行判例集第 18 卷 3 号 246 页。

④ 名古屋高判昭和 46 年（1971）5 月 14 日，行判例集第 22 卷 5 号 680 页。见赵立新著：《日本违宪审查制度》，中国法制出版社 2008 年版，第 187 页。

社会生活的各方面难免产生不合理的事态，所以规定保障政教分离的国家与宗教的分离，也有一定的界限。日本宪法上政教分离的原则，是要求国家在宗教上中立。国家与宗教发生关系不是完全不允许的，而是根据与宗教发生关系的行为的目的与效果，这种关系被认为是超过与日本社会和文化条件相当的限度时，对此是不允许的。在限定地理解其意义的基础上，认为宪法第20条第3款所禁止的“宗教活动”，是指“当该行为的目的具有宗教意义，其结果对宗教成为援助、助长、促进或压迫、干涉等那种行为”，因而判决“本案奠基典礼的目的是当建筑开业时起到土地的平安坚固，工程的可靠安全，按照社会的一般习惯所举行的礼仪，这完全是世俗的东西”，从其效果来看，不是“宗教的活动”。但是，也有少数法官认为本案的奠基典礼违反宪法第20条第3款。①

这一判例确立了政教分离的“目的和效果”标准，最高法院运用这一标准，在1997年4月2日，对人们关注的爱媛县“玉串金”案②作出了违宪判决。判决指出：在特定的宗教团体举行重要祭祀的时候，捐赠资金，“在一般人看来，这是县政府对宗教团体的特别支持，从而给人留下了这些受到支持的宗教团体不同于其他宗教团体的印象，引起人们对这些团体所信仰宗教的关注”。该案所发生的行为，从带给战死者遗属某种安慰这一角度来看，不能否定其作为一种礼仪的性质，但“不能否认该行为的目的带有宗教色彩，作为后果，构成对某一特定宗教的支持、助长和促进，爱媛县和靖国神社之间的这种关系，超出了日本现有社会、文化的条件需规定的范围，因而被认定为属于宪法第20条第3项所禁止的带有宗教色彩的活动”。

在“目的效果”标准中，“过度关联”是一个非常重要的要素。在判断是否构成过度关联的时候，要考虑是否导致行政上的关联和以宗教为起因的政治分裂。高桥久子法官在意见中指出，政教分离原则是“国家和宗教完全分离”，即意味着“国家的非宗教性”，只要提不出理由来证明“完全分离是不可能、不适当的”，国家和宗教之间的关联就是被禁止的。尾崎行信法官更为具体地指出，政教分离的规定是以国家与宗教的完全分离为原则，在仅限于完全分离不可能而且坚持分离会招致不合理的后果的情况下，作为例外，宪法允许国家和宗教相关联。因此，“国家在推行政策的过程中，应该首先把与宗教发生关联作为被禁止的活动而避开，研讨不带宗教色彩的手段是否存在。然后，如果通过其他手段也能推行同一政策的话，国家则不应作出带有宗教色彩的行为。但是，如果没有与宗教的关联，该政策就无法实施，而放弃该政策则会在社会上引起不良后果的话，应该进一步

---

① ［日］宫泽俊义著：《日本国宪法精解》，董璠舆译，中国民主法制出版社1990年版，第210页。

② 该案的案情是：在当时的爱媛县知事白石春树的授意下，从1981年到1986年，爱媛县政府以“玉串金（9次）”“献灯金（4次）”的名义向靖国神社春秋两季的祭奠提供资金合计76000日元。这些资金均来自爱媛县的财政拨款。为此，该县的居民根据《地方自治法》第242条第2款第1项第4段的规定，提起诉讼，认为通过政府拨款向宗教活动提供资金的行为违反宪法第20条第3项、第89条有关政教分离的规定。一审法院根据“目的和效果”标准，判决该案违反宪法第20条第3项的有关规定；二审法院根据同样的标准却判决该案属于社会礼仪的范围，合乎宪法。最高法院最后的判决是，该案属于宪法第20条第3项所禁止的带有宗教色彩的活动，同时属于《宪法》第89条所禁止的使用政府资金的活动。

考虑与通过带宗教色彩的手段推行该政策而引起的对宗教信仰自由的影响相比，该政策的目的和实施所包含的法的价值和利益，孰轻孰重。由于没有实施该政策而损害了其他的重要价值，特别是宪法的价值的话，也属一种显著的社会性不合理。经过这样的论证以后，只要无法明确认定政教分离原则的例外有高度的法的利益，国家则不应参与带有宗教色彩的活动”。①

① 参见［日］土屋英雄：《日本最高法院和政教分离——从地镇祭祀判决到玉串金判决》，朱博译，载《外国法译评》1997年第4期。

第九章　参　政　权

参政权，既包括公民参加国家机关的组织和国家统治权的行使方面的权利，也包括地方居民参加地方自治权行使方面的权利。

第一节　选举权与被选举权

一、选举权与被选举权的性质

选举权与被选举权构成了近代选举制度的基础，得到了各国宪法的普遍确认，但对其本身属于何种性质，中外学界则有不同的主张。

1. 固有权利说

该主张盛行于法国大革命的前后，在卢梭和孟德斯鸠的思想中都有充分的体现，其思想基础是"社会契约论"和"天赋人权说"，出发点是为了对抗当时的欧洲各国选举权仅由少数贵族、僧侣及有产者享有的不合理状况，同时也与资本主义国家早期对个人权利的强调与注重有密切的关系，并得到了一些国家宪法的明确肯定。如日本现行宪法第 15 条规定"选举和罢免公务员为国民固有之权利"。

2. 社会职务说

此主张认为选举权并非为个人所固有，而是国家法律所赋予，目的在促成社会利益的实现。在民主制度下，代议机关的代表及国家的公职人员皆由选举而产生，如符合条件之公民均不参加选举，代议机关何以产生，又如何将人民之意志上升成为国家的法律，国家机关之存在及对权力的运用如何获得合法性。因此，选举在根本上是个人的职责，公民向社会或国家应尽之义务。因为人并不是孤立的存在，社会成员之间存在着连带的关系，每个人都服从维持和发展集体生活的一切义务，否则，社会将难以为继。① 1975 年的希腊宪法，1982 年葡萄牙宪法，1948 年意大利宪法均明确规定，参加选举投票是公民的义务。这种视选举为社会职务的主张，实践上可导致两种结果，一是限制选举，二是强制投票。

3. 双重属性说

比较宪法学第九章参政权与一般纯粹追求个人利益实现的私权利不同，是为维护社会或国家利益而存在，诚如 J. S. 密尔所说："当大多数选民对选举自己的政府缺乏足够的关心，或虽去投票，但按控制着自己的人或出于私人原因希望谋求其好感的人的意思投票

① ［法］莱昂 · 狄骥：《宪法论》，钱克新译，商务印书馆 1959 年版，第 153~157 页。

时，代议制度就没有多大价值，并可能成为苛政或阴谋的单纯工具。"① "投票严格地说是个责任问题，他有责任按照他对公共利益的最好的和出自良心的意见投票。"② 在此意义上，选举既是公民将自己的意思间接表现于政治之上，谋求个人利益的实现，又是以众人组成能动的国家机关，执行国家的公务，犹如法官在审判会议所作的投票一样，只是执行职务，不是行使权利。③ 如 1936 年巴拿马共和国宪法就明确规定选举为公民的权利与义务。

对于被选举权性质的认识，则有资格说和消极权利说两种。资格说者认为，选举权的享有和行使，虽有资格的要求，但公民只要具备了此资格，均可以选举人的身份，参加投票选举，无人能够阻碍和限制。被选举权利不同，具备资格之人，无权要求他人必须选举自己为代表或公职人员，即便是获得了法律规定的当选票数，但在多人参选的情况之下，也并不一定能取得代表或公职人员的身份，因此，被选举权仅为公民享有的一种资格，在许多情况下并不是一种现实的权利。消极权利说则主张，享有选举权的公民是否参加选举，在选举时如何表达其意志，全由自己决定和把握，居于积极主动的地位。被选举权享有之公民，虽可积极地游说选民、参加竞选，但能否成为正式的候选人却取决于选民及有关政党、团体的提名，不能由自由决定；成为正式候选人后，能不能最终当选，更要取决于选民投其赞成票的多少，也不完全取决于自己的愿望。因此，被选举权是消极的、被动的权利。

二、选民及候选人的资格

选民及候选人的资格是指公民享受选举权和被选举权，参加投票选举必须具备的法律上要求的条件，它是保障选举行为的理性化及选举制度功能实现的必然要求。问题的关键在于法律对资格条件的规定一定要合情合理，应从保障公民能充分有效地表达其意志出发，而不应以限制公民行使选举权和被选举权为目的。

1. 国籍资格

各国的宪法或选举法一般都要求选民和候选人必须具有本国的国籍，是本国的公民。至于取得国籍的时间长短对公民选举权的享有在多数国家并无任何影响。少数的国家则不同，如突尼斯、摩纳哥的法律规定加入国籍 5 年以上的才有选举权。但在被选举权的享有上，对那些入籍之人的归化年限多有特别要求。德国规定取得国籍满 1 年者才有当选资格，瑞士则要求 5 年，美国众议院和参议院议员的当选资格所要求的归化年限是 7 年和 9 年以上，法国则要求的是 10 年。还有的国家要求候选人不能是归化者或归化者的后裔。如缅甸的法律规定，父母双方均系缅甸公民才有被选举权；秘鲁、墨西哥均规定，不允许归化人有当选资格；日本法律则禁止归化人及归化人的儿子当选国会议员；美国宪法规定只有在美国出生的美国公民才有资格当选为总统。

各国法律都禁止非本国公民具有候选人资格，至于是否能享有选举权，各国的规定存

① ［英］密尔：《代议制政府》，汪瑄译，商务印书馆 1984 年版，第 10 页。

② ［英］密尔：《代议制政府》，汪瑄译，商务印书馆 1984 年版，第 10 页。

③ 韩德培、李龙主编：《人权的理论和实践》，武汉大学出版社 1995 年版，第 512~513 页。

在差异。乌拉圭就曾规定，外国人如为动产或不动产的所有人时，可享有选举权。在承认外国人选举权的国家，外国人享有选举权的范围，丹麦、挪威、爱尔兰、瑞士的一些州规定仅限地方一级代表及公职人员的选举，只有极少数的国家对外国人享有选举权的范围没有限定。

2. 年龄资格

人是有意识的，选举活动对人的意识水平有着比较高的要求。人们只有达到了一定的年龄，通过学习和经验形成比较健全的意识，具有稳定的理解力、判断力之后，才能对选举这种高度政治化的活动及其制度化的设计形成全面的认知，对选举所使用的话语、符号及其隐喻建立起逻辑性的理解，通过选举表达的意志才会具有比较可靠的理性成分，才能实现选举制度的功能和选举活动所追求的效果。所以各国法律普遍要求享有选举权被选举权的公民必须达到一定的年龄。

古巴的法律规定，年满 16 岁的公民即可成为选民，享有选举权，是世界上选民年龄资格要求最低的，而意大利选举参议员的选民年龄要求达到 25 岁，是世界上最高的。绝大多数国家要求的选民年龄资格为 18 岁，其次是 20 岁和 21 岁，除历史上以外，没有哪个国家有超出 25 岁的年龄要求。

候选人的年龄资格要求绝大多数的国家都要高于选民，只有少数国家与选民的年龄资格要求相同。采用两院制的国家，参议院议员候选人的年龄不仅高于选民，而且也高于众议院议员候选人。像美国和日本众议院议员候选人为 25 岁的年龄资格，参议院议员候选人要年满 30 岁。意大利众议院议员候选人要年满 25 岁，参议院议员候选人要年满 40 岁。另外各国对作为国家元首的总统的选举，候选人的年龄资格要求都比较高，美国总统为 35 岁，意大利为 50 岁，希腊为 40 岁，巴基斯坦为 45 岁。只有现行的法国宪法及法律规定的总统候选人的年龄资格较低，为 23 岁。

3. 居住资格

各国对选民要求的居住期限从 3 个月到 1 年不等。要求居住 3 个月以上的有日本、新西兰等，6 个月以上的有法国、比利时及美国的 11 个州，1 年以上的有美国的 36 个州、菲律宾等。要求居住时间最长的是挪威，为 5 年以上，最短的是德国，只有 1 个月。

对候选人居住期限的要求在很多国家也要比选民高。津巴布韦的法律规定，当选前 20 年内至少有 5 年住在津巴布韦的选民才有资格当选为议员；挪威宪法规定，候选人的居住资格为连续居住 10 年以上；巴拿马规定为居住 15 年以上；美国有 2/3 以上的州规定，在当地居住满 1 年以上的人才享有选举权，但参众两院议员的候选人居住资格少的 1 年、多的 3 年，美国总统候选人的居住资格在美国连续居住满 14 年以上。

对选民和候选人的居住期限作出要求，合理的方面是：有利于促进选民同候选人之间的相互了解，方便选民表达其意志，增强选民在选举中的责任感和使命感，也有益于候选人对该区的情况的全面了解，为日后当好代表打了良好基础；对组织选举来讲，有利于保证选民登记的稳定性和选区划分的准确性。不合理之处则表现为：易使新入籍者、新迁入者、居所经常变更者及到处流动者不能享有和行使选举权，特别是在那些居住资格要求较高的国家中，此点表现得特别明显。

【案例】

在外国日本国民选举权诉讼①

1996年10月20日日本进行众议院议员选举时，居住于国外而在日本国内之市町村区域内无住所而不能参加投票的日本国民，以国家为被告而提起诉讼，认为在国政选举时国家没有保证其行使投票权，违反宪法第14条第1项、第15条第13项、第43条、第44条以及相关的国际公约。

按照1998年修正前的日本公职选举法的规定，在外国民不能登记于选举人名簿，在国政选举中自然就不能行使投票权。1998年修正后的公职选举法创设了在外国民之国政选举权投票制度，选举时应制作在外选举人名簿。但是，在外国民的选举只针对众议院及参议院比例代表选举议员之选出，众议院选举区选出众议员的选举以及参议院选举区选出议员之选举时，在外国民依然不能参加投票。

本案中，原告是24名在外国民，他们的诉讼请求是：(1) 确认修正前与修正后的公职选举法军构成违宪；(2) 确认原告等人在众议院小选区选出议员之选举及参议院选举区议员之选举，有参加投票行使选举的权利；(3) 作为立法机关的国会未能及时修正公职选举法确认在外国民于国政选举时有选举权的行为，造成了原告在选举时无法投票而蒙受损害，因此请求法院判令国家支付每人3万日元慰问金以及法定迟延利息。

上述各项请求，被一审、二审法院驳回。最高法院则进行了改判，要旨是：(1) 修正前的公职选举法对在国外居住之日本国民，于国政选时之投票权完全不予承认，违反宪法第15条第1项和第3项、第43条第1项、第44条但书。(2) 修正后的公职选举法关于在国外的日本国民，选举的对象仅限于两院之比例代表选举议员的选举，在本判决后举行的参众议院选举之情形下，违反宪法第15条第1项和第3项、第43条第1项、第44条但书。(3) 国会在1996年10月20日众议院总选举之前长达10年的时间内，一直没有采取措施从法律上解决在外日本国民的投票权行使问题，属于无正当理由长期懈怠的情形，明显地以立法不作为的方式侵害了国民受宪法保障的权利，造成了这些国民因不能投票而遭受精神上的痛苦，国家应承担赔偿责任，给付每位原告5000元慰问金。

4. 财产资格

对选民财产资格的要求始于英国，英国1430年规定的选民财产为价值不少于40先令的自由占有土地。法国1791年宪法关于“积极公民”和“消极公民”的划分，主要以纳税额为标准，实际上就是财产资格的要求。19世纪以来，随着民主制度的不断完善和争取普选权斗争的开展，财产资格的要求在各国的选举制度改革中逐渐地被降低和减少，甚至取消。美国在1800年以后，各州逐渐地废除了选举财产资格的要求，法国在1849年2

① 参见陈春生：《法治国之权利保护与违宪审查》，台湾新学林出版股份有限公司2007年版，第287~291页。

月革命后废除了选举财产资格的限制，英国先是在 1918 年的人民代表法（The Representaion of the People Act）中废除了男子的财产资格限制，继而在 1928 年的国民参政法（又叫平等选举法，The Equal Franchlce Act）中废除了对妇女的财产资格限制。至 20 世纪 60 年代，各国的财产资格限制基本上已被完全取消。

在选举权的享有和行使上，存在财产资格要求的根据是：选举作为公民的一项权利应以履行一定的义务为前提，那些拥有财产的人只有就其财产向国家尽纳税的义务，才能通过选举行使管理国家的权利；达不到法律规定的财产资格之人，不能尽纳税的义务，也就不能享有选举的权利。还有，有产者可以其财产保障其生存和生活，不会因生计的需要而出卖自己的选票，可减少或防止选举活动为金钱所操纵。

虽然直接的财产资格要求已在大多数国家被取消。但在一些国家又以一种新的形式表现出来，那就是选举保证金制度。候选人要交纳一定数目的金钱作保证，如其得票达不到法定的比例，该保证金就被国家没收。英国的法律规定，下院议员候选人参加竞选，除有所在选区两名选民推荐和 8 名选民的连署同意外，还应交纳 150 英镑的保证金，如未获该选区 1/8 以上的选票，保证金就要被没收。法国的候选人保证金，国民议会议员为 1000 法郎，参议院议员为 200 法郎，未获 1/5 的选票就被没收。除英、法外，实行选举保证金的国家还有：日本、印度、美国、黎巴嫩、利比亚、加拿大、伊朗、泰国等。选举保证金之设虽意在防止滥用被选举权，使候选人慎重对待选举，但客观上却起到了限制一部分人参加选举的效果。另外，法国、比利时的法律规定，无偿还能力的破产者没有选举权，一些国家及美国的一些州规定，乞丐、流浪汉及受救济者不具有当选议员的资格，虽不是直接的财产资格要求，显然也是以财产为标准，与财产资格要求所能产生的效果并无实质差别。

5. 性别资格

性别纯为自然的产物，但不少国家却将其作为公民享有和行使选举权的资格条件，而且这种资格条件又普遍是针对女性而设的，使得妇女仅因为其生理上为女性的构造就不能同男子一样享有选举的权利。至于说女性为何不能享有选举权及被选举权，有各种各样的主张。有人以自然界中动物越进化，性别之区分越明显为依据，认为男女享有平等的选举权，共同履行参政的职责，表明的不是人类的进化而是退化。有人认为女性的天然智力及德性不及男子，加之生育所形成的障碍，若让其参政，势必会阻碍政治人才与道德的进步；更有人以女性不能履行服兵役的义务，而主张她们不能享有选举这种参政的权利。①

法律上对妇女选举权的确认得益于女权运动的勃兴，但在时间上却是在男子享有选举权几十年甚至是几百年之后。女子最先享有选举权的国家是新西兰，时间是 1893 年；南非 1895 年虽然赋予了妇女享有的选举权，但仅限于白人妇女；英国直到 1928 年才赋予妇女在选举权上同男子完全相等的地位；法国的妇女正式享有同男子相同的选举权则是在 1944 年。世界上最晚赋予妇女享有选举权的国家是约旦（1989 年），而妇女至今仍无选举权的国家有科威特和沙特阿拉伯。

妇女的选举权虽然在法律上得到了确认，但由于传统、习惯、社会地位等方面的制

① 王世杰：《比较宪法》，商务印书馆 1927 年版，第 257~260 页。

约，实际上还不能达到完全同男子平等的程度，各国议会中女子议员所占的比例就非常典型地说明了此点。美国众议院435个议席，女议员最多的是1989年的101届国会，也只有25席，① 占众议院总议席的5%，参议院中，女议员最多的时候只有2名，占100名参议员总数的2%，甚至在1974年到1978年的三届参议院中，没有女性参议员。② 尤其是在美国的历届总统选举中还没有出现过妇女被提名为总统候选人参加竞选的情况。

6. 教育程度资格

将公民所受的教育程度作为享有选举权、被选举权的资格条件曾经是不少国家法律的规定或实际的做法。像巴西、秘鲁、智利、厄瓜多尔等国规定，识字的人才享有投票权；菲律宾规定，会读会写规定文字的人才有投票权和当选议员的资格；土耳其规定文化程度达不到小学毕业程度以上者不能当选议员；澳大利亚的一个州甚至要求公民享有选举权必须是英联邦某个大学的毕业生。此外，英国还把教育程度作为公民享有选举权大小的标准，其法律规定，获得大学学位者，可在住所和大学学区各有一次投票权。

对公民教育程度的要求，各国在逐渐放弃，美国1965年的选举法明确规定取消各州对公民行使选举权所采取的文字测验办法。原因是这种要求与近代选举制度所主张和追求的平等选举精神格格不入，另外是义务教育推行后，公民的受教育程度有了较大的提高，对于绝大多数的人来讲，教育程度已经不再成为决定能否享有选举权利的一个重要因素。

客观地讲，教育程度的要求，对选举制度功能的实现并不都是消极的，尤其是对于候选人，更有其积极的意义。候选人一旦当选，将担负起民意表达者的职责，受教育程度太低甚或根本就是文盲，要有效地将民意表达出来，特别是对有关议案的审议，对重大的政治问题发表自己的独立见解，作出独立的政治判断，不说完全不能，至少存在很大的困难。因此，对候选人的教育程度作适当的要求并非都是不可取的。

7. 精神状态资格

精神状态资格即选民或候选人必须对选举的目的、意义能够理解，对投票所产生的法律后果有比较清醒的认识，也就是不仅知道选举是干什么的，而且知道如何进行投票。这是因为公民在选举中所表达的意志应是理性判断的产物，像精神病人和呆傻人由于存在意识的障碍，对选举的性质及所产生的法律后果无法理解，不能形成理性化的独立判断，谈不上其意志的表达。因此各国的法律普遍规定精神正常、健全之人才能行使选举权，享有被选举权，精神病人在间歇期间也可享有选举权，发作时则停止其选举权利的行使。呆傻人则不享有选举权。

8. 政治资格

政治资格即公民享有选举权和被选举权必须具备享有政治权利的条件，不少国家的法律都规定，凡行为构成叛国罪或其他重罪之公民，均应被依法剥夺政治权利。而选举权和被选举权可以说是一种非常重要的政治权利，因此凡被剥夺政治权利或叫褫夺公权之人，不能享有选举权和被选举权。

除了上述几项之外，可以或曾经被作为选民和候选人资格条件的还有种族资格、品行

① 梅孜编译：《美国政治统计手册》，时事出版社1992年版，第32页。

② 梅孜编译：《美国政治统计手册》，时事出版社1992年版，第32页。

资格、职业资格、语言资格等。

第二节　罢　免　权

一、罢免权的含义

对选举产生之代表或公职人员，当其不称职时，在任期届满之前，以投票之方式，免去其资格或职务的权利，就是公民所享有的罢免权。

根据人民主权原则，代议机关的代表和国家机关的公职人员系人民选出代表人民行使国家权力的光荣使者，罢免权之存在，可在选民与选举产生的代表及公职人员之间建立起监督的关系，使代表与公职人员的行为及意见不能或不敢公然地蔑视民意，特别是可防止其假借民意来为个人谋取私利，以此来保障人民主权原则的充分实现。但从实际的情况看，国家的宪法是否规定罢免权，尤其是对民意代表的罢免，要取决于对选民与代表之间相互关系的认识。凡认为民意代表为本选区选民或选举单位的委托人，应受原选区选民或原选举单位监督者，均承认对所选出的代表有罢免之权；凡主张代表一经选出，既为全体国民的委托人，其活动不受原选区选民或原选举单位监督者，便否认选民对代表享有罢免之权。比较而言，选民委托说更符合近代代议制民主政治的本意，实践上也具有现实的可行性。因国民受托人的主张未免太多的理想成分，若运用于实践，既难以把握，也易导致像卢梭所警告的那样，人民只有在选举的时候才是自由的，选举以后就等于零的不良后果。更何况实践已表明，罢免权的存在，增加了选民对国家机关及其公职人员监督的渠道，弥补了弹劾制所存在的缺陷。因各国弹劾制在对象上仅适用于官吏，不适用于民选的代表，内容上仅适用于罪行行为，不适用于失职行为，罢免则既可针对民选代表，又可适用于失职行为。

从现有史料来看，1852 年的瑞士各州就有罢免权的规定，美国各州从 1908 年开始也陆续加以采用。第一次世界大战之后，相继有一些国家的宪法加以确认。如日本宪法第 15 条规定："选举和罢免公务员为国民固有之权利。"但总的来讲，明确确认公民享有罢免权的国家与宪法在目前并不占据优势，尤其是西方各资本主义国家更是如此。一些国家的宪法和法律只规定代表及公职人员的选举，不规定对他们的罢免，间接地否认公民享有罢免的权利，也有一些国家的宪法是明确地禁止公民享有和行使罢免权。如意大利宪法规定："议会的每个议员均代表国家，并在行使职权时不受委任令的约束。"德国基本法规定："德意志联邦议院的议员由普遍、直接、自由、平等和秘密的选举产生。他们是全体人民的代表，不受选民的委托和指示的约束，只凭他们自己良心行事。"

二、罢免权的内容

各国规定的罢免制度，涉及这样几个方面的问题：

1. 行使罢免权的主体，罢免权为公民所享有的权利，但公民在什么条件下行使，各国的规定并不相同。总的来讲，罢免权因选举权而产生，公民行使罢免权必须具有选民的资格，实际行使罢免权的公民范围则依被罢免人员选举产生时的范围而定。全国范围内选举的，由全体选民罢免，按选区选举的，则由该选区的选民罢免，直接选举的由选民罢免；间接选举的由选举其的代表机关罢免，选民不能行使罢免权。

2. 罢免权行使的对象，罢免权既因选举权而生，罢免的对象也就仅限于民意代表，行政官吏由选举产生的不多，法官的任用和罢免，涉及“司法独立”的实现，故罢免的对象以民意代表为最普遍。其中对民意代表的罢免，又有对个人的罢免和对全体的罢免之不同。前者表现为原选区选民通过投票，依法罢免本选区所选民意代表的职务，并另选他人以补充因罢免而产生的缺额，实行此制的有美、日等国。后者是全体选民对某一代表机关的全体组成人员进行投票，如获法定多数的通过，全体民意代表即被罢免而致代表机关遭解散，然后选出新的代议机关，以瑞士的伯恩（Burn）、阿格菲（Arhovit）等邦为采用此制的典型。

3. 罢免案提出，须达到法定公民数的认可或连署。承认公民享有罢免权，实是将公民作宪法上能动之国家机关看待，需体现多数人的意志。若罢免案之提出，没有或形成一定数量公民的认可或连署，说明该罢免非多数人之意愿，既不能交付表决，更难以获得通过，否则，便与民主所要求的多数决原则相背离，如瑞士的伯恩邦，罢免议员的提案，要求有选举人 1.2 万人提出；日本解散地方议会的投票，需有全体选民 1/3 以上的连署；美国的许多州规定，提出罢免案的选民总数应达到上届选举时选民总数的 25%至 30%以上。

公民在依法享有罢免权时，应遵守法律规定的有关条件，方可使罢免权的行使发挥最大的积极作用，将其消极的影响限制在最小的范围内。

首先，为保持当选人的稳定，且能有一定的时间对当选人进行全面的考验，代表或公职人员选举产生后，非经一定的时间，公民不能对其提出罢免的动议或申请。这个一定的时间，依日本法律规定，为当选人就职后 1 年之内，美国则是当选人就职后 6 个月内。

其次，公民的罢免权，不能对任期内的当选人频繁行使，也就是提出罢免案的次数应受到限制。美国法律规定，议员或官员就任期内，对其只能提出一次罢免案；日本法律规定，对地方议员及行政官员提出罢免未获通过的，如欲再次提出罢免，须自投票之日起满 1 年之后。

最后是罢免案的通过，应达到法定人数的赞成。多数国家要求达到法定公民的过半数的赞成，罢免案即可通过。少数的国家或地区规定，罢免案的成立须有一定选民的 2/3 或 3/4 以上赞成方为有效，要求显然更高，增加了罢免案被通过的难度。

第三节 创 制 权

一、创制权的含义

创制权（initiative）是公民享有针对立法机关应制定或修改之法律，当其不制定或修改时，可提出原则或建议，促使立法机关制定、修改为法案，议决为法律的权利。实际上就是有限度地承认公民享有立法的动议权，以纠正或弥补立法机关的偏失和疏漏。

创制权的源头可追溯至古希腊城邦国家（City State）的公民大会的直接立法，近代国家对创制权的承认则深受卢梭“人民主权”思想的影响。[①] 率先确认并实行创制权的是瑞士和美国的各州，其后扩及瑞士、美国。第一次世界大战后，德奥诸国相继模仿，现在意大利、西班牙、爱尔兰、丹麦、保加利亚、法国、白俄罗斯、摩洛哥、古巴、乌兹别克斯坦等国实行。

自创制权产生以来，西方学者对其的认识始终存在着分歧。赞成的人认为，创制权的实行符合人民主权的原则，置立法机关于公民的监督之下，能充分地保证法律体现“公意”或多数人意志，减少立法机关的失职和专横，防止其被政党垄断或利用。反对者则认为，公民因缺乏专业的知识和立法的技术，创制法案时，内容难免粗陋，表决易于草率，付诸执行，易产生不良后果。就议会方面而言，创制权的运用，易致立法机关的作用受到削弱，议员的责任心及工作热情受到打击。

二、创制权的内容

纵观各国宪法及法律的规定，有关公民创制权的制度涉及如下几方面的内容：

1. 创制权行使的主体，普遍要求是达到法定数量的选民倡议。如瑞士联邦宪法要求10万有表决权的公民的连署；德国魏玛宪法要求有选举权之人民1/10以上的联名；奥地利要求的选民数是20万；美国一些州规定为3%至5%的选民。

2. 创制权行使的范围，是指创制的法案以普通法法案或宪法法案（含宪法修正案）为限，抑或二者兼而有之，此方面，不同国家存在差异。像日本、意大利等国，仅承认公民普通法律案享有创制权，1993年的西班牙宪法则对公民对立法创制和立宪创制权同时给予了肯定。在一些联邦制的国家中，联邦与其成员关于创制权范围的规定也不相同。像瑞士联邦宪法规定，公民对联邦宪法有创制权，对普通法律无创制权，具体是指10万有表决权的公民可创制提出宪法修正案。各州的公民对其所在州的宪法修改及法律制定、修改、废止均有创制权。美国各州中，承认公民可进行立法创制的有19个州，可进行立宪创制的有14个州。[②]

3. 创制权行使的方式，有原则创制和草案创制之分。前者指公民提出修改宪法或制定、修改法律的原则，由立法机关依此原则拟定法案予以通过或交由公民复决。美国一些州的宪法规定，人民对宪法提出修正时，如提出原则，经该州议会同意，即根据原则拟出草案交人民复决，就是原则创制，又叫间接创制。草案创制又叫直接创制，典型的国家为意大利，其宪法规定：“人民通过提出拟成条文的提案的方式来行使法案提出权，但该法案至少得由10万选民的联名提出。”瑞士宪法所规定的创制权，公民在行使时，采用原则创制和草案创制均可。其中，宪法的全部修改，公民只能提出原则创制，并就此原则创制举行先决投票，获全体投票总数半数以上的同意，即由改选或新成立的联邦议会按照公民所提修改原则，拟定新宪法草案。宪法的部分修改，公民在创制时，既可以提出原则，又可以提出草案。联邦议会应在1年内对公民所提出的原则或草案给予赞成或反对的表示，然后由行政委员会根据联邦议会赞成或反对的表示，令公民举行先决投票或复决。

---

① ［法］卢梭：《社会契约论》，何兆武译，商务印书馆1900年版，第125页。

② 章友江：《比较宪法》，北平好望书店1933年版，第204页。

4. 创制权的限制。各国普遍规定，与公民经济利益有关的事项，如预算、租税及薪俸等，不能行使创制权，提出法律草案，以防止公民规避或减免其义务，增加国家财政的负担。除此内容上的限制外，公民创制的法案经投票否决后，若再次提出应受一定时间的限制。

第四节　复　决　权

一、复决权的含义

复决权（referendum）是公民享有的对立法机关决议的宪法修正案或法律案，通过投票来决定其能否最终生效的权利。

同创制权一样，复决权也以卢梭的“人民主权”学说为思想基础，最早在宪法中给予确认的是18世纪美国独立时期的州宪。实践上，1780年马萨诸塞州、1784年新罕布什尔州的宪法，均为该州人民复决通过才生效的；法国的1793年、1946年及1958年宪法也均经过公民的复决。当今世界，除法国外，实行公民复决的还有瑞士、日本、意大利、奥地利、丹麦、爱尔兰、阿尔及利亚、摩洛哥、保加利亚等国。

在“人民主权”思想的基础上，又有“委托说”“认可说”“双重意思表示说”“意思补足说”等主张，① 为公民复决权的存在提供正当化的依据。这些主张均认为公民复决权的享有，可使立法权的行使受公民的控制和监督，防止政党对立法机关的操纵，缓解立法机关同行政机关间的矛盾和冲突。

二、复决权的内容

1. 复决权享有和行使的主体为依法享有政治权利和自由的公民。

2. 复决的对象，绝大多数国家仅将复决适用于议会通过或否决的议案之上，少数国家还将其运用于解决总统与议会意见的冲突、议会上下院之间的争执及地方自治等问题。就对法案的复决言，可分为“立法复决”和“立宪复决”两种。“立法复决”是对立法机关制定、修改或废止的普通法案的复决；“立宪复决”是对立宪机关或团体通过的宪法或宪法修正案所进行的复决。一个国家既可以单独地采用“立法复决”或“立宪复决”，也可二者同时采用。像瑞士联邦、德国、奥地利和美国的十多个州所实行的公民复决，就是二者兼具。

3. 复决权行使的方式，可从不同的角度进行划分。依据复决程序是否为法案的成立所必须，可将其划分为“强制复决”和“任意复决”。“强制复决”指立法机关通过的宪法案或法律案，必须经过公民的复决通过才能生效，一般适用于宪法修正案。像瑞士联邦及各州、美国的许多州。将“强制复决”运用于普通法案时，像瑞士的8个州那样针对全部法案的不多，多是对部分重要的普通法案，如美国诸州规定的关于公债、额外税率、银行营业状的颁发等法案才适用。“任意复决”是指只有公民或有关机关提请的情况，才

① 史尚宽：《宪法论丛》，台湾荣泰印书馆1987年版，第186~187页。

将有关的宪法或法律案交付公民进行投票复决，因此它不构成法案生效的必须程序。“任意复决”的行使，除普遍由公民提起外，像议会、行政机关（含国家元首）、联邦的组成单位等也可提起。德国魏玛宪法规定，总统对于国会所通过的法案，得提请公民复决。意大利宪法规定，通过公民复决来决定某项法律全部或部分的废除，应有 10 万选民或 5 个省议会的要求。瑞士宪法规定，联邦法律得经 3 万公民或 8 个州政府之请求，由人民表决采用或拒绝之。

依据采用复决所要实现的目的分，有“咨询复决”和“批准复决”。凡在宪法或法律制定、修改之前，以探询公民对其应否制定或修改为目的而进行的复决即为“咨询复决”。瑞士宪法规定，“如联邦议会中有一院提出全部修改联邦宪法而另一院不予同意，或者有 10 席表决权的瑞士公民要求全部修改联邦宪法，在此两种情况下，是否全部修改宪法问题应交付瑞士全民表决”，所确认的就属于“咨询复决”。“批准复决”是指法律或宪法制定或修改出来后，以获得人民的赞成通过为目的而进行的复决。大多数国家规定的复决属于批准复决的性质。

4. 复决权的限制。

根据法律的规定及实践的做法，公民行使复决权应受到两个方面的限制。一是必须在法定时间内行使，以避免法律案长期处于待决状态而给权利义务的规范造成不确定的不良后果。为此，德国的魏玛宪法规定，总统得于法律公布前 1 个月内交国民复决。瑞士联邦宪法规定，在联邦议会通过或修改一项法律后的 3 个月内，如果有人能征集到 5 万选民的有效签名，表示对新的法律的反对，就必须将该法律付诸公民复决。① 二是复决的内容，不能涉及有关人民负担之法案，以免公民借此来减轻自己的负担，免除其应负的义务。

① ［瑞士］西格：《瑞士的政治制度》，刘文正译，华中师范大学出版社 1987 年版，第 27 页。

第十章　社　会　权

社会权是公民享有的为维持其生存和进行正常的社会交往方面的权利，这些权利，许多能使公民获得直接的物质上的利益，它们的实现更信赖于国家或社会所提供的物质保障，因而过去多称为“受益权”或“经济权利”。

第一节　财　产　权

一、财产权的内容

讲到财产权，人们都会想到是对财产的占有、使用、收益、处分的权利。这是就财产权的权能而言的，并且是在传统的财产权等同于财产所有权意义上来理解的。今天而言的财产权已经超出了财产所有权的范围，即超出了对作为财产权客体的物的支配权的范围，指的是一切有财产价值的权利。具体包括：

1. 物权

物权乃直接支配标的物之财产权。所谓直接支配，即就标的物为使用、收益、处分、保存及改良，并排除他人干涉等行为。物权之标的物须具有特定性之独立物为原则，且每一物权标的，应以一物为原则，即“一物一权主义”。我国《物权法》规定的物权有所有权、用益物权（含土地承包经营权、建设用地使用权、宅基地使用权、地役权）、担保物权（含抵押权、质权、留置权）。

2. 债权

债权是债权人对特定人（债务人）请求履行特定行为的一种法上请求权。特定行为，又称为给付，包括债务人之作为及不作为。债权的发生原因有契约（合同）、侵权行为、无因管理、不当得利。

3. 无形财产权

无形财产权是近代以来工商业发达和科技进步的产物，它以人类智慧和精神产物作为保护之标的物。它包括著作权、邻接权、专利权、商标权。随着时代发展，无形财产权之财产价值越来越大，已经呈现出超越有形财产的趋势。

4. 特定、具体的公法给付请求权

人民向国家主张之公法上的财产性权利是否归属财产权范畴？对此问题，在德国，宪法法院根据《基本法》认为“对于财产所有权保障能否延伸适用到具有财产价值的（主观）公权利，例如公务员或军人的薪资请求权以及像社会保险给付请求权的问题，大家原则上一致认为：这些权利也处于财产所有权保障的保护范围中，这是因为，它们履行着与原先的物权同样的职能"。[①] 而在美国，20 世纪 70 年代以前，财产的概念比较狭隘，只包括通常定义的不动产、动产和金钱或证券。社会福利、政府职位和经营许可都被认为是政府授予的优惠，而非个人享有的财产权利。因而在任何时候，政府无须经过法律程序，即可没收或取消这些优惠。而始于 1970 年的"正当程序革命"则改变了财产的概念。在"格登伯格诉凯利案"（Goldberg v. Kelly）（1970）中，大法官们以五比四勉强接受了新财产概念。他们认定，纽约市因为没有举行事先听证会就终止了社会福利待遇的做法，破坏了正当程序条款的程序性保障。其后，在"大学合同案"（Boards of Regents v. Roth）（1972）中，法院再次主张"程序性正当程序条款所保护的财产利益，远超过土地、动产或钱财的实际拥有权"。"新财产包括社会福利和公共职业等政府馈赠；一旦从优惠变为类似财产的权利，对它们的剥夺就受到正当程序的限制。"[②] 因此，在西方国家，人民若是向国家主张内容特定具体的（主观）公权利，大抵可归于财产权存续保障之中。

二、财产权的保护领域[③]

无论是设置财产权制度还是确认个人享有财产权利，根本的目的是要追求一种客观上的效果，以使财产权制度的存在和财产权利的享有根本上符合保障个人生存之目的。

1. 财产性权利的存续状态

财产性权利的存续状态，即财产权主体对财产权所指向对象的持续性状态，也就是权利主体对既得的财产性权利的控制应呈现出连续的状态，并且这种状态应受到他人特别是国家的承认与尊重，不能任意地被改变或终止。

2. 维持生存所必须之既存财产

我国台湾地区司法院大法官会议在有关解释中指出，宪法保障人民之财产权，"使财产所有人得依财产之存续状态行使其自由使用、收益及处分之权能，以确保人民所赖以维系个人生存及自由发展其人格之生活资源。"由此可知，财产制度之设置与财产权之保障，根本目的在于确保个人赖以生存和发展的物质基础能够得到巩固。这一要求意味着，财产性权利的存续不仅是质的问题，也有量的要求，即必须达到能够维持个人基本生存所需的数量。

虽然宪法产生于国家之后，但个人的生存却是国家存在与延续的根基。如果国家不能保护个人的基本生存，其所拥有权力的正当性就会受到质疑。由此而决定了国家不侵犯个人的生存是立宪国家的正当性前提。因此，维持个人生存所必须之既存财产构成财产权保护领域之核心地带。

3. 财产之支配自由

个人对财产的支配自由是在财产的存续状态得到保护的基础上，对之加以用益处分之权能。财产的存续状态能够给人的生存提供稳固的基础和带来安全感，但只有通过对财产

---

① ［德］康拉德·黑塞：《联邦德国宪法纲要》，李辉译，商务印书馆 2007 年版，第 349 页。

② 张千帆：《美国联邦宪法》，法律出版社 2011 年版，第 201 页。

③ 参阅蔡维音：《财产权之保护内涵与释义学结构》，载《成大法学》2006 年第 11 期，第 63~68 页。

的使用、收益和处分才能将人的自由意志对象化于特定的财产权益之中，体现出每个人作为财产权主体与其他财产权主体的实际不同，展示出个人在财产的支配上具有的自我决定与自我形成的自由，反映出人与财产的关系实质上是人与人之间关系的折射。

上述的方面体现的是财产权的主观权利面向，它的实现还需要财产权的客观价值秩序功能来提供保障。财产权的客观价值秩序功能作为对国家的要求，体现在国家所提供的下列客观制度保障上：第一，财产继承制度；第二，物权公示制度；第三，时效取得制度；第四，善意取得制度；第五，物权法定制度。这些制度虽然并不直接关联“存续保障”或“支配自由”，但却有利于交易秩序安全和经济发展，能够增加权利人实现财产权的前提和条件，为个人充分实现其权利整备好周边条件。

三、宪法财产权的规范结构

1. 一般性条款

在宪法中以概括的方式，一般性地宣布保障财产权的宪法规范。但在如何宣布对财产权的保障上，又存在着两个方面的差别：

在是否宣告财产权为“神圣”不可侵犯的权利方面，“二战”以前，不少国家的宪法和法律在对财产权的规定上，宣告财产权为神圣不可侵犯的权利。英国1215年的《自由大宪章》以成文法形式确立了被征税人不同意就不能征税的原则，限制了国王非法向臣民勒索财产的权力，被视为近代私有财产神圣不可侵犯原则的历史渊源。“私有财产神圣不可侵犯”作为一个完整的原则是1789年法国大革命时期提出来的。法国1789年的《人权和公民权宣言》将美国1776年《独立宣言》宣称的“生命权、自由权和追求幸福的权利”加进了财产权，把人权概括为“自由、财产、安全和反抗压迫”，同时特别宣告“财产权是神圣不可侵犯的权利”。以防止波旁王朝专制统治之下，国王可以任意剥夺工商业者的私有财产归国王所有或者赏赐给国王的宠臣或者爱妾的现象再次发生。随后建立的资产阶级政权也大多以宪法规定私有财产神圣不可侵犯，使其一时成为资产阶级国家的标志和资产阶级政党的旗帜。19世纪末，随着资本主义发展到垄断阶段和福利国家思想的产生，国家为了公共利益的需要对私有财产的征用及其补偿逐渐具有了正当性和合法性，战后各国宪法基本上没有再将财产权作为“神圣”的权利加以确认。如1946年11月颁布的《日本宪法》规定，“财产权不得侵犯。财产权之内容应由法律规定，以期适合于公共之福祉。”1947年的《意大利共和国宪法》规定，“法律承认并保障私有财产，但法律为了保证私有财产能履行其社会只能并使其为人人均可享有，得规定获得与使用私有财产的办法，以及私有财产的范围。”1949年的《德意志联邦共和国基本法》规定：“财产和继承权利应得到保障。其内容与限制应被法律所规定。”1958年的《法兰西第五共和国宪法》也规定：议会可以通过“有关企业国有化和国有企业的资产转为私人所有”的法律规定。这就意味着财产并不是神圣不可侵犯的，议会可以通过法律将私人财产国有化，或者将国有财产私有化。除此之外，荷兰、比利时、委内瑞拉、玻利维亚、埃及、菲律宾、西班牙、秘鲁等国家也都规定私有财产不可侵犯，而没有“神圣”二字。

在保护的财产权范围上，是否明确规定限于“合法”的财产？考察各国宪法的规定可知，很少有国家作出这种明确限定。如比利时王国宪法规定，“任何人的财产不受剥夺”；1978 年的西班牙宪法规定，“承认私人财产和财产继承的权利”；1979 年秘鲁共和国宪法规定：“财产权不可侵犯。”单纯从字面上来理解，似乎可以将宪法的这种规定理解为不合法的财产权也应受到保障。实际上，不可侵犯条款本身就包含只有合法的私有财产才不受侵犯的意思在内。更关键的是，规定“合法”二字与否不是文字上的差别问题，而是理念上的差别。不限定“合法”，意味着国家机关或者其他个人首先应将他人的私有财产看成合法的加以保护，只有在有充分的证据证明该财产是非法时，才可以予以剥夺。而加以“合法”的限定，等于说首先应将私有财产看做非法的，只有在有证据表明其为合法时才是不可侵犯的。

至于宪法中关于财产权的一般性的条款旨在保障作为一个客观法律制度的财产权制度还是作为一种人权的财产权，从各国宪法学说及判例来看，存在着“制度保障说”和“权利保障说”的差别。①

2. 义务性条款

义务性条款指在宪法规范中规定财产权应承担的社会义务，实质是规定财产权应受到的制约的条款。如联邦德国基本法规定：“所有权负有义务，其行使应该有助于公共福利。”日本宪法规定：“财产权的内容，应由法律规定，以适应公共福利。”苏联宪法规定：“归公民个人所有或使用的财产不得用来获取非劳动收入和损害社会利益。”意大利宪法规定：“法律为了保证私有财产能履行其社会职能并使其为人人均可享有，得规定获得与使用私有财产的办法以及私有财产的范围。”

在一般的意义上，财产权义务性条款的规定是基于“财产权为社会职务说”的思想。社会之所以承认私人对其财产享有所有权，原因在于，在目前的社会状态下，只能利用私有财产作为一种工具，用以增加社会财富和满足社会需要，也就是说，因为私人财产权对社会的财富增长能够发挥一定作用，所以国家才会对财产权给予保护。但这种保护是有前提的，即私人的财产权必须服务于“公共福利”，这就是私人财产权需要承担的义务。②除此之外，对于财产权为何要承担社会义务，各个国家还有自己的根据。日本的宪法理论一般采用“内在制约”和“公共政策制约”这两个概念来加以说明。所谓“内在制约”是指基于自由国家性质的公共福利的制约，即“消极制约”。它要求财产权必须服从作为自由权的内在的限制。所谓“公共政策制约”系基于社会国家性质的公共福利的制约，包括预防传染病、保护文化遗产和自然环境以及防治公害、对垄断财产的限制等。③ 德国自魏玛宪法以来的宪法理论，则用“方针性条款”的理论来说明财产权的社会义务。认为宪法规定的保护财产权为“方针性条款”，它赋予立法者一个有约束力的方针指向，指示立法者在制定规定人民财产权之内容与界线的法律时，能有一个正确的决定标准。联邦

---

① “制度保障说”认为财产不可侵犯所确立的对私有财产权的保障，并非旨在保障作为纯粹的个人权利的财产权，而是要保障私有财产的“核心部分”。诚如德国法学家 K. 施米特认为：“财产权不可侵犯的规定，与其说是对个人权利保障的规定，倒不如说是继承和确保‘宪法以前’所存在的、从而必须为法律（即立法机关的立法）所尊重的私有财产制度的一种宣言。”“权利保障说”认为，财产权应该是一种纯粹的天赋人权。

② 参见王世杰、钱端升：《比较宪法》，商务印书馆 2002 年版，第 139 页。

③ 参见宋长军：《日本国宪法研究》，时事出版社 1997 年版，第 97~100 页。

德国的基本法因此而将该原则变为对财产权人的一项有直接适用力的法律义务。

3. 征收补偿条款

征收概念的内涵则有古典和现代的差别。古典的征收概念是指国家或其他公权力的主体，为特定“公用的目的”，经由一定的程序对财产权强制剥夺的意思，强调的是征收的公用性。现代的征收并不以公用为唯一目的，只要征收有助于公益，即便征收的财产未必供公用，仍可进行。故现代征收乃是公益征收。

与征收类似的概念是征用。征用不以剥夺财产权为目的，而是暂时性或强制性将人民的一定财产纳入公权力的支配之下，待一定公益目的实现后，便将该财产予以归还。

许多国家的宪法都规定了对财产权征收补偿的条款。美国宪法第五修正案和第十四修正案规定：“除非依据正当的法律程序，任何人的生命、自由和财产不受剥夺；私有财产不得在未给予公正补偿的情况下，予以公用征收。”“任何州政府不经正当法律程序，不得剥夺人民的生命、自由和财产。”意大利共和国宪法第 42 条规定：“为了公共利益，私有财产在法定情况下得有偿征收之。”联邦德国基本法规定：“征收惟有因公共福利所需方得为之。征收之执行，须基于法律，而法律必须同时规定补偿的种类及限度后，方得为之。”

征收的财产范围，德国的古典征收理论认为应局限于所有权和他物权，补偿应当是全额的。到了魏玛宪法时代则扩张为包括债权在内的一切具有财产价值的权利，补偿只要适当就行，并不要求达到全额的程度。

国家对财产权征收及财产权人请求补偿的合理性基础是什么？各国的宪法理论也有不同的主张。

美国使用“警察权力”的概念来为国家对财产权的征收提供正当化的说明。美国最高法院大法官霍姆斯认为，宪法承认的基本权利都存在一个内在的限制，但这种限制必须要有限度。如果超过这一限度实施的征收，而导致人民权利的丧失，国家就应当给予补偿。警察权力就是为防止人民基本权利超出必要限度行使而设置的。因警察权力的行使对基本权利形成的限制不在补偿之列。因此，应当以对人民权利侵害的程度大小来衡量是属于警察权力对公民权利的限制还是属于公益征收，并以此作为判断是否应当给予补偿的根据。一般而言，警察权力对人民权利造成的损害比较小，征收对人民权利造成的损害比较大。

德国的宪法学中，则有“个别处分理论”和“可期待忍受性理论”来说明财产权的社会义务与征收的界限。前者的主张者是法学家安序滋，他认为，征收是对特定的个人及确定或可以确定的一群人权利的侵害，相对人知道自己的权利已经被侵害，根据少数人为公共利益而牺牲时，负担应当由所有受益人承担的“公平负担”原则，就需要对财产的所有者给予合理的补偿。如果通过法律规定对人民的财产进行侵犯，并且是该种类的财产权利一律受到了侵犯，则属于财产权应承担的社会义务，而不是对个案的征收侵害，无需给予补偿。“可期待忍受性理论”的提出者为斯科特，他将征收看做对财产权的重大侵害。例如铁道两边的居民必须忍受火车行驶产生的噪音，是财产负有的义务。但是没收财产，则是对此财产权的严重侵犯，不属于私有财产权可以负担的义务。

日本的法学界，针对宪法第 29 条第 3 款关于财产征收补偿的规定，也提出了各种主张。主要有："大纲方针说"认为宪法第29条第3款只不过是为制定法律提供了大纲方针性规定而已，如果没有法律的规定，就不产生具体的补偿请求权，受害者不能仅根据宪法的规定提起补偿的请求。"当然无效说"，认为应将补偿解释为征用的前提，欠缺补偿时，征用当然是无效的。"补偿请求权发生说"，认为应将补偿请求的发生解释为仅是征用等带来的结果，没有补偿，征用等行为依然有效。同时应承认财产被征用或受限制的人可以根据宪法第29条第3款的规定，对行政主体享有补偿请求权。①

从宪法的规定看，对财产权进行征收并不为宪法所禁止，只是这种征收必须依法进行，具体是指符合法律规定的要件：（1）征收必须有法律依据和遵守法定程序。（2）征收必须以公益上的必要为限度。（3）征收应给予公平补偿。财产所有权人因社会公益而特别牺牲其财产权，自然有权要求给予补偿。至于如何给予补偿，法律上多要求为"公平"补偿，学理上有"完全补偿说"和"相当补偿说"的差别。所谓"完全补偿说"，乃是基于"财产权的价值保障"为立论前提，认为应补偿的范围是财产权人的财产被征收时所有实质损失及将来可预期损失。"相当补偿说"则是立足于"财产权的存续保障"，认为个人因公益而特别牺牲的仅是实体的财产权，因此补偿的范围与其实际受到的损害相当即可。

四、美国宪法对财产权的保护

美国联邦宪法在最初的文本中并没有关于财产权的保护条款，但在后来增加的第五修正案中规定，任何人未经正当法律程序不得被剥夺生命、自由和财产，非有正当的补偿，不得征用私有财产以供公共使用。这一规定，毫无疑问体现着对财产权确认和保障的精神。美国宪法对财产权的保护主要通过以下几个途径实现：

1. 借助于宪法中的合同条款来保护财产权

宪法第1条第10项规定，任何州不得通过损害契约义务的法律。② 该规定，旨在防止各州延长债务人偿还债务的期限，或以其他方式摆脱契约义务，为对财产权的保障奠定了宪法基础。宪法的这一规定，体现了自然法思想对美国宪法制定者所产生的巨大影响，使得他们将财产权作为自由得以存在和实现的基础，认识到财产权的保障是文明社会的主要目的。

根据宪法关于各州不得通过损害契约义务的法律的规定，联邦最高法院在审理有关涉及财产权的案件中，就非常注重运用契约条款来防止州的立法对公民财产权的侵犯。其中1810年的"弗莱切尔诉佩克案"（Flectcher v. Peck）在此方面开创了先河。③ 最高法院在

① 杨建顺：《日本行政法通论》，中国法制出版社1998年版，第596~597页。

② 该条规定在各种翻译文本中，有的翻译为"合同义务"，有的翻译为"契约义务"。

③ 1795年，佐治亚州议会决定将本州3000多万英亩土地出卖，每英亩的价格是1.5美分。一土地投资集团购买后以每亩14美分的价格转卖给东部各州的一些买主。后因在该项土地买卖中发现议员有受贿行为，新的州议会决定废止上届议会通过的土地买卖法，弗莱切尔因面临失去买来土地的可能而起诉卖主佩克有欺诈性的商业行为。

该案的判决中指出："产权，无论依据何种法律标准，都是一种完全的权利。购买人受让产权时总是带着充足的信心，因为他相信出卖人是安全的。假如由于购买人之前很早的前手的行为使该产权存在隐藏瑕疵，但购买人并未注意到这一点……他是无辜的，无论别人有什么罪过，公平原则将使他不受这一罪过引起的惩罚的影响。""当一项法律本质上是一项契约，并且当已依据该契约让与了绝对权利，即使撤销了这项法律，也并不能剥夺这些权利。"①

在 1819 年的"达特茅斯学院诉伍德沃特案"（Dartmouth College v. Woodward）中，②联邦最高法院宣称达特茅斯学院在 1769 年从王室取得的建校特许状实际上是一个合同，合同下的学校不是一个公共组织，而是一个私有企业。王室的合同并不因革命而失效。即便达特茅斯学院从事的是公共教育，也不能被州的立法机关视为公共事业而将其控制。州政府改变学校董事会的组成等于剥夺了原董事会成员对学校财产的掌握，因而是违宪的。③

制宪者在宪法文本中确立的契约条款，主要是指私人之间的普通契约，目的是要保障私人的财产权不受各州的侵犯。但 1810 年的"弗莱切尔诉佩克案"和 1919 年的"达特茅斯学院诉伍德沃特案"，最高法院已经在扩大解释"契约"的含义，将"允许公民买卖土地的法律"和"从王室取得的办学特许状"纳入到契约的范围之中。这样一来，"契约条款是以损害各州保护公共福利的权力为代价，来保护既得财产"。④

然而，联邦最高法院对宪法中契约条款含义的解释在后来有关案件的判决中发生了变化，如在 1819 年的"斯塔格诉卡诺文码头案"（Sturges v. Crownin shielf）中，联邦最高法院就判决纽约州的破产法关于债权人如果将其财产交出去，就可以免除其法律责任的规定违反了宪法中的契约条款，侵犯了公民的财产权。在 1823 年的"格林诉布瑞德案"（Green v. Briddle）中，最高法院裁判肯塔基州占有请求权法的相关规定违反宪法中的契约条款，原因就是该法的相关规定使地主在与承包人签订的承包土地合同中处于不利地位，造成地主财产权的行使受到相当大的限制，实际上构成了对地主财产权的侵犯。在 1837 年的"查尔斯河桥梁公司诉沃伦桥梁公司案"（Charles River Bridge

① Flectcher v. Peck，10 U. S. 136（1810）. 北京大学司法研究中心编：《美国联邦最高法院 200 年经典判例选读：宪法的精神》，中国方正出版社 2003 年版，第 46~47 页。

② Dartmouth College v. Woodward，17U. S. 518-672（1819）. 本案起因于新罕布什尔州立法机关试图变更乔治三世（George Ⅲ）于 1769 年颁发给学院的特许状，该特许状给予学院委托人"永久的"管理权。1816 年共和党人支配的立法机关通过法律，企图将达特茅斯学院由私立大学转变为州立大学，并废除了联邦党人占支配地位的受托人的权力，控制了新的监督人委员会。学院董事会的原成员控告州政府的决定损害了宪法保护的契约自由，州政府的决定是未经正当程序剥夺了他们的财产权。

③ 参见北京大学司法研究中心编：《美国联邦最高法院 200 年经典判例选读：宪法的精神》，中国方正出版社 2003 年版，第 49~53 页。

④ ［美］詹姆斯·M. 伯恩斯等：《民治政府》，陆振纶等译，中国社会科学出版社 1996 年版，第 208 页。

v. Waren Bridge）中，① 联邦最高法院裁决，1785 年州立法部门允许查尔斯河桥梁公司建造桥梁的特许状不具有合同的性质。在 1880 年的“斯顿诉密西西比案”（Stone v. Mississippi）中，联邦最高法院裁决，密西西比州仅仅经过 3 年，就撤销了允许原告在 25 年内经营彩券的约定是基于其本身所固有的警察权力，不构成侵害原告为宪法所保护的契约自由权利。它意味着，最高法院逐步开始限制契约条款的适用范围，并使契约服从于宪法性法律中所称的“警察权力”，即保护公共卫生、安全、福利和道德的权力。即使是个人之间的契约，为了防止社会和经济灾难，也可以由州的法律加以限制。最后的结果是，虽然宪法中的契约条款偶尔仍然被用来反对州对财产的管理，但已不再成为对州政府权力的重大限制了。

2. 通过正当法律程序来保护财产权

随着联邦最高法院对契约条款的解释越来越受到法律及各州警察权力的制约，私人之间的契约绝对不受国家公权力干涉的时代也就难以为继了，宪法契约条款对公民财产权的保护功能随之也开始走向衰落。在此情形下，宪法修正案关于未经正当法律程序，不得剥夺任何人的生命、自由和财产的规定，开始承担起了保护公民财产权的重任。

美国宪法第五修正案规定，未经正当法律程序，不得剥夺任何人的生命、自由和财产。宪法的这一规定，存在着两方面的问题：一是《权利法案》除第 1 条明确限制联邦国会以外，其他的规定能否约束各州。在 1833 年的“巴伦诉巴尔的摩案”（Barron v. Baltimore）中，② 法院的判决指出：“这些修正案要求防止联邦——而非各州——政府的侵权……这些修正案并未包含任何措辞，已表露他们适用于各州政府的设想。”③ 因此，各州侵害公民的财产权，联邦法院也不能援用宪法第五修正案加以抗拒。1866 年，宪法第十四修正案明确规定，各州不经正当法律程序，不得剥夺任何人的生命、自由和财产，从而拓宽了第五修正案的适用范围。二是“正当法律程序”主要是指的诉讼，特别是刑

① Charles River Bridge v. Waren Bridge，36 U. S. at 420-649（1837）. 该案的案情为：1785 年，马萨诸塞州立法部门以特许状的形式准许查尔斯河桥梁公司在查尔斯河上建造桥梁，并在建成后的 40 年内征收过桥费，后又延长 30 年。1828 年，马萨诸塞州的立法机关又特许查尔斯镇的商人组成的沃伦桥梁公司在查尔斯河上建造新桥，建成后征收过桥费至收回成本为止。这实际上打破了查尔斯河桥梁公司居于的垄断地位，而且新桥收回成本后的免费使用，将造成查尔斯河桥梁公司的收入大为减少。为此，该公司认为建造新桥的决定违背了马萨诸塞州宪法关于保护人民生命、自由和财产的规定，违反了联邦宪法中的契约条款。1785 年的特许状是该公司与州政府之间的合同，根据 1810 年达特茅斯学院案确立的原则，州不能侵犯私人或企业的私有财产。

② Barron v. Baltimore，32 U. S. 243—250（1833）. 该案的案情是：巴尔的摩市为修筑街道而改变了河流的走向，分流导致了大量泥沙淤积在原告拜伦拥有的码头，水深变浅使得绝大多数船只不能靠岸，使码头失去了商业价值。为此，拜伦以市政府未经正当法律程序剥夺了他的财产权为理由起诉市政府。

③ 参见张千帆：《西方宪政体系》（上册·美国宪法），中国政法大学出版社 2000 年版，第 209～210 页。

事诉讼方面的程序，如何将其运用于对财产权的保护。在 1873 年的“屠宰场案”中，[①] 联邦最高法院的判决指出：宪法第十四修正案的立法目的在于保护获得自由的黑人的公民权利，不能被用来作为对州的管理权的限制，实际上仅将“正当法律程序”作了形式上的解释。在 1877 年的“摩恩诉伊利诺斯州案”和“格兰格案”中，最高法院均根据“屠宰场案”精神判决，认为各州为公共利益起见规定仓库收费和境内火车运费标准的法律并不背离正当法律程序条款。然而，在法律的执行或诉讼程序的过程中财产权会受到侵害，倘若法律本身就包含了对财产权的限制或侵害时，仅仅借助于形式上的正当法律程序是难以提供有效保障的。于是，纽约州最高法院在 1885 年的“雪茄烟案”中，率先运用正当程序条款，判决该州一项禁止在三户以上房客的公寓中生产雪茄烟的法案违反州宪。在 1886 年的“维伯西——圣路易斯——太平洋铁路公司诉伊利诺斯州案”（Wabash, St. Louis, and Pacific Railway Co. v. Illinois）中，[②] 联邦最高法院也开始从实质意义上来解释“正当法律程序”的含义，并据此判决伊利诺斯州铁路运费管理法不顾运输业者所必需的报酬，实际上等同于未经正当法律程序剥夺了公民的财产。在 1890 年的“芝加哥——密尔沃基——圣保罗铁路公司诉明尼苏达州案”（Chicago, Milwaukee and Si. Paul Railway Co. v. Minnesota）中，联邦最高法院又判决，明尼苏达州的铁路管理法不合理地剥夺了铁路公司正当收费的权利，事实上等同于未经正当法律程序剥夺了铁路公司的财产权。[③] 实质性正当程序能够为公民财产权提供的保性程度，很大程度上取决于联邦最高法院在特定历史时期基于各种因素影响所作出的选择。

1937 年的“西岸旅店诉帕里什案”（West Coast Hotel v. Parrish）中，[④] 斯通大法官在代表联邦最高法院宣读的多数意见中提出了司法审查中的“双重标准”主张，将宪法中保障的基本权利划分为两部分，那些与政治运作、司法程序、平等权等有关的权利，在司法审查时应采用严格的标准；有关其他权利的立法，司法审查时则可以采取宽松的标准。以此而论，关于公民财产权的立法是否符合实质性正当程序的要求，不适用严格审查标准。此后，联邦最高法院在对有关财产权的法律进行审查时，一直秉承这一标准，即便是对侵害公民财产的经济立法，也很少采用实质性正当的标准加以审查。这就使法院借助于宪法“正当法律程序”条款对公民财产权提供保障的作用大不如从前。

3. 通过对政府征用财产的限制来保护财产权

美国宪法第五修正案规定，非有正当补偿，不得征用私有财产以供公共使用。该规定与宪法第十四修正案的正当程序条款结合而被适用于各州。值得说明的是，在美国，一般

---

① The Slaughterhouse Case, 83 U. S. at 36-130 (1873). 该案中，新奥尔良市的屠宰场主向联邦最高法院提出上诉，指控路易斯安那州政府制定的统一管理屠宰场的法律违反了宪法第十四修正案的“正当法律程序”原则，剥夺了他们为宪法所保护的财产权。

② Wabash, St. Louis, and Pacific Railway Co v. Illinois, 118 U. S. at 557-596 (1886).

③ Chicago, Milwaukee and St. Paul Railway Co v. Minnesota, 134 U. S. at 418-466 (1890).

④ West Coast Hotel v. Parrish, 300 U. S. at 379-414 (1937).

认为政府的财产征用权属于主权中所固有的权限，宪法中的征用条款乃是一个人权条款，不是政府行使征用权力的根据。其核心不在于禁止政府对私人财产的征用，而在于设定征用补偿的条件，以建立对政府滥用征用权力的阻却机制。

在美国的司法实践中，严格区分了政府运用“征用权”与运用“警察权”对私人财产的规制，只有运用“征用权”对私人财产的规制才存在补偿问题。在1922年的“宾夕法尼亚煤炭公司诉马洪案”（Pennsy lvania Coal Co. v. Mahon）中，①联邦最高法院判决指出，案中涉及的州法对财产的规制，因欠缺可使之正当化的公共利益而不属于警察权性质，应属于征用，必须加以补偿。在1924年的“米勒诉斯乔尼案”（Miller v. Schoene）中，②同样面临着对财产的规制是否属于征用的问题。联邦最高法院判决认为，砍伐香柏树而保护苹果树是为了保护公共利益，属于警察权的正当行使，不属于征用。

由此看来，征用与否的认定是一个颇为复杂的问题，不仅要看对财产的限制是否出于公共利益的考虑，还要看限制的程度是否超出了一定的限度。诚如在1922年的“宾夕法尼亚煤炭公司诉马洪案”中霍姆斯大法官所指出的：“但凡财产权，在一定程度上允许对其进行限制，但限制一旦过多，则可视为征用。”在1962年的Golddblatt v. Hempsted案中，联邦最高法院在判决中指出，某一规制是否构成征用并不存在固定的公式，需要从目的、手段以及损害状况等多方面加以综合判断。1992年，联邦最高法院借对“鲁卡斯诉南卡罗来纳州海岸委员会案”（Lucas v. South Carolina Coastal Council）判决之际，③试图就征用补偿问题提出一个确定性的规则：（1）某一规制如果导致财产的经济上的有效利用几乎失去可能的话，那么原则上应视为征用，必须作出补偿；（2）但这种规制在例外的情形下也可无须补偿；（3）不过，这种例外又仅限于根据各州的物权法或排除妨碍财产权益法也须或也可作出同样规制的场合。④

---

① Pennsylvania Coal Co v. Mahon. 该案的案情是：一当事人从一家煤矿公司购进一块土地的地上权，其中约定煤矿公司可以继续在地下开采煤炭。后来，州的法律禁止可能对地上建筑物造成危险的地下采矿，该当事人便依据这项法律向法院申请，要求禁止煤矿公司继续在那块土地下采煤。

② 1924年弗吉尼亚州颁布一项控制香柏树病的法律，这种香柏树病毒对苹果树会造成传染，而苹果树则是当时该州的主要农副产业。根据该法律，原告砍伐了其所有的大片香柏树，但仅得到了砍伐与搬迁树木的费用100美元的补偿，其他的损失未能得到补偿。

③ Lucas v. South Carolina Coastal Council, 505 U. S. 1003（1992）. 1972年，联邦议会制定了《沿岸区域管理法》，规定各州可制定海岸环境保护的计划，并通过提供一定财政补助等方式，诱导各州加强海岸保护。南卡罗来纳州议会于1977年制定的《沿岸区域管理法》规定，海滨以及邻接海滨的沙滩为保护区，禁止建造住宅性质的建筑。1988年，新的《沿海区域管理法》进一步扩大了保护区的范围。鲁卡斯在保护区范围内的一个岛上建了一个住宅群，并于1978年入住。1986年，鲁卡斯买下另外两块距海滨90米的住宅用地，按1977年的《沿岸区域管理法》不在保护区范围内，若按1988年的《沿海区域管理法》则在保护区范围内。于是，鲁卡斯以自己的财产被征用为由，要求给予补偿。

④ 参见林来梵：《美国宪法中的财产权保护——以Lucas v. South Carolina Coastal Council为例》，载《浙江社会科学》2003年第5期。

第二节 劳 动 权

一、劳动权的内容及保障

劳动权是生存权的具体化。最早承认劳动者享有劳动权的是1848年欧洲革命中，法国资产阶级临时政府发布的《为全体市民提供劳动机会的宣言》。最先在宪法中规定劳动权的是德国1919年《魏玛宪法》。战后颁布的1946年法国宪法、1946年日本宪法、1947年意大利宪法及1947年修改的瑞士联邦宪法都有关于公民享有劳动权的规定，它是资本主义法律社会化，特别是社会立法的产物。此前，劳动权多隐含于各国宪法规定的契约自由、营业自由权利中。

劳动权作为劳动者获得利益的手段，是诸多权利的结合，是与劳动有关的权利体系。根据各国宪法及国际人权公约的规定，劳动权的内容主要包括：

1. 免于奴隶制和类似的习俗。在传统的意义上，劳动一直被作为谋生的手段。现在的国际社会，已经认识到劳动与人的尊严之间存在着内在联系，把劳动的概念提升为人的价值、社会需求以及自我实现和人的个性发展的手段。而奴隶制下，奴隶的劳动是被强制的，并处于受剥削的地位。更为关键的是，奴隶根本不被作为人看待，因此，奴隶制建立在对奴隶作为人的尊严的否定基础上。因此，消除奴隶制及类似习俗，不仅有助于人的彻底解放，而且有助于确保人享有工作的自由。

2. 免于强迫和强制劳动。这实际上是要求公民从事的劳动必须建立在个人自愿的基础上，以使劳动不侵犯公民的自由和尊严。但并非所有的非基于公民纯粹自愿的劳动都构成强迫和强制劳动，如：作为公民正常义务一部分的工作或劳务；战争或灾害等紧急情况下以及一般来说可能危及居民的生存或福利的任何情况下所从事的工作或劳务；作为为社区利益而从事的轻微社区劳务的一部分，都不被作为强制和强迫劳动对待。

3. 择业自由。指选择职业、工作场所、工作或其他有报酬活动的自由。其用意不仅在于保护公民的劳动不受强制和强迫，更在于保障公民的劳动权通过公民的积极追求来实现。在关于择业自由的限制中，有一套旨在防止妇女、儿童等弱势群体在某种条件下工作的规定，如规定最低就业年龄、禁止雇用妇女和儿童从事某种工作等。

4. 获得免费就业服务的权利。指寻找工作者有自由得到信息、指导和帮助的权利，以便能够找到适当的工作。为此，国家有义务维持并确保维持免费的公共职业介绍所。在此方面，《欧洲社会宪章》明确规定，国家有为所有工人建立和维持免费就业服务的义务。

5. 就业权。即严格意义上的工作权。从一般意义上讲，个人享有就业权就意味着国家应承担保障个人就业的义务。但在实际上，作为劳动权之核心的就业权，无论是国内宪法还是国际公约都没有将其作为个人可向国家请求的具体权利，因而不能理解为，人人有获得或被给予工作的权利，并将事实上的充分就业作为个人就业权实现与否的评价标准。国家在保障个人就业权实现上所承担的仅仅是政治或道义上的义务，宪法关于劳动权的规定仅仅具有方针条款的性质。

6. 就业保护的权利。指实际上已经就业的人应受到关于维持和保护劳动关系的法律和其他安排的保护的权利。其内容主要包括：不被任意或不公正的解雇的权利；维护劳动关系的稳定性和不可侵犯性方面的权利等。为此，国际劳工组织在《关于雇主主动终止雇用公约》中规定了关于终止雇用前和终止雇用时的程序、对终止雇用提出上诉的程序、解雇补贴和其他收入保护方面应遵循的规则。

7. 免于失业的保障权。这一权利的核心思想是要求国家负有宣布并实行旨在促进充分、自由、高度、稳定和生产性就业的积极政策的义务行为的规则，换句话说就是，国家负有推行消除失业的政策的具体义务。

8. 劳动报酬权。指劳动者按照自己提供劳动的数量和质量取得报酬的权利，包括两个方面：一是约定报酬权，劳动者可与用人单位在劳动合同或集体合同中约定劳动报酬；二是法定报酬权，通过法定标准，如最低工资标准、实际工资标准、工资支付标准等，对劳动者的利益给予一些基本的保障。

9. 休息权。指劳动者在法定的工作时间之外获得休息休假的权利。休息权与工作权密切相关，是工作权的必要前提。每个劳动者的时间可划分为两部分：工作时间和休息时间，休息权的宗旨就是保护劳动者在休息时间免于履行职业劳动义务，使劳动者的体力和精力得以恢复，保持身体健康，以便继续劳动，并能提高工作效率。同时，休息权也使劳动者有充分的自由支配时间，料理家务，教育子女，学习知识，娱乐休闲，实现自我的全面发展。

10. 参加和组织工会权。工会是职工自愿结合的群众组织，参加和组织工会是公民集会、结社自由的直接体现。在劳动关系中，劳动者通常处于个体弱者地位，为克服这一弊端，法律赋予劳动者参加和组织工会权，使劳动者由分散走向团结，由弱小走向强大，通过集体的力量与用人单位保持地位上的平等，保障其他劳动权的实现。

国家是人们结成的政治共同体，基于公共利益的需要，国家有义务对各种经济活动进行必要而合乎本质的规制，其中也包括对个人劳动权的有关方面加以限制。

国家在对劳动权进行限制时，必须基于公共利益的实质正当性，如维护社会安宁、善良风俗、儿童及少年的身心健康，禁止某些职业的从事或限制营业的对象，对从事特定职业的人实行资格限制，禁止违背人道的工作等。为此，各国采取的基本措施有：

1. 规定劳动时间，普遍实行每天 8 小时工作制，限制加班加点，目的在于避免长时间的劳动可能给劳动者的身心健康造成的损害。早在 1802 年，英国议会通过的《学徒健康和道德法》就规定，童工每天工作不超过 12 小时，且限于清晨 6 时至晚 9 时之间；1847 年的修正工厂法规定，女工及 18 岁以下儿童每天工作不超过 10 小时。此后，各国逐步地通过立法将对工作时间的限制由妇女、童工扩大适用于成年的男子。目前世界绝大多数国家每日的标准工作时间为 8 小时；超出这一时间的均为加班加点，不仅要付给多于正常工作时间一定数额之上的报酬，而且不能超过国家法律规定的时间总量。

2. 保障劳动者能获取合理的劳动报酬，为此，澳大利亚、新西兰最早颁布最低工资法之后，日、英、法、美、挪威、阿根廷、加拿大、瑞士等国纷纷加以仿效。另一方面，各国法律也普遍要求，最低的工资标准应随国家经济的发展和物价的变动及时进行调整，以保证劳动者所取得劳动报酬不发生实际上的减少。

3. 规定了劳动条件。现代社会，劳动分工越来越细，复杂的程度也在日益提高，劳动的正常进行以及对劳动者身心健康的维护需要一定条件的保障。这些条件涉及劳动纪律、操作规程、安全标准及对危险或危害的预防等诸多方面。

4. 建立并实行集体合同和团体交涉制度。劳动者通过与资方签订集体合同，来维护自身利益；当劳动双方发生争议，特别是资方侵害劳动者的合法权益，劳动者可以通过自己的团体（主要是工会）与雇佣者进行交涉，借助于集体的力量来弥补个人力量之不足。

二、德国基本法上的职业自由①

德国基本法上有关劳动权的条款主要是第 12 条，该条规定："所有德国人均有自由选择其职业、工作地点及训练地点之权利，职业之执行得依法律管理之。任何人不得被强制为特定之工作，但习惯上一般性而所有人均平等参加之强制性公共服务，不在此限。强迫劳动仅于受法院判决剥夺自由时，始得准许。"根据德国基本法的规定，职业自由基本权的主体是"德国人"，性质上不属于普遍的人权而是"国民权"，且不限于成年人。至于外国人和无国籍人只能根据基本法第 2 条有关"人格发展自由"来寻求职业活动的保障。

基本法第 12 条规定的职业自由中的"职业"，是指"于一定期间内所执行或从事，旨在作为生活之基础创造与维持之活动"。② 对职业自由的保障包括"职业选择自由"和"职业执行自由"两个方面。有主张认为，"职业选择自由"只得以法律限制之，而"职业执行自由"可由法规命令直接形成。③

联邦宪法法院在 1958 年的"药房案"的判决中则指出："第 12 条第 1 项乃是一项单一的基本人权（职业自由），其意义为第二句的规范保留所包括的职业执行与职业选择。但这并不表示立法者对于每阶段职业行为的权限范围都是可以相同的。"宪法解释上也认为，在这两个阶段的规范权限并非具有相同的客观强度，当立法者越是侵害到职业选择自由的时候，越是应当受到更大的限制。因此，对职业自由的理解，应将其视为"单一的基本权"。

有学者认为，基本法第 12 条规定的工作权或劳动权就是职业自由。④ 有学者则提出，职业自由或营业自由属于财产权的范畴，工作权是一项社会权，个人有工作能力者国家应设法予以适当的工作机会或给予失业的救助，无工作能力者则应依其意愿提供职业训练，使其具有获得工作的一技之长。⑤ 德国 1919 年的魏玛宪法第 163 条第 1 款曾明白规定公民有向国家来请求工作的权利，但并没有被实现。有鉴于此，"二战"以后，德国不再将

① 参见李惠宗：《德国基本法所保障之职业自由》，载《权力分立与基本权保障》，台湾韦伯文化事业出版社 1999 年版，第 299~317 页。

② S. Scholz，in Maunz/Dürig，GG-Komm. Art. 12，Rn. 18. Fn. 4. m. w. N.

③ Vgl. v. Münch/Kunig，GG，4. Aufl. 1992，Art，12，Rn. 40.

④ 参见李惠宗：《宪法工作权保障之系谱》，载刘孔中、李建良主编《宪法解释之理论与实务》，中央研究院中山人文社会科学研究所 1998 年版，第 351 页。

⑤ 吴庚：《宪法的解释与适用》，台湾三民书局 2004 年版，第 277 页。

所谓请求工作的权利，或任何具有类似内容的权利纳入基本法之中。① 由此而言，基本法第 12 条的工作权仅具有自由权性质的职业自由。至于说劳动条件、职业训练、失业保障等社会权性质的内容，可从社会国家的原则中引申出来，但不具有主观请求权的性质，仅是国家的一种客观义务。② 魏玛宪法时期，营业自由仅被视为社会与经济秩序的客观原则。③ 基本法制定以后，联邦宪法法院在有关的判决中指出，职业自由涉及人格整体，盖人格唯有在个人执行该项其认为属生活任务与生活基础的职业活动，并且通过该职业活动，同时能够为社会整体作出贡献时，才得以实现。因此，职业自由与营业自由并不完全相同，职业自由是实现人格权的方式之一，在范围上可包括营业自由，但营业自由仅仅是经济方式的一种，并不完全包含职业自由。故此，职业自由属于纯正的基本权，同时也是一种客观的法规范，但并不属于制度性保障之基本权。④

联邦宪法法院在审查有关职业自由限制的个案中，使用最为频繁的宪法原则是比例原则，在此基础上，又于 1958 年的“药房案”中发展出“三阶说理论”：职业执行自由的限制、职业选择的主观许可要件、职业选择的客观许可要件。

职业执行活动包括营业方式、商品销售方式、营业时间、个人执行业务的方式等。例如，广告就是一种营业方式，禁止广告在性质上就是对职业执行的限制。⑤ 联邦宪法法院指出：“当立法者只规定纯粹之执行规则，不涉及职业选择自由，只是详尽地确定属于该职业之成员应以何种形式与种类来完成其职业行为时，立法者是最自由的……一项将职业行为之着手取决于一定前提要件之成就而因此影响到职业选择自由之规则，只有透过该规则对一个优先于个人自由的重大公众法益加以保护时，才能合法化。”⑥

职业之主观许可要件，是指自然人或法人在选择进入职业市场所应具备，而由职业申请人所可能完成之属人要件，包括个人的知识能力、年龄、体能、资历、国籍身份等。例如，要从事医生的职业，必须首先取得医师资格。从事律师、会计师、建筑师等职业，必须通过专业资格考试。立法者在设置主观许可要件时，一方面必须根据事物的本质所产生的资格要求来加以形式化和具体化，⑦ 另一方面必须为保护“重要的社会共同利益”使其合理化。联邦宪法法院认为这些主观许可要件是对个人进行职业选择时作出的最低限度的要求，对求职者自由选择职业的限制是最小负担的，对所有的职业候选人都适用。⑧ 例

---

① 黄程贯：《德国劳动法上关于工作权保障之讨论》，载《宪政时代》第 29 卷第 1 期。

② 参见黄舒芃：《社会权在我国宪法中的保障》，载《中原财经法学》第 16 期。

③ BVerfGE7，397，50，362，Scholz，in Maunz/Dürig，GG-Komm. Art. 12，Rn. 5.

④ Vgl. Scholz，in Maunz/Dürig，GG-Komm. Art. 12，Rn. 68.

⑤ “禁止医师广告案” B. I. I，《宪法裁判七》。转引自李惠宗：《权力分立与基本权保障》，台湾韦伯文化事业出版社 1999 年版，第 314 页。

⑥ 《宪法裁判选辑（一）》，转引自李惠宗：《权力分立与基本权保障》，台湾韦伯文化事业出版社 1999 年版，第 313 页。

⑦ 《宪法裁判选辑（四）》，转引自李惠宗：《权力分立与基本权保障》，台湾韦伯文化事业出版社 1999 年版，第 315 页。

⑧ 《宪法裁判选辑（一）》，转引自李惠宗：《权力分立与基本权保障》，台湾韦伯文化事业出版社 1999 年版，第 315 页。

如，在“助产士职业最高年龄限制案”中，宪法法院的判决就指出，“职业工作者平均而言，在其七十岁时会体验到能力减弱”，“对于助产士之能力，必须明确没有质疑，让每一位妇女都能百分之百地信任她们。立法者面对已存在之危险，得将任何法律上可能采取的措施，视为健康政策所需要的。设定职业最高年龄限制仅是其中一措施而已”。①

职业选择客观许可要件是指个人对该要件之成就完全没有影响力之要件。② 它不取决于个人的素质，从而将个人的影响排除在外。③ 一般而言，只有为了防止对重要公众利益构成可证明的及显然非常严重的危险时，才能设置客观许可要件，作为限制进入职业市场的条件。常被作为此客观许可要件的事项有诸如防止恶性竞争、促进一定的市场机能等。由此可知，客观许可要件对职业选择自由的干预强度是最大的，极易发生违反“不当联结之禁止原则”，而“与实事无关之动机加入的危险也特别大”的结果，④ 比较多地被联邦宪法法院宣告为违宪。⑤ 倘若宣告为合宪，则会提出非常充分的论证以令人信服。

三、日本宪法上的劳动权

1. 工作权

日本宪法上的劳动权规定在第 27 条：“全体国民均享有劳动的权利，并负其义务。关于工资、工作时间、休息和其他劳动条件之基准，以法律定之。儿童，不得残酷驱使之。”这一规定，被认为是对工作权的确认。⑥ 关于劳动权的性质，现在的通说是战后著名劳动法学者石井照久教授提出的完全劳动权和限定劳动权的区分理论。所谓完全劳动权是具有劳动的意思和能力之人在自己所属的社会有要求提供劳动机会的权利；限定劳动权是具有劳动意思和能力之人在私有企业无法就业时，对于国家可以要求其提供劳动的机会，如果不能提供时，可以请求相当的生活费的权利。⑦ 日本宪法中的劳动权是以限定的劳动权为基础的。由此推导出国家对个体劳动权所负的两项义务：一是国家应干预劳动力市场，促使劳动者获得适当的劳动机会；二是国家应对没有获得劳动机会的劳动者给付确保其生活的资金。⑧ 有学者提出，关于生活费的请求权，日本宪法已有第 25 条生存权的规定，因此，第 27 条关于劳动权利与义务的规定，并非针对生活保障，而在于保障从事

---

① 《宪法裁判选辑（三）》，转引自李惠宪：《权力分立与基本权保障》，台湾韦伯文化事业出版社 1999 年版，第 315 页。

② v. Münch/Kunig，GG，Art，12，Rn. 54.

③ 伯阳：《德国公法导论》，北京大学出版社 2008 年版，第 117 页。

④ 《宪法裁判选辑（一）》，转引自李惠宗：《权力分立与基本权保障》，台湾韦伯文化事业出版社 1999 年版，第 313 页。

⑤ Vgl，Jarass/Pieroth，Art. 12，Rn. 33-43；v. Münch/Kunig，GG，Art，12，Rn. 71.

⑥ 日文使用“勤劳”是有意表明除体力性劳动外，尚包括精神思考性工作。因此学者均认为“勤劳权”就是指劳动权，即中译之“工作权”。参见许志雄：《社会权论》，台湾众文图书股份有限公司 1992 年版，第 207 页。

⑦ 王能君：《日本国宪法上劳动权保障之意义》，载《宪政时代》第 29 卷第 1 期。

⑧ 参见王锴：《论我国宪法上的劳动权与劳动义务》，载《法学家》2008 年第 4 期。

工作的权利，或要求提供工作机会的权利。① 关于工作权的法律性质，学说上有“程序说”“抽象权利说”“具体权利说”等主张。② 所谓“程序说”又被称为“方针规定说”，认为宪法第 27 条的规定并非承认国民有具体的请求权，只不过是宣示立法者或国政担当者在政治上的责任义务而已。一方面，欠缺将此规定解释为具体权利的社会经济基础；另一方面，在未立法的情形下，也无强制的方法来保障其实现。再者，宪法规定的劳动的义务，事实上并非法律上的具体义务，同样地，劳动的权利也不是法律上的具体权利。如日本著名宪法学家宫泽俊义就认为，宪法第 27 条的规定，“对国家没有请求职业的具体的现实的权利。是指专门赋予国家以义务为内容的社会权”。③ 东京地方法院在判例中也指出：“宪法第 27 条的工作权，并非国民对国家的具体权利，此无论从同条的文理解释，或从欠缺应将此权利解为是具体权利的经济基础之实质理由观之，皆属明显。”反对者则认为，工作权的规定即便是具有方针规定的性质，但未必就因此而不能具有法的规范性。在为实现工作权而制定法律的场合，当解释运用该法律时，宪法的规定就具有作为准则的作用。此外，依据宪法第 27 条第 1 项，得确立新的公序良俗，违反此规定旨趣的契约而无效的见解，便可表明工作权的规定具有一定的法的规范性。基于这种规范性，应当在原则上承认工作权具有具体权利的属性。④

针对工作权“方针规定说”的根据，主张“具体权利说”者反驳道：（1）宪法理论的发展一向以权利保障为核心。在宪法中，权利义务原本就处于不平衡状态，因此，不能以工作义务不存在法律效果，而主张工作权也不是具体的权利。（2）在资本主义制度下，失业未必是个人的责任，有资本主义追求产业结构升级和经营合理化方面的原因，由此而导致的失业也会引发要求解决问题的劳工运动与社会运动，甚至因此而导致社会的不安，动摇资本主义的经济基础。因此，保障工作权，并在一定限度内解决问题，才能有效维持资本主义制度的存续。以此而论，以资本主义的自由竞争、自求生存为理由，由个人自行负担失业的责任，甚而否定具体保障工作权，乃是极不合理的推论。（3）宪法是国家的基本法，其规定简单扼要，明确其内容，需借助于宪法解释。至于法律上的保障规定，乃是在确定工作权为具体权利之后，再以实际需要来制定法律加以保障。因此，在争论其是否为具体权利的时候，当然不能以法律保障不完备而否认其权利性，此乃本末倒置的说法。⑤

2. 劳动基本权

日本宪法第 28 条规定：“劳工之团结权利、与团体交涉及其他团体行动之权利，应

---

① ［日］阿部照哉、池田政章、初宿正典、户松秀典：《宪法——基本人权篇》，周宗宪译，台湾元照出版有限公司 2001 年版，第 236 页。

② ［日］三浦隆：《实践宪法学》，李力、白云海译，中国人民公安大学出版社 2002 年版，第 164 页。

③ ［日］宫泽俊义、芦部信禧：《日本国宪法精解》，董璠舆译，中国民主法制出版社 1990 年版，第 243 页。

④ ［日］阿部照哉、池田政章、初宿正典、户松秀典：《宪法——基本人权篇》，周宗宪译，台湾元照出版有限公司 2001 年版，第 237 页。

⑤ 许志雄：《社会权论》，台湾众文图书股份有限公司 1992 年版，第 211~212 页。

予保障。”该条规定的集体性质的劳动权，被称之为狭义的劳动基本权。① 内容包括：

（1）团结权

团结权的保障包括两个方面：一是系各个劳动者团结权的保障，具体是指对劳动者组织或加入团体，进而从事团体行动，国家或雇主不得不当介入或干涉。因此，以不加入或退出团体为条件而缔结雇用契约，或以组织或加入团体为理由而解雇劳动者，均构成违宪。二是系劳动者所组成的团体本身团结权的保障。具体在对外方面，团体无论是为何种形态的团结，均是团体本身的问题，国家和雇主不得不当介入或干预。对内而言，团体本身的团结权如何保障，存在着工会统制权与成员的人权有关的相当微妙的关系。工会为了自身的存在，必须享有对其成员一定的统制权，如不交纳会费、或不参加工会经正当程序决定的罢工的成员，工会有权采取除名等制裁措施。问题在于，工会的统制权行使必须基于其谋求工作条件的维持与改善以及其他经济地位提升这一性质与目的。依此而论，工会的政治活动如果是与劳动者经济地位的提升有关，则可拘束其成员。如果根本否定各个成员的政治自由或参政权，则属于侵害基本人权，不能被允许。

（2）团体交涉权

团体交涉权是指劳工借助于暂时性或持续性的团体，与雇主或雇主团体交涉工作条件或其他事项的权利。对此，须有两点说明之处：一是团体交涉权的主体是劳动者个人，借以与雇主进行团体交涉的形式，可以是持续性的工会，也可以是劳动者为与雇主进行交涉通过订立协议而形成的暂时性的集结。二是团体交涉权的行使，不限于实际上存在雇主与受雇者的关系，只要有成立此种关系的可能性，就应该被承认。

为保障劳工的团体交涉权，日本的工会法规定，雇主无正当理由拒绝团体交涉，构成不当劳动行为，并为此设置了劳动委员会的救济程序。

（3）争议权

争议权又称之为团体行动权，是指劳动者团体为谋求实现其劳动条件而为团体争议行为的权利。宪法对劳动者的争议权提供两方面的保障：一是在与国家权力的关系上不因团体争议行为而受刑事责任的追究；二是在与雇主的关系上，不因此而受民事责任的追究。这两个方面，日本的工会法第 1 条第 2 项、第 8 条有明确规定。

承认劳动者争议权的目的在于使劳动者借此来追求其劳动条件的实现，争议行为必须与劳动条件的满足有关，且须在雇主能够解决的事项范围内方属正当。因此，政治罢工是否具有正当性，学说上就存在分歧。“违法说”认为，政治罢工争议的目的，系针对雇主所无法处理的政治事项，难以确认其正当性。多数学说则认为，应对纯粹性政治罢工（如为打倒内阁）与经济性政治罢工（最低工资法制定、劳动法令的改废等与劳动者的地位、生活有直接关系的事项）加以区分，前者非宪法所保障的争议行为，后者属于宪法保障的正当争议行为。在判例上，最高法院在“全递东京中邮事件判决”② 和“全农林

① ［日］阿部照哉、池田政章、初宿正典、户松秀典：《宪法——基本人权篇》，周宗宪译，台湾元照出版有限公司 2001 年版，第 240 页。

② 最大判昭和四十一年（1966）十月二十六日刑集第二十卷第八号第九〇一页。

警职法判决"① 中，均认为政治罢工违法。下级法院的判例中，则有认为政治罢工不构成违法，应免除刑事责任②与民事责任③。至于以雇主的生产管理手段为内容进行的争议行为，因关涉违反雇主的意思，将生产手段之于自己的支配之下，实质上掌握经营权的问题，学说上存在"违法说""紧急避险行为说""理想型生产管理合法说""合法说"等见解。最高法院在"山田钢铁所事件"的判决④中指出，针对生产管理采取争议行为是"非权利人排除权利人的意思，行使企业经营的权能"，性质属于"动摇企业者私有财产基干的争议手段"，构成违法。⑤

【判例一】

全递东京中邮案

这是全国递信工会的干部因为教唆东京中央邮局职员从事争议行为而被起诉的案件。在本案中，《公共企业团体劳动关系调整法》第 17 条（现为《国营企业以及特定独立行政法人劳动关系法》第 17 条）是否合宪，以及正当的正义行为是否可以免除刑事责任的问题，成为争议的焦点。最高法院提出这样四个条件作为判断劳动基本权限制的合宪性基准：A. 应该比较衡量尊重并确保劳动基本权的必要与维持并增进国民生活权利之利益的必要，并将保证两者之间的适当均衡作为目标来决定，但对该权利的限制不能逾越其合理性之可被认定的必要最小限度；B. 应限于为了避免可能对国民生活造成重大障碍而所必要的且不得已的情形；C. 对限制的违反所科以的不利，不得逾越必要之限度，刑事制裁尤其必须限于必要而不得已的情形；D. 应采取代偿的措施。比照这四个条件，该判决判示上述法律第 17 条合宪，对正当的争议行为可根据工会法免除刑事责任。⑥

【判例二】

全农林警职法案

这是与地方公务员法具有同样内容的国家公务员法因禁止争议行为，而受到争诉的案件。最高法院对公务员所承担的公职内容并无区别这一点，即公务员地位的特殊性与职务的一般公共性加以了强调，并重视了其对全体国民利益的影响，举出下述理由，判示全面统一地限制争议行为乃是合宪的，从而变更了从前的判例。而这些理由

① 最大判昭和四十八年（1973）四月二十五日刑集第二十七卷第四号第五四七页。

② 大阪地判判昭和四十七年（1972）四月十一日判时第六六五号第四十页。

③ 仙台地判昭和四十五年（1970）五月二十九日劳民集第二十一卷第三号第六八九页。

④ 最大判昭和四十五年（1950）十一月十五日刑集第四卷第十一号第二二五七页。

⑤ 参见［日］阿部照哉、池田政章、初宿正典、户松秀典：《宪法——基本人权篇》，周宗宪译，中国政法大学出版社 2006 年版，第 271~276 页。

⑥ ［日］芦部信禧：《宪法》（第三版），林来梵、凌维慈、龙绚丽译，北京大学出版社 2006 年版，第 243 页。

是：A. 公务员的工作条件是由国会所制定的法律与预算来定的（财政民主主义），因此与政府展开争议行为，并没有对准恰当的目标；B. 公务员的争议行为不同于私营企业的情形，不具有市场抑制力；C. 以人事院为主，制度上被整备的代偿措施已得到了采取（最高法院大法庭 1976 年 5 月 21 日判决，刑集 27 卷 4 号 547 页）。此后，跟从这一判决的意旨，岩手教职员工会学力测试案的判决（最高法院大法庭 1976 年 5 月 21 日判决，刑集 30 卷 5 号 1178 页），推翻了有关《地方公务员法》的东京都教职员工会案件的判决，进而，全递名古屋中邮案件的判决（最高法院大法庭 1977 年 5 月 4 日判决，刑集 31 卷 3 号 182 页），也推翻了有关《公共企业团体劳动关系调整法》第 17 条的全递东京中邮案件的判决。其结果，《地方公务员法》以及对国营企业职员之争议行为的全面禁止，均被认定为合宪。在此之后，对于禁止地方公营企业的争议行为，也以同样意旨被判决合宪（最高法院 1988 年 12 月 8 日判决，民集 42 卷 10 号 739 页）。①

第三节　社会保障权

社会保障权作为一项基本人权是伴随着工业化社会的到来而出现和形成的。法国 1793 年宪法在序言中规定的救济权是社会保障权的宪法权利地位的最早确认。1883—1889 年期间，德国制定的《医疗保险法》《意外事故保险法》《老年及残废保险法》开创了社会保障的先河。1917 年《墨西哥宪法》和 1919 年德国的魏玛宪法关于社会保障权规定，标志着现代宪法时期的到来。1935 年美国制定的《社会保障法案》则第一次确认了国家在实现社会保障方面应承担的义务。② 根据统计，在 1878 年至 1948 年间的 28 部宪法中，规定了社会保障权内容的有 10 部宪法，占 35.7%。③ “二战”以后，从所统计的 1949 年至 1975 年间的 110 部宪法中，有 50 部宪法规定了社会保障权，占 45.4%。④ “二战”以后的国际人权文件中，社会保障权也被确认为一项基本人权。

一、宪法典中的社会保障权规范

1. 规定在基本权利部分

许多国家的宪法都设立专章或单独的编，系统地规定个人享有的基本权利，社会保障权则是其中的一个方面。只是在方式上，一些国家的宪法不对基本权利进行类别的划分，而是以“条”的形式将所有的基本权利规定在一起，社会保障权在其中只占据一个或几

① ［日］芦部信禧：《宪法》（第三版），林来梵、凌维慈、龙绚丽译，北京大学出版社 2006 年版，第 244~245 页。

② 英文中的“社会保障”（social security）一词就是来源于美国的 Social Security Act。

③ ［荷］亨利・范・马尔赛文等：《成文宪法的比较研究》，陈云生译，华夏出版社 1987 年版，第 259 页。

④ ［荷］亨利・范・马尔赛文等：《成文宪法的比较研究》，陈云生译，华夏出版社 1987 年版，第 259 页。

个条文。采用这种方式的国家有：朝鲜、中国、古巴、阿塞拜疆、格鲁吉亚、哈萨克斯坦、塔吉克斯坦、亚美尼亚、爱沙尼亚、白俄罗斯、保加利亚、丹麦、俄罗斯、荷兰、罗马尼亚、斯洛文尼亚、乌克兰、匈牙利、叙利亚、阿根廷、约旦、韩国、日本等。① 另一些国家则是在规定基本权利的"编"或"章"之下，再分为"节"，分别地规定个人权利、政治权利、经济权利、社会权利、文化权利和其他方面的权利，社会保障权一般规定在社会权利和经济权利之中。采用这种方式的国家有：吉尔吉斯、克罗地亚、马其顿、葡萄牙、土耳其、乌兹别克斯坦、西班牙、意大利、委内瑞拉、秘鲁、厄瓜多尔、洪都拉斯、尼加拉瓜等。②

有少数国家的宪法不是将基本权利规定一个单独的"篇"或"章"中，而是设置多章，与规定国家的组织、国家基本政策等"篇"或"章"在结构上处于相同的层次，分别规定个人权利和政治、经济、社会、文化等基本权利，社会保障权被作为社会经济权利的组成部分而得到确认。采用这种方式的国家主要有：巴拿马、多米尼加、乌拉圭、危地马拉、立陶宛、巴西、菲律宾、哥斯达黎加等。

2. 规定在宪法序言之中

这方面的典型是法国宪法。法国1789年的《人权宣言》被1791年宪法作为序言置于最前面，而《人权宣言》第21条就明确规定了公民享有的社会救助权。1946年的第四共和国宪法的序言仍以人权宣言为基本内容，在第11条规定："国家应保障每个人特别是儿童、母亲和老年人的健康保护、物质安全、休息和休闲。任何人因为年龄、身体或智力条件或因为经济状况而不能工作，应当有权从社会获得适当的生活手段。"确认的就是我们今天所说的社会保障权中的社会救助权。1958年的第五共和国宪法在序言中宣告："法国人民庄严宣布，他们热爱1789年的《人权和公民权利宣言》所规定的，并由1946年宪法序言所确认和补充的人权和国家主权原则。"由此，1789年人权宣言和1946年宪法所规定和体现的包括社会保障权在内的人权在1958年宪法中得到了延续，而不是随着它们所依附的政治宣言和宪法文本的失效而失去作用。

宪法中关于社会保障权的规定，除了有结构地位、逻辑层次上的不同之外，也存在着视角上的差别，即人权的视角和国家政策的视角。人权的视角表现为将社会保障权直接规定为个人享有的基本权利，一般表现为宪法规则的形式，规定在基本权利的部分。有研究者统计，在111个国家的宪法中，以人权的视角来规定社会保障权的有76个国家的宪法，③ 占据大多数。国家政策的视角是指将对个人提供的生存照顾确认为国家应当实行的基本国策，并不是个人享有的基本权利。最早以此种方式规定社会保障内容的是爱尔兰宪法。该宪法第12章规定的是个人、家庭、教育、私有财产、宗教等方面的"基本权利"，但不包括社会保障方面。第13章是"社会政策指导原则"，其中第45条规定："国家保证特别维护社会弱者的经济利益，必要时给老弱孤寡以救济。"受爱尔兰宪法的影响，印度、孟加拉、斯里兰卡、泰国、马耳他等国家的宪法，也将社会保障规定为国家的政策，

① 参见姜士林：《世界宪法全书》，青岛出版社1997年版。

② 参见姜士林：《世界宪法全书》，青岛出版社1997年版。

③ 郭曰君、吕铁贞：《社会保障权宪法确认之比较》，载《比较法研究》2007年第1期。

而不是个人享有的权利。采用国家政策视角者，一般将社会保障规定在宪法的“总纲”或者规定国家基本政策的部分之中，以“国家（或社会）有责任……”或“国家（社会）应……”的句式表达。

同样是享受社会保障，人权的视角意味着人是主动者，有权向国家和社会提出请求，对国家的立法、行政和司法权都产生法律上的约束力。而国家政策的视角则表明个人在享受社会保障上是被动接受者，所谓的社会保障权是从国家和社会的义务中推定出来的。因此，有关社会保障政策的规定，仅具有方针、目标的性质，对国家的立法和行政有指导的作用，对司法权则没有约束力。因为有些国家的宪法明确将国家政策的规定排除在司法适用之外。如爱尔兰宪法第45条规定：“本法所述社会政策原则，意指议会的一般指导原则。这些原则专供议会制定法律时使用，而依本宪法任何条款所设立的任何法院，均不得引以为审理案件的依据。”印度宪法在“国家政策之指导原则”中也规定：“本篇所含条款不通过任何法院实施，但本篇所述原则，系治理国家之根本，国家在制定法律时有贯彻此等原则之义务。”由此容易导致社会保障权的救济机制无法建立或存在严重缺陷。

二、社会保障权的内容

社会保障权的内容包括社会救助、社会保险、社会福利、社会优抚等诸多方面。但在实际上，各国宪法对社会保障权的规定，要受到社会经济发展程度以及制宪者所奉行的价值观念等的影响，在范围上还不可能达到完全或基本一致的程度，而是存在着一定的差别。

现代的社会保障制度是在历史上一些国家实行的济贫制度的基础上发展起来的，就今天而言，社会救助仍然是社会保障权的最低限度的内容，为此，一些国家的宪法所确认的社会保障权就仅限于社会救助权的方面，如孟加拉国和丹麦王国的宪法即是如此。

社会救助毕竟是事后性的，而维持公平、安全的社会秩序更需要事先采取相应的预防措施，尽可能地避免或防止引起个人陷入生存困境的风险发生，或者是发生以后能够尽快地加以摆脱以免造成无可挽救的不良后果，社会保险制度正是具有此种功能而体现出历史上的济贫制度所不具有的优越性，成为现代社会保障制度的核心，并使社会保障权真正成为个人享有的一项基本权利。为此，一些国家的宪法所确认的社会保障权以社会救助权和社会保险权为基本内容。如荷兰王国宪法、列支敦士登公国宪法就是如此。

多数国家的宪法采取概括加列举的形式，对社会保障权的内容进行全面的规定，不仅涉及社会救助权和社会保险权这一基本的方面，还涉及其他方面的社会保障权。如土耳其宪法在第61条概括规定了社会保障权，第62条第1款规定了优抚权，第2、3、4款分别规定了残疾人、老年人、儿童等弱势群体的特殊保护，第62条专门规定了在国外工作的土耳其公民的社会保障权等有关问题。除此之外，还在“卫生、环境和住宅”部分规定了本质上属于社会保障权组成部分的卫生保险的内容。菲律宾、越南、奥地利、瑞士、希腊等国家的宪法，还对社会优抚权作出了规定。

三、保障社会保障权实现的原则

社会保障权属于积极性的权利，需要国家积极的作为，建立完善的社会保障制度才能有效地保障其实现。而社会保障制度的建立涉及很多的方面，其中就包括应遵循的基本原则。但从多数国家宪法的规定来看，主要集中于社会保障权内容的规定上，系统规定基本原则的宪法比较少，其中瑞士和墨西哥的宪法可以作为典型。墨西哥宪法规定的基本原则限于社会保险的方面，包括参保主体普遍原则；风险全覆盖原则；妇女受特殊保护的原则；保障劳动者住房的原则等。瑞士宪法规定的社会保障权原则包括：社会保险的三方出资原则、强制保险原则、保障最低生活需要的原则、照顾家庭需要的原则、联邦与州分权的原则等。

同其他的权利一样，社会保障权并不是一种绝对的权利，在受到保障的同时也受到一定程度的限制。从形式上看，一些国家的宪法在规定社会保障权的规范中，并没有规定普通法律有权限制宪法权利，因而被称之为绝对保障模式。

美国宪法中，除了序言关于“促进普遍福利”的规定与社会保障权能够扯上关系外，正文中的规定及其修正案均未涉及任何具体福利权利。如同其他权利的发现与更新一样，美国宪法上的社会保障权主要是通过宪法解释的方式来发现与承认的。

美国宪法第五和第十四修正案均规定，未经正当法律程序，不得剥夺任何人的生命、自由和财产。自由和财产属于受正当法律程序保护的利益，但正当法律程序并不保护所有涉及自由和财产的利益，只保护受到法律保护的利益，即“权利”（right）。其中所谓的受法律保护，在美国传统的理论中指的是普通法的保护。当事人在普通法之外从政府所享受的利益，源于政府的赐赠，不构成个人的既得权利，在美国被称之为“特权”（privilege）。政府可以随时取消赋予公民的特权而不受正当法律程序的限制。公民对于“特权”寻求保护时，只能以创设特权的法律中的规定为限，不能寄希望于通过正当法律程序寻求保护。因此，特权是指普通法上的权利以外，私人所享有的特殊利益，不为美国宪法所承认。①

20世纪70年代以前，联邦最高法院严格遵循“权利”与“特权”的划分，将社会保障收入和福利津贴、政府雇佣、职业执照、特许、政府合同、工商企业和科研活动补助、使用公共资源、服务等均归入特权之列，不能寻求正当法律程序的保护和救济。特别是社会福利，被看做政府的馈赠，享受者并未参与决策，授予福利的决定并不构成传统意义上的契约，享受者对是否能够继续享受政府福利，无任何的发言权。因而，政府对特权的撤销或撤回，无须经过正当的程序。就像霍姆斯大法官赞成因政治活动而解雇一个警察时所指出的：“上诉人可能有谈论政治的宪法权利，但他没有作为一个警察的宪法权利。”② 例如，在1960年的“弗莱明诉内斯特案”③ 中，联邦最高法院虽承认退休救济金是“可强制执行的财产权”，但它是“非契约的”，不受正当法律程序的保护。进而提出，在任何情形下，国会有权修改社会保障权利，法院只有在该行为“完全缺乏理性的正当基础时”，才可以干预。

---

① 参见王名扬：《美国行政法》（上），中国法制出版社1994年版，第392页。

② 转引自［美］欧内斯特·盖尔霍恩等：《行政法和行政程序概要》，黄列译，中国社会科学出版社1996年版，第120页。

③ Flemming v. Nestor，363 U. S. 603（1960）.

在消极国家的时代，政府的职能有限，对经济管理的范围不广，行政专业人员有限，需要领取执照的职业和事业也不多，存在于这种社会环境下的普通法保护的利益自然也就会受到限制。因而，区分“权利”和“特权”，有其合理性，可以遏制国家对社会生活的过分干预和介入，以便为个人的自由创造更广阔的空间。但是，20 世纪 30 年代爆发大规模的经济恐慌以后，政府的作用和职能发生了很大的变化，除保持和扩大传统的作用以外，还大力兴办福利事业，由过去的管制国家转变为提供福利和服务的国家，大部分公民的收入、福利都直接或间接来自政府，并且需要得到足够的保护。如果再将其作为“特权”看待，显然不能适应社会发展的需要。更何况，将“权利”与“特权”相区分的理论本身也存在着混淆立法和执法、政策和执行政策的界限这样的缺陷。任何政府都必须拥有立法的自由裁量权，凭借这种自由裁量权，政府认为应当给予公民某种利益时，就用法律加以规定；认为应当取消某种利益时，可以修改或废止这个法律。而在执行法律和政策时，不论法律的规定如何，也无论将被剥夺的利益称之为“权利”还是“特权”，政府都必须公平行使权力，都必须让当事人有陈述和申辩的机会，都应当受到正当法律程序的保护。特权可以由法律任意给予，但不能由执法人员任意剥夺。否则便会与宪法要求的平等保护原则相违背。① 在此情形下，美国最高法院在“权利”与“特权”区分方面的态度开始发生了转变。在“自助餐厅和餐馆工人联盟诉麦克埃尔罗伊”案中，② 最高法院裁决，被剥夺了在海军基地工作资格的政府雇员，无权获悉对其指控的详细说明，也不能享有了解和反驳不利证据的机会。最高法院这样判决并不是因为在海军基地工作是一种“特权”的缘故，因为特权与权利的区分“恐怕是过于简单化了”。主要的原因是政府无拘无束地管理军事基地的专有利益在重要性上超过了雇员保留其在特定场所作为快餐厨师的利益。此后相关的判例表明，最高法院在“权利”与“特权”区分方面的态度并不是一以贯之的，而是有时宽松，有时严格。

1964 年，查尔斯·A. 莱克发表《新财产权》一文，主张将社会保障收入和福利津贴、政府雇用、特许等含有财产内容的特权称之为“新财产权”，应当与传统的财产权一道受到正当法律程序的保护。弗兰克·米奇曼教授先后在 1968 年、1973 年发表的《通过宪法第十四修正案保护穷人》《追求宪法性福利权》的论文中提出，社会福利应当成为一项宪法权利，受到宪法第十四修正案的保护。③

1970 年的“戈德伯格诉凯丽”④ 案的判决中，法院不再坚持传统的“权利”与“特权”划分的立场，将社会福利权纳入了正当法律程序的保护范围之中，认为福利津贴是有资格领取人的法定请求权，类似于其他财产权，要加以剥夺，必须举行宪法正当法律程序所要求的听证。“公共救济并不只是一种慈善行为，而且也是‘促进普遍的福利并保证我们自己以及子孙后代的自由福利’的一种手段。那些要求向有资格获得福利的人提供

① 参见王名扬：《美国行政法》（上），中国法制出版社 1994 年版，第 396~398 页。

② ［美］欧内斯特·盖尔霍恩等：《行政法和行政程序概要》，黄列译，中国社会科学出版社 1996 年版，第 121 页。

③ 郭曰君、吕铁贞：《社会保障权宪法确认之比较研究》，载《比较法研究》2007 年第 1 期。

④ Goldberg v. Kelly，397 U. S. 254（1970）.

福利的政府利益，同样也要求不间断地向他们提供此种福利；若要终止，则终止前听证会是必不可少的。”①

“戈德伯格诉凯丽”案确立的原则在后来的“大学管理委员会诉罗思”案②、“佩利诉辛德”案③中得到了肯定，但需要注意的是，社会福利权利的宪法地位并没有因此而被牢固确立起来，尤其是还没有将社会福利视为基本利益，宪法对社会福利的保障还停留在程序性之上。因此，“总的来讲，经济权利和社会权利在美国还不是宪法权利”。④

① 北京大学法学院司法研究中心编：《美国联邦最高法院200年经典判例选读：宪法的精神》，邓海平、史大晓等译，中国方正出版社2003年版，第424页。

② Board of Regents v. Roth，408 U. S. 564（1972）.

③ Perry v. Sindermann，408 U. S. 593（1972）.

④ ［美］路易斯·亨金等：《宪法与权利》，郑戈等译，三联书店1996年版，第519页。

第十一章　文　化　权

第一节　受教育权

一、受教育权的内容及性质

在人类社会的发展历程中，教育承担着两大基本的职能，一是向年轻人传授解决日常生活中问题所不可缺少的技能，使之能获得在社会中生存的基本能力；二是传承各自民族和社会的宗教、哲学、文化和社会等方面的价值观，以保持民族的特色和文化的传承。但在欧洲文艺复兴之前，教育的功能主要由家庭和教会承担，世俗国家建立以后，才变成公共的责任。最早将教育规定为国家责任的是 1849 年的《德意志帝国宪法》，该宪法的“德意志人民的基本权利”一章第 152 条至第 158 条规定了与教育有关的权利。1919 年的魏玛宪法第 145 条更是明确规定：“受国民小学教育为国民普通义务教育。就学期限，至少八年，次为完成学校至满十八岁止，国民小学及完成学校之授课及教育用品，完全免费。”第 146 条第 2 款规定：“联邦及联邦各自治区，应于预算内准备公款，以资助贫困无资格入中学及高等学校者。适合受中学及高等教育贫困儿童之父母，应受奖学金之资助，至其儿童毕业为止，使其儿童得终所学。”

“二战”以后，受教育权在许多国家的宪法中得到规定。如 1946 年的日本国宪法第 26 条规定：“全体国民按照法律规定，都有依其能力所及接受同等教育权利。全体国民，按照法律，都有使受其保护的子女接受普通教育的义务。义务教育免费。”1947 年意大利宪法第 34 条规定：“学校向一切人开放，至少为期八年的初级义务教育为义务免费教育。天资聪明和成绩优良者，即使无力就学，也有权受到高等教育。共和国通过竞争考试发放奖学金、家庭补贴以及其他资助，以确保上述权利的实现。”1949 年联邦德国基本法第 7 条规定：“（1）整个教育制度应受国家之监督。（2）子女教育权利人有权决定其子女是否接受宗教教育。（3）宗教为公立学校课程之一部分，唯无宗教信仰之学校不在此限。宗教教育在不妨碍国家监督权之限度内，得依宗教团体之教义施教，教师不得违反其意志而负宗教教育义务。（4）设立私立学校之权利应保障之。私立学校代替公立学校者，应经国家之许可并服从各邦法律。私立学校如其教育目的与设备及教导人员之学术训练不逊于公立学校，并对于学生不因其父母之财产状况而加以区别者，应许可其设立。如其教导人员之经济上与法律上地位无充分保障者，不得许可。（5）私立国民学校唯有其设立具有特殊教学利益者，或经儿童教育权利人之请求以之作为乡镇公学、宗教潜修或理想实践学校时，而该乡镇又无此类公立国民学校时，使得准其设立。（6）先修学校禁止设立。”

1. 受教育权的内容

个人接受教育不仅是一个过程，而且涉及不同的形式与内容，英国学者理查德·克勒顿认为，受教育权是一项复合性权利或权利束。① 所包含的权利到底有哪些？研究者的概括存在差异。有的认为，“受教育权包括受义务教育权、平等受教育权、终生受教育权和恰当受教育权”。② 也有研究者认为，“受教育权包括教育权、受教育自由、教育自由和教育目的四方面内容”。③ 还有研究者指出，受教育权应该包括“学习机会权、学习条件权和学习成功权”。④ 更有研究者认为，受教育者存在三个阶段的权利群和一个程序保障及救济性权利群。首先是起始阶段的受教育权，具体包括的子权利有：入学机会获得权、受教育选择权、入学条件提供请求权。其次是受教育过程中的权利，包括的子权利有：学生身份获得权、获得帮助权、上课权、安排学业权、教学条件利用权、获得公正评价权、获得安全学习环境权、表达自由、学术自由。再次是受教育完成阶段的权利，包括的子权利有：毕业要求权、学位获得权。最后是程序保护和权利救济权，包括知情权、申诉权、起诉权。⑤

对受教育权内容的概括，视角不同自然会导致结论上的差异，就上述不同的主张来看，差别在于对受教育权范围宽窄的认识上。考虑到作为基本权利的受教育权对应的是国家义务，而国家所能保障的主要还是学校教育，为避免对受教育权范围作过宽的理解，造成与其他权利之间发生过多的交叉，影响到对受教育权本身内容的准确把握与认识，在对受教育权范围的界定上，应限于直接与受教育过程相关的权利，那些辅助性或救济性的权利，如知情权、申诉权、起诉权等，不应纳入其中。基于此，受教育权的内容按照受教育的过程包括如下几个方面：

（1）受教育机会权

受教育机会权是个人在受教育起点上享有的权利，即接受教育的可能性，构成享受教育条件和教育效果的前提。受教育机会权包括入学升学机会权、受教育选择权、学生身份权等具体内容。

入学升学机会权是指国家或社会应当为个人进入学校学习以及在完成一定阶段的学习以后进入更高阶段的学习提供具有实现可能性的机会。为此，我国的《教育法》第 9 条规定：“中华人民共和国公民有受教育的权利和义务。公民不分民族、种族、性别、职业、财产状况、宗教信仰等，依法享有平等的受教育机会。”第 36 条规定：“受教育者在入学、升学、就业等方面依法享有平等权利。”在义务教育阶段，入学和升学机会不实行竞争性的选拔，我国《义务教育法》第十二条规定，适龄儿童、少年免试入学，国家保障适龄儿童、少年享有就近入学的权利。非义务教育阶段的入学升学机会权包括公民在义

① Richard Clayton, Hugh Tomlinson, The Law of Human Right, Oxford University Press 2000: 1345.

② 徐继敏：《受教育权辨析》，载郑贤君主编：《公民受教育权的法律保护》，人民法院出版社 2004 年版，第 64 页。

③ 温辉著：《受教育权入宪研究》，北京大学出版社 2003 年版，第 28 页。

④ 龚向和著：《受教育权论》，中国人民公安大学出版社 2004 年版，第 36~59 页。

⑤ 杜文勇著：《受教育权宪法规范论》，法律出版社 2012 年版，第 46~50 页。

务教育以下和义务教育以上教育阶段接受教育的机会权利，即幼儿学前教育机构、初中生毕业后升入高中（包括普通高中、职业高中、技工学校、招收应届初中毕业生的普通中专、成人中专和中等职业学校）、高中生毕业后升入高等教育机构（包括普通高校、成人高校、军事院校、学历或非学历高等教育机构等）接受教育的机会。义务教育阶段的入学升学机会权追求的是实质平等，非义务教育阶段的入学升学机会权则是从形式上保障平等，即通过一定的考试或考核选拔制度，按照参赛者的成绩、能力和素质择优录取，所有参赛者均能从形式上享受平等入学升学机会。

受教育选择权，是指个人有权自由选择适合自己的教育机构、教育形式和教育内容接受教育的权利，包括：选择受教育与否的自由；选择教育形式的自由；选择教育机构的自由；选择教育内容的自由。值得说明的是，受教育选择权的实现程度在义务教育阶段和非义务教育阶段是存在差别的。义务教育阶段的选择要受到国家教育制度相关要求的限制，选择的余地不是很大。

学生身份权，受教育选择权和入学升学机会权的行使导致的结果是个人进入某一教育机构而获得该教育机构的学生身份（即学籍），学生身份又成为个人在该教育机构享受学习条件权和学习效果权的前提。一旦丧失学生身份权，则失去了在该教育机构受教育的权利。学生身份权的丧失有以下三种情形：一是勒令退学和开除处分，二是退学处理，三是取消学籍。

（2）受教育条件权

受教育条件权是指个人在受教育过程中享有的权利，包括平等利用教育条件的请求权、提高教育条件的请求权、获得教育资助权。

受教育条件的请求权包括两个层次：一是请求平等分享现有教育条件的权利；二是请求国家提高教育条件的权利。前者是针对现有教育资源，请求平等利用和分享；后者是请求增加教育资源，这涉及一国财政状况和立法设计。

获得教育资助权是指对非义务教育阶段获得了接受教育的机会但无力负担教育费用的个人享有的从国家或社会获得奖学金、助学金、家庭补助金和贷学金等资助，用以完成学业的权利。

（3）受教育效果权

受教育者享有的接受教育后由学校对其受教育效果进行公正评价的权利。学校的评价主要是针对受教育者的学业成绩、学习能力、学术水平进行评价，对完成学业的受教育者授予毕业证书、学位证书。对于学生的学业成绩和学术能力的评价有两种基本方式：一是考试，包括入学考试和在学期间考试；二是评议委员会作出的评议，如论文答辩委员会对于论文是否通过答辩作出的评议，学位评定委员会对于是否颁发学位的评议。在学生的这一权利实现过程中，政府的职责是建立合理的教育评价标准，完善国家考试制度和学业、学位证书授予制度，尽可能客观公正地评价学生的学习成绩和学术能力。

为何要进行受教育效果评价，原因就在于因为个体智商情商差异、特别是个人主观努力程度差异，即使在完全平等的客观受教育机会和受教育条件下，每个人接受教育的效果，也就是对所学专业或知识的理解及运用能力不可能达到完全相同的程度，甚至还存在无法达到最低限度要求的情形。为此，建立和实行受教育效果的评价制度，基本的目标是要确保受教育者达到该阶段教育所设定的最低要求，以便能够进行下一受教育阶段的学习或从事某种职业所需要的职业素养。因此，受教育效果权就具体表现为教育机构对学生完成教育内容后的学术评价，并基于此决定是否授权相应的学历、学位证书，并不表现为受教育结果绝对的、事实上的平等。为此我国《教育法》第21、22、42条规定了国家实行学业证书和学位制度，受教育者有权公正评价和获得相应的学业证书和学位证书。《义务教育法实施细则》第15条、《高等教育法》第20条、《高等教育自学考试暂行条例》第25条、《职业教育法》第25条等法律对受教育者在相应教育阶段获得学业证书、学位证书的条件和程序作了明确规定。

台湾地区宪法学者许育典教授则从教育基本权功能建构的保护法益视角，对受教育权的内容进行了分析。受教育权作为主观权利的功能中，防御权功能的保护法益包括：学生的自我实现权；父母的教育权；教师的教学自由。共享权功能的保护法益包括：现有教育设施的入学请求权；必要教育设施的创设请求权。客观价值秩序功能的保护法益包括：以学生自我实现为核心的课程标准；以学生自我实现为核心的教育计划；以学生自我实现为核心的教科书编制；以学生自我实现为核心的师资培训。制度性保障功能的保护法益包括：一学生自我实现为核心的国家监督制度；一学生自我实现为核心的私立学校制度。组织与程序保障功能的保护法益包括：以学生自我实现为核心的学校自治；学生代表组织的参与学校自治程序；父母代表组织的参与学校自治程序。①

2. 受教育权的权利归属

受教育权应该归属于基本权利的哪种类型之中，存在如下的主张：

（1）“发展权说”。“从全面的最终意义上看，受教育权实质上是受教育者身心全面和谐发展的权利。”②

（2）“请求权说”。“受教育权是公民为了谋求生存和发展而学习知识，依法要求国家或者学校为此提供必要条件的作为或者不作为请求权。”③

（3）“学习权说”。受教育权是“为确保公民健全人格及健康幸福的符合人性尊严的生活，而由学习协助者学习的一种权利；它要求国家提供学习条件及机会，并要求学习内容由国家、教育协助者在不损及学习权之目的及增进学习效果的条件下确定”。④

（4）“公民权说”。“受教育权实质是一种公民政治权利和自由，是享有主权的国民为有效行使政治权利并扩大其参政能力而要求国家帮助创造文化教育条件的权利。”⑤ 日本的中村睦男教授也指出：“受教育权的保障具有主权者教育的意义，受教育权是为了使国民现在和将来具有一定的政治能力，使之能稳固民主主义政治。”⑥

（5）“生存权说”。日本的大须贺明教授认为：“受教育权的基本特质是社会权，其为

① 许育典著：《宪法》，台湾元照出版有限公司2006年版，第306~313页。

② 参见龚向和：《受教育权论》，中国人民公安大学出版社2004年版，第23页。

③ 高家伟主编：《教育行政法》，北京大学出版社2007年版，第5页。

④ 胡锦光、任端平：《受教育权的宪法学思考》，载郑贤君主编：《公民受教育权的法律保护》，人民法院出版社2004年版，第110页。

⑤ 李卫刚：《宪法学讨论教学教程》，对外经济贸易大学出版社2005年版，第207页。

⑥ 李卫刚：《宪法学讨论教学教程》，对外经济贸易大学出版社2005年版，第207页。

生存权性质层面的基本权利之一。"① 韩国有学者也认为："受教育权是一种具体的生存权，是政治社会中公民通过教育获得自身发展与人格完善的重要条件与基础，享有受教育权的学习权、发展权是实现生存权的条件与基本的环境，表现为具体的权利形态。"②

上述关于受教育权内涵的各种主张，揭示了受教育权在不同方面具有的某种特质，对人们认识受教育权的不同面向有所助益。但是，对事物定义的基本目的，是要揭示其所指称事物具有的特殊性，以便将与之相似或同类的事物区别开来。关于受教育权的"发展权说""请求权说"并没有做到这一点。至于说"公民权说"，实质应该是"参政权说"。问题在于，受教育权有助于参政权、生存权的实现，并不能因此而将其等同于参政权、生存权。故此，"学习权说"才是真正就受教育权的内涵而进行的探讨。

3. 受教育权的功能面向

受教育权的法律属性，是指受教育权在法律上究竟属于自由权、社会权还是二者兼有。

教育的首要功能是促进个体的发展，包括个体的个性化和社会化。所谓的个体化，以每个人都是独立的生命体为基础，展现出其不同于他人的独特之处，实质为人的个性养成与张扬。人是教育的目的，教育的存在并非本体式（ontologisch）的，而是一种目的性（teleologisch）的存在。教育是为了人而存在的，教育的深层功能，主观面向上在于启发每一个人成为自我人格开展的主体，客观面向上在于形塑每一个人拥有人格自由开展的空间，而从中促进每一个人自我实现的最大可能。因此，自我实现便构成教育的目的所在，"一个从事教育的人或环境，本身如果不是自由的，不可能让一个接受其教育的人，真正发现自我、开展自我而实现自我。"③ 这是受教育权具有自由权面向之所在。与此同时，个人受教育权的实现，需要国家或社会创设条件与提供设施来保障；尤其是科学技术的发展与信息技术的运用，个人要完成接受教育的过程，离不开国家教育资源的给付，使得"受教育权迫使政府去发展和维持由学校和其他教育机构组成的体制，以便向每个人提供教育。"④ 这一点，又决定了受教育权具有社会权的面向。由此，受教育权兼有社会权和自由权属性的认识在学术界是有一定影响力的。⑤

受教育权的自由权面向，总的表现为对个人接受教育时排除国家的不当干预或限制的方面，但考虑到各国普遍建立和实行了义务教育的制度，义务教育阶段受教育权的自由权面向就不能表现为接受或不接受教育的自由，仅在某种程度上表现为接受教育的地点、内容、方式上选择的自由。在非义务教育阶段，才有接受或不接受教育以及接受何种程度教育上的选择自由，升学机会权、受教育选择权和学生身份权明显具有免于国家干预的自由权特点。"我想接受教育，因而我可以挑选我所喜欢的、认为最有学问的、有着与我相符

---

① ［日］大须贺明：《生存权论》，林浩译，法律出版社 2001 年版，第 155 页。

② 韩大元：《韩国宪法上的受教育权》载郑贤君：《公民受教育权的法律保护》，人民法院出版社 2004 年版，第 156 页。

③ 许育典著：《宪法》，元照出版有限公司 2006 年版，第 298 页。

④ ［挪］A. 艾德、C. 克罗斯、A. 罗萨德主编：《经济、社会和文化权利教程》，尤雪云、谷盛开等译，四川人民出版社 2004 年版，第 205 页。

⑤ 参阅温辉著：《受教育权入宪研究》，北京大学出版社 2003 年版，第 101 页。

的意见和信仰的教师。这种权利无须争辩对成人来说是完全可能的。”①

受教育权的社会权面向，主要表现为国家的给付义务上，包括三个方面：（1）物质性给付。主要有有形的金钱、实物给付和无形的知识、技能传授。金钱给付可表现为学杂费及贷款、助学金、奖学金、生活补贴、科研创新基金、诉讼费减免等，也体现为国家以优先、税收优惠等举措来鼓励社会力量共同增进实现受教育权的物质基础；实物给付主要表现为校舍、教学基础设施设备、教学资料器材的提供等；无形物质给是指国家往往通过许可审批、招聘等形式将其义务委托给具备专业性的机构或人员来完成。（2）服务性给付。国家通过相关的组织和人员为受教育者提供通知、咨询、指导、疏导、评价等信息流通的渠道，维护安全、便捷和舒适的学习生活环境；还有受教育过程中有关考试、录取、入学、退学、毕业、肄业、奖惩等事项的管理，教育行政决定所涉的调查、告知、说明理由、听取相对人陈述申辩、依法送达以及申诉、听证、行政复议、司法援助、行政诉讼与行政赔偿等程序的履行等，都是受教育权的服务性给付的体现。（3）制度性给付。制度性给付义务表现为对物质性给付和服务性给付义务制度化；另一方表现为立法明确公民在受教育权实现过程中的立法参与、批评建议、监督检举等权利。②

4. 受教育权的性质

受教育权的性质是指受教育权究竟是纯粹的权利还是权利与义务的结合体。这个问题的产生，一方面与我国宪法第46条第1款规定，“中华人民共和国公民有受教育的权利和义务”，在规范形态上将受教育规定为权利和义务的结合体有关，也与义务教育制度下，将义务教育理解为受教育者及其父母或监护人应该履行的义务有关。

国外历史上，存在过将受教育作为义务加以规定的情形。如德意志魏玛公国1619年颁布的《学校法令》，规定父母必须送其6~12岁的子女入学属于“不能改变的义务”。1833年英国议会通过的《纺织业工厂法》规定，工厂主雇佣童工时必须承担开办学校并给13岁童工每天2小时的义务教育的义务，否则就得受罚。1754年《普鲁士义务教育法》把儿童接受初等教育看作是与服兵役一样的义务。日本1889年明治宪法也把受教育与纳税、服兵役并列为公民的三大义务。1919年的德国魏玛宪法明确规定国家有义务通过免费和强制入学来保障受教育权，同时又规定，“受国民小学教育为国民普通义务”。这种状况的形成，与将教育作为国家工具的理念有极大的关系。但在二战以后，伴随着对法西斯政权严重践踏人权惨痛教训的反思，将人的尊严和权利作为国家法律追求的终极目标逐渐成为国际社会的共识，在此背景下，受教育被作为权利看待逐渐成为国际的潮流。③

《世界人权宣言》第26条第1款规定：“人人享有受教育的权利。”《经济、社会、文化权利国际公约》第13条第1款规定：“本公约缔约各国承认，人人有受教育的权利”。《儿童权利公约》第28条第1款规定：“缔约国确认儿童有受教育的权利。”《世界全民教

---

① ［法］莱昂·狄骥著：《宪法学教程》，王文利等译，辽海出版社、春风文艺出版社1999年版，第199页。

② 参阅莫静：《论受教育权的国家给付义务》，载《现代法学》2014年第3期。

③ 杨成铭：《国际人权法中受教育权的性质：权利或义务》，载《法学评论》2004年第6期。

育宣言》在诸论中回顾了40多年前世界各国通过《世界人权宣言》宣告“人人享有受教育的权利”的历史，重申“教育是我们世界的全体男女老幼和各个民族的基本权利”。《儿童权利宣言》原则七宣示：“儿童有受教育的权利，所受的教育至少在初级阶段应是免费的和义务性的。”《关于特殊需要教育的原则、方针和实践的萨拉曼卡宣言》第2条宣布：“我们坚信并声明：每个儿童都有受教育的基本权利，必须获得可达到的并保持可接受的学习水平的机会……”从这些国际性的法律文件的规定看，都是将受教育确认为个人享有的基本权利，未见有义务性或权利义务相结合的规定，即便是对儿童接受的义务教育，也是明确地仅宣告为权利，而不是确认为义务。

从相关国家的宪法规定看，即便是在受教育权的条款中规定义务，也不是指的受教育者本人的义务，而是国家或家长的义务。如日本国宪法规定，“全体国民，按照法律规定，均享有依其能力所及平等接受教育的权利”。“全体国民，按照法律规定，均负有使其受保护的子女接受普通教育的义务。义务教育免费”。韩国宪法也规定，“国民有按能力受教育的权利。国民对其所保护的子女负有使其接受初等及法律规定教育的义务”。印度宪法规定，“应以国家法律规定的方式向6周岁至14周岁德儿童提供免费的义务教育”。俄罗斯宪法规定，“每个人都有受教育的权利”。“普通教育为义务教育。父母或者替代父母的人应当保证孩子收到普通教育。”葡萄牙宪法规定，“受教育和教育的自由受到保障。”南非宪法规定，“每一个人皆有权接受基本教育，包括成人基本教育；以及接受国家通过适当的措施使之逐步可以获得的进一步教育”。墨西哥宪法规定，“人人都享有接受教育的权利。国家……应给予学前、初级、中等和中级高等（高中）教育……前述教育与中级高等（高中）教育均是义务教育”。

赞成受教育既是权利又是义务的法理依据是所谓的“权利义务的一致性”。照此逻辑，所有的权利都应该同时为义务，法律为何将有些规定为权利，另一些规定为义务，岂不有悖于法理？为何在我国的宪法中仅仅有“受教育”和“劳动”既规定为权利同时又规定为义务？合理的理解应该是，“权利义务的一致性”应是一般意义上对法律关系的主体的要求，认识到每个人享有的权利都以国家和他人履行相应的义务为支撑，树立自己既是权利主体，又是义务主体的意识，不能仅享有权利而不履行义务，也不能只履行义务而不享受权利。这里的权利、义务是异体性的，即以明确的权利规范或义务规范而独立存在，本质上具有不相容的关系。同一客观行为的法规范，对同一法律关系的主体而言，要么是权利，要么是义务，如果既是权利又是义务，会导致权利义务界限的混淆以及两种性质不同的法规范的混同。实际上，早有学者对此提出过质疑，“如果权利必须行使的话，就和义务的含义没有什么区别”。

“何必把可以放弃的和必须履行的两种行为规范拼在一起？”① 有研究者指出，宪法将“受教育”既规定为权利又规定为义务，实质并非在于肯定“受教育”具有义务的属性，而是强调“受教育”是不可放弃的权利，② 具有对受教育权中的自由权属性加以限

① 何华辉著：《比较宪法学》，武汉大学出版社1988年版，第201、248页。

② 赵正群：《劳动和受教育是公民不可放弃的权利——对权利义务复合的宪法规范的法理学读解》，载《辽宁大学学报》1993年第3期。

制的意思。

也有研究者认为：受教育为公民的权利和义务，“宪法如此规定的目的……是赋予一些主体完全独立的权利，再规定其他主体履行一定的义务，来保障权利更好的实施。而不是把可以放弃的权利和必须履行的义务两种行为规范拼在同一主体的同一行为上，要求权利主体自己以承担义务的方式救济自己受损的权利”。① 既然受教育权的实现需要其他义务主体履行义务来保障，对于接受教育者而言，根本就是权利，何来的义务？

当然，在受教育权性质上，还存在着是民事权利还是宪法权利的认识分歧。主张受教育权是民事权利者先将受教育权认定为人身权利，然后得出属于民事权利的论断。② 且不说其论据是否充分，这样的认识本身就难以经得起法理性的辩驳。一方面，受教育权如何属于人身权利？人身权利又如何只能成为民事权利？另一方面，这样的论断本身隐含着民事权利和宪法权利是两个不同权利体系的逻辑预设。法理上，普通法律的权利在本源上都应该来自于宪法权利，是宪法权利的具体化，仅因法律调整的社会关系不同而在内容上存在差别。因此而将它们看作是不同性质的权利，会割裂它们之间实际存在的不可分割联系，造成人们认识上产生错误或偏差。

二、日本宪法中的受教育权

比较宪法学第十一章文化权从内涵上讲，宪法保障的受教育权利，应该包括“从事教育”的权利和“接受教育”的权利这样两个方面。受教育权保障的范围，在主体的方面应该是一切的自然人，而不能仅限于本国的公民，外国人的受教育权也应包括其中。在有关日本政府应外国要求，取消该国留学生居留权以及奖学金的案件中，日本的法院判决政府的措施违法，理由就是在日本的外国留学生也属于宪法第 26 条受教育权的保障范围。原因在于，国际人权公约规定“任何人”均有受教育的权利，而日本既为国际社会的一员，当然应当遵守这一规定，给予外国人受教育全的保障。③ 但在从事教育的权利上，法院的判例则要求外国侨民于日本设置学校时，应遵守日本的教育相关法律，否认其实施本国教育的权利。④

在日本，有关教育权的主体，理论上存在三种学说：⑤ （1）国家教育权说。从宪法关于“国民有义务使其子女接受义务教育”可推论出与教育有关的权利应属于国家。⑥ 持反对意见的学者则认为，宪法中规定的“义务”是家长对子女而不是对国家的义务，不能由此而推论出国家是教育权主体的结论。（2）国民教育权说。此主张以国民应有自由决定教育之内容的权利为立论基础，主张有关教育事项应由儿童、家长、教师构成的国

---

① 任丹丹：《受教育权的权义复合问题研究》，苏州大学 2013 年硕士学位论文，第 25 页。

② 张小涛：《受教育权的权利性质及其救济途径分析》，载《河南省政法管理干部学院学报》2006 年第 4 期。

③ 东京地判，昭和四十四年（1969）4 月 18 日，[行政事件裁判例集] 20 卷 4 号 499 页。和田英夫《外国人留学生の身份》，[教育判例百选] 别册ジエリスト，有斐阁 1979 年版，第 170~172 页。

④ 大阪地判，昭和二十七年（1952）12 月 1 日，[行政事件裁判例集] 3 卷 11 号 2374 页。

⑤ 参见许庆雄：《社会权论》，台湾众文图书股份有限公司 1993 年版，第 156~158 页。

⑥ [日] 田中耕太郎：《教育基本法の理论》，日本有斐阁 1961 年版，第 149~150 页。

民来决定，而不应由国家来主导，国家仅承担提供教育条件及环境的义务。根据在于：基于宪法的自由理念，教育不应受到国家权力的干涉；宪法明确规定学问自由，而学问与教育皆与精神自由有密切的关系。学问研究室教育的一环，教育则是传播学问的手段，据此国民自应拥有自由决定教育内容的权利；教育在本质上具有非权力的性质，若受权力规制，则会失去其意义。① （3）教育权不存在再说。宪法保障国民有受教育权，但并无有关教育权的明文规定或任何使其成立的意图存在，因此不可能赋予任何主体拥有教育权。虽然国家必须承担各种相关的义务保障国民的受教育权的实现，但国家并不因此而拥有教育国民的权限。父母有教育子女的权利，但其对象和内容皆受到限制，并不意味着某些国民有教育其他国民的权利。②

"旭川学力测验案"中，最高法院则将"国民教育权"和"国家教育权"折中起来，认为国家、教师、父母、儿童均可成为教育权的主体。

父母的教育权，是指父母以自己的思想、宗教、学问来教育自己子女的自由。这一自由，除适用于家庭教育之外，也适用于公共教育的方面，具体包括：（1）选择权，争议比较大的是选择学校的自由和选择以家庭教育替代学校教育的自由。在选择家庭教育方面，必须是以思想、信教自由等宪法上的权利受到侵害为由才能拒绝学校教育；家庭教育的内容必须使子女能够获得将来在社会中生活的最低限度的基础能力，且要定期接受国家对家庭教育实施状况进行的检查。（2）拒绝权，在儿童受教育权得到保障的前提下，应该承认父母有基于思想、宗教价值观的拒绝权。（3）参与权，父母参与权的范围原则上应由立法部门、教育委员会和学校进行裁量，并不是说学校的所有教育活动都应有父母的参与或者应创设听取父母意向的机会。

教师的教育权，就教师与学生、父母对峙的角度言，在承认教师于教育方法上享有自由，而不是得将自己所信奉的思想、宗教等教授学生的自由的前提下，教师行使该自由而与父母、学生的权利发生冲突时，教师是否逾越了教育法规赋予的权限，其行为是否侵害学生、父母宪法上的权利。教师若因为反对从事意识形态教育而与国家发生对峙的情形下，是否能够主张国家侵犯其宪法上的权利。即便是肯定教师教育权的主张，所依凭的根据也不相同。有的根据宪法第 23 条，认为"学问自由"不仅包括大学内的教授自由，也包括下级教育机关内的教育自由。也有的以宪法第 26 条为依据，认为要保障儿童"受教育权利"的实现，必须保障负有教育儿童责任的教师及父母有教育自由。还有的认为，各个教师的教育自由受宪法第 23 条学问自由的保障，基于职业专门性之教师团体的教育自由与学校的自治，受宪法第 26 条的保障。

国家的教育权主要体现于为维持全国一定的教育水准，满足儿童受教育权利、确保教育的政治中立性的需要，对于公共教育的内容，享有一定的参与权。与此同时，考虑到教育有受国家利用作为统治思想的手段的危险，法院在"旭川学力测验案"中也指出，"妨碍儿童自由且独立人格成长的国家介入，例如强制实施灌输儿童错误知识及片面观念的教育内容，不得为宪法第 26 条、第 13 条所许可"。

---

① ［日］兼子仁：《教育法》，日本有斐阁 1983 年版，第 196 页。

② 浦部法穗：《宪法学教室 I》，日本评论社 1986 年版，第 240~246 页。

学生（儿童）的权利。儿童也是人，当然享有人权，即便是在教育的关系中，也不能将其单纯地作为受教育权的客体对待，必须承认其自律行使权利的主体的地位。但儿童的身心未臻成熟，在权利的享有上需受到比成人更多的制约。这些制约是否允许？在何种程度内被允许，需要结合儿童的成熟程度、权利性质以及与父母的关系等加以具体的分析。特别是儿童与教师处于不对等状态，出于对教师专业性的尊重，潜藏着使学生成为教师的“附属”的危险。因此，对于学校日常运作过程中所发生的纷争，法院虽不能随意介入，但并不意味着可以将对教师的尊重建立在牺牲学生宪法上权利的基础上。①

【国民教育权的判例一】

家永教科书审定案

在“家永教科书审定案”第二次诉讼的一审判决中，有关教育权的问题，法院指出：(1) 日本宪法第26条的规定系承接第25条的精神，可说是基本人权中的生存权在文化方面的精神表现。本条保障每个国民有平等接受教育的权利，相对地，要求国家制定实现此教育全所需的法律及其他措施，以确保实现国民的受教育权。(2) 此处所谓之教育，其本质在于满足儿童的学习权，并发展其人性，完成其人格。同时，经由教育可使国民将目前所发展的文化传承给下一代，并进而培育与发展民主和平的国家，以及维护世界和平的国民，是属于精神上、文化上不朽的事业。(3) 若仔细思考教育的本质，则真正负有教育儿童之责任与义务的，乃是以家长为中心的全体国民。国民对于其子女，自然负有责任与义务，以发展其人性、传递文化，并培养其成为健全的国家及世界的担当者。因此，家庭教育、私立学校等的设置，可说是引申自以父母为首的国民自然责任与义务。此种国民教育上责任与义务同国家教育权的概念是相对的，一般又称其为国民的教育自由。虽然在现代的社会，父母无法在家完成对子女的教育，儿童受教育权的实现要依赖于国家所设立的各种学校，具体而言是父母将对子女的教育信托给了教师，教育的责任实际上已转移到国家，由其创设和提供必要的条件，但这并不意味着允许国家介入教育的内容，因为教育不宜由一般政治那种以政党政治为背景的多数人来决定。(4) 从日本宪法第26条第2项的义务教育规定中，似乎可以推论出国家有教育权的见解，但该规定仅在于使国家协助父母得以完成对子女教育责任之义务。②

对于该判决中所体现的国民教育权说，有学者质疑道：在无法选择学校、教师的现行公立学校的义务教育制度下，所谓的父母将儿童信托给教师的理论架构可采吗？由于是将父母与教师解为一体，故遗漏了儿童及父母与教师间的对立的问题。③

① ［日］阿部照哉、池田政章、初宿正典、户松秀典：《宪法（下）——基本人权篇》，周宗宪译，中国政法大学出版社2006年版，第254页。

② 参见许庆雄：《社会权论》，台湾众文图书股份有限公司1993年版，第158~160页。

③ ［日］阿部照哉、池田政章、初宿正典、户松秀典：《宪法（下）——基本人权篇》，周宗宪译，中国政法大学出版社2006年版，第254页。

【国家教育权的判例二】

家永教科书审定案

在“家永教科书审定案”第一次诉讼的一审判决中，法院采取的就是“国家教育权”的立场，其判决要点是：(1) 由于近代已经确立的公共教育基本原理中，有义务教育制度、免费教育制度及世俗化教育等共同部分，因此，家长想亲自试其子女接受充分的教育既满足儿童的学习权，已是不可能的事情。于是，家长必须使其子女进入国家或公共团体所设置经营的学校接受教育，由国家代为完成教育义务。(2) 在现代的民主社会中，教育已成为国家和社会关系的重大事业。特别是现代国家基于福祉的理念，在发展教育上给予了极大的投入，目的在于使儿童能够受到良好的教育，成为身心健全的国民，来维持民主国家的存立和发展。因此，实施普及教育已经是目前公共福祉事业中最重要的一环，日本国的宪法在明白宣示福祉国家理念的同时，就保障国民受教育权的实现所需的诸如义务教育等措施，科以国家实施的权限、责任与义务。教育基本法也明确规定，按照法律所成立的学校具有公共性，全体教员均为“服务全民者”。(3) 日本宪法规定，国政乃受国民庄严的信托，因而，国家便拥有了基于国民的托付，基于本身的立场与责任实施公共教育的权限。①

对本判决，也存在质疑：首先是其无视教育的本质在于人的内在有关的创造性活动，将教育解读为一般行政，其议会制民主主义论太过于表面；其次是父母有将对其子女公教育的内容全面托付给国家了吗？②

【折中说的判例】

旭川学力测验案

1961 年，反对文部省所实施的以全国中学二、三年级学生为对象的全国统一学力测试（学测）的教师，因试图阻止学测之实施，被以妨碍公务执行罪等罪名而受到起诉。在诉讼过程中，文部省实施学力测试是否违反《教育基本法》第 10 条等规定属于违法，成为争议的焦点。最高法院在判决中指出，无论是“国民教育权”还是“国家教育权”的主张“皆是极端且片面，不能全面予以采用”。日本宪法第 26 条的规定隐含着每个国民为成长、发达成为一个人或市民，以及其完成自我人格的实现时，所应具备的固有学习权。特别是无法自我学习的儿童，更应有权由大人赋予满足其学习要求的教育。换言之，儿童的教育并非将支配的全能赋予从事教育者，而应是相对于儿童的学习权能，使从事教育者担负如何努力充实的责任与义务。据此虽然可以理解儿童的教育是对教育者所科的责任义务，若不符合儿童的利益则不得施行。

---

① 参见许庆雄：《社会权论》，台湾众文图书股份有限公司 1993 年版，第 160~161 页。

② ［日］阿部照哉、池田政章、初宿正典、户松秀典：《宪法（下）——基本人权篇》，周宗宪译，中国政法大学出版社 2006 年版，第 228~233 页。

但是，教育的内容与方法应由谁决定以及是否有权决定等问题，则无法从中导出结论。对传授给儿童的教育内容，究竟是按照一般的政治意思决定手续由国家决定，还是视其为完全不受政治意思支配及介入的社会、文化性领域，而以别种方式加以决定，无法由宪法第26条的规定获得直接的答案。

根据保障学问自由的宪法第32条，也使得实际上担当儿童教育的教师，被认为能在学校拥有教授的自由，可以不受公权力的支配与介入，而自由地决定儿童的教育内容。然而，本判决不能接纳这种见解。诚然，宪法保障的学问自由包括传授其研究成果的自由，但普通教育以传达知识和启发能力为主。当然，公权力不可强制普通教育的教师，仅传授某种特定的意见，而且基于儿童教育的本质，必须通过教师与儿童之间直接的人格接触，再依其个性施教等理由，我们应当承认教师对教育内容与方法，应具有一定的自由裁量权，即享有教授自由。但接受普通教育的学童并不具有大学生那样对教师教授内容的批判能力，更多的时候，是教师对学童有强大的影响力及支配力，加上普通教育的学童不具有选择学校和教师的余地。为了确保全国国民具备一定的相应水准，实现教育机会均等，事实上无法承认从事普通教育的教师拥有完全的教授自由。

我们承认家长基于和子女的自然关系，对子女的将来最为关心，应对其子女的教育拥有一定的支配权，即教育子女的自由，但主要表现为学校以外的教育以及学校选择等方面。从国家的立场看，由于其必须针对一般社会的公共问题，统合全体国民的意思并付诸实现，也会将教育视为国政的一部分，制定一定的政策并加以实施。因此，宪法应在一定的范围内，使国家拥有决定教育内容的权能。

综上所述，本判决充分显示欲调和“国民教育权”和“国家教育权”的意图，认为：第一，由宪法第26条无法导出教育内容决定权的拥有者；第二，肯定教师教育自由的存在，但限定其范畴；第三，认定家长拥有学校之外的教育自由及选择学校的自由；第四，私立学校教育在一定范围内享有教育自由；第五，在以上范围之外，国家基于“必要且适当的理由”，在“限定范围内”等条件下，拥有决定教育内容的权限。①

对于此判决中采取的折中立场，有学者指出：“本判决排斥‘国民教育权’或‘国家教育权’二者择一论，各自划定父母、教师、私立学校、国家等的教育权（限）范围之基本立场，被认为是适当的。因而，今后有必要以儿童的权利保障为基础，具体划定父母、教师、私立学校、国家等的关系。”

三、美国宪法中的受教育权

在美国，1791年的权利法案以及后来的修正案均没有确认受教育权，即便是“二战”以后受教育权被国际社会所普遍承认的情形下，1973年的圣·安东尼独立校区诉罗德里格斯案中，法院在判决中指出：“教育当然不在联邦宪法明示保护的权利的范围内，我们

① 参见许庆雄：《社会权论》，台湾众文图书股份有限公司1993年版，第161~165页。

也没有找到任何根据，表明宪法默示保护教育权。”“公共教育并非宪法授予个人的权利。”①

然而，宪法没有明确规定教育权是一回事，是否可用宪法中的有关条款来解决教育中的问题，包括教育权的保障是另一回事。在此方面，宪法第一修正案的规定发挥了重要的作用。宪法第一修正案关于不得确立国教、保护言论自由以及第十四条修正案关于平等保护的规定，常常被作为涉及教育问题的司法判决的根据，此类案件大致可分为以下几种类型：

一是在私立学校接受教育问题。1922 年，俄勒冈州通过法律，要求所有儿童必须就读于公立学校。联邦最高法院在 1925 年的“皮尔斯诉姐妹社”（Pierce v. Society of Sisters）案中，判决该法律违宪，理由是它剥夺了家长控制其子女受教育的权利。

二是公共资金资助私立教育问题。在 1930 年的“科克伦诉路易斯安娜州教育委员会”（Cochran v. Louisiana State Board of Education）案中，最高法院裁定，路易斯安娜州的教科书章程规定的，用税金购买教科书并供应私立学校，是适当和有效的。在 1947 年的“埃弗森诉教育委员会”（Everson v. Board of Education）案中，联邦最高法院裁定，新泽西学区的税收可以用于支付校车接送儿童到教会学校的费用。联邦最高法院的这些判决，理论假设是受益者为儿童而不是学校或教会，由此形成所谓“儿童受益理论”。

三是公立学校中的宗教课程或仪式问题。1963 年联邦最高法院裁定，阅读《圣经》和背诵祈祷词是宗教仪式，公立学校的做法违反宪法第一和第十四修正案。根据是，即便是学生自愿，但在教学期间将时间用于宗教教学，是利用公立学校的财产进行的活动，违反了国家与宗教相分离的原则。②

第二节　艺术自由

要弄清宪法上规定的“艺术自由”，必须首先明确“艺术”所指是何？在人类的生活中，为何会有“艺术”的存在，然后才可能去理解“艺术自由”所涉及的有关问题。

人体有三大功能系统：一是基本功能系统，负责完成人体正常的生理代谢、器官发育和个体生殖等最基础的生命活动任务。二是认知功能系统，负责完成人体对客观事物的“认知”任务。三是情感功能系统，基本功能是负责完成人体由认知成果所引起的“情感行为”的发生和人的不同个体间的“情感交流”任务。人体器官与客观事物发生关系时所产生的机能现象，称为器官行为。人的社会生活的全部内容，就是主观上对一定形式和内容的器官行为的无休止追求。在社会生活中，人的主观行为，可以根据其基本的功能分为三种：一是为维持基本生命活动所从事的基本生产劳动。二是为保障最基本的生命活动所进行的基本社会生活，如做饭、生殖和养育后代、社会交往和维持社会生活秩序等。三是为消耗人体自身多余的体能和精力而进行的娱乐游戏活动。人们在日常生活中的全部行

① ［美］保罗·布莱斯特等：《宪法决策过程：案例与材料》（下册），陆符嘉、周青风、张千帆、沈根明译，中国政法大学出版社 2002 年版，第 1514、1529 页。

② 参见张维平、马立武：《美国教育法研究》，中国法制出版社 2004 年版，第 50~52 页。

为内容，就是追求客观事物对自己主观需求的满足和拒避客观事物对自己主观利益的损害。

艺术是人的一种主观行为，属于娱乐游戏的范畴，是人们为了更好地满足自己对主观缺憾的慰藉需求和情感器官的行为需求而创造出的一种文化现象，是人们进行情感交流的一种重要手段。

然而，上述对“艺术”含义的描述更多地属于哲学层面的分析。从法律的层面对其进行准确的定义，则是一件比较困难的事情。早在 1924 年，德国学者 Ernst Beling 就提出：“艺术学与法学在分开的街道上起变化。”为此，德国学者 Wolfgang Knies 提出了所谓的定义禁止的“形式-技术理论”，认为，在法律上不能对“艺术”进行实质性的定义，仅能在形式上加以界定。如果宪法从实质内容对“艺术”进行定义，不可避免会涉及价值判断问题，容易造成国家认知上的偏差，导致宪法保障艺术自由的目的的达成受到阻碍甚至是无法实现，只能选择艺术品本身的外在展现形式作为宪法上艺术自由保护法益的连接点。透过艺术品本身的外在展现形式上的类型化，只要符合特定类型的要件的艺术，如绘画、雕塑、诗歌、剧本等即可。① 这样的话，并不涉及艺术实质内容的意识形态问题，国家比较不容易介入艺术创作的开展，能够为艺术自由提供比较可靠的保障。

宪法对某种权利的规定，只有在存在可描述且可建构的保护客体的情形下，才能提供有效的保护。形式的艺术概念，一方面因未对艺术的概念进行定义，导致宪法保护的艺术自由的客体无法被人们去进行整体上的把握，另一方面则会出现这样的可能，那就是伴随着社会的发展而出现的新的艺术形式不能被原有的艺术类型所涵盖时，便无法纳入宪法保护的艺术自由范围之中。为此，联邦德国宪法法院在“魔菲斯特案”中尝试着从实质上对艺术的概念进行定义：“艺术生活的领域是经由艺术的本质所型塑，借此决定艺术本身的结构特征。宪法上艺术概念的解释必须从这些结构特征出发。艺术活动的本质是一种自由创造的型塑，在此型塑中将艺术家的印象、经历及经验，透过一种特定的型式语言作为媒介，以直接的观点表达出来。所有的艺术活动，都是意识与无意识交错的过程，而这些交错过程在理性上无法被解释。在艺术创作之时，共同产生直观、想象与艺术理解的作用，这里产生的主要不是信息，而是风格，且是艺术家个人人格的最直接风格。”② 考虑到了艺术创作的非封闭性，该定义也是具有开放性的。德国的宪法学界也认为，由于艺术本质的结构特征，不可能对艺术下一个抽象且绝对的定义，只能在实质上作具体、功能上的相对界定。

实质性的艺术概念定义同样也受到了质疑：这些定义主要导向于美学的理想主义的艺术理解，而且也逾越了一个中立的价值概念的界限。为此，联邦宪法法院在 1984 年的艺术自由判决中指出：“一个艺术表达的描述特征是在于：因为艺术表达内容的多样性，所以可能在进一步的解释中，会不断地从对艺术的描述得出其他的意义来，以致产生一个实际上取之不尽而多阶段的资讯探知。”应该对艺术的定义保持开放性，有学者将之称为

---

① Vgl. W. Knies, Schranken der Kunstfreiheit als verfassungsrechtliches Problim, S. 218ff.

② BVerfGE30, 173 (188f.). 见许育典：《文化宪法与文化国》，台湾元照出版有限公司 2006 年版，第 85 页。

“沟通理论的艺术概念”。它重视对艺术创作的特征的描述，强调艺术创作特征的表达功能。在艺术作品的特征描述中，每次总是有新的且不同的表达意义，从中可以发现艺术创作的内容及形式上的特色，保证这些艺术创作不可能有终止解释的一天。①

比较早地对艺术自由确认的是德国1849年的法兰克福宪法，该宪法第152条规定，保障“艺术与科学的教学自由”。1949年的基本法也明确规定：“艺术与科学、研究与教学皆应享受自由。”并且艺术和科研自由受到无条件的保障，禁止国家对于艺术与学术活动进行任何的监管、调控与干预，也不允许通过法律来对艺术与学术自由进行限制。基本法第5条关于“这些权利受一般法律条款、保护青年的法律条款的限制，并受个人荣誉不可侵犯权的限制”的规定，不能用来限制艺术与学术自由。② 宪法法院的决定指出：“艺术与科学的园林之树，必须具备同样机会以开花结果。”而且根据宪法法院的解释，基本法关于艺术自由的规定为艺术自由提供了正面的客观权利，政府有责任保证并维持艺术自由得以实现的环境。虽然政府可以根据艺术与非艺术的区分采取不同的调控方式，但必须在艺术领域保持严格的中立。详而言之，“艺术活动的基本特征是自由创造，以使艺术家的印象和经验通过具体的语言形式而获得直接表达……即使艺术家描绘现实生活的事件，这种‘现实’已在艺术作品中受到‘诗话’。现实事件和经验历史的现实相脱离，并形成被图像艺术规则所决定的……新关系。为了艺术的统一性，个体事件的真实性可以——有时必须——受到牺牲”。基本法保障艺术自由的目的，“乃是使艺术过程、决定及行为模式皆基于艺术的内在法则，并独立于公共权力所规定的限度之外，纯粹被美学思维所决定。如果艺术创作的过程应该获得自由发展，那么艺术家描绘现实及其经历的方式就不能受到规定。在这方面，对艺术自由的保障禁止去影响艺术活动的方法、内容和倾向；它尤其禁止对艺术创造性加以限制，或对这一创造过程制定具备约束力的普遍规则”。③ 为此，联邦宪法法院在1987年所作的有关艺术自由的判决中强调，宪法上只允许在艺术与非艺术之间做出区分。换句话说，在宪法释义学上，只在于认定何者是“艺术”或“非艺术”的中立性评价，而依照“高低”或“好坏”所作出的品质上的评价，是宪法所不允许的。④

【案例一】

德国的“魔菲斯特案”

1936年，流亡于荷兰的德国作家克劳斯·曼在阿姆斯特丹出版了小说《魔菲斯特》，书中的主人公黑福根是一个想在艺术上获得辉煌而结交纳粹分子来改变自己的政治信念的演员，其所有特征与作者的前妹夫格林更斯的生活经历完全吻合。1963

① 参见许育典：《文化宪法与文化国》，台湾元照出版有限公司2006年版，第81~90页。

② 参见［德］康拉德·黑塞：《联邦德国宪法纲要》，李辉译，商务印书馆2007年版，第316页。

③ 转引自张千帆：《西方宪政体系（下册·欧洲宪法）》，中国政法大学出版社2001年版，第378页。

④ 许育典：《文化宪法与文化国》，台湾元照出版有限公司2006年版，第90页。

年，出版商尼芬鲍肯向社会预告将再版该书，格林更斯的养子向汉堡地方法院起诉，认为小说对格林更斯的人格故意进行贬损，已经不属于一般意义上的“艺术作品”，要求禁止出版商再版该小说。

汉堡地方法院根据基本法第5条第3款的规定驳回了原告的诉讼请求。出版商于1965年出版了该小说，但附加了“本小说人物纯属虚构”的注意事项。对此，原告向汉堡高等法院提出上诉。汉堡高等法院支持了原告的诉讼请求，其理由是：对于了解德国戏剧史的读者来说，主人公与格林更斯是比较容易区分的，但对于不了解格林更斯行为习惯的读者而言，小说中对主人公行为的描写，会使读者难以区分哪些是创作的，哪些是真实的。即便是作者和出版者加上了“本小说人物纯属虚构”的注意事项，也不能消除此种影响。因此，不能引用基本法关于艺术自由的规定加以抗辩。基本法规定的艺术自由不能超越对其他基本权利的保护，当其与基本法保护的人的尊严以及人格的自由发展相抵触的时候，权衡利益是必要的。

出版商上诉到联邦最高法院，也被判败诉，法院认为上诉人所主张的艺术自由也应当受到限制。对此，出版商以联邦最高法院的判决违背基本法第1条、第2条第1款、第5条第1款和第3款为由向联邦宪法法院提出起诉。联邦宪法法院驳回了出版商的起诉，指出，对艺术自由的保障与基本法保障的人格自由发生冲突的时候，基本法所保障的人的尊严必须受到特别关注。艺术自由不得侵犯他人的权利或触犯宪法秩序和道德准则。基本法对艺术自由的保障并非是没有限制的，同其他的基本权利一样，应当在社会共同体的作用中来谋求自身的自由发展。艺术在自身领域展开活动时，也必须在其他社会活动中来展开自身的活动。艺术自由受保障的界限，在没有一般法律或者规定事项不清晰的情形下，应当根据宪法自身的价值规定和价值序列来加以推导。①

【案例二】

德国1984年的“街头戏剧案”

在1980年的联邦竞选期间，德国民众自发组织了政治戏剧游行，用布莱希特于1947年所作的诗词，来嘲讽基督教民主联盟的总理候选人斯特劳斯及其“纳粹同党”，6名貌似希特勒等纳粹领导的党徒画像，被分别命名为“压制”“麻疯”“欺诈”“愚昧”“凶杀”“抢劫”，伴随着斯特劳斯的漫画像在“落伍行列”的游行车上道貌岸然地“要求民主自由”。所在州的地区法院和联邦的最高民事法院均以诽谤罪对该游行活动的组织者和漫画家处以罚款。被告则宣称他们受到基本法保障的艺术自由受到了侵犯。

联邦宪法法院指出，艺术活动的要素是“自由创造的表达，它通过具体语言和形状以传达印象、交流或事件”。艺术过程是“艺术直觉、狂想和知识的综合：它主要并非交流形式而是艺术家个性的最直接表达”。据此，判决“落伍行列”的演出属

① 参见韩大元、莫纪宏：《外国宪法判例》，中国人民大学出版社2005年版，第265~267页。

于基本法规定的艺术自由的保护范围，组织者的主要政治意图并不能改变这一事实。即使艺术家参与现代事件，任何具体约束力的规则和评价都不能禁止艺术活动。所谓涉及政治的艺术领域并不排除这项自由保障。①

第三节 学术自由

最早规定学术自由的是魏玛宪法："艺术、科学及其学理为自由，国家应予以保护及培植。"战后各国宪法均给予了确认，只是社会主义国家宪法通常将其规定为人民有进行科学研究、文学艺术创作和其他文化活动的自由，明确以学术自由加以规定的是日本宪法。日本著名宪法学者宫泽俊义指出，学术自由既指学术观点的自由，即研究者在其学问研究上，有抱有任何学术见解学说之自由；也指发表学术观点的自由，即表现其学问见解或研究结果的自由。②

一、学术自由的主体

从可能性上讲，所有的人都有可能去从事学术活动，成为学术自由的主体。但从现实性上看，并非所有的人都在实际从事着学术活动，特别是将学术活动作为实现自己生命意义的职业而加以追求。因此，对学术自由的主体有不同的说法。一种是将学术自由的主体限定为教学和研究机构中的教师和研究人员："一切学术研究或教学机构的学者和教师们，在他们研究的领域内有寻求真理并将其晓之于他人的自由，而无论这可能或给当局、教会或机构的上级带来多么大的不快，都不必为迎合政府、宗教或其他正统观念而修改研究结果或观点。"③ 二是认为学术自由的主体是教师和学生，如"学术自由指教师的教学与学生的学习，有不受不合理干扰和限制的权利，包括讲学自由、出版自由及信仰自由"④，"学术自由指教师和学生不受法律、学校各种规定的限制和公众不合理的干扰而进行讲课学习、探求知识及研究的自由。就教师而言，学术自由的基本要素包括：可探讨任何引起他们求知兴趣的课题；可向他们的学生、同事和他人发表他们的各种发现；可出版他们搜集的资料和得出的结论而不受限制和审查；可用他们认为恰当的符合业务要求的方式进行教学。对学生而言，学术自由的基本内容包括：可自由地学习感兴趣的学科；可形成他们自己的论断和发表他们自己的意见"。⑤ 第三种主张认为，学术自由的主体是专

---

① 参见张千帆：《西方宪政体系（下册·欧洲宪法）》，中国政法大学出版社 2001 年版，第 443~445 页。

② ［日］宫泽俊义：《日本国宪法精解》，董璠舆译，中国民主法制出版社 1990 年版，第 225~227 页。

③ ［英］戴维·M. 沃克主编：《牛津法律大辞典》，北京社会与科技发展研究所译，光明日报出版社 1998 年版，第 352 页。

④ 《大美百科全书（卷 1）》，光复书局大美百科全书编辑部译，光复书局 1990 年版，第 36 页。

⑤ 美国不列颠百科全书公司编著：《不列颠百科全书：国际中文版》（第一卷），中国大百科全书出版社不列颠百科全书编译部编译，中国大百科全书出版社 1994 年版，第 38 页。

业上合格的人士，实际上就是指的专业人士，如“学术自由是指专业上合格的人士在他们所胜任的学科中自由地调查、讨论、发表或教授他们所认为的真理，而不接受宗教或政治的控制和权威的许可，除非这种控制是职业道德标准，除非这种权威是在有关学科中用来证明真理和结论的合理的方法”。

大学生可以成为学术自由的主体，上述定义均给予了明确的肯定。德国 1976 年的《高等学校总法》规定的研究自由、教学自由和学习自由中，学习自由就是指的大学生的学习自由。① 联邦宪法法院也曾在判决中指出：“只要大学生愿意并有能力参与学术上学习，则亦得享有基本法第 5 条第 3 项第一句之基本权利。”② 但对大学生作为学术自由的主体，认识上是存在分歧的。大学生之所以能够利用大学的设施，系由于大学的教授和研究者具有特别的学问自由与自治的结果，其即便享有一定的自治与自由，也不过是教师学术自由的“反射性利益”。③ 更何况，教师的教学研究负有学术自我负责的责任，向有学术资助和自治的能力，而大学生更多的时候扮演的是学术过程参与者的角色，而且不负任何学术责任，因此，不属于学术自由的权利主体，充其量为宪法选择教育训练场所的工作自由权所包含。④

将教师和学生作为学术自由的主体，凡承认学术自由的国家基本上没有什么异议，争论的焦点主要在于：大学以外的中小学教师和学生是否享有学术自由，或者说能否成为学术自由的主体。对此问题，在日本，宪法规定的学术自由在适用于中小学的教师与学生方面应受到限制是得到承认的。

二、学术自由的客体

学术自由的客体就是“学术”或“学术活动”。学术自由在英文中的表达为：academic freedom，译自德文的 akademische freheit。德国学者 Rudolf Smend 在 1927 年针对《魏玛宪法》第 142 条规定中的“学术”一词，提出过如下的说明：“凡是严谨地尝试对学术的真理加以探究或讲学者，即为魏玛宪法第 142 条规定以下的研究及讲学。”⑤ Thieme 认为宪法所保障的学术是指的以追求真理，传播认为具有真理的知识为内容的行为。Scholz 队“学术”的定义是：“属于有计划，依循一定研究方法及自我负责探究客观真理知识与传播改制是自主性知识活动。”⑥ 按照德国联邦宪法法院在有关判例中的解释，学

---

① 周志宏：《学术自由与大学法》，法律出版社 1989 年版，第 248~333 页。

② BVerfGE 55, 32 ff.（67 f.）. 转引自董保城著：《教育法与学术自由》，台湾月旦出版社股份有限公司 1997 年版，第 186 页。

③ 参见林纪东：《中华民国宪法逐条释义》（第一册），台湾三民书局 1993 年版，第 163 页。

④ 参见李建良：《论学术自由与大学自治之宪法保障——司法院大法官释字第三八〇号解释及其相关问题之研究》，载李建良著：《宪法理论与实践》（一），台湾学林文化事业有限公司 1999 年版，第 173 页。

⑤ Th. Maunz/Günter Dürig/Roman Herzog/Rupert Scholz（Hrsg.），Grundgesetz Kommentar，Bd. I，München1998，Art. 5 Abs. Ⅲ Rdnr. 91. 转引自许育典：《文化宪法与文化国》，台湾元照出版公司 2006 年版，第 63 页。

⑥ 参见董保城：《教育法与学术自由》，台湾月旦出版股份有限公司 1997 年版，第 113 页。

术“系指基于学术上之研究方法，从事发现、阐释及传布知识之活动过程”。①

什么样的活动是“学术活动”，不仅取决于人们对学术特征的一般认识，更受到人们所秉承的关于学术内在品质的信念的影响。然而，学术自由毕竟是被作为法律上的权利而受到承认与保障的，当面临某种行为是否属于学术活动而应该受到法律保护的时候，就会显示出对“学术”识别的重要性。在此情形之下，实际上又不能不对“学术”概念设定某种判断的标准。就像德国学者 Schumacher 针对 Ridder 的“定义禁止说”所指出的：“一个绝对之定义禁止，将使学术自由之权利保护落空。基本法第 5 条第 3 项只有在学术自由受到侵犯而受诉法院可以有拘束的定义基本法上学术为何时，才能践履其防御权之功能。相对于干预机关认为此处根本不涉及学术自由之基本法保护的异议，法院在有在个别事件中有拘束力地涵摄相关事实情状于学术之构成要件下，方能禁止一个违宪行为。”②

三、学术自由的内容

德国汉堡大学教授 Paul Kirchhof 在其纪念汉堡大学建校六百周年的文章中，对学术自由的内涵进行了较为系统的概括：学术自由是有计划的、有方法的、不受驾驭、严谨地对知识进行的探究与传播；学术自由是共通联络的而非孤独的自由；学术自由是自主的而非闭关自守式的自由；学术自由是防御性及可请求给付的基本权利；学术自由不但要防止国家的侵害，同时又要求学术研究者享有国家提供财力及机构支援的自由。③ 日本学者认为，学术自由的内容应包括：学术的研究；研究成果的发表；研究成果的讲授；作为学术的共同研究与讨论者的学生之研究与学习；大学自治。④

1. 研究自由

通常，人们把探求事物的真相、性质、规律等活动称之为研究。可表现为问题与方法的选择、资料的收集与整理、文献的取得与使用、研究成果的评价与传播等诸多形式。既有内在的思想，也有外在的行为；⑤ 除直接的研究活动本身以外，还应当包括一切研究的准备和援助行为。研究自由的表现形式，大致上可以划分为如下几个方面：（1）研究课题⑥选择的自由。（2）学术思想、观点形成的自由。（3）发表自由。很显然，学术观点

---

① BverfGE 35，79；47，327（367）；BverfGE，NJW1994，1781 f. 转引自李建良著：《宪法理论与实践》（一），台湾学林文化事业有限公司 1999 年版，第 156 页。

② 转引自周志宏：《学术自由与大学法》，法律出版社 1989 年版，第 40 页。

③ 参见董保城：《教育法与学术自由》，台湾月旦出版股份有限公司 1997 年版，第 114、116 页。

④ ［日］浦部法穗等：《注释日本国宪法》（上卷），日本清林书院新社 1984 年版，第 546~547 页。

⑤ 有学者提出，研究自由式内部的精神自由，讲学自由则属于外部的精神自由，参见蔡茂寅：《学术自由之保障与教育行政监督权之界限——评大法官会议释字第 380 号解释》，载《月旦法学》1995 年第 2 期。为此，有学者质疑道，此种区分，易使人误解为，研究自由仅在内部思想上受到保障，而不及于外部的研究活动，参见李建良：《论学术自由与大学自治之宪法保障——司法院大法官释字第三八〇号解释及其相关问题之研究》，载李建良：《宪法理论与实践》（一），台湾学林文化事业有限公司 1999 年版，第 158 页。

⑥ 此处所谓的研究课题应作广义上的理解，除了包括有关部门和研究机构明确以“课题”的形式发布供人们研究的问题以外，还包括人们自行确定或者是实际在进行的研究项目。

的自由在研究自由中居于核心地位。

美国1952年的"阿德尔诉纽约市教育委员会"(Adler v. Board of Education of the City New York)一案中，就涉及了学术自由中学术思想、观点的自由问题。《纽约公务员法》规定，为以非法手段颠覆政府作辩护，或隶属于具有此等目的之组织的教师或其他政府雇员，得将其从公立学校中剥夺资格并予以解雇。纽约市属公立学校教师Adler等人因参与颠覆性组织，被纽约市教育委员会依照上法加以解雇。Adler等人认为《纽约公务员法》违宪。案件上诉至联邦最高法院，以大法官Minton为主的多数派意见认为，该法并不违宪，支持原法院的判决。Douglas和Black法官在发表的少数意见中指出，纽约市公务员法确立的学术审查制度"必然引起对学术自由的恣意破坏……在这样的环境下，不可能有真正的学术自由。只要那儿充满着猜疑，并且由于担心他们的工作而抑制了这些学者，那儿就不可能有自由思维之运作……如果我们支持这个法律，我们便忘却了第一修正案所给予的这些教训"。① 该案涉及的《纽约公务员法》中的两项规定，一是为以非法手段颠覆政府作辩护；二是隶属于具有颠覆政府目的之组织。前者属于学术思想、观点的范畴，应受到学术自由的保障。政府对其进行审查，容易造成对学术自由的干预甚至是侵犯。后者已经属于具体的实践行为，不涉及学术领域的工作，难以为学术自由所保障。

【案例三】

美浓部达吉"天皇机关说"事件

"天皇机关说"是东京大学著名法学家美浓部达吉（原东京帝国大学法学部教授，法学博士，贵族院敕选议员）在1912年提出的，他认为日本的主权属于国家，天皇只是国家机关之一，天皇并不等于国家，国家主权不属于天皇个人，天皇作为国家的最高行政机关行使权力，这就否定了上杉慎吉的"天皇主权说"，为在日本建立政党内阁、实现政党政治奠定了理论基础。法西斯认为"天皇机关说"是建立独裁专制的一大障碍，便群起而攻之。众、贵两院议员和攻击美浓部的"天皇机关说"而引发的。贵族院议员菊池武夫（男爵，原奉天特务机关长，陆军中将）指责"天皇机关说"是"学匪"为破坏国家体制而对宪法作出的解释，包含慢性谋反和反逆的意图，要求政府对此应作出相应处理。众议院议员江藤源九郎（陆军少将）对美浓部攻击狂热的天皇崇拜者蓑田胸喜提出质询。对此，美浓部在25日的正式会议上进行了辩驳。当天的《东京朝日新闻》晚刊以《断章取义，何为反逆》为题全文刊载发言记录，评论"美浓部的答辩条理清晰，观点鲜明，全场听众无不肃静侧耳"。3月5日，东京帝国大学教授宫泽俊义在朝日新闻学术文艺专栏《论坛时评》中发表《美浓部达吉论》，称"博士有启蒙之功"，断言"如果有人因听了博士的说明，或因执有博士的学说而逆反国家体制者，他一定是个无知之徒，或是借'国体'之名行中伤他人之事"，从一个侧面表现出当时舆论界尚没有完全死去。此时枢密院副院长

① Adler v. Board of Education of the City New York，342 U. S. 转引自周志宏：《学术自由与大学法》，法律出版社1989年版，第76~77页。

平沼骐一郎会见了教育总监真崎甚三郎大将，指示说对此等重大问题不可等闲视之。第二天，真崎召见教育监部本部长，要求对美浓部问题进行研究并明确态度。4月6日，真崎向全军下达国家体制明证训示。同时，政党三派（政友会、民政党、国民同盟）和军部共同站在攻击美浓部的前线上。贵、众两院一致通过国家体制明证决议案。在众院，由政友会总裁铃木提出决议案并做说明，反映出政党在议会中的活动堕落为“蠢动”，与军部、在乡军人会及右翼势力之间已经没有什么不同，他们对冈田首相在议会表明反对天皇机关说和政府两次发表明证国家体制声明还不满足，进而要求对美浓部作出处分。结果政府作出禁止美浓部的三部著作发行，其他作品也要进行改版的处分。不仅如此，第二年2月，美浓部寓所遭到暴徒袭击，他本人也受伤。关于这一事件的报道在当天就遭政府封杀，而且持续了长达一年三个月。1935年的7、8月两个月是对天皇机关说进行攻击高潮，林陆相罢免了教育总监真崎。大约在一个月后，军务局长永田铁山在陆军省办公室内惨遭杀害。内务省在当天即禁止向陆军以外发表有关消息。

2. 讲授自由

讲授自由或者讲学自由，是指将经由研究所获得的知识，以具有学术认知基础的方式，加以传授的活动。① 这种意义上的“讲学”，必须是以学术认知或研究成果的探究为目的，需与讲学者的研究有关，这是由讲学自由属于学术自由，并且是与研究自由产生连接而形成所决定的。

大学领域的讲学自由受到保护是不存在争议的，有争议的是中小学的教师可否主张讲学自由。对此问题的思考与回答，如果立足于包括讲学自由在内的学术自由是所有人的权利的立场，当然应承认中小学的教师也有讲学的自由。② 但是，倘若我们从讲学是传授研究所获得的知识，且独立于外界的指示的角度来看，中小学教师的授课与大学教师的讲学，所传授的知识在本质上存在着差异。更何况，中小学教师的授课内容，需按照国家颁布的教学大纲或课程标准进行，一些国家或地区，政府对中小学教师讲授的内容还有专门的要求，哪些课程必须讲授，哪些课程不能讲授，教师必须加以遵守。相比较而言，中小学教师的教学自由属于教育基本权保护的法益，大学教师的讲学自由属于学术自由保护的法益。正因为如此，在德国的教育法制中，教学自由属于学校法制的范畴，讲学自由属于大学法制的范畴，二者的内涵有比较大的差别，不可混淆。当然，这里所谓的中小学教师的讲学不属于讲学自由而受到保护，是就其履行职务上的教学活动而言的。如果中小学教师在其职务性授课活动之外从事学术研究，然后传授其获得的知识，则同样应受到学术自由的保障。只是这种传授不能在中小学的课堂上进行。

---

① BVerfGE35，79（113）．参见许育典：《文化宪法与文化国》，台湾元照出版公司2006年版，第69页。

② See James Daly，Patricia Schall，and Rosemary Skeele，Protecting the Right to Teach and Learn：Power，Politics，and Public Schools，Teachers College Oress，2001. 参见谢定海：《作为法律权利的学术自由权》，载《中国法学》2005年第6期。

3. 学习自由

学习自由是指高等教育机构中的学生，根据自己的兴趣与爱好，自主地选择其学习的专业、课程和教师以及在学习的过程中自主地提出自己的意见和疑问，不受任意的干涉和限制的权利。作为学术自由的组成部分，学习自由不仅蕴含于大学自治的传统之中，而且在德国学术自由概念形成的过程中，为洪堡等教育学家所承认与强调。在当今的世界，学习自由更是得到了有关文件的确认。如 1967 年，美国大学教授协会发布的《学生的权利和自由联合声明》，就对学习自由给予了肯定与强调。世界大学会社《利马宣言》第 9 条规定："高等教育的学生均享有学习的自由，此种自由包括从可选课程中选择学习领域的权利以及其所取得的知识和学历得到官方认可的权利。高等教育机构应该以满足学生的专业需求和渴望为目标，国家应该为学生提供追求其专业的充分资源。"①

在德国，学习自由甚至还包括大学生可以自由决定就读于哪一所大学。有学者根据德国联邦宪法法院的相关判决、联邦与各州大学法的规定以及法学学说，将学习自由的内涵归纳为"入学自由""选课自由""上课自由"与"积极参与讨论与表达意见的自由"。②

4. 学术职业自由

学术职业自由，按照《学术自由和高等教育机构自治利马宣言》第 5 条的规定，是指"所有社会成员均享有不受阻碍地进入学术团体的同等权利。以能力为基础，任何人均有权不受任何形式的歧视，作为学生、教师、研究人员、工人或管理人员而成为学术团体的一部分"。也包括任何人可以组织、创设某种学术团体或机构而开展学术活动的权利。③

与学术职业自由相伴随的是学术职业的安全问题。学术职业对于从事学术活动的人来讲，虽然具有生存手段的功能，但对于学者而言，其意义不仅仅是获得维持生命延续所需的物质需要满足的问题，学术活动本身就是研究人员生存意义的体现。因此，对于以学术为业的人来讲，仅仅是有学术职业的自由是不够的，还必须为学术职业的安全提供有效的保障，才能解除其后顾之忧，人们才有可能去选择以学术为职业，这样的学术职业自由才能真正地体现人的自主性。

在为学术职业自由提供安全保障方面，国际社会现行的一项重要制度就是"学术长期聘任制度"。其基本要求，如《利马宣言》所规定："所有国家和高等教育机构应保证提供教师和研究人员得以稳定、安全地被聘用的体制。学术团体的任何成员，在未经学术团体内部民主选举的机构进行正当听证的情况下，均不得被解聘。" 1990 年于堪培拉通过的《知识自由和社会责任宣言》第 8 条规定："知识团体中的教学和研究成员享有长期聘任的安全保障。除非基于与其学术职业相冲突的重大错误、过失或者被证明专业不合格，不得将他们解聘或调离。基于本条而实施的解聘或调离的惩罚，其实施要遵照知识团体内民主选举机构进行正当听证的程序。"④

---

① 转引自谢海定：《作为法律权利的学术自由权》，载《中国法学》2005 年第 6 期。

② 董保城：《教学法与学术自由》，台湾月旦出版社股份有限公司 1997 年版，第 194~200 页。

③ 谢海定：《作为法律权利的学术自由权》，载《中国法学》2005 年第 6 期。

④ 转引自谢海定：《作为法律权利的学术自由权》，载《中国法学》2005 年第 6 期。

较早规定“学术长期聘任制度”的是美国大学教授协会 1915 年的《原则声明》，其中建议：“每个学术机构都应该明确其各种职位的条件；教授和副教授，以及达到十年服务期的讲师以上的所有职位，聘期都应该是永久的；在那些按照法律规定合同期不能超过限定期限的公立大学中，管理机构应该公开声明其各种职位予以重新任命的条件，这些声明尽管不具有法律上强制执行的效力，但应被视为具有道德上的约束力；对于任何学术职位的大学教师，除非有严重的道德过失，如果解聘或拒绝重新聘用，必须在其任期结束学年至少提前 3 个月送达解聘或不再续聘的通知，其中讲师以上的教师，必须提前 1 年送达通知。”“任何大学或学院的教师在被解聘或降级前，均有权获得一个公正的裁决，该裁决应包括详尽阐明的指控理由，并由教授挥会或全学院中选举产生的特别委员会或固定的裁决委员会作出。在此项裁决过程中，被指控的教师应有充分的提出证据的机会，如果指控针对的是其专业能力不足，那么在裁决过程开始前，应制作一个关于其工作情况的正式报告，该报告由某一主管当局指定其所在部门的教师或者大学同类部门的教师提供，或者，如果当事教师提出要求，则可由其他高等教育机构中的同行专家组成的委员会提供。”《学术自由和学术长期聘用制度 1940 年原则声明》今年进一步规定，经过一定试用期（最长不超过 7 年）后，所有教师和研究人员均应得到永久或长期的聘任，除了按年龄退休或处于财政危机的特殊情况外，聘任的终止必须有充足的理由。① 由此可见，“学术长期聘任制度”并不意味着对学术从业人员不能解聘，而是要求解聘的时候必须经过“同行评审”和“学术正当程序”，以避免有关机构和组织在解聘权的行使上恣意妄为，在侵犯学术自由的同时，造成学术从业人员缺乏职业上的安全感。

① 转引自谢海定：《作为法律权利的学术自由权》，载《中国法学》2005 年第 6 期。

第三编

国家权力

第十二章　元 首 机 关

第一节　国家元首制度

一、概念

在现代国家的政治体制中，国家元首起着“象征国家主权”的作用，是国家对内对外的最高代表，表达国家的意志。在不同的国家，国家元首的角色是不一样的，有时会与行政首脑、党的领袖或宗教领袖等角色交织在一起，如美国总统既是国家元首又是行政首脑。但这两种身份是有区别的：国家元首代表的是国家，即所有国家机关构成的整体，政府首脑代表的是政府，一般情形下是指作为执行机关的行政机关；国家元首可以在形式或名义上握有法律上的主权，而政府首脑承担的是对国家进行有效管理的义务；国家元首对其代表国家所从事的一切活动可以不负任何的责任或仅负法律上的责任；而政府首脑及政府对其从事的一切活动，应承担政治上、法律上的责任；国家元首在地位上要高于政府首脑。

少数政教合一的国家，国家元首同时是宗教领袖，如中东的沙特和阿曼。沙特国王身兼伊斯兰教教长，以《古兰经》为宪法。

二、类型

对国家元首制度的类型，可以按照不同的标准进行划分。这里，我们主要是按照担任元首职务的是个人还是一个机关来将其划分为个人元首和集体元首两大类型：

1. 个人元首制

当今世界，个人元首制一般表现为君主制国家的君主和共和制国家的总统、主席等。君主制国家的国家元首除“国王”（Crown or King）这个名称之外，日本称为天皇，文莱等国称为苏丹（Sultan），科威特、卡塔尔等阿拉伯国家称为埃米尔（Amir or Emir），卢森堡等国则称为大公（Grand Duchy，公爵中的最高爵位）。直接称之为国家元首的则有摩纳哥、列支敦士登、马来西亚等国。加拿大比较特殊，作为英联邦的成员，英王是其国家元首，但是由女王任命总督作为她的代表。近代之后，民主共和的观念深入人心，实行君主制的多为革命不彻底或社会改良的产物。除约旦等少数国家的君主拥有实权外,① 其他国家的君主虽享有崇高的荣誉、优厚的待遇，但多为象征的意义，其权力只是形式上的，

① 王彤：《当代中东政治制度》，中国社会科学出版社 2005 年版，第 183 页。

国家的实际权力掌握在议会和政府的手中。

共和制的国家，国家元首一般称为总统，有的拥有实权，有的只有一些虚权，即象征性的权力。虚权型总统元首制的代表是德国，还有奥地利、墨西哥、越南。德国基本法基于魏玛宪法时期总统权力太大导致灾难的历史，削减了总统的权力。

实权型的总统元首制又可分为两种类型，一是美国式，包括意大利、南非等国，总统同时是国家元首和政府首脑，但总统在与议会及法院的关系中没有更高的地位；二是法国式，包括俄罗斯、韩国等，总统不兼任政府首脑，但总统的权力较美国式的更大一些。如俄罗斯总统除了行使美国总统的所有职权外，还可以行使宪法监督权、解散议会的权力。

2. 集体元首制

实行集体元首制的代表性国家是瑞士，瑞士的最高行政机关联邦委员会由七名委员组成，这七名委员既是联邦委员会的成员，又兼任各部部长。瑞士联邦议会每年从这七名委员中选定一人为联邦总统，另外选定一名委员为副总统。总统、副总统同时也是联邦委员会的主席和副主席。总统、副总统的任期只有一年，总统在任期届满之后，不能再在第二年连选连任为总统或者副总统；联邦委员会委员不能在两年内连任副总统的职务。在委员会进行决议的时候，总统同其他委员一样，只有一个投票权。

第二节　国家元首的产生

一、世袭制

世袭制是指国家元首的职位按照血缘的关系在一个家族中传递，是封建制和奴隶制社会国家元首产生的基本方式。实行世袭制的国家，大多数国家王位的世袭以长子继承制为前提，以庶子继承和兄终弟及为补充。

实行长子继承制的国家，王位继承的顺序一般是：国王死后，由国王的长子继承王位。若长子已死则由长子的后嗣继承王位。如长子无后嗣，由国王的次子或其后嗣继承王位。如国王无子，才能由其长女或其后嗣来继承王位。即使同是实行长子继承制的国家，瑞典宪法规定，国王的第一个孩子不论是男性还是女性均有权继承王位，即长子可以指国王的男性后嗣，也可指称女性后嗣。日本 1947 年的《皇室典范》则明确规定，只有天皇后嗣中的男性才有继承王位的权利，此前，日本曾经出现过 10 位女天皇。比较多的国家在王位的世袭上，既不像瑞典那样实行完全的男女平等，也不像日本那样奉行男子主义，而是在承认男女都有王位继承权的前提下，以男性优先为原则。实行世袭制的国家中，不丹采取由国民议会在同一家族血缘关系的人中推选君主的制度具有独特之处。由国民议会每三年对国王进行一次信任投票，得不到 2/3 多数信任者，国王便要退位，然后由国民议会从旺楚克王族中另选一人继承王位。① 保留世袭制的典型国家之一是英国。根据 1701 年《王位继承法》的规定，英国王位的继承实行典型的长子继承制，英王死后由其长子继承。如长子已死，则由长子的年龄最大的儿子继承。如长子无子，由长子的年龄最大的

① 王彤：《当代中东政治制度》，中国社会科学出版社 2005 年版，第 183~184 页。

女儿继承。如长子已死又无子女，才能由英王的次子及其后嗣继承。如英王子女均无，才由其弟继承。若英王死后没有任何的合法继承人，则由议会和英联邦内各自治领的议会共同决定一个新的王室，再产生英王。同时《王位继承法》规定，英王必须遵奉英国国教，天主教徒或与天主教徒结婚者均不得继承王位。继承王位的英王如果未满 18 岁的成年年龄，或因外出、患病、丧失行为能力等原因无法行使职权时，根据 1937 年、1943 年、1953 年通过的法律规定，通过设置摄政的办法加以解决。

目前英国的女王是伊丽莎白二世，全称是“By the Grace of God of the United Kindom of Great Britain and Northern Ireland and of Her other Realms and Territories Queen，Head of the Commonwealth，Defener of the Faith”（蒙上帝恩惠，大不列巅及北爱尔兰联合王国与其他国土和领地之女王，联邦的元首，基督教的保护者）。伊丽莎白的父亲是乔治五世的次子。1936 年 1 月，乔治五世去世，王位由其长子爱德华继承，称“爱德华八世”。后爱德华八世与美国妇女辛普森结婚而放弃王位，伊丽莎白之父便继承了王位，称为“乔治六世”。1952 年乔治六世去世，因其无子，王位由其时年 26 岁的女儿伊丽莎白继承。因三百多年前，英国历史上曾有一位女王叫“伊丽莎白”，现任女王便称“伊丽莎白二世”。

另一个保留世袭制的典型国家是日本。日本在奴隶制时期，本州中部地区兴起一大和国，其领袖称为大王，公元 3 世纪时改称天皇。7 世纪中叶的“大化革新”废除了奴隶制，建立了以孝德天皇为中心的中央集权封建国家。通过公元 701 年文武天皇颁布的《大宝律令》与《养志律令》，天皇制在法律上得到了确认。12 世纪，随着武将幕府统治的建立，天皇的权力开始走向衰弱。明治维新后制定的《大日本帝国宪法》，确立日本实行二元制的君主立宪制，国家的主权属于天皇，天皇为国家元首，总揽国家的统治权，天皇制得到了宪法的确认，成为国家制度不可缺少的组成部分。“二战”后，日本由战前的二元制君主立宪制改为议会制内阁制，制定宪法时，对是否保留天皇制存在激烈的争论。当时盟军的首领麦克阿瑟将军考虑到天皇在结束战争中曾发挥了一定的作用，战后有必要继续利用天皇及皇室的权威防止军队和国民的动摇，防止革命的发生，为美国对日本的控制而服务，因而在其领导制定的《日本国宪法》中仍然保留了天皇制度。

根据战后修改的《皇室典范》规定，皇位由属于皇统的男系男子世袭，顺序是：皇太子；皇长孙；皇长子的其他子孙；皇次子及其子孙；其他的子孙；皇兄弟及其子孙；皇伯叔父及其子孙；如无以上适当人选则传位于最近亲的皇族。如天皇因病或年幼或其他原因不能处理政务时，得设摄政。后嗣因患不治之症不能继承皇位时，经皇族会议决定可变更皇位继承顺序。

最近几年，日本皇位继承人的问题成为日本民众与政治家关注的话题。日本现有法律规定，皇位继承人只能是男性。而日本现今的明仁天皇，虽然有两个儿子，但二人均无男性后裔。以后德仁皇太子继承皇位后，在其下一代皇室成员中没有继承人选。日本舆论一直在探讨修改法律，允许女性继承皇位。

二、选举制

通过公民或代议机关通过投票的方式来产生国家元首，这是目前大多数国家采取的方式。有两种方式：由公民直接投票产生元首的直接选举方式和间接选举方式。

最早使用选举这种方式产生国家元首的国家是美国，美国总统的选举大致要经过三个阶段：总统候选人提名、竞选、大选。现在美国总统的产生和建国时制宪者的设想有一些变化，按宪法的规定，先由各州选民选举产生各州的选举人，这些选举人再投票产生总统。但是，现在投票选举选举人只是一种形式，①因为各州的选举人是由各党派事先确定的②，选民在投票选举选举人时也就选择了该选举人所代表的党派所产生总统和副总统候选人。

国家元首实行直接选举的国家有法国、俄罗斯、韩国等。法国总统的选举方式几经修改，自 1962 年改为直接选举，由选民直接投票，按两轮多数投票制确定。韩国 1980 年宪法曾采取和美国类似的总统选举制，但现在的宪法确立了直选制③。

国家元首实行间接选举的国家有德国、越南等。德国基本法基于削弱民选总统的地位和作用的考虑，将魏玛时期的总统直接选举制改为间接选举制，由联邦众议院和各州议会选出的代表组成联邦大会投票产生。越南由国会从国会议员中选举产生。④

第三节　国家元首的职权

一、任免权

国家元首的人事任免权一般针对国家重要的官员甚至是法官，国家元首对他们进行任免，象征着他们行使权力的公共性和权力来源的受委托性。

在英国，英王任命的官员有：内阁首相、各部大臣、驻外使节、属地总督和法官。按照惯例，下院大选后，英王召见下院多数党领袖，任命其为首相并授权其组阁。日本天皇根据国会提名，任命内阁总理大臣；根据内阁的提名，任命最高法院院长。

在德国，宪法虽然赋予总统最后裁决总理人选的权力，但宪政运作上，从未有机会让他实现这项职权。

美国总统任命的人员有：各部部长、大使、领事和其他使节、最高法院法官及其他高级官员。

法国总统任命的人员有：内阁总理及其他政府成员、行政法院人员、受勋委员会总裁、大使和特使、审计院的审计长、省长、驻海外领地政府代表、将级军官、宪法委员会 9 名成员中的 3 名成员。2008 年的《法兰西第五共和国机构现代化的宪法性法律》对总统行使任命权的对象、程序以及所受的限制进行了新的规定，例如规定总统的某些重要行政任命必须要遵守议会相关委员会的意见；两院的否决票至少占到所投票的 3/5 时，总统

---

① 杨百揆、杨明：《美国总统及其选举》，中国社会科学出版社 1982 年版，第 142 页。

② 王磊编：《布什诉戈尔》，北京大学出版社 2002 年版，第 14 页。

③ 韩大元：《外国宪法》，中国人民大学出版社 2000 年版，第 313~314 页。

④ ［日］白石昌也：《越南政治、经济制度研究》，毕世鸿译，云南大学出版社 2006 年版，第 20 页。

不能行使任命权。① 韩国总统任免权表现为：经国会同意，任命国务总理；由总理提请，任命国务委员及从国务委员中任命行政各部部长；任命宪法法院院长及9名法官；经国会同意，任命大法院院长及根据大法院院长的提请任命大法院法官；经国会同意任命检查院院长即根据检查院院长的提请任命检查委员；任命中央选举委员管理委员会9名委员中的3名。

俄罗斯总统除了享有任免政府要员职权外，还享有提名权，总统可以向杜马提出联邦中央银行行长人选。

二、立法权

国家元首的立法权严格来说是指立法的参与权，包括立法提案权和法案公布权。

立法提案权不为所有国家的元首所享有，有些国家宪法明确赋予国家元首享有立法提案权，如挪威。有些国家是惯例认可了国家元首的立法提案权，如比利时、荷兰、约旦等国。

法案公布权是所有国家的元首都享有的一项权力，只是在是否能行使否决权方面存在差异：英国、丹麦和瑞典等国的元首原来享有的法案否决权由于长期不行使而为惯例取消；日本、挪威等国家的国家元首则不享有对已公布法律的否决权，权力仅限于公布法律。

意大利、法国、土耳其、津巴布韦、卢旺达等国的国家元首则享有对法案的相对否决权，如法国宪法规定：法国总统有权将尚未公布之法律提请宪法委员会审议，重大议案交公民投票表决，如果公民投票通过了一项法案，总统应当在投票结果公布后的15天内公布该法案。不丹、尼泊尔、约旦、印度尼西亚、加蓬、印度、马里等国的国家元首则享有对法案的绝对否决权，如约旦宪法第三章第25条规定：立法权同时属于国民议会和国王。国王拒绝批准的法案将退回众议院，如果众议院想再通过该法案将面临被国王解散的威胁，事实上国王也一直是这样做的②。美国总统对国会通过的法案同时享有相对否决权和绝对否决权，相对否决权是指总统在收到让其公布法案后的10天内，将该法案连同其不签署的理由退回国会复议，国会两院若各以出席人数2/3的多数重新通过，则总统的该否决被推翻，该法案即使不经总统签署也能生效。绝对否决是指总统收到法案后10天之内不予签署，而国会在此期间已经休会，该法案就不能成为法律，总统的这种绝对否决又称“搁置否决”。

三、紧急命令权

紧急命令权是指国家元首享有的在国家处于非常时期时宣布国家进入紧急状态、颁布与法律具有同等效力的命令及采取相应解决措施的权力。

日本明治宪法第8条规定：“天皇为保持公共安全或避免厄运，根据紧急需要在帝国议会闭会期间，得发布代替法律的敕令。”

---

① 参见 http://confinder.richmond.edu/.

② 王彤主编：《当代中东政治制度》，中国社会科学出版社2005年版，第183~184页。

《德国基本法》规定："如果在第 68 条规定的情况下未解散联邦议院时，联邦政府虽然已指明某项法案是紧急性的，但联邦议院仍然否定该法案时，联邦总统根据联邦政府的请求并取得联邦参议院的同意，可以就此项法案宣布立法紧急状态。"

法国第五共和国宪法第 16 条规定："在共和国体制，民族独立，领土完整或国际义务的履行受到严重和直接的威胁，并当宪法规定的公共权力的正常运行受到阻碍时，总统在同总理、两院议长和宪法委员会主席正式磋商后，根据形势采取必要的措施。"总统根据该规定采取的措施可以是属于议会权限范围内的事项，也可以是属于正常行政范围内的事项。2008 年的《法兰西第五共和国机构现代化的宪法性法律》对宪法第 16 条加入限制性的规定："30 天的期限结束后，60 名国民议员或 60 名参议员可以向宪法委员会提出请求以审查本条第 1 款规定的条件是否仍然满足。宪法委员会应尽快给出意见。宪法委员会也可以在紧急措施实施 60 天以后自行对紧急权力的行使进行审查，并可在此后随时进行审查。"①

丹麦宪法第 23 条规定："在紧急状态中不可能召集国会时，国王可以发布临时法律。"韩国宪法规定："当发生自然灾害或重大财政、经济危机时，以及国家的安全保障或公共的安宁和秩序受到或可能受到重大威胁时，如果判定需要采取迅速的措施，总统可以在内政、外交、国防、经济、财政、司法等各方面，采取必要的紧急措施。"认为前款规定的情况必要时，"总统可以采取暂时停止宪法规定的公民自由和权利的紧急措施，可以采取有关政府和法院权限的措施"。

值得注意的是，美国总统享有的紧急命令权并非源于宪法的确认，总统宣布国家进入紧急状态的先例为林肯总统在平定南部各州的叛乱中所开创。1976 年国会通过的《国家紧急状态法》中规定国家进入紧急状态时，总统可以行使平时不能行使的权力，总统宣布紧急状态应事先通知国会并应 6 个月后自动终止。

四、军事权

国家元首的军事权表现为对国家武装力量的统帅权，即作为国家武装力量的总司令，统帅海、陆、空等武装力量。少数国家的元首不享有该权力，如瑞典；有些国家的元首享有名义上的军事权，如英国、挪威、意大利等；世界大多数国家承认元首的该项权力，像法国总统是军队的最高统帅，可任命国家重要的军职人员，主持最高国防会议和国防委员会，委员会有关一切军事政策的意见，均由总统决定。甚至 1964 年的一项法令还规定，只有总统才有权使用法国战略核力量。2008 年的《法兰西第五共和国机构现代化的宪法性法律》对总统的此项权力做了限制：总统下令向国外派遣军队时，必须在三天内通报议会。军队在国外派驻使命超过四个月的，政府应当请求议会授权延长这一期限；国民议会对此享有最终决定权。② 韩国宪法规定，总统的军事统帅权包括军权指挥权、军队内部编制权、教育与规制权等。俄罗斯联邦总统的军事权包括：联邦武装力量的统帅权，具体是指联邦军事理论批准权和联邦武装力量最高指挥官任免权；成立并领导俄罗斯联邦安全

---

① 王蔚：《权力制衡与宪政转型——以法国最新宪改为指向》，2008 年中国宪法学年会论文集。

② 王蔚：《权力制衡与宪政转型——以法国最新宪改为指向》，2008 年中国宪法学年会论文集。

会议。

比较而言，国家元首之中享有军事权较大的要算美国总统了。美国总统除了享有武装力量的统帅权外，作为陆海军司令，他还享有比较大的战争权，包括宣战权和军事管制权。根据美国宪法规定，宣战权属于国会，但自美国建立以来进行的二百多次军事行动中，由国会决定宣战的只有两次世界大战。像 20 世纪 50 年代的朝鲜战争，60 年代的越南战争，80 年代的对格林纳达的军事行动等，都是总统运用行政权进行的。在军事管制方面，总统可以根据州立法机关的请求或州政府的请求，派遣军队平定任何州的反政府叛乱。

五、外交权

国家元首代表国家，国际交往中凡需国家表示其意志的权力均由国家元首行使，主要有：派遣或接受全权大使和其他外交使节。尽管有些方面如派遣或接受外交使节仅具有形式意义，但却包含了对某个国家政权承认与否的意思在内，具有借此推行其外交政策的作用。像美国总统华盛顿曾以拒绝接见法国大使的方式来表示对法国大革命的不满，威尔逊和胡佛为表示拒绝对苏联的承认，而拒绝派遣或接见大使等，就很好地说明了这一点。2008 年 12 月 6 日法国总统萨科奇接见达赖遭到中国政府的坚决反对和强烈不满。

代表国家与外国缔结条约。有的国家元首有批准条约的权力，如俄罗斯总统有权谈判签署国际条约；有的国家的元首拥有部分的条约批准权，如法国总统批准条约需要总理副署，需要国会立法程序的批准与认可；有的国家元首有谈判与缔结条约的权力，但没有批准权，如美国宪法第 2 条第 2 节规定：经参议院之协议及同意，并得该院出席议员 2/3 赞同时，总统有缔结条约之权。

六、司法权

国家元首的司法权，普遍体现于对刑事犯罪行为的赦免或刑罚的减轻与免除上。美国宪法规定："总统有权对危害合众国的犯罪行为发布缓刑赦免令，但弹劾案除外。"比利时宪法规定："国王有减免法官所宣判的刑罚的权力。"意大利宪法规定："总统可以宣布赦免和减刑。"法国现行宪法第 17 条规定："共和国总统有赦免权。"

一般而言，赦免包括对犯罪行为赦免的大赦和对刑罚赦免的特赦两个方面。在法国，赦免有两种形式，即集体赦免（*gr ce en mesure collective*）和个人赦免（*gr ce à titre individuel*），根据法国议会的资料，在 20 世纪 90 年代以前，总统一般仅适用个人赦免，但在此之后，则以集体赦免为主要形式。自 1991 年起，总统在每年国庆时都会进行集体赦免，累计已赦免 4000 名罪犯，法国也是欧洲唯一使用集体赦免的国家。2007 年开始的宪政改革废除了集体赦免制度，将赦免局限于个人赦免。①

国家元首享有赦免权具体是指哪些方面及如何赦免都要根据本国宪法和法律的规定进行。

① 王蔚：《权力制衡与宪政转型——以法国最新宪改为指向》，2008 年中国宪法学年会论文集。

七、其他权力

不少国家的国家元首除了享有上述权力外，还享有荣典权、组阁权、解散议会及召集议会会议等其他的权力。如法国宪法第12条规定：共和国总统在与总理及议会两院议长磋商后，得宣布解散国民议会。按英国的宪法惯例，每次下院大选后，英王将召见下院多数党领袖，任命其为首相并授权其组阁。根据日本宪法第7条的规定，天皇根据内阁的建议或认可，可以行使下列行为：召集国会；解散众议院；授予荣典……

第十三章　立法机关

第一节　议会制度

一、议会的产生

议会之制最早形成于英国，英国议会的形成是一个漫长的历史过程，大致经历了三个阶段：等级会议、议会主权、行政集权议会。诺曼人征服之前的萨克逊时代的贤人会议，由贵族、高僧、爵士及县长组成，每年开会三四次，对国王处理政务如立法、缔约、征税、任命官吏有同意之权，可视为英国议会的萌芽。诺曼征服英国后，改贤人会议为大会议，参加者为僧侣和诸侯，任务为辅佐国王决定政策，必要时得制定修改法律，但在性质上属于国王的咨询机关。13世纪，英王在同封建领主的斗争中败北，签署了《自由大宪章》，规定国王征税前须召开大会议征求意见；1258年各地诸侯逼迫英王签署《牛津条例》，规定把一切权力交给由15名诸侯组成的宫廷会议，未得到其同意，国王不能采取任何决定，国王要收税、分配、监护土地及出征，必须得到大会议的同意，《自由大宪章》和《牛津条例》可以说为议会的产生奠定了法律基础。

1254年，亨利三世为筹集战争费用，召开大会议，并将其改为议会（Parliament）。1265年以后，议会包括僧侣、贵族和市民（含骑士）三部分，形成等级会议，并获得了监督国王的财政收支、影响国王政策制定的权力。1343年始，等级会议逐渐分为两种势力，贵族、僧侣代表结合在一起为一方，发展形成为上院，即贵族院；骑士、平民及一些小的贵族、僧侣结合在一起，发展形成为下院即平民院，由此奠定了英国议会制的雏形。

1688年"光荣革命"确立了英国的君主立宪政体，1689年的《权利法案》肯定了议会的权力高于王权，未经议会同意，国王进行征税、招募军队及废止法律都是非法的。此外还规定议员经自由选举产生，享有言论豁免权等。1701年的《王位继承法》进一步肯定了议会的最高立法机关的性质和地位，明确赋予议会享有立法、决定预算、王位继承及其他重大问题的权力，使资产阶级性质的议会制得以最终确立。

议会在英国产生之后，随之传播到美国和法国。美国的议会起源于1781年的《联邦条例》，在1787年费城制宪会议制定的联邦宪法中被正式确立，很大程度上是按照孟德斯鸠等启蒙思想家的思想而设计出来的产物。法国的议会则起源于封建社会时期，1302年国王腓力四世为同罗马教廷抗争，争取世俗权力而召开了由僧侣、贵族和市民参加的等级会议，或叫三级会议。通过此三级会议，国王加强了自己的地位，逐渐消灭了封建割据势力，实现了中央集权和国家政治上的统一。后来王权日益强大，至路易十三当政时的

1614年，三级会议便不再召开。18世纪后半叶，国王为增加新税，又恢复召开了175年没有召开的三级会议，资产阶级同国王之间围绕会议的任务权限及表决方式等问题展开了激烈的斗争。1789年6月17日，资产阶级以第三等级占全体国民的96%为由，宣布第三等级的代表组成国民议会，国王征收一切赋税，均需事先得到国民议会的同意。7月9日，国民议会进一步宣布自己为制宪议会，准备制定宪法，当得知国王准备用武力驱散国民议会时，巴黎市民愤怒了，爆发了7月14日的起义，使法国大改革终于达到高潮。1791年，法国制定出第一部宪法，规定了一院制的议会，此后经历了反反复复的斗争，最终形成了既不同于英国议会、又不同于美国议会的议会制度。

二、议会的构成

议会的构成是指组成议会的代表是被划分为两个甚至多个部分，还是作为一个不可分割的整体来行使权力。它要受到历史传统、政治力量对比、革命道路等多种因素的制约，理论上对议会由一院组成还是两院组成以及各自的优势，向来存在着不同的认识。

一院制的主张者认为，议会以代表人民行使国家权力为基本职能，一个国家的人民的意志在根本上只能有一个。议会如设两院，便意味着人民的意志被分割为两个不同的部分，国家的权力有两个来源。诚如西耶斯所说："如果上院的意志和下院是一致的，则上院是无用的；如果上院的意志和下院不一致，则上院的存在反而是有害的。"从效率上讲，议会设两院，法律的制定和对问题的决定往往要经过两道基本相同的程序，花费较长的时间，投入较多的人力和物力，相对于一院制议会，效率自然较低，且繁琐的程序使法律案不易成立，保守势力有可乘之机，妨碍社会改革和进步。议会由一院组成之制首创于法国，始于1789年法国大革命时期的国民会议。当今世界，议会采用一院制的国家略占多数，如新加坡、越南、韩国、瑞典、葡萄牙、丹麦、新西兰等，议会的名称主要有：委员会、协商会议、国民议会、众议院、全国评议会、国务会议、最高人民会议、立法议会、人民代表大会、全国人民会议、全国革命委员会等。

两院制的主张者认为，议会采用两院制，根本目的是要在议会内部建立起如同国家机关之间那样的制衡关系，防止议会的专断和暴政。就像孟德斯鸠所说的那样，暴谑的议会不亚于专横的行政机关，因此"立法机关由两部分组成，它们通过相互的反对彼此钳制"。英国著名宪法学家蒲莱斯也说过，议会采用两院制与古代罗马国家设置两名执政官，其用意都在于防止专制。议会除受外部的行政机关、司法机关牵制外，还需通过设立两院来实现其内部的制衡，尤其是政党政治发达的国家，下院是政党政治公开进行的场所，上院的存在则会使下院中多数党的专横、傲慢受到抑制。采用两院制还在于平衡各方面的利益，让那些存在冲突的利益通过对立的两院合法地得到调和，起到政治上的缓冲作用。联邦制国家的议会设两院，还具有平衡联邦与成员国之间利益差别的功能。再者，议会设两院也是为了防止立法的草率。法案经过两院的多次研讨、补充、修订，可以使法律的制定尽可能做到精密完善；也有利于议员在审议法案时，以各自代表的利益为出发点，对法案彼此挑剔，甚至相互否定，使立法尽可能兼顾各方的利益。

两院制起源于英国，15世纪的英国两院即贵族院与众议院的地位没有太大的区别，后来下院的地位逐渐提高。两院制的议会，下院一般叫众议院、国民议院、人民院或直接称为下院。上院一般叫参议院、联邦院、联邦议会、贵族院等。实行两院制的国家有英、美、法、德、俄罗斯、日本、加拿大、澳大利亚等。

实行两院制的国家又可分两种类型：两院权力基本平等，如美国和法国等。法国宪法第45条规定：任何法律草案或法律提案，均在议会两院相继进行审议，以求通过相同文本。这说明在立法权上，两院是一样的；两院权力不平等，如英国、日本等。英国上议院的权力仅限于对下议院所主张的法律案提出修正或要求复议，而不能享有否决权，内阁也只需要对下议院负责。

三、议会的内部组织

1. 领导机构

各国议会一般设议长（包括副议长）作为领导机构。议长的产生，在两院制的国家，下院议长一般由选举产生，上院议长有的是选举产生，有的是由特定身份的人担任，如印度联邦院和美国参议院的议长由副总统担任，英国贵族院的议长由法律贵族中的大法官担任。比较特殊的是德国联邦议院议长，最初以最长者为议长来主持会议。

议长对外代表议会、对内主持议会活动。但在一些国家，议长特别是上院的议长是仅次于元首的国家领导人，在国家事务中拥有比较大的权力。像法国的参议院议长，在总统不能履行职务的情况下可执行总统的职务，就是比较典型的例子。

议长的职权主要有：召集议会权，批准议员发言权，主持会议召开权，决定议员发言时间权，中止议员发言权，主持表决权，维持议会秩序权。这些权力以及行使的条件、程序在各国议会的议事规则中有明确规定。另外，各国的议长还程度不同地享有一些特殊的权力。如：英国贵族院的议长兼任大法官，有权向英王推荐法律贵族和法官，主持审理终审案件；下院议长有权解释议事规则，在赞成与反对票相等时投上决定性的一票。美国众议院的议长享有检查立法记录，签署议院的法案、决议、授权、任命等权力。法国国民议会的议长有权主持两院联席会议，指挥国民议会所在地波旁宫的警卫部队；任命3名宪法委员会的委员，接受共和国总统的咨询等。

法国议会的主席团是主持议会内部工作的重要机关，由22名成员组成，主席团的主席即为议长。

2. 委员会

议会设立委员会的制度起源于英国，标志是1882年设置的法律和商业两个常设委员会。主要目的是协助议会审议有关议案，特别是在立法过程中对法案进行审查。如美国国会每年所提议案都在3万件以上，每天平均40多件。全由议会以全体会议的方式审议，必致议会陷入争辩之中而不堪重负。设立委员会之后，大量的议案由相关的委员会进行审查，议会全体会议只审议那些重要的议案，以保证议会工作的效率。再者，设立议会委员会，还具有这样一些作用：可以邀请专家列席，解决议案中涉及的专门性或技术性问题；便于具有重要性质议案的保密；培养各委员会在其主管事项上的兴趣和经验；为议员提供更多的发言机会；对争议中的议案起冷却作用，防止对法案的草率通过。

议会委员会是议会内部的事务性工作机关，不享有决策的权力，不能作出具有约束力的决定和决议。其对议案的审查也不是固有的权能而是基于议会的委托，虽然它不能拒绝，但原则上又不受议会及其他委员会的制约。按各国议会委员会的作用，大致可分为以下四类：

全院委员会（Committee of the whole house）：即以议会中某一院全体议员参加组成的委员会，起源于英国，被美国仿效后而传于其他国家。组织全院委员会的目的在于使某一法案能比较迅速获得通过。全院委员会同议院全体会议的区别，除体现在它只能审查、不能议决议案这个根本的方面外，还表现在：其主席非由议长而是由临时推选的议员担任；程序不严格，议员可作多次发言；议员临时提出动议，无须其他议员附议；不能以停止讨论的方式终止讨论；表决的议案容易复议。

常任委员会（the Standing Committees）：议会任期内一直存在，并以主管法案审查或处理特定事务为职责的立法工作机构。各国议会常任委员会的数量多少，一般与议会的大小、立法期的长短及政治传统有关，并随着议会工作重心的变化而发生改变。

特别委员会：为解决某个具体问题，根据特别的法案或特别事项设立的委员会，一旦问题得到解决，便失去存在的必要与意义。一国议会是否设立特别委员会，设立多少以及设立的特别委员会的性质与任务均无法在事先确定，只能依情势之需要、事务之性质加以抉择。

混合委员会：由上下两院各推选若干人组成。如法国宪法第 45 条规定：如果议会两院意见分歧，当某项法律草案或法律提案在每个议院两读后未获通过时，或政府认为有紧急需要时，经两院一读后，总理有权召集一个双方人数相等的混合委员会负责对讨论中的条款提出一个文本。

3. 议会党团（Parliamentary Parties and Groups）

议会中由来自同一政党或政治倾向相同的议员组成的，以在议会采取统一行动为目的的政党集团。议会党团一般情况下由议会中同一个政党的议员组成；也有同一政党的议员组成几个议会党团或几个政治纲领相近的政党议员联合组成一个议会党团的情形。法国第五共和国宪法规定，议会中政党的成员满 30 人才能组成议会党团，许多不满 30 人的小党派则临时联合一些其他政党的议员，组成议会党团。

议会党团的基本任务均为：观察议会内政治发展的形势；根据议会对党团的利益和决定行使立法动议权；统一本党议员的思想和行动；对政府实施监督；对议事程序发表意见，请求议会领导机关督促议会开会；要求成立并参加议会的调查委员会；参与议会领导事务。

4. 议员团或议员组

议员团是指从同一地方当选的议员的集体组织。议员组是指由若干个地方的议员组合在一起的地区性的集体组织。

四、议员

1. 议员的专职或兼职

西方国家的议员大多是专职的。如美国宪法第 1 条第 6 款规定："参议员或众议员在当选任期内，不得被任命担任在此期间设置或增薪的合众国管辖下的任何文官职务。凡在合众国属下任职者，在继续任职期间不得担任任何一院议员。”瑞士联邦宪法第 77 条规定：“联邦委员会委员以及由联邦委员会任命的官员，不得同时兼任国民院议员。”之所以规定议员不能兼任其他职务，主要是基于以下考虑：一是如果议员兼任其他职务，容易使议员分散精力，从而不能高质量地履行议员职责；二是如果作为权力机关组成人员的议员兼任其他职务，往往会造成监督者与被监督者集于一身。

有的国家的议员只能兼任内阁成员，如英国下议院的议员只能兼任内阁成员，不能兼任其他一般公职。有的国家的议员可以兼任法定的公职。

有的国家的议员有专职和非专职两种类型，如越南的国会议员分为专职和非专职两种，前者的人数由国会决定，至少占全体议员人数的 25%，任职期间的工资和津贴由国会支付，后者的工资和津贴由原所在单位支付，若能够减少其原工作单位三分之一的工作时间来参加议员的活动，与此相关的活动经费由国会支付。

2. 议员的职务保障

首先是言论免责权，起源于英国，1689 年的《权利法案》第 9 条规定：议会内的言辞辩论和一切议事内容，不受议会外任何法院和机构的追诉和审问。确立了议员在议会内的言论保障。1840 年通过的《议会记录法》规定：凡以院令出版的议事记录，纵有诽谤言词，也不得对其采取任何的民事或刑事控诉。私人报纸对议事的忠实报道，即使非出于议会的授权，也可享有言论免责权。但议员的发言不得对国王有所不敬，也不得侮辱或攻击议长或其他议员。美国的议员在院内所为的言论和辩论、投票、书面报告及其他一切与之行议会职务有关的行为都免受责问。

其次是人身受特别保护权，起源于英国，议员因刑事被捕时须通知其所属议院的议长。德国基本法规定：非经联邦议会的许可，联邦议会议员不得因犯罪行为而被追诉或逮捕，但在犯罪当场或在犯罪次日被逮捕者不在此限。

第二节　议会的职权

一、立法权

立法权为各国议会享有的最重要的权力。按代议制理论，议会乃是人民选举代表组成的代议机关，经由这个代议机关，将人民多数的意志转变为国家意志，成为法律。因此，议会的立法权除受道义、伦理上的限制外，并无范围上的约束。但在联邦制国家，联邦议会和成员国议会的立法权要受联邦宪法有关联邦与成员国之间权限划分的限制。此外，美国宪法第一修正案对联邦国会立法权的内容作了明确的禁止性限制，即“国会不得制定关于下列事项的法律：建立宗教或禁止信教自由；剥夺人民的言论自由或出版自由；剥夺人民和平民集会以及向政府申冤请愿的权利”。立法权按以下程序进行：

（一）法案的提出

有权提出法案的机构和人员主要有：

议员：议员享有立法的提案权，是绝大多数国家宪法的规定。议员如何向议会提出法案，各国宪法及法律的要求不同。在美国，一名议员就可提出法案，具体是由议员以书面形式向该院的秘书长提出；比较多的国家对议员提出法案有法定人数的要求，如奥地利为8人，西班牙为50人，德国联邦议院为至少26名以上的议员。

议会的领导机构及其专门委员会：赋予议院领导机构及其专门委员会享有提案权以社会主义国家居多，如前苏联、民主德国、捷克斯洛伐克、匈牙利、波兰、朝鲜、蒙古等。其他的国家，有的明确规定了议会委员会享有立法提案权的条件，如西班牙规定议会委员会提出的法案须有15名以上的成员赞同，意大利规定需要有议员2/3以上的赞同。

国家元首：君主立宪制国家，君主享有立法的创议权，有的是宪法的明确规定，如巴林宪法第35条。有些则是惯例的认可，如比利时，政府每年的立法纲要及计划是由君主提交给议会的；英国、荷兰、约旦等国，由国王在议会开幕式的演说中向议会阐明政府将要提交的立法要点。共和制的国家，作为国家元首的总统也享有实际的立法提案权，像美国的总统，通过国情咨文的形式来指导国会立法就是典型的例子。

政府：政府享有立法提案权主要存在于内阁制国家，总统制的国家，立法权只能由立法机关行使，行政机关仅负责执行议会制定的法律。不少国家政府提出的法案占议会审议法案的比例还相当高。

选民：选民可以向议会提出法案，只存在于公民享有创制权的国家中，提出法案是行使创制权的结果。选民行使创制权向议会提出法案时，应达到法定人数的要求。奥地利要求是20名以上的选民，意大利和瑞士要求是5万名以上的选民。

可提出法案的主体除上述的机构和人员外，还有联邦制国家联邦的成员单位，国家的最高司法机关（以社会主义国家为典型和普遍）。甚至在个别国家，政党、社会团体、经济组织等也程度不同地享有向议会提出法案的权利。

（二）法案的审议

法案的审议是指在立法程序中对列入议事日程的法律草案按照法定的程序进行审查和展开辩论，是决定一个法案能否在表决时获得通过的关键环节。

从各国立法实践看，前述享有提出法案权的机构和人员提出的法案，一般要先经过一定的机构，特别是议会常设委员会的审查。大量的法案，在此阶段就遭否定而胎死腹中。对法案的审议实际是针对通过了议会委员会的审查、并被列入议会议事日程的法案进行的。

各国宪法及议会议事规则规定的法案审议，程序有繁有简，若按审议的次数，大致可分为三种类型。

一读：即法案只经过一次审议即交付表决的审议方式。法案首先交议会有关委员会审查，然后提出报告。议员就提交大会的审议报告进行质问、辩论、提出修改意见。此过程要一直进行下去，中途不能被打断。一旦质问、辩论、提出修改意见的程序结束，即刻将所讨论的法案交付表决。实行一读程序的主要有日本、塞内加尔、法国、挪威、西班牙、瑞典等国。

二读：即法案须经过两次审议方可交付表决的审议方式。一读是在法案提交委员会之前进行，就法案的一般原则进行讨论或辩论，以决定该法案能否提交给议会的委员会审查。二读是在议会委员会审查之后进行，由议员对法案的条款及议会委员会审查后提出的修案意见进行详细审议，最后交付表决。采用“二读”程序的国家主要有保加利亚、荷兰、希腊、埃及、墨西哥、叙利亚、波兰、喀麦隆等国家。

三读：即法案须经过三次审议才能交付表决的审议方式。大致上第一读，只审议法案的题目及一般原则；第二读，审议议会委员会对法案审查后提交的法案基本条款的报告；第三读，通过法案。采用此制度的有：英国、美国、丹麦、芬兰、德国、以色列、菲律宾、澳大利亚、马来西亚、泰国、印度、爱尔兰、新西兰等国家。

（三）法案的通过

法案的通过是指立法机关对经过审议的法律草案采用一定的方式使其成为正式法律而表示的同意。

采用一院制议会的国家，法案的通过比较简单，只要达到会议有效的要求和符合法律规定的通过条件，某项法案即可成为正式的法律。但在两院制的国家，法案的审议一般由两院按大致相同的程序进行，法案如何获得通过，情况比较复杂，存在如下几种情形：

1. 法案的通过以两院一致为基础。不管法案先由哪一院审议，均应获得另一院的通过后才能成为法律。如果两院就某一法案的审议发生分歧，通过协商又无法解决，可由两院组织调解或协调委员会给予通过，美国、法国就属于这种情形。法国宪法第45条规定：“任何法律草案或法律提案，均在议会两院相继进行审议，以求通过相同文本。如果议会两院意见分歧，当某项法律草案或法律提案在每个议院两读后未获通过时，或政府认为有紧急需要时，经两院一读后，总理或者议长有权召集一个双方人数相等的混合委员会负责对讨论中的条款提出一个文本。”

2. 通过法案的权力在议会下院，上院只能对下院通过的法案表示反对或通过拖延的办法推迟其生效。如英国议会的上院可将下院通过的财政法案拖延1个月，其他法案拖延1年生效。德国一般性法律和决议只需联邦议院通过即可，如果参议院表示反对，联邦议院可再次将遭到反对的法案予以通过，以示对参议院反对的驳回。

3. 议会两院在3个月内对要通过的法案不能消除分歧，达成协议，可将议会解散，由新选举产生的议会来通过。如新的议会两院仍不能达成协议，就举行两院联席会议，由联席会议成员的绝对多数来通过法案。采用此制度的国家有澳大利亚等国。

法案通过与否的计算基数，主要有三种计算标准：一是以出席并参加表决的人数为基准，只计算赞成票和反对票，不计算弃权票和空白票。二是以全体出席人数为计算基准，赞成票必须达到出席人数的法定多数而不管出席的人员参加表决与否。三是以全体议员人数为计算基准，而不论他们是否出席了会议或是否参加了表决。

对法案的表决，如果赞成票和反对票相等，解决的办法有三：一是由议长或会议主持者投上决定性的一票（约旦、爱尔兰、马耳他等国宪法的规定）；二是视为法案被否决或没有通过（科威特、比利时宪法规定）；三是抽签决定（荷兰采用此办法）。

（四）法案的公布

法案的公布是指将经过议会表决通过的法案由国家元首加以公开的发布。绝大多数国家的宪法或法律都对法律公布问题作了明确规定。

二、财政权

议会享有的财政权，实为对政府财政的监督权。政府为开展行政管理活动，维持国家机关的正常运转，提出的财政预决算、赋税、公债等与货币收入支出有关的法案，均须经议会审议通过方可付诸实施。

（一）预算

所谓财政预算是指政府按照一定标准编制出的对财政年度内政府收入和支出的预先计算。政府编制的财政预案只有经过议会批准后才能付诸实施，在议会同意的范围内收入和支出，特别是支出，以防止政府滥行支出而生腐败。如日本宪法第 85 条规定："国家费用的支出，或国家负担债务，必须根据国会决议。"印度宪法第 123 条规定："总理在各财政年度，必须向国会两院提出该年度印度政府的收入预算说明。"法国第四共和国宪法第 14 条规定："预算以及与财政有关的政府提出的法案和涉及或减少收入或增加支出的政府提出的法案，必须提交国民议会理事团。"

国家的财政预算涉及的问题主要有：

（1）财政预算的期限：各国普遍以 1 年为计算单位，考虑到议会开会的时间及会期的长短存在差别，财政年度或会计年度的起算时间除个别国家，如法国、中国等，同自然年度一样外，较多的国家将其同自然年度分开，以议会会期的结束作为财政年度的起算时间。如英国和日本，财政年度起于当年的 4 月 1 日，止于次年的 3 月 31 日。

（2）财政预算案的编制和提出：大多数国家由行政机关编制后向议会提出，具体由政府的财政部门或专门机构进行，经内阁会议通过后向议会（多为下院）提出。这样的国家，议员无权提出财政方面的议案，甚至像意大利、法国、比利时、奥地利、西班牙、加拿大、澳大利亚、阿根廷、马来西亚及非洲的不少国家，议会议员对政府提出的预算案进行审议时，也无权提出增加支出或削减收入的修改意见。如德国《基本法》第 113 条规定："关于增加联邦政府所提出的预算支出，包括新支出或者将来会引起新支出的法律，必须获得联邦政府的同意。包括减少收入或者将来会引起减少收入的法律，亦同。"个别国家的预算由议会编制，其中美国最为典型。美国宪法规定：国会有权"征课直接税、间接税、进口税和货物税，偿付国债，并计划合众国的国防和公共福利"，"一切征税法案皆应由众议院提出"，"除依法律规定之拨款外，不得自国库中提取款项"。在 1921 年之前，国会正是依据宪法的这些规定，来自行编制和决定国家的预算案的。

（3）预算项目：预算案的编制和审查批准，均应以维护公共利益，增进公共福利为目的，不得以国家之预算，支持或维护特殊团体之利益。因此一些国家的宪法对预算项目，特别是所列支出作了明确的限制性规定。如日本宪法第 89 条规定："公款以及其他国家财产，不得为宗教组织或团体使用、提供方便和维持活动之用，也不得供不属于公家的慈善、教育或博爱事业支出或利用。"

（4）预算案的审议程序：预算案属于由议会审议的议案的一种，为了保证财政法案在审议时能顺利通过，许多国家在法律或议会议事规则中规定了审议财政法案适用的特别程序，对议会审议预算案的时间作了限制，并对拖延和否决另一院通过的预算案的权力加以了限制。如日本宪法规定，预算案审议后，参众两院作出了不同的决议，经协商仍不能取得一致意见时，众议院可将其再次通过并送交参议院，参议院在 30 日内（休会除外）仍不作出决议时，即以众议院的决议作为国会决议，视为预算已经国会批准。

（二）决算

决算是对财政年度内预算执行情况，也就是政府的实际收入和支出的数额所作的总结。政府对预算案执行的情况如何，应于事后提出报告，加以总结，交议会进行审查，方可真正将政府的财政置于议会的监督之下，做到善始善终。具体的程序是：决算案编制出来后，先送审计机关审核。审计机关有的由议会任命（比利时宪法），有的由议会选举审计官组成（丹麦宪法），还有的由总统任命（印度宪法）。审计机关审核后提出审计报告，同决算案一并交议会设立的决算委员会审查，最后由决算委员会向大会提出报告，由议会进行议决。

下面就一些代表性国家的议会议决财政法案的程序作较为详细的介绍。

英国：英国的预算案由收入估计书和支出估计书两部分组成，财政部将其编好后经内阁会议讨论通过即提交议会下院。下院下设的支出委员会（the Expenditure Committee）首先对支出估计书进行审议，向下院提出报告，由政府根据下院针对支出委员会提交的报告作出的决议，编成正式支出法案（Appropriation Bill），再由下院按立法程序，使其成为正式的经费支出法。收入估计书是由财政大臣向下院作财政收入报告，得到下院以正式决议的方式同意后，政府以下院决议为基础，编制成正式的财政收入法案（the public Accounts Committee）作最后的承认，获得通过，即意味政府的财政实际收支得到了议会的认可，便可将上年度的财政收支予以核销。从中可看出，英国议会议决财政法案的权力全在下院，上院不享有议决财政法案的权力，也无权对下院通过的财政法案给予否决，最多只能将其拖延一个月生效。

美国：20 世纪之前，财政法案一直由国会根据宪法自行编制和通过。1921《预算与会计法》（*Budget and Accounting Act*）通过后，政府根据该法于财政部下设预算局（1939 年后成为总统的直属办事机构），负责财政预算的编制及监督执行工作。预算局经请示总统确定下个财政年度预算方案编制的基本方针，并汇总各联邦机关据此基本方针编制的本部门概算成为联邦预算，由总统以国情咨文的方式向国会提出。国会对总统提交的预算咨文及方案交两院有关的委员会（主要是拨款委员会）分别审议后作出决议，向各自所在议院全体会议提出报告。接着由两院分别讨论预算法案，经协商取得一致通过后，送交总统签署公布，成为正式法律。财政年度（当年 10 月 1 日至次年 9 月 30 日）执行完毕，各联邦机关再编制决算，由预算局汇总成为联邦总决算书，连同有关资料交审计院审核，如获通过，便可与审计结论一起送至国会两院的公账委员会作最后的承认，公账委员会应向议院大会提出报告，由大会来决定是否将政府上个财政年度的收入和支出核销。

德国：联邦预算的编制权由政府行使，财政部具体负责。财政部在编制预算案时，应遵循“一年一次”“预算完整”“预算一元”“预算固定”等原则。不得利用预算，直接征收新税或变更税率。编制的预算经内阁会议通过后，即以政府名义向联邦议院提出。联邦议院在审议预算时，如减少或增加支出，须征得联邦政府同意，为此而发生分歧时，联邦政府可要求联邦议院暂缓对预算案作出决定，并于六个星期内提出自己的意见。若联邦议院已经决定通过增加或减少支出的法案，在四个星期内联邦政府仍有要求联邦议院重新作出决定之权。即便是减少或增加支出的法案依联邦《基本法》的规定已成为法律，只要联邦政府事先在规定的时间内作出过反对的表示，仍可在六星期的时间内拒绝同意。参议院对政府提交的预算案，应在收到后的六个星期内提出意见。经联邦议院通过的预算，参议院只有异议权，不需要经过其赞同。

（三）税收、举债审批

英美法日四国的税收、举债问题的决定权掌握在议会手中，非经议会批准，政府不得行动。如英国将税种分为长期税和年度税。长期税就是那些只要议会有关法律授权，政府便可以长期征收的税种，像关税、国产税等。年度税就是那些议会授予政府征收的权力期限仅为一年的税种。年度税每年必须获得议会新的授权，政府方可继续征收，否则政府则不能征收。议会监控征税的主要环节有：听取财政大臣的预算演说；接受征税动议；进行预算辩论；表决筹款决议；审议财政法案；上院审议和国王批准。

三、监督权

（一）人事权

议会享有官吏任免的监督权，包括：第一，向国家元首推荐官吏候选人，国家元首对这些官吏的任命必须以议会的推荐为前提。如奥地利宪法法院法官，比利时最高法院法官的任命就属于这种情形。第二，直接选举和任命某些官员，如法国高等法院的法官由议会两院选举产生，德国联邦宪法法院的法官由联邦议会两院各选一半组成，挪威国家审计处的审计官由议会任命等。第三，对行政机关任命官吏的批准或赞同权，采用此制的国家最多。赞同或批准的官吏，既包括行政部门的官员，也包括司法部门的法官。如美国联邦法院的法官及联邦政府的高级官员均由总统提名，参议院批准后由总统加以任命。

（二）质询权

质询权是指议员以口头或书面的方式向政府首脑或有关部长就政府的政策等问题，提出质问或询问，要求给予解释、说明和进行答辩。它是议会监督政府政策的一种重要方式，在非内阁制的资本主义国家一般不被采用。质询制度起源于英国，由请愿权演变而成。英国议会提出第一个正式质询是在1721年，但议会议事程序第一次确认质询是在1835年。质询为议会享有的权力，实际却是由议员个人、议员群体、议会委员会来行使。质询的对象以行政机关为主，但也有包括其他机关的。特别是在社会主义国家，质询的对象为代表机关以外的其他机关。

质询对政府政策的监督作用表现在两个方面：其一，通过质询，人民可借助议员之口，表达对政府政策的疑虑、批评，政府则可利用答复质询之机会阐明自己施政的目标与理由，实现议会同政府之间的沟通；其二，通过质询可督促政府采取有效的措施解决民众关心的一些重大问题。

按照质询使用的程序及产生的后果可将其划分为“正式质询”和“普通质询”（又叫一般质询）两类。

正式质询即“质问”（Inberpellation），产生于法国。正式质询提出的问题一般都关涉重大的事项或公共利益；政府对正式质询的答复导致的一般性辩论可引起议会举行对政府或其某个成员信任与否的表决，构成议会要求政府承担政治责任的一种重要方式。

一般质询即“询问”（Question），仅限于议会成员向政府提出问题，政府给予答复或解释，既不会引起一般性辩论，更不会导致对政府的信任表决，其作用主要是了解政府政策和有关的信息，促使政府保障个人权利自由的实现。

下面对一些有代表性的国家的质询制度加以详细介绍：

英国：根据下议院议事规定，下院集会期间，星期一至星期四下午每天约有一小时的时间供议员向出席下院会议的阁员提出质询。1886年以前，所有的质询可用口头与书面两种方式提出，不得含有辩论、臆测、非难的形容词或使用讽刺的语气；不能涉及政府正在考虑的法律、可能影响法庭裁决、王室权利、授勋以及枢密院官员任免、解散议会等问题。书面提出的质询应做到内容简明扼要，不超过70个字；不得附有英王的名字，或对英王有实际或者可能的影响；不应涉及议员在院外之言论等。书面的质询分为附有星标和未附星标两种，前者由政府口头答复，后者则需书面答复。一般问题的质询在两天前提出，对不满政府某项政策及措施的质询需在10天前提出。除英王外，每个议员不得提出两件以上附有星标的质询，未附星标的质询则不受限制。据统计，在1900—1965年英国议会的67年会期中，提出质询最少的是1900年，有314件；最多的是1945年，有27313件；其他年份，平均每年有1.5万件。

对议会的质询，首相通常在星期二和星期四下午出席答复，时间为一刻钟。其余为内阁部长或大臣的答复时间。书面答复一般刊登在议院公报上，口头答复由议长按顺序呼唤质询人姓名进行，被呼唤者应声而起之后，只需报告自己质询案的号数即可，不需朗读质询案的内容。有关大臣在质询人报告了自己质询案的号数后，即可起立作答，质询人如认为不满意，可提出补充质询，此时不能引起议会对政府所作答复的辩论和表决。只有当事关政府责任的重大问题，政府的答复不能令人满意时，经由一名议员提出变更原定的议事日程、讨论政府回答的动议，且获得议长的同意或40名以上议员赞同的情况下，才会在当天晚上或第二天下午就政府对质询的答复进行辩论和表决。

法国：根据现行宪法的规定，议会每周有一次会议专供议员提出质询和政府答复之用，质询分为口头质询和书面质询两种。口头质询始于1852年，当初只限于讨论预算使用，现在则适用于其他的议案。口头质询应以书面形式提出，分为有辩论和无辩论两种，由议长将其列入议事日程，一周后由政府负责答复。有辩论的口头质询由议长点名发言，时间为10~20分钟，主管部长答复后，由议长根据登记的发言名单组织辩论，每位发言的时间一般不应超过5分钟。无辩论的口头质询首先由质询者对质询内容作不超过2分钟的说明，然后由主管部长给予答复。针对部长的答复，质询者可再作5分钟的发言，部长也可再次进行辩驳，他人均不得参与。由此可见，有辩论的口头质询实际相当于过去实行的正式质询（即“质问”制度）。由于“质问”容易引发信任问题，招致政府倒阁，为此，现行宪法规定，政府的政策声明只能在涉及一个部门以上的时候，才接受国民议会的信任投票，对个别部长的政策声明不能由信任表决来决定。议会对政府政策的不信任案必须在动议提出后24小时之内作出决议。

法国的书面质询首创于1909年。书面质询提出后，由议会记录并刊登于《政府公报》上。政府除在1个月内作出答复外，也可以收集答复资料为由要求增加1个月。期满未答复时，议长可以探问质询者是否同意将其转为口头质询，若不同意，政府又可获得1个月的补充期限。3个月内仍未获得答复的书面质询，可重新在《政府公报》上予以刊发。

日本：日本的质询被称为质问。按照旧国会法第48、49条之规定，质问仅为质问的议员与被质问的政府之间的关系，不成为议会讨论的议题，故只相当于法国的单纯质询。后来新的国会法规定，政府答复议会提出的质询后，得依议员之动议，交付讨论和表决，但这一规定后来在修改国会法时又删去了。因此，现在日本议会对政府的质询仍仅具有单纯的询问性质，但有一般质询和紧急质询之分。一般质询是要式行为，须制成主旨简明的文书向议长提出，取得议长的承认。议长不承认时，议员可提出异议，此时议长不经过讨论必须咨询议院。经议长或议院承认的质询，由议长转交内阁，内阁应于收到主旨书之日起7天内作出答复，否则必须说明理由及可以答辩的期限。紧急质询，可经议院决议后以口头方式进行。除质询外，日本议会还有“质疑”之制，系指就已列入议题的议案，对委员会委员长、提议人或提出人或少数意见报告人等提出疑义，可口头提出，不必采取书面的方式。

德国：德国议会的质询权规定在两院的议事规则中，分为大质询（正式质询）和小质询（普通质询）。所有质询均应书面向议长提出，由议长转交政府进行答复。不同之处在于大质询须有议员30人以上署名提出，议员一人不能提出。政府应对提出的质询是否给予答复及何时答复作书面回答。答复时，先由署名提出质询的议员推举一人发言，政府答复后，如有出席议员50人以上要求，可就政府的答复进行辩论并作出表决。小质询须有议员15人以上赞同才能向议长提出，政府对小质询的答复可采用书面或口头的方式，时间基本上是在每星期一会议的最初1小时。另外，联邦众议院的议事规则规定，每月至少应有1次1小时的口头质询时间，每一议员在此时间内均可提出口头质询，只是提出的质询应在3日以前告知政府有关部长，以使其有时间为答复质询作各方面的准备。

（三）弹劾权

弹劾是对政府或其他部门的违法失职行为的检举、处分，并追究其法律责任的一种监督方式，特别是议会对政府高级官吏犯罪或严重失职行为进行控告和制裁的一种制度。

内阁制国家，弹劾的对象包括国家元首（君主不能成为弹劾对象）和最高法院的法官，像美国宪法规定，可受国会弹劾的“一切高级联邦官员”，包括总统、政府部长、最高法院法官、州长等。弹劾案一般不适用于军官，因为军官犯罪由军事法庭审理。另外，除挪威、荷兰、乌拉圭、尼加拉瓜等国家外，其他国家一般也不将弹劾案适用于议员，议员的犯罪经议会同意后，由一般的司法机关审理。

弹劾案的提出，有四种基本类型：一是像英、美那样由议会下院提出，采用此制度的国家最多；二是议会两院任何一院都有权提出弹劾，如联邦德国；三是议会两院组成联席会议共同提出，典型国家是意大利；四是由议会责成督察专员提出，一般是议会设有督察专员的北欧国家采用。

弹劾案的审理，英美国家，由议会下院提出，上院进行审理；比利时、芬兰、伊朗、叙利亚、荷兰等国，则由最高法院审理；设有宪法法院的国家，如意大利、德国等由宪法法院审理弹劾案。美国国会弹劾的程序大致分为两个阶段：首先是众议员提出弹劾案。根据美国宪法规定，国会有权对犯有叛国罪、贿赂或其他重罪与轻罪的“总统、副总统和合众国的所有文职官员”进行弹劾。众议院议员提出弹劾动议后，需经司法委员会审查，如认为具有弹劾根据时，就制作弹劾决议案及弹劾理由书，提交众议院院会审议，经出席议员过半数通过，该弹劾案就可成立。其次是弹劾案的审理。众议院将弹劾案提交参议院，并选出众议院代表 7 人作为弹劾检察官，负责对受弹劾人的起诉。对一般官员的弹劾，由参议院议长（副主席）主持审判，对总统的弹劾，由最高法院的首席大法官主持审判。总统作为被告如不能出席时，可派代表出席（安德鲁·约翰逊总统即如此），判决需经参议院出席议员 2/3 的多数通过。如受弹劾者被判有罪，惩罚限于免除职务和今后不再担任联邦职务。

在德国，根据《基本法》及有关法律的规定，联邦总统故意违背《基本法》或其他联邦法律时，经联邦议院或联邦参议院 1/4 议员的申请，并经联邦议院或联邦参议院 2/3 的多数通过，可向联邦宪法法院提出对总统的弹劾。弹劾书中应载明总统以作为或不作为的方式故意违背《基本法》或其他联邦法律的事实及证据。宪法法院受理之后，对总统弹劾案的审理不因总统的辞职、出缺或联邦众议院的解散、任期届满等政治原因而受到影响。但在宪法法院判决前，提起弹劾案的议院可以基于政治上的考虑，加以处分或撤回弹劾案。联邦宪法法院对弹劾案的审理必须举行言辞辩论，并可为此论而举行预审。正式审理时，先由提出弹劾案的联邦议院的代表说明弹劾的理由及事实，然后由受弹劾的总统进行答辩，再进行调查取证程序，最后经双方辩论后由联邦法院定期宣判。由于对弹劾总统的审判事关重大，所以宪法法院规定了周密详细的审理程序。为避免在审理期间大权在握的总统继续违法，法律规定宪法法院有紧急处分之权，可宣告总统不能执行职务，以保证审理程序的顺利进行。审理后，如认为总统故意违法，宣告其丧失职位，不得再执行总统职务。

在日本，根据其宪法第 64 条的规定，国会弹劾的对象仅限于法官。法官弹劾法第 2 条规定，如法官显著违反职务上的义务，或职务上极为懈怠及有显著丧失法官之威信的非法行为时，应受弹劾罢免的追诉。提起弹劾罢免追诉的机关是由国会两院各选举 10 人组成的追诉委员会，对追诉的理由必须进行调查，可以要求证人出席和提供证言与记录，无正当理由，对追诉委员会提出的作证要求予以拒绝或作虚伪证明之人，追诉委员会有权予以处罚。弹劾的审理由国会两院各选出 7 人组成的弹劾法院负责。审理的结果如为罢免的审判，必须有参与审理的法官 2/3 以上多数同意。审理中，即使受追诉的法官本人提出免职的申请，也不得免去其职务。实行法官弹劾制度，既是为了保障司法独立尤其是法官独立，也是为了使对法官的弹劾能在公正的条件下进行。

（四）调查权

起源于英国。近代立宪国家，无论宪法有无明文规定，均承认议会享有对国政进行调查的权力。议会对调查权的行使，除德国 1919 年《魏玛宪法》明文规定设置常设性的调查委员会外，多数国家采取由议会根据所需，决议设置临时性质的调查委员会或交付议会的某个专门委员会进行的办法。

调查为议会行使权力而采用的一种辅助措施，内容一般包括：围绕立法权的行使而进行的调查，以便收集大量的资料信息，使立法能适应实际所需；选举调查，针对政府部门及其工作人员的违法行为的调查；最后是就国家机关及其工作人员侵犯公民基本权利问题进行的调查。

议会进行调查时，可以采用的方法方式为：举行调查会或听证会，得传唤证人作证，命令有关机关和公民提出物证或有关文书。如果证人拒绝到场或拒绝提出证词、证物等,或作虚假之证明,得以“藐视议会”之罪名提请司法部门追究其刑事上的责任。但议会调查时,无权使用逮捕、搜查、扣押等警察部门的强制措施,作出的决议也免于法院的审查。

除设立常设或临时的委员会行使调查权外,北欧一些国家议会对调查权的行使采用了一种比较独特的方式,即“督察专员制度”(Ombudsman Instition),它起源于瑞典。18世纪初,瑞典国王查尔斯十二世为整治各地动乱和官吏腐败,于1713年设立大法官,职责是代表王权,巡视各地,督察官吏并受理对官吏的部分控诉案。虽然后来王权衰落,国家权力转入议会手中,但却将国王建立的“大法官”之制继承下来,定名为“议会司法督察专员”。1809年宪法规定,担任督察专员之职的应为通晓法律、行为正直的人。1801年议会正式选举了第一位议会司法督察专员。首先仿效瑞典设立议会督察专员之制者是芬兰(1919年),其后有丹麦、挪威、新西兰等国,“二战”后又传播到非洲、美洲和亚洲的一些国家。督察专员制度被认为是当代促进和保障人权的一种重要制度,同时也是监督政府,实现“行政法治”的一种重要措施。

瑞典议会司法督察专员是由议会的专门委员会提名后经全体会议选举产生,任期4年,可连选连任。督察的对象包括中央和地方政府、军队和司法官员,并可对受到议会弹劾的内阁大臣进行调查。督察专员采用的督察方式主要有:视察;主动调查;受理控诉。

(五)倒阁权

实行内阁制的国家,政府的执行以议会的信任为基础,如果议会拒绝通过政府提出的某一重要政策的议案;否决了政府就某一政策向议会提出的要求信任案;或议会通过了一项对政府的“谴责决议案”及反对政府提案的反提案,就意味议会对政府表示了不信任,政府必须总辞职或请国家元首下令解散议会。

信任投票制度起源于英国。1832—1867年这35年中,就有10届内阁因议会的不信任投票而辞职。像英国这种两党制的国家,政府中的执政党被议会以不信任的方式赶下台,往往与该党在议会中失去多数或本身就没有形成稳定的多数议席有密切关系。最为典型的例子是1979年3月,工党政府由于采取将苏格兰和威尔士事务管辖权部分下放的政策,在议会举行的信任投票中以311对310的一票之差而被否决了信任,虽然工党呈请英王解散了下院,但在同年5月3日举行的大选中,却被保守党击败,未能避免下野的结局。

法国议会对政府的信任投票,根据第五共和国宪法第49、50条的规定,发生于下列三种情况之下:一是国民议会提出对政府的不信任案;二是政府总理经内阁会议审议后就一项法案文本的全部或部分或一项动议的表决向国民议会承担责任;三是经内阁会议审议后,总理就政府的施政纲领或者必要时就一项总政策的声明向国民议会提出信任案。前两种情况下,国民议会对政府不信任案的成立必须满足这样的条件:至少有国民议会议员1/10以上的签署;对不信任案的表决须在提出48小时后进行;投票结果只计算赞成票,弃权或未出席议员均视为政府政策的支持者;对政府不信任案的通过,必须有国民议会编制全体议员的半数以上投赞成票。此外,国民议会议员提出的不信任案被否决后,签名的议员在同一会期中不得再次提出不信任案。如果是政府向国民议会提出就某项法案文本或动议的表决承担责任时，议会提出不信任案则不受同一会期内只能提出 1 次的限制，但对提出的不信任案必须在 24 小时之内表决通过，否则该项文本或动议就不需经过任何讨论和表决，视为已获国民议会通过。第五共和国宪法生效以来，国民议会曾提出过 19 次对政府的不信任票，但只有 1962 年的那次获得了通过，但国民议会却因此遭到了解散。法律上有一个规避信任投票的规定，应政府或议会党团的要求，延长议会常委会或特别会议的闭会时间，将争议的问题不作为信任案来投票解决。

日本也是实行内阁制的国家。日本宪法第 66 条规定，内阁对国会负连带责任，第 69 条又规定，内阁在众议院通过不信任决议案或信任决议案遭到否决时，如 10 日内众议院不被解散，就必须全体辞职。根据这些规定可知，组成日本国会的众、参两院中，只有众议院才享有宪法规定的对政府不信任的决议权，参议院虽然没有被禁止按照相同的主旨通过对内阁或其大臣不信任的决议，但即便是通过了也不会产生宪法第 69 条规定的内阁辞职或众议院被解散的后果。按照众议院的议事规则，众议院议员有 50 人以上的赞同并附带理由，可以提出对内阁的不信任或信任的决议案。仅对内阁所提法案给予否决、削减预算的一部分、对内阁的特定行为的责难，不能被认为是不信任的决议。战后至 1982 年，日本众议院全体会议作出表决的对政府的不信任案有 19 次，只有 3 次获得通过，而结果都是众议院被解散。此外，在众议院被解散的情况下，大选后一旦国会召集开会，内阁必须全体辞职。

德国在战后实行的信任投票制度颇具特色，分为“信任投票”和“建议性不信任投票”。前者依《基本法》第 68 条的规定，是指如果联邦总理要求对他表示信任的提案没有得到联邦议院多数议员的支持，其可建议联邦总统在 21 天内解散联邦议院。因此，这种“信任投票”制是在政府出现危机时，宪法授予总统保持政府稳定的一种权力，基本上不属于议会监督政府的措施之性质。战后，德国的这种“信任投票”进行过两次。1972 年，2 名社民党议员和 4 名自民党议员倒戈，使勃兰特总理领导的联合政府失去了赖以执政的微弱多数。勃兰特依当时之情况估计在新的大选中他有取胜的把握，因而向联邦议院提出信任投票，并指使社民党的议员投弃权票，达到提前大选的目的，勃兰特所在的社民党果然在大选中获胜。另一次是 1982 年，当时执政的自民党和社民党在政府促进就业计划问题上发生了争执，施密特总理要求议会进行信任表决，结果议会通过了对其的不信任案。

“建设性的不信任投票”（the Constructive Vote of no Confidece）是指联邦议院只有由议员的过半数选出继任的联邦总理并且要求联邦总统罢免现任联邦总理，才能对联邦总理表示不信任，迫使政府下台。而且联邦议院提出动议到选举联邦总理的继任者必须经过 48 小时，联邦总统必须依照议院的要求任命当选人。这种制度一方面使执政党不致由于联邦议院单纯的不信任案而下台；另一方面，又可使反对党不必举行它可能不易取胜的新的大选，就能把执政党赶下台并取而代之。“建设性不信任投票”是从魏玛时代多党制的政治实践中产生出来的，目的是为了避免议会中的在野党联合成多数从而轻率倒阁的现象发生，像前述 1972 年勃兰特总理向议会提出信任投票的动议后，反对党领袖巴泽尔就组织了对勃兰特的“建设性不信任投票”，结果以两票之差被否决。成功的一次是 1982 年在施密特总理提出要求议会对其信任投票的动议后，联盟党和自民党选举科尔为新总理，提出了对施密特总理的建设性不信任动议，结果获得议会半数以上赞成而通过。

四、其他职权

1. 违宪审查权

如瑞士联邦议会有权采取“旨在执行联邦宪法，保障各州宪法以及执行联邦义务的措施”。中国的宪法监督权由全国人民代表大会和全国人民代表大会常务委员会共同行使。英国是其典型代表。英国自 17 世纪以来，在政体上一直奉行“议会至上”的原则，因而由议会行使违宪审查权，并沿袭至今。“议会至上”原则是人民主权制度化的最集中体现。它的基本特征是“议会有权制定和废止任何法律”，“不存在任何有权废除议会法案或认为它无效的司法机关或其他机关”。“由于英国实行的是不成文宪法，柔性宪法，其中的宪法性文件都是以普通法律的形式存在的。”

2. 外交权、条约批准权

多数国家采取由议会和政府分享外交权的模式，由议会行使一定的外交监督职能，政府对外签订的条约须经议会的批准方可生效。在法国，宪法规定：和平条约、商业条约、有关国际组织的条约、国家作出财政抵押的条约、可能改变国家立法程序的条约等都必须以一项立法的形式加以批准。而议会在表决时仅仅是针对是否批准某项条约的法案，而不能对该条约的内容作任何决议，例如法国《国民议会议事规程》第 128 条规定，国民议会不能对条约中的条款进行表决，而仅能作出批准或不批准条约、以或延期表决的决定。在日本，宪法规定：对于缔结的条约，参议院与众议院的意见不同时，应当举行两院协议会进行研究，仍不能取得一致意见的，或者参议院在众议院批准条约之后 30 日内未作出决议的，众议院的决议即为国会的决议。在美国，总统同其他国家缔结的条约必须经过参议院的批准。在参议院议事程序上，有关条约的议案经过二读之后方可提出修正案；而关于建议和同意批准条约的议案需经过所有出席的议员 2/3 的同意方可通过，与条约有关的其他动议和议案需出席者半数同意，无限延期的动议则需经过出席者 2/3 的同意；国会休会后，条约未被批准的，应在下一次会议上继续讨论，但是该议程随一届国会任期结束而终止，在新一届国会中对该问题应当重新进行审议。

3. 紧急状态宣布权

德国在国内出现非常情况，包括自然灾害、重大事故、政治经济困难或自由民主秩序面临威胁，特别是外敌入侵，2/3 或至少一半以上的联邦议院议员及联邦参议院共同决定国家进入非常状态，由总统宣布。非常状态的结束也需要两院的共同行动。

第三节　议会的议事规则

议会的议事原则是指议会举行会议、行使权力、通过法律或作出决议时，应遵循的准则。它是保证议会正常运作的条件，也是对议会的议事符合民主精神的最基本要求。主要有：

一、法定人数原则

法定人数原则是指议会开始议事及作出决议的必要出席人数，是议会议事合法化的保障。虽然出席议会会议是议员应尽之义务，但将全体议员到会作为议事有效的前提，既有现实的困难，也会造成议会不能按时举行会议的不良后果。各国宪法和法律要求的议会开会的法定人数有如下几种情形：

1. 规定固定的人数

不论议会的成员有多少，凡达到法律规定的固定人数出席会议，就算符合了法定人数的要求，议会的开会和议事就是合法和有效的。这方面最典型的是英国，其上院开会的法定人数为 3 人（议员有 1000 多人），下院有议席 650 个，开会的法定人数仅为 40 人，是各国议会法定人数要求最低的国家。英国以外，法定人数为固定人数的国家还有：爱尔兰（众议院 20 人，参议院 12 人）、荷兰（第一院 26 人，第二院 15 人）、马耳他（15 人）、孟加拉（60 人）。

2. 规定过半数，这个半数是法定的人数

一般情况下，过半数是针对议会全体议员的总数而言的。两院制的国家，因两院分开议事，所谓的过半数应指每院议员总数的过半数。现在的问题是，议员的总数有法定和实际的区分，在法定议员数下，缺额、死亡或辞职的议员均应计算在内；实际议员总数是指现任并且能够参加议会议事的有效人数。无论是理论上还是实践上，将议员总数理解为实际的而不是法定的是比较妥当的。以此而论，议员的过半数当指实际存在的议员总数的过半数。从宪法的规定看，以过半数为法定人数的国家主要有：菲律宾、卡塔尔、科威特、黎巴嫩、泰国、保加利亚、丹麦等。

3. 规定议会举行会议应达到议员的一定比例

这个比例，可能高于也可能低于议员总数的过半数。日本、塞浦路斯、土耳其等国的宪法规定，若无全体议员总数的 1/3 以上议员出席，议会或议院不得举行会议。印度宪法第 100 条规定，议会两院开会的法定人数为该院议员总数的 1/10。

议会举行会议是否具备了法律要求的人数，由议长来认定。对议长的认定，议员如无异议，即视为议院的认定。倘若出席人员未达到法定人数，通常的做法是将会议开始的时间给予必要的延长，直至达到法定人数为止，否则应宣布休会。若举行会议时签到的人数已达到法定之人数，会议进行中因议员退席等原因而致法定人数不足时，巴基斯坦、斯里兰卡、比利时等国的宪法或议会议事规则规定，议长或会议主持人得宣告休会或延会；埃及的法律规定会议仍可进行，但不能表决；而美国、新加坡则规定，如无议员提出法定人数的异议，会议仍可继续举行，视为在场的法定人数未变；日本国会的议事规则规定，会议进行中有致法定人数不足之虑时，议长得禁止议员退席或要求场外议员入席。

二、多数决原则

议会为合议的机关，权力的行使、对问题的议决应以多数议员表达的意志为议会的意志，这是代议制民主的最起码要求。虽然多数人作出的决定不一定都是合理和正确的，但至少应当承认它比少数人，特别是一个人作出决定更能够避免或减少错误的出现。此外，议员经选举产生，代表的阶层及利益不同，议决问题时不可能完全一致，议会之功能就是通过讨论甚至是辩论，形成一致的意见，作为所代表之国民的意思表示，以体现主权在民、人民是国家权力之源泉的精神。采用多数决的原则，也有便利方面的考虑，以使议会尽快完成议事职责，不致因少数人持不同或反对意见而使议会无法就其讨论的问题形成决议。多数决原则中的多数有不同的计算基准：

1. 以全体成员为计算基准，由此而形成的多数是一个绝对多数。这里的全体成员是指构成议会的现有有效人员，不管是否出席会议和参加了投票表决。表决以后计算议决的结果时，投赞成票的必须达到议会全体成员的法定比例。不参加投票者，投白票、弃权票者同投反对票者作同样看待。此种计算基准虽使议案的可决率降低，即议案通过的难度增加，但却保证了议会决议具有较高程度的合理性、正确性。适用全体成员为计算基准议决的事项，多为宪法及其修正案的通过，要求的多数为过半数或2/3、3/4以上的多数。

2. 以全体出席人数为计算基准时的多数。这种计算方法，将未出席的议员排除在外，表决结果的计算以出席会议议员所投赞成票的数量作为是否达到法定多数的标准，出席议员未投票及所投的弃权票、白票实际上同反对票作同样看待。此种多数，在议员出席率或议员实际到会率比较高的国家，能构成绝对的多数，否则可能为相对的多数。

3. 以出席并且参加表决的议员数作为计算基准，出席而未参加表决，或投弃权票、白票的均不计算在内。表决结果只统计参加会议的议员所投的赞成票和反对票，只要赞成票超过反对票就可构成议决通过的多数，弃权票、白票、未参加的投票均不能作反对票看待，只能作未出席处理。这种情形下的多数往往是相对多数，有可能发生一人赞成，其他人均弃权而使议决获得通过这种“合法不合理”的现象，有它一定的弊端，采取时应加以慎重考虑。

对多数决原则，在认识上应注意两点：首先，多数与否只是相对的问题，并以承认少数存在并对少数的权利给予尊重为前提。议员对问题的议决，无论是持赞成的意见还是抱反对的态度，都有发言的机会和权利，都应记载于会议的记录之中，表决的结果至少应作赞成和反对两方面的统计。它体现了对少数给予尊重的精神，是近代民主政治追求的承认多数人意见的正当性，但绝不否认少数人的意见的合理性的精神在代表机关议事程序上的体现。其次，为使议会的议决能有结果，避免议而不决的现象发生，如发生赞成票和反对票相等的情况，一般采用视为否决或由议长或会议主持者投上决定性一票的办法解决，以促使肯定或否定的结果出现。至于说为何要采用这两种解决方法，理论上各有其合理和可取的根据。

三、会议公开原则

会议公开原则，是指议会议决问题的程序应事先公布，会议的记录应公开发表，议事的过程应允许公民旁听和新闻媒体作公开报道。议会系代表民意的机关，民意宣达及实现有赖于议员的积极作为，即对议会讨论审议之事项，议员应作明确的意思表示，对有争执的问题，应表明自己支持或反对的理由。会议的公开有助于公民了解议会的活动，特别是知晓自己选出的议员在议会的所作所为，以便对其进行监督，尤其是在议会改选时作为对谋求连任的议员投赞成票还是反对票的基本依据。因此，议会会议公开原则是现代政治系民意政治在议会活动中的体现，是使议会这个民意的代表机关，代表民意、尊重民意、服从民意并最终使民意得以实现的保障。

最早在宪法上对会议公开原则予以确认的是法国。法国1791年宪法第1条规定："立法会议的讨论应当是公开的，会议记录应予复印。"现在很多国家的宪法规定了议会会议应当公开，但在公开的内容和程度方面却并不相同。多数国家宪法规定的议会会议公开举行，除特别例外，一般都包括公布议程、发表记录和准许旁听这些内容，少数国家宪法规定的议会公开举行会议仅指的某一方面，如伊朗仅指的对辩论、讨论和记录的公开，土耳其仅指议会全体会议上的辩论公开。

作为会议公开原则实现的保障，任何人对公开会议都可以作忠实的报道，不得因此而负刑事、民事或行政上的责任，其中自然包括议员本人在内。但日本明治宪法曾规定，"两院之议员于议院之发言和表决在院外不得追究责任，但议员自动将其言论以演说、刊行、笔记或其他方法公布时须依一般法律处分之"，显然是不允许议员对议会的公开会议作忠实报道。

作为例外，议会会议在必要时也可秘密举行，只是需要遵循宪法关于举行秘密会议的决定及程序的规定。开秘密会议的情况主要是两种：会议内容涉及国防外交秘密；会议公开会使无辜之人的精神、财产、名誉蒙受不必要的损害。提出举行秘密会议的动议机关和人员主要有：议院的议长、议员、政府的首脑。动议提出后，是否需要按法定程序表决，有不同要求：一是无需表决，只要提出的动议符合法律的要求就可举行秘密会议。如意大利两院及两院联席会议，匈牙利国民议会，就可决定是否举行秘密会议。法国宪法规定，议会各院经总理或1/10议员的请求，得举行秘密会议。约旦宪法规定，应政府或5名参议员或众议员的请求，可举行秘密会议。二是需要表决。德国《基本法》规定，基于联邦政府或1/10议员的要求，并以议员2/3多数的同意，联邦议院可举行秘密会议。日本宪法规定，如经出席议员2/3以上多数议决，两议院可举行秘密会议。

四、一事不再议原则

一事不再议是指在议会的同一会期中已经作出决议的事项，不得再进行讨论和作出决议。所谓会期，是指议会在一定时间内集会的次数和日期。除少数国家实行长期集会外，多数国家的议会在一个立法年度中一般集会1—3次，每集会一次，在日本，就算做一届会期。实行一事不再议的原则，既是为提高议会审议的效率，防止对同一事项反复审议的现象发生，也是为保障议会在决议中表达意思的连续性和稳定性，避免议会对同一问题作出前后矛盾或不同的决议，使人们无所适从。

一事不再议原则，在各国的法律中未作公开的规定，但在实践上各国议会都给予承认或遵守。

第十四章　行政机关

第一节　政府的概念

一、政府的含义

政府（government）的含义，有广义和狭义之分。广义的政府是指行使国家权力的一切机关，与国家机构具有相同的含义。狭义的政府，仅指行使国家行政管理权的行政机关（administrative organ），有时也称执行机关（executive organ），其与国家的立法机关、司法机关有严格的区别。这里所谓的政府指狭义的政府，且仅指全国性的、最高的中央行政机关，即通常意义上的“中央政府”。

无论是广义的政府，还是狭义的政府，都是伴随着国家的形成而产生，是国家的生命形态，但这并不意味着否认它同原始社会的氏族组织之间存在继承的关系。

二、政府的称谓

（一）内阁（cabinet）

内阁的本意是指中世纪末期欧洲一些国家的国王单独会见侍从和顾问的房间或举行秘密会议的“内室”，具有少数人在一起举行秘密活动的意思。今日所谓“内阁”，系指作为行政机关之意的“政府”。目前，将政府称为内阁的国家有英国、加拿大、日本、印度、新加坡、马来西亚、印尼、斯里兰卡等。

在英国，起源于盎格鲁·萨克逊时代辅弼英王的御前会议到13世纪演变成为枢密院，原本是英王的顾问班子，最初仅由20多人组成，后来发展到40人左右。其内部又分设若干常设或临时委员会，居于显赫地位，最得英王信任的是外交委员会。国王查理二世（1660—1685年）时，仅挑选其中最受宠信的少数大臣组成小型的顾问团，小型顾问团定期在国王的私室举行会议，处理日常政务。① 1688年“光荣革命”以前的内阁仅仅是国王的咨询和办事机构，还不是近代意义的内阁。“光荣革命”以后随着英国的宪政实践的发展，内阁开始发生变化，首先，在内阁的组成上，内阁成员不再是国王挑选的亲信而是由下院的多数党组成；其次，内阁从对国王负责开始变为向议会负责。

长久以来，英王多亲自参加并主持枢密院的会议，但德国的汉诺威选候根据《王位

---

① 这可能是英国政府被称为内阁的原因，参见罗豪才等：《资本主义国家的宪法和政治制度》，北京大学出版社1983年版，第240页。

继承法》于1714年继承了英国的王位（即乔治一世），因其不谙英国事务，又不懂英语，经常不参加内阁的会议，而是委托一名大臣（后演变成为首相，即内阁首席大臣）主持，这一“偶然的个人因素”促成了英国内阁制惯例的形成。① 依此而论，英国最初的内阁实际上是客观存在的一种机关的绰号。

“内阁”虽经常用作对作为行政机关的政府的别称，但二者实际上并不完全相同。严格意义上的“内阁”只是中央政府的领导核心，也就是政府中的政府。政府的成员包括首脑和所有的部长或大臣，而不论其所属的党派及担任职务的重要与否。内阁则由首相同那些担任重要职务的大臣组成，其人数往往比政府的成员少。比如英国，其政府有内外两圈之分，内圈为内阁，其成员长期保持在20人左右，阁员多为执政党领袖和各重要部院的首长，能入阁的重要大臣有：外交、内政、财政、环境、教育与科学、能源、防务、社会服务、就业、贸易与工业、运输、农粮渔等部门大臣，还有大法官，负责苏格兰、威尔士和北爱尔兰事务的大臣，兰开斯特公爵郡大臣，掌玺大臣等。非常时期，内阁的人数会更少，像“二战”时，张伯伦和丘吉尔领导的战时内阁只有8~9人，1982年英国与阿根廷为马岛争端进行战争时，撒切尔领导的内阁只有5人。

联邦德国的内阁由总理、副总理和各部部长组成，人数一般20人左右。日本的内阁由内阁总理大臣和内阁大臣组成，日本的《内阁法》规定，内阁由总理大臣及20名以内的大臣组成，即不超过21人。美国的内阁在首任总统华盛顿时，只有国务卿、财政部长、作战部长和司法部长4人入阁。现在能入阁的一般为国务卿、财政部长、国防部长、司法部长、邮政部长、内政部长、农业部长、商业部长、劳动部长、卫生部长、教育部长、福利部长及住宅与城市发展部长，副总统及驻联合国大使近些年来也常被邀请参加内阁的会议。

作为政府核心的内阁是国家的行政之巅，即最高控制中心。政府政策的制定，重大事务的决断，人事任免一般情况下是由行政首脑领导下的内阁作出的，可以不征询非阁员部长或大臣的意见。而且行政首脑对内阁大臣或部长的挑选有完全的决定权。

（二）委员会、部长会议及总人民委员会

委员会是瑞士的政府组织形式，是瑞士的中央政府。土耳其、毛里求斯等国家称政府为部长会议。利比亚则把政府称为总人民委员会，政府部长称为总人民委员会委员，政府总理称为总秘书长，外交部长称为对外关系秘书。

第二节　政府的组成

一、政府首脑的产生②

政府首脑（head of government）是行政机关的首长，即国家行政机关最高领导人的统

① 第一位受委托主持内阁会议（即行使首相职权）的是当时的财政大臣罗伯特·瓦普尔（Robert Walpole），但是基于首相一词在当时含贬义，因此他拒绝别人称他为首相。“首相”一词正式由法律承认的始见于1937年《英王大臣法》。

② 参见王广辉：《比较宪法学》，北京大学出版社2008年版，第395~396页。

称。具体的称呼，比较多的国家叫“首相”“总理”；有的国家称之为“部长会议主席”或“执行委员会主席”。

内阁制的国家，政府首脑的产生虽基于议会大选结果，但在形式上却以任命的方式出现。议会大选后，获得多数席位的政党的领袖或政党联盟推选出来的人就出任内阁的首相或总理，但在形式上需经国家元首来任命。倘若内阁制的国家，由于实行多党制，没有哪个政党能在议会中单独拥有多数席位来组阁执政，政府首脑的产生就有多种方式：一是像德国和瑞典那样，由议会选举。根据德国基本法的规定，政府总理的选举分三轮进行。第一轮是由总统提名，经全体议员投票，若获得法定议员总数半数以上的赞成，即可获总统的任命成为政府总理。如果第一轮投票后，被提名的人没有当选，则应在 14 日内，由联邦议院自行投票选举，获议员半数票以上者当选；否则应立即举行第二轮投票，如有人获得半数的赞成票，总统应在七日内加以正式任命。如仍无人获得过半数的赞成票，总统应在七日内任命第三轮投票中得票最多的人为总理，或解散联邦议院，举行大选。① 另外一种是像意大利那样，由总统与主要政党领袖磋商后任命总理；第三种则是像荷兰那样，由女王同两院议长以及第二院政党领袖磋商后任命首相及内阁成员。在这样的国家，国家元首在政府首脑的产生过程中会发挥重要的作用。

实行总统制的国家，政府首脑的产生存在着两种情形：像美国那样典型的总统制国家，总统既是国家元首，又是政府首脑，其产生源于选民的直接或间接选举，与议会中的政党及拥有议席多少没有关系，也不存在向议会负责的问题。

在法国、俄罗斯这些半总统制国家，政府首脑是由任命产生的。国家元首在任命政府首脑之前，是否需征得议会的同意，两国之间又存在差别。从法国第五共和国宪法的规定看，总统无须得到国民议会的同意，可直接任命总理，意味着政府的产生，完全出自总统个人的选择，彻底摆脱了议会对政府组成的控制和参与。根据 1993 年《俄罗斯联邦宪法》第 83 条第 1 款，俄罗斯联邦政府总理则由联邦总统征得国家杜马同意后任命，具体程序是：新当选的联邦总统宣誓就职后的 2 周内或在联邦政府辞职后的 2 周内，向国家杜马提出政府总理的人选，国家杜马应在 1 周内审议该人选并作出相应决定；如总统所提人选被国家杜马否决，联邦总统应在被否决后 1 周内提出新的人选，由国家杜马在 1 周内审议并作出相应决定。无论依何程序任命联邦政府总理，总统都应在国家杜马 3 次否决联邦政府总理人选后，任命联邦政府总理，解散国家杜马，举行新的选举。同法国相比，俄罗斯议会即国家杜马对政府的组成有有限的控制与参与权。

与西方的内阁制、总统制不同，社会主义各国普遍实行人民代表制，人民代表机关居于最高地位，其他机关均由人民代表机关产生，受人民代表机关监督，政府首脑是由国家元首向人民代表机关提出人选（提名或建议），由人民代表机关进行决定或选举，中国的国务院总理，朝鲜的政务院总理及越南、蒙古人民共和国的部长会议主席

① 2001 年修订后《联邦德国基本法》第 63 条。

等均依此方式产生。① 这种政府首脑的产生方式，决定权几乎完全掌握在人民代表机关手中，国家元首的提名仅为履行手续而已。受此决定，政府首脑及其所领导的政府在法律上也仅对人民代表机关负责，而不向国家元首负责。

二、政府首脑的地位

政府除行政首脑外，还包括其他组成人员。不管他们职位高低，是否具体领导一个职能部门，最基本的方面都起着协助政府首脑实现对国家管理的作用。因此，政府实际应是首脑与其他组成人员构成的结合体。在这个结合体中，首脑与其他组成人员的关系从一定程度上反映了各个国家政权组织形式的特点。

政府的其他组成人员均由政府首脑提名，议会决定或国家元首任命，这只是政府首脑同政府其他组成人员相互关系的一个不怎么重要的方面，下面我们以英、法、美、德等具有代表性的国家为例分别加以说明。

英国政府的其他组成人员可笼统地称之为部长，它除包括在政府中任职的部长外，还包括在宫廷中任职的如会计主任（Treasurer）、审计主任（Comptroller）、宫廷大臣（Lord chamderlain）等宫廷官员。就政府的部长而言，依 1937 年的《英王大臣法》规定，分为阁员部长和非阁员部长。部长所在的部门由于形成于不同的历史时期，使用的名称非常复杂，有的叫国务秘书（Sectretary of State），有的称为大臣（Chancellor Lord），还有的称为主席（President）。这些不同的称呼仅反映各部成立时间的先后，与其代表的部长的级别高低没有任何关系。若按等级高低划分，英国的部长可依次分为五个等级，即核心内阁部长；一般阁员部长；不入阁大臣；国务部长（Minister of State）；低级部长，又叫政务次长（Parliamenary under Secretary）。其中除政务次长由首相直接任命外，其他的部长都由首相提名，英王任命。所有的部长不论是否入阁，均应是下院的议员，以维持部长对议会的责任。

英国的首相同部长，特别是阁员部长之间在法律上是地位平等的同僚关系，首相只是“同辈中的第一人”，没有上下级的意思在内。但因首相掌握着对部长的任命权，享有对其入阁与否的决定权、主持内阁的会议、监督或指导政府各部、内阁各委员会的工作，在制定政府政策时起着决定性的作用，因而实际居于其同僚上级的地位，各部部长特别是阁员的活动必须以服从首相领导为前提，否则，首相可通过改组内阁或政府的方式将那些与其在政策上不一致或屡屡向其发难的“叛逆者”清除出去。如撒切尔夫人刚上台执政的 4 年间，就多次采用此方式，以致当初的 22 名阁员到最后只剩下 8 位还在原来位置上。曾担任过首相职务的艾德提出，首相必须是一位好的“屠夫”，非常形象地道明了首相掌握的对政府其他成员的生杀大权。当然，部长提出的重要建议遭到内阁或首相的拒绝，特别是对政府的政策不满时，不必等候首相的免职，可主动地提出辞职，虽然这样做有冒政治自杀的危险，但并不一定会影响其今后的政治生涯。如在撒切尔政府中

① 参见 1982 年《中华人民共和国宪法》第 62 条第 5 款、第 82 条；1972 年《朝鲜民主主义人民共和国社会主义宪法》第 76 条第 6 项；1992 年《越南社会主义共和国宪法》第 84 条第 7 项；1992 年《蒙古国宪法》第 25 条第 1 款第 6 项。

担任国防大臣的迈克尔·赫塞尔廷因不满政府政策而辞职后，在梅杰首相的内阁中又被任命为环境大臣。

美国政府的组成人员，除总统外，还包括行政部的部长、副部长及助理部长；独立管制机构委员会的委员；其他独立机构的正副署长、正副局长；政府公司的董事等。他们均由总统提名，经参议院批准后，由总统任命。除免除管制委员会的职务需要有正当理由外，对其他政府组成人员，总统可随时地免除其职务，不需要像任命那样经参议院批准。

按照惯例，美国政府的部长均可成为内阁成员，但地位仅为总统的僚属或顾问，总统无论在法律还是政治上都是其上级。因此，内阁会议由总统主宰一切，哪些问题提交内阁会议讨论决定，部长在内阁会议上提出的建议是否被采纳，完全由总统决定。即便是应总统之要求，内阁会议所作的投票表决，对总统也没有约束力。其典型例子是，林肯总统在将其解放黑奴宣言提交内阁讨论时，经表决，参加会议的七个部长一致反对将宣言发表，但林肯却宣布："Seven against；one for，The ayes have it"（七人反对，一人赞成，赞成者获得通过）。内阁的这种地位，表明它只是总统的一个咨询机构，作用的大小、有无完全取决于总统对其的依靠程度，甚至像杰克逊总统那样，在内阁之外，由最亲近他的人组成的被戏称为"厨房内阁"的核心组织来取代内阁的作用也丝毫不为过分。受此决定，部长在行动上只能同总统保持一致，如果他们反对总统推行的政策，或者是与总统的意见不和，面临的选择只有一个，要么是自己主动提出辞职，要么是被总统免职。如 1975 年 11 月，国防部长施莱辛格就是因不满福特总统对苏联的政策而被解职的。因此，总统作为行政首脑的主导地位及其拥有的任免权是其控制行政机构的有效措施之一。尽管 1983 年文官法实施之后，由总统任免的文官人数在逐步减少，但任命助理部长级以上的政治行政长官的权力并没有改变，总统仍然可借此来领导和控制各行政机构及政府的其他成员。

法国的政府由于兼具英国式的内阁制和美国式的总统制，对其组成人员是否应包括总统长期存在着争论。撇开总统不论，法国的政府除总理外还有各部部长以及低于部长的国务秘书，他们共同构成法国的内阁，不设副总理、副部长，也没有像英国那样的阁员部长和非阁员部长的划分，且在原则上各部部长地位平等。相互关系上，各部部长、部长级代表、国务秘书等都由总理提名，总统任命。总理可根据执政情况，向总统提出免除政府有关成员职务的建议。依《法兰西第五共和国宪法》第 21 条"总理领导政府的活动"的规定，总理居于主导的地位，享有对政府各部的政务活动发出指示、进行协调和监督执行的权力。在内阁会议之外，召开有几个部参加的部际会议，总理享有的行政权力非常广泛，丝毫不逊色于各国政府首脑。但实际的情形是：法国政府总理并不是全部国家执行权力的承担者，即便是内阁的会议宪法也规定由总统来主持，总理制定具有法律效力的行政法令，也只有经总统签署以后才能生效，政府的权力实际控制或掌握在总统的手中。曾多年在戴高乐总统手下任总理，后又担任法国总统的蓬皮杜说过，总理不过是政府的首席部长，法国总统才是无可争辩的行政首脑。法国政治家莫里斯·杜维歇更是形象地将总理说成是总统的办公厅主任。因而，总理同政府其他组成人员的关系，特别是对政府其他组成人员的支配程度也就可想而知了。俄罗斯由于和法国都采取半总统制，作为国家元首的总统享有至上的权威，在俄罗斯政治舞台上处于主导地位。在俄罗斯政府与总统的关系上，俄罗斯联邦政府完全隶属于总统，且总统可以在政府违反总统命令的情况下废除政府总理。① 如在叶利钦总统执政期间，从 1998 年 3 月到 1999 年 8 月的短短一年多的时间内，俄罗斯四换总理，足见其总统对政府的支配程度之强。②

德国基本法规定："联邦政府（Bundesregierung）由联邦内阁总理（Bundeskanyler）及联邦内阁阁员（Bundesminister）组织之。"③联邦总理有权向联邦总统建议联邦部长的任免事项，有权决定国家的大政方针，并在决定所有政府基本政策时享有优先权。④ 它意味着联邦政府总理同各部部长居于不平等的地位，部长仅被作为总理的僚属看待，与第二帝国时代首相与大臣之间的关系有点相似。但这绝不意味着联邦总理在政府中享有绝对的权威，居于神圣不可侵犯的地位。根据联邦基本法的规定，政府各部部长在政策指导方针范围之内，必须独立掌管本部门并对其负责，总理不能绕过部长而直接向各部门官员下达指示，也不能干涉各部的事务。对于部长间发生的争执与分歧，联邦总理只能与整个内阁一起解决，不能独自处理。再加上基本法规定的联邦议院提出不信任案和否决信任案的对象只能是总理个人而不能是整个联邦政府，客观上在联邦政府总理与各部部长之间起到了某种平衡作用，特别是使部长的任职得到了保障。诚如德国学者所言："英国历届首相经常更换部长，有时甚至看不出明显的理由。与他们的做法形成对照的是，在原则上，任命德国部长的联邦总理在位时间多长，部长任职时间也就可指望多长。更换部长的事很少发生，因反对联邦总理政策或因联邦总理建议而辞职的情况也很少见。"⑤

三、政府机构的设置

政府机构又叫行政组织，一个国家的政府机构如何设置，包括机构的数量与层次，不仅取决于该国政府担负的职能多少及客观实际的需要，而且还要根据实际的变化而变化。由于社会的飞速发展，政府的职能呈现出不断扩大的趋势，需要政府行政管理的社会事务更是呈现剧烈增长之势。政府职能的扩大，必然导致政府机构和人员的增加，行政组织的类型也趋向多样化。从多数国家的情况看，政府机构可分为下列几大类：

1. 领导机关

领导机关即最高领导和统辖全局的决策核心，也是政府机构中最高层次的行政组织。美国、英国、法国、德国、加拿大、日本等国将政府的领导机关称之为内阁，原来的苏联称之为部长会议。我国则叫国务会议，在总理领导下，由副总理、国务委员、秘书长及有关部长参加而构成。政府机构的领导机关，在行政组织系统中起中枢的统率作用，对政府职权范围内的一切行政管理活动进行管辖和指挥。

---

① 刘向文、宋雅芳：《俄罗斯联邦宪政制度》，法律出版社 1999 年版，第 110 页。

② 在这次"换总理如换衫"的事件中，前后所牵涉的俄罗斯总理分别是切尔诺梅尔金、基里延科（1998 年 3 月 23 日—1998 年 8 月 23 日）、普里马科夫（1998 年 9 月 11 日—1999 年 5 月 12 日）、斯捷帕申（1999 年 5 月 19 日—1999 年 8 月 9 日）和弗拉基米尔·普京。

③ 《德国基本法》第 62 条。

④ 《德国基本法》第 64 条第 1 款、第 65 条。

⑤ ［德］库德·宗特海默尔：《联邦德国政府与政治》，孙克武等译，复旦大学出版社 1985 年版，第 161 页。

各国政府领导机关内部的结构存在较大差别。在美国，总统拥有很大权力，内阁实际是总统的咨询机构，因而其内部结构比较简单。除内阁会议外，没有其他的组织存在。即便是里根在其第一任总统任期内，将内阁成员划分为6个组，即国家安全会议、经济会议、商业贸易会议、自然资源与环境会议、人力资源会议、粮食与农业会议，每种会议由有关部长和白宫办公厅主任及总统首席顾问参加，分别举行会议，但也只是加强总统对内阁控制的一种措施，并不具有内阁结构构成要素乃至内阁组织分子的性质。除美国之外，像英、法、德、日、加拿大等国的内阁不仅设有专门的办公厅，还设有防务和海外政策委员会、经济战略委员会、内政和社会事务委员会、立法委员会等常设或临时性的委员会。德国内阁下设的直属委员会多达10个，加拿大内阁下设的委员会有12个。

2. 职能机构

职能机构是指在政府领导机关的直接领导下，分管某一方面行政管理事务的专业性执行机关，根据行政管理的需要，依法定程序来设置，是领导机关的职能部门，代表领导机关或按领导机关的要求负责对某一方面的行政事务进行管理。

各国政府的职能部门又可划分为两部分：部或委员会，是各国政府中最广泛也是担任大量具体行政管理任务的职能机构，构成政府机构的主体，政府领导机关的成员除行政首脑外基本上都从它们之中产生。一些主要国家政府职能机构中部或委员会的设置情况如下：

美国的部主要有：国务院、财政部、国防部、内务部、司法部、农业部、商务部、劳工部、卫生和公众服务部、住房和城市发展部、运输部、能源部、教育部。这些部雇佣的文职人员占联邦行政部门文职人员总数的61.7%，达174万人。部门机构设置分为部、司局和处（科）三个层次。

英国政府所设的部由于成立的时间不同，其名称也不同，有的叫Ministry，有的叫Office，有的叫Department。总体上说，英国的部主要包括财政部、环境事务部、教育和科学部、贸易和工业部、就业部、卫生和社会保险部、国防部、内政部、外交和联邦事务部、苏格兰事务部、威尔士事务部，总编制40多万人。① 部下设司（局处）和科。各部设主管大臣1人，国务大臣1~2人，政务次长1人或数人。各部大臣、国务大臣、政务次长由首相提名，英王任命。

日本政府的部被称为省，主要有：通商产业省、交通省、建设省、自治省、运输省、厚生省、法务省、外务省、大藏省、农林水产省、邮政省、劳动省。多数的省下设局（厅），局（厅）下设课。各省设大臣1人，政务议长1人，事务次长1人。其中事务次长以下的工作人员均按《国家公务员法》择优任用。

各国政府的独立机构性质上也属政府的职能部门，但地位要低于部或委员会，管辖的事务也比部或委员会具体，专业性或专门化程度更强。从数量上看，有些国家政府中的独

① 需要说明的是，进入20世纪以来特别是“二战”以后，为了适应经济发展的要求，各国都不同程度地进行了政府机构改革。英国在上世纪后期实行的政府机构改革中对一些部进行调整。比如贸易和工业部就经过合并、拆分、再合并的过程，该部的职能前后也发生了很大变化。也正是政府机构改革的原因，使得对英国的部进行统计的数据经常发生变化。

立机构大大地超过部或委员会的数量，如美国联邦政府设立的部仅 10 多个，但独立机构多达 60 多个，比较著名的有：州际商业委员会、联邦储备委员会、联邦贸易委员会、证券交易委员会、环境保护署、核管制委员会、邮政管理部局、国家航空和宇宙航行局等。它们虽为行政组织，但却有半立法、半司法的职能，可以制定、发布、解释、修改、废除有关行政法规，受理裁决一般行政纠纷；领导体制实行委员会负责制。另外，日本总理府下设的宫内厅、行政管理厅、北海道开发厅、防卫厅、经济企划厅、科学技术厅、环境厅、冲绳开发厅、国土厅等，实际也是独立机构的性质。

3. 辅助机构

辅助机构是政府领导机关和职能机关实现行政目标服务的行政组织，按照所从事工作的内容及性质，政府中的辅助机构又可分为以下四类：

综合性的辅助机构。基本任务是辅助行政首长进行决策，处理专门事项，沟通协调各方面的关系，并管理行政机关内部的日常事务。综合性的辅助机构在各国政府中普遍的表现形式是政府或行政首脑的办公厅（室），如美国的总统办公室，日本和德国的总理府，加拿大的总理办公室以及我国的国务院办公厅等。

专业性的辅助机构。是指行政机构内部的人事、财务等部门，它不直接参与行政管理活动，从事的工作具有很强的专业性。

事务性辅助机构。指政府内不直接从事行政管理活动，但为行政管理活动创造、提供种种条件与前提的非政务管理机关，如机关事务管理局（处）或机关行政管理局（处）等。

咨询性机构。西方国家中，政府设置咨询机构出现于 19 世纪中期，进入 20 世纪，有了飞速发展。设立咨询机构，是为适应政府行政管理日趋复杂化、专业化和高难度化的需要，为政府实现科学化的行政管理出谋献策，提供各种建议方案，或设计最优化的管理措施。各国设置的咨询机构，有的叫顾问委员会，有的叫研究所、学会等。据不完全统计，美国在 20 世纪 70 年代初有政府咨询机构一万 7000 多个，进入 80 年代后，平均每年递增一百多个。法国自第五共和国成立以来，政府的咨询机构总数也已达 4500 多个。政府的咨询机构有些纯粹是官方的，如依据《法兰西第五共和国宪法》设立的“经济与社会委员会”，依据美国 1972 年《联邦顾问委员会法》设立的联邦顾问委员会，依据日本《国家行政组织法》设立的“审议会”等。有些咨询机构是半官方的，像日本的“综合研究开发机构”、德国的“基尔世界经济研究所”、美国的“兰德公司”“斯坦福国际咨询研究所”等。它们或直接由政府资助，或与政府有合同关系，或与政府部门对口挂钩。无论其性质如何，它们除了发挥研究的作用外，还担负着决策、协调、宣传专业知识和培训、储备及提供人才的职能。

第三节　政府的职权

政府的职权也就是政府的职能，它通过对具体事务的管理来体现，涉及内政、外交、军事、经济、文化教育等许多方面。政府职权是政府问题的一个不可缺少的方面，许多国家的宪法都有详细的规定，但在少数国家的宪法中仅有笼统的规定，如《美利坚合众国宪法》规定“行政权属于美利坚合众国总统”，1947 年《意大利宪法》规定，“内阁总理指导政府之总政策并对其负责”，《法兰西国第五共和国宪法》规定：“政府决定并执行国家的政策，政府掌管行政机构和武装力量。”从现实上看，各国政府大多行使下列的职权：

一、执行法律权

（一）纯粹地执行法律

在这一过程中，政府仅负责将法律的原则规定予以具体化和个别化，或通过行政立法将议会的立法给予具体化，这个过程中所产生的纠纷，引起的争执，政府作为当事人一方无权加以解决，而是由法院作为第三方加以处理。

（二）行政司法权

行政司法权即通过行政司法的方式来执行法律的权力，产生的纠纷，政府有权按照法定程序加以处理，就像法院按照司法程序对案件进行审理和作出裁判一样。在法国，政府的行政司法权是通过设立性质上属于行政机关组成部分的行政法院来实现的。在英国，大量的行政裁判所专门负责处理政府管理活动中产生的诸如养老金、卫生保健、社会保险、酬金支付、纳税、外国人入境等方面的纠纷。其中大部分的裁判所与法院相比，程序简单，收费便宜，解决纠纷比较迅速。在美国，行使行政司法权的政府部门主要是州际贸易委员会、证券交易委员会、国家劳工关系局之类的独立管理机构，它们既可在各自管理的领域制定总的方针政策，又可审判在管理活动中产生的纠纷。现在享有行政裁决权的机构已由过去的独立管理机构扩大到了一般的行政部门，像卫生部、司法部、邮政部等，均有权审理所管辖领域内不由法院审理的纠纷案件。

二、制定和实施政策的权力

政府虽以执行法律为基本职责，但无论是议会还是行政部门的立法，都无法将纷纭复杂的事务全部纳入法律的规范之中。更何况客观情况不断变化，法律对各种事务的规范只能是原则性的。政府在执行法律的过程中不仅要在客观实际与法律要求之间作出合理的判定，更要在不断出现的新情况、新问题面前，提出合理的、可供解决的选择方案，这是政府需要制定和实施政策的原因所在。政府通过制定和实施政策，不仅要最大限度追求法律确定的基本目标的实现，而且要解决各种各样的具体问题，特别是在特殊情况下如何去取得最好的效果。

政府政策的制定，一般经过发现问题、确定目标、价值准则、拟制方案、分析评估、方案选优、普遍实施这样几个步骤。为了保证政策制定和实施的科学化，各国政府普遍坚持用科学的理论指导、遵循客观规律和依据一定程序的原则，既要防止制定的政策超越客观规律或脱离客观实际，又要避免滞于实际需要、与预期的目标不一致的情形发生。

三、经济社会事务管理权

政府的经济社会事务管理权是指政府运用行政权力对国家经济和社会事务进行管理的权力，涉及的领域非常广泛，包括工业、农业、交通、科技、金融、税收、文化、教育、通讯、新闻等诸多方面。近代以来，随着社会的发展，政府职能的增加，政府的经济社会事务管理权所包含的内容呈现出不断膨胀的趋势。

四、外交权

政府的外交权是指与其他国家及国际组织进行各方面的交往的权力，内容首先是任命驻外使节，接受外国来使。依照国际法，各国政府之间通过互派外交使节的方式进行联系和沟通，驻外使节多由政府首脑委任或派遣，外国政府派来的外交使节，则由政府首脑出面接受。其次是与外国政府签订条约或重要协定。按照国际惯例，两国政府之间所签订的无论是双边条约还是多边条约，需经本国议会批准后才能生效，而政府间所签订的协定除关系重大、内容重要外，一般不需要经本国议会批准。再次是对外宣战和媾和，这些权力实际上是对国家安全工作的处置权。政府对外宣战、媾和时，是否需要先征得议会的批准，各国有不同的需求。《美利坚合众国宪法》虽明文规定只有国会才享有宣战权，但在实践中总统作为武装力量的总司令，有权在世界任何地区部署军队和命令军队作战。联邦政府成立以来，总统派军队到国外作战200多次，经国会宣战的仅5次，最典型的例子是，“二战”后美国进行的朝鲜战争和越南战争，事先均未由国会宣战，而是由总统直接下令进行的。最后是与外国政府及国际组织进行谈判的权力，其中也包括对外国政府的承认。

五、行政立法权

行政立法权是指中央政府为实施宪法和法律的规定而制定法规、条例、指示、决定或发布命令的权力，它是相对于国家立法机关的立法活动而言的。政府的行政立法权，依其权力来源的不同又可划分为两个方面：

1. 职权立法

职权立法就是行政机关享有和行使的立法权来源于宪法的赋予，是其本身享有的一项职权。政府可根据其管辖事务的需要，在宪法赋予的职权范围内，随时进行行政立法以实现对相关事务的管理。按照分权学说，立法权与行政权乃两种性质不同、界限分明的权力。立法权有国家设立立法机关行使殖民地行政权乃两种性质不同、界限分明的，立法权的行使是通过设立专门的国家立法机关来实现的，政府仅为行使行政权的机关，它对立法权的染指长期以来一直在理论上被视为是荒唐的，实践上是有害的，这不仅在卢梭的《社会契约论》中有反映，而且在美国，直到1932年，联邦最高法院还郑重其事地宣布：“国会的立法权不可授予他人，这是最清楚不过的了。”现在之所以赋予政府享有立法权，学者普遍的解释是：19世纪以来，各国政府的职能不断扩大，行政事务的复杂性程度也越来越高，要实现依法治国的基本目标，仅有议会的立法是难以胜任的，更何况议会开会时间有限，立法程序复杂，加之涉及行政事务立法的内容又具有很强的专业性和技术性，由议会的议员来审议，最多只能是流于形式而没有多大实际意义。

政府的职权立法内容除少数是自主性外，绝大多数属于实施性的。立法文件的名称有“规则”“规程”“办法”“条例”“命令”等，并因发布机关的不同而有效力等级的差别。

2. 委任立法

委任立法是指政府根据立法机关的委托或授权进行的立法，最早产生于英国，以1834年的《济贫法》授予济贫专员就有关济贫事务制定规则和规章而开其先河。① 至19世纪末、20世纪初，委托立法得到了迅速发展，呈现出飞速增长之势。像英国，政府通过委任立法制定的法律平均每年近两千项，为议会立法的三十多倍。② 委任立法的出现，适应了政府管理事务日益复杂，立法涉及的专业性、技术性内容越来越强的需要，即解决了立法机关在日益繁重的立法任务面前难以重负的问题，也在一定程度上缓和了立法机关议员专业知识缺乏造成的法律与现实之间产生的紧张关系。

各国政府的委任立法在两种情况下进行：一是依照议会规定的行政权力行使标准或条件制定行政法规；二是依照法律规定可能发生的事实和效果，来决定法律的实行或生效。无论属于哪一种情况，为防止行政机关滥用职权，议会在授权政府进行立法时应满足这样一些条件：首先是必须对授权的事项享有立法权，也就是具有授权的权力；其次是应明确规定授权的种类、性质和范围，也就是授权政府在什么时间范围内就什么事项进行立法；再次是规定政府根据授权进行立法应遵循的标准、条件等；最后是授权的对象应是机关而非个人。即便是不少国家在委任立法时多将立法权授予行政机关的首长，如总统、总理、部长等，但在理论上也不能作出是对总统、总理、部长等个人授权的解释。

六、立法参与权

政府还有参与立法机关制定法律过程中的一些环节的权力。立法参与权在实行不同政府制度的国家有不尽相同的表现。在实行总统制政府制度的国家，政府的立法参与权主要表现为法律公布权和立法倡议权。在实行内阁制政府制度的国家，政府的立法参与权主要表现为法案创议权，即政府有权向议会提出法律草案。

七、其他方面的职权

除上述几方面的主要职权外，政府享有的其他职权有：掌管军队、警察和监狱；掌管行政机构、任免官吏和主管官吏事务；编制并实施国家的预算；颁赐荣典，授予荣誉称号和职务；决定大赦、特赦、减刑、刑罚执行的免除及权利的恢复等。

---

① ［英］威廉·韦德：《行政法》，楚建译，中国大百科全书出版社1997年版，第560页。

② 龚祥瑞：《比较宪法与行政法》，法律出版社1985年版，第437页。

第十五章　司法机关

第一节　司法权与司法机关

一、司法权的基本含义

司法权同立法权、行政权共同构成了国家权力的整体，但司法权的内容及范围如何，怎样将其与立法权、行政权区别开来，自近代“三权分立”学说提出以来，认识与实践上均存在差异。洛克在提出分权主张时，司法权属于广义的执行权范畴，具体内容如何，却没有明确说明。孟德斯鸠的三权分立学说中，司法权是指的“处罚犯罪或裁决私人论争”。① 日本宪法学家宫泽俊义则认为“司法权，是指裁判法律上争讼的国家作用”。② 这实际上仅仅指出了司法权中的审判权部分。司法权之所以在概念的界定上不明确的原因在于各国对司法权的范围在认识和理解上存在差异。

早期司法权在范围上仅限于民事、刑事案件审判，即对私人之间相互有关权利和义务具体争讼的裁判作用和对犯人处以刑罚。但随着时代的变迁，社会的发展，法国将行政机关的行为也渐渐纳入到审判的范围之内，即司法权还包括行政案件的裁判，这就扩大了司法权的原始范围。当美国率先确立违宪审查制度之后，司法权的内涵再一次扩大，还包括违宪审查权。由此可见，司法权的内涵是随着时代的发展而不断丰富。但是，不同国家基于不同的宪政传统和法治发展的历程，其司法权的范围也包含不同的内容。比较不同国家的司法制度，司法权的范围主要包括：

1. 民事案件、刑事案件以及行政案件审判权。法国大革命之前，为防止法院之审判权干涉行政权的行使，根据1795年12月16日的法令及1799年宪法（即共和8年宪法）第52条的规定，在行政机关内部设立行政法院，专门负责解决行政纠纷及审理行政诉讼，其制沿用至今所形成的比较成熟的司法权双轨制也在世界各国之中独树一帜。随着社会的发展，如今，绝大多数国家司法权都包括民事、刑事以及行政案件的审判权。日本的《明治宪法》规定的司法权仅限于民刑事案件的审判权，行政官厅的违法处分而致权利受到损害所提起的行政诉讼，根据《明治宪法》第61条规定，不在司法裁判之权限内。但是，战后的日本宪法借鉴了英美的制度设计，现行的《日本国宪法》第76条规定，一切

---

① ［法］孟德斯鸠著：《论法的精神》，张雁深译，商务印书馆1997年版，第155页。

② ［日］宫泽俊义著：《日本国宪法精神》，董璠舆译，中国民主法制出版社1990年版，第517页。

司法权属于最高法院及法律规定而设置的各级法院。日本的法院法规定，法院除日本宪法有特别的规定之外，裁判一切法律上的争讼。因此，目前所有行政诉讼及以公法上权利关系为目的的诉讼，均属司法权的范围，一律由法院裁判，但对法官的惩戒，仍然由行政机关为之。

2. 民事、刑事、行政案件的审判权以及宪法法院的裁判权以及宪法解释权。德国1919年的魏玛宪法及现行基本法规定的司法权，除包括民事、刑事、行政案件的审判权外，还包括宪法法院的裁判权，如《德国基本法》第93条第1款，任何公民或法人对于任何法律或国家机关的行为都有进行合宪性挑战的权利，无论该法律或行为是否侵犯了其权利；第99条，“邦内之宪法争议，得由各邦立法交由联邦宪法法院审理”，在宪法原理上，作为议会内阁制的德国，其基本法的解释权本应归属于议会，但是，德国联邦议会通过1951年《联邦宪法法院法》，将基本法的解释权让渡给联邦宪法法院。根据1994年的《俄罗斯联邦宪法法院法》和1996年的《俄罗斯联邦司法体系法》，俄罗斯联邦宪法法院是俄罗斯联邦宪法的最高解释机关，并有权审理宪法诉讼。

3. 民事、刑事、行政案件的审判权外，还包括普通法院对宪法的解释权以及对相关立法是否合宪的司法审查权。美国是采取这种宽泛意义的司法权的典型国家。美国法院行使的司法权不仅有对民事、刑事、行政案件的审判权，还有对联邦宪法或州宪法的解释权，对联邦国会及行政部门的立法和行为是否合乎宪法的司法审查权。《日本宪法》第81条规定：“最高法院为有权决定一切法律、命令、规则以及处分是否符合宪法的终审法院。”因此，日本也实行美国式的司法审查制，其司法权的范围也包括普通法院的司法审查权。

除上述几种类型以外，有的国家的法院还会解决一些非诉讼事务，如遗嘱检验、财产登记、公证结婚、颁发禁止令等令状，对法官和律师进行培训等。

实际上，司法权同行政权、立法权的划分只有相对的意义，尤其在司法和行政之间。如果我们将立法作形式的理解，即选举产生的代表组成的立法机关依照特定程序，创设具有特定形式的一般性规范的活动，那么，无论是行政还是司法都是一种将立法机关制定的具有普遍适用性的规范予以具体化、个别化的活动。如果从实质上将立法理解为不仅是指创设一般性的规范，还包括创设个别性规范，那么，立法、司法、行政之间的区别就非常细微了，进行立法活动的就不仅仅是立法机关，法院创造的判例法，行政机关制定和发布的行政法规等也都是立法的性质，而且后两者在当今世界中还呈现出上升的趋势。这个意义上的司法、行政同立法的区别仅仅是程序上的，而不是内容上的。

二、司法机关的构成

司法机关是指解决法律关系冲突，使其制度化的国家机关。司法机关有广义和狭义之分，狭义上的司法机关仅指行使审判权的法院，广义上的司法机关还包括负责刑事公诉的检察机关以及负责司法行政工作的机关。①

① 沈宗灵：《比较宪法——对八国宪法的比较研究》，北京大学出版社2001年版，第228页。

（一）检察机关

1. 检察机关的产生

近代检察制度最早形成于法国和英国。法国的检察制度系由中世纪封建庄园的管家演变而成。庄园法庭由庄园主主持审判，管家出庭负责告发。后来，告发之责逐渐由职业法律工作者担任。1302 年，国王腓力普四世（1285—1314）发布敕令设立检察官之职，检察机关遂成为专门的公诉机关和制约审判机关的法律机构。17 世纪以后，为欧陆各国所仿效。英国的检察制度起源于古代为英王办理财产诉讼的律师。公元 1461 年，国王的律师被改为总检察长，标志着英国检察制度的初步确立。1515 年，国王辩护人改称为副总检察长，1827 年增设追究破坏王室利益以外案件的检察官。但英国的检察机关直到 1879 年才根据 1878 年颁布的《犯罪追诉法》正式建立起来。

2. 检察机关的性质

检察机关就其行使权力的性质而言，同行使审判权的法院之间区别何在，人们的认识和各国法律的规定有不同。所有的社会主义国家及个别的资本主义国家，视检察机关为国家的法律监督机关，赋予其享有广泛的法律监督权。最典型的是苏联 1979 年的检察院法第 1 条规定："根据苏联宪法的规定，苏联总检察长和他所领导下的各级检察长，对所有各部，国家委员会，主管部门、企业、机关、组织、地方各级人民代表苏维埃执行和管理机关、集体农庄、合作社组织和其他社会团体、公职人员以及公民是否严格和一律遵守法律，实行最高监督。"《委内瑞拉宪法》第 218 条也规定，检察机关的职责在于监督严格遵守宪法和法律。大多数的资本主义国家仅将检察机关作为公诉机关看待，检察机关的主要职能是代表国家对犯罪提起公诉，不享有一般法律监督之权，如果说有监督的话，也仅监督警察机关、审判机关的执法活动。

3. 检察机关的职权

（1）刑事诉讼方面的职权

这是各国检察机关最主要，最具有共同性的职权。具体包括侦查和侦查监督、提起公诉、出庭支持公诉、对刑事审判活动进行监督、指挥和监督执行裁判等。

（2）民事诉讼方面的职权

不同法系国家的检察机关，都在一定范围内干预民事诉讼，目的在于维护国家和社会的利益。像英国，总检察长和副总检察长对涉及英王和政府重大利益的案件，代表英王和政府出庭，进行民事诉讼活动。在美国，涉及联邦利益的案件，由检察官以政府名义出庭。法国法律规定，法院审理涉及未成年人、精神病患者之类无行为能力人的案件，必须通知检察机关。日本检察机关依法可以对 20 多种民事案件的审理进行干预。

（3）行政诉讼方面的职权

在美国，法律规定联邦检察长和州总检察长可以参与影响公众利益的国会法案违宪的任何诉讼，联邦总检察长有权提起行政诉讼；英国的总检察长在行政诉讼中同民事诉讼中一样拥有自由斟酌权。此外，法国、意大利、德国等国的检察机关都拥有在一定范围内干预行政诉讼的权力。

（4）一些国家的检察机关还负有法律顾问、提供法律咨询、立法倡议和司法解释之权检察机关在世界各国的司法活动中起到非常重要的作用，在权力分配体系中，检察权也很好地协调了立法权、行政权、司法权相互之间的紧张关系。如1976年美国洛克希德飞机制造公司对各国政客进行贿赂的事件被揭露之后，各国检察机关纷纷行动对本国朝野政治人物展开调查，其中影响较大的有日本检察机关以涉嫌受贿的罪名起诉当时的总理大臣田中。然而，基于检察权在刑事诉讼阶段的广泛的自由裁量权，其也在具体司法实践中制造了许多错案，如日本的幸浦、二俣杀人案以及松川事件等。因此，如何加强对检察机关的自由裁量权的有效控制是各国都需要解决的现实问题。

（二）法院

法院，英文是Court，原指一个被圈围的场所，后被引申作司法机构解释。① 性质上，法院是代表国家行使审判权的机关，一般所讲的分权或三权分立，主要指的就是法院的审判权同议会立法权、政府行政权的分立与制衡。各国设立的法院，可作如下的划分：

1. 按照法系划分，有大陆法系和英美法系法院的区别。它们之间存在的区别是：一是英美法系法院注重程序法，对诉讼形式、诉讼程序特别重视，甚至在美国，诉讼程序方面的权利被作为宪法权利受到保障。大陆法系的法院注重实体法。二是英美法系的法院普遍实行陪审制。陪审团有大陪审团和小陪审团之分，均起源于英国。大陪审团（Grand Jury）负责审查是否对被告人提起公诉（indictment），虽然此制在英国于1984年已被完全废除，但在美国联邦一级及部分的州法院审理重罪案件时仍然沿用。小陪审团通常由12人组成，负责对案件事实的认定，其裁决在英美两国已由过去的一致同意改为现在的多数同意。大陆法系的法院，除刑事重罪案件外，一般不实行陪审制，审判活动可以是开庭审，也可以是书面审。三是英美法系法院的审判采用的是当事人主义，又叫辩论制（adversary system），庭审活动集中表现为当事人（或通过其律师）之间以及检察官与辩护律师之间的对抗，“法官扮演的角色是一位公断人或不偏不倚的仲裁人，他决定争论的范围以及哪些材料可以提交陪审团考虑。这种从外表看似乎是自由的争议方式和解决争议的方式，是基于当事人之间平等这一暗含的前提”。② 大陆法系法院的审判活动以职能主义为基础，证据的调查，诉讼的进行，都是在法官的主持下完成。法官居于积极的审判者地位。整个庭审活动，都围绕着法官对案件事实的调查而进行，当事人及律师的辩论或辩护只是作为对法官调查的补充而存在。这种制度基于的思想基础是，“如果让法官发挥较大的作用，可能会更易于发现真实情况，法官应有权、实际上是有义务提问、告知、鼓励和劝导当事人、律师和证人，以便从他们那里获得全部真实的情况，尽可能避免前后不一致和含糊不清，消除因为诉讼人或者律师不细心和不懂技术所造成的失误”。③ 四是英美法系法院的组织结构比较复杂，最为典型的是，英、美两国长期以来保持普通法院和衡平法院两套系统，各自适用的法律规则、诉讼程序以及法官的产生、地位、审判方式等都存在

① 上海社会科学院法学研究编译：《司法制度和律师制度》，知识出版社1981年版，第1页。

② ［美］埃尔曼：《比较法律文化》，贺卫方、高鸿钧译，三联书店1990年版，第171~172页。

③ ［德］K. 茨威格特、H. 克茨：《比较法总论》，潘汉典等译，贵州人民出版社1992年版，第482页。

较大差别。虽然目前英国的衡平法院组织体系已不复存在，但仍然保留着具有衡平法院性质的大法官法院。美国个别州仍然保留着衡平法院的组织，各州法院的组织、名称及诉讼程序仍然没有实现统一。大陆法系国家，法院的组织系统虽然也不单一，但其结构不像英美法系国家那么复杂。

2. 按法院审理案件的性质划分，有民事法院、刑事法院和行政法院。民事法院或民事庭负责审理公民、法人之间民事权益方面的纠纷，内容涉及契约、侵权、婚姻家庭、继承、知识产权、财产权、人身权等。刑事法院或刑事庭主要负责审理何种行为构成犯罪及对犯罪行为应如何处罚方面的案件。行政法院或行政法庭主要审理公民、社会组织等就行政机关在行政管理活动中对其权益的侵犯而提起诉讼的案件。如法国、意大利等国的法院就设有专门的民事法院、刑事法院和行政法院。但是，在具体的司法实践中，普通法院和行政法院之间的管辖权限的划分出现问题，例如意大利的普通法院和行政法院之间管辖权限如何划分，长期以来一直是一个有争议的问题。

3. 按审级分，则有初审法院、上诉法院和终审法院。各国的初审法院多为地方基层法院，大量的轻微刑、民事案件由初审法院审理。初审法院的设置，有些国家是按行政区划来设置，管辖的地域同所在区域行政机关管辖的范围一致；英美等国则是打破行政区划的界限划分司法区，设置初审法院。上诉法院审理的案件包括：一是不服初审法院或地方法院的裁判而提出上诉的案件，另一是不属于初审法院管辖的重大刑、民事案件。有的是因为其影响大，有的则是因为涉及的标的大。终审法院是指对案件作出最终裁判的法院，不是一级单独的法院类别。一个国家的法院组织系统中，最高一级的法院都具有终审法院性质，其他的法院能否成为终审法院，要取决于其实行的审级制度是两审终审还是三审终审。如实行两审终审制，受理上诉的法院就是终审法院；如实行三审终审制，则受理对二审上诉不服再次提出上诉的法院是终审法院。绝大多数国家的终审是在法院完成的，但在英国，上议院和枢密院的司法委员会也具有终审法院的性质。作为议会组成部分的上议院是英国本土刑、民事案件的最高上诉审级；枢密院的司法委员会则是英联邦成员国的上诉机关。

4. 按照法院管辖的案件划分，有普通法院和专门法院的区别

普通法院为受理普通的刑、民事案件的法院，这些案件涉及的主体可以是多方面的，没有身份上的限制和要求，内容一般是对社会秩序的破坏或权利的侵犯与争执，有明确的对象。专门法院是指以审理某些专门案件为主要职责的法院，主要有军事法院、宗教法院、宪法法院等。军事法院审理的案件主要是涉及现役军人及军队中的文职人员犯罪的案件；宗教法院以前的职责是审理教会教徒之间涉及婚姻、家庭、财产等方面纠纷的案件，现在仅负责处理教义上的纠纷及对教士的惩戒。宪法法院以解决宪法纠纷及对违宪的法律、行为的判定、制裁方面的问题为主要职责。可以看出，宗教法院、军事法院管辖的对象往往具有特定的身份，宪法法院解决的往往不是具体的权益纠纷，涉及的案件主体也多不是具体的个人，因而各有特点。

第二节 司法机关的组织

一、检察机关

（一）检察机关的设置

1. 独立设置，自成系统

社会主义国家的检察制度受苏联的影响，检察机关都由作为权力机关的代表机关来组织，独立设置，自成系统，与行政机关、法院不存在任何隶属关系，上下级检察机关间存在垂直的领导和被领导关系。比如朝鲜，根据1972年《朝鲜宪法》第172条，朝鲜的具体的检察工作由“中央检察院、道（直辖市）、市（区）、郡检察院和特别检察院进行”。1992年《越南宪法》第138条规定：“人民检察院由院长领导。下级人民检察院院长接受上级人民检察院院长的领导；地方人民检察院院长和各级军事检察院院长受最高人民检察院院长的统一领导。”而一些资本主义国家的检察机关也具有这种独立性，如英国、英格兰和威尔士建立的中央检察机构，下设4个地区检察署、31个区检察署和55个分署，形成从中央到地方相对独立和统一的检察系统。检察机关财政独立，实行独立的预算，上下级之间是一种领导的关系。只是英国的总检察长由国王任命，为英王的法律顾问、皇室的首席法务官，而且总是下院的议员。同英国一样，墨西哥的联邦检察院和联邦区检察院、州检察院组成检察机关系统，共和国总检察长是检察机关首脑和政府的法律顾问，在联邦政府作为一方的所有案件中，是联邦政府的法定代表人。

2. 检察机关设置于法院系统之中

以法国为典型。法国的检察机关与法院相对应而设置，在初级法院、上诉法院、最高法院中，均设有检察官之职，而且检察官与法官统称为法官，不同之处仅在于法院的法官是坐着的，而检察官则被称之为站着的法官。具体的情形是，最高法院设总检察长1人、检察官若干人；上诉法院设首席检察官1人、检察官若干人；初级法院设检察官1人。这些人均由共和国总统根据司法部长的推荐任命，司法部长对检察长和检察官有考核举荐权和纪律处分权，但不能行使检察官的职权。法国的检察机关虽设在法院内部，但却实行“垂直领导”的体制，下级检察官必须执行总检察长的命令。检察官执行职务时，有权依照法律不受任何干涉地履行职责。法国检察机关的职权主要有：侦查起诉权，检察官有权领导和指挥警察的侦查活动，必要时可直接对犯罪案件进行侦查。对犯罪案件的起诉采用职权主义，以公诉为原则，自诉为补充；审判监督权，检察官出庭进行公诉、监督法庭的审判活动有权对适用法律不当的裁判提出上诉或宣布违背法律的判决无效；裁判执行监督权；参与民事诉讼权，检察官作为国家利益的代表者，有权为维护公共秩序而进行民事诉讼。法院审理有关确定亲子关系的案件，有关未成年人监护的案件，有关追究公司的财产责任涉及30万法郎以上的案件，均必须通知检察机关参加诉讼活动。

德国的检察机关同法国一样也设在法院之内。联邦最高法院设联邦总检察长1人和检察官若干人，高级法院和地方法院设检察官若干人，初级法院设检察官或副检察官若干人。其中联邦总检察长和联邦检察官由联邦司法部长提名，议会同意后由联邦总理任命。总检察长领导和指挥全国的检察官。检察官在活动中实行下级服从上级的原则，不受其他机关的干涉。检察机关的主要职权是提起刑事诉讼，参加或干预民事诉讼则受到严格限制。只有当诉讼当事人的利益得不到有效保护，或审理的民事案件关涉国家的重大利益，或涉及统治秩序原则时，检察官才有权参加或干预。德国的检察机关没有审判监督权，对于法院的裁判检察官无权提出抗议或宣布予以撤销。

3. 检察机关设置于司法行政部门之中

典型的国家是美国。美国在独立前曾有过总检察长这一职位，但职责仅限于参加制作海盗、凶杀、偷窃等案件的公诉书，出席大陪审团调查案件。1789 年，华盛顿总统任命了联邦总检察长，但在 1870 年以前仅为内阁的首席法律官员和顾问。1870 年司法部成立后，总检察长改由司法部长兼任，此制一直延续至今，属于政府的一个职能部门。目前美国的检察机关有两级建制，即联邦和州各设总检察长，它们之间不存在任何的领导、监督和管理关系。联邦总检察长及副总检察长（司法部副部长）及检察官均由总统任命，总检察长向总统而不向议会负责，任期 4 年。各州检察长兼任所在州的司法部长，向所在州的州长负责。美国检察机关的职能主要是进行公诉。美国的刑事案件不实行自诉，因而起诉的方式有两种：一是由检察官直接向法院提出起诉，多适用于轻罪案件。另一种是由检察官草拟起诉书，连同有关证据提交给大陪审团，大陪审团在检察官的指导下，经审查表决通过后向法院发出起诉书，多适用于谋杀、放火、抢劫、叛国之类的重罪案件。美国的检察官还具有提供法律咨询和参加民事诉讼的职能，联邦总检察长是总统当然的法律顾问。根据联邦《环境保护法》《防止水流污染条例》《防止空气污染条例》《危险货物运输条例》等法律的规定，检察官均有权提起相应的民事诉讼，并对一切涉及合众国利益的民事案件有干预之权，也有权支持主管机关或受害者在诉讼中提出的民事权利请求。

日本的检察机关虽也设在行政机关之中，但同美国却并不完全相同。总的来讲，日本的检察制度是以大陆法系国家的检察制度为基础，同时又吸收了美国检察制度的某些方面，融二者于一体而形成的。明治维新以后，日本于 1872 年在各级审判厅配置检察官，实行“审检合署”制。1947 年新宪法和检察厅法颁布后，设立了独立的检察机关，检察官也由公诉法官转变为国家的行政官吏。日本的检察机关在名称上均称为“厅”，与裁判所（即法院）对应设置。最高检察厅设在法务省，均由内阁任命。检察机关的职权主要有；审查起诉权；自行侦查和提起公诉权；指挥刑事判决执行权；参与民事诉讼权。日本的检察制度由于融合了大陆法系和英美法系检察制度的因素，不少方面有其独特之处，表现为：实行起诉垄断主义，或叫起诉书一本主义，所有的刑事案件只能也必须由检察机关提出起诉，不承认自诉。被害人的自诉，法院也不会受理。实行诉讼当事人主义，即代表国家对刑事案件提出起诉的检察官在诉讼活动中与被告人处于平等的诉讼地位，法院只受理检察官提交的起诉书，一切有关案件的证据材料及对案件性质的认定，均由检察官与被告人的律师在法庭上加以出示或通过辩论加以解决，这既可防止法官的先入为主，也有利于保护被告人辩护权的实现。实行检察会审制度，因日本的检察机关对刑事案件的起诉和不起诉最终的决定权，为防止检察真实性主观臆断，滥用不起诉、缓诉的决定权，1984年颁布了《检察审查会法》，建立了检察审会的制度。实行了“缓诉制度”，所谓缓诉，指暂缓起诉并将被告人放在社会上矫正其恶习的一种措施，一般适用于犯罪事实已经成立，但情节比较轻微的案件的被告人。如果被告人在缓诉期间仍不改其恶习，检察机关可以不受时间限制地再起诉。

（二）检察官的产生及任职保障

各国检察官的产生方式可分为两类：一是任命产生，实行此制的国家如何任免检察官又存在不同的情形，有的国家所有检察官均由同一机关任免，如洪都拉斯总检察长和所有的检察官均由最高法院任免；扎伊尔的检察官由共和国总统任免；泰国的检察官由专门设立的检察人员委员会任命。法国、土耳其、挪威等国，也都属于这一类型。有些国家任免检察官的权力由不同级别的机关分别行使，如尼日利亚，联邦检察官由联邦公职人员叙用委员会任免；州检察官则由州的公职人员叙用委员会任免。根据1991年《老挝人民民主共和国宪法》第40条和第73条的规定，老挝人民检察院总检察长由国会选举产生，而副总检察长由国会常务委员会任命和罢免，省、市人民检察长和副检察长，县人民检察长和副检察长及军事检察长则由人民总检察长任命和罢免。

另一类是任命与选举相结合，典型的国家是美国。美国的联邦检察官均采用任命的方式产生，其中联邦总检察长、副总检察长、助理检察长、联邦地方检察官均由总统提名经参议院同意后，总统任命。司法部内的检察官则经总统批准后由总检察长任免。50个州中，除佛罗里达州、佐治亚州、新泽西州（由州长任命）、罗德岛州（由该州的总检察长任命）、阿拉斯加州（联邦地方检察官兼任州地方检察官），均由各州公民直接选举产生。根据1992年《蒙古国宪法》第56条的规定，“国家总检察长、副检察长，由总统与国家大呼拉尔磋商后予以任命”，说明蒙古国的总检察长以及副总检察长的产生也是任命与选举相结合。

检察官作为国家行使法律追诉或监督权的代表，任职后应受到法律的保障，才能使国家的检察权得以充分有效的行使。在此方面，不少国家对检察官采取的法律保障措施同法官相比相差无几，至少是要优于对一般的国家公务员，主要表现在以下两个方面：

1. 检察官职务的免除方面，各国都采取了限制性的措施，非有特定情形、非依特定程序，不得免除检察官的职务，以保障检察官职务的稳定。如日本法律规定，除非已达法定退休年龄、或依照检察官审议会的决定、或者产生剩员及受到惩戒处分，任何机关和个人不得违背检察官本人的意愿，免除或停止其职务。检察官身心出现问题，或工作效率低下及其他原因不适宜执行职务时，必须经特设的检察官合格审查会作出决议，才能免除其职务。《塞浦路斯宪法》规定，除非根据高等法院法官免职的类似理由并按照类似的方式，不得免除检察官的职务。葡萄牙也在其宪法中对检查官的职务设定了制度性保障，如1976年《葡萄牙共和国宪法》第252条规定：“检察署代理人是逐级从属并负责的司法行政官，除法律规定的情形外，不得被调职、停职、退职和免职。”

2. 检察官的待遇方面，各国都采取了相应的措施对检察官的待遇予以保障。如《尼泊尔》宪法规定，检察官的报酬和其他待遇在其任期内不得作对其不利的变更。《土耳其宪法》也规定，检察官同法官一样，不得在其达到宪法规定的年龄限制之前令其退休。即使其所在的机关或职位已被裁撤，他们的薪俸、津贴和其他个人待遇也不得因此而被剥夺。

如何对检察官的职务行为进行监督或惩戒也是各国检察制度必不可少的内容。对于不称职、违反法律要求的检察官给予惩戒是必要的，但为了防止一些机关或个人借惩戒检察官之名，干预检察官独立行使职权，履行职责，各国普遍在宪法或有关法律中对检察官的惩戒建立了特殊的保障措施。如法国，1934 年建立了检察院纪律委员会，当检察官受到指责时，由该委员会负责发表理由充分的意见，并且在法律中明文规定，只有在征求该委员会意见之后，才能宣布对检察官的惩戒。日本法律规定，对检察官的惩戒限于检察官违反了国家公务员法或依该法发布的命令；违反了职务上的义务或者渎职、消极怠工等；违法乱纪或其他有损于全体国民的不正当的行为。

二、法院

（一）法官的产生

1. 国家元首任命

一种是像美国那样，总统无需经任何机关或个人的建议便可提出联邦法院法官的人选，经参议院批准后加以正式任命。具体的程序是当联邦法官职位出缺时，司法部拟出供总统选择的候选人名单，联邦调查局负责对候选人进行全面调查，由总统从候选人名单中决定人选，提请参议院批准。参议院司法委员会就总统的提名举行听证会，受邀请的各方人士就被提名者是否适合于担任该法官职务提出意见，然后司法委员会向参议院提出是否应批准总统提名的报告，由参议院以简单多数票批准或否决总统的提名。

二是多数国家采用的法官任命方式，国家元首根据特定的组织、人员的建议来任命法官。如英国郡法院的法官及作为郡法院上一级法院的高等法院的法官均由英王根据大法官（相当于美国及其他国家的司法部部长）的建议加以任命。菲律宾最高法院和下级法院的法官均由总统根据司法和律师理事会提供的名单遴选任命。《印度宪法》也规定，总统任命首席法官以外的法官，必须征询首席法官的意见。实际上，依照宪法关于总统行使职权时需根据以总理为首的部长会议的建议行事的规定，总统任命法官通常是由政府内政部推荐，按照总理的建议作出的。① 西班牙的宪法法院的法官的产生也是采取上述的任命方式，而且提名主体更加多元。根据《西班牙王国宪法》第 159 条第 1 款，“宪法法院由经国王任命的十二名成员组成；其中四名由众议院以 3/5 多数提名；四名由参议院以同样多数提名；二名由政府提名，其余二名由司法权最高委员会提名”。

---

① 林良光：《印度政治制度研究》，北京大学出版社 1995 年版，第 105 页。

法官经任命产生，可使法官处于秉公执法的地位，保证司法部门的绝对独立。① 防止其为获得任命而投靠政治领袖致法官职位被任命者作为政治奖品奖赏给自己政见相同的人员，② 但也使法官的任命具有强烈的政治色彩。

2. 选举产生

选举法官之制最早出现于法国，卢梭的人民主权思想，就包括“司法权委托给由人民按时选出的审判官行使”。受此影响，大革命后的法国历部宪法都规定治安法官由所在区域的公民选出，其他各级法院的法官由选举会议选出。今日实行法官选举制者，以瑞典、瑞士及美国的大多数的州为典型。瑞士州一级的法官由选民直接选举产生，联邦一级则由联邦议会两院间接选举产生。美国 2/3 州的法院法官采用选举制。朝鲜国的法官也是由选举产生，1972 年《朝鲜宪法》第 134 条规定：“中央法院审判员和人民陪审员由最高人民会议常设会议选举。道（直辖市）法院、人民法院的审判员和人民陪审员由本级人民会议选举。”对于法官的任用采用选举制，有人提出了异议：一是选举产生的法官可能是最有名望的，但在专业方面并不一定是最合适的。二是在政党政治盛行的国家，选举易为政党操纵，选出的法官易有深厚的政党背景，影响法院精神上的独立与法院在社会上的权威。

3. 考试录用的方式

该种方式存在和实行于欧洲大陆、拉丁美洲和大多数的亚、非国家。这些国家，想从事法官职业之人，完成了大学的必修课程和规定的实习期结束之后通过必需的考试便可进入法院系统从事司法工作，成为一名职业法官，由司法等级结构的低层逐渐向上升迁。它同职业文官的产生方式类似，甚至可以说就是按照选拔职业文官的方式产生法官。如法国，1958 年设立国立法官学校，在该校学习毕业 3 年后才能充任法官。在德国，大学毕业后，必须通过两次国家考试和两年培训才有资格成为正式法官。在葡萄牙，所有的法官都由考试录用的方式产生，根据《葡萄牙宪法》第 220 条的规定，葡萄牙二审法院的法官应在一审法院法官中考试选拔，进入最高法院任职的法官，从司法官员、检察官及其他优秀的法律专家中考试选拔。

（二）主要国家的法院组织

1. 英国的法院组织

英国本土由英格兰、威尔士、苏格兰和北爱尔兰四部分组成，法院的组织存在着三个系统，英格兰和威尔士为一个系统，苏格兰和北爱尔兰各为一个系统。所谓英国法院的组织，是就英格兰和威尔士这个系统而言的。英国的法院组织是根据 1873 年的司法制度法和 1925 年的修改法建立起来的，分为民事法院和刑事法院两大类，两类法院各成系统，互不关联和隶属。只有当案件最终上诉到上诉法院和作为议会上院的贵族院时，它们才拥

① ［美］查尔斯·A. 比尔德：《美国政府与政治》（下），朱曾文译，商务印书馆 1987 年版，第 136~138 页。

② ［美］埃尔曼：《比较法律文化》，贺卫方、高鸿钧译，三联书店 1990 年版，第 136~138 页。

有共同的上级机关。

（1）民事法院系统

郡法院（Country Court）是民事法院中最低的一级法院，1864年根据议会的成文法建立起来，法官由大法官从至少已任职7年的律师中任命，每月至少开庭一次。郡法院审理的案件早期仅限于20英镑的债务或损害赔偿提出的诉讼，现已扩大到就合同或其他侵权行为提出的总额不超过2000英镑的诉讼，此外还审理诉讼标的金额中5000英镑以下的涉及信托、抵押和合伙的衡平案件；金额在1000英镑以下的海事案件；并拥有有限的遗嘱检验裁判权和所有无辩护的婚姻诉讼案管辖权。较大案件的审理应有一个由8人组成的陪审团参加，但实际上很少运用。

高等法院（High Court Justice）是郡法院的上一级法院。前身为1873年以前的八大法院，即高等大法官法院分庭、王座法院、高等民事法庭、理财法院、高等海事法院、遗嘱检验法院、离婚及婚姻诉讼法院、伦敦破产法院。根据1873—1875年的司法制度法，上述法院改组设立高等法院，下设大法官法庭、王座法庭、高等民事法庭、理财法庭、遗嘱检验、离婚及海事法庭。1880年，高等民事法庭和理财法庭被合并到王座法庭中，遗嘱检验事务的案件改由大法官法庭管辖，海事案件则改由王座法庭管辖，形成目前英国的高等法院由王座法庭、大法官法庭和家事法庭组成的格局。王座法庭（Court of King's（or Queen's）Bench）由首席大法官1名及大约44名法官组成，审理有关契约、侵权行为等案件。此外，王座法庭的法官还组成商事法庭和海事法庭，前者负责审理有关进出口、保险、银行、代理及涉及商业文件解释方面的案件；后者审理求助、拖带、碰撞、船舶维修及对外国船舶的货物供应等方面的诉讼。王座法庭除审理案件外，还通过发布禁止令状、移送令状和执行令状行使司法监督权。大法官法庭（High Court chancery）由大法官和约11名法官组成，主要审理有关信托、抵押、合同、转账、公司法、财产管理等方面的诉讼，这些案件多具有“衡平”的性质，旨在淡化法律的严酷性，使对案件的裁判更能体现公平、正义的价值理念。家事法庭（Family Division）由一名庭长和约16名法官组成，管辖家庭、婚姻、监护和遗嘱检验等案件。

英国的高等法院设在伦敦，也可设在其他地方。对案件的审理一般不采用陪审团制度。

上诉法院（Court of Appeal），由大法官、前任大法官、首席法官、案卷保管法官、家事庭庭长及上诉法院的常任法官组成。通常情况下，前任大法官、首席法官、家事庭庭长很少参加上诉法院的实际工作。上诉法院审理案件时多由常任法官和案卷保管法官组成三人法庭或五人满额法庭，如人手不够，可从高等法院抽调法官参加审理。

1966年以前，上诉法院分为民事上诉法院和刑事上诉法院两个独立部分，1966年撤销刑事上诉法院后，上诉法院分设民事庭和刑事庭。民事庭主要管辖不服郡法院及高等法院裁判的上诉案件。上诉只能在对法律的适用产生疑问时提出，不能就原判认定的案件及事实提出。当然，当事人也可向上诉法院申请对案件重新审理一次。上诉法院对案件的审判不要求传唤证人，也没有陪审团。如对上诉法院作出的裁判不满，还可向议会的上院提出对法律疑问的上诉。

（2）刑事法院系统

治安法院（Magistrate' Courts）又叫速决裁决法庭，是英国最低一级的刑事法院。其法官被称之为“治安法官”，由大法官任命，目前约有一万六千人。绝大多数治安法官不领薪俸，但可享受旅行、住宿的津贴和损失的补助。由于其多不懂法律业务，故英国1966年规定，被任命为无薪俸的治安法官之人，要接受治安法院委员会组织的训练，1968年的《治安法官法》又规定，治安法官应在有经验的司法书记官提供的咨询下对案件进行审理。除监禁不超过14天、罚金不超过1英镑的刑事案件可由治安法官独任审理外，其他案件均应由治安法官2～7人组成合议庭审理。有薪俸的治安法官人数非常少，由大法官从出庭律师或诉状律师中挑选，英王加以任命。治安法院的主要职能是审理轻微的刑事案件。合议庭审理的案子，一般情况下仅能判处不超过500英镑的罚金，特殊的案件可判处500英镑的罚款或6个月的监禁。面临超过3个月监禁的案子，被告可要求陪审团参加审理。此外，治安法院还行使半民事案件的管辖权，如债务偿还、分居、收养、抚养、确认私生子的生父、对未成年人的监护及劳资双方的工资争议等。

皇家法院（Crown Court）为审理应起诉的刑事案件的法院，因其采用巡回审判的方式，故又叫巡回刑事法院。目前英国（不包括苏格兰和北爱尔兰）被划分为6个巡回审判区，即东巡回区（中心是伦敦）、中部和牛津巡回区（中心是伯明翰），东北巡回区（中心是利兹）、威尔士和切斯特巡回区（中心是卡地夫）、西部巡回区（中心是布里斯托尔）、北部巡回区（中心是曼彻斯特）。每个巡回区设立三种不同的审判等级中心。第一审判等级中心由高等法院的法官主持，巡回法官协助，审理叛国谋杀、过失杀人、强奸等重大刑事案件，可判处的最重刑罚是终身监禁，同时高等法院的法官在该中心还审理高等法院自己管辖的民事案件。第二审判等级中心负责审理除上述重大案件外的所有应起诉的刑事案件，审判由皇家法院主待，参加的法官可以是高等法院的法官，也可以是巡回法官。第三审判等级中心审理那些可以属于应起诉的，也可以属于速决的刑事案件。参加审判的法官可以是巡回法官也可以是皇家法院的兼职法官。

皇家法院和治安法院在刑事案件管辖权上是以应起诉的犯法行为（Indicatable offence）和可速决的即简单的犯法行为（Summary offence）作为划分标准的。所谓应起诉的犯法行为是指比较严重的犯罪行为，此类案件一律由皇家法院在陪审团的参加下进行审理。当然有些案件从性质上属于应起诉的，但被告同意，法院认可，也可在治安法院审理。

刑事上诉法院：1966年以前，英国设有单独的刑事上诉法院，1966年后将其与民事上诉法院合并成上诉法院，故现在的英国刑事上诉法院是指的上诉法院的刑事庭，主要受理不服皇家法院裁判的上诉案件及内务大臣交办的有关案件。刑事上诉案件分为两类：一类是对定罪不服的上诉，即只能对定罪的法律依据不服时才能提出上诉，若对事实不服或对事实的认定及定罪的法律依据均不服提出上诉，须得到上诉法院的许可或得到审判法官的证明。另一类是不服量刑的上诉，除法定可以上诉的判刑外，其余的都必须经上诉法院同意后方能提出。上诉被受理后，通常由上诉法院的三名法官组成合议庭进行审理。审理的结果大致有：撤销原判的定罪；驳回上诉的请求；重新裁定或作出一项不加重处罚的新判决；降低或改变原判刑罚；命令重审。

（3）贵族院（上议院）

在英国，民刑案件的最高上诉审级并不是上诉法院而是贵族院，即大不列颠贵族院（British House of Lords），又称上议院，除了立法功能以外，贵族院尚拥有司法权，即对联合王国内绝大部分的案件，自组最高上诉法院。上议院的司法职能并不由全院共同行使，而是交由院内具法律经验的议员们，这些议员被称为“上议院高等法官”（Law Lords）。① 贵族院对上诉案件的审理，法定的开庭人数为 3 人以上，通常在 5 人至 7 人之间。所有的上诉应先由上议院议员组成的上诉委员会审查，根据上诉委员会提出的审查报告进行判决。贵族院受理的上诉案件包括：上诉法院的民事、刑事上诉案、高等法院越级上诉案、苏格兰高等法院的上诉案及军事上诉法院的上诉案。但在实际上，这些案件要想上诉于贵族院，必须取得上诉法院或上议院的许可。但是，英国近年来进行了重大的宪政体制改革，贵族院的司法职权也相应发生了重大变化。②

（4）英国法院组织的改革

2003 年 6 月，英国进行内阁大臣重组，成立宪政事务部负责管理法院和裁判所以及监督政府的宪政改革计划。为了建立明确的权力分立制度，大法官大臣将不再作为法官参与上议院上诉案件的审理。2005 年出台的《宪政改革法》，对英国的法院系统的功能和运作都进行了重大的调整，其中对法院组织的调整包括以下几方面的内容：③ 一是成立新的最高法院，由 12 名上议院法律勋爵组成。最高法院法官无权参加上议院议事活动，不过最高法院仍享有广泛的审判权力（如第 41 条规定先前属于枢密院司法委员会管辖的权力下放案件，现交由最高法院审理）。

二是调整大法官大臣、法院和法官的关系。最高法院年资最高的法官担任最高法院院长，而首席大法官则担任法院系统和法官的首脑，作用特殊。

三是英格兰和威尔士法官任命委员会地位独立，几乎半数以上的委员为法律人士，该委员会负责向大法官大臣提出法官人选。对于英格兰和威尔士法官任命委员会提出的人选，大法官大臣仅仅享有十分有限的否决权。同时，《宪政改革法》还对提名最高法院法官、各庭庭长和上诉法院法官的人选的具体程序进行了规定。大法官大臣仍然保留有通过一个专门机关成立的专门委员会以具体和有限理由否决任命法官人选提名的权力。而后，

① 需要指出的是，英国最高法院职权并非仅仅由上议院单独行使，英国的枢密院（Privy Council of the United Kingdom）也行使部分最高法院职权。

② 如 2005 年的《宪政改革法》（*Constitutional Reform Act* 2005）的出台，政府对裁判所的运作进行了一系列的改革。另外，根据《宪政改革法》的规定，新成立的联合王国最高法院（Supreme Court of the United Kingdom）将接收上议院高等法官们的司法职责。

③ ［英］彼得·莱兰、戈登·安东尼：《英国行政法教科书》，杨伟东译，北京大学出版社 2007 年版，第 579~580 页。

由首相向女王提出任命人选。

四是大法官大臣和其他英王大臣有义务保护法院始终处于独立地位，不得试图影响法院的审判，确保法院能充分履行其职能。

五是规定了惩戒法官和解除法官职务的程序以及法官的申诉程序。

2. 美国的法院组织

美国是一个联邦制国家，联邦和组成联邦的50个州各有自己的宪法和法律，因而法院组织也就存在联邦法院和州法院这两个系统。二者各有其管辖权限，组织上没有任何的联系，但都有权解释美国宪法，裁决任何法律、行政命令、规章条例是否违宪，是世界上权力最大的法院系统之一。

联邦法院系统。美国宪法第3条规定："合众国的司法权属于最高法院及国会随时设立的下级法院。"至于联邦法院由几级组成并未具体规定。联邦法院系统设立的直接根据是国会于1789年制定的《司法条例》。就今天而言，美国的联邦法院有普通法院和专门法院之分。普通法院包括地方法院、上诉法院和最高法院三级。

地方法院（District Courts）又叫地区法院，属联邦法院系统中最基层的法院，基本上按州设立，每州至少一所，多的达四所。地区法院的法官人数从1名到27名不等，如有多人，则由其中一位年龄在65岁以下，连续任职至少一年的资深法官作为首席法官，任期为7年。所有地方法院的法官均由总统提名、经参议院批准后任命，除非受到国会的弹劾，一般都会终身任职。除宪法规定由最高法院初审的案件外，其余所有联邦拥有司法管辖权的案件都由地区法院行使初审的案件，包括：所有涉及联邦的刑事案件；所有涉及联邦宪法、法律、条约且争执额超过一万美元的民事案件；涉及不同州的公民或美国公民与外国侨民之间的争执且金额超过一万美元的案件；涉及海事、商事方面的案件；涉及破产法方面的案件；涉及某些联邦行政机构裁定的案件；国会规定由联邦地区法院审理的其他案件。一般案件由一名法官单独审理；重大案件由三名法官组成法庭审理，其中应有一名上诉法院的法官。联邦法院系统中，只有地区法院实行陪审制。经3名法官组成的法庭审理的案件，得直接向最高法院上诉，其余的只能向上诉法院上诉。由于地区法院每年受理的案件总数在20万件左右，且呈上升趋势，积案严重自然在所难免。曾有一个10岁女孩被行驶的汽车所撞，但在法院开庭审理该案时，她已经19岁且为一婴儿之母亲了。①

上诉法院（Courts of Appeal），前身是依1789年司法条例设立的"美国上诉巡回法院"。1891年为减轻最高法院的工作负担，国会通过了一个司法法，设立了上诉法院。目前美国的50个州及其领地被划分为11个司法巡回区（Federal Judicial Circuit），加上哥伦比亚特区，共设立上诉法院12个，法官144人，均由总统提名经参议院同意后任命。每个上诉法院设1名首席法官，依惯例由资深的、不满65岁任法官至少1年且又不曾担任过此职的一名法官担任，任期7年。上诉法院只受理不服辖区内地区法院、领地法院和其他联邦法院判决及联邦的一些独立机构裁决的上诉案件，没有初审管辖权。开庭审案的法

① 李道揆：《美国政府和美国政治》，中国社会科学出版社1990年版，第501页。

定人数为 3 人，除要案、疑难案件外，多根据书面文件作出判决，不听取口头抗辩。所做的判决为终审判决，只有极少数能继续上诉到最高法院。

最高法院（Supreme Court）。最高法院是美国宪法唯一提到的法院，但其规模、内部组织、开庭的地点等宪法均未规定，1789 年联邦司法条例生效后正式设立起来。最初有大法官 6 人，1801 年仅有 5 人，1863 年达到 10 人，1869 年固定为 9 人。最高法院的法官非经国会弹劾不得免职，但在年满 70 岁、任职满 10 年或年满 65 岁任职满 15 年的情况下，由本人自愿决定是否退休。其中首席法官的年薪和副总统相同。最高法院的管辖权有两类：一类是初审管辖权，主要有：州与州之间的诉讼；合众国同州之间的诉讼；当事人一方为外国大使，其他使节或领事的案件；一州控告另一州公民、外国侨民或外国政府的诉讼。自联邦最高法院设立以来，共受理一审案件 150 件左右，在最高法院所审理的案件中所占比例很小。另一类是上诉管辖权，当事人对联邦上诉法院，各州最高法院作出的判决不服可向最高法院提出上诉。特殊情况下，当事人也可对联邦地区法院的判决直接上诉到最高法院。联邦最高法院还可通过调卷令程序审查联邦上诉法院、各州最高法院或联邦权利申诉法院作出的终审判决。最高法院的开庭日期是每年十月的第一个星期一至第二年的六月一日，对案件审理的法定人数为 6 名法官参加，判决是在阅读有关案件材料、听取当事人双方律师的口头争辩、法庭调查的基础上，根据法院内部开会讨论意见来书写判决书。讨论由首席法官主持，资历最深的先发言，资历浅者最后发言；表决则由资历浅者先投票，资历最深者最后投票。判决结论以多数人意见为准，如赞成意见和反对意见相等，就维持原判，但此种判决不能成为判例。

其实，美国最高法院的作用及影响主要不是体现在对初审和上诉案件的审理上，而是表现在司法审查权的行使方面。联邦最高法院的司法审查权源于 1803 年马伯里诉麦迪逊案（Marbury v. Madison）造成的判例的认可。联邦最高法院通过行使司法审查权对宪法条文进行解释，赋予其许多新的内容，使宪法能根据社会发展的需要而发生改变、具有新意，不必通过对宪法进行修改就能保持其活力，一定的程度上缓和了社会现实同宪法规范之间不断产生的紧张关系。

美国联邦巡回区上诉法院，是根据 1982 年联邦法院改进法设立的上诉法院，前身为美国海关和专利上诉法院以及权利申请法院。管辖的案件有：美国地区法院和领地法院有关专利权、商标和版权裁决的上诉案或以美国政府为被告涉及合同、国内税及其他事务裁决的上诉案；不服美国行政机构或独立管制机构就合同、专利权、商标、外贸等所作裁定的上诉案。

美国权利申诉法院，成立于 1982 年，管辖的案件有：依宪法、法律及行政规章或合众国政府签订的合同，要求美国政府赔偿的申诉；因美国政府侵犯发明专利权和版权而要求美国政府赔偿的申请；国会以立法方式授予管辖权的案件。因此，权利申诉法院所管辖的案件，仅限于控告政府侵权并要求给予赔偿的范围。

美国国际贸易法院，1980 年根据海关法院法而成立，受理因管理进口贸易的联邦法律而引起的控告联邦政府的所有民事案件。

军事上诉法院，成立于1950年5月，是审理各军兵种军事法院判决的终审上诉法院，仅限于刑事上诉。

美国税收法院，成立于1969年。前身为1924年成立的美国税收上诉委员会，主要受理涉及所得税、遗产和私人控股公司附加税中有关纳税额多少争议方面的案件。

美国临时紧急上诉法院，根据1971年的经济稳定法而设立，管辖权仅限于有关经济稳定法的纷争而产生的案件。

美国州法院的组织系统相当复杂，州法院的名称、管辖权、组织结构因各州实行法律制度的不同而有较大差异。但基本上由以下几个部分组成。

基层法院。乡村多半沿用治安法院这一古老名称；城市多称之为市或都市法院。各州的基层法院只能审理一些轻微的民刑事案件。民事方面限于100美元以下的纠纷；刑事方面限于6个月以下的徒刑。同时负责对较重大的刑事案件进行初步审讯，以决定是否提交给上一级法院进行正式审判。

正式的初审法院。各州的名称不同，有叫郡法院的，也有称普通法院、地区法院或巡回法院的，管辖权包括两个方面：一是除基层法院管辖以外的其他刑、民事案件；二是不服基层法院裁判而提出的上诉案件。审理往往由一名法官主持，通常也没有陪审团的参加。

中级上诉法院。名称有高级法院、上诉法院、地区上诉法院等但并非所有的州都设有。负责对郡或地区法院判决不服的上诉案件，多由3名以上的法官采用合议的方式来审理，一般没有陪审团参加。

最高法院。为州内的最高审判机关，一般有法官3~9人，主要审理不服其下级法院判决而提出上诉的案件。如所作判决不涉及联邦法律，则为终审判决。

3. 法国的法院

法国的法院分为两大系统：普通法院系统和行政法院系统。行政法院系统为法国司法制度最具特色的地方，欧洲大陆各国的行政法院多系法国制度影响的产物。

（1）普通法院系统

法国的普通法院中，民事初审法院和刑事初审法院各为独立的系统，只是在上诉法院中才得到了统一。专管民事案件的初审法院有初审法院和大审法院。初审法院根据1958年12月22日的法令建立，前身是依1790年8月16日法律规定在各区镇政府所在地设立的治安法官法院。从法律的规定看，初审法院原则上每个市行政区的首府所在地设置一所，管辖范围为10个区左右，也可根据人口、案件数量和地理条件，在一个市行政区内设置两所以上，目前法国有初审法院475所。初审法院设有法官1人至数人不等，依1970年7月9日的法律及1971年7月2日的补充法令，承担初审法院审判事务的法官是从有管辖权的大审法院的法官中选择的，他们的补缺和临时代理由大审法院院长用指令加以确定。初审法院的管辖权依照案件的性质和诉讼标的确定，具体包括：有关各种私人和动产且诉讼标的在3000法郎以下的案件；诉讼标的金额在1500法郎以下的不动产租赁契约方面的案件；未设劳动法院地区的劳动契约案件；直系尊亲属赡养费请求的案件。此外，还拥有一些行政性质的职权（关税、乡村路政、选举争议）和超司法性质的职权（亲权、监护会议、解除监护及子女收养）等。

大审法院，取代旧制度时代设在各专区首府的初审法院，根据1958年12月22日的法令建立起来，原则上每省一所，但许多省设立两所以上，全国共有172所。各大审法院至少设院长、预审法官、法官和检察官各一位，如设有分庭，则每一分庭应有一位庭长和一位或数位副庭长以及若干检察官、首席法官和候补首席法官等。院长为大审法院的首脑，负有对全体法官的监督之责，可以根据请示作出各种裁定，有时也对争议案件作出决定性裁定。大审法院受理不属于初审法院和其他第一审法院管辖的一切民事案件，凡有关个人身份、行为能力和国籍的争议；一切涉及权利实质的不动产案件；有关发明专利执照、第三者仲裁执行书、司法决定执行书及其引起的纠纷；有关文件伪造的指控、笔记核对等确证行为以及非商业性质的私法人方面的财产清理引起的争讼等，大审法院都享有排他性的管辖权。这些案件，如诉讼标的不超过2500法郎，大审法院的判决即为终审判决。除行使一审管辖权外，大审法院还享有上诉管辖权。1958年12月22日的法令规定大审法院"所受理的上诉案件，是根据讼案性质或请求金额而论，不属其他司法机关管辖的各种案件"。大审法院的评议庭有权对那些无对手的请求以及不会引起第三者争讼的案件作出裁决，如过继收养事项、亲属会议的核准、宣告死亡的确认、身份证的更正等。对大审法院的裁判可以运用"正常方式"和"非常方式"提出申诉，前者是指抗告和上诉；后者是指第三者的抗告和要求再审、向最高法院上诉以及对法官提出控告等。

法国专管刑事案件的法院有：违警法院，旧时称之为"简易警察法庭"，是专门负责审理违警犯罪的基层法院。它由一名法官主持，并由一位检察院代表和一位书记官辅助组成。向违警法院提起诉讼的权利属于检察机关和受害人，违警法庭有权裁判因违犯刑法而招致较轻刑罚的违警案件，共有五类，罚款在2000法郎以下，监禁为2个月以内。如果宣告监禁或罚金超过60法郎时，被告人可以提出上诉，上诉期为10天。

轻罪法院：是受理可以上诉的轻罪案件的初审司法机关，由一个或数个分庭组成，像巴黎的轻罪法院就有11个分庭。每个分庭设三位司法官（一位庭长和两名法官）、一位国家检察官、一名书记官。轻罪法院的管辖权是法定判刑2个月以上或罚款2000法郎以上的轻罪，对于和重罪相连的轻罪则不能受理，对某些具有特定身份如陆军、海军及未成年人所犯的轻罪案件也无权管辖。对轻罪法院作出的判决可以提出抗告、上诉，如果是终审判决，还可向最高法院提出申诉。

值得指出的是，虽然初审法院和违警法院、大审法院和轻罪法院在性质上不同，组织上各自独立，但却由相同的法官组成。

重罪法院：性质上，重罪法院是一种省级司法机关，原则上设在各省的省会，但它是非常设的机构，采用每3个月开庭一次的办法审理案件。重罪法院管辖法定刑为5年以上徒刑、苦役、无期徒刑或死刑的犯罪案件，但按规定属于特别司法机关审理的重罪案犯则为例外。重罪法院由两种成员组成：法官和陪审员，院长至少要有上诉法院法官的职称，两位辅助法官则从上诉法院法官或重罪法院所在地的大审法院法官中选择任命。对重罪案件的审理在程序上须首先由预审法官预审，经上诉法院起诉庭审查决定后，由检察长移送到重罪法院审理。3名常任法官和9人陪审团组成合议庭具体负责对案件的审判，定罪科刑由合议庭不少于8人的赞成作出，其中在定罪上，必须有9名陪审员中的5人赞成才能成立。合议庭作出的判决，只能由最高法院进行复审，而不能向上诉法院提出上诉。

（2）上诉法院

上诉法院是法国的第二审级司法机关，前身为大革命时代创立的上诉法庭。现在法国本土设上诉法院28所，海外各省设3所。每所上诉法院设有民事庭、刑事庭、起诉庭和社会庭等，每庭设庭长1人和法官2名，均由上诉法院院长分派，检察官的人数则因所在法院的重要性而有所不同。各庭在管辖权上的分工是：民事庭负责受理对初审法院及大审法院各民事庭判决不服的上诉案件；商事庭受理对商事法院判决不服的案件；上诉庭受理对违警法院和轻罪法院判决的上诉案件；社会庭受理有关社会安全、劳动契约以及实施社会法律方面的上诉案件；此外还设有一所特别法庭，受理少年法庭的上诉案件。上诉法院对案件的审理有一般法庭和严肃法庭两种方式。前者由3名法官组成合议庭，并有1名上诉法院检察官和一名书记官参加；后者由5名法官组成合议庭，全体法官都穿红袍，主要负责审理撤销后发回重审的或者对司法官员的控诉案件。无论采用何种方式，上诉法院都可对上诉案件进行事实上和法律上的审理，但只有法律审，才能申请最高法院进行复审，对事实审作出的决定则为终审决定。

（3）最高法院

最高法院的前身是1790年创立的最高法庭。现在的最高法院设有6个庭，即3个民事庭加上刑事庭、商事庭和社会庭，管辖对全国各下级法院的最后判决申请给予复审的案件。每一法庭必须至少由7名法官组成，其中包括一名庭长，必要时可以由资历最老的法官代替。最高法院对案件的复审一般采用三种方式：一是一般法庭，由法官7人组成，处理一般案件；二是联合法庭，由两个庭的全体法官及其他各庭两名法官组成，处理判例解释及各庭的共同性问题；三是大法庭，参加人员为院长，各法庭庭长，资格最老的法官及院长指定的各庭两名法官，主要用以作出对复审案件发回重审的判决指示。如果最高法院作出撤销下级法院原审判决的决定，应将案件发回原审法院同级的另一法院审理。根据过去法律的规定，最高法院最多只能对发回重审的案件作出法律指示，重新判决。1976年的法律规定，最高法院也有权对案件作出改判。

法国的普通法院系统中，还设有一些专门的法院，管辖特定的案件，主要有：商事法院：法官均为商人，主要受理商人之间的争议以及商人与其他人士在商业行为方面的纠纷，还受理商业社团合股人之间的争执，并有权管辖司法清理和财产清理事项。劳资纠纷调解委员会：即劳资法院，受理在劳动契约期间产生的个人纠纷事件。军事法院：审理军事系统的犯法行为以及在普通法方面犯罪的军人、军队成员和获有许可证的军队服役人员。海上商事法院：专门审理和海上贸易有关的违法案件。国家安全法院：1963年创立，由普通法官、行政官吏或将校级军官组成，负责审理在和平时期危害国家安全的轻罪或重罪案件。

(4) 行政法院系统

法国在普通法院之外，专设行政法院系统，有其历史的原因。大革命之前，巴黎最高法院享有审查政府发布的命令是否违背现行法律的权力，并常利用此权阻挠政治方面的革新。大革命后1790年8月的有关法律确认司法和行政分权，1795年12月16日的一项命令明确宣布“严禁法院对任何行政行为的干涉”。1799年的宪法第52条规定“在执政的领导下，设立一所行政法院，负责起草法律草案和行政规章，以及解决在行政方面出现的困难”。法国设立行政法院系统，虽然理论上以司法与行政的分权为基础，但实际上不排除具有借此摆脱司法机关对行政机关牵制、防止法院干涉行政权行使的因素。当初设立行政法院的目的是协助政府，对立法与行政管理工作方面提供咨询，后来逐渐演变为审理行政诉讼、解决行政纠纷、执行行政裁判。法国的行政法院系统有：

地方行政法庭，这是对行政争议通常具有管辖权的法庭。自拿破仑以来，各省先后设立90多所，1926年司法改革后，削减为27所，1953年的法令又削减为现在的24所。除去海外的4所之外，每个地方的行政法庭管辖好几个省。除巴黎和斯特拉斯堡的行政法庭设有分庭外，其他各地的行政法庭的组成完全相同。性质上，地方行政法庭为初审法庭，对判决不服，可向中央的行政法院提出上诉。地方行政法庭的组成人员有庭长和评事(Conseiller)，由内政部长任命，管辖的条件有：越权诉讼、完全审判诉讼（既撤销违法的行政行为，又要求赔偿损失的诉讼)、行政行为解释诉讼、效力审判诉讼、取缔诉讼。对案件的审理，以职权主义、书面审理主义和非公开主义为原则。①

专门行政法庭，即依法管辖某类特殊行政纠纷或行政诉讼的法庭，一般按照它们受理的案件来分类。如在财政事务方面，有财政纪律与预算法庭和审计法院；在教育方面设有全国教育高级委员会；在社会方面，有专门处理国家补助金纠纷事务的行政法庭。专门行政法庭所作的判决，当事人不服时，仅能申请中央行政法院复审，不能提出上诉。

行政法院：是行政法院系统中最高一级的法院，组成人员有院长（司法部长兼任)、庭长、评事、审查员、实习员及任期1年代表并维护各部利益的特别评事。行政法院的职能有两大方面，一是咨询：就政府向议会提出的法律提案提供意见；就政府的各项行政法令草案提供意见；回答政府提出的咨询；向政府提出改进其工作的建议。为实现这一职能，行政法院设有财政、市政工程、内政、社会四个部门或叫行政庭，各就其管辖的事项向政府提供咨询。二是司法的职能或审判的职能，主要由诉讼庭来承担。诉讼庭管辖的案件有：依法应由行政法院一审的案件；对地方行政法庭判决不服而提出的上诉案件；对专门行政法庭的裁决不服要求行政法院复审的案件。诉讼庭有工作人员100多人，分设9个组，每个组只负责对受理的案件进行审查并提出报告。判决则由普通法庭、全庭法庭和全院法庭作出。其中全庭和全院法庭只审理较重大的案件。

法国的行政法院系统同普通法院系统相比较，独特之处表现在：第一，行政法院性质上属于行政机构，行政法院的法官属于行政官吏，不像法官那样享受职务终身制的保障，

① 龚祥瑞：《比较宪法与行政法》，法律出版社1985年版，第494页。

中央政府可以随时解除其职务或调动其工作。第二，行政法院审理案件的依据主要是行政法院自己长期积累而成的一套判例，成文法只是起补充的作用。如其在管辖权上同普通法院发生争执时，由专门的权限争议法庭加以裁决。第三，行政法院不能干涉和解释法律，也不能干涉中央政府的“固有权”，如警察权、保卫公共安全权的行使和运用。

第三节　司法机关的活动原则

司法机关的活动原则是指司法机关在行使司法权时应遵循的立场和准则。它是民主政治在司法活动中的体现，也是实现法治国家追求的自由、平等、人权等目标的必然要求。目的是使司法机关适用法律时有所遵循，防止仅将法律作为工具使用的现象滋生和蔓延。

一、司法独立原则

孟德斯鸠的分权学说中，司法独立被看做是公民自由的保障，“如果司法权不同立法权和行政权分离，自由就不存在了”。① 北美大陆的汉密尔顿在弘扬孟德斯鸠的分权学说时，更是将司法独立视为保证司法稳定性与公正不阿的最好措施，他指出：“行政部门不仅具有荣誉地位的分配权，而且执掌社会的武力。立法机关不仅掌握财产，而且制定公民权利义务的准则。与此相反，司法部门既无军权，又无财产，不能支配社会的力量与财富……”② 即三权之中司法权处于最弱地位，加之本身的被动性特点，唯有使其独立，才能与行政权、立法权形成制约和抗衡之势，借以自保和免受其他两权的侵犯。随之，司法独立逐渐成为一项重要的法治原则，并在各国的宪法中明确得到确认。

司法独立首先是指法院的独立。法院对案件的审理和裁决，只服从国家的宪法和法律，不受行政机关和立法机关和领导和指示，更不受其干涉。即使是英国这样标榜“议会至上”的国家，议会也无权干涉法院的具体审判活动。瑞典王国宪法第 11 章“司法与行政”第 2 条规定：“任何机关乃至议会都不得干预法院对某一案件的判决，也不得干预法院对某一案件的法律适用。”1982 年的土耳其共和国宪法，对司法机关独立于行政和立法机关的内容，作了十分全面的规定，包括：法官依照宪法、法律及符合法律的个人信念进行审判；任何机关、主管部门、单位和个人均不得就行使审判权的有关事宜向法院或法官发出命令和训示，不得寄送通告或提出建议或暗示；立法机关不得就正在审理的案件行使质询、举行辩论或发表声明；立法机关、行政机关必须遵守法院的裁决，不得对法院的裁决作出任何修改，也不得推迟执行。菲律宾宪法对法院独立还专门规定了财政上的保障措施：“各级法院享有财政自主权。不得以立法程序减少对各级法院的拨款，使之低于上一年度的拨款额。此项拨款经批准后自动、定期拨付。”

各国的法院在设置上具有多级性，法院外部独立于行政机关和立法机关的同时，内部

① ［法］孟德斯鸠：《论法的精神》（上卷），张雁深译，商务印书馆 1961 年版，第 181 页。

② ［美］汉密尔顿、杰伊、麦迪逊：《联邦党人文集》，程逢如等译，商务印书馆 1980 年版，第 391 页。

也存在独立的问题，即在法律规定的管辖权范围内，一个法院审判活动不受另一法院（不管是同级的还是高一级的）干涉。即便下级法院对案件审理和裁决存在错误和不当，上级法院也只能在裁判作出之后，依上诉或上告程序变更其判决，不能在审判前进行进干涉。

法院独立于行政、立法机关及法院之间的相互独立，最终都要以法官的独立为基础，并以此作为司法独立实现的关键环节。法官的独立包括：法官对案件的审判只依照国家的法律以及法官基于对法律精神的领悟而形成的不违反法律的个人信念，不受检察官控诉、律师辩护和当事人意见或主张的影响；法官依“自由心证”原则运用证据、认定事实，依“无罪推定”原则对案件定性；法官在审判活动中发表的言论和采取的行为不被追究法律责任，即享有豁免权，以免除其后顾之忧。

为保障司法独立实现，西方国家建立和实行了以不可更换制、专职制、退休制和高薪制为基本内容的法官制度。

法官的不可更换制，又称法官的终身制，是指法官在任期届满前，非经弹劾或依法定条件与程序，不得免去、撤销其职务或令其提前退休。法国、英国、荷兰、卢森堡、加拿大等国，法官被任命之后，没有任期的限制，除非被依法撤职、免职，可以一直干到退休。根据英国1925年的《最高法院审判法》和1876年的《上诉法院审判法》规定，高等法院、上诉法院的法官，除司法大臣外，均由国王任命，永久任职。除非因其行为不端或犯罪等重大原因，由上院提出并经国王批准对他进行弹劾而受上院审判、免职之外，其职位受到法律的保障。印度宪法规定：“最高法院法官不得免职，除非两院于同一会期中以该法官行为失检或不适任为由向总统同时提出咨文由总统下令免除其职务，上述咨文须由各院分别以全体议员过半数及出席投票议员的2/3通过方可提出。”《德国基本法》第97条规定，正式任用之法官非经法院判决，并依法定理由及程序，在其任其届满前，不得违犯其意志予以免职，或暂时的停职或令其退休。有些国家，法官虽同其他公职人员一样，有一定的任期，但可连选连任，任期届满之前，均实行不可更换的制度。对法官的免职，事由上一般以法官的行为不端、失职和犯罪为限；也有些国家并不将失职和行为不端作为免职的法定事由。美国宪法就规定，免去法官的职务只能采取弹劾且限于叛国罪、贿赂罪或其他的重罪与轻罪，不能涉及法官的失职行为。美国建国以来至1974年止，共有9名联邦法官受到弹劾，但最终只有4名法官所受弹劾成立而被撤职定罪。

对于法官不可更换制存在的理由及作用，汉密尔顿认为有两个方面的原因，一是“因司法部门的软弱必然招致其他两方的侵犯、威胁和影响；是故除使司法人员任职固定以外，别无他法以增强其坚定性与独立性”。① 二是“坚定、一贯尊重宪法所授之权与人权，乃司法所必具的品质，绝非临时任命的司法人员所能具备。短期任命的法官，无论如

① ［美］汉密尔顿、杰伊、麦迪逊：《联邦党人文集》，程逢如等译，商务印书馆1980年版，第391~395页。

何任命或由谁来任命，均将在一些方面使其独立精神受到影响”。① 与法官不可更换制密不可分的还有法官的转职问题。一些国家的宪法或法律规定，不论令法官转任同级、低级或高级之职务，须以法官本人同意为前提条件。德国1961年的法官法规定，法官非依判决且依法定原因与程序，不得违背其本意予以免职、撤职、停职、转调或命令其退休。意大利宪法第107条规定，法官非基于司法机关制定的规则所定原因及以其所定辩护之保障或基于本人之同意，并经最高司法会议决议，不得撤职、停职、转调。比利时宪法规定，法官之转任，非依新任命及经其同意不得为之。

法官的专职制系指法官在被任命之后，履行法官职责期间不得兼任行政职务和议会议员，不得兼任其他的营利或有报酬的职务，也包括不得具有政党身份或从事政治活动，意在使法官具有超然的身份，免受担任职务或领取报酬的机关、团体、企业、组织等的职务控制和干涉。巴基斯坦宪法第207条第2款规定：法官不得在巴基斯坦公务系统中兼任任何有收益的从而使其报酬增加的职务；不得兼任任何有权领受服务报酬的职位。菲律宾宪法规定，法官不得被指派到任何执行准司法职能或行政职能的机构任职。土耳其宪法规定，法官和检察官不得担任法律规定以外的任何公私职务。此外，叙利亚、印度、爱尔兰、比利时、葡萄牙等国的宪法均有类似内容的规定。当然，有些国家允许法官担任法律教学职务或从事法学研究工作，至于能否领取报酬，则有不同规定。

法官的高薪制，即给予法官优厚丰裕的薪俸，确保其生活的稳定，不虞其境况的变化而影响其任务的执行，也可使其有种优越和自豪感，免生贪赃枉法之心。英国大法官的年俸同首相一样，为两万英镑；日本最高法院院长的年薪同总理相同；美国联邦最高法院首席大法官的年薪与副总统一样，为62500美元，其他的法官为6万美元；巴基斯坦宪法规定高等法院首席法官月薪为5000卢比，其他法官为4000卢比。最高法院首席法官的月薪为5500卢比，最高法院法官月薪为5100卢比。为保障法官的高额薪俸能够享有且不被侵犯，不少国家的宪法和法律明确规定，法官的出差费用实报实销，不受限制；法官的薪俸一经确定，除随时代变迁及需要作全面调整之外，不得予以削减或实际上使其减少。“这是因为就人类天性之一般情况而言，对某人的生活有控制权，等于对其意志有控制权。在任何置司法人员的财源于立法机关的不时施舍之下的制度中，司法权与立法权的分立将永远无从实现。”② 为此，英国、印度、斯里兰卡、塞浦路斯、巴基斯坦、澳大利亚、马来西亚等国的宪法规定，国家设立有保障且又固定的“统一基金”，法官的薪俸由“统一基金”支出，不列入每年须经议会辩论的预算。

法官的退休制。各国在实行法官不可更换制的同时，普遍规定法官达到一定年龄可以或应当退休，以维护法官这种职业队伍正常的新陈代谢，保证法官的判断力不致因年老而受到影响，危及司法的客观、公正。日本宪法第79条和第80条规定，最高法院法官以

① ［美］汉密尔顿、杰伊、麦迪逊：《联邦党人文集》，程逢如等译，商务印书馆1980年版，第391~395页。

② ［美］汉密尔顿、杰伊、麦迪逊：《联邦党人文集》，程逢如等译，商务印书馆1980年版，第396~397页。

70 岁，高等法院、地方法院及家庭法院的法官为 65 岁，简易法院法官以 70 岁为退休年龄，达到法定年龄之法官均应退休，不采用个别审查和辞职的办法。像日本这样采用法官当然退休制的国家还有：巴基斯坦（65 岁）、菲律宾（70 岁）、马来西亚（65 岁）、孟加拉国（62 岁）、尼泊尔（65 岁）、塞浦路斯（高等法院的法官 68 岁）、斯里兰卡（最高法院法官 65 岁，上诉法院法官的退休不具有强制性，而是基于法官本人意愿）。美国虽然法律上规定年满 70 岁担任联邦法官 10 年以上或年满 65 岁担任联邦法官 15 年以上的法官，可以退休或辞职，因身体原因不能工作者除外，但多数情况下，法官们尤其是大法官很少有人在身体健康的情况下提出退休的，往往是工作到年高体弱，无法胜任时才提出退休，以致有一半以上的大法官是在任职期间去世的。无论是当然退休还是任意退休制，法官退休之后均可享受优厚的退休金。美国联邦法官退休后可领取全额退休金，斯里兰卡等国将法官的退休金同薪水一样由“统一基金”支付，一旦确定之后，不得减少或作不利于法官的变更。

二、公平审判原则

公平审判是为了追求“正义”这一根本价值的实现。对于法院和法官来讲，若其适用的法律本身就有许多不公平的规定，何以能保证审判是公平的，是符合正义的。依此而论，法院公平审判追求的“正义”则是诉讼中的正义或程序正义，尽管它不一定能取得实质性的公正或正义的后果，但却是实现实质正义的必要前提。

一般所言司法公正，仅是法律适用上的公正，意指现行法所设定的内容和价值被司法机关准确地在裁判中加以贯彻实施，“就是根据体现一种公认的带强制性的价值结构的那些法律准则，对于某一行为或某些行为作出逻辑的近乎死板的鉴定”。① 英国学者主张，公平审判至少应遵循如下两个原则：一是任何人都不得在与自己有关的案件中担任法官；二是必须给予诉讼当事人各方充分的机会来陈述本方的理由。② 有的法学家则详细列出了构成公平审判的诸项标准，它包括：与自身有关的人不应该是法官；结果中不应含有纠纷解决者个人的利益；不应有支持或反对某一方的偏见；对各方当事人的诉讼应给予公平的注意；纠纷解决者应听取双方的论据和证据；纠纷解决者应只在另一方在场的情况下听取一方意见；各方当事人都应得到公平机会来对另一方提出的论据和证据作出反响；解决的诸项条件应以理性推演为依据；推理中应论及所提出的论据和证据。③ 美国宪法修正案则用“未经正当法律程序，不得剥夺任何人的生命、自由和财产”的方式表达了对程序正义的崇尚与追求。④

---

① 上海社会科学院法学所编译：《法学流派与法学家》，知识出版社 1981 年版，第 39 页。

② ［英］彼德·斯坦、约翰·香德：《西方社会的法律价值》，王献平译，中国人民公安大学出版社 1990 年版，第 97 页。

③ ［美］戈尔丁：《法律哲学》，齐海滨译，三联书店 1989 年版，第 240~241 页。

④ ［美］杰罗姆·巴伦、托马斯·迪恩斯：《美国宪法概论》，刘瑞祥等译，中国社会科学出版社 1995 年版，第 134~137 页。

事实上，公平审判的原则是就法院对案件的审理活动及作出裁决时应遵循的准则而言的，至少应包括这样一些基本的方面：

1. 公正的法院

法院和法官常被人们视为正义的化身而受到们的尊敬的信赖，但其前提必须是法院的设置是依据国家的宪法和法律的，活动符合国家宪法和法律的要求，这样的法院才有可能实行公平的审判。像英王亨利七世那样，于普通法院之外设立星宫法院等特别庭，专门用来审讯、迫害反对王权的政治犯；中世纪教会设立宗教裁判所对持异端者进行迫害、镇压等，皆属非法之列，其存在本身就是不正义的，当然不可能做到公平的审判。因此，英国1688年的《权利法案》才宣布“受理宗教案件的委员会以及其他同一性质的委员会和法庭，皆为非法而是有害的机关”。瑞士1874年宪法规定，不得设立特别法院，教会的裁判权应予禁止。第二次世界大战后，西德、意大利、日本等国的宪法也都公开禁止设立特别法院，也就是不合乎宪法和法律规定的种种私设法庭。它不仅构成违法，而且会发生侵犯公民合法权利的严重后果。英美各国，接受依法设立法院的公平审判是公民享有的基本权利之一，而且不得被剥夺。

2. 公正的诉讼程序

诉讼程序是法律规定的法院在审判案件时应当遵守的程序，是法院审判活动得以公平进行的基本保证，更是实体法规定的权利产生纠纷或受到侵害时得以受到有效救济的保证。因此，各法治国家或正在走向法治的国家对法院诉讼程序的设计十分重视，把完备的诉讼程序视为法院实现公平审判的前提条件。意大利宪法设专节规定“诉讼程序规范”，美国宪法修正案的“正当法律程序”条款都是以实现公平程序为基本目标。

详而言之，公正的诉讼程序首先应做到诉讼程序对任何人都同样适用，不得因出身、信仰、性别、语言、种族、职业等差别而受到差别对待，也就是要给每一个人平等的机会。瑞士宪法规定“……诉讼程序，对于他州公民应与本州公民同等待遇”。意大利宪法规定“每人均可按司法程序来保护自己的权利和合法利益”，表达的就是这样的思想。公平程序还意味诉讼程序应由起诉、申诉、上诉、辩护、法官的回避、证据的审查运用等一系列环节构成，参加诉讼的当事人在诉讼活动中享有一系列的权利，法院在诉讼活动中应遵循一事不再理、无罪推定、罪刑法定等原则。特别是在刑事诉讼中，未经辩护不得对任何被告判罪，被告和公诉人在程序方面是平等的，法院在诉讼活动中应听取双方的意见，进行公开的审判等已被普遍地认为是程序公正的最起码的要求。

3. 公正的处罚

所谓公正的处罚也就是法院通过判决判令公民承担的法律责任应同其在法律上的过错及其产生的不良后果程度相适应，对于刑事审判来讲，就是罪刑相当，不论犯罪者的身份、等级如何，犯了同样的罪，就应处以同种的刑罚。此外，还意味着同样的情况同样对待，类似的情况类似处理。最早确认这一思想的是法国1789年的《人权宣言》，其第6条规定：“法律对于所有的人，无论是施行保护或处罚都是一样的。”

三、权利平等原则

权利平等是指法律上的平等，也就是法律必须平等、普遍地适用于每一个人，它是实现“公平审判”的先决条件。

作为司法原则的权利平等，是指公民个人享有的程序性权利而言的，并不包括实质性权利在内，实质权利的平等与否以及实现的程度如何，主要由立法机关通过立法来解决。程序性的权利平等是指的享有同样的法律程序，适用同样法定手续的权利平等。根据英美等国法律的规定及实践，内容主要包括：申请出庭的权利；公正审判的权利；陪审的权利；父母犯罪子女不受株连的权利；一人不得因一罪而受多次审判的权利；被告不得自我作证以陷害自己的权利；人的生命、自由或财产非依法定程序不得剥夺的权利等。在一切的刑事案件中，都应当将诉讼的事由通知被告，使被告与对方的证人对质，使被告有辩护的权利；被告人享有沉默的权利，法院及法官不得强迫被告人自证其罪。这些程序性的权利，应适用于一切的人，不能因他们在身份、民族、种族、财产等状况方面存在不同而给予差别对待，甚或给予歧视。

由于司法程序实际上具有权利救济程序的性质，由当事人在其权利受到侵犯时提出控告与起诉而发动，因此，程序性权利平等，首先体现在寻求对权利给予司法救济的控告与起诉制度方面。当今各国，向法院提出控告与起诉的主体除了个人之外，还包括团体和政党。个人的权利受到其他公民、法人或国家机关的侵害时，根据受侵害权利的性质可以分别提出民事诉讼、行政诉讼和宪法诉讼，也就是无论个人权利的性质如何，都一律受到法院的平等保护。团体为其成员的利益或集体的利益向法院提出控告，是法律的价值由个人本位向团体本位、社会本位渗透的产物。其中最典型的是经济组织中的工会，不少国家的法律赋予其享有签订集体合同之权及以劳工的名义进行诉讼的行为能力。在法国，行政法院通过其活动也逐渐承认，如一项行政规程或决定涉及一个团体的利益，该团体便可以照顾其利益为目的，向行政法院提出撤销该规程或命令的控诉。政党为维护其平等权利向法院提出控告，则是政党政治发展和完善的产物，更是民主政治不可缺少的因素。法院对政党的控告，也应当像公民个人的控告那样给予平等的对待。

第十六章 国家权力与政党

当今世界，绝大部分国家有政党的存在。① 在政党的数量上，有的国家只有一个，有的则存在几个或几十个，而数量最多的国家曾达到300多个②。目前全世界有一千多个政党，其中，有些政党已有百年的历史，如美国的民主党与共和党；而有的则是最新组建的，或是由原来的党派经过分化而形成。从政党产生的那一刻起，它便围绕国家权力开展政治活动，一个国家政府的组成与更迭、权力的分配与运用，几乎都离不开政党的参与和介入。政党成了国家权力的轴心，是最活跃、最有影响的政治行为主体，对近现代国家和社会的发展产生了深远的影响。

鉴于政党在政府的组成与更迭以及国家权力的分配和行使中所扮演的重要角色，有必要将政党及其与国家权力的关系纳入宪法学研究的范畴，探求政党与国家权力的最佳契合点。

第一节 政党的概念

一、政党的含义

政党是人类社会政治文明发展到近现代的历史产物，政党的发展和政党制度的形成被认为是政治现代化的标志。但政党产生以来，在不同的历史时期，其组织方式、作用、采取的方针都存在差别，人们站在不同的立场，运用各种意识形态来揭示政党所具有的属性时，都会对政党的含义及特征给出不同的解释。③ 从总体上来看，对政党含义的理解和解释主要存在资产阶级学者与马克思主义经典作家之间的不同分野。

关于西方资产阶级学者对政党含义的各种理解和阐述，台湾的程全生教授在其《政党与政党政治》一书中对具有代表性的观点给予了列举：④ 英国政治家伯克（E. Burke）认为："政党乃为基于大家所一致同意的某些特定主义，以共同奋斗来促进国家利益而结

① 禁止或没有政党存在的国家有：阿联酋、阿曼、苏丹、巴林、不丹、卡塔尔、科威特、马尔代夫、尼日利亚、沙特阿拉伯、斯威士兰、汤加、西萨摩亚等。参见龚祥瑞：《比较宪法与行政法》，法律出版社1985年版，第292页。

② 如缅甸的新军人政权宣布实行多党制后，该国政党的数量在1989年3月曾达到最高峰的233个。

③ 王广辉：《比较宪法学》，北京大学出版社2007年版，第326页。

④ 参见赵晓呼：《政党论》，天津人民出版社2002年版，第12~14页。

合的人们的团体。”

比较宪法学第十七章国家权力与政党《政党与政党领袖》一书作者穆尔斯（A. D. Morse）认为：“政党乃一永久之组织，其结构有繁有简，其最简单之结构，乃由具有共同理想与主义所结合而形成之单一团体组成；其复杂之结构，则系由两个以上之类似团体所组成，并以共同之政策为纽带，故能团结在一起。此种组织与原先所具有之观点有别，以促进政党所代表之特定团体的利益，与实现此种特定团体之理想为其主要之目的。惟政党所代表者，为特定之团体，而非全体之国民。”

美国政治学教授赫其南（D. G. Hitchner）与哈波德（W. H. Harbold）对政党所下的定义是：“政党是一种自愿之结社，经常关心政府之职权与公共之政策，并为自由政府提供如何组成其所需要多数之方法。因为政党仅是代表一部分——政治竞争中之一方，所以它必须承认其他政党之存在。”

美国政治学教授波恩（H. A. Bone）认为：“当一群人们联合团结，经由选择秩序、略取政府之控制权，以期谋图一种（公共）利益者，是即称之为政党。”

美国政治学教授麦庆恩（D. D. Mckean）指出：“一个政党可以视为选民的一种有组织之团体，其作用是在指导政府政策，并供应政府人员。”

英美学者关于政党含义的这些理解和阐述，基本上反映了西方资本主义国家中人们比较倾向于现实的政党观念，其中，选举在政党观念中的地位更是尤为突出，成为西方政党含义中一个不可缺少的要素；同时，也基本上表明了政党的形式必须具有主义（纲领）、组织、成员等主要条件，这是世界各国政党赖以存在和发展的基础。①

与资产阶级学者用“国民”“公民”“人民”等词语否认或者有意回避政党的阶级性的做法不同，马克思主义经典作家在对政党含义进行理解和阐述时，公开、明确地承认政党的阶级性。他们从历史唯物主义观点出发，把政党与阶级利益紧密结合起来，认为政党起源于阶级斗争，是阶级和阶级斗争发展到一定历史阶段的产物，其最终的原因是隐藏在阶级斗争背后的经济地位的事实上的不平等。当然，需要明确的是，马克思、恩格斯并没有直接给政党下过定义，但有关政党的阶级本质却在其相关著作中得到深刻地揭示与阐述，如恩格斯的《关于共产主义者同盟的历史》。

列宁在马克思、恩格斯所奠定的理论基础之上，就政党的阶级本质进一步指出：“在通常情况下，在多数场合，至少在现代的文明国家内，阶级是由政党来领导的。政党是由最有威信、最有影响、最有经验、被选出担任最重要职务而成为领袖的人们所组成的比较稳定的集团来主持的。”② “各阶级政治斗争的最完整、最完全和最明显的表现就是各政党的斗争。”③ 毛泽东以中国共产党为例，也强调了政党的阶级性质，他指出：“政党就是一种社会，是一种政治的社会。政治社会的第一类就是党派。党是阶级的组织。我们中

① 赵晓呼：《政党论》，天津人民出版社 2002 年版，第 15 页。

② 《列宁全集》（中文第二版）第 39 卷，人民出版社 1986 年版，第 21 页。

③ 《列宁全集》（中文第二版）第 10 卷，人民出版社 1985 年版，第 58 页。

国共产党是无产阶级政党，主要是由工人和半无产阶级的贫农出身的人组成的。”①

资产阶级学者与马克思主义经典作家对政党的含义的理解和阐述之所以存在如此之大的相异性，是由资产阶级政党与无产阶级政党所产生的历史背景存在重大差距所引起的，二者都存在自身的合理性。但是，政党作为一种世界性的政治现象，对其含义的理解和解释，无论是偏重于其阶级本质还是倾向于其选举功能都是不够全面的，不适应当今世界政党的发展趋势的。因此，随着现代政治社会的发展，政党是指一定阶级、阶层或集团的积极分子为维护和实现本阶级、阶层或集团的根本利益，围绕夺取和巩固国家政权，影响政府而结合起来采取共同行动的现代政治组织。② 依据政党的社会基础及政治主张，可以将其划分为资产级政党、无产阶级政党和社会民主党三大类。此外，依据其他不同的标准，还可以将政党划分为在朝党（或执政党）、在野党（或反对党）；合法政党、非法政党；议会党、群众党；左翼党、右翼党，等等。

二、政党的特征

不管以“党派”自称，还是以“联盟”“同盟”“阵线”或“运动”命名，也无论如何揭示政党应该或实际具有的属性，作为政治组织的政党均具备如下几个方面的特征③：

1. 明确的政治纲领和现实的政治实践

政治纲领是政党的奋斗目标，也是政党的政治信仰、政治目标及所要实行政策措施的集中体现，是某个政党代表的阶级或阶层根本利益的集中体现，构成政党存在和活动的政治基础，并成为人们辨别其性质、作用，决定是否加入或对其给予支持的现实标准。尽管一些资产阶级性质的政党不承认自己有政治纲领，声称除了选民的意志外并没有自己的特殊利益，这实际上是一种选举上的策略，是为了迎合不同选民的心理，以期获得执政的机会，进而更好地将本党的政治信仰和政治目标付诸实施。

政治实践是政党为了实现其纲领而采取的有组织的现实活动，也就是政党将其纲领付诸实践的过程，是政党作用的现实化和外在化。任何一个政党如果不去为实现自己的奋斗目标而开展实际的政治斗争，则其纲领只能是纸上谈兵，这样的政党，其本身的存在就是无意义的，更谈不上什么实现它所代表的阶级、阶层或集团的利益了。

2. 有一套组织体系和组织纪律

政党的组织体系由政党设立的各级组织构成，在不同的国家，政党组织体系的层级和结合的紧密程度、组织之间的相互关系会有差别。一般说来，无产阶级政党的组织体系比较庞大，除了党的全国性组织外，还在地方设立有党的各级组织，各级党组织之间存在严格的服从和被服从的关系。而资本主义政党，其组织体系相对来说不那么严密，有些政党仅有全国性组织，没有地方性组织，有些虽然有地方性组织，但其作用仅限于组织和参加

① 《毛泽东选集》第5卷，人民出版社1977年版，第335页。

② 赵晓呼：《政党论》，天津人民出版社2002年版，第18页。

③ 参见王广辉：《比较宪法学》，北京大学出版社2007年版，第327~328页。

竞选。

组织纪律是政党将其党员紧密团结在一起，并将党的各级组织联合成为有机整体所采取的必要措施。通过党的纪律约束，可以保证政党为实现其政治纲领进行有效的斗争，保证党组织在政治斗争中领导和指挥作用的有效发挥，使政党在为实现自己代表的阶级、阶层或集团的利益的斗争中开展联合行为。

3. 政党同国家政权密不可分

政党为了实现和反映一定阶级、阶层或集团的政治、经济利益的政治纲领、政治主张而奋斗的政治组织，为了能最大限度地实现其代表的对象的政治、经济利益，各政党会围绕着维护或夺取国家政权展开激烈的斗争，都希望通过对国家政权的掌握和运用，借助国家的强制力，来把本党代表的阶级、阶层或集团的政治、经济利益社会化、普遍化。这一点，是政党区别于其他社会组织的根本所在。

第二节　政 党 制 度

政党制度，是指有关政党的组织、政党活动以及政党参与政权的方式等一系列法律、政策和惯例的总和，包括两个方面的内容：一是政党与国家政权的关系，包括政党的法律地位、政党参与国家政权一些具体规定；二是政党间的相互关系，如有的国家立法规定实行多党制，禁止政党联盟等。① 区别不同政党制度最常见的方式，是指出竞取权力的政党数目。迪维尔热（Duverger，1954）据此而将政党制度分为“一党制”“两党制”和“多党制”。②

一、一党制

一个国家长期由一个政党掌握国家政权的政党制度。形成一党制的原因，有的是由国家法律禁止，其他政党不能合法存在与活动；有的是历史原因，尚未出现其他政党；还有的是国家政权实际上长期为一个政党垄断所造成。

当今世界的一党制主要有两种形式：一是存在于非洲和太平洋地区国家的一党制。这些国家虽然不允许其他政党存在或者根本就没有出现过其他政党，但其与法西斯一党制却有着本质的区别，执政的政党承认公民享有权利自由并给予保障，国家有议会、选举等民主制度，实行程度不同的资产阶级民主。其形成的原因是，争取独立的运动本来就是由一个政党领导的，或在独立后对政党进行了合并。如在加纳、坦桑尼亚和津巴布韦，执政党是由独立运动发展而来的，这些党宣称民族构建和经济发展是压倒一切的任务。在津巴布韦，一党统治纯粹是 1986 年（独立后的第 6 年）津巴布韦民族联盟和津巴布韦人民联盟

① 参见刘茂林：《中国宪法导论》，北京大学出版社 2005 年版，第 137 页。

② ［英］安德鲁·海伍德：《政治学》（第二版），张立鹏译，中国人民大学出版社 2006 年版，第 306 页。

两个前游击队组织合并而形成的。①

另一种形式以日本和墨西哥为代表，其特点是社会多党化，法律并不禁止其他政党的存在，理论上不否认其他政党有执政的资格，但国家政权长期为一个政党垄断，其他的政党难以在选举中获胜而打破一党独占政权的局面，如20世纪90年代以前的日本，在国会中拥有席位的政党有自民党、社会党、公明党、民社党、共产党、新自由俱乐部、社会民主同盟等。②但战后自由党和民主党合并而成自民党自1955年以来一直在议会中占据多数，形成自民党一党垄断国家政权的局面，直到20世纪90年代初，这种局面才被打破。墨西哥的政党有革命制度党、国家行动党、社会主义人民党、共产党、真正革命党、革命工人党等，但自1929年以来，国家政权一直掌握在革命制度党的手中，形成一党制，并成为资本主义国家一党执政时间最长的政党。③除日本、墨西哥外，印度、突尼斯、新加坡等也是实行这种一党制。从形式上看，这些国家有多党的存在，但政党制度却是一党制，故有人将这种政党制度称为一党执政兼多党民主，或叫一党多元制的政党制度。④

二、两党制

国家中居于垄断地位的两大政党通过定期的选举，轮流执掌国家政权的政党制度模式。起源于英国，并以英国和美国为典型，英美的两党制代表了两党制的两种模式。

英国的两党制起源于议会下院在1673年后出现的“托利党”和“辉格党”这两个政治派别。“托利党”的原意为爱尔兰强盗，以支持皇家君权，接受高教会派⑤为特征，后逐渐演变为代表主张自由贸易的工业资产阶级利益的保守党。“辉格党”原意为苏格兰叛徒，以反对君权、倾向于新教徒为特征，后逐渐演变为代表主张保护关税、以地产为中心的财团利益的自由党。

英国的两党制，先是保守党和自由党自19世纪70—80年代到1922年期间进行的12次大选中，除1910年和1922年在议会中所占议席低于80%以外，其余10次，都控制了议会下院中80%以上的席位。⑥从组阁的情况来看，19世纪50年代到第一次世界大战，英国先后组成20届内阁，除1895—1902年和1902—1906年两次组成联合内阁外，其余各届内阁均为保守党或自由党单独组阁。1922年的英国议会大选中，工党所得席位超过了自由党，成为议会中的第一大反对党。1929年的议会大选中，工党终于取得了胜利，

---

① ［英］安德鲁·海伍德：《政治学》（第二版），张立鹏译，中国人民大学出版社2006年版，第308页。

② 邱敦红：《中国民主政治论》，中国工人出版社1993年版，第45页。

③ 但在2000年的墨西哥大选中，国家行动党候选人维森特·福克斯以高于革命制度党候选人弗朗西斯科·拉瓦斯蒂达7个百分点的优势获胜，从而使世界上执政时间最长（71年）的政党墨西哥革命制度党沦为在野党。

④ 胡大成、姬仰曾、杨帆：《政治学大纲》，西安交通大学出版社1989年版，第143页。

⑤ 高教会派（High Church），为英国的一个教会派别，强调遵循天主教的传统，尤其是强调遵循天主教的圣事、仪式以及服从教会的权威。

⑥ 胡康大：《英国政治制度》，社会科学文献出版社1993年版，第135页。

获得了组阁权，由此奠定了由保守党和工党轮流组阁执政的两党制格局。从 1916 年到现在，除 1916—1922 年、1931—1935 年组成的联合内阁之外，其余各届均为保守党或工党单独组成。

无论是过去的保守党和自由党，还是现今的保守党与工党，如果一方在大选中获胜，取得组阁权上台执政后，另一方就成为“英王陛下忠诚的反对党”，是英国政治制度的重要特点之一。反对党虽然被完全排除在政府的决策过程之外，但可在议会中组成“影子内阁”，随时准备取代执政党上台执政，其领袖也从政府领取薪俸。因此，英国的反对党具有这样一些作用：对政府权力进行有效监督和制衡，在选民要求改变政策时，便可接过政府的责任；在下院的某些事务上与政府进行合作；其存在本身表明了英国宪法中的自由原则。①

美国的两党制确定于南北战争之后，其历史可追溯到 1787 年费城制宪会议上出现的两个对立派别：一派是以汉密尔顿为首的联邦党，主张加强联邦中央的权力，建立一个强有力的中央政府；另一派是以杰斐逊为首的反联邦党，主张维护州权。1794 年反联邦党改称民主共和党。19 世纪 20 年代后期的总统竞选使民主共和党内部发生分裂，拥护安德鲁·杰克逊的人于 1828 年另组民主党（后改称辉格党）。南北战争之前，基本是由民主党和共和党交替执政，初步奠定了两党制的格局。内战爆发之后，在西部领地是否允许蓄奴问题上，辉格党内部由于分歧并引起了分裂，北部反对蓄奴的辉格党人联合北部的民主党于 1854 年组成了共和党；南部辉格党人则倒向南部的民主党人支持奴隶主。内战结束后，共和党从林肯开始，比较长期地单独执政，1885 年以后最终才确立民主党和共和党轮流执政的两党制格局。据统计，从 1885—1989 年，美国的 32 任总统中，共和党人担任总统的有 17 任，民主党人担任总统的有 15 任，大体处于势均力敌的状态。② 从 1989—2008 年近 20 年间的美国 5 任总统中，民主党人担任总统的有 2 任（克林顿 1993—2001 年连任两任美国总统），共和党人担任总统的为 3 任（老布什 1989—1993 年任美国总统，小布什于 2001—2008 年连任两任美国总统）。在 2008 年的大选中，民主党人奥巴马当选美国新一届总统。

英美两国虽然都属于两党制的国家，但政党制度的内容存在诸多差别：

第一，美国的两党没有明确和固定的党员，公民只要在大选进行选民登记时，宣称要投哪一政党的票，就算是哪一政党的党员，不缴党费，也没有党员证。英国的政党早期也无固定党员，1867 年，张伯伦在伯明翰市建立自由党的地方党部，并征收党费，颁发党证，保守党随之加以仿效，从此便有了固定党员。③

第二，美国的两党虽有遍布全国的组织系统，但党的中央组织不能指挥州以下的地方组织，总统选举年两党各自召开全国代表大会，主要任务就是选出本党总统、副总统候选

① 杨祖功、顾俊礼：《西方政治制度比较》，世界知识出版社 1992 年版，第 234~235 页。

② 梅孜编译：《美国政治统计手册》，时事出版社 1992 年版，第 4~6 页。

③ 2001 年工党有党员近 40 万名，是英国第一大党。2003 年因在伊拉克问题上的分歧，有大量党员退党，截至 2003 年 3 月，工党的党员人数下降至约 27 万名。而英国的保守党现有党员约 30 万名。

人，通过本党的竞选纲领，由各州代表团选出一个全国委员会，除此之外没有其他任何权力。英国的两党不仅有比较健全的地方组织（按议会选区成立的选区协会，即constituency association，而且权力集中于党的中央组织手中。保守党的中央机构主要是党的领袖，党的领袖既领导议会内的议会党团，又领导全国各级党组织，决定党的纲领、政策等一切重大问题。工党的最高机关是各工会、合作社以及各选区党组织选派的代表参加的年会，党的其他机构及党员都需服从年会的决议。

第三，竞选的目标不同。由于英国实行内阁制，议会下院居多数席位的政党组阁执政，因此，两党竞选争夺的目标是议会下院的席位。美国实行总统制，总统和议会一样均由选举产生，因此两党竞选争夺的目标是总统的职位，以总统竞选获胜作为某个政党执政的标志。

第四，英国的两党制中，选举获胜的政党领袖为当然的行政首脑，组织内阁，既掌握行政权，又掌握立法权，竞选失败的议会第二大党就成为法定的反对党，可以组织"影子内阁"，为下次选举获胜上台执政做积极准备。而美国的两党制中，获胜的政党仅掌握行政权，国会中的多数席位往往被对立派所占有。竞选失败的政党处于涣散状态，没有严密的组织和当然的反对党领袖。

第五，美国的两党制下，选举年被推选为总统候选人者，无论是否当选，按习惯都是该党在此后四年中的领袖，而此领袖仅是精神上的，并不是他在党内实际地位的反映，政党既不能干涉总统的具体事务，总统也不能指挥政党。在英国，两大政党的领袖是由政党选举产生的，享有非常大的权力。保守党年会作出的任何决议对该党的领袖往往仅具有参考意义，无约束的效力。即便是工党的领袖被要求不能超越于党组织之上，要服从党的年会和执行委员会作出的决议，但现实中工党的领袖却并没有严格恪守此项原则，常常对年会和执行委员会所作的决议采取不理睬的态度。

英国和美国这种两大党能单独获得竞选胜利进行执政的情形是比较普遍的，有些国家虽然有两大政党存在，但每个政党往往不能单独在竞选中获得过半数的选票或议席，需要联合第三政党才有资格组织政府执政，这种两党制被称之为"二元半政党体制"。① 德国、比利时、爱尔兰、加拿大、卢森堡等国的两党制就属于这种类型。如德国战后自第四届联邦议院以来，社会民主党、自由民主党、基督教民主联盟和基督教社会联盟成为四个大的政党。基督教民主联盟和基督教社会联盟从 1949 年以来，一直组成一个共同的议会党团，称之为联盟党。社会民主党和联盟党虽然各拥有 40%多的选民，但都达不到组阁执政需要的绝对多数，因此只有联合自由民主党这第三执政党才能上台执政。自 1969 年以来，社会民主党的组阁执政都是在联合了自由民主党的前提下实现的。2005 年 11 月 22 日，由联盟党和社会民主党组成的德国大联合政府诞生。

三、多党制

指在一国中有多党存在，但没有哪一个政党可以在选举中取得绝对多数支持而获得执

---

① 杨祖功、顾俊礼:《西方政治制度比较》，世界知识出版社 1992 年版，第 180 页。

政的资格，往往由几个政党组成政党联盟轮流执政的一种政党制度。

多党制起源于法国。法国在第三共和国时期，已是党派林立，每一个政党内部又有不同的政治派别。至第四共和国时期，除原来影响较大的政党，如社会党、共产党、激进党等依然存在外，又相继出现了人民共和党、民主及社会对抗联盟、法兰西人民联盟等政党。第二次世界大战之后，法国经常参加选举的政党少则十几个，多的时候有五十多个。① 这种“多党政治”与议会内阁制结合在一起，导致每个政党都难以获得半数的议席单独组阁执政，往往是几个政党组成联盟多党内阁。意大利的政党制度也如此，其在传统上也容纳了许多相对较小的政党，因而即便是基督教民主党也很少获得 40% 以上的选票。②

多党制的优点是，它在政府内部促成了制约与平衡机制，显示出了利于辩论、和解与妥协的倾向。联合政府形成的过程及其维持的动力确保政府具有广泛的回应性，使之无法不去考虑各种竞争性观点和利益。如在瑞典，多党制造成联合政府更为频繁地出现，推动社会民主工党形成广泛的福利共识，推行一种与企业利益并行不悖的温和政策。此外在西方许多国家，绿党的出现促使环境保护议题提上政治日程。③

但是，多党制自身亦存在着较大的缺陷，常受到来自多方面的批评。其中最主要的批评，是组建联合政府具有许多隐患和困难。在没有一个政党强大到足以单独执政的情况下，选举后的谈判与交易需要数个星期（如意大利和以色列），有时甚至几个月才能结束。更为严重的是，联合政府容易分裂且不稳定，从而陷入内部纷争而无暇顾及政府的任务，致使国内政局动荡不安，政府更迭相当频繁。意大利往往被认为是这种例子的典型，1945 年后每届政府平均在任仅有十个月的时间。④ 在法国，这种现象也极为普遍，该国于 1873—1926 年的 53 年中，更换 35 次内阁；1947 年 1 月到 1958 年 6 月，更换了 21 届政府。⑤ 另外一个问题是，多党制的自我节制和妥协的倾向，或许意味着它受到政治中间路线的主导，以至于无法提供明确的意识形态选择。联合政府自然倾向于谈判与和解，寻求共同基础，而不是执念于信仰和政治原则。人们会批评这一谈判过程具有内在腐败性，因为它促使政党为获得权力而摒弃政策和原则。它还会造成中间政党和中间利益的过度代表（over representation）。⑥

战后法国的政党在第五共和国宪法确立的半总统制政权结构下，经过不断的分化组合

---

① 胡大成、姬仰曾、杨帆：《政治学大纲》，西安交通大学出版社 1989 年版，第 146~147 页。

② ［英］安德鲁·海伍德：《政治学》（第二版），张立鹏译，中国人民大学出版社 2006 年版，第 312 页。

③ 参见［英］安德鲁·海伍德：《政治学》（第二版），张立鹏译，中国人民大学出版社 2006 年版，第 313 页。

④ ［英］安德鲁·海伍德：《政治学》（第二版），张立鹏译，中国人民大学出版社 2006 年版，第 313 页。

⑤ 参见柳文超、李培湘：《西方自由民主研究》，重庆出版社 1990 年版，第 229~230 页。

⑥ 参见［英］安德鲁·海伍德：《政治学》（第二版），张立鹏译，中国人民大学出版社 2006 年版，第 313 页。

之后，虽然其现在政党制度仍然属于多党制，但政党的数目已明显减少，不像过去那样众多的政党都可以对政局产生影响，基本上定型为四大政党两党派的格局。其中保卫新共和联盟、法国民主联盟属于右翼的一派，法国社会党和共产党则属于左翼的一派。无论是总统还是议会的选举基本上都是在这四大政党中间进行，其他政党很难通过获胜而获得执政资格。①

第三节 政党在国家中的地位

一、执政党

执政党，是指在国家权力中，实际掌握控制着国家权力，能够借助于国家权力而将自己的方针政策推行开来的政党。所有的政党，实现自己政治纲领的最直接方式就是取得执政的地位，但在实际上，并非所有的政党都能如愿以偿。概括而言，政党取得执政地位的方式主要有：

1. 暴力方式

暴力方式一般发生在三种情形之下：其一，受外族、外国势力欺压，民族生存受到威胁。在此种情况下，为保全自己与实现国家、民族的独立，人们组建政党来从事、领导民族革命。在革命过程中，政党借机扩大影响并在革命成功后取得合法地位而取得对国家权力的参与或独享。其二，国家处于集权暴政下，人们受到统治者的严酷压迫，为争取解放，实现自由平等，国内的先进力量组建政党进行民权革命，通过斗争推翻现政府，该政党由此获得国家权力。其三，民族革命与民权革命同时发生，政党通过完成使命而终于获得国家权力。② 上述这三种有关政党获得或参与国家权力的情形虽然是通过暴力的方式实现的，但由于得到广大民众的支持与拥护，这样政党（革命党）获得的执政地位应该被认为是具有合法性。此外，还有另外一种暴力方式，即某个国家并未具备从事民族革命或民权革命的前提条件，现任执政党的执政地位并未丧失合法性或正当性，但由于其他的政党出于政治野心或本党利益而进行政变、暴动，迫使执政党下台而取而代之。此时，如何论证自己的执政地位具有合法性，是进行政变、暴动的政党所必须面临的问题。

2. 和平方式

和平方式主要是在民主政治环境中，或是由政党在革命、政变胜利后开辟和平的民主政治局面之下，通过召开全民会议制定宪法，建立政治和社会秩序，各种政党在现有的宪法或法律框架之内生长活动，其地位与存在都是依据现有的法律，各政党或是由革命党转化为民主政治政党，或是在民主政治环境中孕育生长，此种意义上的政党亦可称民主政党。这种性质决定了政党必须采取和平的方式来实现自己的目的，因为革命的环境与条件

① 王广辉：《比较宪法学》，北京大学出版社 2007 年版，第 337 页。

② 参见赵晓呼：《政党论》，天津人民出版社 2002 年版，第 134~135 页。

已经不再存在了，而且由于社会日益向多元化发展，要获得民众的支持就必须提出为国民谋利益的主张和理想，不断改革和发展自身的结构功能与行为能力，使自身作为特殊利益的代表者很好地鼓动和凝聚人心。①

二、参政党

从广义上讲，在民主制度中存在的政党，无论是否居于执政地位，都能够以各种方式参与国家政治意志的形成，发挥一定的作用。这里所说的参政党，则是指执政党之外对国家意志形成发挥影响的政党。根据其在国家意志形成中的作用，具体有两种情形：

一是反对党。反对党的概念起源于英国，原本是指“正对着执政党坐着的团体”，也就是议会内于政治上对抗执政党（包括对执政党表示支持的党团）的团体。② 并不是指的除执政党之外所有有可能通过竞选而上台执政的政党。因此，反对党不仅是一种制度化的政治现象，而且其活动也必须在合乎宪法秩序的范围内进行。只有实行内阁制的国家，才有严格意义上的反对党的存在，而在总统制的国家，议会中的政党都以代表行政权的总统作为对抗对象，无法在议会内形成对抗行政权的反对党。

在宪法秩序的范围内，反对党可以发挥的作用有：对执政党的施政政策提出批评；对政府运用行政权的过程进行监督和控制；对执政党造成一种随时可以取而代之的压力，为选民在议会改选或提前举行大选的时候取代原来的执政党提供可以选择的对象。

二是同盟党。与执政的政党或居于主导地位的政党结成同盟关系，参与执政党的执政活动，或者组成政党联盟来参加竞选，获得执政地位的政党。也就是说，同盟党在不同的国家中也存在着差别。一种是不谋求执政地位，仅通过对执政党的政治纲领表示拥护或在行动上支持执政党的施政方针，以此来参与国家意志的形成，影响国家政治决策。这方面的典型就是中国的八个民主党派。另一种是多党制的国家，参加政党联盟，从而在竞选中获胜的那些政党。其虽然不能单独取得执政地位，但却属于执政的政党联盟的组成部分，从而来参与和影响国家政治决策的形成与实施。

① 参见赵晓呼：《政党论》，天津人民出版社 2002 年版，第 135～136 页。

② 参阅陈淑芳：《民主与法治》，台湾元照出版有限公司 2004 年版，第 288～292 页。

第四编

运行制度

第十七章　宪法运行的基本原则

宪法是时代的产物，必须要反映它所产生的国家当时的政治指导思想、社会经济条件和历史文化传统，并将其作为调整社会关系应遵循的基本立场和准则。宪法基本原则当是宪法精神及所追求价值的集中体现，应与宪法的属性相适应，并为宪法所特有。

第一节　普遍性要求

一、人民主权

1. 主权理论

在学术文献、法律之中，主权具有两个最基本的含义：一个是指一个民族国家相对于其他民族国家的地位，表明每个国家在其自身的地理范围内都拥有自主的管辖权，在一般的情形下，这种管辖权不受其他国家的干涉和限制；另一个是指这样一种观念，即在每个个别的国家之内，存在着构成最高政治和法律权威的实体，主权构成国家权力存在和行使的正当性基础。从理论内涵和法律规定看，各国宪法确认的人民主权，显然指的是第二种含义。

主权理论为法国人让·博丹（Jean Bodin，1530—1596）所创造。主权作为政治制度的实体，其权威是绝对的、不可分割的和永久的。至于主权所属，博丹认为应当是国王。国王在行使主权时，只服从上帝的法律和基本的自然法，而不受人类权威的限制。① 博丹提出主权理论，是对当时法国因分裂和分离主义而导致频繁的内战和内乱所作出的反应，是为了强化国王的权威，维护国家的统一和安定。英国的政治学家托马斯·霍布斯（Thomas Hobbes，1588—1679）修正了博丹的主权理论，将主权之所在由国王转移到政府或者国家。霍布斯认为，如果人类保持在自然状态，就会过上一种“孤独、贫穷、卑贱、野蛮和短命”的生活。为了限制冲突，保持集体生活，就必须将一切社会权威集中于政府，因而作为地上的“道德神”的主权便与国家、政府是同义词。② 法国人卢梭提出的“人民主权”主张以“自然权利”“社会契约论”为出发点，认为国家是人民订立契约之产物，国家权力系得自人民订立契约时的转让，人民是国家最高权力的来源。基于人民

---

① See Gorge H. Sabine, A History of Political Theory, Rv. Holt, Rinehart & Winston, New York, 1961, p. 405.

② 参见［美］斯科特·戈登：《控制国家——西方宪政的历史》，应奇等译，江苏人民出版社 2001 年版，第 24~28 页。

“公意”而产生的主权具有不可转让和不可分割的属性，“主权在本质上是由公意所构成的，而意志又是绝不可以代表的；它只能是同一个意志，或者是另一个意志，而绝不能有什么中间的东西”。①

法国大革命的胜利象征着主权由国王和政府转移到了人民的手中。从此以后，人民主权的理论在资产阶级革命中成为一项根本的纲领。资产阶级革命成功以后，人民主权则成为一项根本的宪法原则。法国 1789 年的《人权宣言》第 3 条规定：“全部主权的源泉根本上存在于国民之中：任何团体或者任何个人都不得行使不是明确来自国民的权力。”1791 年法国宪法第 3 篇第 2 条规定：“一切权力只能来自国民，国民只得通过代表行使其权力。”现行的法国 1958 年宪法第 3 条规定：“国家主权属于人民，人民通过自己的代表或者通过公民复决来行使国家主权……任何一部分人或任何个人都不得擅自行使国家主权。”德国基本法第 20 条规定：“主权属于人民，它由人民通过选举和全民投票方式，以及通过立法权、行政权和司法权的专门机构行使之。”日本宪法规定：“日本国民经正式选出之国会代表而行动，决定为吾人及吾人之子孙确保与各国人民协和之成果及全国本土上自由之惠泽，决议敦绝因政府之行为而沿之成祸。兹宣布主权属于国民而确定本宪法。”

2. 人民主权的实现方式

各国普遍以代议制作为人民主权实现的基本制度形态。由人民选举的代表组成的议会被作为民意之所在，议会制定的法律和通过的政策，就被认为是人民意志的体现，议会的意志即人民的意志，人民主权就是议会主权。但这种推论必须有一个前提，就是议会的意志是真正的人民意志，与人民的意志相统一。如果议会不能真正代表人民意志的时候，就不能在议会意志和人民意志之间划上等号，就需要有补救的办法，以防止议会的专断。为此，一些国家在宪法中规定了下列措施作为对代议制民主的补充：

（1）承认公民有创制权、复决权。最早规定人民享有创制权与复决权的是瑞士联邦及美国各州。第二次世界大战之后，意大利、西班牙、丹麦、保加利亚、古巴、爱尔兰、摩洛哥、法国、俄罗斯、白俄罗斯、乌兹别克斯坦和吉尔吉斯斯坦等国相继加以仿效。赋予公民享有创制权和复决权，实质就是承认公民在一定条件下享有直接的立法权，以避免出现立法机关不能及时有效反映民意甚至违背民意进行立法的现象发生，保证代表机关的意志不同作为本源的国民意志发生冲突。

（2）选民对代表的监督和罢免。社会主义国家的宪法多要求代表们向选民汇报自己的工作，选民或选举单位可依法对自己选出的代表进行监督，对那些不称职或失职的代表依法加以罢免，保证人民真正地成为国家主权的所有者和国家的主人。

（3）实行公民投票制。公民投票又叫“全民公决”，即由全体公民投票表决，是直接民主的基本手段，也是民主程度最高的一种决策手段。不同于选举中的意愿表达之处在于，它是公民对某一特定问题以主权拥有者的身份直接行使决断权，多适用于这样两种情形：一是用于探寻公民对新宪法或重要宪法修正案的意愿，像法国 1946 年宪法、1958 年

① 参见［美］斯科特·戈登：《控制国家——西方宪政的历史》，应奇等译，江苏人民出版社 2001 年版，第 125 页。

宪法、菲律宾现行宪法、俄罗斯现行宪法都是经公民投票之后生效的；二是用于探寻公民对某些重大决策的意愿，如 1904 年挪威在是否与瑞典断交问题上、加拿大和新西兰在禁酒问题上、1975 年英国在是否继续成为欧洲共同体成员国的问题上等都曾采用过公民投票的方式。

3. 人民主权与政体

从基本形态上看，国家政体有君主制、贵族制和共和制。当今世界，贵族制几乎不存在了，君主制和共和制就成为国家政体的基本分类了。君主制和共和制的分类标准，在德国的国家学说中，是所谓国家意志的形成方法，或主权之所在。以一个人的自然意志为国家意志的，或集主权于君主一身的国家为君主制；国家意志建筑在法律手续之上，并以多数人的意志活动为准绳的国家，或者主权操纵在国民手中的国家，就是共和制。这种分类，很大程度上也是一种形式的分类，因为就君主制而言，存在着专制君主和立宪君主的区别，如同是君主立宪制的英国和日本就有所不同；如果我们把同样是共和制的美国和纳粹德国放在一起进行比较，就会发现其采取的国家政体相同，但造成的结果却有天壤之别。依此而论，很难说人民主权的实现与哪一种国家政体形式是最佳的匹配关系。否则，我们就无法对一些国家的宪法规定国家采取君主政体，但在国家制度的构造上遵循人民主权原理这种现象，作出合理的解释了。

二、基本人权

基本人权原则来源于启蒙思想家洛克、卢梭等人提出的人权主张，其理论依据则是和近代自然法学派的自然权利相结合的社会契约论。

基本人权最初表现于思想家的理论主张和资产阶级革命过程中所颁布的政治宣言之中，内容都比较笼统、抽象。如洛克指出“人类天生都是自由、平等、独立的”①。“任何人都不得侵害他人的生命、健康、自由或财产。”② 即洛克认为平等、自由、独立、生命、健康、财产为基本人权。卢梭提出“每个人都生而自由平等”③，“放弃自己的自由，就是放弃做人的资格”④。即卢梭认为自由、平等为基本人权。后来，资产阶级在反封建斗争中发表的政治宣言，依据的基本上就是这些启蒙思想家的主张，对基本人权内容的倡导，也仅为一些抽象的口号。如美国《独立宣言》宣布：“我们认为这些真理是不言而喻的：人人生而平等，他们都从他们的‘造物主’那边被赋予某些不可转让的权利，其中包括生命权、自由权和追求幸福的权利。”法国《人权宣言》则宣称：“在权利面前，人们生来而且始终是自由平等的……任何政治结合的目的都在于保存人的自然的和不可动摇的权利，这些权利就是自由、财产、安全和反抗压迫。”

资产阶级国家建立以后，各国纷纷制定宪法，对人权给予确认和保护。法国 1791 年宪法就将 1789 年的《人权宣言》作为序言，以示对基本人权原则的承认和尊重；同时在

---

① ［英］洛克：《政府论》（下），叶启芳、翟菊农译，商务印书馆 1983 年版，第 59 页。

② ［英］洛克：《政府论》（下），叶启芳、翟菊农译，商务印书馆 1983 年版，第 6 页。

③ ［法］卢梭：《社会契约论》，何兆武译，商务印书馆 1982 年版，第 9 页。

④ ［法］卢梭：《社会契约论》，何兆武译，商务印书馆 1982 年版，第 16 页。

第一篇中，对公民享有的基本权利作了较为详细的规定，使基本人权的内容开始走向具体化。美国宪法 1791 年的前十条修正案列举了公民享有言论、出版、请愿、宗教信仰、私有财产、人身和住宅不可侵犯等权利，规定了保障公民人身自由的严格的司法程序，内容上具有对基本人权原则承认的实质，因而被称为“权利法案”。法国宪法和美国宪法所体现的基本人权原则，对后来各国宪法产生了重大影响，为各国所仿效，从而使基本人权成为一项具有普遍意义的宪法基本原则。

基本人权的内容，自宪法规定至今，经历了一个由国内法调整的个人享有的权利到国际法调整的集体享有的权利的发展过程。

第二次世界大战之前，基本人权都是指个人所享有的权利：无论是早期的自由权、参政权到 19 世纪末 20 世纪初的社会权，都是以个人尤其是国家的公民为享有主体；对基本人权内容的确认及其实现的保障，基本上都是国家主权范围内的事情，概由国内法来调整。“二战”之后，鉴于法西斯政权对人类尊严的践踏和破坏，基本人权受到了国际社会的关注而开始走向国际法。为此，联合国先后制定了《世界人权宣言》（1948 年 12 月 10 日第 3 届联合国大会通过）、《经济、社会和文化权利国际公约》（1966 年制定）、《公民权利和政治权利国际公约》（1966 年制定）等保障基本人权的联合国人权宪章，并于 1946 年成立了以保证“增进并激励对于全体人类之人权及基本自由之尊重”为目的的人权委员会，这些都是基本人权原则由国内法走向国际法的重要标志。

在基本人权由国内法走向国际法的进程中，基本人权的内容也由个人权利发展为包括集体权利。这一发展除了有人类文明进步这个大的背景之外，直接的原因是广大发展中国家为反对和摆脱发达国家对其资源的掠夺与内政的干涉而展开的斗争，体现了第三世界及广大发展中国家人民权利意识的觉醒。这一点，可以从集体人权包括国家主权、民族自决权、民族生存权、民族平等权、民族发展权等内容体现出来。

三、权力制约

在近代的宪政制度框架内，权力制约是指任何国家机关及其公务人员掌握的国家权力，都必须在行使的过程中受到某种程度的限制，以避免权力的滥用。如何实现权力制约，资本主义国家采取的是分权制衡的制度安排，社会主义国家采取的是监督的制度安排。二者虽然都以权力制约为目的，但在制度的结构、思想基础、功能和效果上存在很大的差别。

1. 在人性观上，分权制衡的权力制约制度遵循的是“性恶论”，而监督的权力制约制度遵循的是“性善论”。基于上述人性观上的差异，分权制衡的权力制约制度形态是以对一切运用权力的人都持怀疑和不信任的态度为基础的，因而注重事先从制度上对权力滥用的防范。而监督的权力制约制度形态注重的是国家权力运用上的选贤，对所谓的贤德之人运用国家权力持充分信任的态度，几乎不考虑他们运用国家权力时发生腐败的可能性，因而也就不注重从制度上去对这种可能性加以防范或避免。

2. 在思想基础上，分权的权力制约制度形态以洛克创立、孟德斯鸠完成的近代“分权学说”为理论根据，而监督的权力制约制度形态则以马克思基于巴黎公社的实践而提出的“监督”主张为思想基础。分权学说创立的出发点，是为了约束和限制国家权力，防止滥用国家权力对公民权利造成的侵犯，这在孟德斯鸠的分权理论中表现得相当突出。日本的清宫教授在归纳“三权分立”的特点时，也指出，三权分立“是为了自由而限制权力的最好的原理，是自由主义的政治组织原理”；“它不是积极地增进效率的原理，而是消极地防止权力滥用的原理”；“它是以对国家权力及行使权力的人，持怀疑的、不信任的、猜疑的态度为出发点的”；“它具有中立与调和的性质”。①

3. 在权力结构上，分权制衡的权力制约制度形态下，国家权力被划分为立法、司法和行政三个部分，三权居于平等的地位。在相互关系上，行使国家权力的所有机关之间是一种相互制衡的关系，使得国家权力之间的制衡形成一个封闭的圆圈，任何一种权力都要被纳入制衡的框架内，即便是作为民意代表者的议会也不能例外。在监督的权力制约制度形态下，国家权力无论被划分为几个部分，代表机关都居于高于其他机关的地位，其他机关也要由代表机关来组织。在相互关系上，其他机关要向代表机关负责，从工作内容到组成人员采取的行为，都要接受代表机关的监督。因此，在这种权力结构下，所谓的监督仅仅是指代表机关对其他国家机关的监督，不包括其他机关监督代表机关。代表机关在国家权力系统中，从法律上来看没有被纳入到监督体系中，如果说有监督，也仅仅是在政治上受人民的监督。

4. 从追求的价值看，分权制衡的权力制约制度形态追求的是自由价值，而监督的权力制约制度形态追求的是民主价值。分权制衡制度对一切权力都持怀疑态度，出发点是担心任何一种权力的不受限制都有可能对个人的权利、自由造成侵犯。监督的权力制约制度形态，是将代表机关所体现的民主看做至高无上的。民主虽然实质上要求人民意志在国家事务的决定上应起终极决定性作用，但在形式上只能表现为多数决，这样一来很容易使人将民主与多数决等同起来。而多数决这种形式上的民主，并不必然与对自由的追求和对人权的保障相联系。从托克维尔到哈耶克等自由主义思想家，一直在提醒着人们，单纯的民主，尤其是形式化的多数决这种民主，非常容易堕落为多数人的“暴政”，滑向实际上的专制深渊。

四、法治

近代宪法的法治原则是以形成于西方的法治思想或法治理论为基础的。古希腊伟大的思想家亚里士多德认为：“谁说应该由法律遂行其统治，这就有如说，惟独神祇和理智可以行使统治……法律恰恰正是免除一切情欲影响的神祇和理智的体现。”② 如果“让一个个人来统治，这就在政治中混入兽性的因素。常人既不能完全消除兽性，虽最好的人们（贤良）也未免有热忱，这就往往在执政的时候引起偏向”③。因此，“要使事物合于正义（公平），须有毫无偏私的权衡；法律恰恰正是这样一个中道的权衡”④。亚里士多德的这

① 转引自［日］佐藤功：《比较政治制度》，刘庆林、张光博译，法律出版社1984年版，第32页。

② 参见何华辉：《比较宪法学》，武汉大学出版社1988年版，第90~91页。

③ ［古希腊］亚里士多德：《政治学》，吴寿彭译，商务印书馆1965年版，第169页。

④ ［古希腊］亚里士多德：《政治学》，吴寿彭译，商务印书馆1965年版，第169页。

些主张，被认为是近代法治理论的历史渊源。近代史上，康德的包含改良主义的法治思想、卢梭的与人民主权紧密结合在一起的法治理论等，都深受亚里士多德法治思想的影响和启发。其中，以卢梭为代表的启蒙思想家所创建的法治理论，直接构成宪法确立法治原则的思想基础。

法国1789年的《人权宣言》宣布："法律是公共意志的体现……法律对于所有的人，无论是施行保护或处罚都是一样的。"即确认了法律面前人人平等的原则。为保证其实现，《人权宣言》还规定了罪刑法定、无罪推定、法不溯及既往及正当法律程序的原则，作为对法律面前人人平等原则的具体化，为其后资本主义国家宪法对法治原则的确认提供了典范，也为产生于20世纪的社会主义国家宪法对法治原则的继承提供了可供借鉴的基础。

自法治主张提出以来，对法治的含义始终存在着不同的理解和主张，各国宪法所普遍确认的法治原则、不同国家的制度化模式也存在着差异。① 1959年"国际法学家会议"在《新德里宣言》中集中了各国法学家对"法治"的一般看法，总结出权威的"法治"三原则：(1)根据"法治"原则，立法机关的职能在于创设和维护得以使每个保持"人类尊严"的各种条件；(2)法治原则不仅要对制止行政权的滥用提供法律保障，而且要使政府能有效地维护法律秩序，借以保证人们有充分的社会和经济生活条件；(3)司法独立和律师自由是实施法治原则必不可少的条件。② 但这也没有消除各国对"法治"理解存在的分歧及实践存在的差异，对"法治"的构成要素及机制，当代学者更是作出了不同的概括。③ 因此，《牛津法律大辞典》在对"法治"(Rule of Law)进行解释时，也首先指出它是"一个无比重要的，但未被定义，也不能随便定义的概念"。

作为宪法基本原则的"法治"主要涉及这样几个问题：

首先，"法治"在形式上表现为法律的统治或者说法律具有最大的权威。就公民而言，法治表现为公民可以从事法律不禁止的一切行为，即"法不禁止即自由"。相应地，国家要给予公民的行为以法律制裁，必须以公民的行为违反了法律的明文为前提。为此，各国法律普遍规定了罪刑法定、无罪推定、法不溯及既往等原则，建立了完善的刑事、民事、行政等诉讼程序，确保公民的合法行为不被追究，违法的行为受到应有的制裁，以维护社会的稳定和人与人之间相互关系的协调。就国家而言，法治意味着国家不仅仅通过法进行统治，它本身也为法所支配。国家及其机关的全部行为必须有法律依据，不能行使宪法和法律未明白授予的权力，否则便构成对人民保留权利的僭越；在行使宪法和法律授予的权力时，也必须遵循宪法和法律对权力的划分，同时符合宪法和法律规定的条件和程序。法治要求国家严格按照法律的规定进行统治，以克服人治状态下国家的统治容易受个人意志支配的弊端，但是制定法律的人民及其代表有可能制定出"恶法"，造成我们在摆脱了个人意志任意统治的同时，受到集体或个人以法律的普遍形式所实行的专制统治。于是，人们又创设了宪法这种法律形式，将其置于其他法律之上，以此来监督和控制法律之

① 参见王人博、程燎原：《法治论》，山东人民出版社1989年版，第273页、第311页。

② 参见王人博、程燎原：《法治论》，山东人民出版社1989年版，第278页。

③ 张文显：《法学基本范畴研究》，中国政法大学出版社1993年版，第290~298页。

网，创设个人自由的空间。如果说法律是衡量公民个人行为和国家机关、社会组织行为合法性的标尺，宪法就是判断法律和立法行为合宪性的标尺。这样一来，法律的至高无上权威就必须首先表现为宪法的至高无上权威，“法治”首先应当是“宪法之治”。

其次，并不能将“法治”单纯理解为宪法和法律的权威最大，否则极易滑入“恶法亦法”的泥沼，使法律纯粹地成为一种工具。有必要将法律的统治限定为受良好法律的统治，这才是真正意义上的法治。什么样的法律才能成为“良法”？《新德里宣言》中提出的法治三原则首要的是：根据“法治”原则，立法机关的职能在于创设和维护得以使每个保持“人类尊严”的各种条件。据此而论，只有那些基于人们对公平、正义的诉求，并在实际上能够产生保障人权效果的法律，才能被称之为“良法”。

最后，法治原则的实现仅有良好的法律是不够的，还有赖于其他制度的配合。例如代议制民主的实行，以保证法能够体现多数人的意志；确立权力制约制度，使任何机关的权力都是有限的，防止某个机关以其享有的无限权力凌驾于法律之上或改变体现多数人意志的法律的内容，造成法律失去对自由、平等、人权的追求而成为推行专制的工具；基本人权原则的树立为立法及法律的执行设定根本目的，以防止法律沦落为纯粹的统治工具。

第二节　具体性内容

一、英国

1. 议会主权原则

英国宪法的“议会主权”原则是从洛克提出的“自然权利论”中推论出来的。洛克认为，在自然状态中，每个人都享有保全自己的生命、自由和财产等“自然权利”，但因为自然状态下有种种不便，才使人们互相签订契约，把惩罚他人的权利自愿地交由人民的代表——代议士组成的政府来行使。因此，由人民的代表组成的议会，是人民的最高意志——主权的体现者，由议会来掌握主权当然是最合情、合理的一种权力体制安排。受洛克这一思想影响，在英国，人民享有的只是政治上的主权（Political Sovereignty），即实际上能决定国家所属分子以及国家自身的权利（权力）义务的权力，性质上是一种“最终控制权”。人民凭此可以通过革命或暴力的手段反抗违背公民契约宗旨的政府（包括议会和君主），并收回委托给政府的权力。法律上的主权（Legal Sovereignty）不属于人民而由议会所拥有，即议会是法律上能决定国家所属的人民与团体及国家自身权利（权力）义务的机关。为什么“人民主权”要以“议会主权”为存在形式，是因为人民并不能也没有必要直接行使主权，而只能通过选出代表组成议会来行使主权。

依戴雪（Dicey）所言，英国的议会至上表现在三个方面：（1）议会只要喜欢，可以制定任何法律，也可以放弃任何法律；（2）议会的立法具有最高的法律效力，任何机关和个人都无权宣布议会的立法无效，法院也无权以怀疑议会立法的正当性为由而拒绝适用；（3）议会权力及于英王陛下所有的领土，不仅政府要向议会负责，即使是英王的地位包括王位的继承最终也要由议会安排。① 除此之外，“议会主权”还包括：行政与司法等部门的权力是从立法权中得到人民代表公共意志的授权而派生的，因此，执行权必须对立法权负责；另一方面，议会有权监督执行权的行使，有权“调动和更换”执行机关，从而使执行权对立法权的“政治责任”得到切实的贯彻。② 有人认为，依议会至上原则，议会“能废止和修改从前国会所制定的任何法律，包括宪法性法律；它能通过褫夺公权的法律及追溯既往的法律；它能够使过去的非法行为合法化；它能使过去的合法行为成为非法；它自行延长或缩短其任期。这都是合法的”③。瑞士学者德洛尔姆有一句名言，用以形象地说明英国的议会至上地位：“英国议会除了不能把女人变成男人，或把男人变成女人外，可以做一切的事情。”④

英国“议会主权”的形成有一个过程。1689 年的《权利法案》和 1701 年的《王位继承法》确立了君主立宪政体，议会的权力有了扩大，表现为下院的职能和权力得到加强，国王的权力受到削弱。1832 年以后，议会相继通过了 1832 年、1867 年、1884—1885 年议会改革方面的法案，使议会和内阁均摆脱了国王的控制，英国议会进入“黄金时代”，真正地实现了议会主权。另外，当时议员尚不存在服从政党领袖的硬性的党派纪律。执政党议员与反对党议员共同反对本党组成的内阁及首相的情况时有发生，致使议会行使“倒阁权”比较容易。从 1832—1867 年有十届内阁因下院的不信任而倒台。此外，19 世纪 30 年代，自由党和保守党先后通过扩大本党的组织结构和活动范围而增强了政党的权威与影响，形成“两党制”的格局并在法律上得到确认，有利于议会立法权最后战胜以国王为代表的行政权，也是使议会主权得以实现的原因之一。

2. 法治原则（Rule of Law）

戴雪认为，英国宪法的法治原则表现为：第一，法律具有最大的权威，任何机关和团体必须根据法律进行活动，对任何人的惩罚，必须以其行为违法为前提且由普通法院依照法律程序进行；第二，法律面前人人平等，不允许任何人或机关、团体超越法律之上；第三，英国公民享有的权利自由不是出自宪法的规定，而是普通法为了捍卫个人权利而作出的各个判决的结果。⑤

3. 责任政府（Responsible Government）

责任政府的基本要求是内阁须集体向议会负责：首相必须向下院阐明其政策，允许议会对其政策给予评价；各大臣就其主管部门的事务应接受下院的质询；内阁如在下院中失去支持，应立即辞职。概而言之，内阁应对其政策负政治上的责任，这才是民主的政府。

二、德国

《德国基本法》第 1 条和第 20 条规定，联邦德国是一个以尊重人权为基础的、民主

① 参见［英］戴雪：《英宪精义》，雷宾南译，商务印书馆 1935 年版，第 134 页。

② 参见施雪华：《当代各国政治体制——英国》，兰州大学出版社 1998 年版，第 127 页。

③ 马起华：《政治制度》，台湾商务印书馆 1968 年版，第 333 页。

④ ［英］阿·胡德·菲利浦斯：《英国法律和宪法原理》，1939 年英文版，第 213 页。转引自曾广载：《西方国家宪法与政府》，湖北教育出版社 1989 年版，第 373 页。

⑤ 参见［英］戴雪：《英宪精义》，雷宾南译，商务印书馆 1935 年版，第 232~244 页。

的、社会的、法治的联邦国家，这是我们认识德国宪法基本原则的根据。

1. 民主原则

战后，为在政治上确立资产阶级的民主制，联邦德国在制定基本法时，指导思想上期望用宪法的形式来推行西方的民主制度，以根除法西斯制度存在的土壤。

（1）一般原则。民主的最基本要求是主权在民，《德国基本法》第 20 条第 2 款规定，国家所有权力来自人民；国家权力由人民通过选举和全民投票方式，以及通过诸如立法、行政和司法的宪法机构行使之。基本法的这一规定所包含的民主要求有：首先是将国家权力的源泉寄托于国民整体，国家权力因而被划分为“原始的权力”和“派生的权力”。其次是要求各种社会力量在参与政治意志形成的过程中，都应当有充分的自由表达机会。最后是要求保护多元利益，在强调个人广泛参与政治、社会生活的同时，也充分地注意到了由此而来的不同权力之间、权利与权力之间以及个人之间产生的冲突。为协调这种冲突，基本法建立了宪法法院，授予联邦宪法法院调整纷争的宪法权能。①

（2）代议制民主。吸取希特勒法西斯独裁统治的教训，基本法确立了议会的“合法身份独占”。② 对全民公决的使用作了严格的限制，仅适用于调整州界和加入联邦的情形，以免像在魏玛共和国时期一些希特勒式的野心家利用严重的社会和经济危机造成的民众不满不断发起全民公决，然后利用政局的混乱从中渔利。不仅如此，基本法规定，政府应尽力使获得议会多数席位的政党来组织，联邦总理职位须通过联邦议会的选举才能确定。议会只有通过一次“建设性不信任投票”选出总理的继任者以后，才能使政府辞职。

（3）政党的民主作用。基本法将政党宪法化，明确规定了政党的社会和道德责任：既要消极地代表和表达不同利益集团的利益和要求，也应积极地参与公民政治意愿的塑造。同时，确立了“竞争性政党制度”，使政党在凭借民众的支持或认同及自身实力相互竞争的过程中，不损害“自由民主基本秩序”。

2. 法治国家

德国是传统的法治国家，战前德国的法治国家观念，仅仅表示的是国家作用进行的形式与程序，并非与民主的政治制度结合而构成，因而是一种可与任何政治体制相结合的形式性观念。“法的统治”中所言的“法”，也只是一种与内容无关的形式意义上的法律。③基本法的法治理念集中体现在其第 20 条第 3 项的内容之中。总的来看，战后德国对法治国理论在两个方面进行了发展：一是将公民基本权利纳入法治国家之中，形成了以保障个人基本权利为核心的新法治主义；二是建立了宪法法院，期望通过宪法法院对有关立法和行为进行合宪性审查，受理和裁判宪法诉讼，来控制国家权力，保障个人基本权利的实现。

（1）分权制衡

---

① 参见 O. Kimminich. Subsidiarität und Demokratie. 1981. 转引自甘超英：《联邦德国宪法的基本原则》，载《中外法学》1995 年第 3 期。

② H. Oberreuter. Parlamentarisches System. in：E. Jesse，BRD und DDR，1980，SS. 97-98. 转引自甘超英：《联邦德国宪法的基本原则》，载《中外法学》1995 年第 3 期。

③ 参见［日］芦部信禧：《宪法·第三版》，林来梵等译，北京大学出版社 2006 年版，第 13 页。

基本法第20条第2项规定，国家的所有权力来自于人民，人民通过选举和投票表决并通过特定的立法、行政和司法机关行使国家权力。行使联邦立法权的联邦议会因代表全体德国人民的意志和利益而居于优先于其他两个机关的地位，表明基本法规定的人民主权原则，透过具有民主正当性的联邦议会合宪职权的行使来获得实践，但这并不表示三权之间有等级高低之分，而是居于同等地位，德国学者将之称为“水平分权”。政府与议会之间的制衡表现为：国家的财政由联邦议会审查批准，并对政府进行监督；政府则可以解散议会，并有权发布法令。联邦与组成联邦的各州之间采取“垂直分权”，国家的统治权由联邦与各州在宪法规定的范围内分别行使。实际上的分权制衡关系并不仅仅局限于国家权力之间。在议会内阁制下，来自议会中的反对党的批评，作为“第四种权力”的新闻媒体也可以发挥对议会和政府的制衡作用。此外，就像联邦宪法法院所指出的，政治中立且受到基本法保障的文官系统，它“建立在专门知识、业绩和忠于职守的基础上……对于引导国家生活的政治力量来说，是一种与之抗衡的牵制因素”。①

（2）基本权利的保障

1919年的魏玛宪法在基本权利的规定上，不仅包含自由基本权，还规定了许多社会与经济方面的基本权利。但是，共和国总统得运用宪法第48条赋予的紧急处分权，暂时停止人民的基本权利，而国会仅能在事后以反对立场要求解除处分。正是有鉴于魏玛宪法存在的未能充分保障人民基本权利的缺失，认为基本权利并非是纲领性的规定，而是直接行使的有效权利，约束国家的立法、行政和司法权，因此，法律的制定、运用和解释必须体现对基本权利保障的精神。为此，基本法规定的基本权利明显地不同于魏玛宪法而具有如下的特点：

第一，所有的基本权利置于基本法之首，以突出基本权利的重要性与目的性。

第二，基本法第1条第1项规定，人性尊严不可侵犯，要求国家所有权力都必须善尽尊重和保护人性尊严的义务。

第三，基本法第1条第3项规定，基本权利为直接有效的法律，约束有关立法、行政和司法机关。联邦宪法法院可以根据基本法，裁决违宪的法律无效。即使在法律有所保留的情况下，也不允许以法律来无止境地限制和干预基本权利，干预只能以达到预定目的必要的最低限度。

第四，根据基本法的相关规定，基本权利只能由议会两院2/3多数的通过方能修改，但不能触动基本权利的核心，以防止基本权利的内核被掏空而丧失其实质意义。

第五，根据基本法第19条第4项的规定，基本权利受到公权力侵害时，可以通过法律，特别是宪法诉讼的途径寻求救济。为此，基本法第93条规定，联邦宪法法院有权审判因基本权利受到公权力侵犯而提起的宪法诉讼。但从基本权利对司法权的约束上看，任何法院都应当承担保护基本权利的义务，而不仅仅是宪法法院。

（3）行政合法性

以基本法和法律为治的法治既然决定了德国议会民主政治的本质，并由此确立了基本

① BverfGE7, S. 162. 转引自甘超英：《联邦德国宪法的基本原则》，载《中外法学》1995年第3期。

法和法律优先的地位，联邦与各州的行政当然应当受联邦与各州法律的制约，行政权的行使不得违反相应的法律，为此，基本法第 20 条第 3 项规定，行政权受合宪秩序和法律的约束，合宪及合法性自然也就成为了法治的德国行政的基本原则。

行政合法性首先表现为行政机关只有在有明确的法律根据的基础上，才能限制或者干预人民的自由及基本权利，学者埃文纳鲁斯（H. Avenarius）将其称为“法律保留”，联邦宪法法院更进一步将其解释为“议会保留”，即议会本身保有作出立法上所有决定的权力，以掌控国家所有的活动，当然也包含政府的行政。① 其次表现为政府的财政预算必须得到议会的批准。议会两院通过审查联邦财政部长提出的年度决算，监督政府预算的执行。具有司法独立性质的联邦审计院审核决算，向政府和议会两院提出报告。

（4）司法独立

超然、独立、公正的司法体系，通过审判权的行使来保障人民的基本权利，将国家权力的运用纳入法治化的轨道，是法治国的内在要求与根本表现。司法独立包括法官行使职权及人事上的独立，无论是主审法官还是陪审团，均不得接受任何指令，只能依据法律独立进行审判。

司法独立从形式上看是要保障司法权的独立行使，但在实质上是要通过司法权的独立行使来对个人的权利提供救济与保护。因此，基本法第 19 条第 4 项规定，任何人的权利若遭到公权力的侵害，都可以通过法律的途径来寻求救济。第 101 条第 1 项规定，任何人均可要求法定的法官审理案件，此项权利不得被剥夺。联邦宪法法院对该项规定作出的解释是：基本法的这一规定不仅说明人民享有一种要求法定法官为其审案的权利，并禁止国家的其他机关，对法官审理案件进行不当的干预。

3. 社会国家

社会国家又可称之为福利国家，以解决个人自由权实现所需的物质条件为主要目标，是对传统法治国家原则的补充。战后的基本法并未将诸如工作权、社会安全保障权、受教育权、住宅权等纳入基本法的基本权利之中，② 更没有使用“社会国家”这一概念，其所体现的社会国家原则，主要依赖于学者和法院对基本法的下列相关条文进行阐释而归纳出来的。其含义是指通过将社会资源在人群中作适当的分配，致力于实现社会正义的国家。其特征可被归纳为以下几个方面：

（1）社会国家是要营造一种经济收益对所有经济生产的参与者都有利的局面。

（2）社会国家采取保护劳动生产者的措施，以防范因为社会、经济生活环境变迁而产生的后果。

（3）社会国家必须保障所有人的生活及劳动于体现人性尊严的状态中进行。

（4）社会国家对社会的弱势者提供生存照顾，赋予其享有合理的请求权，但前提条件是当事人无足够的自助能力。因而，社会国家在主张国家承担社会义务的同时，也强调

① See Hermann Avenarius: Die Rechtsordnung der Bundesrepublik Deutschland, Bundeszentrale für politische Bildung, Bonn 1995, p. 21.

② Wilhelm Frenz, Grundrechte, Bundeszentrale für politische Bildung (ed.): Grundlagen unserer Demokratie, Bonn 1988, pp. 56-57.

对个人自助能力的强化，以防止形成国家单方面施惠、个人单方面受惠的状态。

（5）社会国家在谋求避免或防止两极分化的同时，也不单纯追求形式上的平等。其对立法者的要求就是，增进社会公平与正义，不得置任何人与听天由命的境地。

（6）社会国家将全民生活水准的提高作为追求的目标。

（7）社会国家应同时为法治国家和民主国家。①

4. 联邦制

与瑞士、美国的联邦制相比较，德国的联邦制结构与形态，并非被作为建构国家秩序的原则而理性设计出来的，很大程度上是被作为谋求国家统一的政治工具来运用的。根据基本法的规定，这种联邦制在联邦与州之间的权力划分上主要有三项内容：

（1）立法权主要掌握在联邦手中，具体包括专有立法权，各州无权立法。根据基本法第 73 条规定，联邦的专有立法权包括：外交、国防、国籍、货币和度量衡制度、关税和对外贸易、铁路、航空、邮政、电信、专利权、著作权、出版权等。

凡是联邦专属立法事项，各州无权立法。如果联邦议会就某一事项通过法律授权州立法机关立法时，州可以作为例外进行立法。

（2）并行立法权，由联邦和各州共有。无联邦法律时，各州方得立法。根据基本法第 74 条的规定，联邦和州之间并行的立法权涉及的事项有：民刑法、法院组织法、诉讼程序、律师、公证人和法律顾问制度、户籍法、集会、结社、社会救济、经济法规、企业法、劳动法、社会保险、土地、自然资源、农林业和海岸保护等共 25 项。但根据 1994 年的宪法修正案，州权有所扩大，联邦制定了法律，各州的相关法律不一定必然失效。二是执行联邦的法律是各州的主要职责，联邦法律由各州代为执行，甚至可以直接指令州政府处理某些行政事务。因而这种联邦制是一种“职能联邦主义”。联邦决策，各州执行。三是通过作为各州政府代表的联邦参议院，各州参与中央政府的决策过程。联邦的立法原则之一是，任何联邦法案如涉及各州利益，均应送交联邦参议院批准。

并行立法事项，在具备下述条件之一时，联邦议会可以进行立法：①某一事项由州进行立法不能达到有效调整的效果；②某一方面州的立法可能损害他州或全体的利益；③需要维护法律上和经济上的统一。各州对并行立法的事项，只有在联邦未行使立法权时才能行使；如果某一事项联邦已经立法，则州失去对该事项的立法权。相反，联邦的立法则不受此种限制。

（3）各州的立法事项。基本法保留给各州的事项，由各州立法机关进行立法。

根据基本法的规定，除外交、国防、联邦财政、联邦铁路、联邦邮电、联邦水路等事项外，其他的联邦立法事项都由各州政府负责执行。州政府对联邦立法事项的执行又可以分为两种情形：①州政府依自己的职责执行联邦立法。②州政府受联邦政府的委托，执行联邦立法。

州的立法事项，由州政府自己执行。对于这些事项，联邦政府无权进行监督，不能过问。

概括基本法的有关规定，德国联邦制的建立与运行需要遵循的基本原则有：①联邦制

---

① See Konrad L. w：Der Staat des Grundgesetzes，BLfpB. München 1997，pp. 282-283.

的结构形式不容变更。基本法第 20 条第 1 项规定，德意志联邦共和国是一个民主的、社会的联邦国；基本法第 79 条第 3 项则规定，确认联邦制的宪法第 20 条不能通过宪法修改程序加以变更。②基本法第 28 条第 1 项规定，各州的合宪秩序必须符合基本法要求的共和、民主、社会及法治国家的原则，以实现联邦与联邦的构成分子在基本制度上具有同质性，并通过联邦宪法法院来加以维护。③基本法赋予联邦法律以优先于各州法律的地位。各州的权力是有限的，其行为能力与政治活动空间受联邦宪法的约束。在此前提下，各州有权参与联邦的立法、行政乃至于欧盟事务的决策。与此同时，各州之间应在忠于基本法的基础上相互合作，形成既分权又合作的整体。

三、日本

1. 分权制衡原则

《日本国宪法》在否定了明治宪法所建立的天皇总揽一切统治权的制度的同时，把国家的权力按其性质和功能划分为立法、司法和行政三部分，在此基础上，确立了三机关之间相互牵制、相互平衡的关系。

在权力的分立方面，宪法第 41 条规定，立法权属于国会，而且“国会是国家唯一的立法机关”，“国家所有的立法只能通过国会的决议才能成立”。关于行政权，根据宪法第 65 条的规定，“行政权属于内阁”，并且内阁是行使行政权的最高机关；关于司法权，宪法第 76 条规定：“一切司法权属于最高法院及由法律规定设置的下级法院。”要求所有法官独立行使司法权，为此《裁判所法》规定了法官的身份保障制度，即“除特定的例外情况外，不得违反法官的本意使之免职、转职、转院、停止职务或减少其薪俸”。

在权力的制衡方面，宪法确立了政府实行内阁制，国会和政府之间相互依存。内阁行使行政权必须建立在国会的信任基础之上，并且对国会负连带的责任。内阁总理大臣经国会决议在国会议员中提名产生，过半数的国务大臣必须是国会议员。国会的众议院对内阁有不信任决议权，相应地，内阁则享有对众议院的解散权，并以此来对抗众议院对内阁不信任权的行使。在立法权与司法权的关系上，最高法院享有违宪审查权，据此可以审查国会制定的法律是否违背国家的宪法，体现了司法权对立法权的制衡；相应地，国会可以通过弹劾法官，实现对司法权的制衡。在司法权与行政权的关系上，内阁享有对最高法院院长的提名权，并有权任命除院长以外的其他法官，还可以享有决定大赦、特赦、减刑、刑罚执行的免除等权力。而法院可以借助于违宪审查权，来审查行政机关的行为的合宪性，并且一般行政案件的审判权也由法院来行使。法院自然可以此来牵制行政机关。

2. 国民主权原则

现行的《日本国宪法》规定，天皇是日本国的象征，其地位以主权所属的全体日本国民的意志为依据，从而否定了明治宪法的以天皇为中心、主权属于天皇的国家政权体制，确立了“国民主权”的原则。

（1）对“国民主权”的含义加以确认。日本宪法在序言中规定“主权属于国民”，具体包括“国政依据国民的庄严委托，其权威来自国民，且其权力由国民代表行使，其福利由国民享受”这一规定，实际上与其他资本主义国家宪法确认的“民有、民治、民享”具有同等的含义，更与美国宪法序言的内容非常相似。不仅宪法根据这一原理来制定，而且国家的体制也按照这一原理来设计或构造。

（2）日本宪法规定：以国民选举的国家最高权力机关即国会来行使主权，国会是国家的最高权力机关，是国家唯一的立法机关。“日本国民通过正式选出的国会中的代表而行动（宪法序言）。”这表明，在实现“国民主权”的方式上，并没有采取直接民主的形式，国民在一般的情况下并不能直接以主权者的身份来行使或运用国家权力，而是采取了近代以后各国所普遍采取的代议制形式。

（3）在肯定代议制的同时，也规定了一些直接行使主权的方式，对代议制民主加以补充。如日本宪法规定，国民可以通过直接投票的方式罢免不称职和违法的最高法院的法官；决定是否批准国会通过的宪法修正案；决定是否同意制定只适用于某一个地方的特别法等。

（4）“国民主权”不仅体现在国民可以以主权者的身份参与国家事务的管理上，还体现在通过建立地方自治的制度，实现对地方事务管理的参与上。《日本国宪法》不仅专列一章规定地方自治问题，而且把地方自治机构作为国家的基本统治机构之一来加以确认，明确规定，“关于地方公共团体的组织及运营事项，根据地方自治的宗旨由法律规定之”；“地方公共团体根据法律规定设置议会为其议事机关”。另外还特别规定了地方公共团体的权能及有关地方公共团体的特别法，由地方居民投票决定，国会不得制定。①

3. 基本人权原则

日本宪法有关基本人权的规定，被认为来自于《波茨坦公告》第 10 款的“基本人权”，与各国宪法中的人权与国际人权宣言中的人权或基本人权具有相同的意义。与明治宪法比较，有以下几个方面的不同：

（1）日本宪法规定国民权力自由的范围内容，比明治宪法在广度和深度上都有发展。一方面表现为规定国民权力自由的条款增加，如选举和罢免公职人员的权利；享有最低限度的简况与文化生活的权利；受教育的权利；劳动的权利；劳动者的团结权；要求国家赔偿的权利等。同时还规定了一些新的权利，如不受奴隶性拘束的自由；思想和良心自由；职业选择自由；脱离国籍的自由以及学问自由等。最关键的是，日本宪法规定的国民权利，并不限于宪法列举的内容。宪法第 11 条规定，国民享有的一切基本人权不受妨碍，并作为永久性权利，现在即将来均赋予国民享有。一切国民均以个人而受到尊重，对于生命、自由及幸福追求之国民权利，在不违反公共福祉的范围内，须在立法及其他国政上予以最大限度尊重。

（2）明治宪法规定的权利，多附带有所谓“法律的保留”，虽禁止行政机关以命令方式加以侵犯，但却容许立法机关通过立法加以限制。而且，明治宪法第 9 条，赋予天皇为执行法律，或为保持公共秩序的安宁、增进臣民的幸福，有发布必要命令的权限，虽然要求该命令不能变更法律，但仍是对法治国家原理的重要限制。再者，天皇具有“紧急命令权”，实际上是承认在非常状态时，在权利保障方面可以有重大的例外。② 日本宪法明

① 参见齐乃宽：《日本政治制度》，上海社会科学院出版社 1987 年版，第 168~175 页。

② ［日］阿部照哉等：《宪法》（下），周宗宪译，台湾元照出版公司 2001 年版，第 17 页。

确宣告，人类生而具有的不可侵犯的永久权利来自对个人的尊重，而不是国家通过法律的赋予。要求在不违反公共福祉的范围内，须在立法及其他国政上予以最大限度尊重。也就是说，对基本权利的限制只能是基于公共福祉的需要，而不能任意进行。

（3）明治宪法所规定与保障的权利，享有的主体是臣民。它不是个人所固有的，而是作为总揽统治权的天皇恩惠给其臣民的，也就是并非基于人的尊严而存在，因此，不可能是作为人所享有的不可侵犯的永久权利。日本宪法明确规定，人权是人类经多年努力获得自由的成果，系不可侵犯的永久权利。显然是以近代的天赋人权思想为基础，目的是要最大限度地确保个人的权利自由不受侵犯，并将其作为国家权力运用的边界，以达到规范国家权力行使的效果。

（4）明治宪法虽然也规定了对权利的司法救济途径，承认个人享有受裁判的权利，但由于司法权独立的不足，再加上法院不享有违宪审查权，因此，个人通过诉讼来寻求对权利的救济当然就会受到限制。在行政权的违法行为对权利的侵害方面，个人虽可以向行政法院提出起诉，但仅限于极为有限范围的事项，而且是一审终审，即便是个人对判决不服，也不能上诉。其对权利能够提供的救济程度显然是很低的。① 日本宪法明确规定了法院享有违宪审查权，在对人权提供保障与救济方面，显然能够发挥更大的作用与影响。

4. 和平主义原则

日本现行宪法的和平主义原则是指放弃国家的交战权，不保持国家战争力量。这一原则在日本国宪法中体现为三个方面，第一，宪法序言宣告，“日本国民期望永久和平”“信赖爱好和平和各国人民公正与信义”，“我们希望在努力维护和平，从地球上永远消除专制与隶属、压迫与褊狭的国际社会中，占有光荣地位”，以此显示日本国民热爱和平的愿望，并为此“决心确保由于同各国人民的和平与合作的成果以及为我们全国而带来自由之恩惠，不因政府的行为再次造成战争惨祸”。第二，放弃以国家权力发动的战争。第三，为达到放弃以国家权力发动战争的目的，宪法明确规定国家不保持陆海空军及其他战争力量，更不承认国家有交战的权力。

然而日本宪法生效后，对“和平主义”原则的理解及实际执行出现了一些新的情况。1950 年警察预备队成立后，于 1952 年改称“保安队”。1954 年《防卫厅设置法》《自卫队法》颁布后，保安厅改为防卫厅，并相继成立陆上自卫队、海上自卫队和航空自卫队，还建立了一个专门研究包括导弹在内的军事武器的机构，就是“防卫技术研究所”。随着日本经济的飞速发展，至 20 世纪 90 年代日本自卫队已发展成为装备精良、有着强大战斗力的武装力量。

随着力量的增强，日本自卫队在完成“自卫”任务的同时，已开始谋求向海外派兵。1980 年 2 月日本派出军舰和飞机，参加了由美国、加拿大、澳大利亚等国参加的军事演习。海湾战争期间，日本政府于 1990 年 9 月向国会提出了一个《联合国和平合作法案》，企图使海外派兵合法化，虽然该法案未被通过，但在海湾战争结束后，日本却于 1991 年 4 月实现了向海湾派兵。同年的 9 月，日本政府将《联合国和平合作法案》的内容加以修改并命名为《联合国维持和平行动合作法案》（即 PKO 法案），再次向国会提出。1992 年

① 参见［日］阿部照哉等：《宪法》（下），周宗宪译，台湾元照出版公司 2001 年版，第 19 页。

6 月，该法案在自民党居劣势的参议院获得通过，然后又在社会党等 140 名议员辞职缺席的情况下，于众议院强行通过了该法案。

在自卫队经费预算方面，有关法律规定不得超过国民生产总值的 1%，现在这一限制也已经被突破。

另外根据日美之间所签订的安全条约，美国在日本建立了许多军事基地，并驻扎军队于日本国土之上，这是否属于日本宪法第 9 条所禁止保持的武装力量，在日本国内存在分歧和争论，日本法院在解释上也没有形成一致意见。

综上所述，日本宪法的和平主义原则在实践中已受到了严峻的挑战，甚至有人认为由于上述几方面问题的存在，该原则实际上已经名存实亡。

四、美国

（一）分权制衡原则

权力的分立在美国宪法中表现为立法权、司法权、行政权分别由国会、法院、总统这三个地位平等、互不隶属的机关来行使，宪法还明确规定了国会立法权、总统行政权及法院司法权的内容。在此前提下，总统及国会均由选民选举产生，各自向选民负责，政府成员不得兼任议会议员和参与国会的立法讨论；总统无权解散国会，国会也不得以不信任投票的方式迫使总统辞职；法院的审判不受总统和国会的干涉。国会、法院、总统又都可以运用其权力，对其他两方行使的权力进行牵制和平衡。国会对总统的制衡表现为：总统提出的大使、公使、政府官员的任命名单需经国会中的参议院批准；国会对总统代表美国对外签订的条约有批准和否决权；国会可以推翻总统对法案的否决；国会可弹劾总统及政府官员；国会有权裁定总统又无履行职责的能力；总统提出的副总统人选要经国会批准。国会对法院的制衡表现为：对总统提出的最高法院法官人选，国会有批准和否决权；国会有权弹劾联邦法院法官。总统对国会的制衡主要表现为以直接或间接的方式否决国会通过的法案；对法院的制衡体现于总统享有的法官任命权和赦免权。法院对总统和国会的制衡表现为法院对国会的立法、总统发布的命令有违宪审查权及对受弹劾总统的审判权。

（二）联邦制原则

美国宪法体现的联邦制原则，既存在于联邦与州之间，也存在于州与州之间。就联邦与州之间而言，美利坚和众国是由各州联合而成的联邦，联邦的权力来自组成联邦的各州的转让，没有转让给联邦的权力仍然为各州保留和行使，州原来所处独立地位自然因此而受到限制，但州却不因加入联邦而成为联邦的纯粹领土单位，仍然是具有一定独立性的政治实体，因而联邦与各州都有自己独立的国家机构体系。联邦与州的权力及于各自领土范围内的人民和财产。在权力的划分上，联邦根据宪法的明文规定，享有征税、借款、外贸管理、制定联邦的国籍法及破产法、发行货币、统一度量衡、管理邮政、专利权、组织武装力量、接纳新州、管理领地等权力。此外，根据宪法第 1 条第 8 款有关“制定为执行上述各项权力和由本宪法授予合众国政府或其任何部门或官员的一切其他权力所必要而适当的各项法律”的规定及联邦最高法院在 1819 年马卡洛诉马里兰（Mcculloch v. Maryland）案和 1824 年吉本斯诉奥格登（Gibbons v. Ogden）案的判决，联邦享有含蓄默认的权力。各州享有的权力为管理州内工商业、维持地方治安、兴办教育、维护居民健康和福利、制定选举法和地方自治法规。此外宪法还规定了联邦和州共同行使的权力，禁止联邦或州行使的权力及联邦和州都不能行使的权力。

州与州之间体现的联邦制原则主要表现为：各州之间应对其他的州抱诚意与信任的态度，对其他州的公民应给予如同本州公民一样的平等对待；经国会同意，州与州之间可缔结州际协定与公约；在罪犯的引渡方面各州应互相合作等。

（三）有限政府原则

美国宪法在授予联邦政府广泛权力，留给各州很大活动余地的同时，还对一切政府官员行使权力的方式作了限制，目的是保护个人的人身自由和财产不受政府官员的专横干涉。详言之，美国宪法所体现的有限政府原则具体包括：

联邦的权力是有限的：联邦的权力系源于组成联邦的各州的转让，联邦行使的权力以宪法明文规定及根据宪法的明文规定引申出的默认权力为限，否则，就构成对各州保留权力的侵犯。

联邦各机关的权力是有限的：各州转让给联邦的有限权力，宪法又将其划分立法、司法、行政三个部分分别由国会、法院和总统来行使，每一机关仅能行使宪法赋予的权力，且在行使时受到其他两个机关的牵制与平衡。即使是作为民意机关的国会，按照宪法第一条修正案的规定，也不得制定“确立一种宗教或禁止信教自由、剥夺言论自由或出版自由、剥夺人民和平集会及向政府要求伸冤的权利的法律”。

无论是联邦政府还是州政府都无权单独修改宪法，以防止它们借机废除对其权力限制的内容或直接扩大其行使权力的范围。

政府违法行使权力而造成对公民权利的侵犯时，公民可通过法院要求给予赔偿。甚至公民可在具体案件的诉讼中主张国会的立法违宪而由法院加以审查。

第十八章　宪法修改

第一节　宪法修改的界限

一、修宪权的性质

依照法国大革命时期著名的思想家西耶斯的主张，国家权力包括制定宪法的权力和宪法所创设的权力两部分。其中制定宪法的权力又可划分为制定宪法（狭义）和修改宪法两方面，即修宪权总体上属于制宪权的组成部分，应由人民来行使。人民如何行使制宪权（修宪权），大体上有两种情形：一是由人民直接行使，现实中采用的方式就是公民投票或公民复决；另一是通过民选的代表来行使。其中后者又有两种情形：一是由民选产生的代表组成专门的制宪（修宪）议会，其唯一的任务就是制定和修改宪法，不能行使作为立法机关的议会的权力；二是由民选代表组成的立法机关或权力机关，既行使立法权，又行使制宪权（含修宪权），我国就属于此种类型。

日本著名宪法学家芦部信喜将制宪权称之为“始源性制宪权”，修宪权称之为“制度化制宪权”。制宪者为何在所制定的宪法中设置“制度化制宪权”的修宪权，将其作为实定法的概念，以区别于始源性的制宪权，根本的出发点是要维持制宪权具有的最高决断属性，使作为整个法秩序基础的宪法发生的变更不都被视为国民所作的政治决断，在此基础上将宪法的稳定性与适应性统一起来，防止由于制宪权的频繁发动而导致宪法稳定性无法保证的现象发生。这样说来，修宪权的设定与修宪程序的规定，并不是要将制宪权给“冻结”起来，理论上它仍然保留在国民的手中，在需要的时候国民当然可以将其发动与使用，所强调的只是国民不要轻易地去发动制宪权。

修宪权的存在必要由制宪权的最高决断性是无法推论出的，需要由制宪权是否具有绝对性来创造。若主张制宪权具有绝对性，修宪权自然没有存在的必要。问题的关键在于，制宪权的绝对性事实上是无法做到的，作为最高决断表现形式的宪法，就国家与个人之间关系的处理所作出的制度安排不可能具有永久性。由此而必然导出即便是国民行使制宪权作出的政治决断也有根据社会的发展和人们认识能力的提高进行调适的必要性。为什么这种调适不能通过国民再次发动制宪权来实现，而需要设计一个修宪权去完成。因为西耶斯和斯密特的制宪权理论中，都将制宪权的主体对制宪权的行使限定于国家处于危机的时刻，而在事实上，任何的国家都不可能经常地处于危机之中，更多的时候是处于正常的发展状态，即便是存在着各种的矛盾与冲突，但也不会都导致达到危机的程度。如果说国家的危机状态导致的是制宪主体所作的政治决断被破坏或终止，必须由制宪主体重新发动制宪权作出新的政治决断的话，非危机时刻表明的是制宪主体借助于制宪权的行使而作出的政治决断仍然有效，需要的只是进行必要的调适，使有关的制度安排能够不断有新鲜的血液补充进来而充满活力。此种情形之下，制宪权的再次发动，实质上就是要人为地使原有的政治决断失效，国家原有的制度设计要终止运行。这不仅会对国家与社会的正常发展造成不利的影响，而且还会造成政治资源的浪费。从近代以来宪法的发展历史看，宪法的制定只有在国家的性质发生了改变或原有的制度进行了重大变革的情形之下才会启动，就很好地证明了这一点。从各国宪法的规定看，宪法修改不仅要经过复杂的程序，而且在内容上受到很多方面的限制，特别是不能否定制宪者在宪法中规定的重要制度，或者是以修改之名触动这些重要制度的核心而致其发生实质的改变。如果将这种变更宪法的行为定性为制宪权的重新发动的话，显然与制宪权本身具有的最高决断性存在着矛盾。若将其命名为修宪权，不仅在名称上与制宪权明显区别开来，更主要的是表明其性质是对制宪主体所作政治决断的调适，只能在原有的政治决断的框架内进行而不能推翻原有的政治决断，然后将其纳入实定法的规范之下。

既然修宪权是宪法创设的权力，属于实定法的概念，连外在于实定法的制宪权都是有界限的，那么，修宪权更应该受到限制，而不能不受约束地行使。斯密特（施米特）指出："修宪权只是一种在保持宪法的条件下、按照宪法律规定的程序作出变更、补充、增删的权力，而不是一种制定新宪法的权力。它也不能变更、扩展修宪权自身的根据。"① 这一点，不仅是从制宪权与修宪权之间存在的位阶关系所推演出的逻辑结论，而且在许多的实证宪法中都有修宪权应受到哪些方面限制的明确规定。总的来看，修宪权的行使必须遵循制宪者在宪法中设定的复杂程序，实际上是对修宪权的一种程序性约束，意在使修宪权不能轻易或频繁行使，藉以维护宪法本身的稳定性来保障整个法规范秩序的安定性。除此之外，对宪法的修改还存在着时间、时期、内容等诸多方面的限制，其中有关宪法在颁布或修改以后的一定时间之内不能修改或必须修改的规定，有关宪法在国家处于某种非常时期的情形下不能修改的规定，仍然都只是外在的限制，对维护宪法的最高权威有一定的作用，但并未直接涉及制宪者表达于宪法中的政治决断哪些能够变更、哪些不能触及这一维持制宪权与修宪权相区别的根本问题。是否意味着，只要是遵循了宪法修改的程序，并且符合了有关宪法修改在时间、时期方面的要求，对宪法的任何内容都可以进行变更，任何程度上的变更都当然地具有正当性，不会构成对宪法的违反。如果是这样的话，又如何保证修宪权对制宪权的从属性，体现制宪权对修宪权的规范作用。怎能够防止借修宪权之名而行制宪之实，导致制宪权被架空的现象发生。如此一来，对修宪权的实际限制就只有靠修改内容的限制来维系了。

宪法修改内容上受到的限制是指的禁止对宪法文本中规定的调整国家权力与公民权利关系的原则和制度的某些方面进行修改。必须说明的是，这里所谓的禁止修改是指的不能否认制宪者在宪法中确立的某些调整国家权力与公民权利关系的原则和制度的本体，而不是指的不能进行任何的变更的意思。如我国宪法规定的经济制度的本体是公有制，宪法修改不能否认公有制而采取私有制，至于说公有制采取何种形式，实行计划经济还是市场经

① ［德］卡尔·斯密特：《宪法学说》，刘锋译，上海人民出版社2005年版，第116页。

济，当然可以根据社会关系的实际和经济发展的需要进行调整。再如法国宪法规定，共和政体不得成为宪法修改的对象，仅仅是指的不能通过宪法修改，将法国实行的共和制政体改变为君主制政体的意思，并不意味着共和制政体的具体内容和形式不能进行变更。事实上，法国现行宪法规定的半总统制半内阁制政权组织形式与原来实行的典型的内阁制就有很大不同，但这种变化仅仅是共和制政体具体形式的变化，共和制政体本身得到了确认和保障。

之所以禁止在宪法修改中否认制宪者在宪法中确立的某些调整国家权力与公民权利关系的原则和制度的本体，是因为这些原则和制度的本体是制宪者所做决断的直接体现，构成制宪者决断内容的核心，因而成为界分是制宪权的行使还是修宪权运用的分水岭。从宪法修改的字面含义来看，应当是对原有宪法内容的修订、完善、补充、更新，而不是将原来的宪法彻底打碎然后重新建构，因此，必须在原来宪法确立的制度框架内进行。倘若可以否认原来宪法确立的某些调整国家权力与公民权利关系的原则和制度的本体，就会使修改后的宪法与原来的宪法在调整国家权力与公民权利关系的原则和制度的本体上难以保持连续性与同一性，逾越宪法修改的内涵。

二、宪法修改的限制

宪法的修改，是为了解决宪法的适应性问题，从而将宪法的稳定性建立在适应性的基础之上，因此，适当的、必要的修改是维持宪法的稳定性的必要措施之一，但过于频繁地对宪法进行修改，不管所涉及的内容重要性如何，毕竟易损害宪法在人们心目中的崇高权威，也会对国家政治、经济关系的稳定和平稳发展产生不利的影响。为此，不少国家的宪法在规定了严格和复杂的宪法修改程序的同时，对宪法修改作了许多限制性的规定，主要有：

1. 内容上的限制

内容上的限制即对宪法条文所规定的事项进行修改加以禁止或限制。开此先河的是美国 1787 年费城制宪会议上所制定的宪法，其第 5 条规定：“在 1808 年以前制定的修正案，不得以任何形式影响本宪法第 1 条第 9 款第 1 项和第 4 项。”“任何一州，不经其同意，不得被剥夺它在参议院中的平等投票权。”此外，1814 年挪威宪法规定，宪法的修改不得使与本宪法的原则相矛盾，并应限于不变更宪法的精神；法国现行宪法第 89 条规定：“如果有损于领土完整，任何修改程序均不得开始或者继续进行。”“政府的共和政体不得成为修改的对象。”联邦德国基本法第 79 条规定：“联邦由各邦构成，各邦对于立法之参与，及第 1 条（个人尊严之不可侵犯性）及第 20 条（德意志联邦共和国是民主和社会的联邦国家，国民主权主义、三权分立主义）所规定的基本原则，不容变更。”这些均是对宪法内容进行修改加以限制的典型体现。

当然，对宪法内容修改方面的限制并不能理解为仅以上述那种明示限制为限，实际上还应包括默示的限制，即宪法没有明文规定不能加以修改，但若被修改或推翻就会使立于其上的国家宪政体制发生动摇或倾覆，甚或引起国家性质发生改变的内容，使国家丧失同一性。如果不承认宪法内容修改上的默示限制存在，将宪法修改理解为可对宪法所有内容作实质上的变更，或加以否定及作出相反的规定，已经不符合宪法修改的本意了，也是宪法修改这种措施所不能担当得起的。

2. 时间上的限制

对宪法修改时间进行限制多表现为规定宪法生效后的一定时间之内不得对其进行修改，意在减少宪法的频繁修改而对宪法的稳定性造成的不利影响。修改宪法的目的无非是为了解决宪法与现实之间产生的冲突或脱节，弥补宪法存在的缺陷，发展更新宪法中那些过时的内容，然而这一切都需要有一个暴露和人们对其进行认知的过程。另外，宪法与现实之间无论如何不能达到完全吻合的程度，宪法对社会现实的适应是暂时的，不适应或脱节是经常的。然而这种不适应或脱节只有积累到一定程度的时候才会给社会关系的运转造成实际的阻碍，这种积累当然也需要一个时间过程。所有这些都要求我们不能在过短时间内对宪法进行过多的修改。所以，法国 1791 年宪法规定，该宪法任何部分，于该宪法成立后第一个议会及第二个议会的任期内，概不得由议会提出修改。希腊 1864 年宪法和巴拉圭 1940 年宪法则规定，宪法公布后的 10 年之内不得修改，希腊 1975 年宪法规定，宪法经修改尚未满 5 年者，不得再次修改。除了这种以追求宪法的稳定性为出发点，对宪法修改的时间进行限制外，还有一种以追求宪法的适应性为目的对宪法修改时间进行的限制，具体表现就是规定宪法生效若干年后必须对其进行修改。像葡萄牙 1911 年宪法规定，宪法每隔 10 年应修改一次；波兰 1921 年宪法规定，宪法每隔 25 年应进行一次修改。

3. 时期的限制

时期的限制即宪法的修改只能在和平时期，正常情况下进行，国家处于非常或特别时期时，不能对宪法进行修改。法国第四、第五共和国宪法均规定，本国领土在一部分或全部被外国军队占领时，不得着手或进行修宪程序；巴西 1946 年宪法规定，在戒严期间不得对宪法进行修改；比利时宪法规定，战时或两议院在国土上不能自由集会的情况下，对宪法的任何修改都不得着手或继续进行。此外，日本和比利时宪法还规定，在摄政期间，不得对宪法作任何的变更。这是因为，宪法的修改同宪法的制定一样，有赖于参与者的充分协商，广泛地听取各方面的建议或见解，方能使宪法的修改内容符合实际反映民意。而在非常时期，缺乏进行充分协商的条件与环境，且易受到外力的强制与干扰，难以保证修改后的宪法继续地确认和维护民主、法治的制度，坚持和遵循宪法所追求的基本价值；也难以防止别有用心之人借修改宪法之机来达到推行专制的目的。因此，在非常时期禁止对宪法进行修改自然有其合理和可取之处。

第二节 宪法修改程序

一、动议

宪法修改程序中的动议，是指谁有权对宪法是否应进行修改作出判断并启动修宪程序的问题，各国宪法一般都对能够提出宪法修改动议的机关和人员作了明确规定。主要有：

1. 特定的国家机关

比较多的国家宪法规定，立法机关有权提出修改宪法的动议。印度宪法第 368 条第 1 款规定，“无论本宪法作何规定，议会可以行使宪法赋予它的权力，按本条规定，通过增补、变更、撤销等方式修改本宪法的任何条款”；第 2 款规定：“在议会两院中之任何一院提出议案都可以作为修正宪法过程的起点。”西班牙宪法第 166 条规定，“修改宪法的主动权按照第 87 条第 1 款和第 2 款行使”，而宪法第 87 条第 1 款的规定是，“根据宪法和两院条例的规定，立法主动权属于政府、众议院和参议院”，即议会的众、参两院都享有修改宪法的动议权。我国的全国人大常委会也具有立法机关的性质，根据宪法第 64 条的规定，“宪法的修改，由全国人民代表大会常务委员会或者五分之一以上的全国人民代表大会代表提议……”也就是确认全国人大常委会有修改宪法的动议权。除立法机关外，能够提出修改宪法动议的国家机关还有：总统（法国、叙利亚）、联邦的成员国议会（美国）、政府（泰国、缅甸）、单一制国家的地方机关（西班牙）等。

2. 议员

很多国家的宪法都赋予一定数量的议员享有提出宪法修改动议的权力。美国宪法规定，如果国会两院各以议员 2/3 多数认为必要时，得提出本宪法的修正案。法国宪法第 89 条规定：“修改宪法的倡议权，同时属于共和国总统和议会议员……”根据我国宪法第 64 条的规定，1/5 上的全国人大代表，有权提出修改宪法的动议。

3. 公民

赋予公民享有修改宪法动议权的国家并不多，比较典型的是瑞士。根据瑞士宪法规定，公民享有修改宪法的创制权，但这种创制权的行使因宪法的全面修改和部分修改而存在差别。如果是宪法的全面修改，10 万公民的连署可以提出修改宪法的原则，不能提出宪法全面修改的草案；如果是宪法的部分修改，10 万公民连署即可以提出宪法部分修改的原则，也可以提出宪法部分修改的草案。

4. 政党

虽然当今世界政党政治是一种普遍现象，政党在国家政治生活中也发挥着重要的作用，但赋予政党享有宪法修改动议权的仅为个别国家。如多哥宪法规定，联盟党中央委员会可以提出宪法修正案；总统和议会也可以提出宪法修正案，但修改的建议和草案必须征求联盟党中央委员会的意见。我国宪法虽然没有赋予政党享有修改宪法的动议权，但我国宪法修改实践已经形成了一种惯例，那就是由中共中央提出修改宪法的建议，全国人大根据此建议启动修宪程序，对宪法进行修改。这一做法被认为是我国的一个宪法惯例，也就是承认居于领导和执政地位的中国共产党实际上享有启动修宪程序的权力。

上述机关和人员提出的宪法修改动议能否直接导致修宪程序的启动，从各国宪法的规定来看是存在差别的：一种情形是，只要是法定机关和人员提出修改宪法的动议，就应启动修宪程序，开展宪法修改的工作，特别是拟定宪法修改草案或者是对作为修宪动议提出的宪法修改草案进行审议；另一种情形是，法定机关和人员提出的修宪动议实际上仅具有建议的性质，是否启动修宪程序，还需要经过一定的批准或表决程序，通过以后才能对宪法进行修改。如印度宪法规定，议会任何一院都可以提出修改宪法的议案，该议案在议会各院审议时，如有议员总数的 2/3 多数出席并参加表决，并获得议员总数半数以上投票通过，即应送总统。总统同意后，宪法即应根据该议案进行修正。日本宪法第 96 条规定：“本宪法的修订，必须经各议院全体议员 2/3 以上赞成，由国会创议，向国民提出，并得其承认。此种承认，必须在特别国民投票或国会规定的选举时进行投票，必须获得半数以上赞成。”

二、议决

宪法修改的议决程序是指对宪法修改草案的审议和通过。从各国宪法的规定看，有权参与议决宪法修正案的有：

1. 代表机关

在很多国家，无论代表机关是单纯的立法机关，还是兼有权力机关的性质，都有权参与宪法修正案的审议和通过，而且代表机关对宪法修正案的议决要遵循特别或复杂的程序。具体的情形有：

（1）要求代表机关成员的绝对多数赞成议决宪法修止案，具体表现为：议决宪法修正案时，要求全体代表出席，至少应以全体代表作为计算基准。在此基础上，必须有绝对多数的赞成，宪法修正案方能获得通过。如我国宪法第 64 条规定，宪法的修改，应由全国人大以全体代表的 2/3 以上的多数通过才能生效。比利时宪法第 131 条规定，修改宪法如两院任何一院的出席人数未达到全体议员的 2/3，不得进行表决，未获得 2/3 多数赞成票不得通过任何修正案。卢森堡宪法规定，修改宪法至少应有 3/4 议员出席，议会才能进行审议，修改草案至少应获得 3/4 议员多数票始得通过。

（2）宪法修正案必须经过议会两院两次审核通过。意大利宪法第 138 条规定，修改宪法的法律和其他宪法性法律由两院两次审议通过，其间隔时间不得少于 3 个月，并且在第二次表决时须经各院议员的绝对多数票通过。

（3）宪法修正案由改选后的议会通过。冰岛宪法规定，修正和补充宪法的提案经过议会两院通过后，议会应立即解散并举行大选，该提案如果经两院不加修正地通过，则由共和国总统批准即作为宪法而生效。西班牙宪法第 168 条规定，如果是对宪法进行全部修改，修改案有议会两院 2/3 多数原则通过后，立即解散议会举行重新选举。新议会产生后应批准修宪决定并着手研究新宪法条文，并由两院 2/3 多数通过。

（4）代表机关议决的宪法修正案还需得到其他机关的批准。约旦宪法第 126 条规定，议会不论以何种方式通过宪法修正案，均须经过国王核准以后才能生效。在联邦制国家，联邦宪法修正案经联邦议会议决以后，还需要经过联邦组成单位的批准。如美国宪法修正案需要经过 3/4 州的议会或 3/4 州修宪会议批准方能生效。瑞士联邦宪法修正案需要得到组成联邦的半数以上的州（12 个州）批准。委内瑞拉宪法规定，补充宪法的提案经国会批准后应送交给州立法议会，如得到 2/3 州议会的同意，补充案即宣告成立。

（5）议会两院举行联席会议议决宪法修正案。委内瑞拉宪法规定，宪法的全面修改由国会 1/3 议员，或绝大多数州立法议会并经其绝大多数议员通过方可提出。国会主席将提案交两院联席会议，经出席人员 2/3 多数赞成票批准后，交国民复决。法国宪法第 89 条规定，总统可决定将宪法修改草案提交两院联席大会议决。此时，无须进行公民投票。宪法修改草案获得两院联席大会 3/5 的多数赞成即可通过。

2. 特别的机关

议决宪法修正案的特别机关，一般是指修宪会议。根据菲律宾宪法的规定，宪法修正案除了由国会议决的方式之外，还可以采取修宪大会的方式议决。美国一些州的宪法，由州的修宪会议议决。

3. 公民

公民参与宪法修正案议决的途径是公民投票，许多国家的宪法确认公民有权参与议决宪法修正案。如日本宪法第 96 条规定，宪法修正案经国会通过后，还必须获得国民投票半数以上的赞成。根据意大利宪法第 138 条的规定，经议会两院议决的宪法修正案及宪法性法律在公布后三个月内，如某议院 1/5 议员，或 50 万选民，或 50 个区议会要求举行公民投票表决时，应提交公决。法国宪法第 89 条规定，宪法的修改，必须在公民投票通过以后才能最后生效。古巴宪法规定，宪法修改如果是关于全国人民政权代表大会或者国务委员会的组织和权限，或者是关于宪法所宣布的权利和义务的内容，须由全国人民政权代表大会举行全民公决，由享有选举权的公民以多数票予以批准。其他条款的修改则不需要举行全民公决。冰岛宪法规定，如果议会通过关于国教地位修正案时，应交付公民议决。

三、公布

公布是指对议决的宪法修正案以特定的方式向社会公开发布。只有经过公布以后，宪法的修改程序才算完成，宪法修正案才能生效。

宪法修正案由哪个机关公布，虽因各国制度的不同而存在差异，但大体有如下几种：

（1）国家元首公布。宪法为国家最重要的法律，由国家的最高代表即国家元首来公布，不仅法理根据充分，而且显得正规与重要。因此，挪威、荷兰、日本、意大利的宪法都明确规定，经过议决的宪法修正案由国家元首公布。法国 1875 年的第三共和国宪法虽然没有明确规定宪法修正案的公布机关，但后来的三次修正案均是由总统公布的。

（2）行政机关公布。典型的国家是美国。美国宪法中，无论是最初的文本还是后来增加的修正案都没有规定宪法修正案应由哪个机关公布。宪法修正案在国会两院通过后，交由各州批准。是否达到了获得全国 3/4 州的批准这一宪法修正案生效的条件，由国务卿根据各州呈报的投票结果来统计。如果满足了生效的条件，则由国务卿宣告宪法修正案正式成立。

（3）代表机关公布。宪法修正案多是在代表机关参与议决之下获得通过的，由代表机关加以公布也有其合理和可取之处。如我国宪法的修改，无论是采取全面修改的方式，还是部分修改的方式，经表决通过的修正案都是由全国人大的大会主席团公布。

第三节　美国宪法的修改

美国宪法第 5 条规定：“国会遇两院议员 2/3 多数认为必要时，得提出本宪法的修正案，或应各州 2/3 立法机关的请求，召集会议以提出修正案。以上两种情形下提出的修正案，经各州 3/4 的州的立法机关或经各州 3/4 的制宪会议批准，即成为本宪法之一部分而发生全部效力，至于采用哪一种批准方式，则由国会议决。”根据这一规定，美国宪法的修改程序包括如下的内容。

一、提案

同其他国家一样，美国宪法的修改也是采用提案的方式来启动的。根据宪法第5条的规定，提出宪法修正案的方式有两种：

1. 国会提案：宪法规定，国会两院议员各以2/3的多数认为必要时，得提出本宪法的修正案。1789—1957年，国会两院议员提出的修宪提案共有4823件。① 其中得到国会两院分别以2/3多数通过的共有33件，经各州3/4的州议会或修宪会议批准的至今只有27件。② 在宪法修改的过程中，宪法规定的国会提案曾经面临的问题有：

首先，宪法规定的国会两院议员"2/3多数"，指的是全体议员的2/3还是出席议员的2/3。美国宪法第1条第5款第1项规定，"每院议员过半数即构成可以议事的法定人数"，与此同时，宪法又对国会行使某些职权规定了特别的人数要求，如参议院对弹劾案的判决、条约的批准，明确要求须有法定开会出席人员2/3的同意方可有效。如宪法第1条第3款第6项规定，所有弹劾案，只有参议院有权审理。未获得出席参议员2/3的同意，任何人不得被判有罪。宪法第2条第2款第2项规定，经参议院建议和同意，并得该院出席议员2/3赞同，总统有缔结条约的权力。根据这些规定，提出修改宪法提案的"2/3多数"当是指的出席议员的2/3，并非一定是议员总数的2/3。此种理解是否妥当，1919年的"密苏里太平洋铁路公司诉堪萨斯州案"③ （Missouri Pacific Railway Co v. Kansas）的判例可以作为参考。最高法院首席大法官怀特（White）在判决中指出，宪法第1条第5款第1项已经明确规定，每院议员的过半数出席，就构成可以议事的法定多数，因此，推翻总统对法案的否决，只需要各院合法开会出席议员而非全体议员的2/3通过即可。从实践来看，1789年的第一届国会将被称为《权利法案》的宪法修正案提交各州批准时，明确指出该法案是经过两院合法开会出席议员的2/3通过的，各州对此并未提出任何异议。据此可以认为，国会两院提出修改宪法的提案所需要的2/3是指符合开会人数要求的出席议员的2/3，而不是全体议员的2/3。

1919年，以禁酒为内容的宪法第十八修正案经各州批准生效以后，在执行的过程中发生了对宪法规定的2/3究竟是指全体议员还是出席议员的争议。国会为执行宪法第十八修正案而通过了一个《全国禁酒法》（*National Prohibition Law*），因此而引起一连串诉讼，均要求法院颁发禁令，禁止《全国禁酒法》的执行。其中罗德岛州所持的理由就是，国会两院是以出席议员的2/3通过的宪法第十八修正案，不符合宪法的要求。最高法院在判决中引用"密苏里太平洋铁路公司诉堪萨斯州案"的判例，宣称宪法第5条规定的国会

① 1789—1889年，有1964件；1889—1926年，有1316件；1926—1957年，有1543件。

② 参见荆知仁：《美国宪法与宪政》，台湾三民书局股份有限公司1984年版，第393页。

③ 案件的起因是：堪萨斯州根据国会1913年一项法律的授权，对酒类进行管制，禁止从外边运输酒类物品进入堪萨斯境内。密苏里太平洋铁路公司因违反堪萨斯州的该项立法而受到起诉。该公司在向最高法院的上诉中提出，宪法第1条第7款第2项规定的国会推翻总统对法案的否决，需获得两院各以2/3的多数通过，其中的2/3是指两院各以其全体议员的2/3。但国会1913年授权各州对酒类实行管制的Webb-Kenyon Law在遭到总统否决后，国会在推翻总统的否决时，参议院是以出席议员的2/3多数通过的，因此该法没有符合宪法规定的程序，不能被视为有效的法律。

两院各以 2/3 认为必要时，得提出宪法修正案，是指出席议员的 2/3。理由是：国会议员虽有法定数目，但时常会发生缺额的情形，此时，以全体议员作为基准，显然会造成合理性的欠缺；更何况，宪法明确规定半数议员出席，国会就可以合法地行使宪法规定的权力，修改宪法仅为宪法规定的国会权力之一，自然也不能例外。

其次，宪法第 5 条规定的“认为必要”，是否需要国会在提出宪法修正案时，正式表明宪法修改的必要性根据何在。此点，也是罗德岛州认为宪法第十八修正案不符合宪法要求而加以反对的理由之一。罗德岛州提出，国会在通过宪法第十八修正案的决议中，并没有对通过该修正案的必要性加以说明，不符合宪法规定的修改程序。最高法院则指出，国会两院分别以 2/3 的多数通过宪法修正案的本身，已经显示了 2/3 以上的国会议员认为宪法有修改的必要，不需要再单独以决议的方式对宪法修改的必要性加以说明。

最后，国会通过的宪法修正案在送交各州批准前，是否需要先送交总统签署。美国宪法第 1 条第 7 款第 2、3 项规定，国会通过的任何法案、命令、决议或表决，均须呈送总统批准以后才能生效。那么，宪法修正案是否属于应呈送总统签署的法案范畴。1789 年国会通过的《权利法案》就没有呈送总统签署，而是直接交由各州批准。但在 1798 年宪法第十一修正案批准的过程中，却引发了对此问题的争议。最高法院在判决中指出，宪法并未规定总统参与宪法修改过程的内容，总统的否决权仅适用于国会通过的普通法案，而不能针对宪法修正案行使。事实上，除了 1861 年通过的禁止国会干涉各州奴隶制度的宪法修改提案经过当时的总统布坎南（Buchanan）签署外，其他的宪法修正案在得到国会 2/3 多数的通过以后，都是直接送交各州来批准的。①

2. 州议会提案。费城制宪会议上，曾经考虑将宪法修改的提案权完全赋予各州行使，国会不能享有此权力，但因这种方案与加强联邦权力的会议主题相违背，也与联邦宪法应优于各州宪法的意旨不合而遭否定。最终在吸收各种方案可取之处的基础上，形成了今天我们所看到的美国宪法第 5 条的内容，国会和各州都被赋予享有宪法修改的提案权。这实际上是当时联邦派与州权派妥协的结果，目的是要制约联邦权力的滥用，使各州可以通过参与修宪，来保障州的自主权。汉密尔顿就明确指出：“按照宪法草案第五条，国会有义务‘因各州 2/3（目前为九州）之州议会之请求，召集会议提出修正案，经 3/4 的州议会或经 3/4 的各州国民大会之批准，即作为本宪法之实际部分而发生效力。’本条的措辞是带强制性的。国会‘应召集会议’。在此问题上国会无灵活机动之权。因此，一切所谓不愿变动的论点均成为泡影。不论设想在涉及地方利益修正案中联合 2/3 或 3/4 州议会如何困难，在仅涉及人员的普遍自由与安全的问题上，实无遇到此种困难的余地。吾人可以信任州议会反对联邦政府对州权侵犯的警惕，并为之设置障碍。”②

根据美国宪法的规定，组成美国各州有 2/3 的州议会提出修改宪法的请求时，国会就应当召集会议，对宪法进行修改。自宪法生效以来，虽然各州先后有 244 次提出修改宪法的请求，但至今还没有出现由国会召集会议对宪法进行修改的情形。许多是因为没有达到宪法所要求的 2/3 的州提出修改宪法的请求，但也有两次达到了这一要求而国会并没有召

① 参见荆知仁：《美国宪法与宪政》，台湾三民书局股份有限公司 1984 年版，第 394~399 页。

② ［美］汉密尔顿等：《联邦党人文集》，程逢如等译，商务印书馆 1982 年版，第 439 页。

集修宪会议。一次是 1913 年宪法第十七修正案被批准之前，有 32 个州以直接民选参议员和宪法的一般改革修正案为内容请求修改宪法，在当时的 48 个州中已经达到了 2/3。另一次是从 1939 年开始，许多州以限制联邦征收所得税、遗产税为内容请求修改宪法，到 1962 年时，提出这种请求的州已达 34 个，在全国 50 个州中已超过 2/3，国会也没有因此而召开会议对宪法进行修改。在费城制宪会议上，针对宪法关于 2/3 州的议会提出修改宪法的请求时，国会就应当召集会议对宪法进行修改的规定，麦迪逊就指出，宪法虽然规定了国会召集修宪会议的责任，但召集修宪会议的条件是否成熟，最终却是由国会来决定的。虽然州议会修改宪法的请求至今还没有成功地促成国会对宪法进行修改，但就宪法的这一规定本身看，实际操作起来会面临如下一些实际问题需要解决：

（1）各州提出修改宪法请求的形式。核心为各州提出的修宪请求可否采用具体条文的形式。美国联邦最高法院在 1962 年的“巴克诉卡尔案”（Baker v. Carl）中，判决不合理的选区划分违反了宪法的平等保护规定。为反对这一判决，各州政府联合会拟订了 3 个州权修宪案，号召各州议会请求国会召开修宪会议加以通过。对此，耶鲁大学法学院教授布莱克（L. Black）指出，宪法第 5 条规定的意旨在于，宪法修正案提交各州批准前，在联邦层面能够就全国的利益进行审慎的考虑，因此，各州以条文的形式提出修改宪法的提案，与宪法第 5 条的主旨不相符合，会导致修宪会议变成批准各州提案的会议。参议员戴克生（E. M. Dirksen）则认为，宪法并未禁止各州以条文形式提出修宪的请求。问题的关键在于，国会应根据各州提出的修宪请求内容是否反映了人们的普遍要求来决定是否召集修宪会议，而不能单纯以请求的形式作为决断的根据。

（2）各州提出的修宪请求在内容上应否一致。这直接关系到是否达到了由国会召开修宪会议所需要的 2/3 州提出修宪请求这一条件的满足问题。如在 1963 年的 1—8 月间，有 38 个州提出了由国会召集修宪会议的申请，但要求的内容并不相同：12 个州请求限制联邦法院干涉州议会议员名额分配或选区划分；11 个州请求修改宪法第五条；8 个州请求的内容是总统选举人团；5 个州的请求是设置联合法院；其余 2 个州的请求是限制联邦的征税权和国债。在此情形下，国会如何计算是否达到了 2/3 州的请求这一条件？虽然学者们从理论上对此进行了分析论证，但至今并没有国会的决定或法院的判例作为根据。

（3）各州提出修宪请求的有效时间。一般而言，2/3 以上的州同时提出修宪请求的情形难以出现，往往是一些州提出请求后，其他的州加以响应，从而造成从最先提出请求到 2/3 州提出请求之间有一个较大的时间跨度。这期间，除有些州明确表示撤销申请或改变立场外，其他州所提的请求是否就永远有效呢？从理论上讲，2/3 州提出的修宪申请是一定时期内人民普遍意愿的表达，时过境迁以后，人民的意愿可能会发生变化。如果对各州提出的修宪请求没有一定时间的限制，很难保证修改的宪法反映的是人民真实的意愿。问题的关键在于，这一合理或恰当的时期究竟多久为适宜。对此，有各种设想。有主张以每届国会的任期即两年为限；也有的主张不超过各州议会的一个完整会期即 两年半的时间。

二、批准

国会无论是基于 2/3 议员还是 2/3 州提出的修改宪法提案召开修宪会议通过的宪法修正案，均必须经过 3/4 的州议会或 3/4 的州修宪会议批准以后，才能正式生效。具体采用哪种方式，由国会决定。实际的情形则是，在已经生效的宪法第二十七修正案中，除废除第十八禁酒修正案的第二十一修正案明确规定由各州修宪会议批准外，其余的修正案皆规定或事实上是由各州议会批准的。就州议会的批准而言，曾经面临的问题有：

1. 州议会采用类似于公民复决的方式来批准宪法修正案。1917 年 12 月，国会通过内容为禁酒的宪法第十八修正案，交由各州批准。俄亥俄州采用复决州立法的方式批准宪法修正案，由此而产生是否违反联邦宪法第 5 条的争议。俄亥俄州认为，宪法第 5 条中规定的“州议会”，不能形式化地理解为州的立法机关，应从根本上将其理解为州的民意表达。立法机关表达的是民意，公民复决表达的更是直接的民意，因此，对宪法修正案采用公民复决的方式加以批准，本质上不构成对宪法第 5 条的违反。大法官威廉（William R. Day）在判决中指出，宪法中的“州议会”一词，指的就是州的立法机关，根据是：宪法规定众议院议员由各州人民选出，参议院议员由各州议会选出。1913 年的宪法第十七修正案才将参议员改为由各州人民选举。如果“州议会”包括人民直接表达意愿的形式即公民复决的话，宪法及其修正案的这些规定就没有意义了。另外，州议会批准宪法修正案的行为性质上并非立法行为，因为这一权力来源于联邦宪法，是联邦宪法赋予州的职务，州不能加以变更和限制。

2. 各州对宪法修正案已经作出的批准是否可以变更，包括拒绝之后能否改变立场加以批准和批准以后能否撤销两个方面。前者如 1865 年，新泽西州在否决了宪法第十三修正案后又于第二年加以批准。后者如宪法第十四修正案提交各州批准时，俄亥俄、新泽西等 3 个州在批准以后又经议会议决加以否决；路易斯安那、弗吉尼亚等 7 个州则在否决以后又加以批准。国务卿于 1868 年提交的批准宪法修正案的各州名单中，仍然包括了这些改变态度的 10 个州，并且得到了国会的认可，宪法第十四修正案因此而生效。以此而论，各州在批准宪法修正案时，先否决后批准是可以的，但先批准后否决是不行的。

3. 各州批准宪法修正案的有效时间。美国宪法生效之后为弥补缺乏公民基本权利规定这一不足，于 1789 年由国会通过了被称为《权利法案》的修正案。国会通过的修正案原本为 12 条，最后得到 3/4 州批准的只有 10 条。但俄亥俄州在 82 年之后的 1873 年通过决议，将原 12 条修正案中的第 2 条予以批准。由此而引发了宪法修正案的批准时间应否加以限制的讨论。1919 年宪法第十八修正案生效之前，经过国会通过并交由各州批准的宪法修正案共 21 条，得到 3/4 州议会批准的有 17 条。这些修正案都没有规定批准的时间，因此，未获批准的那 4 条修正案被一些人认为可以在任何时候加以批准，并没有时效的限制。后来的宪法第十八、第二十、第二十一、第二十二修正案都明确规定了 7 年的批准时间。1978 年提出的宪法第二十八修正案也规定了 7 年的批准时间，在此时间内由于未能得到 3/4 州议会的批准，早已成为废案。

然而，宪法第十八修正案规定的 7 年批准期限却引起了人们的争议，形成了 Dillon v. Gloss 案。大法官 Van Devanter 在判决中指出：宪法虽然没有授权国会规定宪法修正案的批准时间，但从宪法第 5 条的规定看，国会享有修宪提案、基于 2/3 的州请求召开修宪会议、决定宪法修正案批准的方式等权力，实际就是赋予国会在宪法修改方面享有广泛的权力，国会对宪法修正案的批准设定期限并不构成越权。从合理性上讲，宪法的修改是要将一定时期人民的愿望反映到宪法中来，它决定了宪法修改的提案与批准是一个连续的过程，不是单纯的程序问题。其目的是要保证同一时期人民的意志能够在宪法中得到充分体现。如果无限期地任由各州在任何时期批准宪法修正案，原来提出宪法修正案时所面临的问题可能已经不复存在，或者丧失了意义。这样无形之中就使宪法修正案的批准变成了纯粹的程序。为此，詹姆森法官指出：一个修宪提案，代表提案时期的意见和需要，如果不能在支持该提案的意见和需要存在的时期内尽早予以批准，即应当视为批准的时效已经消失。

宪法修正案的批准应当有一个合理的期限，这个合理的期限是多长，又由谁来确定？最高法院在 1939 年针对国会 1924 年通过的童工修宪案批准①而引发的诉讼中判决：国会有权规定宪法修正案批准的合理期限，也可以不规定批准的期限。倘若宪法修正案本身没有规定批准的期限，则应由政府和政治部门去做权衡和判断，而不应由司法部门来决定。因此，其批准时效是否消失，只有国会才有最后的决定权。②

1972 年国会通过的宪法第二十七修正案规定："法律所规定的权利平等，不得因性别原因而被合众国或任何一州加以否定或剥夺。"该修正案没有对批准的时间加以限制，但至今未能获得 3/4 州的批准而生效。现在生效的宪法第二十七修正案规定："任何修正参议员报酬的法律，必须待次届议员选举后方能生效。"该修正案是国会于 1789 年通过并提交给各州批准的，到 1791 年时，批准该修正案的只有 6 个州。1982 年时，德克萨斯州奥斯丁大学主修经济学的学生 Gregory Watson 在图书馆中意外发现了这个未完成批准程序的宪法修正案，而且在 1873 年时，俄亥俄州议通过了批准的决议，使批准该修正案的州达到 7 个。最关键的是，该修正案并未设定批准的时间限制。于是，Watson 就利用课余时间写信给各州议会，推动继续批准这个尘封多年的宪法修正案。到 1992 年时，密歇根州成为第 38 个批准该修正案的州，使得该修正案在国会通过以后经历了二百余年才获得 3/4 的州批准，成为美国宪法历史上批准时间最长的宪法修正案。

三、宪法修改的限制

在美国宪法制定的时候，参加制宪会议的各州代表为了不同的利益和共同的需要展开了激烈的斗争，仅仅是由于各方的妥协才完成了宪法的起草工作，宪法因而被称为"伟大的妥协方案"。宪法虽然规定了修改的程序，但并不意味着只要遵循这个程序就可以对宪法的任何内容进行修改，否则，各方通过妥协而换来的利益就有不保之虞。为此，制宪者在宪法第 5 条中规定了宪法修改程序的同时，还规定了宪法修改上应受到两个方面的限制：

1. 联邦在 20 年之内不得干涉奴隶贸易

宪法第 5 条规定："1808 年以前可能制定之修正案，在任何情形下，不得影响本宪法

---

① 1924 年的童工修宪案通过后交由各州批准。堪萨斯州议会先是于 1925 年否决了该修正案，后又于 1937 年批准了该宪法修正案。州参议员科尔曼（Coleman）等人认为历经 13 年的时间后，该宪法修正案的合理批准期限已经消失，并提出，未规定批准期限的宪法修正案，法院应对之确定一个合理的期限。

② Coleman v. Miller，307 U. S. 433（1939）.

第1条第9款第1、第4两项。”宪法第1条第9款第1、4项的规定分别是，“在现有任何一州认为应予接纳的人迁徙或入境时，国会在1808年前不得加以禁止。但对于这样的入境，得征收每人不超过十美元的税金”；“人头税或其他直接税，除与本宪法所规定进行的人口调查或统计结果成比例者外，不得征收”。

宪法之所以这样规定，是由于各小州尤其是南部各州担心联邦政府通过修改宪法侵犯州的权力，是制宪会议上北部资产阶级与南部种植园主相妥协的产物，更准确地说，是北部资产阶级对南部种植园主的让步，其实质是承认奴隶制度及其贸易的合法化。有了这一规定，即便是南部各州的奴隶逃亡到了北部的自由州，也不能因此丧失奴隶的身份而成为自由人。在今天，由于奴隶制度的被废除或者说实际上的不存在，这一规定已经成为了具文。

2. 不得剥夺每州在参议院中的平等权

宪法第5条规定：“任何一州，没有它的同意，不得被剥夺它在参议院中的平等投票权。”宪法的这一规定，是制宪者平衡大州和小州利益的产物。费城制宪会议上，在联邦国会应由两院组成已经达成共识的前提下，如何组成这两院在大州和小州之间发生了严重的分歧。按照大州的主张，国会两院均按人口比例选举产生议员组成，这样它们的利益就可以得到更好的代表。而小州则主张两院应由各州选派相同数量的代表组成，以体现组成联邦的各州之间的地位平等。最后双方接受了新泽西州提出的妥协方案，国会两院以不同的方式组成。众议院按照人口比例选举产生，参议院则由每个州选举2名参议员组成，以体现各州在联邦中的平等地位，抵抗大州借助代表数量上的优势忽视和侵犯小州的利益。因此，宪法的这一规定，在基本的出发点上是为了保护小州的利益，使大州和小州在利益的诉求和实现方面能够有某种程度的平衡。

第四节　日本宪法的修改

第二次世界大战后的日本国宪法放弃了明治宪法的君主主权思想，改采“国民主权”的原理，因而在宪法的修改上，将作为主权者的国民的意志置于决定性地位，规定：“本宪法的修订，必须经各议院全体议员2/3以上赞成，由国会创议，向国民提出，并得其承认。此种承认，必须在特别国民投票或国会规定的选举时进行投票，必须获得半数以上赞成。宪法的修订在经过前项承认后，天皇立即以国民的名义，作为本宪法的组成部分公布之。”

一、国会的动议

根据宪法的规定，宪法修改的动议权在国会，而国会代表主权者的国民，而且是“最高国家权力机关”。由国会行使宪法修改的动议权，符合宪法遵循的“国民主权”原理，因而是顺理成章之事。

1. 提案

宪法修改的动议由国会提出，实际的承担者则为组成国会的议员，多少议员提出动议才有可能被国会审议并进而作为创议向国民提出，宪法和法律没有明确规定。有人主张，可比照国会法第57条关于提出法律案的规定，众议院议员20人以上、参议院议员10人以上连署即可提出修改宪法的动议。问题是：国会法还规定，提出附有预算的法律修正案，众议院须有50名议员、参议院须有20名议员连署。这样一来，宪法修正案的重要性还不如附有预算的法律修正案，显然在合理性上存在问题。

除议员外，政府有无修宪提案权，宪法学家铃木安藏、清宫四郎等人认为，宪法修改是国家中的重要问题，宪法设立专章加以规定，以示不同于一般的立法程序。据此而论，提案权应专属于作为直接代表国民之机关的成员，政府不能享有。宪法第72条规定“内阁总理大臣代表内阁向国会提出议案”，这里所谓的议案是否包括宪法修改的提案？内阁法第5条规定“内阁总理大臣代表内阁，将内阁提出之法律案、预算案及其他议案提出于国会”，没有明确将宪法修改提案包括其中。单纯从形式上看，不能据此而排除内阁提出宪法修改提案的可能，可以将宪法修正案理解为“其他议案”的一种。问题是这样一来，宪法修正案就被排列在法律案、预算案之后，与宪法本身应有的地位不相适应。若从内阁本身为行政机关的性质及功能看，宪法规定的向国会提出议案当是指的属于内阁行政性质的议案，宪法修正议案不能包括在内。① 宪法学家美浓部达吉、宫泽俊义、佐藤功等人认为，宪法修正案由国会向国民创议，仅仅是指只能由国会向国民提出宪法修改请求的意思，至于此宪法修改请求在国会内部怎样形成，特别是由谁发起并不是一个决定性的问题。即便是由内阁发起的，只要国会对之是否接受拥有自主的审议权，即最终向国民提出的修改宪法创议是作为国民代表者的国会的真实意愿，都与宪法的要求不相抵触。事实上，在内阁总理大臣和过半数的内阁大臣是国会议员的制度下，作为国会议员的国务大臣能够以议员的身份提出修改宪法的创议，对此创议也就难以区分其性质是内阁的创议还是议员的创议了。因此，即便是理论上不承认在宪法的修改方面政府有创议权，客观上也不能完全杜绝内阁对宪法修改过程的参与。②

2. 审议

基于民主所要求的多数决精神，对宪法修改的动议，需要各议院全体议员2/3以上的赞成，也就是众议院和参议院分别以全体议员的2/3以上多数的通过。但是全体议员是指众议院512名和参议院252名这两个法定的席位数还是指法定议员数减去缺员数，甚或指出席会议的全体议员，理解上存在争议。如果按法定议员数选出议员组成国会两院，且在提出宪法修改动议时不存在议员缺额问题，本无争议可言。倘若存在缺额，从合理性上讲，应以实际议员数作为计算全体议员的基准较为妥当。③

二、国民投票承认

国会提出的宪法修改创议必须得到国民投票的通过以后才能有效。由此可知，日本宪

① 参见铃木安藏：《宪法学原论》，第590页；鹈饲信成：《宪法》，第135页；和田英夫：《宪法体系》，第216页；桥本公亘：《宪法原论》第116页。

② 参见宫泽俊义：《日本国宪法》，日本译论新社1955年版，第793页；佐藤功：《宪法》，日本有斐阁1983年版，第570~572页；清宫四郎：《宪法Ⅰ》、(法律学全集，日本有斐阁1986年版）第316页。

③ 参见林秋水：《战后日本宪法与宪政》（上册），台湾商务印书馆1979年版，第13页。

法在修改方面实行的是强制公民投票制度，是宪法第1条肯定的国民主权原则在宪法修改方面的落实，体现了宪法的重要性和对宪法修改的慎重，也可以说是为了将本质上属于制宪权范畴的宪法修改权与国会行使的立法权在制度上区别开来。从宪法的规定看，国民投票对宪法修正案的承认有两种途径：

1. 特别国民投票

特别国民投票是指专门为承认国会提出的修改宪法创议而举行的国民投票。一般意义上的国民投票，并不限于对宪法修正案的承认，也可以用于对重要法案的复决和探寻国民对重大政策的态度。但在日本，根据宪法的规定，国民投票仅用于对国会提出的宪法修正案的承认，而不能用于其他的事项，因而才被称为“特别国民投票”。

2. 国会规定的选举时的投票

国会规定的选举是指全国范围内同时举行的众议院议员选举和参议院议员选举。

宪法之所以规定上述两种国民投票对宪法修改的承认方式，主要是基于方便的考虑。实际进行国民投票时应采取其中的哪一种方式，从宪法的规定看，应由国会在向国民提出宪法修改创议时加以指定。相比较而言，特别国民投票因目的单一，有利于国民将精力专注于宪法修改所涉及的问题，可以降低投票的盲目性。

举行国民投票时，国民如何对国会提议的宪法修改案表示赞成或反对，要根据国会创议的形式来决定。如果修改宪法的创议是一个不可分割的整体，国民就只能对其整体表示赞成或反对；如果修改宪法的创议分为不同的部分被提出，可以对各部分分别表示赞成或反对。考虑到国民投票只是对国会创议的宪法修正案的承认，国民也就只能对原案作出赞成或反对的意思表示即可，不能加以修改，或者是赞成一部分反对另一部分，尤其是宪法修正案是一个不可分割的整体时更应如此。

国民投票的方法和程序需要立法规定，但至今尚未制定出该方面的法律。1952年12月，选举制度调查会曾经就此向内阁提出过一个报告，内阁据此报告在第二年草拟了一个《日本国宪法修改国民投票法案》，该法案规定，国民投票自修宪提案日起35日后90日内，于内阁所定期日，或于该期间内所举行之众议院议员总选举或参议院议员普通选举时，依国会之议决所定之选举期日行之。有众议院议员选举权者享有国民投票权。投票时，若对宪法修正案表示赞成、反对，分别以O、X加以标记。①

宪法修正案是否得到国民的承认，要看其是否在国民投票中得到了过半数的赞成。所谓“过半数赞成”，有“有效投票过半数说”“总投票过半数说”和“有权者总数过半数说”等主张。“总投票过半数说”将无效票作反对票对待、“有权者总数过半数说”将弃权票作反对票对待，在合理性上均存在欠缺或瑕疵，因而宫泽俊义、三浦隆教授均认为，采用“有效投票过半数说”比较妥当。②

① 参见［日］阿部照哉等：《宪法（上）——总论篇、统治机构篇》，周宗宪译，台湾元照出版公司2004年版，第72页。

② 参见［日］宫泽俊义：《日本国宪法精解》，董璠舆译，中国民主法制出版社1990年版，第691页。［日］三浦隆：《实践宪法学》，李力、白云海译，中国人民公安大学出版社2002年版，第306页。

三、公布

经过国会创议和国民投票承认的宪法修正案，必须由天皇公布，方能产生法律上的效力。

天皇对宪法修正案的公布，应为程序性的要求，意味着天皇没有拒绝公布的权力。日本宪法第7条明确规定："天皇根据内阁的建议与认可，为了国民行使下列有关国事的行为：(1) 公布宪法修正案……"以此而论，天皇对宪法修正案的公布并非自己意志的表达，而是以国民代表者的身份将国民表达于宪法修正案中的意志作公开的发布，即"为了国民"而公布宪法修正案。更为关键的是，宪法第96条明确规定，天皇对宪法修正案的公布是"以国民的名义"进行的。因此，天皇在公布时，应将国民修改宪法的过程明确记载于公布书上，并用"以日本国民之名，将宪法修正公布之"或"将基于日本国民总意而成立之宪法修正公布之"等文字加以表明。倘若天皇在公布宪法修正案时享有否决权，与宪法关于"以国民的名义"的要求显然相违背。

由于天皇对宪法修正案的公布只能以国民的名义进行，经过国民投票承认以后，国民意志的表达已经形成，天皇应立即以国民的名义加以公布，也就是在合理的时间内和客观情况允许的条件下迅速加以公开发布，没有拖延的合理性存在。普通法律在国会获得通过后从上奏之日起30日之内应当加以公布的规定，对宪法修正案而言有些长久，被认为不能适用。在此方面，日本虽曾考虑过制定专门法律规定公布的合理时间，但至今尚未实现。

根据宪法规定，天皇公布的宪法修正案是日本宪法的组成部分，意思是说修改的内容与其他未修改的部分共同构成宪法的整体，具有同样的法律效力。宪法的这一规定也表明，宪法的修改内在地包含着不能变更宪法基本原则的要求；① 不能采取全面修改的方式，且修改的内容不能采取美国那种增补条文附于正文之后依次排列的形式，而应将其编入宪法典原文中的相应位置，成为日本宪法的组成部分。②

四、宪法修改的限制

日本宪法文本中并未对宪法修改设定任何限制，理论上关于宪法修改应否受到限制则有"有限说"与"无限说"两种观点。"无限说"主张，日本宪法在宪法修改的问题上，仅仅规定了修改宪法的程序，并没有对哪些内容能够修改、哪些内容不能修改加以区分。单纯从形式上看，只要是遵循了宪法规定的修改程序，宪法中的任何内容都可以被修改。③"有限说"则认为，宪法修改是以现行宪法为前提而进行的，若修改与宪法基本理

① 参见［日］铃木安藏：《宪法改正和宪法维护》，日本译论新社1956年版，第77页。

② 参见法学协会：《注解日本国宪法》下卷（2），1956年版，第1451页。

③ ［日］阿部照哉等：《宪法（上）——总论篇、统治机构篇》，周宗宪译，台湾元照出版公司2004年版，第74页。

念密切相关的规定，则会损坏宪法的同一性、连续性。① 从理论上讲，修宪权被认为是与制宪权有区别的由宪法所设定的权力，它的存在是以制宪权所制定的宪法典为前提，从而，修宪权不得变更制宪权的所在，更不得变更作为制宪权基础的价值原理。如果宪法的本质部分被变更，就逾越了修宪权范围而成为宪法的制定。② 主张宪法的修改应当存在限制的学者，对哪些方面受到限制，概括起来有以下几个方面：

1. 国民主权原理

作为日本宪法规定的国家制度构成原理的国民主权原则，在宪法序言中被称为“人类的普遍原理”，构成宪法修改的界限，为多数学者所认同。

2. 和平主义原则

日本宪法不仅在序言中表达了期望永久和平的愿望，而且在第 9 条明确规定了实现和平愿望的途径，即不承认国家的交战权，不保持陆海空军和其他战争力量。期望永久和平的愿望并不独为日本国民所有，一般地否认国家的交战权则是日本宪法的特色。关于放弃国家的交战权和不保持战争力量的规定是否能够被修改，多数主张认为，在遵守和平主义立场下，纵然是为了拥有一定限度的军备而修改宪法第 9 条，并未破坏宪法的统一性。但也有主张认为，由于宪法第 9 条第 1 项规定的是“永久”放弃战争，因此，若修改交战权和战争力量条款，将会导致宪法同一性的丧失，因而不能加以修改。③

3. 基本人权保障

日本宪法第 11 条和第 97 条都明确规定，基本人权应赋予现在及将来的日本国民，并且是不可侵犯之永久权利。对基本人权的保障，是国民主权原理的内在要求，更是近代宪法的核心价值，法理上自然不允许通过宪法修正加以变更。

然而，小林直树教授提出，若从一般意义上讲，宪法的基本人权保障当然不能修改，但是就规定人权的个别条文而言，并非都不能修改。如宪法第 14 条的平等原则、第 20 条的信教自由、第 21 条的言论自由等，无论在历史还是理论上，都是与民主主义原理不可分割的基本权利，不能从宪法中排除；相对地，第 33 条以下一连串的刑事程序人权保障规定，并非是民主宪法若欠缺之即无法存立的根本规范，只要在诉讼法上加以保障，纵然是将其从宪法中删除，未必是逾越修改界限。

4. 宪法修正条款不得修改

宪法中规定的修改条款，本身就是制宪者为限制修宪机关对宪法任意或者随意修改而设置的，如果修宪机关可以修改，则对修宪机关的限制与约束将形同虚设。

宪法修正条款不得修改，并不能绝对地理解为对宪法文本中规定宪法修改程序的文字不能进行任何变更。这一限制的意图在于防止对宪法进行任意修改而使宪法的稳定性受到

① ［日］三浦隆：《实践宪法学》，李力、白云海译，中国人民公安大学出版社 2002 年版，第 307 页。

② ［日］三浦隆：《实践宪法学》，李力、白云海译，中国人民公安大学出版社 2002 年版，第 307 页。

③ ［日］三浦隆：《实践宪法学》，李力、白云海译，中国人民公安大学出版社 2002 年版，第 75 页。

破坏的情形发生，倘若对该规定作出的变更导致了宪法修改程序难度上的降低，那当然是不允许的；反之，不能认为违反宪法的这一限制性规定。当然，过于严格的修改程序客观上导致宪法的修改成为不可能，那也是不符合宪法的这一限制性规定的。

第五节 瑞士宪法的修改程序

瑞士于1848年制定了联邦宪法，1874年进行了全面修改，最近的一次全面修改是1999年。从1874年至今，瑞士宪法经历的部分修改有150余次，但基本上保持着1848年制定时的基本框架。其中涉及宪法修改的部分的变动主要是两个方面：一是在1891年引入了部分修改的公民创议程序；二是1999年的宪法修改，对宪法修改程序条款的表述进行了简化。

一、全面修改

根据瑞士宪法的规定，能够提出全面修改宪法动议的是联邦议会和公民。具体而言，联邦议会两院按照普通立法程序提出对宪法进行全面修改的动议，此动议必须经过公民复决，得到通过以后才能开始对宪法进行修改的工作。如果联邦议会两院在是否对宪法进行全面修改上取得一致意见，则需要举行咨询性复决，由公民投票来决定。如果多数公民的赞同对宪法进行全面修改，具体的修改工作应由解散后重新选举产生的联邦议会两院负责进行。

公民动议对宪法进行全面修改，必须是在18个月内征集到10万公民的有效签名，然后举行公民投票，就是否对宪法进行全面修改进行复决。倘若多数公民表示赞同，则解散联邦议会，由大选中新产生的议会两院主持宪法全面修改的工作。

二、部分修改

从瑞士宪法的规定看，宪法的部分修改也以联邦议会和公民动议为前提，但在程序上比全面修改更加复杂。联邦议会就宪法的部分修改必须达成一致意见，然后交由公民复决通过以后，修改宪法的工作才能继续进行。如果公民动议对宪法进行部分修改，同样也必须满足在18个月内征集到10万公民的有效签名这一前提条件。除此之外，公民创议对宪法进行的部分修改，只能涉及一个主题。如果是多个主题，则必须分别提出创议。

从现实的修改宪法实践看，公民提出的宪法修改创议多表现为原则性的建议而不是具体的、条文化的修改草案。但从理论上讲，原则性的建议和条文化的修改草案都属于宪法承认的公民创议的范围，都具有引发宪法被修改的可能性这一法律后果，具体将这种可能变为现实的途径却存在着差别。公民以原则性建议的形式提出修改宪法的创议，联邦议会可在两年之内决定是否同意。如果同意，应当按照公民创议的原则拟定出具体的宪法修正案，交由公民复决。如果不同意，则举行咨询性复决，由公民来决定是否对宪法进行修改。倘若多数选民赞同对宪法进行修改，联邦议会就应当按照公民创议的原则草拟宪法修改草案。公民以条文化的修改草案的形式创议对宪法进行修改时，联邦议会应当在30日以内表示是否同意。同意的，交由公民复决，不同意的，可有两种选择：一是将公民的创议交由公民复决，但建议不要投赞成票；二是自己提出一个针对公民创议的宪法修正案的反提案，将其一并交由公民复决，让公民从中作出选择。

三、特点

1. 公民的高度参与

公民参与宪法的修改是民主性要求的体现，在各个国家都程度不同的存在，如法国、日本等国家宪法修改上的公民投票，中国宪法修改实践中的全民讨论等，但将其作为一种制度化的安排贯穿于宪法修改的整个过程之中，在当今世界，只有瑞士最为典型。无论是宪法的全面修改还是部分修改，公民的参与不仅体现在修改的结果需经过公民复决，得到多数公民赞同以后方能有效，还体现在公民对宪法修改享有创议权之上，以此来启动宪法修改的程序，使得作为主权者的人民在是否修改宪法的问题上具有了主动的地位，而不是完全掌握在由人民选出代表组成的联邦议会的手中。瑞士宪法在 1848 年生效后的 100 年之内，为审查各种各样的宪法修改建议而举行的公民复决有 109 次，即便是从 1874 年算起，至 1952 年，为宪法修改而举行的公民复决也有 98 次。①

从宪法修改的实际看，针对宪法修改而举行的 98 次公民复决中，48 次是基于联邦议会的动议，50 次是基于公民的创议。联邦议会的 48 次动议中在公民复决时得到赞同的有 38 次；公民的 50 次创议中，有 41 次直接交由公民复决，而最后得以通过的只有 6 次。另外的 9 次公民创议，由于联邦议会提出了反建议，5 次是提出修改宪法创议的公民主动撤回了其创议案，4 次是与议会的反建议一同交由公民复决，而得以通过的只有 1 次。但是，这并不意味着公民对宪法修改的参与仅仅是形式上的，至少为少数人表达其主张和愿望，特别是藉由修改宪法而追求其政治主张的实现提供了正式的渠道。除此之外，公民对宪法修改创议的不成功并不意味着不产生任何影响，一定程度上可以促使政府作出回应，进而影响到政府政策的制定。如 1891 年以来至 2005 年，220 多次的公民修改宪法创议中，有一半以上的创议在复决前是由创议人与政府谈判后主动撤回的。②

2. 需要双重多数的通过

瑞士是一个联邦制的国家，宪法不仅是联邦人民意志的表达，同时也是联邦的组成单位意愿的体现。因此，宪法的修改，必须取得作为人民意志体现的全国多数选民的同意和作为联邦组成单位意愿体现的联邦多数州选民的赞同才具有正当性。

瑞士联邦由 23 个州组成，其中 3 个州由于地理阻隔或历史原因分裂为 6 个“半州”，因此，作为联邦作成单位意愿体现的多数州的同意是指的 10 个州再加上 3 个“半州”的赞同，而不是简单的 12 个以上州的赞成。

---

①　参见杜强强：《论宪法修改程序》，中国人民大学出版社 2008 年版，第 81 页。

②　参见杜强强：《论宪法修改程序》，中国人民大学出版社 2008 年版，第 82 页。

第十九章　宪法解释

第一节　宪法解释体制

一、代表机关解释体制

采用代表机关行使宪法解释权的国家，主要是以民主理论为基础，认为人民作为宪法的创制者，他们理应有权来决定宪法的含义。在代议制的制度之下，代表机关由人民选举产生的代表组成，被认为是民意之所在的机关，国家的宪法由议会或者是在议会的参与制下制定出来的，唯有他们才真正了解宪法的真实意图和制宪动机，因此，由代表机关来行使解释宪法的权力是民主理论内在的要求。因此，代表机构对宪法享有当然的解释权，它的解释具有最高的效力。

欧洲大陆国家，受罗马法观念的影响，法官的职责仅在于被动地适用代表机关制定的法律。而宪法解释属于广义上的法律解释范畴，被认为具有创造法律的性质，与代表机关承担的创制法律的功能最接近，因而，将解释宪法的权力赋予代表机关来行使被认为具有比较大的合理性。受此影响，法国 1799 年宪法和 1852 年宪法均规定，设立由 80 名议员组成的护法元老院，专门负责审查法案是否违宪，并承担宪法解释的职责；比利时 1831 年宪法第 28 条规定，“解释宪法权属于代表机关”；意大利 1848 年宪法第 73 条规定：“对国民全体有宪法解释权者惟代表权。”

代表机关解释宪法的体制广泛存在于社会主义国家，这是因为在社会主义国家，代表机关作为国家的权力机关，位居行政、司法机关之上，并且承担着对行政、司法以及其他机关的监督职能，宪法不仅由国家的代表机关制定，而且也由国家的代表机关进行修改，因而被认为是最了解宪法的精神和制宪意图的机关，由其来行使宪法解释的权力，有助于宪法意图得到最大限度的贯彻执行。而社会主义国家采用代表机关解释宪法的体制很大程度上是 1936 年苏联宪法以及根据其制定的各加盟共和国宪法确认的高度集中的社会主义政治体制影响的产物。① 1976 年的古巴共和国宪法规定，全国人民政权代表大会“解决关于法律、法令、指令和其他具有普遍性的决定是否合乎宪法的问题”；1992 年的越南社会主义共和国宪法规定，国会常务委员会“解释宪法、法律和法令”。1988 年《苏联宪法（根本法）的法令》虽然规定设立宪法监督委员会，但其任务只是承担原苏联最高苏维埃主席团负责的包括宪法解释在内的宪法监督的职权，并且苏联人民代表大会通过的文件的

---

① 参见刘向文、宋雅芳：《俄罗斯联邦宪政制度》，法律出版社 1999 年版，第 17 页。

合宪性不由宪法监督委员会审查和解释，因而，本质上并没有改变代表机关解释宪法的体制。

代表机关解释宪法所遵循的程序存在两种情形：一是在制定和修改宪法的时候，对宪法文本中相关用语的含义作出明确的说明或界定，以免生效后在适用过程中发生理解上的分歧。这种宪法解释本身与宪法文本构成不可分割的整体，同宪法文本一道产生，遵循的是宪法制定或宪法修改的程序，甚至是一般的代表程序。二是代表机关采用专门的法律文件对宪法规范的含义进行说明，以消除人们理解上的分歧，保障对宪法遵守和适用上的统一。此时，所遵循的也基本上是代表机关的一般代表和决定问题的程序。

代表机关解释宪法的体制暴露出其存在的许多弊端：

首先，代表机关由众多的议员组成，议事采用少数服从多数的原则，众多的议员本身也有可能因为意见分歧而难以达成一致，导致无法作出解释。更何况，代表机关的代表事务庞杂，很难有充足的时间和精力用于开展宪法解释的工作。

其次，代表机关即便是对宪法进行解释，在程序上也只能采取代表的程序，很难单独为宪法解释建立一套专门的程序。一旦采用代表程序来解释宪法，对宪法的解释实际上就会变成为代表，对宪法的解释就是用代表的意思来代替宪法的意思，造成代表权与宪法解释权的混同。

再次，代表机关解释宪法的体制不符合法治的精神。在法治的国家中，法治原则要求自己不能做自己案件的法官，也就是纠纷的解决者与所裁决的纠纷没有直接的利害关系，这样才能保障所作裁决的客观公正。实行代表机关解释宪法体制的国家，代表机关既制定或参与制定宪法，又根据宪法来行使国家的代表权，然后又解释宪法，代表机关对自己的代表实际发生违宪时能否根据宪法将其解释为违宪，是颇令人怀疑的。

最后，代表机关的代表来自方方面面，特别是在政党政治发达的国家，代表机关的活动往往会受到党派利益的左右，在这样的情况下，由代表机关来解释宪法，难以使其作出的宪法解释兼顾各方面的利益，在根本上符合宪法的精神和立宪的意图。

由于上述的弊端，所以在当今世界，代表解释的体制在许多国家遭到了否定，如法国在1946年宪法中建立了“宪法委员会”，负责监督宪法的实施，包括行使宪法解释的权力。原来的苏联和东欧等社会主义国家，20世纪90年代发生剧变以后，随着代表机关监督宪法模式的改变，宪法解释的权力也不再由代表机关行使，而是由专门机关或者是普通法院行使。

中国1954年宪法规定全国人大常委会解释宪法，这一体制沿用至今。全国人大常委会在性质上是最高权力机关的常设机关，也属于国家的代表机关，因而，我国的宪法解释体制也属于典型的代表机关解释模式。但从我国的宪法实施实践看，至今还没有形成一个宪法解释的文件，充分说明了这种体制本身存在着运转不灵的问题。

二、司法机关解释

这种解释体制源自于自由宪政主义理论，认为真正的民主不是强调人民主权和人民的参政权，而是强调权力制衡和法治，强调对权力的限制，强调法律面前的平等和政治自由与个人的重要性。法律的善恶要服从于一种更高级的法，即宪法，立法者也要受到具有最高地位的宪法的约束。法治只有在立法者认为受其约束的时候才是有效的。① 因此，“宪法的解释权应由与公共舆论隔绝的官员们来行使，并且倾向于部门主义的某种形式的妥协”。②

由普通法院行使宪法解释权的制度，起源于美国。从美国宪法的最初文本以及后来增加的27条修正案中，找不到由普通法院行使违宪审查权、解释宪法的根据。只是在1803年的“马伯里诉麦迪逊案”（Marbury v. Mddison）开创了先例以后，又通过1816年的“马丁诉亨特租户案”（Martin v. Hunter's Lessee）和1821年的“科恩诉弗吉尼亚州案”（Cohen v. Virginia）使之得以确立起来。马歇尔大法官在“马伯里诉麦迪逊案”（Marbury v. Mddison）判决中认为最高法院有解释宪法的权力。事实上，解释宪法的权力被视为法院当然的权力的观念在联邦党人的思想中是根深蒂固的。③ 美国联邦党人基于其自由主义的理念，认为任何的权力都应当是有限的，并且应当受到制约。在人民委托给国家行使的立法权、行政权和司法权中，只有司法权最弱，再加上司法权本身的被动性，使得法院不会成为压制人民普遍自由权利的机关。从功能上看，法院本身就是适用法律的机关，宪法也是法律，当然也应当由法院来适用。法院对宪法的适用，自然包括对宪法进行的解释。法院享有包括宪法解释权在内的违宪审查权，通过解释宪法来判断立法机关的立法是否违宪，可以有效地阻止立法机关制定违反宪法的法律。当今世界，实行司法机关解释宪法体制的主要有：日本、印度、挪威、瑞典、加拿大、墨西哥、阿根廷、丹麦、芬兰、爱尔兰等国家。

司法机关解释宪法的体制仅仅是就宪法解释权由法院这个司法机关来行使而言的，在不同的国家，其具体内容并不完全一样。有些国家，宪法解释的权力专属于法院，其他机关不能行使；有些国家，宪法解释的权力由法院和其他机关分享，如乌拉圭宪法就规定，议会和法院均可以行使宪法解释权。有些国家，法院对宪法的解释是否具有终局性也存在着不同。但概括起来，司法机关解释宪法的体制都具有如下的特点：

1. 被动性

法院对宪法的解释只会在发生了宪法或法律纠纷，需要运用宪法或法律去加以裁决的时候，并且是在案件审理的过程中来进行。如果仅仅是人们对宪法规范的抽象理解发生了分歧，且与任何实际存在的案件没有关系，或者是虽有关系但是没有提交到法院去要求加以裁判，法院不会主动地对这些抽象理解产生的分析去进行宪法解释。

2. 个案性

法院对宪法的解释只在审理案件的过程中，针对与案件有关的或者是引起争议的法律法规是否合宪进行宪法解释，由此而作出的解释在理论上讲也只对该案件具有法律效力，并不当然地具有普遍约束力。

3. 政治问题回避

① 参见［英］哈耶克：《自由秩序原理》，邓正来译，三联书店1997年版，第260~261页。

② 李步云：《宪法比较研究》，法律出版社1998年版，第286页。

③ 参见［美］汉密尔顿等：《联邦党人文集》，程逢如译，商务印书馆1997年版，第392~393页。

法院在进行宪法解释时，只解释司法性质的问题，不解释政治性的问题，以避免法院将自己陷入政治问题的漩涡之中难以维持中立。同时也是为了对行政和立法机关表示尊重，防止对行政和立法机关行使的权力造成干涉或侵犯。

司法机关解释宪法的程序，因各国宪政体制的不同而存在差异，但在基本架构上多为仿效美国制度的产物。以美国为代表的实行司法审查的国家，普通法院解决宪法性纠纷的程序是普通案件审理的程序，对宪法进行解释适用的程序自然也是一般的诉讼程序。

美国最高法院由 9 名大法官组成，案件的审理，当然也包括对宪法进行解释，原则上由全体法官参加。案件的判决，由出庭法官投票表决，以多数法官赞成的意见为判决结论。在表决前的讨论中，首席大法官发言后，其他法官按照资历深浅依次发言。表决时，资历浅者先投票。如果因为法官的缺席而导致赞成意见和反对意见相等时，就维持原判，但这种判决不能形成判例。

最高法院对案件的表决结果，通常会出现这样的情形：支持多数派意见或少数派意见的法官所持的法律观点和理由并不相同，形成多数派或少数派的附随意见。此时，由首席大法官在持多数意见的法官中指派一人撰写表示法庭意见的判决书，持多数派附随意见的法官则撰写附随意见。相应地，在反对的少数派中，由一名法官撰写反对意见，如有持不同法律观点和理由者，则负责撰写附随意见。如果首席大法官本人不是多数派，则由多数派中资历最深的法官负责撰写判决书。

三、专门机关解释

所谓专门机关解释，是指在立法机关和普通法院系统之外设立专职监督宪法实施的机构，对违宪的法律文件和法律行为的审查，行使宪法解释权，在此过程中，对相关宪法条文的涵义进行解释的模式。其法理基础是第四种权力理论。这种理论认为，宪法是国家的最高法，监督宪法实施、进行宪法解释是国家最为重要的权力，行使此项权力的机关，应立于普通机关之上，使其获得超然的地位，解决宪法上所发生的问题，以保障宪法的尊严。① 当今各国建立专门机构行使宪法解释权的主要是宪法法院解释模式和宪法委员会解释模式。这两种类型的专门机关不仅名称不同，而且在性质和作用上也存在一定差别。特别是法国宪法委员会，很大程度上是一个政治性机关。

专门机关解释宪法的体制所基于的根据有这样几个方面：首先，宪法虽然是法律，但又不是一般的法律，由此而来的就是宪法解释权力不同于一般的法律解释权力，需要建立专门的机关来行使，以凸显宪法与普通法律的区别。在宪法解释机关获得超然于其他机关地位的前提下，其所作出的宪法解释才能具有更大的权威，才有助于维护宪法的至高无上地位。其次，司法机关解释的体制以宪法与普通法律具有的相同属性为基点，容易造成对宪法特有属性的忽视，特别是在实际的运作中会造成法院对宪法的解释与对普通法律的解释作等量齐观的看待，不利于树立宪法的权威。而且这种体制内在地蕴含着司法权主宰行政权、立法权的可能，容易造成“司法的独裁”，破坏立法、司法、行政三权之间的平衡

---

① ［美］沃尔特·F. 莫菲：《宪法、宪政与民主》，信春鹰译，《宪法比较研究文集》第 1 卷，山东人民出版社 1993 年版，第 42 页。

关系。

由专门机关行使宪法解释权的体制源于奥地利在1920年10月设立的独立于普通法院体系的宪法法院，之后被许多欧洲大陆国家所仿效。如1947年意大利设立宪法法院，1949年联邦德国设立宪法法院。20世纪90年代，伴随着苏联、东欧社会主义国家的解体，这些国家原来实行的立法机关解释宪法体制大多被废弃，转而采用专门机关的宪法解释体制，使得该宪法解释体制得以普遍采纳和推行。

在德国，宪法法院是一个与国家的立法、行政和司法机构平行的机构，目的在于确保立法机构、行政机构和司法机构行为的合宪性，使普通法院也受《基本法》上的法治国家、福利国家和平等原则的约束。虽然普通法院在适用普通法律时，也需要对普通法律是否与宪法基本原则相抵触进行解释，但在普通法院与劳动法院、财政法院、社会法院和行政法院并存且互不隶属的情形下，普通法院根据宪法基本原则对法律的“概括条款”进行具体化是否符合宪法基本原则的要求，特别是对宪法有关条款进行的解释是否妥当，必须接受宪法法院的裁决，也就是由宪法法院作出最后的解释。以此而论，如果说美国实行普通法院解释宪法体制基于的是宪法与普通法律的不同的话，德国实行宪法法院解释宪法的体制是立足于宪法与普通法律之间存在的差异。如果将宪法条文与普通法律的条文相比较，就会发现宪法条文更具有开放性，需要解释的内容能够更多。

在法国，受卢梭“人民主权”思想，特别是其中的“公意”主张的影响，法律被认为是主权者的意志，是公意的体现，任何法院都不能审查法律的合宪性，即便是在法律的合宪性存在争议的时候，法院也不能拒绝适用。而且法国历史上法院曾经是专制者的帮凶而造成的对法院不信任，这也使得法院不能行使解释宪法的权力。

下面简单介绍一些主要国家的专门机关解释宪法应遵循的基本程序：

1. 德国

德国《基本法》规定，联邦宪法法院就联邦最高机关或根据本《基本法》或联邦最高机关议事规则授权的其他有关方面的权利和义务的范围发生争议时，对《基本法》的解释进行裁决。《联邦宪法法院法》据此规定了宪法法院解释宪法应遵循的程序：

有权向联邦宪法法院提出解释宪法请求的申诉人有：联邦总统、联邦议院、联邦参议员、联邦政府、有《基本法》或者是联邦议院和联邦参议院的程序规则授予其享有独立权限的分支机构。申诉应当说明由于被指控的对方当事人的作为或者是不作为而受到侵犯的《基本法》的规定，并在被指控的作为或者是不作为在为申诉人知晓后的6个月时间内提出。

当事人应以书面的形式向联邦宪法法院提出解释宪法的请求，并在申请书中说明理由和提供必要的证据。联邦宪法法院收到申请书后，由庭长将申请书送达相对人和其他诉讼当事人，申请的相对人和其他诉讼当事人在一定期间内有提出答辩或意见的权利。

联邦宪法法院对申请进行初步审查，对那些不合法的或者明显无理的申请，可以裁定驳回。根据宪法法院法的规定，审理丧失基本权利案、宣告政党违宪案、弹劾总统案和弹劾法官案，必须经过言词辩论才能作出裁判。宪法解释则不需要一定经过言词辩论。联邦宪法法院在独立听取答辩和取证的基础上进行秘密合议以形成对宪法的解释。宪法解释应当以书面形式起草，附上理由并由参加合议的法官签字。《联邦宪法法院法》规定，口头答辩结束至作出宪法解释的时间不得超过 3 个月。

2. 意大利

在意大利，宪法解释发生于这样几种情形：个人在诉讼中，认为法院适用的法律有违宪之处时，有权申请审理案件的法院停止审判而将案件移送宪法法院；法院在审理案件中，认为其适用的法律有违宪之嫌疑时，可以自动停止审判而将案件移送宪法法院；中央政府在接到省法律公布的正式通告后 15 天内，有权申请宪法法院审查其是否违宪；省政府有权在中央法律公布后的 30 日内，申请宪法法院审查其是否违宪；省政府有权在省法律公布的 60 天以内，申请宪法法院审查其是否违宪。

宪法法院对于宪法解释案件的审理，应在受理之后及时公布于政府公报，并允许当事人或政府在 20 日内提出书面答辩。与此同时，宪法法院应指定法官 1 人调查案件内容，并在 20 天内向宪法法院院长提出报告。宪法法院院长据此报告并在征询受命办理该案的法官意见后，于 20 日内决定召开秘密庭审或公开审判，其中秘密庭审用于驳回申请。公开审判时由法官提出报告，然后当事人辩论。之后改为秘密庭审，形成判决。判决以绝对多数的同意作出，公布于政府公报之上。

3. 俄罗斯

根据《关于俄罗斯联邦宪法法院的联邦宪法性法律》的规定，有权向俄罗斯联邦宪法法院提出请求解释俄罗斯联邦宪法的应当是俄罗斯联邦总统、联邦议会、国家杜马、俄罗斯联邦政府、俄罗斯联邦各成员的立法机构。宪法解释的程序是：

由申诉人以书面形式向联邦宪法法院提出解释宪法的请求，由联邦宪法法院秘书处对申诉进行登记。如果申诉明显不属于俄罗斯联邦宪法法院的管辖范围，或者是不符合法律所要求的形式，或者是由不符合条件的机构或个人提出，或者是未缴纳正式的费用，秘书处会拒绝登记。获得登记的关于宪法解释的申诉，就由联邦宪法法院的法官进行预先审查，这种预先审查应当在申诉被登记后的 2 个月内完成。然后由联邦宪法法院在不超过 1 个月的时间内由全体法官会议作出是否受理申诉的决定。

联邦宪法法院全体法官会议和审判庭会议应当公开审理案件，当有必要维护法律所保障的秘密，保证公民的安全以及保障社会道德时，可以对案件进行秘密审议。出席联邦宪法法院会议的通知应在开会的 10 天之前送达参与诉讼的法官和当事人。在规定的时刻，主持法官在核实了出席的法定人数后，应当宣布俄罗斯联邦宪法法院开庭。对案件的调查从作为报告人的法官的陈述开始，主持法官应当向当事人对审议中的问题的要点作出解释，然后由当事人进行辩护。对审议案件作出最后的决定应当在秘密会议上由联邦宪法法院参加投票的绝对多数法官赞同予以通过，但对宪法进行解释的决定应当以所有法官 2/3 的赞同予以通过，并公布于“俄罗斯联邦宪法法院公报”之上。

第二节 宪法解释的理论

作为法律文本的宪法，是特定国家的制宪者基于某种政治理想，根据一定的政治理念对国家政治所作出的制度性安排。无论多么好的宪法文本，也都只能是制宪者基于对人们过去行为的总结，来制定人们将来行为的规范。文本宪法一旦制定出来，就是一个静态的规范系统，人们的行为无论宪法文本是否存在都在每时每刻地进行着，这些行为是否符合宪法文本中所规定的理想模式的要求，有些时候比较容易判断，但许多时候可能并非一目了然的事情。违宪审查机关对宪法的适用，有些情况下可能会因宪法文本有明确的规定而比较简单，但在多数情形下则是一项非常复杂的工作。特别是宪法文本的规定比较原则时，产生纠纷的行为或立法是否符合宪法文本中有关规范的要求，并不是一个非常容易判断的问题。当面临这种情形时，法官需要首先明确宪法文本有关规定的含义到底是什么，实际上也就是对宪法文本中有关的规范进行解释，并基于这种解释作出裁判。这个时候，法官要想使当事人服从其对争议的裁决，必须从宪法文本中找到据以裁决的根据，也就是说法官的裁决必须建立在他对宪法文本所作的合理解释的基础上，而不能是来自法官自己的偏好，即便是存在偏好，也必须为其披上一个合法的外衣，方能令当事人信服，否则，要求当事人服从法官所作裁决的前提就会被动摇。

一、原旨主义

原旨主义作为一种宪法解释的方法，目的是要将宪法文本的权威建立在制宪者的意图之上，它假定宪法的固定内容在宪法文本被通过或被批准的时候就已经确定下来，宪法解释者只要通过对文本以及与文本相关的资料、背景的考察就可以得到确证。从马歇尔大法官在 1803 年的“马伯里诉麦迪逊案”中公开宣告宪法的最高权威以来，原旨主义解释就成为了美国法官解释宪法时经常采取的立场。

按照美国学者布瑞斯特的看法，原旨主义实际上又可分为文本主义和目的主义。文本主义主张宪法的原则内容在宪法被通过时已经固定下来，也就是说宪法在制定或通过时立宪者赋予了该宪法文本一定的意图，在宪法文本没有修改之前，这种意图始终存在且不会发生改变，宪法解释者对宪法文本中有关内容的解释必须按照立宪者的原意进行，不仅要符合宪法文本中有关词语字面的意思，而且在含义上也必须相一致。在 1934 年的“住宅建筑与贷款公司诉布莱斯德尔（Home Building and Loan Assn v. Blaisdell）”一案中，萨瑟兰（Sutherland）法官主张：“美国宪法的含义并不会因经济情势的盛衰而易。我们经常听到人们用不怎么专业的语言说，必须按照当下情势解释美国宪法。如果这是指美国宪法是由活的语词构成的话，以及这些语词可适用于他们所包括的每种情况，那么这种说法表示颇为正确的。但是，如果这是意指美国宪法语词在当今的含义并不是制定宪法时这些语词所具有的含义，那么这就使该宪法丧失其基本要素，然而这种基本要素却是使美国宪法在人民修正她（而不是人民的官方代理人修正以前）持续有效的要素。”① “运用于宪法条款解释的全部目标，就是发现制宪者以及采纳者的含义，确定意图并使之得以实行。”② 博登海默将这种文本主义称为“历史解释说”③。目的主义，博登海默称之为

---

① 转引自范进学：《宪法解释的理论建构》，山东人民出版社 2004 年版，第 130~131 页。

② ［美］保罗·布莱斯特等：《宪法决策的过程：案例与材料》（第四版·上册），张千帆等译，中国政法大学出版社 2002 年版，第 401~402 页。

③ ［美］E. 博登海默著：《法理学：法律哲学与法律方法》，邓正来译，中国政法大学出版社 1999 年版，第 517 页。

“共时解释说”①，主张必须按照宪法文本的制定者、通过者或签署者的目的、意图来解释宪法。

德沃金的“权利理论”认为，宪法中已经预设了所有成员都具有的平等对待和尊重的权利，即便是宪法法律中没有明确的规则可供适用，也同样可以依据宪法制定者已经预设好的原则及所有人生而平等适用宪法。法官的责任就是去努力发现宪法中已蕴含着的道德性权利原则，不需要去创制新的权利规则。因此，宪法解释的目标就是维护立宪者的权利原则意图，这种权利原则意图具有整体性，它不仅仅是局限于宪法文本的文字，还可以诉诸历史文献和宪法精神与原则。② 德沃金的这一主张，是针对哈特的“法律空缺理论”而提出的。哈特基于其分析法学的立场，认为“任何选择用来传递行为标准的工具——判例或立法，无论它们怎样顺利地适用于大多数普通案件，都会在某一点上发生适用上的问题，将表现出不确定性，它们将具有人们称为空缺结构的特征”。③ 德沃金指出，如果仅仅将法律看做是一个“规则体系”，而不包含法律原则和政策，就会出现哈特所谓的“空缺”。如果将非规则的各种准则，即法律的原则和精神看做是法律不可缺少的组成部分，则宪法解释就不可能有造法功能。

原旨主义解释的代表人物是 Bork。他主张，法官只能按照宪法制定之初就已经被理解和接受的原意去解释宪法，法官有义务去服从使他获得权威的宪法文本，不应当按照自己的价值判断去解释宪法。一旦法官不受立法意图本身约束，在法官的眼里就没有法律可言。

以原旨主义的立场来解释宪法文本中有关内容的做法，以 1857 年的 Dred Scott v. Sandford 案为典型。④ 斯考特（Scott）是密苏里州的一个奴隶，为随军医生约翰·爱默生所有。1834—1838 年间，斯考特随主人先后居住于伊利诺斯州和威斯康星联邦领土上，而根据 1820 年美国国会通过的“密苏里妥协法案”，这两个地方均为禁止蓄奴的自由州或自由联邦领土。1838 年，斯考特随主人又回到奴隶制度合法化的密苏里州。爱默生死后，斯考特最后成为了约翰·桑福特（Sandford）的财产。1846 年，斯考特向法院起诉，以曾经在自由州或联邦自由领土上居住过为理由，主张自己已经获得了自由人身份，即便是再回到实行奴隶制的密苏里州，这种自由人身份也不应当被剥夺。该案经密苏里州法院、州高等法院审理，最后上诉到联邦最高法院。该案涉及的一个重要问题是：斯考特是否具有密苏里州的公民身份，从而使其具备向联邦法院起诉的资格。联邦最高法院首席大法官唐尼（Taney）在 1857 年 3 月 6 日宣布的多数意见判决中指出，斯考特不是美国公民，无权将他的案子上诉到联邦法院。之所以作这样的判决，不仅从美国宪法的规定看，

---

① ［美］E. 博登海默著：《法理学：法律哲学与法律方法》，邓正来译，中国政法大学出版社 1999 年版，第 517 页。

② 参见［美］德沃金：《认真对待权利》，信春鹰、吴玉章译，中国大百科全书出版社 1998 年版，第 16 页。

③ ［英］哈特：《法律的概念》，张文显等译，中国大百科全书出版社 1996 年版，第 135 页。

④ Dred Scott v. Sandford，60 U. S. 393-633（1857）.

斯考特仅仅是宪法中所说的“其他人口”，不具有公民身份。① 更为重要的是，唐尼法官认为，当联邦宪法制定时，联邦本身并没有公民；当联邦宪法批准生效以后，组成联邦的各州的公民也就随之转化为联邦公民。也就是说，在联邦宪法生效时，要想转化为联邦的公民，必须首先在其所在的州获得公民资格。但是，由于资产阶级与南部种植园主的妥协，宪法的文本中虽然没有明确使用“奴隶”或“奴隶制”的字眼，凡是与奴隶有关的地方，宪法都用类似“服劳役的人”“其他人口”来指称，但实际上承认奴隶制在联邦建立以后可以合法存在。因此，黑人奴隶在宪法批准的时候并没有在其所在的州获得公民身份，自然也就不能伴随着联邦的建立转化为联邦的公民，不能享有美国公民（实际上是指白人）享有的一切受到宪法保护的权利，其中包括向联邦法院起诉的权利。

宪法解释上的原旨主义面临的问题有：（1）哪些“制宪者”的意图是法官所应该遵循的？是整个制宪会议？还是制宪会议的领导人？抑或是批准这些协议的各个州政府？（2）我们怎样才能知道他们的意图？麦迪逊的笔记就是全面而不带任何偏见的吗？如何对待批准协议时所缺乏的大约一半的辩论记录？（3）当我们意图解释语言时，如何才能克服语言本身所固有的不确定性？记录某些重大事项的语言在某种程度上不也是模糊不清的吗？在努力解释宽泛的文件时不也必然包含创造某种解释框架吗？在解释某些模棱两可的文本时，我们有可能不受我们所坚信之东西的影响吗？②

除了上述问题之外，宪法解释的原旨主义还受到了人们这样的质疑：倘若宪法条文本身就代表制宪者，期望通过制宪者所使用的语言来判断法律条文的含义，那岂不是将文本意图作为了文本作者的意图吗？③

二、文本主义

文本主义又称为文本意图说，他以克服原旨主义中制宪者意图之难以确定的不足为目标，秉持后现代主义“读者的诞生必须以作者的死亡为代价”的理念，认为将宪法的解释定位于寻求立宪者的原意是不现实的。即便是存在所谓的制宪者原意，如果离开了作为规范形式的宪法文本去解释，容易为解释者将自己的意图假借成制宪者的原意提供可乘之机，导致宪法解释丧失本应具有的客观性。因此，根本不需要去寻找制宪者的原始意图是什么并将其作为宪法解释获得正当性的根据，需要的只是将宪法文本作为制宪者借以表达其意图的形式，具有独立性，宪法解释者通过运用逻辑的、修辞的、语义的、结构的等多

① 美国宪法第3条第2款关于法院的管辖权是这样规定的：“司法权适用的范围，应包括在本宪法、合众国法律、合众国已订的及将订的条约之下发生的一切普通法和衡平法案件；一切有关大使、公使及领事的案件；一切有关海上裁判权及海事裁判权的案件；合众国为当事一方的诉讼；州与州之间的诉讼，州与另一州公民之间的诉讼，一州公民与另一州公民之间的诉讼，同州公民之间为不同之州所让与之土地而争执的诉讼，以及一州或其公民与外国政府、公民或其属民之间的诉讼。”（萧榕：《世界著名法典选编·宪法卷》，中国民主法制出版社1997年版，第12页）由此可以看出，向联邦法院起诉必须具有合众国公民的资格。

② 参见［美］克里斯托弗·沃尔夫：《司法能动主义——自由的保障还是安全的威胁?》，黄金荣译，中国政法大学出版社2004年版，第4页。

③ 参见范进学：《宪法解释的理论建构》，山东人民出版社2004年版，第133页。

种分析工具将宪法文本中的文字符号在功能上具有的能指与所指尽量充分展示出来，再结合具体的背景进行分析，就可以探究出制宪者的意图。在1824年，美国联邦最高法院首席大法官马歇尔就指出："无须隐瞒其意图者总是采用那些最直接和最恰当地表达其思想的文字。对于制作我国宪法的爱国者和通过它的人民，必须在其所用文字的本义上理解他们，文字的本义就是他们的意图。"① 休斯法官在1838年也指出："宪法解释的首要原则是必须尊重并审慎选择文字及其本意……无论在什么情况下，要把握宪法所表达的思想和含义，首先应诉诸文字的本义。"② 尽管作为哲学思潮的文本理论形成于20世纪，但马歇尔和休斯法官的这些主张毫无疑问与当代的文本理论有不谋而合之处。

考虑到宪法文本中的文字符号具有多义性，如何通过对宪法文本的分析来准确把握其所体现的制宪者意图呢？美国研究宪法解释的著名学者詹姆斯·安修的主张是：若有充分的根据，应按制宪当时人们的理解进行解释；按照文字本来的、通常的、公认的含义进行解释；以整体主义的立场对宪法文本中的相关文字进行解释；考虑到条文在宪法文本中的特定位置而对其含义进行解释等。③

在宪法解释上坚持文本主义的立场，在一定意义上讲比较符合法治的精神，也有助于消除或避免不恰当地认为宪法规范的含义依赖于解释者的赋予而造成的对宪法解释的误解。

三、解释者主义

解释者主义又称为解释者意图说，其基本主张是，任何法律都是以规范人们将来的行为为目标，而且要满足适用上的普遍性。因此，宪法规范的意义在制宪者那里是抽象的、模糊的，只有通过适用者在具体案件中进行解释才能使之达到具体化。加达默尔指出："法律学家是从现存的情况出发并且是为了这种现存的情况而理解法律的意义……法律的意义只有在所有这些应用中才能成为具体的。"④ 以此而论，法官对宪法的理解和解释，并不是要透过宪法规范以及制宪过程中的议事记录来探求其原意，而是要针对社会关系的变迁，确立宪法新的规范效力。因为宪法文本只有在其能够对现实关系产生效力时才具有生命力，否则便是死的条文。法官适用宪法，意在使宪法的生命得以不断延续，而不是将其扼杀。

如果将宪法文本看做制宪者向法官下达的命令，那就意味着是在制宪者与执行宪法的法官之间建立了理解的关系。法官对宪法的执行不可避免地会受到其所理解的宪法含义的影响，换言之，法官必然是按照其对宪法意义的理解来执行宪法。法官的理解可能与制宪

① 转引自［美］詹姆斯·安修：《美国宪法解释与判例》，黎建飞译，中国政法大学出版社1999年版，第7~8页。

② 转引自［美］詹姆斯·安修：《美国宪法解释与判例》，黎建飞译，中国政法大学出版社1999年版，第8页。

③ 转引自［美］詹姆斯·安修：《美国宪法解释与判例》，黎建飞译，中国政法大学出版社1999年版，第7~66页。

④［德］汉斯·格奥尔格·加达默尔：《真理与方法：哲学诠释学的基本特征》（上），洪汉鼎译，上海译文出版社1999年版，第418页。

者的意图一致，也可能不一致。事实上，制宪者作为宪法文本的作者，也很难消除法官对宪法文本作出自己的理解和解释。正像加达默尔所言："法官试图要认识的东西正是法律的法权意义，而不是法律公布时的历史意义或该法律任何一次应用时的历史意义。"① 法国最高法院院长巴洛·博普雷也指出："当条文有些含糊时，当它的意义和范围存在疑点时，当同另一条对比，在一定程度上内容或者有矛盾，或者受限制，或者相反有所扩展时，我认为这时法官可有最广泛的解释权。他不必致力于无休止地探讨百年前法典作者制定某某条文时是怎样想的；他应问问自己假如今天这些作者制定这同一条文，他们的思想会是怎样的……正义与理智迫使我们慷慨地、合乎人情地使法律条文适应现代社会生活的现实与要求。"② 虽然巴洛·博普雷针对的是民法典的适用，但其中的道理同样适用于宪法解释。

① ［德］汉斯·格奥尔格·加达默尔：《真理与方法：哲学诠释学的基本特征》（上），洪汉鼎译，上海译文出版社 1999 年版，第 421 页。

② 转引自［法］勒内·达维德：《当代主要法律体系》，漆竹生译，上海译文出版社 1984 年版，第 112 页。

第二十章　宪法审查

第一节　司法审查制

一、美国

1. 形成原因

司法审查制最先在美国确立起来，但美国的宪法文本中并没有关于司法审查的明确规定，联邦法院行使的司法审查权依据何在，国内外学者的论著说法不一，大致有三种：一种是认为美国的司法审查制虽然没有宪法的直接根据，但宪法第3条第2款和第6条的规定和1789年的司法条例第25条的规定，却为司法审查制的建立提供了间接的根据；二是认为美国司法审查制的建立有洛克的自然法理论和孟德斯鸠的三权分立思想作为理论根据；三是认为美国司法审查制的建立是政治实践的需要，目的是为了弥补宪法的不足之处。①

美国在独立之前，属于英国的殖民地，其成员基本上是那些不满于英国专制统治而逃往北美大陆的清教徒。这样的天然联系就决定了殖民地居民头脑中"关于政治的概念不可避免地主要来自他们已经离开的那个社会"，即"基本上还是沿袭了他们故国的政治观念"。② 其中最典型的就是自然法理论。以至于有的学者认为它成为美国建立司法审查制度"最重要的独一无二的源泉"。③

上述观念上的影响只是间接的。直接的则是英国的枢密院司法委员会对殖民地立法进行审查的历史实践。在殖民地时代，各殖民地的立法除了须经英王在殖民地的代表的总督批准之外，还必须呈请英王批准方可有效。英王在批准殖民地的立法之前，通常将该立法交枢密院进行审查，看其是否违反普通法，英国议会的制定法或其向殖民地颁发的特许状。如果审查之后，认为殖民地的立法违背英国的法律，即宣布为无效。很显然枢密院司法委员会对殖民地立法的审查是依据宗主国的立法高于其属地的立法的基本原则，目的是为了使各殖民地的法律不和其宗主国的法律发生背离。体现的是宗主国对殖民地的现实统治关系。与今天我们所说的司法审查有着重大的区别。因为枢密院主要属于行政机关的性质。它对殖民地立法所进行的审查只是为了维护其宗主国与属地之间法律的统一，并非为

① 李昌道：《美国宪法纵横谈》，复旦大学出版社1994年版，第146~147页。

② ［美］维尔：《美国政治》，王合、陈国清、杨铁钧译，商务印书馆1981年版，第4页。

③ 陈云生：《民主宪政新潮——宪法监督的理论和实践》，人民出版社1988年版，第67页。

了维护宪法的权威与尊严。我们这样说并不是否认英国的这种历史实践对美国司法审查制建立所产生的影响。毕竟枢密院对殖民地立法的审查这种司法实践为美国建国后建立司法审查制提供了历史的基础。毋宁说美国的司法审查制是在英国这种司法实践的基础上变异和创新而来的。

除了英国的影响之外，美国司法审查制的建立还有自己的历史基础。那就是联邦建立之前13个州中不少的州的司法审查的实践，其中最早的是新泽西州。该州的最高法院在1780年就明确地宣布过立法违宪无效的原则，继新泽西州之后，罗德岛州法院于1786年，北卡罗来纳州法院于1787年，弗吉尼亚州于1788年都先后地作出类似于此类的决定。联邦建立之后，康涅狄格州联邦巡回法院于1791年该州立法违反对英和平条约而构成违宪的理由，开了联邦法院否决州立法的先河。据统计，从独立战争到1803年司法审查制正式确立期间，各州法院至少在20个左右的案件中采用了司法审查。这些实践对美国后来建立司法审查制度无疑产生了重要的影响。

“天赋人权”的思想为美国司法审查制的建立奠定了理论基础。美国的政治家们根据“天赋人权”的主张，阐明了立法机关与人民的关系，认为体现人民意志的是宪法，国会通过的普通法律只能体现国会代表的意志，而代表的意志显然不能代替人民的意志。因此，体现人民意志的宪法当然也就高于作为人民代表意志的法律。当普通法律与宪法发生抵触时，法官应遵从人民的意志，宣布违宪的法律无效。这样的思想，在联邦党人所发表的文章中，有非常鲜明的反映。①

然而，以汉密尔顿为首的联邦派关于司法审查的主张并未被美国的宪法之父们所接受。费城的制宪会议上，因对此问题无法调和或达成妥协，因而也未在宪法当中加以规定。但这并未阻止联邦派对司法审查的信念以及基于这种信念而对司法审查制的不懈追求。美国宪法生效不久，当联邦党人、联邦最高法院首席大法官马歇尔于1803年面对“马伯里诉麦迪逊”一案面临两难处境的情况下，巧妙地运用这些思想，确立了事实上的法院对国会和总统的制衡关系，维护了美国宪法所规定的“分权制衡”体制，对美国司法审查制的最终确立起到了奠基的作用。

事实上，我们不能过分夸大马歇尔在美国司法审查制确立中的作用。倘若宪法明确禁止法院行使违宪审查权，马歇尔即使具有再聪明的头脑，恐怕也无能为力。美国的法院对违宪审查权的享有并非毫无法律上的根据可言。美国宪法第3条第2款规定，司法机关有权管辖由合众国的宪法、法律及合众国已缔结或将缔结的条约之下所发生的一切案件。根据这一规定，可推论出法院有权来裁决法律的合宪性问题。美国宪法第6条又规定：“本宪法及依本宪法所制定之合众国法律，以及合众国已缔结或将缔结的一切条约，皆为全国之最高法律，每个州的法官都应受其约束，任何一州的宪法或法律与其抵触时，均不得违反这一规定。”既然宪法为全国之最高法律，州的宪法和法律不得与其抵触，自然可以从中引申出最高法院有权对法律、法令及州宪的合宪性进行审查。另外在1789年的司法条例第25条当中，规定凡是各州法院不依照宪法第6条第2款的规定确认联邦宪法条约及法律为最高法律的判决，均可上诉于联邦最高法院，可看做对联邦最高法院审查国会立法

① 参见汉密尔顿等：《联邦党人文集》，程逢如等译，商务印书馆1982年版，第391页。

是否合宪权力事实上的默认。据此而言，美国联邦最高法院的违宪审查权的法律依据不是表现为宪法的直接确认而已，而是根据宪法的有关规定引申出来的。正是有了宪法上的间接依据，马歇尔才有可能通过判例的方式将其明确化。倘若宪法或法律直接地否认了此点，情形就决不会像今天这样。

2. 司法审查制的构成

（1）普通法院行使违宪审查权

在美国，行使违宪审查权的法院并非专门的违宪审查机关，它的主要职责是受理、裁判一般的刑事、民事或其他性质的案件，其法官也是按照法律规定的一般法官的条件和程序产生的。为何将违宪审查权赋予普通法院行使，根本的原因是将违宪审查权看做是纯粹的司法权，不需要另外设立专门的法院来行使。享有违宪审查权的是以联邦最高法院为核心的整个联邦法院系统，包括各州的最高法院。问题在于，当州法院也拥有违宪审查权的时候，就有可能出现州法院与联邦法院对宪法的解释不一致甚至是相矛盾的情形，更有发生某些州的最高法院为维护州的利益而故意抵触联邦最高法院所作宪法解释的可能。为此，在1816年的"马丁诉亨特的承租人案"中，联邦最高法院为自己确立了一项特权，即对州的最高法院作出的有关宪法问题的裁决进行复审，由此扩大了违宪审查的范围，并为统一各州对联邦宪法、法律的解释奠定了基础。以此而言，美国的违宪审查权主要还是集中在联邦最高法院，联邦最高法院不仅有权审查联邦国会的立法及政府的行为是否合宪，还有权审查各州的宪法与法律是否符合联邦的宪法。其中，对各州最高法院作出的有关宪法问题的裁决是否合宪的审查是其他的法院所不能享有的权力。

（2）事后附带性的审查方式

在美国，规范性文件按其制定机关及其效力的不同，可分为五个等级：联邦宪法；联邦法律、条约、行政命令；州宪法；州法律；县规制（rqzdations）与市镇规例（ordinances）。司法审查也按照法律的等级划分为三个层次：一是州的司法审查，审查的规范性文件为州的法律是否抵触州的宪法；县的规制、市镇的规例是否抵触州宪法、州法律。二是联邦的司法审查，其审查权同属于联邦法院和州法院，主要是审查州宪法、州法律（或法令）是否抵触联邦宪法、联邦法律及条约。三是全国性司法审查，其审查权专属于联邦最高法院，主要是审查国会制定的联邦法律、条约及总统颁布行政命令，有无抵触联邦宪法或违反联邦宪法的规定。

法院对上述法律、法规的合宪性审查主要采用事后的附带性审查方式，法律、法规在颁布生效之前，法院无论以何种理由都不能对其进行事前、预防性的抽象审查。因为此时法律、法规还没有完成立法的程序，没有法律效力，不能为法院所适用，法院自然也就无权对其进行审查。此外，法院对法律、法规的审查只能被动地开展，只能在初审或上诉审的案件中，法律、法规的合宪性问题由当事人作为民事或刑事诉讼的附带性问题被提出来，就该案将要适用的法律、法规是否合宪提出异议时，法院才能对其进行审查，并在民事、刑事的判决中作出裁决。法院不能以假设的案件事实来对法律、法规进行预防性审查。即便是法院知道某一法律、法规存在着合宪性争议，但无人因此提出刑事、民事诉讼，法院不会去加以过问。即使是提起了民事、刑事诉讼，当事人对所适用的法律、法规的合宪性没有提出异议时法院也不能进行审查，即所谓的"不告不理"。就是当事人提出了异议，但所能审查的也限于该案所适用的法律、法规。

（3）当事人的资格

只有具备法律规定的各类诉讼案件当事人资格的人才可以充当原告和被告，进而才有资格对适用该案件的法律、法规的合宪性提出异议。一般要求除权利直接受到影响的本人外，其他人不能提出某项法律违宪的诉讼请求。也就是说，只有其权利和利益受到了被认为违宪的法律、法规或行政行为侵害的人，才有资格提起法律违宪的诉讼，否则法院不会受理。

根据美国宪法第3条关于案件和诉讼的规定，联邦最高法院在1962年的“贝克诉卡尔案”中要求，寻求司法救助的各方所提出的争执问题的结果对之有严重的个人利害关系，从而确保具体的对抗，这种具体的对抗使问题的陈述尖锐化，最高法院在很大程度上正是依靠问题陈述之尖锐化来阐明困难的宪法问题的。在1983年的“洛杉矶诉莱昂斯案”中，最高法院进一步要求，诉讼当事人必须提出所控告的违法事件所造成的实际损害，且这一损害与个人利害关系之存在，使其有资格寻求他所要求的司法救助。

所谓个人的利害关系可以是经济方面的，也可以是美感或环境方面的；可以是有形的，也可以是无形的。如剥夺国会通过法规授予的权益，建设核电厂对环境的损害，房地产经纪人的经营活动对居民建立和维持稳定的无种族隔离社区能力的损害。正因为如此，《外国代理人登记法》要求对所放映的外国影片加上“政治宣传”的标签而造成的对放映人个人名誉、政治和专业声誉的损害，租金控制法令要求在决定是否增加租金时可以考虑“给承租人带来困难”的因素而给房东造成的损害等，均被认为是实际上的损害。

除了实际损害的存在外，还应表明此损害系由受到他们质疑的政府行为所引起，他本人有相当大的可能从所要求的司法救助中得到好处，且能从司法救助中使其受到的损害得到补偿。但在1984年的“艾伦诉赖特案”中，奥康纳大法官否认了诉讼当事人声称的政府违反宪法的行为，与未出庭的第三方采取损害诉讼当事人的行动之间存在着因果关系。该案中，诉讼当事人称，国内收入署没有剥夺实行种族歧视的私立学校的免税地位，这削弱了他们自己子女接受无种族隔离教育的能力。奥康纳大法官代表最高法院发表意见说，控告提出了一种充分的损害要求，但是并没有表明从这种损害完全可以追究国内收入署的行为。虽然诉讼当事人举出了享受免税待遇的若干实行种族隔离的学校的名字，但并不能确切弄清有多少实行种族隔离的学校从税额优惠中得到好处。此外，取消税额优惠将迫使实行种族隔离的学校改变招生政策，这不过是一种推测，因为要彻底改变学校的种族成分需要家长和官员集体作出响应。因此，此案中的因果关系“充其量说不够充分”。①

随着社会的发展，司法审查中当事人资格的要求较之过去有所放宽，不再把当事人与争讼的问题有直接的利害关系作为受理与否的先决条件，有限度地承认间接的利害关系也可以提起宪法诉讼。因而，在下列情况下，诉讼当事人的资格问题就需视情况而定：

首先是联邦纳税人的诉讼资格。美国联邦政府的财政拨款是否违宪的争讼在原来公民仅以纳税人的身份提起诉讼，法院是不会受理并进行审查的，因为财政拨款仅涉及纳税人

---

① ［美］杰罗姆·巴伦、托马斯·迪恩斯：《美国宪法概论》，刘瑞祥等译，中国社会科学出版社1995年版，第27页。

所交纳的税在政府机关之间的分配使用问题，并不直接地侵害具体某个公民的利益，联邦纳税人对联邦资金的开支没有足够大的利害关系；联邦税收成为国家总收入的一部分后，不再与某个具体的纳税人发生联系，更何况，即便是取消或禁止某项开支，纳税诉讼当事人从中获得经济利益的可能性也极小。正像联邦最高法院在“严弗罗辛厄姆诉梅隆案”（1923年）中所指出的那样：“援引司法权的一方必须表明，由于该法令的实施，他已经蒙受了或者立刻要蒙受某种直接损害，而不只是与广大人民一道以某种不确定的方式受到损害。”然而在现在，基于公民作为纳税人有权监督自己所纳之税的使用及去向的观念，在一定的情况下，也会予以受理并对政府的财政拨款是否违宪进行审查。在满足这样两个条件的前提下，联邦纳税人也可以对支出措施，提出质疑：一是必须是对征税和用钱权力的行使提出质疑，而不是对以一项管理措施为依据的临时拨款提出质疑；二是纳税人必须断言，受到质疑的法规违反了宪法对征税和用钱权力的具体限制性规定。据此，在1968年的“弗拉斯特诉科恩案”中，最高法院裁定一个联邦纳税人有资格对有利于教会学校的联邦开支提出质疑，理由是这种拨款违反了宪法第一修正案中不得确立国教的条款。这一条款的目的就是要禁止把政府的钱用于宗教。

其次是公民的诉讼资格问题。在没有国会立法提供直接依据的情况下，个人不能仅以联邦公民的身份对联邦行为的合宪性提出质疑，因为作为公民的冤情与其他公民的冤情无法区分开来。在1974年的“合众国诉里查森案”中，联邦最高法院裁定一公民对联邦的一项授予中央情报局长一人批准的经费开支的法令提出质疑是没有诉讼资格的，因为该公民的主要理由是只有了解有关情况才能在投票时做到胸中有数，联邦法院认为这属于广义的冤情，不属于具体的损害。

最后是第三方的诉讼资格问题。一般情况下，甲方一般不被认为有提出属于乙方之法律权利的诉讼资格。因为乙被认为是就涉及他的权利提出诉讼的最适当的人选。但如甲有充足的理由说明自己能就乙的合法要求提出诉讼，则可允许他这样做。在1976年的“克雷格诉博伦案”中，法院裁定销售者有权对一项在购买啤酒方面对男女作出不同限制的法律提出质疑，因为此项法律违反了宪法的平等保护条款，损害了销售人与潜在买主之间的关系。在1977年的“亨特诉华盛顿州苹果广告委员会案”中，法院裁定作为第三方的各种组织也具有提出其成员法定权利的诉讼资格。但前提条件是：成员本人必须受到实际损害，从而具有宪法第三条规定的诉讼资格；争讼中涉及的权益必须与组织的宗旨有关；提出的要求和司法救助不要求各成员参与。这一点在有关环境问题的诉讼方面最为广泛。非但如此，联邦最高法院一方面认可国会可以通过立法，特别授权公共利益团体的代表人有向联邦最高法院提起宪法诉讼的身份；另一方面，对那些没有法律的特别授权的经济利益团体，经过复查后也可以被认为具有充分的诉讼身份。①

（4）形成案件

法院只能在审理具体案件当中进行违宪审查。所谓在具体案件中进行，实际上要求必须有具体的案件存在，即当事人之间发生的争议必须是已经发生或正在发生的，而不是可

---

① ［美］杰罗姆·巴伦、托马斯·迪恩斯：《美国宪法概论》，刘瑞祥等译，中国社会科学出版社1995年版，第29~33页。

能发生，更不能是假设和想象的。只有这样，法院才能够现实地作为一个案件来受理，才有裁决的前提和基础。但仅仅符合此点还不行，因为有些当事人之间发生的权利义务控诉当然是现实的，但不需要法院以司法程序加以裁决，法院当然也就不可能根据当事人的请求在审理该案的过程中进行违宪审查。这又要求除了有具体的或现实的案件之外，还要求该案必须通过法院的司法程序加以最终的裁决为前提。这里所说的通过法院的司法程序加以最终的裁决，并不是由法院来决定的，而是必须根据当事人的起诉进行，法院应遵循“不告不理”的原则。这是法院不能对法律进行抽象审查的必然结果。

(5) 审查结论只具有个别的效力

法院对具体案件审理后，裁决某项法律、法规违宪时，并不一般性地否认其法律效力，仅是拒绝将其适用于所审理的案件。即认定某项法律、法规违宪的裁判，效力只及于本案及其诉讼当事人，对其他的案件不具有约束力。

然而，美国是一个实行判例法的国家，个别效力与判例法的先例约束原则相结合，将在事实上使法院的裁决具有一般的效力，被法院在具体案件中裁决为违宪的法律、法规，在很大的程度上会丧失其作用。因此，法院对法律、法规审查后作出的违宪裁决仅具有个别的效力，只是从理论或法律原则上讲的，实际上则会产生普遍效力的效果。否则，被法院裁决为违宪的法律、法规在实践中仍然具有法律效力，且这种法律效力不受任何影响，那么，法院的裁决有何意义和作用，宪法的权威如何受到维护和保障自然是存在问题的。

3. 对司法审查制的争论

美国的司法审查制确立至今，其在维护宪法的权威，使宪法的内容能够因应时代的需要而不断发展更新方面所发挥的重要作用是有目共睹的，但对其认识上的分歧却从未停止过，也是客观存在的。拥护其的人士以“三权分立”为理论武器，认为司法审查制最直接地维护了法院的独立地位，有利于法院对立法和行政机关的牵制平衡，防止或排除立法和行政的专横。尤其是法院可凭借司法审查权力的行使，维护人民受到宪法保障的基本权利，使之免遭立法和行政机关的侵犯。此点，以汉密尔顿为代表的联邦党人有详细的说明。同样属于联邦党人的马歇尔在“马伯里诉麦迪逊”一案的判决中更有精彩的阐释。概括起来，支持司法审查制的主要根据是：（1）从法理上讲，宪法为国家之根本大法，地位至高无上，效力也高于一般的法律，一般法律的制定在基本的目的上是将宪法的规定给予具体化。在此情况下，违反宪法的法律、命令、规则自然无效。否则宪法的最高法律地位及最高法律效力就难以维持。（2）从制度上言，根据“三权分立”的原理，司法权为一种区别于立法权和行政权的独立权力，法院作为适用法律的机关，自然应当享有对所适用的法律及宪法的解释权，以纠正和减少立法机关制定的法律当中产生的谬误和缺陷，并以此来牵制立法和行政机关。将司法审查作为司法机关对立法机关、行政机关牵制平衡的有力武器，有利于维护法院的独立性，保障法院独立地位的实现。特别是现代的民主国家，普遍以“主权在民”为国家存在的政治基础，握有主权的人民体现或表达于宪法中的意志自然应当高于由代表组成的议会而表达在法律中的意志，当人民的意志和议会的意志不相协调甚至存在抵触时，作为人民和议会之间起着中介作用的法院自然应当选择服从和尊重人民的意志，适用体现和表达人民意志的宪法。从这个意义上讲，司法审查的实质体现了在民主体制下，实行大众民主和保护少数权利、防止多数专制之间的根本冲突。

“马伯里诉麦迪逊”一案所包含的宪政主义原理的要害之处即在于反对和防止议会所可能形成的多数专制。(3)从政策上说，法院与立法和行政机关比较，无疑地担当着“宪法的守护神”这个重要的角色。在审理具体案件的过程中，通过司法审查来为人民权利的实现提供充分有效的保障，使其尽可能地免遭违宪的法令及政府行为的侵害，不失为一种行之有效的途径。因为这种司法审查制是直接对已有的或现成的司法资源的利用，并且将对公民权利的保障蕴涵于对普通案件的审理过程之中，因而成本相对较低，也比较便利。

反对司法审查的人最主要的理由就是法院行使违宪审查权没有宪法上的根据，最高法院声称有此权力实际上是一种篡权，开国元勋们从来无意向司法机关授予此类权力。约翰·B. 吉布森法官在1852年宾夕法尼亚最高法院审理的“埃金诉劳布案”中的意见可以说是这方面的代表性主张。他认为司法审查为篡权的理由是：(1)法院的日常职责是解释各项法律的意义，即判定立法机关制定一项特定立法文件时的用意如何，以及该立法文件在面临特殊案件或争讼的实际情况时应如何解释。(2)凡适用于具有平等地位的政府部门之一的东西也应当适用于政府的其他部门。依此道理，立法机关企图取消一项最高法院的判决会被认为是篡夺司法权的行为，但司法机关裁定一项法规为违宪时却不被视为篡夺立法权的行为。(3)相互制衡的概念并不包含司法否决权的思想，立法需要两院通过，如开国元勋有意硬要司法机关作为一道附加的壁垒，他们就会直接将此权力授予法官们，而不是将此问题存疑。此外，司法审查制也违背了民主的基本精神。法院作为政府当中的一个系统，如何拥有如此大的权力但又不需要向人民负责，特别是由任命而不是选举产生的少数法官为何可以否决民选的多数议员所制定的法律。像美国的最高法院，不过由9名法官组成，组成国会众参两院的议员则多达几百人，最高法院9名法官的智慧就一定能够胜过经过民选产生的且在数量上占绝对优势的国会议员吗？而且这些没有任期限制的终身制的法官为何可以凌驾于代表机关之上而又不负政治责任。更何况法官通过司法审查权的行使，决定着对我们所有的人都是极端重要的社会和政治问题。其中最令人头痛的是法官在作出裁决时经常发生分歧，有时是六票对三票，有时是五票对四票，仅占微弱的多数。除了通过宪法修改这种困难的方式之外，一般公众或其代表无法通过表示他们对法官的决定是赞成还是反对的方式，来影响法官的去留，无法建立起法官对民众负责的机制；但对立法机关和行政机关的组成人员来讲，一般公众却能够做到此点，对他们的去留产生一定程度的影响，使他们能够对民众负起责任来。因此，司法审查制都是有悖于民主政治所追求的民意政治、责任政治的基本价值的。① 正是基于此点，反对司法审查制的人士将司法审查制称为司法的寡头政治或法官政治。甚至有人打趣地说：“总统做的好事常常随政府的更迭而夭折，而坏事却像最高法院的法官那样继续存在下去。”②

二、日本

1. 建立过程

19世纪80年代，日本的理论界和实务界在研究介绍欧美的法律制度过程中对违宪审

① ［美］艾伯特·P. 梅隆：《美国司法审查的起源与现状》，载美国《司法杂志》1988年第4期。

② ［美］希尔斯曼：《美国是如何治理的》，曹大鹏译，商务印书馆1986年版，第197页。

查展开过激烈的争论，但在天皇独揽统治大权精神的支配下，明治宪法对违宪审查并没有明确规定。1914 年，作为日本最高审级法院的大审院在违反“警察犯处罚令”的判决中肯定了法院对命令或行政机关的行为享有审查权，从实质上否认了对立法部门所制定法律享有违宪审查权，根本的原因是“立法行为是国家的最高意思表示”。①

“二战”以后制定的日本国宪法，遵循国民主权的原理，确立了三权分立的原则。为了保证作为国民意志体现的宪法的最高权威的实现，建立了美国式的司法审查制，宪法第 81 条明确规定：“最高法院为有权决定一切法律、命令、规则及处分是否符合宪法的终审法院。”

在宪法起草的过程中，对是否建立违宪审查制度以及建立什么类型的违宪审查制度是存在不同主张的。从战败后的 1945 年 9 月到 1946 年 2 月，日本各政党发表的有关修改宪法纲要中，仅有日本进步党在其纲要中规定，“大审院有审查法律或命令是否违宪或违法之权”。② 民间团体中，尾崎行雄的宪法恳谈会草案倾向于采用美国式的司法审查制，该草案规定，法院审判诉讼案件时，有权判断法律是否合宪。日本政府方面，1945 年 9 月首次进行的宪法修改研讨，根本没有涉及宪法裁判问题。1945 年 10 月，近卫文麿带领下的修宪调查中，佐佐木起草的宪法修正案将明治宪法的“第五章司法”改为“第五章：司法检察、行政审判及宪法审判”，设想建立宪法法院，根据议会和政府的请求，审查政府或议会的行动是否违宪，同时规定，“宪法法院于最高司法法院或最高行政法院就现在系属事件的判决可以进行宪法审判……”③ 与此同时，币原内阁响应盟军司令部的指示而建立的宪法问题调查松本委员会，并没有将宪法法院或司法审查制度考虑在内。现行的日本宪法对司法审查制的规定，明显是受到了 1946 年 2 月盟军司令部提出的麦克阿瑟草案的直接影响。该草案第 73 条规定：最高法院是终审法院，关于法律、命令、规则、关停的行为是否合宪问题，最高法院在第 3 章第 2 项或其他所有的与之相关联的场合下，具有终审权。

从宪法第 81 条的规定看，日本的违宪审查制属于司法审查的类型，但在法院能否进行抽象审查的问题上，宪法并没有提供直接的依据。因此，在宪法生效以后的实施过程中，对此是存在着争论的。日本法学界对宪法第 81 条的规定曾经存在不同的主张：（1）最高法院具有附带性违宪审查权的同时也具有像德国那样的抽象性违宪审查权。（2）最高法院同时具有司法法院与宪法法院的双重性质。（3）最高法院的原始任务是行使司法权，格努相应的程序法也行使违宪审查权。（4）日本宪法明文规定了美国通过判例法所确定的司法审查制度。④ 日本最高法院通过对“警察预备队违宪诉讼案”的裁判，明确了最高法院所拥有的司法审查权是属于美国式的附带性审查，无权脱离具体的案件对争议的问题展开抽象性审查。最高法院指出：“在现行制度下，我国法院拥有的是司法权，而

---

① ［日］美浓部达吉：《宪法撮要》，日本有斐阁 1923 年版，第 129 页。

② ［日］佐藤幸治：《现代国家と司法權》，日本有斐阁 1988 年版，第 232 页。

③ 矶崎辰无郎：《佐佐木惣一博士宪法修改考の察》，载《公法研究》第 41 号，日本有斐阁 1979 年版。

④ 参见［日］中村睦男：《宪法 30 讲》，日本青林书院 1984 年版，第 98 页。

司法权是需要由提起具体争讼案件来启动。我国法院不具有在没有具体争讼案件发生的情况下，就预想将来会引发的对有关法律、命令的解释是否合宪的疑问进行抽象审判的权力。"①

2. 违宪审查制度的内容

（1）审查机关

根据1947年制定的《日本法院组织法》的规定，日本的法院分为最高法院和低等法院两大类，其中低等法院包括高等法院、地区法院、家庭法院和简易法院。而宪法第76条虽然规定："一切司法权属于最高法院以及根据法律规定设置的下级法院。"但对于违宪审查权是否属于司法权未加以明确规定，宪法第81条也仅仅是明确了最高法院的违宪审查权，同样是行使司法权的低级法院是否能够向最高法院那样去进行违宪审查，无论是宪法还是有关的立法都是没有给出明确答案的。

日本宪法于1947年生效后不久，最高法院就通过"警察预备队违宪诉讼案"的裁判，在明确了日本最高法院所拥有的司法审查权属于美国式的附带性审查模式的同时，也肯定了低等法院也享有司法审查的权力。最高法院在判决理由中指出："虽然最高法院拥有对于法律、命令等的违宪审查权，但其权限是在司法权的范围内行使的。在这一点上最高法院与下级法院无异。"为何作为司法权的违宪审查权需要由最高法院和其他法院共同行使，最高法院在判决中认为，是由司法审查的附带性所决定的，"司法权需要由提起具体争讼案件来启动……在我国现行制度下，只有在存在特定的当事人给予具体的法律关系纠纷的情况下，才可以请求法院作法律判断，脱离上述具体案件说法院拥有就法律、命令等的合宪性进行抽象判断之权的主张，不具有任何宪法即法律上的根据"。②

日本的司法制度中，案件的裁判实行三审终审制，当事人对初审判决不服时，可进行两次上诉，第一次称之为控诉，第二次称之为上告，宪法案件的裁判也不例外。其中，最高法院对案件的审理和判决，有大法庭和小法庭两种形式。大法庭是由全体法官组成的合议形式，小法庭是由3名以上法官组成的合议形式。案件究竟由大法庭还是小法庭来审理，完全由最高法院自己决定，并没有严格的区分。但是，根据《日本法院组织法》第10条的规定，有关法令违宪与否的审查以及推翻最高法院判决的案件，只能由大法庭审理。具体包括：（1）诉讼参与人争议的结果是要决定一项法律、规则、命令和处分的合宪性的案件；（2）除上述案件外，需要确认一项法律、规则、命令和处分违宪的案件；（3）涉及对宪法或任何一项法律、规则和命令的解释和适用但与最高法院以前作出的决定相反的观点的案件。

（2）审查对象

根据日本宪法第81条的规定，法院可以行使违宪审查权的事项范围是"一切法律、命令、规则和处分"。

法律是指形式意义上的法律，即由国会制定的、以何年法律第几号公报被公布的那些规范性文件。除此之外，地方公共团体制定的条例，也具有法律的性质，可以解释为包含

① 日本最高法院1952年10月18日大法庭判决，民集6卷9号，第783页。

② 日本最高法院1952年10月18日大法庭判决，民集6卷9号，第783页。

在这里所说的法律之中，法院对其也有合宪审查权。①

命令是指行政机关制定的以法规为主要管辖事项的法律形式，具体包括内阁制定的政令、各部委制定的命令和地方自治团体领导制定的规则。

规则是指国会两院的议事规则、最高法院及受其委托的下级法院制定的规则。此外，会计检查院规则、人事院规则、各部委直属局制定的规则，虽然被冠以“规则”之名，但考虑到均为行政机关所制定，应属于上述的“命令”的范畴。②

处分是指国家机关在公法上的、具体的、个别的法律行为，具体而言，是以制定具体的个别的法律规范的法律形式，不仅包括行政机关，而且应包括所有国家机关的处分。③其中关于法院的审判是否属于“处分”的性质，日本宪法学界有不同的主张，但从最高法院的判例看，是采取认可立场的。④

关于条约能否成为违宪审查的对象，否定说以“条约优位说”为立论基础，认为宪法没有明文规定，法院不能介入国家间的合议，⑤ 即无权就条约的合宪性展开审查。肯定说的根据是：宪法第 81 条的“法律”和第 98 条的“与国务有关的行为”是包括条约的；⑥ 在国内法效力限度内，条约具有准法律的性质。⑦

（3）构成要件

法院有违宪审查权，可以就“一切法律、命令、规则和处分”的合宪性展开审查。但是，在附带性审查制度下，法院的审查行为必须在符合一定的前提要件之下才能现实地进行，日本宪法学界称之为宪法判断的适合性，主要包括如下几个方面：

首先是具体的事件性：所谓事件性，是指提起宪法诉讼的当事人必须在存在具体权利义务关系和宪法争议的情况下，才能向法院提起宪法诉讼，要求法院对法律、法规的合宪性进行审查，法院无权在没有争议的情况下对法律、法规的合宪性进行抽象审查。这一要件实际上隐含着被提起违宪审查的对象与提请审查者之间应该存在直接的法律上的利害关系。但从实际司法审查的实践看，职务执行命令诉讼、选举诉讼、当选诉讼以及住民诉讼等所谓的客观诉讼，并不要求具体权利义务关系和宪法争议同时具备，法院仍可行使违宪审查权。

其次是提起宪法诉讼的当事人适格：提起宪法诉讼的当事人必须是法律所保护的利益受到了现实的、实际的或者是直接和特别侵害的人。最初在最高法院的判决中，适格的当事人被严格限制在权利受到侵害的人，后来才扩张到了法律上被保护的利益受到侵害的人。

最后是提起违宪争论点的当事人合格：由于日本采用的是附带性审查制度，违宪审查的请求只能在普通的诉讼中才能提出。普通诉讼程序中的当事人都与法院在审理案件的过

---

① 参见［日］宫泽俊义：《日本国宪法精解》，董璠舆译，中国民主法制出版社 1990 年版，第 582~583 页。

② 参见莫纪宏：《违宪审查的理论与实践》，法律出版社 2006 年版，第 269 页。

③ 参见［日］宫泽俊义：《日本国宪法精解》，董璠舆译，中国民主法制出版社 1990 年版，第 585 页。

④ 日本最高法院判决 1948 年 7 月 8 日，刑集 2 卷 8 号，第 801 页。

⑤ ［日］宫泽俊义：《全订日本国宪法》，日本评论社 1955 年版，第 671 页。

⑥ ［日］鹈饲信成：《宪法》，日本岩波书店 1956 年版，第 212 页。

⑦ ［日］野中俊彦等：《宪法Ⅱ》，日本有斐阁 1992 年版，第 350 页。

程中所适用的法律、法令有利害关系，因而均具有要求法院审查作为审判依据的法律、法令是否合乎宪法的当事人资格。问题在于，如前所述，日本实行的是三审终审制，当事人是否在诉讼的所有阶段均可提出审查法律、命令合宪性的请求，所面临的问题主要有：以前审级中没有提出法律、命令违宪性主张的当事人，在新的审级中是否有权主张对法律、命令进行违宪审查？已经是审判案件的当事人，能否就他人的权利受到法律、命令的侵害而寻求违宪审查？当事人是否能够就不适用于自己案件的同一法律的其他条文的违宪性主张进行审查。

三、违宪审查制与“反多数难题”

违宪审查制度下，违宪审查机关何以能够裁决由民选的议员组成的立法机关按照民主程序制定出来的法律违宪而无效或拒绝适用。这一问题，被称为违宪审查制度中的“反多数难题”。

在美国，“反多数难题”又可称之为“麦迪逊式困境”或“麦迪逊之两难”（Madisonian Dilemma），由于美国宪法被认为是依照麦迪逊的思想体系建构的，自宪法诞生起就包含着两项彼此冲突的原则：一是民主多数下的自治原则，另一是个人必须享有的免于多数统治的自由和权利的原则。① 因为非民选的法官经由司法审查保障了第二项原则中少数人的自由和权利，常常对民主多数的立法构成挑战，进而直接威胁民主多数下的自治原则，于是，美国前联邦地区法院巡回法官、耶鲁大学教授、宪法解释的原教旨主义者罗伯特·H. 伯克将美国司法审查制中所面临的这一难题称为“麦迪逊式困境”。

在美国的宪法学理论中，对“反多数难题”所作的理论研究存在着三种典型的理论进路：（1）宪政民主理论，或称之为“基本权利理论”。其基本主张是，宪法是人民制定的高级法，其所保障的自由和权利即便是民主政府也不能加以侵犯。法律仅仅是民选的政治家经过妥协以后达成的普通立法。而当这种普通立法背离了人民所制定的宪法时，法院所进行的司法审查不过是用人民的意志否决了人民代表的意志。从这个意义上讲，司法审查所承担的正是一种防御民主政府将公共权力的触角伸入个人权利领域的功能。② 诚如联邦党人所指出的：司法审查“并无假定司法权高于立法权的含义。仅假定人民的权利是在二者之上；仅意味每逢立法机关通过立法表达的意志如与宪法所代表的人民意志相违反，法官应受后者而非前者的约束……”③（2）“整治过程”理论，其代表人物是伊利教授。伊利教授认为，宪法所关注的与其说是实体上的权利，不如说是政治的过程和结构。司法审查是为了保障政治的良性运作过程和法律产生过程的民主性。然而政治过程有时会出现“堵塞”与“停滞”，政治内部人有时会封锁政治过程，排斥外部人的参与和竞争。宪法的解释应该致力于打造一个自由、公正、开放的政治过程。司法审查在此情形下的介

① 参见钱锦宇：《司法审查的能与不能：从“麦迪逊式困境”的重新解读及其解决说起》，载《环球法律评论》2007 年第 5 期。

② 参见田雷：《当司法审查遭遇“反多数难题”》，载《政法论坛》2007 年第 2 期。

③ ［美］汉密尔顿、杰伊、麦迪逊：《联邦党人文集》，程逢如等译，商务印书馆 1982 年版，第 393 页。

入非但不是反多数的，有时甚至是让政治回归多数人治理的前提。① 法院应对采用民主政治过程所作出的有关经济和社会改革的立法给予最大限度的尊重。但有三项例外：一是明显侵犯《权利法案》和第十四修正案所保障的权利自由的立法；二是限制更多人参与政治进程的立法；三是歧视弱势群体、妨碍他们参与政治进程的立法。(3) 司法节制主义。美国芝加哥大学法学院著名宪法学教授桑斯坦在其名著《就事论事——美国最高法院的司法最低限度主义》中基于“司法极简主义”理论提出了解决“反多数难题”的具体制度设计：最高法院的工作就是促进政治过程的民主品格，应尽可能地把决策留给民主政治的审议过程。为此，最高法院应着力保护被排除在民主过程之外的人免受参与民主过程的人的侵害，具体而言，保护那些作为民主得以良好运作的前提条件的权利，以及保护那些因为民主本身的不充分而面临特定危险的群体。② 法院的宪法判决应该“就事论事”，既不需提出普遍性的指导原则，更无需提出艰深宏大的理论，尤其是在法官之间无法就根本原则达成一致之时，裁决只需就具体的处理措施达成合议即可。

在法国这样一个深受卢梭“人民主权”学说影响而实际上遵循着“立法至上”原则的国家，宪法委员会在立法审查上的作用不断扩大与加强，同样也会面临着“反多数难题”的问题。对此，法国的宪法学者主要是运用“共同立法者”理论与“持续民主论”来加以回答。“共同立法者”理论的代表性人物是米歇尔·特罗佩（Michel Troper），其核心主张是认为选举不是产生代表的唯一途径，参与立法才是作为主权者代表的标志性特征，所有参与制定法律的机关都表达公意，它们的意志，也就理所当然地是主权代表者的意志。③ 宪法委员会通过违宪审查权的行使，对法律的制定产生了决定性的影响，因此也是主权的代表者。立法者和宪法委员会都是主权的代表者，何以宪法委员会能够去审查立法者所表达的主权者的意志。特罗佩的回答是，法律是公意的体现并不意味着法律就是公意，如果法律表达的并非真正的公意，则宪法委员会就有了发挥作用的空间。“持续民主论”的代表人物是多米尼克·卢梭（Dominique Rousseau），其认为，议会所代表的是当下的人民，宪法委员会代表的是恒久的人民，即唯一的主权者。宪法委员会之所以有权审查议会立法的合宪性，是为了使当下的人民意志与真正主权者的人民的意志相符合。④

第二节 专门机关审查制

一、法国的宪法委员会

1. 历史沿革

法国违宪审查制的建立和发展经历了一个曲折的过程。在大革命的过程中以及大革命

① ［美］约翰·哈特·伊利：《民主与不信任——关于司法审查的理论》，朱中一等译，法律出版社 2003 年版。

② 参见［美］凯斯·R 桑斯坦：《就事论事——美国最高法院的司法最低限度主义》，泮伟江、周武译，北京大学出版社 2007 年版，第 18 页。

③ Troper Michel, La constitution de 1791 aujourd' hui, RFDC, N, 9. 1992, p. 12.

④ Dominique Rousseau, La constitution ou la politique autrement, le Debat, No. 64, 1991, p. 185.

之后，有关谁来监督宪法的实施，制宪者和学者提出了各种的解决方案，主要的有：行政机关否决制、人民审查制、议会自我审查制等。

从宪法的规定看，法国除了1799年宪法和1852年宪法规定设立“元老院”，负责审查法律是否与宪法相抵触之外。其余的宪法均未对违宪审查问题作出规定，反而明确规定普通法院不得干预立法权的行使。在制定共和三年宪法即1795年宪法时，西耶斯（Sieyes）曾建议成立一个“宪法评审委员会”（Jurie constitutionnaire），以监督宪法的遵守和执行，提出宪法修改方案，但却遭到了议会的反对。根本的原因，是受到了卢梭人民主权学说和法律至上信条的影响。在卢梭看来，人民通过社会契约结合在一起，仅仅是赋予了政治体以生存和生命，而立法才能赋予其意志和行动。因此，作为主权拥有者的人民是一个不可分割的整体，其中的任何个人或部分都不能成为主权的主体，诚如法国1791年宪法所规定：“主权是统一的、不可分割、不可剥夺、不可转让的，它属于国民，任何一部分人民或任何个人皆不得擅自行使之。”尽管卢梭的人民主权学说主张人民直接立法，但经过其追随者，特别是西耶斯等人的鼓吹，成功地将其转换为现实上由人民选出代表组成的议会来进行立法，即将抽象的人民主权转变为现实上的议会主权，议会的立法就是作为“公意”的人民意志的体现，所以《人权宣言》才会宣称“法律是公意的体现”。就像旧制度下“国王不为非”一样，革命后的“立法者不为非”，因此，立法权是至高无上的，而立法者制定的法律又是公意的体现，自然也就不可能允许其他的机关来审查其是否合宪了。就像学者所指出的，法国大革命中，一方面视宪法为须臾不可离的保障，另一方面又要在宪法之上凌驾一个不受约束的权威，即作为主权者的人民。① 在这样的情形之下，被作为国民意志体现的宪法根本无法取得至高无上的地位，也不可能成为对“公意体现”的法律进行审查的根据，从而造成了法国历史上长期拒斥对议会立法进行合宪性审查的局面。

法兰西第三共和国的建立最终在法国确立了共和制，其法律依据就是1875年宪法和1884年8月14日法令。虽然没有明确规定违宪审查制度，但在政界和学术界却引起了广泛的争论。早在1873年，议员路易·勃朗（Louis Blanc）就曾建议采取美国式的违宪审查制度，宪法生效以后，支持采取美国模式的学者人数更多，其中包括狄骥、欧里乌、梅斯特、罗朗等知名法学家，但是，所有这些议案都仅仅停留于议论的阶段，未能进入议会的程序而得到公开的辩论。争论的结果，反对意见占据了上风，“立法者无误”“议会主权”的理论被推至顶点，从而宣告了在法国建立美国式违宪审查制度的尝试的失败。

法国之所以不愿意采取美国式的违宪审查制度，主要的原因是：（1）立法权优越的政治体制和政治理念。（2）对司法权不信任的政治心理。（3）基于国民的意志是至高无上的，只有立法机关才是“国民的代表”，因此，一切国家机关都不得对立法权的行使进行干预或制约。（4）大陆法系国家法官只能适用法律而不能造法的传统的影响。②

“二战”以后，法国于1946年10月制定了一部新宪法，史称“第四共和国宪法”。该宪法继承了立法权优越的政治传统，实行议会内阁制。同时受20世纪30年代国家改革

① 参见朱学勤：《道德理想国的覆灭》，三联书店1994年版，第191页。

② 参见胡锦光：《违宪审查比较研究》，中国人民大学出版社2006年版，第220~223页。

运动中，知名学者如莫里斯·奥里乌（Maurice Hauriou）和卡雷·德·马尔贝格（Carré de Malberg）有关借助违宪审查制来限制议会权力思想主张的影响，并借鉴了1799年宪法和1852年宪法设立"护法元老院"的经验，经过激烈争论和多方妥协，决定设立宪法理事会（Comité constitutionnel），行使违宪审查权，监督和保障宪法的实施。根据宪法第91条第3款及第92条的规定，宪法理事会的职权为：（1）审查法律是否与宪法相抵触，具体而言就是看国民议会通过的法律是否含有修改宪法的内容；（2）当国民议会和参议院之间围绕着法律存在着不同的意见时，由宪法理事会出面加以协调。

宪法理事会是一个高度政治性的机构，存在着如下几个方面的局限性：（1）从宪法理事会委员的产生看，其难以具有独立性。宪法理事会的主席是总统，其他的委员由国民议会议长、共和国参议院议长、国民议会每年会期开始是根据党派比例原则在议员之外选出7人，以及参议院以同样的方式选出的3人组成。宪法理事会的多数也就是议会中的多数，这就决定了议会的判断也就是宪法理事会的判断，宪法理事会缺乏将议会的立法判断为违宪的基础。(2）宪法理事会职权的行使，必须以总统和参议院议长以一致意见联合提出请求为前提。而参议院议长的请求必须以参议院议员绝大多数的同意为基础。而第四共和国时期的两院制下，国民议会更多是发挥咨询的作用，总统的权力也十分有限，实际的权力掌握在国民议会的手中。总统和参议院议长基本无力对抗国民议会，指望他们提起违宪审查的申请是不太现实的。在第四共和国时期长达12年的时间中，宪法理事会只进行过一次审查活动就很好地说明了这一点。(3）审查的基准过于狭窄。宪法理事会审查的对象就是宪法第一章至第十章的内容作出规定的法律，宪法序言、宪法第十一章规定的宪法修改、第十二章规定的过渡条款的内容，不能作为审查法律合宪性的根据，也就是说宪法序言规定权利自由的条款是被排除在审查根据之外的。(4）审查行为是调解而不是裁决。宪法理事会对有关法律合宪性的争议，主要是以调解者而不是裁决者的角色介入的。只有在调解失败后才能作出裁决。即便是裁决法律与宪法相抵触，也不能直接宣布其无效。如果宪法理事会认定拟颁布的法律含有需先行修改宪法的条款，只能将其退回国民议会重新审议。倘若国民议会维持第一次投票的结果，宪法理事会也只能宣告该法律在宪法修改之前不得颁布。

1958年宪法的通过标志着法国进入到第五共和国时期。主导着宪法制定活动的戴高乐认为，打破议会对主权的独占，是解决所有问题的关键，因此，不仅议会权力的范围受到削弱，而且行使权力的方式也受到了限制。与此同时，第四共和国时期的宪法理事会也转变为第五共和国的宪法委员会。更关键的是，同宪法理事会相比较，宪法委员会的权力也扩大了，增加了对条约、组织法和议会议事规则的合宪性审查，并将违宪审查请求权主体的范围扩大至总统、议会两院议长和政府总理。正因为如此，当时就有人认为，"宪法委员会将会是新宪法的独创与杰作"。①

如果说1946年宪法规定的宪法理事会是为了维护议会的优越地位，而1958年宪法规定的宪法委员会则是为了维护总统和行政机关的权力不受议会的侵犯，因此被称为"一

① Loïc Phiilip, Le conseil constitutionnel, in Ecriture de la constitution 1958, Econnomica, 1992, p. 481.

门对准议会的大炮"。[1] 作为维持国家机构之间的权力平衡，为议会和政府指明各自的权限并负责处理两者间的冲突的角色并没有发生根本的改变。诚如有研究者所言："第五共和国早期的宪法委员会仍是第四共和国宪法理事会的简单延续，两者都因服务于国家机构间权限划分而带有明显的政治色彩。"[2] 1971 年宪法委员会关于结社自由法案的决定以及由此而将宪法序言作为违宪审查的基准，才使宪法委员会具有了人权保障的功能。

宪法委员会由任命成员和当然成员两部分组成。根据宪法第 56 条的规定，任命成员为 9 人，总统、国民议会议长、参议院议长各任命 3 人。除第一届委员的任期有不同外，所有任命委员的任期均为 9 年，每 3 年改选 1/3，具体的办法是由总统、国民议会议长、参议院议长各任命 1 名新的委员，以维持宪法委员的稳定性。为了保障宪法委员会委员在判断上的独立性，使其能够坚持自己的政治原则和政治信念，一方面规定宪法委员会委员不得连任，另一方面规定任何机关都无权弹劾宪法委员会的委员。如果由于委员本人永久性健康原因不能正常履行职责，除本人辞职外，宪法委员会有权强制其离职。但在宪法委员会是去法国国籍、不具有政治权利、从事与其成员职务或身份不相适宜的活动或者接受了与其职责不相适宜的职务或者参与选举的情形，宪法委员会有权以秘密投票的方式决定免除委员的职务。

宪法委员会当然委员由卸任后的总统来出任，并且没有任期的限制，但与其他委员享有平等的权力。而在实际上，当然委员多数不参加宪法委员会的活动，对宪法委员会所作决定的影响非常小。

无论是任命委员还是当然委员，都不得兼职。从宪法第 57 条的规定看，仅禁止宪法委员会委员兼任部长和议员。而宪法委员会组织法第 5 条至第 7 条则规定，宪法委员会的成员也不能兼任经济和社会委员会成员；从事律师和教学活动也受到限制；禁止对可能成为宪法委员会决定内容或者对象提出咨询意见；任职期间不能担任任何公职，如果已经是公职人员，任职期间不能接受任何晋升。禁止宪法委员会委员在某政党或政治团体内担任领导职务。

宪法委员会主席由总统从委员中任命，任命委员和当然委员不受限制。主席召集宪法委员会的会议，在委员会经费限度内安排委员的开销；有权决定谁担任某一案件的报告人和会议的议程内容。在宪法委员会作出决定而出现赞成票与反对派票相等的时候，主席可以投下决定性的一票。

2. 宪法委员会的职权

（1）法律合宪性审查权

宪法委员会对法律合宪性的审查，具体包括组织法律、议会规则、法律及国际协定等形式。

根据宪法第 61 条的规定，各项组织法律、议会两院的议事规则在颁布之前，应先提交宪法委员会进行审查，不需要任何人或机关提出请求，也不需要发生任何案件以及存在实际的利害关系人，属于典型的抽象审查。

---

① 朱国斌：《法国的宪法监督与宪法诉讼制度》，载《比较法研究》1996 年第 3 期。

② 莫纪宏：《违宪审查的理论与实践》，法律出版社 2006 年版，第 185 页。

根据宪法第61条的规定，各项法律在颁布之前，应由共和国总统、政府总理或议会两院任意一院的议长向宪法委员会提出审查请求，宪法委员会才可以就其合宪性进行审查。1974年10月21日议会两院对宪法第61条进行了修改，增加规定60名国民议会议员和60名参议会议员也有权向宪法委员会提出对法律合宪性审查的请求。

根据1992年6月25日修改后的宪法第54条规定，共和国总统、政府总理或议会两院任意一院的议长向宪法委员会提交法国参加的国际协定的审查请求，宪法委员会审议后如认为其含有违反宪法的条款时，必须先修改宪法，然后才能授权批准或者通过该国际协定。

宪法委员会对法律合宪性的审查也是受到限制的，“主权性法律”，即公民复决通过的法律和宪法性法律就被排除在外。具体而言，“主权性法律”是指根据宪法第89条规定的修宪程序由议会两院联席会议或全体公民投票形式通过的宪法性法律和依据宪法第11条总统将某些重要法律草案提交公民复决通过的非宪法性法律。从1958年宪法的规定看，并没有在议会制定的法律和公民复决通过的法律之间作出效力高低的区分，宪法委员会在1990年1月9日第89-265DC的裁决中认定，从法律角度看，没有任何因素妨碍公民复决通过的法律为议会制定法所修改，但在1962年和1992年的有关裁决中却明确表示，它在没有得到宪法的明确授权的情形下，对“人民的自主决定”无权审查。①

（2）立法事项与法规事项的确定权

为了对议会的立法权加以限制，法国现行宪法第34条详细规定了属于议会立法的事项范围，其他所有事项，按照宪法第37条规定，均被划归为法规制定权的范围。为保证这种权限划分能够切实地得到议会的遵守，有效地维护行政权作用的发挥，宪法赋予了宪法委员会就立法事项与法规事项认定的权限。议会倘若以立法的形式错误地规定了本该属于法规调整范围的事项，政府在征询行政法院的意见后，可以命令的形式加以改变。具体就是，由总理向宪法委员会提出请求，在宪法委员会确认有争议的规范具有法规性质以后，政府便可以命令的形式修改立法的内容。此外，宪法第41条第2款规定，在立法程序中，如果某一提案或修正案不属于法律范围或者与宪法第38条有关“政府为执行其施政纲领，可以要求议会授权自己在一定期限内以命令的方式采取通常属于法律范围内的措施”的规定相反，政府可以向议会提出异议。如果政府和有关议院的议长对提案或修正案能否成立的问题发生意见分析，宪法委员会可以根据两者任何一方的请求，作出裁决。由此可见，这一确定权实质上是对立法机关和行政机关的权限争议的裁决权。需要说明的是，宪法委员会的裁决仅限于对引起争议的规范的性质发表意见，并不涉及该规范的整体合宪性。因为宪法委员会曾明确表示，“提起申诉的议员们不能以受争议的法律侵越了政府法规制定权为由主张受审查的文件违宪”。②

（3）选举事项的裁决权

宪法委员会裁决的选举事项包括总统选举、议员选举和公民投票。这是法国第五共和国宪法与之前宪法的不同之处，也是法国的违宪审查制度不同于其他国家的一个重要

① 参见莫纪宏：《违宪审查的理论与实践》，法律出版社2006年版，第213页。

② 参见胡锦光：《违宪审查比较研究》，中国人民大学出版社2006年版，第249~250页。

标志。

根据宪法第58条规定，宪法委员会监督共和国总统选举的合法性，审查争议事项并公布投票结果。具体包括：第一，根据宪法、宪法委员会组织法以及相关公民投票的法令的规定，接受有关选举的咨询，审查候选人资格并列出候选人名单，对候选人的竞选行为进行监督，将由普通法院和行政法院法官担任的监票人派往各地监督投票。第二，对总统候选人的资格及选举过程中的操作程序是否符合宪法、法律而引起的争议进行裁决。第三，公布选举结果。

1958年宪法生效之前，所有的议员选举争议被认为具有政治性而由议会各院自行裁决，1956年多名布热德派①成员在当选后又被撤销议员资格的事件使人们对议会监督议员选举是否合法的公正性产生了怀疑，为此，1958年宪法第59条将议员选举合法性的裁决权规定由宪法委员会来行使，以避免议会在没有任何法律依据的情况下宣布某位议员当选无效的滥用权力行为发生。如在实行比例代表制下，许多当选者就会在没有法律根据的情形下仅因为政治原因而被宣布当选无效。② 根据宪法委员会组织法和宪法委员会程序规则的规定，对议员选举争议的裁决，只能在事后进行，无权事前对选举活动进行干预。而且，宪法委员会的审查和裁决必须以一位选民或者参加竞选的人员提出请求为前提，提出请求的期限是选举结果公布后的10天之内，超出这一期限宪法委员会不再受理。1958年宪法生效后的20年内，宪法委员会受理的议员选举争议有500多起，结果导致24名国民议会议员和1名参议员议员的参选资格被取消。③

宪法第60条规定，宪法委员会监督公民投票的合法性。

有权提议宪法委员会对选举中的有关事项作出裁决的主体除总统、总理、两院议长、国民议会和参议院各60名议员外，任何选民、候选人、省长、议会办公厅和司法部长等都具有向宪法委员会提出裁决建议的资格。

（4）提供咨询的职能

在法国，具有咨询职能的机构不仅是宪法委员会，最高行政法院早就享有广泛的咨询权。宪法委员会仅在如下几个方面履行其咨询职能：

首先是总统行使非常权力及采取相应措施的时候。宪法第16条第1款规定，当共和国体制、民族独立、领土完整或国际义务的执行受到严重的直接威胁，并当宪法所规定的国家权力的正常行使受到阻碍的时候，总统与总理、两院议长和宪法委员会主席进行磋商后，可根据形势采取必要的措施，但需咨询宪法委员会的意见。宪法委员会在接到总统的咨询后，应立即举行会议，就总统的咨询内容提供意见，并阐述理由。表面上看，总统向宪法委员会提出咨询仅是一种程序上的要求，并不一定要采纳宪法委员会提供的咨询意见。但由于宪法委员会提供的咨询意见不仅要说明理由，还要公开发布。如果总统不能认真对待，很容易被民众看做是“专制的暴君”，客观上会对总统的决策产生拘束力。

其次是确认总统是否具有履行职责的能力。宪法第7条第4款规定，不论因何原因而

① 1954年由皮埃尔·布热德创立的以“保护小商人和手工业者利益”的政治派别。

② 参见朱国斌：《法国的宪法监督与宪法诉讼制度》，载《比较法研究》1996年第3期。

③ 参见吴国庆：《法国政府机构和公务员制度》，人民出版社1982年版，第76页。

出现总统缺位时，经政府提出，由宪法委员会以绝大多数来确认总统不能行使职权，此时，总统的职权便可由参议院议长代行。

最后是对总统选举和公民投票中的有关问题提供意见。考虑到宪法仅仅是笼统地规定宪法委员会对总统选举的合法性行使监督权，1962 年 11 月 6 日的《法国总统选举组织法》第 3 条第 3 款明确规定，宪法委员会有权在选举之处对选举的整体组织工作发表意见。1958 年 11 月 7 日的宪法委员会组织法第 46 条规定，“宪法委员会就公民复决的组织工作向政府提供咨询意见”。第 47 条规定，“宪法委员会有权对被准许使用官方宣传工具的团体名单发表意见”。

3. 审查法律和组织法合宪性的依据

经过宪法生效以来违宪审查的实践，特别是 1971 年有关结社自由案的裁决而使宪法委员会具有人权保障功能以后，宪法委员会对法律、组织法合宪性的裁决，以“具有宪法效力的原则和规则”为依据，法国学者称之为“合宪性审查依据规范集合”。① 具体包括：

（1）1958 年宪法正文

1958 年宪法的正文主要规定国家机构的组织和运行，但其也包含一些重要的原则，如法律面前人人平等、选票等值、政治结社自由、司法独立、个人自由、地方自治等。宪法委员会进行的审查，自然应将其作为规范依据。

（2）宪法序言

法国 1875 年宪法由三个法律文件组成，主要是规定国家的组织，公民权利的保障需要议会制定专门的法律。而 1946 年宪法只是在序言中宣告对公民权利的保障，因而被排除在宪法理事会职权范围之外。1958 年宪法生效以后，其序言是否具有宪法规范的效力，认识上存在着比较大的分歧。一直到 1971 年 7 月 16 日的第 71-44DC 号有关“结社自由”的裁决中，宪法委员会才明确引用宪法序言，将其作为法律合宪性审查依据规范的组成部分。

1958 年宪法序言中被作为法律合宪性审查依据规范组成部分的主要是 1789 年的《人权宣言》和 1946 年宪法序言。关于《人权宣言》，宪法委员会不仅认为，其所宣告的权利具有“天赋性”，可以永远对抗议会的意愿；而且在 1982 年 1 月 16 日有关“国有化法”的第 81-132DC 号裁决和 1973 年 9 月 28 日有关《乡村法典》中若干条文法律性质的第 73-80L 号裁决中认定，1789 年《人权宣言》的规定优越于 1946 年宪法序言确立的原则和 1958 年宪法正文中的某些条款。

1946 年宪法序言包括两个方面的内容：一是“共和国法律承认的基本原则”，这是当初制宪者为肯定并延续第三共和国法律中有关公共自由与社会福利的规定而提出的概念。在 1971 年 7 月 16 日的第 71-44DC 号有关“结社自由”的裁决中，宪法委员会首次将其纳入“合宪性审查依据规范”的范畴，并且又从共和国法律中概括出诸如尊重辩护权、教育自由、行政法院独立、大学教授独立等原则，一并视为“共和国法律承认的基本原则”。二是“当代特别需要的政治、经济和文化原则”，也就是 1946 年宪法序言第 3-18 段

① 参见莫纪宏：《违宪审查的理论与实践》，法律出版社 2006 年版，第 217 页。

规定的性别平等、政治庇护权、就业权、工会权、劳工参与企业经营权、全国性公用事业及独占事业国有化原则，以及国家在家庭、教育、健康等领域中应尽的义务的原则等。

除上述之外，宪法委员会还将自己通过裁决活动而确立的“具有宪法效力的法基本原则”以及在某些情况下还会将组织法纳入到“法律合宪性审查依据规范集合”之中，但却一直将国际规范和议会规则排除在外。①

4. 审查的方法

在对法律合宪性审查上，宪法委员会可以根据不同情况，采取不同的审查方法，来决定被提请审查的规范是否与宪法相违背以及违背的程度。

（1）宣布全部或部分违宪或合宪

宣布规范全部违宪，一般存在于这样两种情形之中：一是法律的制定程序本身违反宪法，致使该法律缺乏形式的正当性。此方面的典型是宪法委员会 1975 年 7 月 23 日第 75-57DC 号裁决及 1979 年 12 月 24 日第 79-110DC 号裁决。二是受审查法律中有一个或多个条文与宪法的规定相违背。根据 1958 年 11 月 7 日有关宪法委员会组织法的法令第 22 条规定：“当宪法委员会宣布接受审查的法律包含一个违宪条文，而该条文不能与整部法律相分离时，整部法律不得被颁布。”至于是否可分离，则完全取决于宪法委员会的判断。

（2）附保留意见的合宪或违宪

宪法委员会为了尽可能避免与议会发生冲突，在宣布接受审查的法律合宪或违宪的同时，往往会附加一些保留性的解释意见。在 1981 年 1 月 19 日第 81-127DC 号有关“公共安全与自由”的法律合宪性裁决中，宪法委员会认为被提请审查的法律只有在被附加上“严格的解释保留”情况下才可能合宪，正式地确立了附保留意见的合宪或违宪审查方法的运用。

采取附保留意见的合宪或违宪审查方法，目的在于为被审查的法律设定合宪性条件，根据其作用不同，又可分为“否定性”“建设性”和“指令性”三种。

二、德国的宪法法院

1. 形成过程

德国的违宪审查制度与德国的历史传统有一定的联系。神圣罗马帝国时代，帝国最高法院、帝国宫廷法院和特别仲裁机关，就享有裁判贵族与邦领主之间法律争议的权限。虽然这些被后世的学者视为“宪法法院”的帝国法院与当今的宪法法院存在着本质的区别，但却具有宪法审查制度的影子。②

德国确立具有近代性质的违宪审查制度的雏形是在 19 世纪完成的。如 1820 年通过的《维也纳决议案》第 17 条规定，联邦会议享有对联邦政府行为的违宪审查权；1834 年的德意志联邦通过的《维也纳联邦协议》规定，联邦成员国内特定的某些宪法争议由专门设立的联邦仲裁法院裁决。1849 年的法兰克福宪法规定，对于联邦与各成员国之间有关违宪争议案、各成员国之间的争议案以及在各成员国内部的宪法性争议案，联邦法院均有

① 参见莫纪宏：《违宪审查的理论与实践》，法律出版社 2006 年版，第 218~220 页。

② 参见张千帆：《西方宪政体系》（下），中国政法大学出版社 2001 年版，第 177 页。

管辖权。据此而言，联邦法院对宪法性争议的管辖权无疑地是现代德国宪法法院管辖权的一种渊源。

第一次世界大战后，德国国民议会于 1919 年 8 月 11 日制定了著名的魏玛宪法。该宪法第 108 条规定设立的国事法院相当于法兰克福宪法规定的帝国法院，分为两种，一是设置于最高法院之内，由最高法院院长任院长；另一种是设置于最高行政法院之内，专门负责审理宪法性争议案件，具体包括：联邦与各邦之间的争议案、各邦之间发生的非私法性质争议案、一邦之内发生的无其他法院管辖的宪法性争议案。除此之外，还包括对总理、部长等违宪而提起的弹劾案进行审判。

"二战"以后制定的联邦德国基本法规定的法院系统由宪法法院、联邦法院（负责民事和刑事案件）、联邦行政法院（负责一般行政司法案件）、联邦惩戒法院（负责公职人员违纪案件）、联邦财政法院（负责财政案件）、联邦劳工法院（审理劳工案件）、联邦社会法院（审理社会福利纠纷案件）和联邦专利法院（审理有关专利问题的案件）等组成。其中联邦宪法法院于 1951 年 9 月建立，主要任务是维护自由民主的宪政秩序。联邦宪法法院与联邦议会、联邦参议院、联邦总统和联邦政府之间不存在隶属关系，而是居于平等地位。联邦宪法法院法规定，联邦宪法法院是一个自主与独立的联邦法院，维护联邦宪法对立法机关和其他机关的优先地位，是宪法法院的根本职责。联邦宪法法院法第 31 条第 1 项规定，联邦宪法法院的裁判对于联邦和各州的宪法机构、议会和所有的法院以及一切公共权力机关均具有约束力。第 2 项又规定，联邦宪法法院对有关联邦法律、州法律是否符合基本法，州法律是否符合联邦法律，国际法的某项规则是否能构成联邦法律的组成部分等宪法争议案的裁判具有法律约束力。就此而言，宪法法院是一个具有最高权威的宪法机构，其所作出的裁判是法律裁判而非是政治裁判，并因此而具有特殊的地位。

2. 宪法法院的职权

根据联邦基本法第 93 条第 1 项、第 18 条、第 21 条、第 41 条、第 67 条、第 84 条、第 98 条、第 99 条、第 100 条、第 125 条和联邦宪法法院法第 13 条、第 90 条和第 91 条的规定，宪法法院有权裁决的宪法性争议案件包括以下方面：

（1）审查州法律是否与联邦法律、联邦法律是否与联邦宪法相抵触，并有权审查和监督具体法律法规的事实。

（2）审判和裁决政党是否违宪的争议案件。

（3）审理和裁决针对联邦总统故意违反联邦基本法或其他联邦法律的行为而提起的弹劾案。

（4）关于基本法解释方面的裁决权。裁决联邦最高机关与由联邦基本法和联邦最高机关通过议事规程授予固有权利的其他关系人和组织等的有关权利与义务范围的争议。

（5）裁决对联邦法律或州法律与联邦基本法之间、州法律与联邦其他法律之间是否一致的争议案。

（6）裁决联邦与各州之间、各州之间或者一个州内部的其他属于公法范围内的争议案。但是应当由联邦行政法院管辖的案件除外。

（7）审理联邦议院议员的申诉案，具体是指对联邦议院选举的有效性或就取得或丧失联邦议院议员资格的决议所提起的申诉案。

（8）联邦内某一州的宪法法院对联邦基本法的解释与联邦或其他州的宪法法院所作解释发生抵触时，该州的宪法法院作出的解释须接受联邦宪法法院的裁决。

（9）由州法律将裁判权转移给联邦宪法法院时，联邦宪法法院则对该州内的宪法性争议具有管辖权。

（10）审理和裁决联邦和各州法院的弹劾案。

（11）宣告基本权利的丧失及其丧失程度的案件。

（12）对联邦基本法颁布之前的法律，是否可以成为联邦法律的组成部分的争议案，享有裁决权。

（13）裁决由公民个人提起的公权力机关侵犯其基本权利或侵犯其联邦基本法某项条款规定的某项基本权利的宪法诉讼案件。

（14）裁决有关对国际法的某项规则是否成为联邦法律的组成部分，或该项规则是否能直接创设个人的权利与义务的争议案。①

3. 联邦宪法法院的组织

（1）联邦宪法法院法官的选任

根据联邦基本法的规定，宪法法院的法官由联邦议院选举产生。16 名法官中的半数由联邦议院 12 名选举人组成的“选举人委员会”选出，另外半数由联邦参议院选出。之所以采取选举的办法，是因为基本法规定，一切国家权力均来自国民。由国民通过选举和公民投票的方式，以及通过立法、行政、司法权的专门机关行使。

根据联邦宪法法院法第 3 条第 1、2、3 项的规定，被选为联邦宪法法院法官者必须具备的资格是：年满 40 岁，具有被选为联邦议院议员的资格。除此之外，按照《德国法官法》的规定，还必须具备担任法官的资格。

联邦宪法法院的 16 名法官分属于第一庭和第二庭，每庭各由 3 名联邦法官与 5 名定期职法官组成。联邦法官又称为职业法官，是从各种联邦法院中担任法官 3 年以上的人中选任的。定期职法官是从大学教师（按宪法法院法的规定，在德国高等教育机构中从事法律教学的讲师即可，但实际上均为教授）、联邦议院、联邦参议院或联邦政府中选任。当然也必须具有充任法官的资格，且在被选任以后，除大学教师外，要丧失原来的公职职务。

（2）联邦宪法法院的内部组织

联邦宪法法院内部包括两个庭：第一庭和第二庭，但在地位、审判权的行使上没有主次之分，而是完全平等。通常情况下，由联邦宪法法院的院长任第一庭的庭长，副院长任第二庭庭长。

按照联邦宪法法院法第 14 条的规定，案件应大致平均分配给两个庭管辖。一般情况下，第一庭管辖的案件主要是对法规的审查程序案件、对联邦众议院就选举的效力或者就取得或丧失联邦众议院议员资格的决议所提起的诉愿案件。第二庭管辖的案件包括：依据联邦宪法法院法第 13 条第 1 项至第 5 项、第 7 项至第 9 项、第 12 项和第 14 项规定的案件，也就是不属于第一庭管辖的案件概由第二庭管辖。

---

① 参见胡锦光：《违宪审查比较研究》，中国人民大学出版社 2006 年版，第 159~160 页。

4. 宪法法院的审理程序

根据联邦宪法法院法的规定，宪法法院在处理其管辖的案件时，适用的一般程序为：

（1）申请与受理

虽然联邦宪法法院根据基本法和宪法法院组织法的规定，对众多的宪法性案件享有管辖权，但没有当事人的申请，宪法法院不能自行提出宪法性争议案件，即不能实行职权主义主动审理自己管辖范围内的案件，即便是宪法法院已经发现存在明显的违宪案件时，也不能自行立案开始审理程序。

当事人向宪法法院提出要求解决的宪法性争议的申请，依据《联邦宪法法院法》第23条第1款的规定，必须符合这样两个条件：一是以书面的形式提出；二是必须说明理由和提供必要的证据。在这两个条件中，第二个条件显然是决定性的。它意味着，一个宪法性案件能否为宪法法院所立案受理，最根本的是取决于当事人在申请中所说明的理由是否充分，并非当事人提出了申请，宪法法院就有立案审理的义务。一个申请的理由是否充分，判断的标准是看其能否回答这样几个问题：申请的提出所基于的事实是否存在、所基于的事实的存在或持续将会导致什么样的法律后果发生、这种法律后果会给当事人或者他人带来什么样的损害等。当然，因为案件性质、内容的不同，以及所适用的具体审理程序不同，需要说明的理由所涉及的方面肯定也会存在差别。如在宪法诉讼的申请中，应当说明基本法保障的那些权利受到了侵害，侵害的机关是谁，侵害的方式是作为还是不作为等。在涉及法律、法规合宪性审查的案件中，需要说明的具体理由有：主张违宪的法律、法规的名称，该违宪的法律、法规的效力对原审案件具有何种程度的影响，如将其适用会导致何种的不良后果等。申请书上，应有各种不同程序所规定的申请权利人或其诉讼代理人签名。

联邦宪法法院收到当事人的申请后，要对其进行审查。审查的内容包括两个方面：一是申请书中所说明的理由是否充分，是否达到了法定的标准，足以让联邦宪法法院据此进行立案审理；二是对申请人在理由说明中所举的证据形式的真实性，自行派员或委托其他法院进行查证。

联邦宪法法院在收到当事人的申请书后，由庭长将申请书送达相对人或其他诉讼当事人。必须说明的是，在宪法性案件中，并非所有的都有相对人，只有在对人的诉讼程序中，才存在相对人。在德国宪法法院管辖的案件中，宣告丧失基本权利案、国家机关争议案、政党违宪案、弹劾总统案、弹劾法官案、联邦与州之间的争议案、州内宪法争议案等具有对人诉讼的性质，因而才存在相对人。所谓其他的诉讼当事人是指参加诉讼的权利人和陈述权利人，根据《联邦宪法法院法》第77、82、83、88和94条的规定，主要有：联邦参议院、联邦议院、联邦政府等宪法机关。宪法法院在将申请书送达相对人和其他诉讼当事人时，可以要求他们在制定的时间内对申请书所提出的问题提出答辩；也可要求任何的当事人在制定的时间内提供法院和其他当事人所需要的书面答辩和决定的足够数量的副本。

根据联邦宪法法院法第24条的规定，对当事人所提出的申请，宪法法院经过审查后，认为不合法或明显无理的，可以通过一致的裁定的方式予以驳回。虽然在法律上没有规定什么样的申请才能被认为或构成“明显无理”的申请，但从联邦宪法法院的审判实践及由此而形成的判例看，构成明显无理的申请而应予驳回的条件有：（1）申请人所举被侵害权利的内容，经过查实并且对该项宪法权利按照正常的评价和解释后，申请人并没有该项权利的内容的；（2）在申请中所指责的因某项决议而遭受侵害的宪法权利，实际上只是与该项决议之前的程序有关，而并未受到该项决议影响的；（3）申请人对于被侵害的宪法权利，没有按照现有的诉讼方式，依据法律途径请求救济的；（4）申请中所指责的违反的事项已经通过诉讼程序得到纠正的。① 凡具有这几种情况之一的申请，都会被宪法法院通过简易程序一致裁定驳回。如果联邦宪法法院已经采用书面的形式，将驳回的申请通知了申请人，告知其申请无法受理或缺少依据，申请人并未对申请的理由加以补充或不撤回其申请时，联邦宪法法院无须再次在驳回该申请时说明理由，只需在裁定的主文中说明"依联邦宪法法院法第 24 条驳回申请"即可。联邦宪法法院通过对申请的初步审查，将那些不合法或明显无理的申请，运用简易程序裁定予以驳回，可以排除大量的，不符合法定标准的申请，以便能够集中精力和更有效地审理那些真正有意义的案件，从而可以避免形成滥讼。根据统计，从 20 世纪 60 年代以来，联邦宪法法院平均每年收到的宪法性争议案在 4000 件左右，经过审查以后，符合审理条件的只有百分之几，绝大多数是因为不合法或明显无理而被宪法法院驳回。

（2）证据的获取

宪法法院审理宪法性争议案件所依据的证据有两个方面的来源：一是当事人提供，即申请人负有举证的责任。申请人在其申请中所说明的理由，必须列举出重要的、具有说服力的证据加以证明。如果事实不清楚或者举出的证据不具有说服力，很多情况下就会被驳回。有关证据方式的种类和在审理程序中必须记载何种证据方式等，法律并没有作出明确的规定，宪法法院在以往的审判实践中也没有加以限制，需要根据具体的案件来加以决定。另一种是宪法法院根据职权调查获取。联邦宪法法院在审理程序开始时，对申请中说明的证据方式，采取职权主义，对其调查核实。联邦宪法法院为了查明所举必要证据的真实性，可以除通过言词辩论之外委派法院人员调查，或者就对特定事实和人员委托其他法院进行调查。经过调查以后，联邦宪法法院对所取得的资料和当事人所提供的诉讼资料进行综合性的分析、研究和判断，从而得到具有真实性的诉讼证据。

（3）案件的审理

宪法法院对宪法性争议的审理必须以当事人的申请为前提，但对当事人所提出的申请审查受理后，当事人的申请内容便不能制约法院的裁判，也就是不管当事人在所提出的申请中是否主张，宪法法院都有权进行审理和作出裁决。原因是，宪法性争议解决的请求虽为具体的当事人向宪法法院提出，但涉及的利益往往具有公益的性质，不纯粹与当事人的利益有关。如对法律、法规的合宪性产生疑问时向宪法法院提出的要求宪法法院对某法律、法规进行审查的请求，倘若某一法律、法规真的构成了违宪，那么它的实施不仅会对当事人的权利造成侵犯，还会侵犯其他人的利益。在此情况下，宪法法院如果仅仅就当事

① 刘兆兴：《德国联邦宪法法院总论》，法律出版社 1998 年版，第 104 页。

人的申请进行审查，显然就不利于对没有提出该申请的公民的权利提供有效的保护。因而，在宪法法院审查时，对于那些虽未受到合宪性质疑，但审查后发现其确实与联邦基本法相违背时，则以与违宪法律相同的法律根据对该项法律宣告无效。

根据《联邦宪法法院法》第 20 条的规定，宪法争议性案件的当事人享有查阅卷宗的权利。这里所说的卷宗，是指联邦宪法法院所收集、保管的所有诉讼案件的文书和资料。它由两部分构成：来源于法庭的各种笔录和由诉讼当事人或有关机关提出的各种文书和资料。查阅卷宗的权利可以由当事人自己行使，也可以委托诉讼代理人进行。当事人对卷宗的查阅应当在诉讼程序开始后进行，在该案审理程序结束之前应当停止查阅。

在审理宪法性争议案件的诉讼过程中，根据《联邦宪法法院法》第 25 条第 1 款的规定：宪法法院对宪法性争议案件的审理实行“言词主义”的原则。其中审理丧失基本权利案、宣告政党违宪案、弹劾总统案、弹劾法官案，宪法法院必须经过言词辩论以后才能作出判决，这些案件的当事人不得舍弃言词辩论。需要经过言词辩论的案件，当事人要事先以书面形式阐明自己的意见要点，并将其提交给法院。案件审理时，当事人应将陈述书面以外的意见和诉讼资料作为重点。

当然，宪法法院对宪法性争议的审理所遵循的“言词主义”原则并不是绝对的。如果全体当事人都明确表示不进行这种言词辩论时，宪法法院就可以不以言词辩论为基础来作出裁决。从宪法法院的审判实践看，《联邦宪法法院判例汇编》收录的 2253 个宪法判例中，实际上经过言词辩论作出裁决的也只是很少一部分。

《联邦宪法法院法》第 22 条规定：“当事人在任何诉讼中都能够由德国法院认可的律师或由德国高等学校法律教师代理；在联邦宪法法院进行言词辩论时，当事人必须委托上述人员代理。”根据这一规定，在进行言词辩论的案件中，实行“强制代理”的原则。原因在于，律师或高等学校的法律教师（包括法学教授、副教授、名誉教授、额外教授、讲师、特约教师等）受过良好的法律教育，对法律的理解和精神的把握比较准确，容易抓住问题的要害，提出比较准确的意见，为宪法法院的裁判提供有益的思路；可以促使宪法法院在较短的时间内对争议的问题作出公正的裁判。但立法机关和在宪法或议事规程上具有一定权限的一些机关，① 在整个诉讼过程中，不管是否实行言词辩论，都不适用强制代理的原则。

5. 裁判及其效力

《联邦宪法法院法》第 30 条规定，联邦宪法法院根据自由心证，依据言词辩论的内容和调查证据的结果，经过秘密评议，作出裁判。在裁判正式形成之前，首先要经过所有

① 所谓在宪法或议事规程上具有一定权限的一些机关，联邦议院有：议长；联邦议院各委员会；联邦议院党团小组；联邦议院法定人数过半数的议员；联邦议院一半的议员；联邦议院超过一半的议员；联邦议院 1/4 的议员；联邦议院 1/10 的议员；联邦议院 30 名议员；联邦议院 15 名议员；联邦议院 5 名议员；联邦议院国防委员会的 1/4 议员。联邦参议院有：议长；联邦参议院主席团；联邦参议院内的两个州的代表；联邦参议院超过一半的成员；联邦参议院 1/4 的成员；联邦参议院各委员会；由联邦议院和联邦参议院共同组成的调解委员会。

参与全部审理程序的法官进行秘密评议。先由案件的报告人发表自己对本案的看法，庭长最后表示自己的观点。然后按照法官的年龄大小，由小到大依次进行表决。裁判应当以书面形式作出，要附具理由和参与审理的法官的签字。裁判的形式可根据诉讼程序中是否经过言词辩论或书面审理，划分为判决和裁定两种。以言词辩论为基础所作出的裁判为判决；而不经言词辩论作出的裁判为裁定。

根据《联邦宪法法院法》第 31 条规定，联邦宪法法院的裁判拘束联邦和各州的宪法机关、所有法院和官署。它意味着，联邦宪法法院所作出的裁判，其拘束力及于全联邦的立法、司法和行政机关，远远超过了任何其他法院裁判的确定力所及于的范围。具体地讲，立法机关不能再制定出与宪法法院裁决为违宪的法律相同或相近似的法律；行政机关在行使职权时就不能实施与联邦宪法法院裁判的内容相违背的行政措施；司法机关全部的司法活动必须与联邦宪法法院裁判的内容相一致。

第三节 宪法审查的原则与方法

一、宪法审查的原则

宪法审查制形成至今，在维护宪法的权威、促进宪法的发展与完善方面，发挥了重要的作用，但就其本身内容与实践效果来看，并非至善至美。因而，在受到人们赞誉的同时，也不乏受到一些质疑和批评。如果不能将其限定在合理的范围之内，则其积极作用非但不能充分发挥，反而有可能对国家的宪政体制形成威胁。为此，各国在违宪审查实践中，为保证违宪审查机关对复杂且敏感的宪法问题的处理不致有所疏漏和错误，逐渐确立了有关的原则，借以对违宪审查权进行合理或必要的限制，以减弱违宪审查存在的消极影响。这些原则主要有：

1. 政治问题不审查原则

政治问题是相对于司法或法律问题而言的。什么是政治问题，什么是法律问题，理论上还无法作出明确的划分，二者之间并不存在不可逾越的鸿沟。所谓的政治问题不审查是指违宪审查机关不对政治问题发表自己的意见和看法，那是行政部门和立法部门的权力，并非指因为案件涉及政治价值观念或政治进程而拒绝行使管辖权。

最早提出政治问题不审查的是马歇尔，他在“马伯里诉麦迪逊案”中指出，有一类宪法案件法院不能审查，因为“所涉及的问题是政治性的”。在 1821 年的“科恩诉弗吉尼亚州案”中，马歇尔进一步指出：“我们没有权利篡夺未授予我们的权力。”如美国内战后，佐治亚州曾请求联邦最高法院审查国会的“重建法案”是否合乎宪法，最高法院以该法案属于政治范围，未涉及个人权利为由予以拒绝。如美国的 1946 年的“科尔格罗夫诉格林案”，最高法院大部分法官拒绝干涉伊利诺斯州划分州众议员选区界限的方法。当时该州最大选区人口是最小选区人口的八倍多。法官弗兰克福指出，州议会对州众议员选区的划分同政治问题深深地纠缠在一起，法院不应该钻入这个政治的丛林，否则，就有迷失方向的可能和危险。

对政治问题不审查的内涵加以归纳的是布伦南大法官，他在 1962 年的 Baker v. Carr 案①的判决中，解释政治问题何以不受审查时指出："政治问题的不可由法院审理性从根本上说是一种分权功能。"这实际上就是要求联邦法院对争议的问题首先应确定是否根据宪法已交付联邦政府的另一部门。必须研究是否"能在司法上判明所声言的责任，在司法上确定其范围，以及是否在司法上对所要求的权利规定保护办法"。据此而将政治问题的范围归纳为：（1）宪法条文明确规定交由其他政治部门处理的问题；（2）缺乏明确、可操作性的司法标准的问题；（3）在其他部门的先决决定作出之前，司法机关无法作出判断的问题；（4）法院如独立加以判断难免伤及对其他部门应有尊重的问题；（5）情况特别，需要无保留支持既定的政治决定的问题；（6）不同政府部门会作出不同的决定，有引发难堪之虞的问题。布伦南大法官的这一阐释，被认定为"政治问题"的六大判别标准，即"布伦南规则"。②

从美国最高法院的有关判例看，"政治问题"主要是指：（1）共和政体保障条款的适用问题；（2）宪法修改程序问题；（3）国会议事自律与立法程序问题；（4）选区划分问题；（5）军事或战争问题；（6）外交或国际问题；（7）国会行使弹劾权问题。

日本的小林直树教授以比较宪法学的观点，综合有关宪法学者的分析，将"政治问题"归纳为这样几类：（1）有关内政方面的问题：第一，有关国会和内阁的基本事项：如总理大臣的任命、国务大臣的任命、国会议员的资格审查、议会的惩罚、议会职员的任命等。第二，有关内阁及国会运作的基本事项：如内阁会议的组成、内阁会议的议事和表决方式、内阁的同意与承认的方法或内容、内阁总理或首席部长的临时代理、国会各议院的议事程序及方式、议会出席的最低人数、议会各委员会的议事或议决方式、两院联席会议等。第三，有关内阁与国会关系的事项：如召集国会、解散众议院、由政府起草法律案或预算案、国会开会中的政府报告等。第四，有关发动紧急权的措施：如由总理大臣命令军队执行防御或治安任务、宣布紧急状态、宣告戒严等。（2）有关对外关系方面的事项：第一，有关领土的处理及其结果：如领土的割让与合并等。第二，有关一般外交活动的事项：如对外交官的训令、对在外国侨民的保护、派遣特命全权大使等。第三，有关条约的缔结（手续、形式）及其适用行为。第四，国家的承认与否。第五，有关战争的行为：

---

① 在美国，各州选区的划分和议席的分配，法律规定每隔 10 年应依人口及具有选举权者的数目重新调整一次，但真正照此规定办理的却几乎没有。绝大多数州的选区划分和议席的分配在长达五十至六七十年的时间中没有发生调整和改变。由于工商业的发达，人口的增加及乡村人口的转移，使得选区划分不合理的现象越来越严重，甚至出现了像田那西州 1/3 的人口占有 2/3 的席位，乡村的 1 票等于城区的 20 票的畸轻畸重的怪现象。由于议席的分配不均，因而发生选举纠纷，进而演变成选举诉讼的事件，在"二战"以后日渐增多。于是，1962 年，联邦最高法院在"贝克诉卡尔案"（Baker V. Carr, 1962）中，不再将选区的划分问题看做是政治问题而拒绝审查。认为该案的主题属于司法性质，应当由法院来加以解决。因为这种不合理的选区划分违反了宪法第十四修正案关于法律上平等保护的原则，从而推翻了先前将选区划分看做是政治问题而拒绝加以审查的先例。

② 参见李鸿禧：《违宪审查论》，台湾元照出版有限公司 1999 年版，第 173 页。

如宣战、停战、媾和等。①

日本法院在司法审查的实践中，所谓的政治问题包括这样几个方面：（1）高度政治条约的缔结，如“砂川事件”；②（2）众议院的解散；（3）议会的议事程序；（4）议员名额的分配。

在德国，政治问题被称之为“不受法院审查的高权行为”，主要包括：（1）国会的决议；（2）外交上的行为；（3）统帅权的行为；（4）政策的决定、预算的编制；（5）战争行为；（6）总统的大赦、特赦、减刑、复权或授予荣誉的权力。③这些问题并不直接涉及人民之基本权利，司法机关一旦对之进行审查，极有可能使自己深陷政治风暴之中。但这一理论并没有被联邦宪法法院所接受。只是联邦宪法法院在对统治行为进行审查的时候，采取最宽松的标准。

缘何政治问题可以不受违宪审查机关的审查，日本著名的宪法学家小林直树教授给出的理由是：第一，法规并非民意代表，对与国家命运息息相关之政治问题，依其立场，不能下定负政治责任之判断。第二，法官并非有政治或行政之专家，在有组织的汇集、整理、分析各种资料和情报方面，一般说来，难以期待其能凌驾于诸国会议员或行政官吏之上。因此，要求法官运作情报及训练之能力，以发挥决定政策之机能，毕竟过分牵强。第三，法院或法官若干预政治问题，必然导致法院卷入政治漩涡，司法权之独立及其中立性，将受到重大影响，裁判之权威也难免受损。④

然而，从违宪审查所涉及的问题来看，其政治性是较强的。法院作为违宪审查的机关，无疑地也是政治斗争的舞台之一，所作出的司法审查当然也有强烈的政治后果。因此，要想完全地避开对政治问题的审查恐怕是不现实的。并且从司法审查在各国的实践来看，行使违宪审查权的法院很少也很难是不偏不倚的。法院的决定是政治性的，不仅法官决定谁在什么时候，怎样获得什么；而且执行这些决定还需要得到政治上的支持。而其他政治竞赛的参与者对他们坚决反对的判决是不会支持的。可以说，处于充满政治斗争环境中的法院根本就不可能超脱于政治之外，更不可能不受一定政治力量对比关系变化和政治观念的影响，在某种程度上，法院的判决一般是反映了国家的主要政治力量的价值观和实践。法院在表面上处于中立的地位，但作为裁判，常常是按照政治竞赛中最有力一方的意愿来执行宪法的规定，而它自己仅是竞赛中的一方。⑤

---

① ［日］小林直树：《宪法讲义（下）》，东京大学出版会 1968 年版，第 724 页。

② 在 1957 年 7 月发生的“砂川事件”中，反对扩建美军立川基地的示威者推倒围栏闯入基地内，其中 7 人被日本当局起诉。1959 年 3 月 30 日，东京地方法院宣布 7 名被告无罪，同时判决美军驻日违反了日本宪法第 9 条规定的“不保持战争力量”。但最高法院后来撤销了一审判决并发回重审，最终被告被判有罪。该案中，争议的核心是日美安保条约是否违反日本宪法。

③ 法治斌、董保城：《宪法新论》，台湾元照出版有限公司 2005 年版，第 68 页。

④ 参见李鸿禧：《违宪审查论》，台湾元照出版有限公司 1999 年版，207~208 页。转引自胡锦光主编：《违宪审查比较研究》，中国人民大学出版社 2006 年版，第 34 页。

⑤ ［美］加里·沃塞曼：《美国政治基础》，陆震纶等译，中国社会科学出版社 1994 年版，第 120 页。

政治问题不审查原则在适用上面临的主要困境是：缺乏一贯性的标准；“政治问题”理论具有逻辑上的困难；“政治问题”理论的宪法根据不明确。① 为此而受到的主要批评是：有放弃违宪审查职责的嫌疑；在某些情形之下是“解释了宪法，但没有解决问题”。

2. 咨询意见之禁止原则

咨询意见之禁止原则是指违宪审查机关不能超越具体案件与争议仅就假设的宪法问题发表不具约束力的观点与看法。该原则为美国联邦最高法院首席大法官 John Jay 所创立。② 1793 年 7 月 12 日，当时的美国总统华盛顿通过自己的国务卿杰佛逊就《美法友好通商条约和美法同盟条约》中的 29 个问题向联邦最高法院进行咨询。John Jay 指出：“考虑到三个政府部门的相互制约，以及我们作为终审法院的法官的身份，我们强烈怀疑我们做超出司法性的判断是否妥当。特别是，宪法授予总统要求各部门首长提供意见的权力的规定，似乎有意而明确地仅及于行政部门的首长。”

为何要遵循咨询意见禁止的原则，一则是司法权的终局性决定的，提供咨询意见的行为不具有这种终局性。如果法院的咨询意见不被采纳，就会严重损害法院的神圣地位，日积月累必将导致法院的威信扫地。另一方面，法院对假设性问题提供咨询意见，不能约束其他法官对相关具体案件的裁判，势必会瓦解法院的公信力，使司法判断失去本应具有的终局性。

日本违宪审查制度根据咨询意见之禁止原则，形成了独特的宪法诉讼原则，即“事件性原则”。基于这一原则，违宪案件的提起必须具备两个条件：一是当事人之间存在具体的法律争议；二是存在的法律争议通过法律必须能够加以解决。

在大陆法系国家，对法律的抽象审查、权限争议案件的处理是否遵循“咨询意见之禁止原则”则不无疑问。特别是在法国和俄罗斯，还存在着所谓的宪法解释案件和单纯的宪法疑义的解释案件。如《俄罗斯联邦宪法》第 125 条规定：“俄罗斯联邦宪法法院根据俄罗斯联邦总统、联邦委员会、国家杜马、俄罗斯联邦政府、俄罗斯联邦主体立法机关的询问，对俄罗斯联邦宪法作出解释。”从表面上看，既是一种提供咨询意见的案件类型。但实质上，仍然遵循了所谓的“案件”与“争议”要件，决不是一种单纯的咨询意见的提供。原因在于：（1）解释的启动是被动的；（2）所作出的解释具有拘束力，而非一种参考意见；（3）宪法解释的程序是严格的司法程序。在意大利，为了防止法律制定后出现难以执行的问题，相关机关可以就拟议中的法律条文提起审查的申请，要求宪法法院澄清系争法律条文的内涵。似乎是在提供咨询意见，实则不然。宪法法院受理申请后，就会颁布一个命令，终止立法程序，将有争议的法律条文提交宪法法院进行审查，与此同时，与其相关的法律也要停止适用，等待宪法法院判决后再重新作出决定。由此可见，宪法法院是遵循严格的司法程序来解释宪法的，依然遵循的是“咨询意见之禁止原则”。

3. 穷尽其他救济途径原则

---

① 参见李念祖：《司法者的宪法》，台湾五南图书出版公司 1989 年印行，第 164~167 页。

② 1790 年，汉密尔顿就国会是否有权发行国债向联邦最高法院提出过咨询，但遭到了 John Jay 的反对。

该原则是指当事人必须首先利用普通法律途径来排除其所受到的基本权利侵害，如果普通法律程序能够提供有效的救济途径，或不提起违宪审查也能从实质上获得相同的救济效果时，当事人不能申请违宪审查。

从宪法的角度看，穷尽其他救济途径原则涉及的是普通审判权与违宪审查权的分工问题。宪法对所有的国家机关都具有约束力，行政和司法活动也必须遵循宪法的原则和精神，必以保障基本权利的实现为根本目的。因此，在设立违宪审查机关的国家，普通法院也不能免除维护宪法、遵守宪法的责任。特别是其他法律都是根据宪法来制定的，普通法律上的纠纷与宪法均有直接或间接的关系，如果均可直接寻求宪法救济，一方面会造成违宪审查机关的不堪重负，另一方面也会造成普通法院司法资源的浪费。违宪审查机关只是保障宪法及其基本权利的决定性机关而不是唯一机关，在违宪审查机关和普通法院均有排除基本权利侵害之功能的情形下，必须遵循一个法律原则来划分彼此的管辖范围。

值得注意的是，穷尽其他救济途径原则并不适用于所有的宪法案件，仅适用于涉及基本权利受到侵犯的案件，如权限争议案件、政党解散案件、弹劾案件，一般属于违宪审查机关的专属管辖范围，不存在穷尽其他救济途径的问题。

实践中，适用该原则的情形大致可分为两种：原生的案件类型，即法律适用违宪，具体是指法律本身并不违宪，而是行政、司法机关在执行法律的过程中违背了宪法而导致基本权利受到侵犯。衍生的案件类型，即法律违宪，即行政、司法机关适用法律与认定事实没有错误，而是所适用的法律违反了宪法而导致基本权利受到了侵犯。

“穷极其他救济途径原则”使用的例外情形：(1) 某一宪法诉愿具有普遍意义，该案件涉及的宪法问题如能得到解决，对于其他同类性质的案件之解决具有重要的法律意义。(2) 若穷尽其他救济途径，会对当事人基本权利的保障产生不利影响时，则无该原则适用的必要。(3) 某些法律违背宪法的基本精神对公民的诉讼权利作出过分的限制与剥夺，穷尽其他救济途径原则也无适用的必要。

4. 宪法判断回避原则

在违宪审查中，对具体案件并非均需进行宪法判断，要用尽各种可能的办法回避宪法问题的产生，凡是能够透过对法律上的争点作判断加以处理的案件，违宪审查机关就不应就系争的宪法争议进行裁决。首先应审查是否还可通过非宪法判断的方式加以解决。对那些既可作为宪法问题，采用宪法判断的方式加以解决，又可以作为非宪法问题采用其他方式加以解决的问题，应回避作出宪法判断，也就是不采用宪法判断的方式解决，而将其作为非宪法问题采用其他方式加以解决。这就使得法院在尽可能狭窄的范围内处理手头的案件，除非还有另外的根据证明这个案件可以处理，法院就不应该就与宪法有关的问题作出判决。为此，法院应首先弄明确成文法是否得到了公正的解释，以避开与宪法有关的问题。其目的，一是宪法的权威性与稳定性的保障，轻易对案件进行宪法判断，势必会将宪法降格为普通法律。二是消极主义的恪守，因为宪法判断影响重大，应谨慎从事。

宪法问题回避原则为美国联邦法院大法官布兰代斯（Brandeis）所首创。1936 年，他在 Ashwander v. VIA 一案的判决中，详细地阐述了该原则所包括的内容：(1) 在非对立的可以调解的诉讼中，法院不对立法是否违宪作出判断；（2）法院除有必要外，不主动提出对宪法问题进行审查；（3）法院不广泛地提出有关宪法的准则，除非有明确的事实要求适用；（4）在已经提起的宪法诉讼中，如果能以其他理由或通过其他方式使案件得到处理和解决，就不作出宪法判断；（5）对那些因实施法律而受到侵害但又不能举证的人的请求，法院不应作出有关法律效力的判决；（6）法院不能依据得到法律利益的人的请求，对法律的合宪性作出判断；（7）在国会制定的法律发生效力上的疑问时，法院不应直接将其作为宪法问题，而应首先确定是否有用法律解释加以解决的可能，以避免涉及宪法问题。①

在日本，最高法院和地方法院曾多次援用宪法回避原则，对日美安保条约和自卫队是否违反宪法第 9 条有关不保持战争力量的规定问题，避免作出违宪或合宪的判断。如 1953 年的砂川案中，一审法院认为以自己为目的而允许美国军队的驻扎，是相当于宪法第 9 条所禁止保持的战争力量，归根结底是违宪的存在。上诉到最高法院后，最高法院认为关于日美安保条约合宪性的法律判断，因在司法审判的审查中原则上是不熟悉的，所以只要不是显而易见的违宪无效，那就在法院的司法审判权的范围之外。② 在 1967 年有关自卫队合宪性的惠庭案件中，札幌地方法院在判决中指出，切断自卫队训练用通讯线的行为不相当于损坏自卫队法第 12 条所说的“其他供防卫用的”物品。既然断定被告行为不符合自卫队法关于防卫用品的要件，那么对律师提出的与宪法有关的问题，不仅无作任何判断的必要，也不应作出判断。在这样解释的基础上认为被告人无罪，并认为对自卫队是否合乎宪法，如无直接并且是绝对必要的情况，不需要而且也不应该进行合宪性的审查,③ 从而避开了合宪性的判断。在“第二次家永教科书诉讼”案件中，东京高等法院明确提出，“对具体的争讼进行裁决，既可以根据法律、命令、规则审判，也可以通过宪法解释来进行判决时，首先适用前者，经过该判决后争论尚未得到解决，必须通过宪法解释才能解决的情形下，才能进行宪法判决，这也是违宪审查的应有之义”。依此原则处理的著名案件除了上述两个之外，还有 1971 年的反战自卫官案、1973 年长沼奈克式导弹基地诉讼案等。

根据日本的违宪审查实践，宪法判断回避原则的内涵主要包括：（1）在可以调解的诉讼中，法院不对立法作出是否违宪的判断；（2）除有必要情形外，法院不应主动对宪法问题进行审查；（3）除有明确的事实要求适用的情形外，法院不应广泛地提出有关宪法的准则；（4）即使提出了有关宪法问题的诉讼，如果能以其他理由使案件得到处理，就不作出宪法判决；（5）对那些因实施法律而受到侵害但又不能举证的请求，法院不应作出有关法律效力的判决；（6）法院不能依据得到法院利益的人的请求，对法律的合宪性作出判断；（7）在国会制定的法律发生效力上的疑问时，法院应首先确定是否有通过

① 汪进元：《司法审查模式论》，载《社会科学》1994 年第 4 期。

② ［日］宫泽俊义：《日本国宪法精解》，董瑶舆译，中国民主法制出版社 1990 年版，第 155~156 页。

③ ［日］宫泽俊义：《日本国宪法精解》，董瑶舆译，中国民主法制出版社 1990 年版，第 156 页。

法律解释加以解决的可能，以避免违宪问题。①

二、宪法判断的方法

1. 合宪性推定

当发生对法律及政府的命令与决定是否合于宪法的疑问时，或者说有两种解释的可能时，除非有明显的根据和理由，则应推定其合宪，作合乎宪法的解释。这一原则实际上是刑事法律上“无罪推定”原则的推广和移植。依据这一原则，有关机关在行使违宪审查权时，如裁判某项法律违宪，必须是该法律明确而且是肯定地违反了宪法。所谓明确是指法律的内容对宪法的违反没有合理的可怀疑余地，是极其明白或明显的。用 Thayer（塞叶）教授的话来说就是，只有在议会“不仅仅是犯了错误，而是只有犯了非常明显的，就是说犯了没有合理的怀疑的余地的明显错误的时候，才能宣布法律违宪无效”。② 相应地也就要求法院在确认法律违反宪法的时候，应排除一切对该法律是否违宪的合理怀疑，当这种怀疑不能排除时，应推定法律的有效性，即任何法律在法院未作出违宪判决之前，应推定为合宪，不能否认其法律效力。

合宪性推定原则，最早产生于美国。早在 1796 年，法官戴易斯就指出，司法审查权只能在“极其明白”的场合才能行使。著名的大法官马歇尔于 1819 年对这个原则作了更加明确的阐释。他说道：“在确认法律违反宪法超出一切合理的怀疑之前，要推定法律的有效性，这对于制定法律的立法机关的贤明、诚实及爱国心来讲，是应当得到的相当的尊敬。”③

这一原则后来又经过霍姆斯、布兰代斯等法官的积极提倡和不断发挥，便成为法院行使司法审查权时所应当遵循的判例法上的一项重要原则。

日本的法院在进行司法审查时就非常注意这一原则的应用。如在和歌山县教育工会一案中，最高法院认为，如何限制劳动者的团结权，属于立法机关裁决的范围。前最高法院院长横田明确地指出：“除了法律违反宪法在一见就明了的情况下以外，一般说来，宪法承认主体和机关在决策政策问题上有广泛的选择权。法院不得以自己的责任作出立法机关政策选择是否适当的判断。”④

违宪审查机关之所以要坚持合宪性推定原则，无非出于下述两方面的考虑：

首先，违宪审查机关对违宪审查权的行使，主要是以法律为依据。对宪法的执行并非其日常工作之内容。倘若对立法机关制定的法律在未发生争讼之前，或发生争讼后法院未作出判决前，不作合宪性的推定，势必意味着这些法律的效力始终处于不确定的状态，法院对其的执行和运用，特别是据此而作出的判决，自然也难以产生永久的效力。如此，法

① 参见欧爱民：《宪法实践的技术路径研究——以违宪审查为中心》，法律出版社 2007 年版，第 80 页。

② Thayer, The Origin and Scope of the American Doctrine Constitutional Law, 7Harv. L. Rev. 129, 144 (1893).

③ Hylton v. United States, 3Dall. 171 (1796) Pa. t month College v. Woolward 4Wheat. 518 (1819).

④ ［日］芦部信禧：《宪法诉讼的理论》，日本有斐阁 1980 年版，第 251 页。

律的稳定性就不复存在了，法律在人们心中的尊严和权威自然也就难以树立起来。所以，为了法律的稳定性，需要司法审查时运用合宪性推定的原则，同时这样做也会给法院对法律的运用提供一个坚实的基础。

其次，无论是立法机关对法律的制定，还是行政机关作出的决定和命令，都建立在对宪法的理解和判断的基础上，至少是他们认为这样做是符合宪法要求的。法院、议会和政府，他们的权力均来源于人民的赋予，都要根据宪法来行使，都有权根据自己的理解来作出如何将宪法的原则规定适用于活生生现实所应采取的行动的判断，即在对宪法的理解以及根据这种理解来作出自己的判断方面，法院和立法机关、行政机关是居于平等地位的，不存在哪一个机关作出的判断更具有优越性地位的问题。如果没有合宪性推定原则的限制，岂不是视法院的判断具有终极的意义，甚至可凌驾于议会和政府的判断之上。因而，合宪性推定原则的采用，实际上是法院对立法机关、行政机关所作宪法判断的尊重。从活动方式来看，法院只是被动地执行和运用法律，议会和政府则是政策的制定者，其工作具有强烈的创造性和主动性，需要对纷纭复杂的各种问题慎重地决定采取什么样的措施。如果不做合宪性的推定，则议会和政府的主动性和创造性如何发挥，因此需要给议会和政府在众多问题上享有制定政策和进行决断的权力。当他们行使这些权力时，法院则不应将自己的观点强加给他们，正确的或比较恰当的是扮演被动的角色，要有自我控制的态度，让政府和议会在制定有争议的政治问题的政策上起主导作用。除非万不得已，也就是议会的立法和政府的决定明显违反宪法的情况下，不要去横加干涉，以维护立法、行政、司法三机关之间分权制衡的关系，并使立法、司法、行政三权都有一个合理的运用范围。

当然，合宪性推定原则之下，法律的合宪性既然来源于推定，也就意味着如有相反的事实或证明，便可以推翻，判令该法律违宪。但在举出明白的反证之前，任何法律均应被推定为合乎宪法而有效。这样，既可以维护法院作为宪法的维护者的地位，同时又可以不危害到议会和政府的独立和自主，有利于其积极性的发挥。

2. 合宪性解释

所谓合宪性解释是指违宪审查机关在实施违宪审查的时候，对发生合宪性争议的法律存在两种甚至是多种解释的可能，其中既有合宪有效的根据，也有违宪无效的理由时，应当采用法律合宪有效的解释。对此，美国联邦最高法院在许多的判例中都有明确的阐释。举其要者有：1884 年的 Grenada County Supervisors v. Brogden 案，最高法院指出，解释法律应力求法律与宪法之调和，尽量运用法院对法律解释之权能，以避免产生法律违宪之结果，乃是法院之义务。在 1885 年的 Presser v. Illinois 案中，最高法院在判决书中论述道："诸此相关之州法律条文，若其目的与效果，不但抵触联邦法律，而且不可能协调时，自然应归于无效。然而，州法在可能范围内，应作成能与宪法或联邦法律两立并存之解释，此乃解释之原则。"① National Labor Board v. Jones and Laughlin Steel Co 案中所指出的："解释法律之基本原则，乃在于救济其穷，而非存心破坏。就同一法律而有两种可能之解释，

① 参见李鸿禧：《违宪审查论》，台湾元照出版有限公司 1999 年版，第 157 页。

如依其一则法律违宪，依另一则合宪有效，法院显然有义务，选择能救济法律之穷的解释。”①

德国联邦宪法法院在有关的判决中也指出：“运用不同解释规则对系争法律条文加以解释，如果所有的结论都认为与宪法不符，则只能宣告其违宪无效。反之，若有一种结论可避免该项法律违宪时，则应优先选择之并将其作为判决的结论。”② 为此，在 1958 年围绕着《联邦营业税法》关于“免税额与免税范围，由联邦政府以行政命令规定”是否违反基本法体现的授权明确性原则问题上，联邦宪法法院对该规定采取严格的解释而维持了其合宪性。③

法国的宪法委员会运用“附保留合宪”审查技巧、意大利宪法法院采取的“解释性判决”等，④ 都是以尽可能对争议的法律作出合宪性解释为基本出发点的。

概括而言，合宪性解释包含着两个方面的基本要求：一是在合理的可能情形下，不将法律解释为违宪，也就是不要轻易推测立法机关的立法是要故意逾越宪法所规定的权限。二是在对法律进行解释时，要尽可能地不去对法律的合宪与否进行判断，以免危及到法律的合宪有效。

相比较而言，合宪性解释与合宪性推定的区别在于，合宪性推定适用于法律可能发生合宪性争议的情形，以消极的态度避免将法律解释为违宪无效或尽可能地去规避对法律合宪与否进行判断，以使法律的效力能够得到肯定，避免对其抱持怀疑的立场。而合宪性解释是在已经发生了法律的合宪性争议，需要违宪审查机关作出判断的时候，违宪审查机关应积极或努力地推定法律是合宪有效的，尽可能地不将其判断为违宪无效。

---

① National Labor Board v. Jones and Laughlin Steel Co. 301 U. S. 30（1936）. 转引自欧爱民著：《宪法实践的技术路径研究——以违宪审查为中心》，法律出版社 2007 年版，第 87~88 页。

② 吴庚：《宪法的解释与适用》，台湾三民书局 2004 年版，第 587 页。

③ 许宗力：《法与国家权力》，台湾元照出版有限公司 1998 年版，第 235 页。

④ 参见欧爱民：《宪法实践的技术路径研究——以违宪审查为中心》，法律出版社 2007 年版，第 89~91 页。

后　　记

改革开放以来，伴随着法学教育的恢复和发展，中国的法学研究取得了令人瞩目的成就，在推动法制的健全、国家与社会生活的有法可依以及法治理念的传播方面产生了巨大的影响。在此大的背景下，中国的宪法学不仅摆脱了将阶级分析作为唯一科学的方法而对宪法学研究产生的教条式的、意识形态化的影响，研究方法多样化，规范性的程度在不断增强；而且也使宪法学的内容和体系逐渐地脱离集法学、政治学、经济学、哲学等学科知识为一体的大杂烩状态而呈现出明显的学科色彩，价值定位上也由将宪法作为国家统治的工具向以人权保障为核心进行转变。所有这些，都为比较宪法学研究的建立与深入发展奠定了基础，并提供了强有力的支撑，更使得中国比较宪法学的研究有了能够与外界展开对话、进行借鉴的可能。为了反映我们在比较宪法学研究上进行的探索以及所达到的水平，在充分借鉴和吸收有关成果的基础上，编著了这本《比较宪法学》，试图将我们认为比较宪法学中有关的理论、知识的认识以及体系安排所应该贯穿的理念展现出来，引起对比较宪法学研究的重视，并在此基础上去关注和深入研究有关的问题。我们深知，各国的宪法形式不同、内容更是多样，且处在不断发展变化之中，能够选择进行比较的范围毕竟有限；加上我们自身水平所限，对不同国家宪法之间所作的比较，特别是所作的分析难免有不当之处，诚恳希望有关的专家提出宝贵的批评意见，我们会抱持科学研究应有的态度认真地接受，并表示万分地感谢！

参加《比较宪法学》编著的作者及其撰写内容如下：

王广辉：导言、第一、二、五、六、七、八、九、十、十一、十八、十九、二十、二十一章。杨盛达：第三、四章。田维民：第十二、十七章。黄利红：第十三、十四章。张福刚：第十五、十六章。

值此《比较宪法学》出版之际，我们衷心地对武汉大学出版社表示感谢！对武汉大学出版社教育出版分社副社长张琼女士对该书的关心及田红恩编辑、张欣编辑为此而付出的辛劳表示感谢！

王广辉

2009 年 10 月于武昌南湖

第二版后记

《比较宪法学》出版至今已有近 10 年的时间，一方面因为学术研究的发展以及相关国家宪法内容的变化，另一方面我们对其中一些内容的思考也进一步地深入，因而需要对《比较宪法学》进行修订反映出来，以便为学生的学习提供一个更好的依据。既然是修订，毕竟是在既有的框架之内进行，原有的体系基本上保留了下来，只是对使用的标题以及个别文字表述进行了修改。内容方面有这样一些变化：删除了部分比较色彩不浓厚、主观性太强的论述；增加了一些新的内容。希望这样的修订能够得到大家的认可，同时也衷心欢迎同行提出批评建议。

修订版的撰写分工如下：

王广辉：导言、第一、四、五、六、七、八、九、十、十一、十七、十八、十九、二十章。杨盛达：第二、三章。田维民：第十二章。黄利红：第十三、十四章。张福刚：第十五、十六章。

王广辉

2019 年 10 月于武昌南湖